Ingo Pfeiffer

Gegner wider Willen

Konfrontation von
Volksmarine und Bundesmarine
auf See

Gegner wider Willen

Konfrontation von Volksmarine und Bundesmarine auf See

Ingo Pfeiffer

2012

Carola Hartmann Miles – Verlag Berlin

CIP-Kurztitelaufnahme der Deutschen Bibliothek:
Ingo Pfeiffer, Gegner wider Willen. Konfrontation von Volksmarine und Bundesmarine auf See

ISBN 978-3-937885-57-5

Herstellung und Verlag: Books on Demand GmbH, Norderstedt

© Carola Hartmann Miles – Verlag,
(www.miles-verlag.jimdo.com; email: UHWHartmann@aol.com)

Alle Rechte, insbesondere das Recht der Vervielfältigung und Verbreitung sowie der Übersetzung, vorbehalten. Kein Teil des Werkes darf in irgendeiner Form (durch Fotokopie, Mikrofilm oder ein anderes Verfahren) ohne schriftliche Genehmigung des Verlages reproduziert oder unter Verwendung elektronischer Systeme gespeichert, verarbeitet, vervielfältigt oder verbreitet werden.
Printed in Germany

ISBN 978-3-937885-57-5

Inhaltsverzeichnis

Seite

Vorwort 9

1. Zwei deutsche Seestreitkräfte im Kalten Krieg 1950 bis 1990 11

Herausbildung und Entwicklung der Bundesmarine 1950-1990 — 11
Getarnte Marinerüstung in der DDR: Hauptverwaltung Seepolizei 1950-1952 und Volkspolizei-See 1952-1956 — 25
Seestreitkräfte 1956-1960, Volksmarine 1960-1990 — 38
Die Volksmarine in der Wende 1989 bis zur Deutschen Einheit — 49
Erst integriert, dann eliminiert: Abwicklung von Personal und Waffentechnik einer Flotte — 72

2. Ostsee - Resonanzfeld der Politik nach dem 13. August 1961 86

Volksmarine ab 1960 im Vorpostendienst in der westlichen Ostsee — 86
Zeitabschnitte der Konfrontation von Volksmarine und Bundesmarine auf See — 93
Ostsee - baltische Ausgangsregion der Operation „Anadyr" — 109
„Ständiger Befehl der Flotte" bei Begegnungen mit Volksmarine — 124
Fluchthilfe der Bundesmarine — 125
Verschollen im Fehmarnbelt - Fahnenflucht auf Vorpostenschiff — 132
Untergang im Kalten Krieg: Torpedoschnellboot 844 kollidiert mit Fährschiff DROTTNINGEN — 139
Militärische Eskalation im Seegebiet zwischen Darßer Ort und Gedser am 15. Juli 1975 — 148

3. See- und Luftaufklärung der Bundesmarine und Volksmarine zur Informationsgewinnung über den Gegner 166

4. Thesen zur Konfrontation von Volksmarine und Bundesmarine auf See 179

5. Gesellschaftliche Rahmenbedingungen des Marinedienstes in der DDR 193

6.	Episoden aus dem Deutsch - Deutschen Marinealltag auf See	211

Deutsche Marinekameradschaft auf See. Räumboot ALDEBARAN im Gespräch mit Aufklärungsschiff WISMAR	211
Havarie zwischen Minensuchboot M 1085 und MLR 221 im Seegebiet vor Warnemünde	219
Sommer 1964: „Wär im Gielwossa däs Sozijalismus schwimme will, muss ärschdemal lärne, rischtüsch ze sschdeuern!"	225
Angebote auf See: „Biete gute westdeutsche Farbe für sozialistische Roststellen!"	226
Dänischer Schnellbootskipper wird „Freund" der Volksmarine	228
Cognac- und Konservenbotschaft der Bundesmarine auf See	231
Kommandanten im Gesprächsduell: Minenleg- und Räumschiff 223 BERLIN kontra Schnellboot WOLF P 6062	232
Küstenmotorschiff rammt Minenleg- und Räumschiff 222 LEIPZIG östlich vor Fehmarn	240
Minensuch- und Räumschiff VITTE 341 kontra Tender RHEIN A 58 mit Blessuren	243
Minensuch- und Räumschiffe der Volksmarine erweisen Befehlshaber der Flotte militärische Ehre auf See	249
„Messboot-Affäre" nördlich Dornbusch	249
Bundesmarine grüßt SED-Politbüro auf See, Volksmarine grüßt zurück	251
Geheimnisvolle Unterwasserkontakte, unbekannte U-Boote in DDR-Territorialgewässer	254
U 26 kollidiert mit MS VÖLKERFREUNDSCHAFT im Fehmarnbelt	254
Minensuch- und Räumschiff STRASBURG kollidiert mit Flottendienstboot OKER in Gdansker Bucht	256
Honecker mit Greenpeace-Schiff SIRIUS auf Konfrontationskurs	262
Tender NECKAR im Artilleriefeuer einer Raketenkorvette TARANTUL	263
Abkommen über die Verhütung von Zwischenfällen auf See	266

7. Aus Bordtagebüchern, Aufklärungsberichten, Marinein- 269
formationen sowie Erzählungen von Marinesoldaten der
Volksmarine und Bundesmarine

8. Militärpropaganda und psychologische Kampfführung der 300
NVA und Bundeswehr

    Bundesmarine im Auftrag der Psychologischen Kampfführung 303
    Volksmarine kontert mit Gummiballaktion 308
    Telegramm der Volksmarine an Flottenkommando der Bundes- 308
    marine am 11. November 1968
    Rundfunkpropaganda der NVA - Der „Deutsche Soldatensender 311
    935"
    Admiral Helmut Klose - Zielscheibe der DDR-Militär- 314
    propaganda

9. Gescheiterte Marinekarrieren im Kalten Krieg 336

    Korvettenkapitän Kündiger desertiert in die DDR 336
    Fregattenkapitän Zakrzowski im Dienst der DDR-Seestreit- 338
    kräfte, Militäraufklärung der NVA, des MfS und BND

Marine ABC, Abkürzungsverzeichnis - Hilfsmittel für Landratten 348

Quellen- und Literaturverzeichnis 355

Nachweis Dokumente und Abbildungen 365

Personenregister 367

Autorenkurzporträt

Vorwort

Die Geschichte der Seestreitkräfte der DDR von 1950 bis 1990 war geprägt von mehr als drei Jahrzehnten Konfrontation mit der Bundesmarine in der Ostsee. Obwohl sich beide deutsche Seestreitkräfte bis 1989 als Gegner direkt auf See gegenüber standen, nahm die friedlich verlaufende Auflösung der Volksmarine mit Integration eines Teils ihres Personals und die befristete Übernahme einiger Schiffe in die Deutsche Marine nach dem 3. Oktober 1990 einen einmaligen historischen Verlauf.

Trotz der gesellschaftlichen Unterschiede zwischen der DDR und BRD verdeutlichen die Begegnungen von Fahrzeugen der Bundesmarine und Volksmarine in der Ostsee das verbindende Element -die See- von deutschen Marinesoldaten. Dieses rein Menschliche erklärt, weshalb beide Seiten im Bewusstsein ihrer historischen Verantwortung relativ unkompliziert nach dem Mauerfall aufeinander zugingen.

Beim Blick nach „Achtern" ist zu berücksichtigen, dass die in der Geschichte von antagonistisch gegenüberstehenden Streitkräften einzigartige und spezifisch deutsche Thematik im Zusammenhang mit der globalen Ost-West-Konfrontation und Deutschen Teilung gesehen werden muss. Die Deutschlandpolitik in Berlin und Bonn hatte Auswirkungen auf das bilaterale Verhalten beider Marinen auf See und im seemännischen Umgang mit- oder gegeneinander.

Die Begegnungen von Schiffen der Volksmarine und 6. Grenzbrigade Küste mit Fahrzeugen der Bundesmarine und des Bundesgrenzschutzes See waren geprägt von wechselseitigem Interesse und Neugier, seemännischem Können und Besonnenheit, aber auch von Übermut, Draufgängertum und provokativen Verhalten einiger Kommandanten. Mitunter spürte man dabei eine offen zur Schau gestellte militärische Rivalität. Zu den häufigsten Begegnungen der Bundesmarine kam es mit Vorpostenschiffen der Volksmarine. Diese lagen im Fehmarnbelt, Nahe der Tonne 6c auf der Lauer, um die Handlungen der NATO-Seestreitkräfte zu beobachten und dem Marinestab in Rostock zu melden. Für diesen Einsatz wurden vorwiegend Minenleg- und Räumschiffe des Typs HABICHT und KRAKE sowie Minensuch- und Räumschiffe des Typs KONDOR I und II herangezogen. Diese Fahrzeugtypen der Volksmarine werden im 1. Kapitel detaillierter vorgestellt.

Allgemein richteten die Medien den Blick mehr auf die „grüne Grenze" zur BRD und Westberlin mit Mauer und Stacheldraht, weniger auf die unsichtbare „blaue Grenze" in der Ostsee. Das erklärt, weshalb es wenige offizielle Berichte und Quellen zu den Ereignissen auf See und im Küstenvorfeld der DDR gibt. Die Aufklärungsberichte im Kommando der Volksmarine trugen häufig den Vermerk „Dokument ist nach X Tagen zu vernichten!" Da die MfS-Abteilung in der Volksmarine alles akribisch sammelte, sind einige Berichte im Archiv des Bundesbeauftragten für die Unterlagen des Staatssicherheitsdienstes der ehemaligen DDR (BStU) aktenkundig. Die Aufklärung in der Volksmarine konzentrierte sich auf militärische Aspekte bei der Einschätzung des Gegners. Politische, wirtschaftliche, soziale, kulturelle oder gar diplomatische Aspekte in der Bundesmarine konnten nur einschränkend gedeutet werden. Die von der NVA veröffentlichten militärpolitischen Informationen und Dokumentationen waren geprägt vom Denkmuster des Kalten Krieges. Sie sind von daher eher kritisch zu bewerten.

Der Autor stützt sich auf Quellen im BStU-Archiv, Bundesarchiv-Militärarchiv, Aufklärungs- und Vorpostenberichte, Vorträge auf Historisch Taktischen Tagungen der Flotte, Aufsätze in Marinezeitschriften sowie Erinnerungsberichten von Marinesoldaten. Letztere liefern den Stoff für viele, bislang im Verborgenen gebliebene Episoden aus dem Deutsch-Deutschen Marinealltag in See. Die dazu 2006 geführte Leserdiskussion in der Zeitschrift „MarineForum" komplettierte mit ihren Erlebnisberichten ein bislang unterbelichtetes Kapitel von Deutscher Marinezeitgeschichte. Die recherchierten, bis 1990 überwiegend verschwiegenen oder in Vergessenheit geratenen Zwischenfälle aus den bilateralen Begegnungen auf Hoher See mit wechselseitigen Schuldzuweisungen im Stile des Kalten Krieges sollen zur Diskussion anregen. Beabsichtigt ist, dem Leser eine Vorstellung über die Gefahren und möglichen Konflikte zu vermitteln, die in diesen Begegnungen in Friedenszeit mitunter lagen. Das Buch wendet sich an marinegeschichtlich interessierte Leser und Kameraden, die als „Akteure von damals" 35 Jahre der Begegnungen auf See in ihrer Dienstzeit erlebt und mitgestaltet haben.

Dem Buch ist ein historischer Abriss zur Herausbildung und Entwicklung der beiden deutschen Seestreitkräfte vorangestellt. Die Auflösungsphase der Volksmarine im Jahr 1990 dokumentiert der Autor mit persönlichen Erlebnissen an der Offiziershochschule der Volksmarine in Stralsund. In chronologischer Folge schildert der Autor Episoden aus den bilateralen Begegnungen beider deutschen Marinen auf See. Er entwickelt Thesen zur militärischen Konfrontation zwischen der Bundesmarine und Volksmarine sowie zu den gesellschaftlichen Rahmenbedingungen des Marinedienstes in der DDR.

Der Autor dankt den im Quellenverzeichnis genannten Marinekameraden in „West und Ost" gleichermaßen. Mit ihren geschilderten Diensterlebnissen, gewährten Interviews und zur Verfügung gestellten Fotos haben sie maßgeblich zum Entstehen des Buches beigetragen. Dieses Buch hätte nicht geschrieben werden können ohne die bereitwillige Hilfe und Unterstützung der Kameraden Gottfried Hoch, Karl Heinz Kremkau, Peter Mohr und Ewald Tempel. Allen, die mir geholfen haben, bin ich aufrichtig dankbar.

Berlin im August 2012

1. Zwei deutsche Seestreitkräfte im Kalten Krieg 1950 bis 1990

Herausbildung und Entwicklung der Bundesmarine 1950-1990

Nach dem Ende des Zweiten Weltkrieges regelten Waffenstillstandsverhandlungen, das Deutschland zum Minenräumen in der Nord- und Ostsee verpflichtete. Auf Befehl der alliierten Befehlshaber in den westlich besetzten Zonen Deutschlands wurde das Minensuchpersonal der Kriegsmarine nicht entlassen bzw. interniert. Am 21. Juli 1945 unterzeichnete der britische Marineoberkommandierende in Deutschland (British Naval Commander in Chief Germany) Vizeadmiral Harold Martin Burrough, die Instruktion über die Bildung des German Mine Sweeping Administration (GMSA), der Deutschen Minenräumdienstleitung (DMRL). Die Organisation hatte die Aufgabe, die während des Krieges in der Nord- und Ostsee durch Minen gesperrten Seewege frei zu räumen. Die deutschen Minensuch- und Räumfahrzeuge aus Beständen der Kriegsmarine standen im Bereich Nordsee, westliche Ostsee, Kattegatt und Skagerrak unter dem Kommando der Royal Navy. Den Briten stand ein deutscher Marinestab unter Leitung des früheren Konteradmiral Fritz Krauss zur Seite. Der Stab hatte anfangs seinen Sitz in Glückstadt, verlegte dann nach Hamburg. Die DMRL gliederte sich in sechs Minenräumdivisionen (MRD), an deren Spitze ehemalige Offiziere der Kriegsmarine standen. Die 1. MRD unter Leitung von Fregattenkapitän Adalbert von Blanc war im Marinestützpunkt Kiel stationiert. Die 2. MRD mit Sitz in Cuxhaven befehligte Fregattenkapitän Herbert Max Schulz. Das Kommando über die 6. MRD in Bremerhaven führte Korvettenkapitän Kurt Ambrosius. Im Seegebiet um Dänemark operierte die in Kopenhagen stationierte 3. MRD unter Kapitän zur See Max Freymadl. Die deutsche Marineverwaltung der 4. MRD für die norwegische See mit Sitz in Kristiansand befehligte Fregattenkapitän Helmut Neuss. Die den Niederlanden vorgelagerte See wurde von der 5. MRD unter Korvettenkapitän Eberhard Homeyer geräumt. Die Marinebasis befand sich in Ymuiden. Der Personal- und Bootsbestand der anfangs 27.000 Mann umfassenden Truppe setzte sich aus Marinesoldaten und Fahrzeugen der Kriegsmarine zusammen. Im Dienst der DMRL standen bis Ende 1947 etwa 140 Minensuch- und Räumfahrzeuge, 125 Kriegsfischkutter, 12 Sperrbrecher, 25 Hilfsminensucher (Fischtrawler und Logger) sowie diverse Hilfsschiffe. Bis Juli 1945 führten die Fahrzeuge anstelle einer Nationalflagge die Flagge „Nanni" mit dem internationalen Zahlenwimpel „acht". Auf Weisung der alliierten Militärregierung führten danach alle Minensuch- und Räumboote die Flagge „Cäsar" des Internationalen Signalbuches. Die Flagge als Doppelstander mit ausgeschnittenem Dreieck zeigte an, dass die betreffenden Schiffe mit ihren Besatzungen unter alliierter Kontrolle standen. Bis Mai 1946 trugen die deutschen Besatzungen ihre Uniform mit den Rangabzeichen der Kriegsmarine. Auch die Kriegsauszeichnungen durften nach Entfernung des Hakenkreuzes getragen werden. Ab 25. Mai 1946 gab es neue Uniformen, blaue Hose und Bluse im britischen Felduniformschnitt.

Durch die Auflösung der in Kristiansand stationierten 4. MRD im Oktober 1946, zahlreichen Entlassungen und auch Verlusten verringerte sich der Personalbestand im Herbst 1946 auf etwa 13.000 Mann. Darunter befanden sich etwa 1.100 ehemalige Marineoffiziere. Bis Ende des Jahres 1947 räumten die Marinesoldaten der DMRL 5.628 Quadratseemeilen in der Nordsee und etwa 450 Quadratseemeilen in der westlichen Ostsee. 3.414 Minen und Sperrschutzmittel wurden unschädlich gemacht. In diesen Nachkriegseinsätzen kamen 348 Marinesoldaten ums Leben. Ursprünglich beabsichtigte die Royal Navy, die Minenräumeinsätze bis 1950 durch deutsche Verbände fortführen zu lassen. Die UdSSR forderte jedoch vehement die Auflösung der deutschen Minenräumdienstleitung. Sie warf den westlichen Alliierten wegen der Indiensthaltung der aus der Kriegsmarine stammenden Boote und deutschen Besatzungen eine getarnte Wiederaufrüstung vor. Trotz des Einspruchs der Amerikaner veranlasste die Royal Navy die Auflösung der deutschen Minenräumverbände bis zum 31. Dezember 1947. Die 6. MRD schloss am 27. September 1947, die 1. und 3. MRD im Dezember 1947. Die Fahrzeuge gingen als Kriegsbeute an Großbritannien und die USA, die sie dann zum Teil an die norwegische, dänische und französische Marine abgaben. Ein Teil der Boote samt Personal wurden dem „Labour Service Unit" (LSU-B) in Bremerhaven, einer Einrichtung der US-Marine in der amerikanisch besetzten Zone, überstellt. Die US Navy übernahm damit zugleich die Verpflichtung für das weitere Minenräumen in der Nord- und Ostsee. Dem US-Oberbefehl standen deutsche Marineoffiziere in Zivil, u.a. Kapitän zur See a.D. John, zur Seite. Der LSU-B verfügte über eine Flottille von sechs Minensuchbooten der Typen 41 und 43 sowie 26 Minenräumbooten. Hinzu kamen drei Schnellboote, ein U-Bootjäger, vier Tender, der Tanker BORKUM, drei Flugsicherungsboote, vier Tender (ex Schlepper) PASSAT, PELLWORM, PUDDELFJORD (später OSTE) HARTE (später EMS) und das Wohnschiff KNURRHAHN. Eine merkwürdige Besonderheit wies die Flaggenführung auf. Alle Schiffe und Boote mit deutschen Besatzungen führten die USA-Flagge. Fuhren die Boote im britischen Auftrag setzten sie das internationale „Cäsar". Fachkräfte der US Navy unterrichteten das Personal der LSU-B in Navigation, Radar, Sonar, Schiffstechnik, Fernmeldedienst, Elektrotechnik und Artillerie.

Wegen der akuten Grundminengefahr, der Zündmechanismus hatte eine längere Funktionsdauer als zunächst angenommen, verfügte die alliierte Kontrollkommission im britisch besetzten Teil Deutschlands im Januar 1948 die Aufstellung des „Deutschen Räumverbandes Cuxhaven". Zu dieser neuen Minensuchorganisation stießen die Boote und Besatzungen der 2. MRD (Cuxhaven) und der 5. MRD (Ymuiden). Die Räumboote der Baureihen R 41 bis R 129 sowie R 130 bis R 150 der ehemaligen Kriegsmarine gehörten zur US Navy. Sie wurden dem Räumverband leihweise überlassen. Etwa 1.000 Soldaten der ehemaligen Kriegsmarine standen bis 1952 in einem zivilen Arbeitsvertrag. Mit dem Auflösungsbefehl zum 30. Juni 1951 übergaben die Engländer den Räumverband an den LSU-B in Bremerhaven. Mit dem LSU-B verfolgten die Amerikaner die Absicht, einen personellen und materiellen Grundstock für die künftige Marine der Bundesrepublik zu schaffen.

Eine bedeutende historische Zäsur für die weitere Entwicklung in Europa war der 4. April 1949. An diesem Tag schlossen sich die Westalliierten zu der Militärorganisation „North Atlantic Treaty Organization" (NATO) zusammen.

Am 15. Februar 1951 verabschiedete der Deutsche Bundestag das Aufstellungsgesetz über den Bundesgrenzschutz. Vier Wochen später begann die Formierung der ersten Verbände. Nach Auflösung des Minenräumverbandes Cuxhaven meldeten sich am 1. Juli 1951 die ersten 96 Männer zum Seegrenzschutz. Dieses Datum markierte zugleich den Beginn der Aufstellung des ersten Seegrenzschutzverbandes. Mit der DMLR, dem Räumverband Cuxhaven und LSU-B in Bremerhaven sowie dem 1951 aufgestellten Seegrenzschutz der BRD konnte die Bundesmarine sowohl auf erfahrenes Personal als auch einsatzfähigen Boote der Kriegsmarine aufbauen. So gesehen geschah der Aufbau der Bundesmarine nicht ganz aus dem Nichts. Zu den ersten im Dienst der Bundesmarine stehenden Soldaten gehörten 60 Offiziere, 520 Unteroffiziere und Mannschaften der LSU-B sowie 85 Offiziere, 800 Unteroffizieren und Mannschaften des Bundesgrenzschutzes See. Der Politik der Westalliierten ist es zu verdanken, dass die Bundesmarine gleich von Anbeginn über drei einsatzfähige Minensuchgeschwader verfügte.

Ausgehend von dieser „Stunde Null" versammelten sich im Oktober 1950 im Eifelkloster Himmerod ehemalige Militärexperten der Wehrmacht und Kriegsmarine. Unter größter Geheimhaltung wurden hier Pläne für den Aufbau bundesdeutscher Streitkräfte beraten. Darunter befanden sich Mitglieder des von den Amerikanern bereits im Frühjahr 1949 berufenen „Naval Historical Team" (NHT). Dieser unter Leitung des „Direktor of Naval Intelligence" stehenden Marine-Expertengruppe gehörten an: Generaladmiral a.D. Otto Schniewind (ex Chef des Stabes der Seekriegsleitung), Konteradmiral a.D. Gerhard Wagner (ex Chef Operationsabteilung der Seekriegsleitung), Vizeadmiral a.D. Friedrich Ruge (ex Befehlshaber Sicherung West und Spezialist für Randmeerkriegführung), Vizeadmiral a.D. Hellmuth Heye (Kommandant Kreuzer HIPPER, dann Befehlshaber für Kleinkampfmittel), Oberst im Generalstab a.D. Gaul (ex Marineflieger, repräsentierte die Fliegerkomponente), Konteradmiral a.D. Eberhard Godt und Kapitän zur See a.D. Hans-Rudolf Rösing (beide Experten der U-Bootwaffe), Admiral a.D. Conrad Patzig (Geheimdienstorganisation Gehlen), Kapitän zur See a.D. Adolf Schulze-Hinrichs und Fregattenkapitän a.D. Karl-Adolf Zenker. Der US-Intelligence Service bzw. Naval Intelligence Service beauftragte das deutsche Marine-Expertengremium, die USA in strategisch-taktischen Fragen zu beraten. Die Amerikaner interessierte das deutsche Know-how für die Seekriegsführung gegen die sowjetischen Seestreitkräfte in der Ostsee und im Nordmeer. Den Amerikanern ging es hierbei weniger um eine kriegs- und operationsgeschichtliche Forschung, sondern eher um Aspekte mit aktuellem Bezug. „Die deutschen Erfahrungen sollten zur Beantwortung von Fragen herangezogen werden, die sich im Zusammenhang mit einer möglichen militärischen Auseinandersetzung mit der UdSSR in den europäischen Seegebieten ergeben konnten." Örtlich gesehen beschränkten sich die deutschen Operationsvorschläge vorwiegend auf das Nordmeer, die Ostsee und Dänemark. Um von vornherein offensiv agieren zu können, vertraten die NHT-Experten die Ansicht, dass der westdeutsche Marinebeitrag in der Erringung der Seeherrschaft in der Ostsee liegen müsse. Hierzu hatte die künftige deutsche Marine eine ständige Präsenz zu gewährleisten. Das NHT entwickelte sich zu einer „Führungszentrale der künftigen Marine." Es definierte den maritimen westdeutschen Verteidigungsbeitrag und die geistigen Grundlagen für die künftige selbständige deutsche Marine.

Auf der Grundlage der von Gerhard Wagner am 14. März 1951 verfassten Denkschrift über den „Aufbau eines deutschen Marinekontingents im Rahmen deutscher Mitwirkung an der Verteidigung Europas", entwickelten die Marineexperten erste Überlegungen zum Aufbau kleiner Überwasser- und Unterwassereinheiten sowie von Marinefliegerkräften. Die Planungen berücksichtigten die Notwendigkeit der Verteidigung der deutschen Nord- und Ostseeküste und die Sicherung der Ostseezugänge. Die früheren Marineoffiziere entwickelten Vorschläge zur Aufstellung der dazu benötigten Schiffe und des Personals. Für künftige Bundesdeutsche Marinekräfte bildete die mittlere Ostsee in ihrem operativ-offensiven Verteidigungskonzept den Schwerpunkt. Hier bestand die Aufgabe, den gegnerischen Seeverkehr zu unterbinden und die sich im Kriegsfall den NATO-Küsten nähernden Landungsverbände des am 14. Mai 1955 gegründeten Warschauer Paktes frühzeitig zu erkennen und zu bekämpfen. Die Entfaltung von U-Booten bis tief hinein in die östliche Ostsee diente dabei der Überwachung und militärischen Abschreckung in gegnerischen Seeräumen. Die eigenen Seegebiete der Ost- und Nordsee sollten durch Geleit- und Minensuchfahrzeuge gesichert werden. Die Nutzung der Ostseezugänge für den Gegner durch eigene Flottenkräfte zu verwehren, entsprach von Anbeginn dem Konzept der Marineführung aller NATO-Partner. Man wollte den etwa 200 sowjetischen U-Booten die Teilnahme an Kampfhandlungen zur Unterbindung der atlantischen Seeverbindungen der NATO verwehren.

Das Scheitern des Projektes der Europäischen Verteidigungsgemeinschaft (EVG) im August 1954 bot den Marineplanern der BRD neue Chancen, um ihre Vorstellungen über die Aufgaben und den Aufbau der Bundesmarine im NATO-Rahmen einzubringen und zu forcieren. Zu den Gründungsvätern der Marine gehörten die ehemaligen Seeoffiziere der Kriegsmarine Vizeadmiral Friedrich Ruge (ab 1956 erster Inspekteur der Marine), Konteradmiral Gerhard Wagner, Kapitän zur See Hans Rudolf Rösing und Fregattenkapitän Karl-Adolf Zenker (ab 1961 Vizeadmiral und Inspekteur der Marine). Sie sahen für die künftige Flotte reine Schutz- und Sicherungsaufgaben im unmittelbaren deutschen Küstenvorfeld. Im Sinne des von Vizeadmiral Friedrich Ruge geprägten Leitspruchs, „Beschränkt in den verfügbaren Mitteln - unbeschränkt im Denken", bildeten sich im Rahmen der Weiterentwicklung der NATO-Strategie zur Verteidigung des Nordflankenraums folgende Aufgaben

heraus:
1. Sicherung und Verteidigung der Ostseezugänge im Zusammenwirken mit der Luftwaffe, dem Heer und den verbündeten Streitkräften (NATO)
2. Hineinwirken in die Ostsee zur Unterbrechung des gegnerischen Seeverkehrs (Marine und zivile Schifffahrt) und der Nachschubseewege
3. Schutz der eigenen Seeverbindungswege für den Nachschub über die Nordsee
4. Begrenzte Beteiligung am Konvoi-Dienst der NATO im Nordatlantik
5. Repräsentation der Bundesmarine durch Ausbildungsfahrten ins Ausland.

Die entsprechenden Planungsrichtlinien über den Aufbau der Flotte wurden im Herbst 1954 von dem bereits seit 26. Oktober 1950 bestehenden „Amt Blank", als Vorläufer des Bundesverteidigungsministeriums, erarbeitet und erlassen. Als „Hilfsreferent für den Küstenschutz" im Amt Blank fungierte Fregattenkapitän a.D. Karl-Adolf Zenker.

Anlässlich des 200. Geburtstages des preußischen Militärreformers Gerhard Johann David von Scharnhorst am 12. November 1955 erhielten die ersten Soldaten der Bundeswehr ihre Ernennungsurkunde vom frisch ernannten Verteidigungsminister Theodor Blank. Wie Scharnhorst es nach den militärischen Katastrophen von Jena und Auerstedt 1806 schaffte, so sollten auch jetzt aus der Niederlage heraus neue, zeitgemäße Streitkräfte aufgebaut werden. Bei ihrer Gründung berief sich die Bundeswehr u.a. auch auf das klassische Eiserne Kreuz. In seinem Ursprung ging es auf die preußischen Freiheitskriege 1812 und 1815 zurück. Der Wiederaufbau einer deutschen Marine in der BRD stand 1955/ 56 in Verantwortung erfahrener Offiziere des Zweiten Weltkrieges. Viele von ihnen sind nach dem 8. Mai 1945 in unterschiedlichen Verwendungen „weiter gefahren". Das spielte in den Aufbaujahren eine wichtige Rolle. Am 2. Januar 1956 rückten die ersten Freiwilligen zur Marine-Lehrkompanie in Wilhelmshaven ein. Damit begann der Aufbau der Bundesmarine. Zu den ersten am 28. März und 1. April 1956 in Dienst gestellten Fahrzeuge der Bundesmarine gehörten sechs Schnellboote der Klasse 149 des Typs SILBERMÖVE sowie 10 Minensuch- und Räumboote der Serie R 41 bis R 129 sowie R 130 bis R 150, der vom LSU-B in Dienst gehaltenen Fahrzeuge der Kriegsmarine. Acht weitere Räumboote fanden als Schul- und Versuchsfahrzeuge eine Verwendung. Bereits Ende 1955 begann man die Räumboote schrittweise zu bewaffnen. Sie erhielten eine 20-mm-Flak als Einzellafette auf der Back und auf dem Achterdeck. Die deutschen Schnellbootsbesatzungen standen zuvor im Dienst der Royal Navy in der Ostsee. Hinzu kamen Küstenwacheinheiten und viele Angehörige des Seegrenzschutzes, die in der Kriegsmarine ihren Dienst versahen. In dieser personellen Entwicklung bestanden durchaus Parallelen zu den Anfängen des Aufbaus der Hauptverwaltung Seepolizei (ab 1950) und Volkspolizei See (ab 1952) in der DDR.

In der zweiten Jahreshälfte 1956 erhielt die Bundesmarine fünf Hochseeminensuchboote der Klasse 319 aus französischem Kriegsbeutebestand. Im November 1956 unternahm die Bundesmarine mit den vom Seegrenzschutz übernommenen Begleitschiffen EIDER und TRAVE die erste Ausbildungsreise nach Den Helder und Portsmouth. Im April 1957 unterstellte die Bundesmarine ihre ersten beiden einsatzbereiten Minensuchgeschwader der NATO.

Am 15. Juni 1956 nahm das „Kommando der Seestreitkräfte" in Wilhelmshaven-Sengwarden seine Tätigkeit auf. Kapitän zur See Max-Eckart Wolff führte zunächst kommissarisch die Dienstgeschäfte des Befehlshabers. Damals war die Rolle des Dienstpostens in der Organisationsstruktur der Marine noch sehr begrenzt. Im Einsatzfall wären die westdeutschen Seestreitkräfte von den Befehlshabern Nordsee und Ostsee geführt worden. Mit dem ersten Befehlshaber der Flotte, Konteradmiral Rolf Johannesson (März 1957 bis August 1961) erfolgte die Umbenennung in „Kommando der Flotte" und am 1. Dezember 1960 die Verlegung nach Glücksburg. Ausgehend von der Anpassung an die NATO-Kommandostruktur, durchlief die oberste Führungsstruktur der Flotte in den 60er Jahren eine tief greifende Reorganisation. Im Rahmen dieser Neugestaltung war zu berücksichtigen, dass im Bereich Nordsee und Elbe, die Grenzen von drei NATO-Kommandobereichen aneinander stießen. Hierbei handelte es sich zugleich um jene Region bzw. „Front", in der man den Hauptstoß des Warschauer Paktes erwartete. Die Umbenennung des „Kommandos der Flotte" in „Flottenkommando" ab 1. Januar 1967 markierte zugleich den Abschluss des Aufgaben- und Strukturwandels. Der Befehlshaber der Flotte war nunmehr im Frieden verantwortlich für die Herstellung und Aufrechterhaltung der Einsatzbereitschaft aller schwimmenden und fliegenden Einsatzverbände der Flotte. Im Kriege führte er mit seinem „NATO- Hut" als Flagg Officer Germany (FOG) in Unterstellung des Oberbefehlshabers Europa (SACEUR), die im Bereich der Ostsee und den Ostseezugängen zum Einsatz kommenden NATO-Seekriegsmittel, die Baltic Approaches (BALTAP). Zusätzlich wurde mit dem Befehlshaber Seestreitkräfte Nordsee in Sengwarden bei Wilhelmshaven ein Einsatzstab aufgebaut, der im Kriegsfall dem NATO-Bereich Kanal (CINCCHAN) und damit dem Oberbefehlshaber Atlantik (SACLANT) unterstellt, die Sicherungsaufgaben in der Nordsee mit dem hierfür zugewiesenen Seekriegsmitteln zu führen hatte. Um die Tätigkeit des Stabes im Frieden zu üben, wurden ihm in Friedenszeit alle deutschen Einheiten unterstellt, die zeitweilig in außerheimischen Seegebieten operierten. Dazu zählten u.a. Schulschiffreisen, Fahrzeuge in Seemanöver und Ausbildungsvorhaben.

Aufbauphase

Das vom Deutschen Bundestag gebilligte Schiffbauprogramm sah in seiner endgültigen Fassung von 1960 den Neubau folgender Einheiten vor:

12 Zerstörer	6 Geleitschiffe (Fregatten)	12 U-Boote
40 Schnellboote	52 Minensucher (u.a. 30 schnelle Minensuchboote)	

2 Minenleger   12 Landungsboote   10 Hafenschutzboote
2 Ausbildungsschiffe 120 Tross- und Spezialschiffe 58 Marineflugzeuge

Nach den Vorstellungen der Marineführung sollten der Bundesmarine damit über 136 Kampf- sowie 132 Tross- und Spezialschiffe bis Ende der 60er Jahre zulaufen. Tatsächlich erhielt die Marine bis 1967 insgesamt 175 Fahrzeuge.

Das Rüstungsgeschäft entwickelte sich nach zehnjähriger Zwangspause schnell zu einer nationalen Herausforderung an die deutsche Marineschiffbauindustrie. Die Werftindustrie begann in den 50er Jahren mit der Fertigung von Schnellbooten der Klasse 140 des Typs JAGUAR für den Küstenschutz. Dabei konnte man auf Kriegserfahrungen und bereits realisierte Aufträge für den Seegrenzschutz zurückgreifen. Am 16. November 1957 stellte die Marine das erste Schnellboot vom Typ JAGUAR in Dienst. Die etwa 185t großen Boote wurden mit vier 12.000 PS Mercedes- bzw. Maybachmotoren angetrieben. Die spezielle Formgebung des Schiffsrumpfes führte dazu, dass das Boot auch bei hoher Fahrtgeschwindigkeit von 43 Knoten und rauem Seegang dennoch nahezu waagerecht im Wasser fuhr. Alle Boote verfügten über zwei 40-mm-Bordgeschütze (L/70) und vier seitlich angeordnete Torpedorohre 533 mm. Die Schnellbootsklassen 140 und 141 wurden in einer Serie von 30 Booten aufgelegt und der Marine zugeführt.

Die Indienststellung des ersten von insgesamt 18 Küstenminensuchbooten der Klasse 320 LINDAU erfolgte am 24. April 1958. Die Boote hatten ein Deplacement von bis zu 470t und erreichten mit beiden 3.940 PS Maybachmotoren eine Geschwindigkeit von 16,5 Knoten. Die robust gebauten Boote befanden sich etwa vier Jahrzehnte im Einsatz. Ab 1962 liefen der Bundesmarine 30 Fahrzeuge des schnellen Minensuchers der Doppelklasse 340/341 SCHÜTZE zu. Die aus verleimten Holz und amagnetischen Stahl gebauten Boote waren ca. 266t groß. Wegen der verbesserten Antriebsleistung von 4.400 PS kamen sie auf eine Geschwindigkeit von 24 Knoten. Neben der Bewaffnung mit einer 40-mm-Flak konnten sie 30 Minen an Bord nehmen.

U-Bootwaffe
Mit Hebung und Grundüberholung der beiden Küsten-U-Boote des Typs XXIII (U 2365 und U 2367) sowie des Hochseebootes Typ XXI (U 2540) der Kriegsmarine begann die junge Bundesmarine mit dem Aufbau ihrer U-Bootwaffe. Sie profitierte dabei von der technischen Genialität der letzten nicht mehr zum Einsatz kommenden Boote des Zweiten Weltkrieges. Zu den ersten 1957 in Dienst gestellten U-Booten gehörten S 170 HAI (ex U 2365) und S 171 HECHT (ex U 2367). Um das 1.620t (aufgetaucht) bzw. 1.820t (getaucht) verdrängende U-Boot U 2540 der Klasse XXI nach seiner Instandsetzung in Dienst stellen zu können, bedurfte es einer Sondergenehmigung der Westeuropäischen Union. Laut den Pariser Verträgen war die Größe der U-Boote für die Bundesrepublik auf 350t begrenzt. Am 1. September

1960 stellte die Bundesmarine das Boot als WILHELM BAUER Y 880 (ex U 2540) in Dienst. Als die NATO entschied, das deutsche Know-how für den U-Bootbau zu nutzen, begannen Ingenieure der Howaldtswerke Deutsche Werft in Kiel unter Anleitung von Professor Ulrich Gabler (ehemals Leitender Ingenieur auf U 564 der Kriegsmarine) mit der Entwicklung und dem Bau der Bootsklassen 201, 205 und 206. Wegen Materialmängel im amagnetischen Stahl traten erhebliche Bauverzögerungen ein. Die ersten U-Boote der Klasse 201 mit U1 bis U3 und der Klasse 205 mit U4 bis U12 kamen bis Ende der 60er Jahre in Fahrt. Die Einführung des modernisierten Typs 206 im Zeitraum 1970 bis 1975 führte zu einer Leistungssteigerung der U-Bootwaffe. Zusammen mit sechs Booten der Klasse 205 wuchs die Stückzahl der U-Boote in der Zeit des Kalten Krieges auf 24 Fahrzeuge. Ab Ende der 80er Jahre wurden 12 U-Boote zur Klasse 206A modernisiert. Die im Verhältnis zur geringen Verdrängung des Bootes von 500t mächtige Fahrbatterie ermöglichte unter Wasser eine Höchstgeschwindigkeit von 18 Knoten. Der in amagnetischer Bauweise aus Austenit-Stahl gefertigte Bootskörper und die geringe Eigengeräuschabstrahlung verhalf dem Boot eine weitgehende Unempfindlichkeit gegenüber Seeminen und magnetischer Anomalieortung aus der Luft. Die Boote verfügten mit acht Torpedorohren über eine relativ hohe Waffenzuladung von drahtgelenkten Schwergewichtstorpedos des Typs DM 2 A3 für die Seeziel- und U-Bootbekämpfung. Ursprünglich wurden die U-Boote in der Zeit des Kalten Krieges für den Kampf gegen sowjetische Landungsschiffe in der Ostsee konzipiert. Nach Auflösung des Warschauer Paktes zeigten die Boote der Klasse 206A Flagge im Mittelmeer und Atlantik sowie in der Karibik. Nach 37 Dienstjahren kam für die letzten drei Boote U16, U17 und U18 schließlich 2011 das Aus. Zusammen mit U15, U23 und U24 stellte die Deutsche Marine die Fahrzeuge dieser Bootsklasse außer Dienst.

Zerstörer und Fregatten

Zu den ersten größeren Neubauten der Bundesmarine, die im Zeitraum 1961 bis 1964 in Dienst gestellt wurden, gehörten sechs Fregatten der Klasse 120 vom Typ KÖLN. Damals trugen die Schiffe noch die Bezeichnung als Geleitboote. Entsprechend den Bauauflagen der Westeuropäischen Union vom 5. Mai 1955 mit der Begrenzung der Tonnage auf 3.000t für Überwasserschiffe und 350t für U-Boote lag die Wasserverdrängung der Schiffsklasse KÖLN bei 2.700t. Um die Vorgaben einzuhalten, wählte man die Baukombination eines Stahlrumpfes mit Leichtmetallaufbauten. Die KÖLN erreichte bei einer Antriebsleistung von gesamt 36.000 PS eine Geschwindigkeit von 30 Knoten. Mit der Fregatte der Klasse 120 wurde weltweit erstmals der kombinierte Gasturbinen- und Dieselmotorenantrieb CODAG (COmbined Diesel And Gas) angewendet. Die Kraftübertragung dieser Antriebsversion von vier MAN-Dieselmotoren (12.000 PS) und einer Gasturbine Typ BBC (24.000 PS) erfolgte über ein Kombinationsgetriebe auf zwei Propellerwellen. Damit konnten wegen der Beschränkungen im Bauraum und in der Verdrängung höhere Leistungsparameter erreicht werden. Die großvolumigen Lufteintritt- und Abgasaustrittsschächte prägen die Silhouette des Schiffes.

Weniger erfolgreich lief das Zerstörerbauprogramm an. Die für den Bau der 12 Zerstörer vorgesehene AG Weser lehnte die Fertigung ab. Im Rahmen eines Militärhilfeprogramms für verbündete Marinen erhielt die Bundesrepublik von den USA per Leihvertrag Ende der 50er Jahre sechs grundüberholte und modernisierte Weltkriegszerstörer der FLETCHER-Klasse. Nach etwa 16 Jahren im Dienst der US Navy, einschließlich ihrer Reserveflotte, setzten die USA am 17. Januar 1959 in Charleston die ehemalige USS ANTHONY als Zerstörer Z 1 unter deutscher Flagge. Weitere fünf Schiffe folgten bis zum 12. April 1960. Die Kriegsschiffe hatten eine Wasserverdrängung von 2.700t. Sie erreichten mit ihren dampfgetriebenen Antriebsmaschinen und einer Leistung von 68.000 PS eine Geschwindigkeit von 35 Knoten. Die Feuerkraft entsprach dem eines Weltkriegszerstörers, bestehend aus vier Einzeltürmen vom Kaliber 127mm, drei Zwillingsflaks vom Kaliber 76mm, einem Torpedo-Fünfrohrsatz 533mm, zwei Hedgehog-Werfer 100 M, Wasserbomben und Minen. Die Übernahme der FLETCHER-Zerstörer war als schnelle und zeitlich befristete Übergangslösung gedacht. Mit einer Betriebsdauer bis zu 22 Jahren fand dieser Schiffstyp der Klasse 119 in der Bundesmarine eine weitaus längere Verwendung als ursprünglich geplant. Nach nur sieben bzw. vierzehn Einsatzjahren gingen Z 6 am 15. Dezember 1967 und Z1 am 17. März 1972 außer Dienst. Beide Zerstörer wurden zuvor von den USA aus der Liste ihrer Kriegsschiffe gestrichen. Die vier verbliebenen und mittlerweile von der Bundesrepublik zu einem Stückpreis von 375.000 DM gekauften Einheiten bildeten bis 1980/81 das 3. Zerstörergeschwader in Kiel. Ende der 70er bzw. zu Beginn der 80er Jahre ging das FLETCHER-Zeitalter in der Bundesmarine zu Ende. Als letztes Schiff wurde Z 2 am 15. September 1981 außer Dienst gestellt und wie seine Vorgänger an Griechenland verkauft.

Ab 1964 erhielt die Marine vier Zerstörer der HAMBURG Klasse 101. Das letzte Schiff der Serie, die HESSEN D 184, trat am 8. Oktober 1968 zur Flotte. Dieser Schiffstyp führte ein Deplacement bis zu 4.330t. Über einen Hochdruck-Heißdampf-Turbinenantrieb von 68.000 PS erreichten diese Fahrzeuge eine Geschwindigkeit von 35 Knoten. Zur Bewaffnung gehörten vier 100-mm-Einzelgeschütze, vier 40-mm-Zwillingsflaks, U-Jagdtorpedo und U-Jagdraketenwerfer. Analog der KÖLN-Klasse bestand bei den Zerstörern der HAMBURG-Klasse der Rumpf aus Stahl und die Aufbauten aus Leichtmetall. Wegen ihrer hohen Silhouette und dem niedrigen Freibord erhielten die Schiffe im Marinejargon die Bezeichnung „Hochhäuser". Ab Mitte der 70er Jahre erfolgte ihre Umrüstung zu Flugkörperzerstörern der Klasse 101A. Zur Zerstörerflottille gehörten außerdem fünf U-Jagdboote der Klasse THETIS 420, die zuvor als Torpedofang- bzw. Flottendienstboote im Dienst der Marine standen.

Um die Schnellboot-, Minensuch- und U-Bootgeschwader im Einsatz unabhängig von der Versorgungs- und Stützpunktorganisation zu machen, erhielten die Geschwader Tender als Begleitschiffe. Versorgungsschiffe und Tanker gewährleisteten die schwimmende Versorgung auf See. Zu den größten Marinebasen zählten Wilhelmshaven und Kiel. In der Ostsee unterhielt die Marine die Stützpunkte in Neustadt, Eckernförde, Olpenitz/ Kappeln und Flensburg. Dem Kommando Marineausbildung waren 14 Marineschulen und diverse Ausbildungseinrichtungen nachgeordnet. Die Einheitsausbildung für Flottenoffiziere erfolgte an der Marineschule Flensburg-Mürwik. Dort erhielten am 1. April 1957 die ersten Marineoffiziere der Crew I/56 ihre Beförderung zum Leutnant zur See.

Schulschiff DEUTSCHLAND A 59
Am 25. Mai 1963 erfolgte in Anwesenheit des Verteidigungsministers Kai-Uwe von Hassel die Indienststellung des Schulschiffers DEUTSCHLAND A 59. Mit einer maximalen Wasserverdrängung von 5.450t, einer Länge von 138 Metern und 16 Metern Breite war es das damals größte Fahrzeug der Bundesmarine. Mit seiner Maschinenleistung von 16.000 PS erreichte es eine Geschwindigkeit von 22 Knoten. Gebaut wurde das Schulschiff auf der Werft Nobiskrug in Redensburg. Neben dem ehemaligen Unterwasserfrachtschiff DEUTSCHLAND (ab 1917 Einsatz als U-Kreuzer U 155) war das Schiff A 59 nunmehr das fünfte militärische Überwasserfahrzeug, das den Namen seines Landes trug. Zu seiner Bordbewaffnung gehörten u.a. vier 100-mm-Geschütze, sechs 40-mm-Geschütze und vier Unterwassertorpedorohre 533mm. Das Marineschiff der Klasse 440 diente der Ausbildung von Offiziersanwärtern und war deshalb wie das Segelschulschiff GORCH FOCK A 60 der Marineschule Mürwik unterstellt. Auf der DEUTSCHLAND konnten sich die Offiziersanwärter mit der Organisation und den Dienstbetrieb auf einem Kriegsschiff vertraut machen uns ihre bis dahin erworbenen theoretischen Kenntnisse in der Praxis vertiefen. Auf Auslandsfahrten lernten sie andere Staaten und Völker zur eigenen Standortbestimmung und Meinungsbildung kennen. In seiner 27-jährigen Fahrenszeit wurden auf 68 Auslands-Ausbildungsfahrten 3.500 Offiziersanwärter von der 356-köpfigen Stammbesatzung ausgebildet. Bis zu seiner Außerdienststellung am 28. Juni 1990 legte das Schulschiff DEUTSCHLAND insgesamt 725.000 Seemeilen zurück. Das entspricht einer 32-maligen Erdumrundung. Auf ihren Besuchen in 130 Häfen von 75 Gastländern trug die DEUTSCHLAND den Friedenswillen der Bundesrepublik Deutschland über die See in alle Welt hinaus. Auf ihren Fahrten diente das Marineschiff den Bundespräsidenten Walter Scheel und Prof. Dr. Karl Carstens sowie den Bundeskanzlern Helmut Schmidt und Dr. Helmut Kohl häufig als Plattform für Staatsempfänge in den besuchten Länder. Im Sommer 1993 wurde das Schulschiff für eine Million Mark an einen amerikanischen Investor verkauft, der es dann schließlich im indischen Alang verschrotten ließ.

Marineflieger
Parallel mit der Aufbauphase der Marine, die bis 1964 zum Abschluss kam, lief die

Aufstellung der Seeluftstreitkräfte. Ende 1958 verfügte die Bundesmarine über die 1. und 2. Marinefliegergruppe als Kampfeinheiten sowie über eine Marine-Seenotstaffel (ab 1963 Marinefliegergeschwader 5). Zum Flugzeugpark gehörten 68 Marinejagdbomber SEA HAWK, 16 U-Jagdflugzeuge GANNERT AS, 10 Hubschrauber Typ B 171 SYCAMORE sowie fünf Amphibienflieger HU 16-C ALBATROSS. Ab 1963 erfolgte die Umrüstung der Marinefliegergeschwader 1 und 2 mit dem Überschalljagdbomber F 104 STARFIGHTER. Die Marine erhielt davon insgesamt 127 Stück. Diese Maschinen wurden ab 1982 durch 112 Kampf- und Aufklärungsflugzeuge des Typs MRCA TORNADO abgelöst. Das 1964 aufgestellte Marinefliegergeschwader 3 „Graf Zeppelin" erhielt 20 Seefernaufklärer des Typs BREGUET ATLANTIK.

Strategiewandel
Angesichts des massiven Auflaufens der sowjetischen Seekriegsflotte in Flottenübungen und „Okeanos"-Manövern ab Mitte der 60er Jahre überarbeitete die Bundesmarine ihre Einsatzkonzeption im Rahmen der NATO-Strategie der „Flexiblen Reaktion". Neben der ursprünglich vordergründig küstennahen Verteidigung der Ost- und Nordseezugänge hatte die Marine jetzt auch im Rahmen der NATO Planungen einen Beitrag zur Sicherung der überseeischen Zufuhren über den Atlantik in die Nordsee zu leisten. Möglichen Angriffen des Warschauer Paktes im Kampf um die Ostseezugänge stellte die Marine ihre Strategie der Vorneverteidigung entgegen. Dem Gegner sollte so weit östlich wie möglich in Seeräumen begegnet werden, aus denen er seine Angriffe entwickeln konnte. Zur Demonstration militärischer Geschlossenheit der NATO und einer glaubhaften Abschreckung auf See beteiligte sich die Bundesmarine ab 1967/68 an den multinationalen Flottenverbänden der Standing Naval Force Atlantic und Standing Naval Force Channel. 1969/70 beschaffte die Bundesregierung drei Lenkwaffenzerstörer des Typs DDG2 CHARLES F. ADAMS aus den USA. Ein zuvor ins Auge gefasster Lizenzbau auf deutschen Werften wurde aus Kostengründen verworfen. Der Indienststellung der LÜTJENS D 185 am 22. März 1969 in Boston mit anschließender Überführung zum Heimatstützpunkt Kiel folgten bis 1970 der Flugkörperzerstörer MÖLDERS D 186 und ROMMEL D 187. Die 4.460t großen Schiffe mit einem 70.000 PS Dampfturbinenantrieb erreichten 36 Knoten. Die Bewaffnung umfasste zunächst zwei 127-mm-Geschütze, zwei Drillingsrohrsätze 324mm zur U-Bootbekämpfung, einen Starter für RIM-24 Tartarflugkörper sowie einen Starter für U-Jagdraketen vom Typ ASROC. Die Ausrüstung des Schiffes wurde mehrfach modernisiert und waffenmäßig angepasst. So z.B. erhielten alle drei Zerstörer STANDARD MISSILE zur Flugabwehr und HARPOON-Flugkörper zur Seezielbekämpfung. In seinen stattlichen 34 Dienstjahren bis 2003 legte der Zerstörer LÜTJENS insgesamt 800.000 Seemeilen zurück. Das entsprach fast 36 Erdumrundungen. Bei einer Besatzungsstärke von 327 Mann (davon 176 Mannschaften) versahen insgesamt ca. 15.000 Marinesoldaten auf der LÜTJENS ihren Dienst. Die letzte Fahrt absolvierte die LÜTJENS im Rahmen von DESEX

2003, eine als Zerstörerübung (Destroyer Exercise) bezeichnete mehrmonatige Ausbildungsfahrt im Mittelmeer und Atlantik. Mit dem Zerstörer der LÜTJENS-Klasse 103 wurden in der Bundesmarine erstmals moderne elektronische Führungs- und Waffeneinsatzsysteme, weitreichende Radargeräte und Luftzielflugkörper sowie taktische Datenfernübertragung eingeführt. Die Fahrzeuge umgab in der Marine der Nimbus von sogenannten „Heiligen Kühen".

Der internationalen Entwicklung folgend ließ die Bundesmarine die Bewaffnung ihrer vier Zerstörer der HAMBURG-Klasse von 1974 bis 1977 auf Flugkörpersysteme umrüsten. Sie folgte damit auch der zunehmenden Einführung von Flugkörpern auf Schiffen der sowjetischen Seekriegsflotte. Als Ersatz für die mittlerweile veralteten Schnellboote des Typs JAGUAR stellte die Marine ab Mitte der 70er Jahre Flugkörper-Schnellboote der Klasse 148 in Dienst. Die Personalstärke der Bundesmarine wuchs von 28.000 Mann im Jahr 1962 auf 36.000 Mann Mitte der 60er Jahre. In den 80er Jahren standen 38.000 Mann im blauen Tuch.

Im Rahmen des seestrategischen Konzepts der NATO zur Sicherung der Nordflanke wurde die Bundesmarine in die Operationsplanung des zuständigen NATO Befehlshabers im Bereich Ostsee-Zugänge COMNAVBALTAP bzw. für die Nordsee und den Ärmelkanal zuständigen CINCCAN zur maritimen Vorneverteidigung in den Operationsgebieten Ostsee, Ostseezugänge und Nordsee integriert. Die nationalen Befehlshaber der Flotte und der Seestreitkräfte Nordsee führten als Flaggoffizier Germany (FOG) bzw. Befehlshaber Seestreitkräfte Nordsee (COMGERNORTHEA) dabei die ihnen unterstellten multinationalen NATO-Einheiten nach dem von der NATO-Allianz vorgegebenen Einsatzkonzept. Die Problematik der NATO-Organisationsstruktur (drei Befehlsbereiche lagen im Zentrum der erwarteten Stoßrichtung des Warschauer Paktes) regelte ein entsprechender Vertrag zwischen den drei höheren NATO-Kommandobehörden (Major NATO Commanders-MNC) in Form eines sogenannten TRI-MNC Agreement (Three Major NATO Commanders Agreement). Auf nationaler Ebene wurde die bis dahin ausgeübte politische Selbstbeschränkung des Einsatzraumes der Bundesmarine zwischen der Linie Dover-Calais und dem 60. Breitengrad im Juni 1980 aufgehoben.

Für den Einsatz in der Nord- und Norwegensee wurden Schiffe mit hoher Seeausdauer, großer Reichweite, Beweglichkeit und Allwetterbeständigkeit benötigt. Dazu gehörten u.a. Mehrzweckfregatten mit einer Bord-Hubschrauberkomponente, U-Boote, U-Jagd- und Seefernaufklärungsflugzeuge und Marinejagdbomber. Als Ersatz für die inzwischen veralteten Zerstörer der FLETCHER-Klasse und KÖLN-Fregatten stellte die Bundesmarine von 1981 bis 1984 sechs Fregatten der Klasse 122 mit dem Typ-Schiff BREMEN in Dienst. Die Schiffe verfügten über einen kombinierten Antrieb von zwei Gasturbinen Typ GE-GTu und zwei MAN-Dieselmotoren (CODOG-COmbined Diesel Or gas) mit insgesamt 62.000 PS. Die auf der Bremer Vulkan Werft gebauten Fregatten der Klasse 122 erreichten eine Wasserverdrängung bis zu 3.800t und eine Geschwindigkeit von 30 Knoten. Die Antriebsanlage war schallgekapselt und doppelt elastisch gelagert. Die Schiffe verfügten darüber hinaus über eine Einrichtung zur Maskierung der Propellergeräusche. Zur Ausstattung gehörten erstmals auch Bordhubschrauber des Typs SEY LYNX Mk 88. Davon konnten zwei Stück mitgeführt werden. Die mittlerweile nun schon über drei Jahrzehnte im Dienst stehenden sechs Fregatten wurden mehrfach modernisiert und waffentechnisch optimiert.

Die Schnellbootflottille in Olpenitz erhielt als Ersatz für die Boote der ZOBEL-Klasse ab 1982 zehn Flugkörper-Schnellboote der Klasse 143A. Diese zeichneten sich durch eine waffentechnische Kombination von zwei 76-mm-Rohrwaffen, vier Seezielflugkörpern MM 38 „Exocet" sowie zwei 533-mm-Torpedorohren aus. Zwölf Küstenminensuchboote der LINDAU-Klasse 331B erfuhren von 1978 bis 1981 eine Umrüstung zu Minenjagdbooten. Sechs Boote der Klasse 351 wurden zu Hohlstabfernlenkbooten mit dem Räumsystem „Troika" ausgestattet. Sie hatten die Fähigkeit, ferngesteuert unbemannte kleine Boote (Hohlstäbe) in Räumformation dem Mutterschiff voraus an Steuerbord und Backbord zu lenken.

Zum Zeitpunkt der deutschen Wiedervereinigung befand sich die Bundesmarine in einer Phase der grundlegenden Reformierung. Entsprechend den neuen sicherheitspolitischen Gegebenheiten in Europa, knapper Finanzmittel für den Verteidigungsetat und Engpässen in der Personalentwicklung musste die Marine bis 2000 auf 27.000 Mann abspecken. Die Flottenstruktur verschlankte sich auf die Zerstörerflottille (Wilhelmshaven und Kiel), U-Bootflottille (Eckernförde), Schnellbootflottille (Warnemünde mit Auflösung in Olpenitz), Flottille der Minenstreitkräfte (Kiel), Marineführungsdienste (Kiel) und Marineflieger (Kiel). Von ehemals neun Stützpunkten der Marine verblieben fünf. Alle typgleichen Schiffe wurden in einer Flottille und überwiegend in einem Stützpunkt zusammen gefasst. Die Zahl der Ausbildungsstandorte der Marine reduzierte sich von vierzehn auf fünf.

Kenntnislage der Volksmarine über die Bundesmarine

Mit Ausnahme der vom Zeitgeist geprägten politisch-ideologischen Aspekte in der Gegner-Darstellung waren die Angehörigen der Volksmarine gut über die Fahrzeuge und Waffentechnik der Bundesmarine sowie ihrer Kommandostrukturen informiert. Die Bestätigung erhielt ich 1990. Trotz teilweiser Geheimhaltung hat uns von der anderen Seite waffentechnisch wenig überrascht. Die Kenntnisvermittlung über die NATO-Seestreitkräfte und hier speziell zur Bundesmarine und ihrer Marinefliegerkräfte war Lehrgegenstand im Studienfach „Taktik" an der Offiziershochschule der Volksmarine. Die Gegner-Thematik berührte auch die Fachbereiche Militärgeschichte, Politische Führung und Erziehung sowie Ökonomie (hier Militär-Industrieller-Komplex der BRD). Daneben verfügte die Aufklärung und Spezialpropaganda der Volksmarine über Informationen zu Flottenkommandeuren und Kommandanten der Bundesmarine. So wurde z.B. im Verlauf einer Begegnung mit einem Flugkörper-Schnellboot der Klasse 148 Mitte der 70er Jahre dessen Kommandant von einem

Schiff der Volksmarine zielgerichtet ganz persönlich angesprochen: „Während Sie, Herr Kaleu X, uns in See provozieren, amüsiert sich Ihre Frau Y mit Herrn Z im Hotel …". Die Verblüffung unter der Brückenbesatzung des Schnellbootes über diese ganz privaten Nachrichten war den Männern förmlich anzusehen. Das Boot drehte schleunigst ab.

Als Informationsmaterialien über die NATO-Seestreitkräfte und Bundesmarine standen den Angehörigen der Volksmarine u.a. zur Verfügung:

- VVS-Katalog K 243/3/002, Kräfte und Mittel COMBALTAP (1988)
- Informationsdienst NVA, Reihe Marinewesen

- Weyers Flotten-Taschenbuch
- VOLKSARMEE, „Im Fadenkreuz"

- VVS-Militärwesen (mit Zahlenmaterial)
- Armeerundschau, Rubrik Typenblätter (Fahrzeuge Bundesmarine)

- VVS-Information der Verwaltung Aufklärung (NVA)
- Militärpolitische Information der Politischen Hauptverwaltung

Dem Chef des Stabes und den Offizieren der Abteilung Aufklärung und Spezialpropaganda im Kommando der Volksmarine wurden täglich nordwestdeutsche Tageszeitungen vorgelegt. Dazu gehörten u.a. der Weser-Kurier, das Flensburger Tageblatt, die Kieler Nachrichten sowie die Wilhelmshavener Zeitung.

In der Volksmarine legte man großen Wert auf fundierte Kenntnisse zur Waffentechnik der Bundesmarine und ihrer Marinefliegerkräfte. In der 4. Flottille in Warnemünde fand halbjährlich eine Offiziersversammlung statt. Im Verlauf dieser Dienstversammlung referierten Offiziere der Abteilung Aufklärung und Spezialpropaganda über die aktuelle Lage der Bundesmarine. Mitschriften waren nur in VVS-Büchern (Vertrauliche Verschlusssache) gestattet. Wer in den regelmäßigen schriftlichen Überprüfungen über die NATO-Seestreitkräfte durchfiel, hatte anschließend nichts mehr zu lachen. Der betreffende Offizier wurde in Dienstversammlungen gerügt und zum Pflichtstudium über die NATO-Seestreitkräfte verdonnert. Er musste sich erneut einem schriftlichen Testat stellen.

Vor jedem Vorposteneinsatz erhielten die Bordoffiziere eine Einweisung über die in der Ostsee stehenden Kräfte der Bundesmarine und des BGS-See. Die Besatzungen an Bord absolvierten Schulungen im Schiffserkennungsdienst. Näherten sich Fahrzeuge der Bundesmarine Schiffen der Volksmarine, dann war die Begegnung häufig mit einer routinemäßigen Abfrage von taktisch-technischen Daten über das jeweilige Schiff des Gegners verbunden.

Getarnte Marinerüstung in der DDR: Hauptverwaltung Seepolizei 1950-1952 und Volkspolizei See 1952-1956

Die Bildung der **Hauptabteilung z. b. V. (See)** am 28. Februar 1950 im Bereich der Hauptverwaltung für Ausbildung (HVA) des Ministeriums des Innern (MdI) der DDR markierte den Beginn der personellen und organisatorischen Vorbereitung für den als Polizeikräfte getarnten Aufbau von regulären Seestreitkräften in der DDR. Die aus 13 Offizieren und 19 Mannschaften, einem Wachkommando und 3 Kraftfahrern bestehende Hauptabteilung z.b.V. See (**z**ur **b**esonderen **V**erwendung) im Stabsquartier der HVA in Berlin-Wilhelmsruh stand unter der Leitung von VP-Inspekteur Felix Scheffler. Bis 1948 in sowjetischen Diensten stehend, arbeitete er 1949 als „Berater z.b.V." in der Verwaltung Schulung der Kasernierten Volkspolizei (KVP) an einer Studie zur Küstenverteidigung. Der Kriegsmarineoffizier (I WO auf U 3514), VP-Kommandeur Friedrich Elchlepp, wurde Stabschef der Hauptabteilung z.b.V. See. Unter Anleitung der Kriegsmarineabteilung der Sowjetischen Kontrollkommission (SKK) in Berlin-Karlshorst erarbeitete der kleine Marinestab u.a. den Struktur- und Personalplan. Eingeleitet wurde die Übernahme der ehemaligen Fliegerwaffenschule-See der Kriegsmarine in Parow mit dem Hafengelände und umliegenden Gebäuden als künftige Ausbildungsbasis der Seepolizei. Parallel liefen die Vorbereitungen zur Aufnahme der ersten Ausbildungslehrgänge in Parow in der Verwendung als Offiziere, Unterführer (Maate) und Matrosen. Vorgesehen war, die Zementfabrik in Wolgast mit angrenzenden Hafenanlagen, Wohngebäuden und Lager zum Marinestützpunkt auszubauen. Die Übernahme der vom Obersten Chef der Sowjetischen Militäradministration in Deutschland (SMAD) Marschall W. D. Sokolowski am 1. März 1949 in Auftrag gegebene Bau von „Seekutter" stand bevor.

Am 1. und 25. April 1950 bestellte die Kriegsmarineabteilung der SKK Scheffler und Elchlepp zum Rapport über den Stand der Vorbereitungen des Aufbaus der Seepolizei nach Karlshorst ein. Für die seemännische und technische Laufbahnausbildung in Parow vereinbarte man die Sollstärke von 100 Offizieren, 200 Boots- und Maschinenmaate sowie 500 Matrosen. Das benötigte Lehrmaterial aus Beständen der Kriegsmarine sollte mit Unterstützung der SKK beschafft werden. Zur Verfügung gestellte russische Lehrunterlagen waren kaum zu gebrauchen. Die Entscheidung über den Marinestützpunkt für die ersten Boote fiel erst nach einer gemeinsamen Ortserkundung an der mecklenburgischen Küste. Im Gespräch waren Tarnewitz, Stralsund, Saßnitz und Wolgast. In der Unterredung verwies die deutsche Seite auf erhebliche Schwierigkeiten beim Bau des von der SMAD beauftragten Projekts „26-Meter-Seekutter" in einer Serie von 20 Booten. Die der DDR auferlegten Reparationsleistungen für die UdSSR, Lieferengpässe bei Anlagenteilen und Problemen in der Materialbeschaffung brachten das Bootsbauprogramm in Zeitverzug. Einigung bestand in der Anwerbung und Ausbildung von erfahrenen Seeleuten aus der Kriegsmarine als Besatzungen für die, von der SKK avisierte Zuführung von Minenräumbooten und Indienststellung der „Seekutter". Scheffer und Elchlepp erhielten die Weisung, Pläne zur Stärke, Ausrüstung und Personalgewinnung für die aufzustellenden maritimen Kräfte vorzulegen. Sie hatten Operationspläne und einen Finanzbedarfsplan für 1950 zu erarbeiten sowie einen Entwurf für die Dienstflagge und zur Uniformierung zu gestalten. Beide Offiziere schufen damit den Grundstein für die Seestreitkräfte der DDR. Der 1950 für die HVS eingestellte Finanzetat über 8.782.000 DM erwies sich jedoch als Utopie. Die tatsächlichen Kosten stiegen auf das Sechsfache.

Hauptverwaltung Seepolizei

Am 15. Juni 1950 beschloss der Ministerrat der DDR, mit Wirkung vom 16. Juni eine dem MdI angegliederte Hauptverwaltung der Seepolizei (HV Seepolizei bzw. HVS) zu errichten. Am 16. Juni 1950 meldete die „Landes Zeitung" von Mecklenburg etwas versteckt in dem Artikel „Maßnahmen der Regierung gegen das Kartoffelkäfer-Verbrechen" den Beschluss des DDR-Ministerrates über „die Errichtung einer dem Ministerium des Innern angegliederten Hauptverwaltung für See-Polizei. Ihr obliegt es, an der Seegrenze die demokratischen Errungenschaften und den wirtschaftlichen Aufbau im Interesse der werktätigen Bevölkerung zu sichern, den Handel vor Schädigung durch Schmuggel an der Küste zu schützen sowie allen anderen in Häfen der Republik aus- und einlaufenden Schiffe in den Küstengewässern Schutz und Sicherheit zu gewähren." Zum Leiter der HVS im Dienstgrad eines Generalinspekteurs wurde der SED-Funktionär Waldemar Verner ernannt. Von Beruf Schaufensterdekorateur, trat Verner 16jährig in die KPD ein. Aus dem dänischen Exil kommend, wurde er im April 1946 Vorsitzender der SED-Kreisorganisation von Hagenow und ab 1. Juli 1947 in Stralsund. Verners Stellvertreter für Polit-Kultur (PK) war bis zum 1. Juli 1950 VP-Inspekteur Felix Scheffler. Mit seiner Ernennung zum Stabschef und Beförderung zum Chefinspekteur übernahm Chefinspekteur Erwin Bartz das PK-Ressort. Als Personalchef fungierte Chefinspekteur Richard Fischer. Die ab 1. August 1950 arbeitende Abteilung Intendantur leitete VP-Inspekteur Paul Blechschmidt. Mit Ausnahme von Scheffler, der in den 30er Jahren als Leichtmatrose und Steward auf Fracht- und Passagierschiffen zur See fuhr, verfügte keiner in der HVS-Führung über maritime Kenntnisse und Erfahrungen. Schließlich fand man in dem NDPD-Funktionär Heinz Neukirchen, der am 7. Oktober 1949 aus sowjetischer Kriegsgefangenschaft zurück kehrte, einen von der SKK anerkannten Fachmann mit exzellenten maritimen und militärischen Wissen und Erfahrungen. Als ehemaliger Oberleutnant zur See (Kr. O) und Kommandant eines U-Jägers der Kriegsmarine übernahm er am 30. April 1951 im Dienstrang eines Chefinspekteurs die Position des Stabschefs der HV Seepolizei. Scheffler wurde Leiter PK und wechselte dann zum Stellvertreter des Chefs für Ausbildung. Ab 1. Juli 1951 bezog der Marinestab Quartier in einem ehemaligen Fabrikgebäude in Berlin-Niederschöneweide.

Den Einfluss der SKK als treibende und lenkende Kraft in der Aufbauphase der DDR-Marine belegt ein geheimes Statut, dass dem HVS-Stab übergeben wurde. Es enthielt Instruktionen über die Aufgaben des Chefs des Stabes, des Leiters PK und Chefs für Versorgung sowie einen Funktions- und Aufgabenverteilungsplan zur Führung aller Marineverbände, Einheiten und Dienste. Die vorgegebenen Einsatzgrundsätze und Aufgaben der Operationsabteilung spiegelten die seitens der SKK erwünschten Befehlsstränge zwischen dem HVS-Stab, den Küstendienststellen und Booten wider.

Erste Marine-Dienststellen

Unter der Tarnbezeichnung „Seepolizei" vollzog sich innerhalb von zwei Jahren ein rasanter Aufbau von Seestreitkräften der DDR. Neben dem Marinestab in Berlin entstanden 1950/51 neun Dienststellen der Seepolizei mit weiteren Landobjekten, die damals alle Code-Nummern trugen. Jeder Dienststelle und Stabsabteilung waren sowjetische Berater in deutscher Marineuniform beigegeben.

- VP-Oberrat Wolfram Zuch leitete bis 30. August 1950 die personelle Aufstellung der **Räumflottille** in Parow. Am 19. September 1950 nahm die Flottille im Bestand von sechs R-Booten des Typs 218 ihren Dienst auf. Flottillenchef war VP-Oberrat Alfred Schneider.
- Die Aufstellung des **Wachbataillons (Seebataillon** ab 17. Oktober) in Stärke von sieben Kompanien (800 Mann) in Heringsdorf und Ahlbeck datierte auf den 28. August 1950. Kommandeur war VP-Oberrat Willi Gerber. Am 5. Juni 1951 erfolgte die Umbenennung in **Schiffsstammabteilung** und deren Verlegung nach Kühlungsborn in die ehemalige Flakschule der Wehrmacht.
- Nach Umbau der früheren Zementfabrik Wolgast eröffnete dort am 28. August 1950 das **Zentrale Versorgungslager (ZVL)** unter VP-Kommandeur Wilhelm Biel. Ab 1. Juni 1951 erhielt das ZVL die Bezeichnung „Wirtschaftsabteilung". Die Lagerfläche für seemännisch-technische Geräte betrug 6.625 m². Das Anfang 1952 fertiggestellte Wirtschaftsgebäude hatte eine Kapazität für 1.000 Mann.
- Nach Eintreffen der ersten Kursanten eröffnete Generalinspekteur Verner am 5. August 1950 die Ausbildung an der **Seepolizeischule Parow**. Sie stand unter Leitung von VP-Inspekteur Walter Steffens. Man rechnete mit etwa 500 Kursanten zuzüglich eines Stammpersonals von 150 Mann. Die ersten Sonderlehrgänge für Kommandanten, Wach- und Ing.-Offiziere liefen an. Parallel begann die Laufbahnausbildung für Unteroffiziere und Matrosen in den Fachgebieten Navigation, Maschine, Seemannschaft, Signal, Steuermann, Funk, Artillerie- und Minenwesen, Sport und Polit-Kultur sowie im Intendanturdienst (Köche, Sanitäter, Kraftfahrer). Der erste zweijährige Offizierslehrgang für See- und Ing.-Offiziere eröffnete am 5. Januar 1951.
- Die Entscheidung für den Standort der künftigen **Marinebasis** fiel auf Peenemünde, dem Gelände der ehemaligen Raketenversuchsanstalt. Mitte 1951 be-

gann dort der erste Bauabschnitt mit Instandsetzung der Hafen- und Pieranlagen, Objektstraßen, Gebäude und Lagerhallen. Die Aufnahme des Dienstbetriebes als Flottenbasis erfolgte am 19. November 1951. Ihr Chef war Seepolizei-Inspekteur Elchlepp. In der Anfangsphase plante man eine Struktur mit 13 Offizieren im Flottillenstab, der Stationierung von 19 Seefahrzeugen mit 93 Offizieren und 450 Mannschaften sowie einem Stützpunktpersonal mit 9 Offizieren und 71 Mannschaften. Tatsächlich versahen hier 1951/52 insgesamt 1.602 Seepolizeiangehörige ihren Dienst.

- Der im Juli 1951 aufgestellte **Nachrichtendienst Küste** unter Seepolizei-Kommandeur Manfred Köhler befand sich in den Objekten der 11. bzw. 3. Schiffstammabteilung der Kriegsmarine in Stralsund. Jeweils zwei Funk- und Funkpeilstationen gingen in Lohme, Glowe sowie Ahlbeck und Tranewitz in Betrieb. Entlang der Küste entstand ein System von 10 Signalstellen.
- Am 1. Dezember 1951 erging der Befehl zum Aufbau der **Seepolizei-Offiziersschule** im Objekt der ehemaligen 11. Schiffstammabteilung in Stralsund. Am 7. Januar 1952 begann unter Seepolizei-Kommandeur Wilhelm Nordin die Ausbildung von See- und Ing.- Offizieren.
- Nach einer viermonatigen Aufstellungsphase nahm das **Bergungs- und Rettungskommandos** am 1. Januar 1951 unter Seepolizei-Oberrat Karl Krüger seinen Dienstbetrieb in Saßnitz auf.

Personal

Von den in die Seepolizei eintretenden Männern dienten viele zuvor in der Grenzbereitschaft Nord (Küste), der Wasserschutzpolizei von Mecklenburg-Vorpommern oder in Volkspolizei-Bereitschaften. Am 14. Juli 1950 veröffentlichte die FDJ-Zeitung „Junge Welt" auf ihrer Titelseite „Seepolizei - etwas für uns!" die Einstellungsbedingungen und Ausbildungsmöglichkeiten für die Seepolizei. Jeder Bewerber wurde entsprechend den Richtlinien des Befehls Nr. 2 vom 14. Januar 1949 des Präsidenten der Deutschen Verwaltung des Innern (DVdI) in der sowjetisch besetzten Zone in Deutschland (SBZ) überprüft. Danach war jenem Bewerber der Eintritt in die HV Seepolizei verwehrt, der ehemals Mitglied oder Sympathisant der NSDAP war. Männer, die sich zuvor in amerikanischer, englischer, französischer oder jugoslawischer Kriegsgefangenschaft befanden, hatten nur geringe Chancen angenommen zu werden.

In der Eignungsprüfung musste der Bewerber 20 gesellschaftspolitische Fragen beantworten, einen Aufsatz zu einem aktuell-politischen Thema schreiben und in 30 Minuten acht Fragen zur Geographie beantworten und neun Mathematikaufgaben lösen. Der Test der sportlichen Leistungsfähigkeit erfolgte in einer Geschicklichkeits-, Mut- und Ausdauerübung.

Aus Anlass des III. Parteitages der SED präsentierte sich die Seepolizei am 24. Juli 1950 im Berliner Lustgarten mit drei Marschblöcken zu je 48 Offizieren, Unteroffizieren und Matrosen erstmals der Öffentlichkeit. Am 28. August 1950 hatte die HVS einen Personalbestand von 701 Angehörigen. Bis zum Ende des Jahres 1950 wuchs er auf 2.280 an. Ende 1951 erreichte die Personalstärke 2.922 Mann. Darunter befanden sich 330 Offiziere, 247 Unteroffiziere, 770 Offiziersanwärter und Maatenschüler, 1.211 Matrosen und 364 Zivilbeschäftigte. Während die proletarische Herkunft des Personals lautstark politisiert wurde, verschwieg die zeitgenössische Propaganda den großen Anteil von ehemaligen Angehörigen der Kriegsmarine in ihrer ersten Offiziers- und Unteroffiziersgeneration. Der betrug bei Seeoffizieren 67% und Unteroffizieren 63%. Sie wurden vorwiegend an Bord eingesetzt. Andere, meist ungediente Freiwillige, kamen nach einer kurzen Ausbildung an der Seepolizeischule Parow oder in der Schiffstammabteilung an Bord. Der Ausbildungsstand der bunt zusammengewürfelten Truppe war unzureichend, die Disziplin schlecht. Mannschaftsdienstgrade fühlten sich in ihrer persönlichen Freiheit eingeengt. Der Leiter der Seepolizeischule Steffens beklagte auf der 1. SED-Konferenz der Seepolizei im Mai 1951, dass die erste Gruppe der Offiziers-und Unteroffiziersanwärter angeblich „voller Individualisten sei, die die militärische Ausbildung ablehnen und pazifistische Tendenzen entwickeln." Entlassungsgesuche nahmen zu. Um genügend Personal in der Aufbauphase der Marine zu gewinnen, musste die Werbung forciert und die Restriktionen gegenüber Marinesoldaten, die sich zuvor in Kriegsgefangenschaft der Westalliierten befanden, gelockert werden. Im Ergebnis einer vom IV. Parlament der Freien Deutschen Jugend im Mai 1952 ausgelösten massiven Werbekampagne für den freiwilligen Dienst in der Kasernierten Volkspolizei erhöhte sich der Personalbestand der Volkspolizei-See bis Ende 1952 auf 6.774 Mann. Das entsprach einem Zuwachs von 232 % (!) gegenüber dem Vorjahr. Unter ihnen versahen 115 Frauen Dienst in der VP-See.

Frauen in Marineuniform
Seepolizei-Kommissar (Leutnant) Käthe Hörting gehörte ab 1. Juli 1950 zur ersten Frau in Marineoffiziersuniform der HV Seepolizei. Seit 1947 bei der Grenzpolizei von Thüringen, wechselte sie im Februar 1950 zum Aufbaustab der Marine. Ab Juni 1950 wurde sie Sekretärin beim Chef des Stabes der HV Seepolizei.

Hauptwachtmeister Marianne Neuholz, seit 1947 bei der Dessauer Polizei, kam im Oktober 1950 als Fernschreiberin zum Stab der HV Seepolizei nach Berlin. 1951 leitete sie die Fernsprech- und Vermittlungsstelle an der Seepolizeischule Parow. Ab 1953 arbeitete sie in der Nachrichtenzentrale an der Seeoffiziersschule in Stralsund. Wegen schadhafter Isolierungen der elektrischen Kabelverbindungen, kam es vor, dass die Nachrichtentechnik den Damen am Tag wiederholt mehrere Streicheleinheiten verpasste.

Zu den sportlichsten Frauen in der Aufbauphase der Marinestreitkräfte gehörte Gisela Leistner. Obwohl sie sich 1952 für die Offizierslaufbahn in der VP-See meldete, reichte die Gleichberechtigung in der Folgezeit nur für die Unteroffizierslaufbahn.

Als Leiterin eines Büros für Verschlusssachen beim Stab der VP-See kam Meister (Feldwebel) Leistner 1953 in gleicher Funktion zur Unterführer- und Mannschaftsschule in Parow. Ihre in den 50er Jahren aufgestellten Bestmarken konnten sich im Freizeitsport sehen lassen: Kugelstoßen 7,10 Meter; Hochsprung 1,10 Meter und Weitsprung 3,95 Meter. Den 100-Meterlauf absolvierte die junge Frau in 13,8 Sekunden. Die 1.000-Meter-Marke durchlief sie in vier Minuten und 12 Sekunden. Damit durfte sie im Dienstsport einen Großteil ihrer Kameraden hinter sich gelassen haben.

Nach der Bekleidungs- und Anzugsordnung gehörten zur Uniform für Frauen neben Jacke und Rock auch lange braune Seidenstrümpfe. Davon erhielten sie bei der Einkleidung drei Paar sowie zwei Paar weiße Söckchen für die Sommergarderobe. Das Tragen dieser Art von Sommer-Look bedurfte der Genehmigung des Dienststellenleiters. Entsprechend dem Credo „lieber einen Tick zu konservativ als zu flippig", ließ der Befehl zur Anzugserleichterung selbst bei 30 Grad im Schatten auf sich warten. An einem heißen Sommertag ignorierten die Damen die lange Strumpfgarderobe. Alle zogen weiße Söckchen an. Im Gegensatz zu den Männern, die diese neuen Reize als angenehm quittierten, war die Marineführung über diesen Laissez-faire-Stil entrüstet. Am folgenden Tag ließ der Chef der VP-See die Damen in langen Strümpfen antreten und bestrafte sie wegen Verletzung der Dienstvorschrift.

Ähnliche „Disziplinschwierigkeiten" hatte Margarete Kootz. Bereits im Einstellungsgespräch am 4. August 1950 versetzte sie die Personaloffiziere in Schockzustände. Ihr schwebte eine Ausbildung in der Kommandantenlaufbahn vor. Diese Verwendung erwies sich als Illusion. Wachtmeister Kootz wurde Personalsachbearbeiterin, Fernsprecherin, Bibliothekarin und schließlich ab 1959 Sekretärin des Chefs der 4. Flottille in Warnemünde. Diesen Dienstposten versah Stabsfähnrich Niemann (geb. Kootz) dann 30 Jahre unter acht Flottillenchefs bis Juni 1989.

Erste Boote
Am **29. Mai 1950** übergab eine Kommission vom Ministerium der Seekriegsflotte der UdSSR unter Leitung von Kapitän 1. Ranges (Kapitän zur See) M.F. Krochin aus ihrem Kriegsbeutebestand sechs **Räumboote** des Typs R 43 der Kriegsmarine an die Regierungskommission der DDR unter Vorsitz des stellvertretenden Ministerpräsidenten Heinrich Rau. Das Zeremoniell vollzog sich im Parower Hafen unter Anwesenheit von Offizieren der SKK. Die R-Boote mit der Typbezeichnung 218 bildeten den Grundstock von Minenabwehrkräften der Marine. Alle Boote befanden sie sich in einem äußerst desolaten technischen und optischen Zustand. Sie bedurften einer dringenden Werftinstandsetzung. Parallel bereiteten sich die Besatzungen in Schulungen und intensivem Rollentraining auf die Seeausbildung vor. Als eines der ersten Boote durfte R-3 mit Kommandant VP-Rat Heinz Kühne Anfang August den Strelasund verlassen und die Nase in die Ostsee stecken. Der fortgeschrittene Ausbil-

dungstand des Bootes war vermutlich der Grund, weshalb R-3 für den ersten Arbeitsbesuch des SED-Generalsekretärs Walter Ulbricht am 20. August 1950 bei der Seepolizei ausgewählt wurde. Die Fahrt auf dem Strelasund bis Höhe Dornbusch auf Hiddensee verlief ohne Probleme. Im Gegensatz dazu offenbarte die Seeausbildung erhebliche Schwachstellen. ZB. rammte R-6 beim wechselseitigen An- und Ablegen das vor Anker liegende Boot R-3. Als sich R-6 ohne Fahrtverringerung dem Ankerlieger näherte, schrie der Wachoffizier auf der Brücke mehrmals Stopp-Stopp! Aber sein Boot bewegte sich weiter auf R-3 zu. Schließlich brüllte er „Stopper als Stopp!" Nach dem misslungenen Anlegemanöver hatte R-3 ein Loch im Achterdeck und R-6 einen demolierten Vorsteven. Weshalb der Wachoffizier die Maschinen nicht auf zurücklegen ließ, klärte sich schnell auf. In seinem Fragebogen gab er an, als Steuermann bei der Kriegsmarine gefahren zu sein. Tatsächlich trug er dort die Uniform als Musiker. Er blies Trompete.

Am **12. Juni 1950** erhielt die DDR im Hafen Wismar vier ehemalige dänische Marinefahrzeuge von der Kommission des Ministeriums der Seekriegsflotte der UdSSR. Die ehemaligen Minenleger SIXTUS und QUINTUS (je 186t), LOSSEN (640t) und das Fischereischutzschiff HVIDBJÖRNEN (1.050t) ähnelten schwimmenden Wracks, deren Rücknahme Dänemark ablehnte. Die Schiffe waren nicht einsatzfähig. Sie befanden sich in einem sehr schlechten technischen und optischen Zustand. Ihre Werftinstandsetzung mit Umbau zu Schulbooten, einem Hochseeschlepper (ex LOSSEN) sowie Flagg- und Schulschiff (ex HVIDBJÖRNEN) erwies sich als sehr aufwendig. Bei der Überführung der LOSSEN von Wismar in die Peenewerft Wolgast ging das Schiff am 31. Dezember 1950 vor Darßer Ort im dichten Schneetreiben verloren, als die Trosse zum Schlepper AKTIVIST (ex Sperrübungsschiff C 32) riss. Trotz sofort eingeleiteter Suche des unbemannten Schiffes blieb die LOSSEN auf See unauffindbar. Schließlich entdeckten die Schweden das Geisterschiff vor Trelleborg. Zwei Fischlogger holten es dann Anfang März 1951 von dort ab.

Erste Neubauten: Sicherungskutter (SK-Boote)

In Abstimmung mit der SMAD und dem Zentralsekretariat der SED erteilte die DVdI der Claus-Engelbrecht-Werft in Berlin (später VEB Yachtwerft Berlin) im September 1948 den Auftrag, einen „26-Meter-Seekutter" zu projektieren und zu bauen. Hinter der harmlos anmutenden Bezeichnung „Seekutter" bzw. „Loggerbauprogramm" verbarg sich der Serienbau von 20 Küstenschutzbooten bzw. kleinen Küsten U-Jagdschiffen. Sie sollten im Küstenbereich U-Boote orten und bekämpfen. Die Initiative für die Projektierung und den Fahrzeugbau ging von der Kriegsmarineabteilung der SMAD aus. Abgeleitet aus dem russischen „Storozevoj korabl", zu Deutsch Sicherungsboot bzw. -kutter, erhielt dieser Bootstyp in der Seepolizei die Bezeichnung Sicherungs-Kutter (SK-Boot) bzw. ab April 1951 Küstensicherungsboot (KS-Boot). Nach den Vorstellungen sowjetischer Marineoffiziere sollte dieses

Fahrzeug ein Küstenwachboot mit einer Länge von 28 Meter sein und 25 Knoten laufen können. Vorgesehen waren u.a. die Ausstattung mit der U-Bootsuchanlage „Taimir 102" und ein Ablaufgerüst für Wasserbomben. Am 1. März 1949 befahl der Oberste Chef der SMAD, Marschall W. D. Sokolowski, dem Vorsitzenden der Deutschen Wirtschaftskommission in der SBZ, 20 „Seekutter" im Jahr 1950 fertig zu stellen. Die Werftindustrie in der SBZ war mit diesem Bauprogramm völlig überfordert, der avisierte Liefertermin illusorisch und die finanziellen Mittel für dieses gigantische Neubauprojekt nicht vorhanden. Ob die SMAD tatsächlich eine deutsche Nutzung der „Seekutter" ins Kalkül zog, ist nicht eindeutig belegbar. Es ist durchaus möglich, dass der Bau der „Seekutter" ursprünglich als Reparationsleistung in Auftrag gegeben wurde. Die finanziellen Mittel von etwa einer Millionen Mark für die Projektierung, den Neubau und Kauf der Antriebsmaschinen für die ersten beiden Boote musste die DVdI bereit stellen. Die Kiellegung fand im Juli 1949 statt. In Folge von erheblichen Anlaufschwierigkeiten und in der Bereitstellung notwendiger Materialien kam es zur erheblichen Bauverzögerung. Schwierigkeiten bereitete die Beschaffung von Wendegetrieben, die es in der SBZ nicht gab. Die in Bocholt ansässige westdeutsche Firma Flender konnte 60 Wendegetriebe zum Stückpreis von 5.500 Mark-West liefern. Diesen Geldbetrag hatte die DVdI nicht. Die Entscheidung, die Getriebe bei der Firma Saxonia fertigen zu lassen, verzögerte den Stapellauf auf April 1950. Die Projektierung und der Bau des ersten „Seekutters" kostete der DVdI 1.261.836,43 Mark-Ost. Das war mehr als geplant. Für die ersten sechs Boote musste das MdI rund 5 Millionen Mark einstellen. Um die Neubauserie von 20 SK-Booten finanzieren zu können, ordnete das MdI unter dem Tarnposten „Loggerbauprogramm" einen Nachtragshaushalt in Höhe von 14 Millionen Mark für 1950 an.

Im Juni 1950 begann das auf den Namen FREUNDSCHAFT getaufte erste SK-Boot mit Erprobungsfahrten auf dem Berliner Müggelsee. Unter Werftregie und Aufsicht der SKK erlernte die Besatzung, die sich überwiegend aus Angehörigen der Kriegsmarine zusammensetzte, SK-1 auf den Binnengewässern zu fahren. Das aus Schiffbaustahl gefertigte Boot hatte anfänglich eine Wasserverdrängung von 63t, war 26,60 Meter lang und 4,68 Meter breit. Drei 6 Zylinder–Flugzeugdieselmotoren vom Typ Jumo 205 D mit einer Leistung von 1.200kW verliehen dem Boot eine Geschwindigkeit von ca. 23 Knoten. Bei den von den Berlinern bemerkten Fahrten auf der Spree und dem Müggelsee, wurde hör- und sichtbar, dass in der DDR die Produktion von Kriegsschiffen für eine Marine angelaufen war. Im Juli/August 1950 absolvierte SK-1 eine nahezu abenteuerliche Überführungsfahrt auf dem Wasserweg von Berlin nach Wolgast. Weder der Kommandant, Seepolizei-Rat Alfred Schneider, noch die Besatzung ahnten, dass sie für den Törn vier Wochen brauchen würden. Wegen Niedrigwasser der Oder musste das Boot unplanmäßig zwischen Schwimmpontons eingehängt und bis nach Hohensaaten geschleppt werden. Die Pontonaktion nahm drei Wochen in Anspruch. Auf dem Oder-Haff konnte die Besatzung endlich testen, welche Antriebsleistung in den Maschinen steckte. Nachdem das Boot in Wolgast komplettiert wurde, erreichte es Ende August den Zielhafen Parow. Die gleiche Wegstrecke legten SK-2 PIONIER und SK-3 SOLIDARITÄT nacheinander bis zum 23. Dezember 1950 zurück. Im Ergebnis der Seeerprobung von SK-1 auf dem Strelasund nahm die Volkswerft in Stralsund Um- und Änderungsbauten vor. Drei weitere Boote liefen der Seepolizei bis April 1951 zu. Ihre Indienststellung als Küstenschutzboote erfolgte im Zeitraum 22. Mai bis 10. Juni 1951. Zusammen mit den sechs R-Booten bildeten sie ab 10. April 1951 die Räum- und Küstensicherungs-Division, den ersten Marineverband der DDR unter Seepolizei-Oberrat Heinrich Schunk. Im Juli 1951 erhielten die Räum- und KS-Boote Bordgeschütze, bestehend aus den Modellen 2-cm-Flak 38 Zwillingslafette, 2-cm-Flak 38 Einzellafette oder 2-cm-Flak 29 Einzellafette Oerlikon.

Entsprechend dem Befehl Nr. 19/51 des Chefs der HV Seepolizei nahmen am 19. November 1951 zwei R- und vier KS-Boote den „operativen Küstensicherungsdienst zum Schutz der Seegrenzen der DDR" auf. Dieser Einsatz galt als erste operative Aufgabe der Seepolizei. Vom Einsatzhafen Saßnitz aus patrouillierten die Boote jeweils im Wechsel von 24 Stunden zwischen der Westansteuerung Swinemünde (Tonne 4c) bis Mövenort nördlich Rügen (Tonne 12a). Ende 1951 verfügte die Seepolizei über 21 Marineschiffe, acht Hilfs- und Bergungsfahrzeuge sowie 21 Spezialschiffe des SHD.

Volkspolizei- See (VP-See)
Ein rasanter Aufschwung beim Aufbau der Marine vollzog sich im Zeitraum 1952 bis 1955. Am **16. Juni 1952** ordnete der Minister des Innern, Generaloberst Willi Stoph, in dem Befehl Nr. 1/52 die Umbenennung der Hauptverwaltungen der Volkspolizei an. Im Zuge der Reorganisation des MdI wurde aus der HV Seepolizei die Volkspolizei-See (VP-See). 10 Tage später erließ der Chef der VP-See im Befehl Nr. 169/52 eine Anordnung über die Struktur, Führungsorgane und nachgeordneten Abteilungen der Flottenkräfte sowie Marineobjekte. Aus dem Polit-Kultur-Ressort wurde die politische Verwaltung der VP-See. Ab Juli 1952 gehörten nunmehr Politabteilungen zur Dienststellenstruktur. Auf Schiffen und Booten sowie in Abteilungen und Kompanien gab es die Dienststellung „Stellvertreter für Politische Arbeit". Ab 1. Oktober 1952 wichen die bis dahin üblichen Polizeidienstgrade Marinedienstgraden. So z.B. wurden aus dem Oberwachtmeister ein Maat, Kommissar ein Leutnant, Rat ein Kapitänleutnant und Inspekteur ein Kapitän zur See. Der 12-zackige Polizeistern an den Mützen wich der runden schwarz-rot-goldenen Kokarde. Am 20. Dezember 1952 erhielten die ersten 36 Seeoffiziersanwärter und 26 Ing.-Offiziersanwärter an der Seeoffiziers-Lehranstalt Stralsund ihre Ernennung zum Unterleutnant. Parallel absolvierten 1951/52 an der Seepolizeischule Parow 160 Seeoffiziere und 69 Ing.-Offiziere Sonderlehrgänge. 49 Männer des 1. Offizierslehrganges nahmen im Juli 1952 unter großer Geheimhaltung ein zweijähriges Studium an der Seeoffiziersschule der sowjetischen Seekriegsflotte in Kaliningrad (Königsberg) auf. 1954 begann die akademische Ausbildung in der Fachrichtung „Allgemeine Flotten-

kommandeure" von Offizieren der VP-See an der Woroschilow-Akademie in Leningrad (heute St. Petersburg). Ende 1955 erreichte die Personalstärke der VP-See 9.990 Mann.

Marinerüstung

Die Dimensionen des ab 1952 forciert betriebenen Marineschiffbaus verdeutlicht ein Planvorschlag zur Entwicklung der VP-See im Zeitraum 1952 bis 1955. Bis Ende 1955 sollte die Marine über 254 Schiffe und Boote verfügen, davon 203 operative Einheiten. Vorgesehen war der Neubau von 177 Kriegsschiffen. Darunter befanden sich u. a. 36 größere Minenleg- und Räumschiffe, 36 Küstenschutzboote, 18 große und 12 kleine Räumboote, 30 Schnellboote, 30 U-Jagdschiffe, zwei Schulschiffe, vier Tanker, sechs Tender und 26 Fischereischutzboote. Auf dem Papier stand auch die Beschaffung von 13 U- Booten. Übertroffen wurde dieser Rüstungswahn im Geheim-Dokument „Zeuthen" über „Erforderliche Maßnahmen für die Durchführung des Marine-Bauprogramms 1954-1956" vom März 1953. Es belegt die unkritische Weiterleitung der sowjetischen Vorgaben durch den Bedarfsträger der Marine an das zentrale Konstruktionsbüro für Schiffbau in Wolgast. Danach sollte „Der in den Jahren 1954-1957 zu erbauende Schiffspark der Flotte" 314 (!) Schiffe umfassen. Angedacht war der Neubau von 144 Frontschiffen (u.a. 10 Küstenwachschiffe mit je 1.400t und 14 U-Boote mit je 750t) sowie 27 Schul- und 29 Versorgungsschiffe, 61 Hilfsfahrzeuge, 27 Schlepper usw. Dieser beispiellose Rüstungsgigantismus kam nie über den Planungsansatz hinaus. Die wachsende Divergenz zwischen dem, von der UdSSR diktierten rüstungsmäßigem Wollen im Gegensatz zu den wirtschaftlichen Möglichkeiten der DDR, ließ diese utopischen Rüstungszahlen wie Seifenblasen zerplatzen. Der 17. Juni 1953 offenbarte die zunehmenden ökonomischen Probleme in der DDR. Die seit dem 5. Dezember 1952 an der U-Boot-Lehranstalt in Saßnitz-Dwasieden laufende Ausbildung für das U-Bootpersonal wurde nach sieben Monaten eingestellt. Ebenso kam das Aus für die exorbitanten Bauarbeiten am „Marinehafenprojekt Jasmunder Bodden" mit einem Kanaldurchstich bei Glowe in die Ostsee.

Erstes Minenräumen

Am 27. August 1952 erteilte der Chef der VP-See den Befehl Nr. 267/52 für das Räumen von Ankertau- und Fernzündungsminen im Seegebiet östlich von Rügen. Am 3. September 1952 begannen Räumboote des Typs 218 auf der Position „Westansteuerung Swinemünde, Tonne 4", mit dem Räumen von Ankertauminen. Zu dem von Korvettenkapitän Werner Elmenhorst befehligten Räumverband gehörten außerdem zwei KS-Boote, die als Bojenboote fuhren. Vier Hilfsschiffe versorgten die Bootsgruppe mit Betriebsstoffen, Ersatzräumgeräten und Proviant. Wegen schlechter Wetterlage dauerte der Räumeinsatz bis Ende September. Anschließend begannen die Boote mit dem Räumen von elektromagnetischen Fernzündungsminen. Ihr Zündmechanismus erforderte ein mehrmaliges Überlaufen in den einzelnen Räumstreifen. Im Verlauf des aufwendigen Hin und Her auf See kam es zu Ausfällen der eigentlich nur für den Landeinsatz vorgesehenen Stromaggregate. Wegen defekter Räumkabel mussten diese samt Elektroden ausgewechselt werden. Entsprechend den politischen Gepflogenheiten meldete der Chef der VP-See den Räumeinsatz zu Ehren von Stalins Geburtstag am 21. Dezember 1952 als erfüllt. Nach dem Bericht des Chefs der Flottenbasis, Kapitän zur See Elchlepp, ist der erste Minenräumeinsatz eines Marineverbandes der DDR tatsächlich erst am 15. Januar 1953 beendet worden. Innerhalb von vier Monaten räumten die R-Boote mit insgesamt 24 Überläufen ein Seegebiet von 15 Seemeilen Länge und 0,54 Seemeilen Breite. Dieser Räumstreifen, beginnend östlich der Insel Oie in Richtung Adlergrund, ist als „Flottenzwangsweg I" bekannt geworden. Im Verlauf des Räumeinsatzes wurde keine Mine geschnitten oder gesprengt.

Minenleg- und Räumschiff Typ HABICHT

Der 1951 vom Konstruktionsbüro Stralsund vorgelegte Entwurf für die ersten Minenleg- und Räumschiffe (MLR) vom Typ HABICHT ähnelte dem Minensuchschiff Typ M 43 der Kriegsmarine. Bei der Projektierung des Kriegsschiffes griff der Leiter des Konstruktionsbüros für Schiffbau in Wolgast, Oberingenieur Walter Schlaak, auf Erfahrungen beim Bau von Minenräumschiffen der Kriegsmarine zurück. Unter der Werftbezeichnung FS 2001 bis FS 2006 begann die Volkswerft in Stralsund im April 1952 mit dem Bau der ersten beiden Schiffe. Die anfangs verwendete Tarnbezeichnung „FS" stand für Fischereischutzboot. Die dann nach sowjetischer Schiffsklassifikation als MLR eingestuften Fahrzeuge der ersten Bauausführung hatten ein Normaldeplacement von 510 t, eine Länge von 59,10 Meter und 8,00 Meter Breite. Der Tiefgang betrug 2,30 Meter. Zur Verbesserung des Seestabilität und der Arbeitsfläche für das Sperrpersonal auf dem Oberdeck achtern erhielten die ab 1954 auf Kiel gelegten MLR der dritten Bauausführung ein zusätzliches Segment in der Mitte des Schiffes. Die 65,15 Meter langen Schiffe der HABICHT- Klasse hatten nunmehr ein Normaldeplacement von 670 t. Wegen des Längenunterschieds von 6,05 Meter zwischen den Bauausführungen bürgerte sich die Bezeichnung HABICHT „kurz" bzw. „lang" ein. Im Unterschied zu den ersten beiden MLR waren ab der Bau-Nummer 2003 die zwei Antriebsmaschinen getrennt in jeweils einer Schiffssektion angeordnet.

Der VP-See liefen 12 Schiffe der HABICHT-Klasse zu. Alle waren Backdecker mit durchgehenden Aufbauten bis zum Arbeitsdeck achtern. Der Schiffskörper unterteilte sich in 13 wasserdichte Abteilungen, einschließlich Vorpiek. Der eingearbeitete Doppelboden mit Ballastwasser- und Trimmlastzellen verlieh dem Schiff bei Flutung eine gute Seestabilität. Den Vorsteven zierte ein aus Stahl gefertigter Rundkörper, die Bugspiere. Hierbei handelte es sich um das Mineneigenschutzgerät des Schiffes gegen akustische Minen. Bei Inbetriebnahme des Räumgerätes mit integrierter Geräuschboje „Toni" wurde der Rundkörper nach vorn ausgeklappt. Die in der Boje erzeugten Geräusche sollten akustische Minen vor dem Schiffskörper zur Explosion bringen.

Zwei 6 Zylinder–Viertaktdieselmotoren des Typs 6 KVD 43 A erzeugten eine Antriebsleistung von 1.764 kW. Die Energieversorgung gewährleisteten drei mit einem Generator versehene Hilfsdiesel. Zwei Dieselgeneratorsätze mit je 440 kW versorgte das Kabelfernräumgerät mit Strom. Die Urversion der Artilleriebewaffnung bestand aus einem 37-mm-Buggeschütz Modell 70 K, zwei 25-mm-Fla-Waffen Typ 84 KM und zwei 12,7-mm-Zwillings MG des Typs D SchK. Alle Artilleriewaffen kamen aus sowjetischer Produktion. Am Heck befanden sich zwei Ablaufgerüste für Wasserbomben. Mit der Umrüstung (1954/55) erhielten alle HABICHTE auf dem Vorschiff das 85-mm-Universalgeschütz 90 K (Schussweite 15.500 Meter), vier 25-mm-Fla-Doppellafetten (Typ 2-M-3), zwei mal vier Lager für Wasserbomben, zwei Wasserbomben-Mörser sowie Schienen an Oberdeck zur Aufnahme von Minen. An Bord befanden sich Räumgeräte für Kontaktminen, ein elektromagnetisches Kabelfernräumgerät (KFRG) und weitere Spezialgeräte zur Minenräumung. Später erhielten die HABICHT-Schiffe eine Nachrüstung mit Steuereinheiten zum KFRG, eine Freund-Feind-Kennungsanlage sowie Geräte für die hydroakustische Station zur U-Boot-Ortung und Bekämpfung.

Parallel mit der Schiffsfertigung lief die Ausbildung für die künftigen Besatzungen an der Seepolizeischule in Parow. Das Maschinenpersonal des Gefechtsabschnittes V (GA-V) absolvierte außerdem einen mehrwöchigen Lehrgang im Dieselmotorenwerk Rostock. Im Januar 1953 erhielten 22 Soldaten des GA-V-Personals ihre Kommandierung zur Baubelehrung auf ihr Schiff. Bedienungsanleitungen für die Maschinenanlagen waren noch nicht vorhanden. Das Maschinenpersonal musste sich im „Objektstudium" das Schaltschema für die elektrische Anlage, das Rohrleitungssystem sowie den Bunker-Tank- und Zellenplan selbst erarbeiten. Die Abnahme des ersten MLR durch eine Kommission der VP-See unter Leitung von Kapitän zur See Elchlepp fand am 16. April statt. Die feierliche Indienststellung des ersten MLR 6-11 im Beisein des Ministers für Schwermaschinenbau der DDR, Heinrich Rau, erfolgte am 27. April 1953. Bis Ende 1953 kamen die MLR 6-12, 6-13 und 6-14 in Fahrt. Weitere acht, auf der Peenewerft Wolgast gebauten HABICHT-Schiffe, liefen der VP-See bis zum 23. Dezember 1955 zu.

Im Bestand der 1. Minenleg- und Räumdivision absolvierten die HABICHT-Schiffe eine Hafen- und Seeausbildung. Diese umfasste u.a. Fahren einzeln und im Verband mit und ohne ausgebrachten Räumgeräten, Minenräumen aller Art, Werfen von Minen und Wasserbomben, Schleppen, Begleiten und Unterfangen von Booten, Bekämpfen von See- und Luftzielen sowie Versorgungsfahrten in See und zu Küstenhäfen bzw. Stützpunkten.

Für das Luftzielschießen verwendete man anfangs als Zielobjekte Luftballons oder Sprengwolken. Zur Verbesserung der Zieldarstellung wechselte das Luftzielschießen bald auf Luftsäcke. Das sowjetische Bombenflugzeug vom Typ IL 28 zog den länglichen Luftsack während des Fluges an einer Stahlleine hinter sich her. Beim ersten Anflug des Flugzeuges waren die Geschützbedienungen auf den Schiffen der VP-See so überwältigt, dass sie das Feuern vergaßen. Auf dem Wasser treibende Tonnen oder von Fahrzeugen gezogene Schleppscheiben dienten den Artilleristen an Bord als Seeziele. Die Suche und Bekämpfung von U-Booten wurde ab 1955 in das Ausbildungsprogramm aufgenommen. Das U-Boot ORZEL der Polnischen Seekriegsflotte fungierte häufig als Übungs- bzw. Zielobjekt. Zu einem jährlichen Höhepunkt in der Ausbildung gestalteten sich die taktischen Herbst-Übungen der VP-See im Zusammenwirken mit Einheiten der Kasernierten Volkspolizei (ab 1956 Landstreitkräfte) und der VP-Luft bzw. Aeroklub (ab 1956 Luftstreitkräfte).

Neben dem Flagg- und Schulschiff, 12 MLR-Schiffen Typ HABICHT, 24 Küstenschutzbooten und sechs Räumbooten 218, stellte die VP-See bis Mitte der 50er Jahre weitere Fahrzeuge in Dienst. Dazu gehörten 12 Reedeschutzboote DELPHIN und sechs TÜMMLER I sowie eine Serie von sechs Räumbooten (RPi) des Typs SCHWALBE. 1955/56 lieferte die Yachtwerft Berlin weitere 24 SCHWALBEN der verbesserten 2. Baureihe. Damit erhöhte sich der Schiffsbestand der VP-See auf 89 operative Einheiten, etwa 16 Versorger, Schlepper, Tanklogger und Leichter sowie 25 Fahrzeuge des SHD. Zur Struktur gehörten 21 Dienststellen, darunter drei Marineschulen sowie diverse rückwärtige Einrichtungen.

Flagg- und Schulschiff
Zu den größten Fahrzeugen in den Anfangsjahren der Seestreitkräfte gehörte das am 6. November 1952 in Dienst gestellte Flagg- und Schulschiff ERNST THÄLMANN mit einer Wasserverdrängung von 1.100t. Hierbei handelte es sich um einen Umbau des bereits am 21. Mai 1929 in Dienst genommenen dänischen Fischereischutzschiffes HVIDBJÖRNEN. Um sich dem Zugriff der deutschen Kriegsmarine zu entziehen, versenkte die dänische Besatzung ihr Schiff am 29. August 1943. Das Fahrzeug wurde gehoben und nach Warnemünde geschleppt. Die Schiffswerft AG Neptun sollte es wieder fronttauglich machen. Bis zum Kriegsende lag die HVIDBJÖRNEN mit weiteren Schiffen als unbearbeitetes Wrack in Rostock. Wegen den hohen Reparaturkosten verzichtete die königliche Dänische Marine auf eine Rückgabe. Das Schiff verblieb als Kriegsbeute der UdSSR, bis es am 12. Juni 1950 der DDR übergeben wurde. Unter dem Projektnamen DORSCH wurde das Fahrzeug zum Schulschiff für die HV Seepolizei auf den Werften in Wismar, Stralsund und schließlich ab Frühjahr 1951 in der Peenewerft Wolgast umfassend modernisiert. Es erhielt eine neue Brücke und Schornstein, einen schrägen Vorsteven, nach achtern verlängerte Decksaufbauten mit einer Admiralskajüte sowie Wohndecks für die 56 Mann Stammbesatzung und zur Unterbringung von 56 Offiziersschülern. Der erste Kommandant war Kapitänleutnant Hans Wild. Das 65,63 Meter lange Schiff lief anfänglich mit seiner 1.200 PS Kolbendampfmaschine lediglich neun Knoten. Nach seiner Modernisierung 1956/57 erreichte das Schulschiff dann 13,2 Knoten. Auf der Back stand ein 85-mm-Universalgeschütz 90K. Zur leichten Artilleriebewaffnung gehörten

zwei 37-mm-Einzellafetten Model 70K an beiden Seiten des Bootsdecks, eine 25-mm-Doppellafette 2-M-3 achtern und zwei überschwere 12,7-mm-überschwere MG in den Brückennocken. Kurz nach seiner Umbenennung in ALBIN KÖBIS wurde das Schulschiff am 30. September 1961 außer Dienst gestellt. Es diente noch zwei Jahre als Wohnschiff bis es teilweise abgewrackt und schließlich im September 1965 vor Rosenort gesprengt wurde.

Seestreitkräfte 1956-1960

Nach Änderung der DDR-Verfassung im September 1955 folgte am 18. Januar 1956 das Gesetz über die Bildung der NVA. Damit war das Versteckspielen als Seepolizei vorbei. Die formale Aufstellung der Seestreitkräfte datierte zum 1. März 1956. Innerhalb von vier Monaten war die Formierung aller Einheiten der Seestreitkräfte abgeschlossen. Nunmehr entwickelte sich die Marine der DDR in einer Phase begeisterter Selbstfindung, die auch von Irrwegen begleitet war. So z.B. mussten 1958/59 nach chinesischem Vorbild junge Marineoffiziere und Abiturienten ohne Facharbeiterqualifikation einige Monate als Hilfsarbeiter Produktionserfahrungen in volkseigenen Betrieben sammeln. Nach den grotesken Vorstellungen von Verteidigungsminister Willy Stoph mussten selbst ältere, hochrangige Stabsoffiziere Borddienst in Maaten- und Matrosenuniform versehen. Nach dem Willen der SED-Führung sollten Führungskräften der NVA Erfahrungen im Truppen- bzw. Flottenalltag sammeln. Zu den ersten Opfern dieser zweifelhaften chinesischen Ausbildungsmethode gehörte Konteradmiral Felix Scheffler. Er wurde 1959 für einige Wochen in Maatenuniform und Bändermütze an Bord eines Küstenschutzschiffes vom Typ RIGA kommandiert. Seine weiße Kieler Bluse zierte der Vaterländische Verdienstorden, eine der höchsten Auszeichnungen der DDR. Welch ein Widersinn, dachten viele in der Flotte. Jeder in der Marine kannte „Felix" als Stellvertreter des Chefs der Seestreitkräfte für Ausbildung. Erst der diplomatisch-ironische Bericht des „Matrosen-Admirals" an höchster Stelle in Berlin beendete diesen Schwachsinn. Viele Offiziere kehrten ernüchtert aus dem befristeten Produktionseinsatz in die Flotte zurück. Sie erlebten die Schattenseiten der Planwirtschaft mit dem permanenten Mangel an Material und Geräten. Die von Oben erhoffte positive Bewusstseinsbildung verkehrte sich ins Gegenteil.

Minenleg- und Räumschiffe (MLR) Typ KRAKE

Im Ergebnis der Erfahrungen beim Bau und im Einsatz der MLR Typ HABICHT entwickelte die DDR ein modifiziertes MLR des Projektes 15, der KRAKE-Klasse als Universalkampfschiff. Funktionelle Aspekte führten zur Neugestaltung des gesamten Aufbautenkomplexes. Die KRAKE-Serie hatte ein längeres Vorschiff und einen größeren Brückenaufbau. 1955 begann die Peenewerft in Wolgast mit dem Bau des 66,10 Meter langen und 8,40 Meter breiten Schiffes mit einer Standartwasserverdrängung von 741t, die bei maximaler Beladung auf 891t anwuchs. Damit war die

KRAKE-Klasse etwas größer als sein Vorgänger. Von dem neuen Schiffstyp wurden 1957/58 insgesamt zehn Fahrzeuge in Dienst gestellt. Charakteristisch für die KRAKE-Silhouette war der an die Brücke herangezogene Schornstein. Vor der Brücke befand sich auf einer Plattform ein 25-mm-Geschütz, eine Doppellafette Modell 2-M-3, L/40. Weitere vier 25-mm-Geschütze der gleichen Art befanden sich beidseitig neben dem Schornstein und am Schluss der Aufbauten jeweils an Steuerbord und Backbord. Auf der Back stand das 85-mm-Universalgeschütz vom Modell 90 K. Die reichlich angeordnete Artilleriebewaffnung verhalf der KRAKE in der Bundesmarine zu der Bezeichnung als „Luftabwehrkorvette". Die MLR verfügten außerdem über zwei Wasserbombenwerfer mit einer Wurfweite von 150 Meter sowie sechs Einzellager für Wasserbomben. Zur Besatzung gehörten sechs Offiziere, 11 Meister (Berufsunteroffiziere), 15 Maate (Unteroffiziere auf Zeit) und 46 Matrosen. Ab etwa 1966 reduzierte sich die Stammbesatzung auf 55 Mann. Von nun an versahen fünf Offiziere, vier Meister, 11 Maate und 35 Matrosen den Borddienst. Zur Minenräumausrüstung gehörten Räummittel für akustische und Ankertauminen, das Schwimmkabelräumgerät SKG sowie später auch Hohlstäbe vom Typ HFG-24 M. Alle Schiffe waren mit Schienen zur Aufnahme von Seeminen ausgelegt. Im Unterschied zum HABICHT-Typ hatten die MLR der KRAKE-Serie einen vierbeinigen Gittermast mit dreigeteilter Mastplattform und zwei Salings. Zur funkelektronischen Ausrüstung des Schiffes gehörten die Fahrtmessanlage RFT, Kreiselkompassanlage Kurs III, Funk-Navigationsanlage Rym K, Kollisionsschutzanlage KS 1B bzw. KSA-V mit der Funkmessanlage „Sarnitza", Freund-Feind-Kennungsanlage „Nichrom", vier Funkanlagen SEG 15, R 609 M, R 644 und Wolna, der Richtfunkpeiler FGS 3400, das Echolot ELA 10, Artillerieentfernungsmessgerät 2 RL sowie die Infrarotanlage Chmel.

Die Hauptmaschinen, bestehend aus zwei Dieselmotoren des Typs 6 KVD 43 A mit je 882 kW, wurden typengleich von der HABICHT-Serie übernommen. Das Schiff erreichte damit eine maximale Geschwindigkeit von 17 Knoten, was etwa 31 km/h entsprach.

Ab 1958 führte das Kommando in Rostock die Seestreitkräfte der DDR. Sie verfügten 1960 über 99 Kampfschiffe (Gesamtdeplacement 24.530t), 28 Hilfsschiffe (14.700t) und 50 kleine KS-Boote (Seekutter) und Reedeschutzboote. Zu den Abstützpunkten gehörten: 1. Flottille Peenemünde, 4. Flottille Warnemünde/ Hohe Düne, 6. Flottille Saßnitz (Auflösung 31.12.1959, 1963 Neuaufstellung Dranske), 7. Flottille Parow (Auflösung 14.09.1957), 3. Flottille Saßnitz (Auflösung 31.12.1958), 9. Flottille Wolgast (Auflösung 31.12 1957, ab 1960 Erprobungszentrum), selbständige TS-Bootsbrigade mit Aufstellung Stralsund-Dänholm sowie Küstenschutzschiffsbrigade Saßnitz (beide ab 01.01.1960).

Die erste gemeinsame taktische Seeübung von Einheiten der Baltischen Flotte, der Polnischen Seekriegsflotte und Seestreitkräfte fand Mitte Juni 1957 statt. Daran nahmen die beiden Küstenschutzschiffe der RIGA-Klasse mit der Bord-Nummer

„1-61" und „1-62" teil. Anschließend absolvierten die zwei Küstenschutzschiffe am 29. und 30. Juni 1957 in Gdynia den ersten Flottenbesuch der Seestreitkräfte der DDR im Ausland. Der kleine Verband stand unter der Leitung des Marinechefs, Vizeadmiral Verner. Auf der Fahrt dorthin hissten beide Schiffe am 29. Juni zum ersten Mal die Dienstflagge der Seestreitkräfte der DDR. In der Mitte der in den Nationalfarben schwarz-rot-gold waagerecht geteilten Flagge befand sich das von einem einfachen Lorbeerkranz umgebene Staatswappen der DDR, Hammer-Zirkel-Ährenkranz. Auf dem Flaggschiff wehte zu dieser Stunde erstmals die blaue Flagge des Chefs der Seestreitkräfte mit dem goldenen Anker in der Mitte, umgeben von drei goldenen Sternen. Die am 11. Juli 1957 erlassene Durchführungsbestimmung zur „Verordnung über die Dienstflaggen der NVA" regelte das Führen der Flaggen, Rang- und Kommandozeichen auf Schiffen und Booten der Seestreitkräfte.

Anlässlich des **1. Mai 1958** präsentierten sich die Schiffe und Boote der Seestreitkräfte in einer einlaufenden Paradeformation auf dem Neuen Strom in Warnemünde erstmals der Öffentlichkeit. Darunter befanden sich die neuen Minenleg- und Räumschiffe des Typs KRAKE. Große Aufmerksamkeit erregten die beiden aus der UdSSR angekauften Küstenschutzschiffe vom Projekt 50 der RIGA-Klasse sowie die ersten Torpedoschnellboote des Projektes 183.

Flottenbesuch in Leningrad

Vom 16. bis 20. Juli 1959 besuchte zum ersten Mal nach dem Ende des Zweiten Weltkrieges ein deutsches Kriegsschiff, das Flagg- und Schulschiff ERNST THÄLMANN der Seestreitkräfte der DDR, Leningrad. Es befand sich auf einer Navigationsbelehrungsfahrt. Für die Offiziersschüler an Bord war es die erste Seereise. Viele Leningrader verfolgten am Nabereshnaja Newy-Prawyj Bereg, unterhalb der Leutnant-Schmidt-Brücke das perfekte Anlegemanöver von Kommandant Kapitänleutnant Fritz Dorn. Das Besuchsprogamm bot den Offiziersschülern und der Besatzung beeindruckende Landgangstage in Leningrad. Zur Verabschiedung am 20. Juli erklärte der sowjetische Verbindungsoffizier Kapitän II. Ranges Wasiljew: „Sie sind überall durch ihre gute Haltung und Disziplin aufgefallen. Es hat sich gezeigt, dass es keinen Hass mehr zwischen unseren Völkern gibt. In diesen fünf Tagen haben wir uns als offizielle Vertreter beider Länder und als Waffenbrüder kennengelernt. Es kommt mir vom Herzen, wenn ich sage, dass mir der Abschied schwer fällt. Ich würde mich freuen, wenn sie das nächste Jahr wieder kämen."

Volksmarine 1960-1990

Am 3. November 1960 wurde den Seestreitkräften der DDR auf Beschluss des Nationalen Verteidigungsrates vom 19. Oktober der Name Volksmarine verliehen. Die Namensgebung fand am folgenden Tag auf einer Flottenparade im Greifswalder Bodden statt. Dort waren in einem weiten Halbbogen sämtliche, über alle Toppen beflaggten Schiffe und Boote der Seestreitkräfte vor Anker gegangen. Der vor drei

Monaten am 14. Juli vom Ministerrat der DDR zum Minister für Nationale Verteidigung berufene Generaloberst Heinz Hoffmann, fuhr an Bord eines Torpedoschnellbootes die Ankerformation ab und begrüßte jede Schiffsbesatzung. Die militärische Zeremonie mit Einführung der Seekriegsflagge der DDR vollzog sich an Bord des Küstenschutzschiffes 101 der RIGA-Klasse. Die in rot gehaltene und in der Mitte mit den Nationalfarben schwarz-rot-gold waagerecht geteilte Flagge zierte das von Lorbeerkränzen umrandete Emblem von Hammer-Zirkel-Ährenkranz. Nach hissen der neuen Dienstflagge wechselten alle Matrosen und Maate die Mützenbänder mit der Aufschrift „Seestreitkräfte" gegen die neuen Bänder mit der Bezeichnung „Volksmarine" aus. Das Ereignis auf dem Greifswalder Bodden schloss mit einer Seeparade. Küstenschutzschiffe der RIGA-Klasse, Minenleg- und Räumschiffe des Typs HABICHT und KRAKE, von der UdSSR gelieferte U-Jagdschiffe 201-M und Torpedoschnellboote vom Projekt 183 sowie zahlreiche Räumboote des Typs SCHWALBE paradierten im vollen Flaggenschmuck am Flaggschiff vorbei. Die erstmalige Vorführung von drei, sich allerdings noch in der Erprobungsphase befindlichen leichten Torpedoschnellbooten, erregte bei den Marinesoldaten ein besonderes Interesse. Diesen neuartigen kleinen Fahrzeugtyp mit zwei nach achtern ausstoßbaren Torpedos hatte zuvor noch keiner gesehen. Es vergingen noch fünf Jahre, bis dieser von der DDR-Werftindustrie entwickelte neue Waffentyp zur See die technische Perfektion erreichte, um in der Flotte eingeführt werden zu können.

Das politische Motiv für die Namensgebung VOLKSMARINE lag im historischen Rückgriff auf die Meuterei in der deutschen Hochseeflotte im Juli/August 1917 und der Novemberrevolution 1918 in Deutschland. Als Namensgeber fungierten dabei die revoltierenden Matrosen von Kiel und Wilhelmshaven und die Revolutionskämpfer der Volksmarinedivision in Berlin zur Verteidigung der von Philipp Scheidemann am 9. November 1918 ausgerufenen Republik. Die in der DDR und ihren Seestreitkräften dominierende Sicht zu den vorwiegend links orientierten „Roten Matrosen" und der Volksmarinedivision wird im Kapitel 5 einer differenzierten Betrachtung unterzogen.

Weniger bekannt ist in dem Zusammenhang eine Episode, die zur Namensgebung beigetragen haben soll. Die anfängliche Idee, den Namen SEESTREITKRÄFTE durch VOLKSMARINE zu ersetzen, wurde in dem renommierten Warnemünder Hotel „Haus Stolteraa" in der Strandstraße 17 geboren. Das an der Strandpromenade liegende Hotel fungierte in jener Zeit als Gästehaus der DDR-Regierung. An einem schönen Sommertag dachten der DDR-Staatsratsvorsitzende Walter Ulbricht mit Frau Lotte und Konteradmiral Heinz Neukirchen mit Ehefrau Irmgard über den Namen „ihrer" Marine nach. Lotte Ulbricht meinte, das Wort Seestreitkräfte sei viel zu lang. Familie Neukirchen schlug daraufhin im Rückgriff auf die deutsche Geschichte, den Namen Volksmarine vor. Allen gefiel diese Idee. Schließlich kam von ganz Oben aus Berlin das Einverständnis.

Die Volksmarine verfügte zu Beginn der 60er Jahre über einen Schiffsbestand von etwa 157 Fahrzeugen. Dazu gehörten die von der UdSSR angekauften vier Küstenschutzschiffe der RIGA-Klasse (Projekt 50), 27 Torpedoschnellboote (Projekt 183), die wegen ihres Holzrumpfes scherzhaft als Holzpantoffel bezeichnet wurden sowie 12 U-Jagdschiffe vom Typ 201-M. Die DDR-Werftindustrie lieferte in drei Bauausführungen insgesamt 48 Räumboote des Typs SCHWALBE, 12 Minenleg- und Räumschiffe des Typs HABICHT und 10 des Typs KRAKE, 20 Küstenschutzboote Typ SEEKUTTER, 24 Hafen- und Reedeschutzboote der Typen DELPHIN und TÜMMLER I und II. Zur Flotte der etwa 50 Hilfsfahrzeuge gehörten Schlepper, Torpedofangboote, Schulboote, Tanker, Logger, Feuerlösch- und Taucherboote sowie Versorgungsfahrzeuge.

Die Küstenschutzschiffe der RIGA-Klasse erhielten Namen von Arbeiterführern, u.a. Karl Marx und Friedrich Engels. Minenleg- und Räumschiffe trugen Namen von Bezirksstätten, z.B. Rostock und Erfurt. Kleine Räumboote bekamen Namen von Kreisstädten, wie z.B. Aue oder Weimar. Die 27 Torpedoschnellboote der Projekte 183 und 18 Schnellboote des Projekts 206 wurden nach deutschen Antifaschisten benannt, wie z.B. Hans Coppi, Heinz Kapelle und Ernst Schneller.

Als Koalitionsflotte des Warschauer Paktes hatte die Volksmarine neben Minensuch-, Minenleg- und Sicherungsaufgaben zunehmend die Seebeobachtung im Küstenvorfeld und den Ostseeausgängen wahrzunehmen, die U-Boote der NATO in ihrem Verantwortungsgebiet aufzuklären und auf Befehl zu bekämpfen. Hinzu kamen Fähigkeiten der Geleitüberführung und zur Küstenanlandung von Landstreitkräften. Für diese Aufgaben liefen der Volksmarine in den 60er Jahren weitere Schiffseinheiten zu. Darunter befanden sich 14 U-Jagdschiffe vom Typ HAI (Projekt 12.4) mit Gasturbinenantrieb, 12 kleine Landungsschiffe (Projekt 46) und sechs mittlere Landungsschiffe ROBBE (Projekt 47). Sie hatten ihren Abstützpunkt in der 1. Flottille in Peenemünde. 1964/65 erhielt die 6. Flottille in Dranske auf Rügen 30 leichte Torpedoschnellboote der Serie 63 vom Projekt ILTIS. Die in Aluminiumbauweise auf der Peene- Werft in Wolgast gefertigten Boote mit einem Volldeplacement von 16,8t hatten zwei nach Achtern ausstoßbare Torpedos an Bord. 1967/68 liefen der Volksmarine weitere 18 leichte Torpedoschnellboote der Serie 68 vom Projekt HYDRA zu. Die 20,9t im Wasser verdrängenden Boote wurden auf der Yachtwerft in Berlin-Köpenick gebaut. Ihr Bootskörper bestand aus Mahagoniholz. Mit einer Länge von 17,10 Metern waren sie im Vergleich zu den ILTIS-Booten um 2,30 Meter länger. Die HYDRA-Boote führten drei nach Achtern ausstoßbare Torpedos an Bord. Diese neuartigen Boote mit je drei Mann Besatzung und zwei bzw. drei Torpedos an Bord erreichten mit ihrer Maschinenleistung von 1.765 kW bei ruhiger See 50 bis 52 sm/h. Das entsprach etwa 91 bis 95 km/h. Hinzu kamen weitere 15 leichte Torpedoschnellboote, die als Versuchsboote unter der Werftflagge liefen. Unter großer Geheimhaltung trafen am 20. November 1962 die ersten beiden Raketenschnellboote des Typs 205 (NATO-Code OSA I) im Marinestützpunkt Peenemünde ein. Sie wurden von sowjetischen Besatzungen überführt. Nach sechs Tagen erfolgte der Flaggenwechsel und die Indienststellung der Boote 701 und 702 in der Volksmarine.

Eine Spezialistengruppe der sowjetischen Seekriegsflotte unterstützte die Schnellbootsfahrer der Volksmarine in der Handhabung der neuen Waffentechnik und in der See- und Gefechtsausbildung. Die 209t verdrängenden Schnellboote waren mit je zwei Raketen-Hanger an Backbord und Steuerbord bestückt. Darin befand sich jeweils ein Seezielflugkörper des Typs P-15 (NATO-Code SS-N-2 Styx). Angetrieben von drei Diesel-Sternmotoren (M503A) mit 12.000 PS erreichten die 39,60 Meter langen Boote eine Geschwindigkeit von 40 Knoten. Die Schnellboote lagen hinter Planen und Tarnnetzen versteckt in einer streng abgeschirmten Sonderzone im Nordhafen der Marinebasis Peenemünde. Dessen Einfahrt war sogar durch eine Torpedosperre gesichert. Weitere sieben Raketenschnellboote liefen der Volksmarine bis 1964 zu. Im April 1964 verlegte die Raketenschnellbootsbrigade in ihren künftigen Heimatstützpunkt Bug-Dranske auf Rügen. Nach intensiver Ausbildung nahmen vom 5. bis 13. Mai 1964 erstmals zwei Boote an einem Raketenschießabschnitt vor der sowjetischen Küste Baltijsk (Pillau) teil. Am 11. Mai um 14.15 Uhr MEZ wurde erstmals das Kommando „Rakete Start" für ein Schnellboot der Volksmarine auf ein Zielobjekt erteilt. Bald darauf kam vom sowjetischen Beobachtungsflugzeug die Meldung „erfolgreicher Raketentreffer". Bis 1971 lieferte die UdSSR insgesamt 15 Boote dieser Klasse. Konzipiert wurden die Boote, um gegnerische Überwasserschiffe, Geleite und Landungsverbände zu bekämpfen. Moderne Funkmess-, Funk-, Schiffsführungs- und Feuerleitanlagen ermöglichten einen wirkungsvollen Raketeneinsatz. Mit Aufstellung der Raketenschnellbootsbrigade, als Reaktion auf das Marinerüstungsprogramm der Bundesrepublik, glaubte die Führung der Volksmarine, eine Überlegenheit in der Flugkörperbewaffnung gegenüber der Bundesmarine erreichen zu können.

Nach zehnjährigem Einsatz der Torpedoschnellboote des Typs 183 erfolgte ab 1968 die Wachablösung durch 18, mit je vier Torpedos bestückten Torpedoschnellbooten des Projekts 206 (NATO-Code SHERSHEN) aus sowjetischer Produktion. Nach 16 Betriebsjahren stellte die Volksmarine diesen Bootstyp ab 1984 schrittweise außer Dienst. Mit der Zuführung von 34 Kleinen Torpedoschnellbooten LIBELLE (KTS des Projektes 131.4) begann in den 70er Jahren die Ära von Marinesoldaten mit Pilotenhelm. Die auf den Werften in Rechlin und Wolgast gebauten 28t-Boote in der Minen-, Torpedo- oder Transportvariante waren jeweils mit drei Schnellläufer-Antriebsmotoren ausgestattet. Bei einer Maschinenleistung von 2.647 kW erreichten sie eine Geschwindigkeit von rund 48 sm/h. Das entspricht etwa 88 km/h.

Mit der Indienststellung dieser seegehenden Kampfkräfte entwickelten sich die Seestreitkräfte der DDR von der Küstenmarine der 50er Jahre zu einer kampfstarken Randmeermarine ab Mitte der 60er Jahre. Gegenüber 99 Kriegsschiffen im Dezember 1960 erhöhte sich der Bestand von Kampfkräften innerhalb von 10 Jahren auf 177 Einheiten im Dezember 1970.

Minensuch- und Räumschiffe der KONDOR-Klasse, Projekt 89.1. und 89.2.

Parallel mit den gestiegenen Fähigkeiten der Bundesmarine und dänischen Marine für den Minenseetransport und im großflächigen Verlegen von Fernzündungs- und Kontaktminen leitete die Volksmarine Mitte der 60er Jahre eine Modernisierung ihrer Minenabwehrkräfte ein. 1965 begann die Projektierung und der Bau eines als Minensuch- und Räumschiff (MSR) klassifizierten Fahrzeuges. Nach drei Jahren kam das „Null-Schiff" mit einer Wasserverdrängung von 283t am 30. Dezember 1968 in Fahrt. Parallel mit dessen Erprobung entwickelte und baute die Peenewerft Wolgast das MSR vom Projekt 89.1. Es führte die NATO-Kennung KONDOR I. Von diesem Schiffstyp liefen der Volksmarine 1969/70 insgesamt 21 Fahrzeuge zu. Der als Glattdecker ausgelegte Schiffskörper mit leichtem Sprung im vorderen Bereich, einem Schrägbug und eingezogenem geraden Heck erreichte eine Normalverdrängung von 327t. Das Schiff war 52 Meter lang und 6,70 Meter breit. Zwei sowjetische Hauptantriebsmaschinen, Zweitakt V-Dieselmotoren des Typs D 40 mit einer Leistung von 2.942 kW, verliehen dem Schiff eine Geschwindigkeit bis zu 20 Knoten. Im stufenförmigen Aufbau waren der Hauptbefehlsstand mit den Fahrständen „Brücke innen" und „Brücke außen" sowie der Navigations- und Funkraum untergebracht. In den Aufbauten befanden sich die Kombüse, die Mannschaftsmesse, sanitäre Anlagen, technische Räume und der Abgasschacht mit Schornstein. Hinter dem offenen Fahrstand erhob sich der Röhrenmast mit Stangenfortsetzung und Querrah. Im Mastbereich war die Funkmeßanlage montiert. Antennen und Geräte dienten der funkelektronischen Sicherstellung des Schiffsbetriebes sowie des Geschützeinsatzes. Das MSR hatte ein relativ langes Arbeitsdeck mit einem nach achtern auslaufendem Schanzkleid. Zwei am Heck befindliche Hydraulikhebebäume dienten dem Ein- oder Ausbringen der Räumgeräte. Neben den akustischen Räumgeräten (AT-2 und FRG 3E) kam das Scheerdrachenräumgerät SDGR/L zum Einsatz. Zum Räumen von Kontakt- und magnetischen Fernzündungsminen standen auf dem Arbeitsdeck eine Trossenwinsch und Kabeltrommel. Das während der Fahrt in See abgespulte vier Zentimeter dicke Kabel diente der Energieversorgung der in Schlepp genommenen Hohlstäbe Typ HFG 13 bzw. HFG 24. Der wie ein kleines Mini-U-Boot aussehende 12 Meter lange zylinderförmige Schwimmkörper mit einem Durchmesser von ca. 1,20 Meter wog immerhin 24 t.

Als völlig unzureichend und von der Führung der NVA und Gruppe der sowjetischen Streitkräfte in Deutschland bemängelt, galt die viel zu geringe Luftabwehrbewaffnung mit nur einem 25-mm-Geschütz als Doppellafette auf dem Vorschiff. Entgegen der Planung kam die vorgesehene hydroakustische Anlage MG-69 als Ortungsanlage gegen Ankertauminen in Kursrichtung voraus nicht zum Einsatz. Die Mängel in der Bewaffnung und Minenortung führten zur konstruktiven Änderung des Projektes. Die Schiffbauingenieure entwickelten das Projekt 89.2. (KONDOR II) für den Einsatz im Küsten- und Hochseebereich. Bedeutende Verbesserungen in der Ausstattung des Hauptbefehlsstandes, der Unterbringung der Besatzung und der Einbau der hydroakustischen Ortungsanlage MG-69 sowie Einsatz eines neuartigen

Kontakträumgerätes führten automatisch zur Vergrößerung des Schiffes. Es hatte eine Länge von 56,52 Meter und war 7,76 Meter breit. Der Schiffskörper war in neun wasserdichte Abteilungen unterteilt. Je nach der Einsatzvariante als Räumboot oder Minenleger schwankte die Wasserverdrängung des Fahrzeuges von normal 449,09t (Räumboot) bis 494,44t Volldeplacement (Minenleger). Für den Einsatz als Minenleger befanden sich beidseitig auf dem Arbeitsdeck zwei Minengleise. Die zwei zusätzlich auf der Aufbauplattform hinter dem Schornstein angeordneten 25-mm-Geschütze als Doppellafette 2-M-3 führten zur Erhöhung die Feuerkraft gegen See- und Luftziele.

Der Volksmarine liefen im Zeitraum 1971 bis 1973 insgesamt 30 MSR des Projektes 89.2. zu. Ich lernte dieses, nach meinem Empfinden sehr modern ausgestattete Schiff 1972 im Rahmen meiner Praktikumsausbildung zum Wachingenieur (WI) als Offiziersschüler im 4. Studienjahr in der 4. Flottille in Warnemünde kennen. Im Verlauf meiner Dienstzeit ist mir der Einsatz auf diesem Schiffstyp in angenehmer Erinnerung geblieben. Ich war von der Maschinenanlage und technischen Ausstattung des Schiffes begeistert. Fasziniert war ich von dem seinerzeit super modern eingerichteten Maschinenleitstand unter Deck. Dieser war vollgestopft mit Anzeigegeräten, Armaturen und Bedienelementen. Auf einer großen elektronischen Anzeige- und Steuerungstafel für sämtliche Bordsysteme überwachten und steuerten zwei Männer des Maschinenpersonals den gesamten technischen Bordbetrieb. Auf der im hellen grün gehaltenen Schalttafel stand am Rand das Kürzel „Made by Siemens". Die Männer der Volksmarine hatten sozusagen den „Gegner" stets im Blick bzw. auf dessen technische Anzeigegeräte immer ein wachsames Auge. Ich kann mich nicht erinnern, dass die Siemenstechnik jemals versagte. Die zwei Hauptmaschinen und fünf Hilfsdiesel mit angeflanschtem Generator sowie diversen Hilfsaggregate waren in mehreren Abteilungen des Schiffes gut angeordnet. Wie im Vorgängertyp kamen im Projekt 89.2. ebenfalls zwei 12 Zylinder V-Dieselmotoren D 40 mit einer Leistung von 2.942 kW zum Einsatz. Diese leistungsstarken russischen Dieselmotoren wurden in Woroschilowgrad gefertigt. Sie fanden auch in Dieselloks der Baureihe 220 und 232 der Deutschen Reichsbahn Verwendung. Als im strengen Winter 1979 im Bezirk Rostock nahezu alle Dieselloks aus technischen Gründen ausfielen, widerstanden nur die russischen Loks der Baureihe 220 und 232 den extremen Witterungsunbilden.

Zum Schutz des Schiffes vor Seeminen mit hydroakustischer Zündung waren die Haupt- und Hilfsmaschinen mit einer besonderen Geräuschdämmung ausgestattet. Das Schiff hatte zwei Profilruder und zwei Verstellpropeller. Die Regelung der Geschwindigkeit des Schiffes erfolgte in Abhängigkeit von der Neigung der hydraulisch verstellbaren Propellerflunken und Drehzahl der beiden Propellerwellen.

Die MSR-Schiffe waren mit einer Mineneigenschutzanlage (MES) ausgerüstet. Über schleifenförmig an Bord verlegte elektrische Kabel wurde ein zusätzliches Magnetfeld erzeugt. Das wirkte dem Magnetfeld des Schiffes entgegen bzw. neutralisierte das eigene natürliche Magnetfeld. Der auf diese Weise entmagnetisierte

Schiffskörper sollte verhindern, dass das Fahrzeug in See durch magnetische Fernzündungsminen zur Detonation gebracht wurde.

Die Indienststellung der MSR KONDOR II leitete die Ablösung der bis dahin noch im Einsatz befindlichen Minenleg- und Räumschiffe ein. Nach nur zwei bis drei Jahren Einsatz übergab die Volksmarine 18 MSR des Projektes 89.1. an die 6. Grenzbrigade Küste (GBK). Dieser KONDOR I-Transfer an die 6. GBK machte diese mit der seegehenden Komponente in der Grenzsicherung „ostseefähig". Fortan fuhren die Schiffe mit einer G-Nummer in drei Grenzschiffabteilungen.

Mit einer gewaltigen finanziellen Kraftanstrengung beschaffte die DDR für die Volksmarine 1978/79 zwei Flugkörperfregatten des Projektes 1159 mit der NATO-Kennung KONI. Sie erhielten die Namen BERLIN und ROSTOCK. Die in der UdSSR gebauten Küstenschutzschiffe (KSS) hatten eine Wasserverdrängung von 1.499 t. Zwei Dieselmotoren und eine Gasturbine mit einer Antriebsleistung von gesamt 25.750 kW verliehen dem Schiff eine Geschwindigkeit bis zu 30 Knoten. Zur Feuerkraft des KSS gehörten ein ausfahrbarer Raketenstarter für Luftabwehrraketen, eine funkmessgesteuerte Bordartillerie von zwei 76-mm-Geschützen und vier 30-mm-Geschütze sowie zwei Wasserbombenwerfer. Als endlich nach acht Jahren 1986 das dritte KSS (HALLE) gleichen Typs von der UdSSR geliefert wurde, war die Enttäuschung in der Volksmarine groß. Gegenüber seinen beiden älteren Vorgängermodellen hatte es in der Zwischenzeit keinerlei technische Modernisierung erfahren.

Mit der Außerdienststellung ihrer U-Jagdschiffe Typ HAI erhielt die Volksmarine zu Beginn der 80er Jahre 16 neue U-Boot-Abwehrschiffe der PARCHIM-Klasse (Projekt 133). Ein Generationswechsel vollzog sich auch bei den Landungsschiffen. Die Peenewerft in Wolgast lieferte 12 Landungsschiffe des Typs FROSCH (Projekt 108). Insgesamt erreichte die Volksmarine als kleine Randmeerflotte eine beachtliche Kampfstärke, die mit der Indienststellung Kleiner Raketenschiffe bzw. Korvetten vom Typ 1241 (NATO-Code TARANTUL) Mitte der 80er Jahre weiter anwuchs. Im Mai 1990 verfügte die Volksmarine über folgenden Schiffs- und Hubschrauberbestand:

- 5 Kleine Raketenschiffe TARANTUL
- 3 Küstenschutzschiffe KONI
- 16 U-Bootabwehrschiffe PARCHIM
- 12 Raketenschnellboote OSA I
- 1 Patrouillenboot BALKOM-10
- 12 Landungsschiffe FROSCH
- 21 Minensuch- und Räumschiffe (KONDOR II)
- 6 Hochsee- und Gefechtsversorger DARSS, 2 Hochseeversorger
- 7 Wohnschiffe OHRE („schwimmender Stützpunkt" Projekt 162)
- 5 Wohnschiffe („schwimmender Stützpunkt" Projekt 62)
- 27 Marine- Hubschrauber (U-Jagd- und Kampfhubschrauber Mi-14 PL, Mi-8 TB)
- 3 Aufklärungs- bzw. Vermessungsschiffe
- Bergungs- und Rettungsschiff OTTO VON GUERICKE A 46
- Schulschiff WILHELM PIECK S 61

- Hochseetanker USEDOM, 8 Tanklogger und –leichter
- 11 Hochsee-, Reede-, Hafen- und Binnenschlepper
- diverse Hilfsschiffe (Feuerlöschboote, Torpedofangboote, Tank- und Trinkwasserschuten, Taucherboot, Motorbarkassen, Verkehrsboote, Schwimmkräne)
- Staatsyacht OSTSEELAND.

Von den im Bestand der 6. Grenzbrigade Küste stehenden 18 Minensuch- und Räumschiffe der KONDOR I-Klasse wurden bis Februar 1990 neun außer Dienst gestellt. Drei Schiffe übernahm der BGS. Sechs Fahrzeuge fanden 1992 Käufer im Ausland.

Zu den Sondereinheiten der Volksmarine gehörten die Schiffsstammabteilung „Paul Blechschmidt", das Marinehubschraubergeschwader „Kurt Barthel" (MHG-18), Marinefliegergeschwader „Paul Wieczorek" (MFG-18), Küstenraketenregiment (KRR-18), Küstenverteidigungsregiment (KVR-18, zuvor Motorisiertes Schützenregiment MSR-28), Kampfschwimmerkommando „Richard Staimer" (KSK-18), Nachrichtenregiment (NR-18), Bataillon Funkelektronischer Kampf (BFEK-18), der Funkdienst (FuD-18) sowie das Ingenieurbaubataillon (IBB-18) und das Marine-Pionierbataillon (MPiB-18).

Der Stellvertreterbereich des Chefs der Volksmarine und Chef der Rückwärtigen Dienste umfasste etwa 30 Abteilungen, Truppenteile, Bataillone, technische Kompanien, diverse Dienste, Zentren, Basen und Lager für die Planung, Organisation und Durchführung der rückwärtigen materiellen und technischen Sicherstellung sowie der medizinischen Versorgung (u.a. Marinemedizinisches Zentrum MMZ-18).

Im letzten Jahrzehnt des Bestehens des Warschauer Paktes erhöhte sich spürbar die Übungsintensität der drei sozialistischen Ostseeflotten, so z.B. in den Seeübungen: „Sojus 81", „Val 81", „Herbstwind 82", „Polygon 83", „Sojus 83", „Ozean 83", „Herbstwind 84 und 85", „Start 86" und „Synchron 87". Zum Bestandteil der Übungen gehörte das Element der Seeanlandung. Die übersteigerte Übungs- und Überprüfungsmanie des Warschauer Paktes nahm weder auf nationale noch auf personelle Belange Rücksicht. Die permanent geforderte höchste Gefechtsbereitschaft bewirkte mit der Zeit im Personalbestand das Gegenteil. Die extremen Forderungen verloren bei den Marinesoldaten allmählich an Glaubwürdigkeit. Die Volksmarine übte sich im Frieden kontinuierlich kriegsmüde.

Auf der Suche nach einer optimalen, mit der Entwicklung des Militärwesens Schritt haltenden Ausbildung von See-, Ingenieur- und Nachrichtenoffizieren sowie Politoffizieren durchlief diese mehrere Wandlungen. Ab 1971 begann die Offiziershochschule der Volksmarine „Karl Liebknecht" in Stralsund mit der Hochschulausbildung. Hinzu kam die Ausbildung von Berufssoldaten, die an sowjetischen Militärakademien ein mehrjähriges Studium absolvierten. Mit dem 1976 in Dienst gestellten Schulschiff WILHELM PIECK, waren zahlreiche Ausbildungsfahrten „Auf Große Fahrt" von Offiziersschülern des 3. und 4. Studienjahres mit Besuchen im Ausland verbunden. Die Unteroffiziers- und Matrosenausbildung in Parow erhielt 1970 den

Status einer Flottenschule und den Namen „Walter Steffens". Nach 1992 wurde der Standort zum größten Investitionsobjekt der Bundeswehr in den Bundesländern Ost (240 Millionen EURO). In drei Bauabschnitten entstand hier bis 2003 die modernste Ausbildungsstätte der Deutschen Marine, die Marinetechnikschule. In Parow werden die Besatzungen für die Schiffe der Deutschen Marine ausgebildet.

Vier Jahrzehnte Seestreitkräfte der DDR, reflektieren die Entwicklung ihres Personal- und Schiffbestandes, ihrer Waffensysteme sowie den Bord- und Dienstalltag von zehntausenden Marinesoldaten zur Gewährleistung einer hohen Gefechtsbereitschaft. Neben nationalen Belangen ist die Geschichte der DDR-Marine geprägt von den globalen machtpolitischen Interessen Moskaus, der jeweiligen Militärstrategie des sowjetischen Generalstabes mit seinen Ablegern der SMAD, SKK und Gruppe der sowjetischen Streitkräfte in Deutschland. Sichtbar wurde der sowjetische Einfluss u.a. im Einsatz der Marineverbände der DDR im Juni 1953, der seeseitigen Absicherung des Mauerbaus am 13. August 1961, im Alarmzustand der Volksmarine während der Kubakrise im Oktober 1962 und beim Einmarsch der Truppen des Warschauer Paktes zur Niederschlagung der Reformbewegung in der CSSR im August 1968.

Welchen Rüstungsdruck die UdSSR auf den Kriegsschiffbau in der DDR ausübte, belegt das im Archivbestand des Sekretariats des Ministers für Staatssicherheit aufgefundene Dokument Nr. 1585 mit dem Geheimhaltungsgrad „Geheime Kommandosache - 27 - Persönlich!" Es beinhaltet Planungsgrößen für den maritimen Schiffbau im Zeitraum 1976 bis 1985 sowie 1986 bis 1990. Das Fünfjahresprogramm für den Kriegsschiffbau 1986 bis 1990 sah den Neubau von 55 Fahrzeugen mit einem Kostenaufwand von 5.520 Millionen Mark vor. Dabei entfielen 2.910 Millionen Mark auf den Schiffsexport in die Sowjetunion. Die DDR-Schiffbauindustrie sollte u.a. 29 Kampfschiffe für die Volksmarine und 12 Kampfschiffe für die sowjetische Seekriegsflotte abliefern. Vorgesehen war der Bau von drei 13.620t großen Flottenversorgern für die UdSSR auf der Neptun Werft Rostock. Obwohl die Projektierung dieser Fahrzeuge fast abgeschlossen und der Import von entsprechenden Anlagen, Ausrüstungen und Geschützen bereits angelaufen war, kam es wegen völlig unrealistischen Preisvorstellungen der UdSSR nicht zum Vertragsabschluss. Der geheime Rüstungsplan für die DDR-Werften sah außerdem vor, 10 Militärtransporter mit einem Deplacement von jeweils 10.000t sowie 18 Spezial- und Hebeschiffe (bis zu 5.000t) an die UdSSR zu liefern. Die Neptun Werft baute zwei Hebeschiffe der KASHTAN-Klasse (Projekt 141) als Hilfsschiffe für die sowjetische Marine. Die Sowjetunion drängte die DDR mehrfach zur Mitwirkung am Rüstungsprogramm der UdSSR. Damit im Zusammenhang empfahl die UdSSR der NVA-Führung wiederholt den Bau von Randmeer U-Booten. Nach den Vorstellungen der sowjetischen Marineführung sollten die Seestreitkräfte der DDR über eine U-Bootwaffe verfügen. Diese wiederholt an die DDR herangetragene „Empfehlung" lehnten die Regierung und das Kommando der Volksmarine ab. Man muss kein Prophet sein, um zu erkennen, dass die DDR diesen rüstungsmäßigen Kraftakt wirtschaftlich nicht überstanden hätte.

Die Volksmarine in der Wende 1989 bis zur Deutschen Einheit

„Hol nieder Flagge". Mit dem Einholen der Flaggen auf allen Schiffen, Booten und in den Dienststellen schloss am 2. Oktober 1990 das Kapitel der Volksmarine, einer kleinen kampfkräftigen deutschen Randmeermarine mit vorrangiger Orientierung auf die Minen- und U-Bootabwehr sowie von Seelandungsoperationen. Nach 38 Jahren und neun Monaten endete an diesem Tag auch die Geschichte der Offiziershochschule (OHS) der Volksmarine in Stralsund. Als Seepolizei-Offiziersschule am 7. Januar 1952 eröffnet, erhielt die Mehrzahl der Offiziere der HV Seepolizei, VP-See, Seestreitkräfte und Volksmarine an dieser Lehreinrichtung ihre seemännische, militärfachliche, technische, politische und ab 1983 wissenschaftliche Ausbildung.

In einer kurzen Ansprache zeichnete der erst wenige Wochen zuvor zum Kommandeur der OHS ernannte Kapitän zur See Dr. Horst Auerbach, vor dem verbliebenen, auf dem Sportplatz angetretenen Personalbestand den historischen Weg des Marinestandortes auf der „Schwedenschanze" von der 11. Schiffstammabteilung der Kriegsmarine über die Wohnansiedlung von Flüchtlingen in der Nachkriegszeit bis zum letzten Tag der Ausbildung von Offizieren der Volksmarine. Er schloss seine Rede mit den Worten: „Es gab für die Volksmarine und ihrer Offiziershochschule keinen anderen Weg, als den, den wir durchschritten haben und den, der vor uns liegt. Entscheidend ist und bleibt, dass wir uns nicht gegen das Volk gestellt haben. Auch wir waren und sind das Volk". Mit dem Einholen der Dienstflagge, dem Ausmarsch der Truppenfahne und der Entfernung des Namensschildes am Eingangstor schloss nach komplizierten Monaten die Geschichte der Lehreinrichtung. Wenige Stunden später übernahm die an die Offiziershochschule entsandte Kommandeurgruppe der Bundesmarine die Befehlsgewalt.

Die Mehrzahl meiner Kameraden hat den Namen VOLKSMARINE im Glauben an die damit im Zusammenhang propagierten fortschrittlichen Traditionen des deutschen Volkes ernst genommen. Auf der Grundlage damaliger Erkenntnisse und Informationen verstanden wir unseren Dienst als Beitrag zur Friedenssicherung. Dienst für den Frieden war damals und ist heute Auftrag der Bundeswehr. Dieser auf beiden Seiten unterschiedlich geleistete Friedensdienst bot nach Ansicht des damaligen stellvertretenden Befehlshabers des Bundeswehrkommandos Ost, Generalmajor Werner v. Scheven, ein verbindendes Element im Vereinigungsprozess von Bundeswehr und NVA. Anlässlich des Besuches einer NVA-Delegation im Juni 1990 erklärte er: „Wir gehen auch bei Ihnen (NVA, Anm. Verf.) von einer Berufswahl aus, bei der Dienst am Frieden in einem Deutschland, von dem nie mehr Krieg ausgehen darf, ein leitendes Motiv war und bleibt. Das zumindest könnte uns alle verbinden."

Ab Herbst 1989 erlebten die NVA-Angehörigen den Zerfall und die Selbstauflösung eines politischen Systems, dessen militärischer Schutz ihre Aufgabe war. Die

Volksmarine hat die Wende nicht herbeigeführt. Ihre Angehörigen waren jedoch entschlossen, dafür zu sorgen, dass diese vom Volk ausgelöste revolutionäre Bewegung friedlich verläuft. Gemäß dem Verfassungsauftrag der NVA, der den militärischen Einsatz nach innen und jeglichen Angriffskrieg ausschloss, lehnten die Marinesoldaten den Einsatz gegen das Volk entschieden ab. In jener historischen Zeit fühlten sie sich allein dem Volk verpflichtet. Sie folgten im Herbst 1989 dem unüberhörbaren Ruf der Bürger „keine Gewalt". Angehörige der Volksmarine demonstrierten in Stralsund und Rostock gemeinsam mit den Bürgern. Durch ihre volksverbundene Haltung erteilten sie der Konfrontations- und Restaurationsstrategie der alten SED- und NVA-Hardliner eine Abfuhr. Eine wahrhaft mit dem Volk verbundene Marine hätte sich im Herbst 1989 und in den Monaten danach, jedoch an die Spitze der Volksbewegung stellen müssen. Diese Einsicht war in jener Zeit noch nicht in dem erforderlichen Maße herangereift. Es bedurfte erst der massiven Protestbewegungen des Volkes, um die Notwendigkeit gesellschaftlicher Veränderungen zu erkennen, Alternativen des künftigen Entwicklungsweges zu diskutieren und anzugehen. Immer mehr Soldaten wandten sich im Herbst 1989 und Monaten danach von der SED- und NVA-Führung ab. Sie hatten ganz einfach die Nase voll von den stets wiederkehrenden politischen Phrasen, die nicht mit dem Leben überein stimmten. Der Volkswille und die Kraft zu gesellschaftlichen Veränderungen mit Reformierung der NVA übertrugen sich auch auf die Marinesoldaten.

Unter Admiral Theodor Hoffmann existierte im Ministerium für Nationale Verteidigung ein Krisenplan, der den Einsatz der NVA gegen Kräfte vorsah, die sich dem Volk entgegenstellen wollten. Rückblickend zur dramatischen Situation im Herbst 1989 bekräftigte der damalige Chef der NVA, Admiral Theodor Hoffmann, am 17. Juli 1990 in einem Interview mit der „Berliner Morgenpost": „Die NVA wäre während der Wende 1989 gegebenenfalls aktiv auf der Seite des Volkes gegen Kräfte vorgegangen, die die friedliche Revolution hätten stoppen wollen. Für diesen Fall habe im Ministerium für Nationale Verteidigung ein Krisenplan vorgelegen. Die Armee hätte auch eingegriffen, wenn der Staatssicherheitsdienst versucht hätte, sich der Revolution in den Weg zu stellen. Die Armee sei fest entschlossen gewesen, dafür zu sorgen, dass diese Revolution friedlich verläuft."

Anfang vom Ende der DDR - der nahende Untergang
Dass das 40jährige Gründungsjubiläum der DDR am 7. Oktober 1989 zu einer Art „Totenfeier" werden sollte, ahnten damals nur wenige. Die SED-Zeitung „Neues Deutschland" titelte an diesem Tag: „Die Entwicklung der DDR wird auch in Zukunft das Werk des ganzen Volkes sein." Dies sollte sich bewahrheiten, doch anders als von der SED-Führung gedacht. Um 10 Uhr begann auf der Karl-Marx-Allee in Berlin die NVA-Militärparade. Parallel fand im Rostocker Stadthafen die Flottenparade der Volksmarine statt. An Stelle der 50.000 erwarteten Bürger, kamen an diesem Tag etwa nur 5.000. Diejenigen, die fern blieben, konnten offensichtlich den sozialis-

tischen Schellenbaum nicht mehr ertragen. Bis zum Herbst 1989 hat die NVA mit der Volksmarine alljährlich am 7. Oktober militärische Macht gegenüber dem Volk demonstriert. Kein Militär- oder Flottenführer hat in den dramatischen September- und Oktoberwochen 1989 die Absetzung dieser sozialitischen Militärshows in Berlin und Rostock gefordert. Wir, die NVA-Angehörigen, waren zu jener Zeit noch mehrheitlich stolz, unsere Waffentechnik öffentlich auf Militärparaden zum Tag der Republik am 7. Oktober oder am 1. März, dem Tag der NVA, präsentieren bzw. vorführen zu können. Dass sich diese Waffentechnik bereits 1 Jahr später als Militärschrott erweisen sollte, war nicht zu vermuten. Die Rostocker, die am Ufer der Warnow die Marineshow live verfolgten, ahnten nicht, dass sie Zeuge einer Abschiedsvorstellung der Seestreitkräfte der DDR wurden. Die Teilnahme der Bevölkerung an den NVA-Paraden, die zur Glorifizierung der DDR und ihrer Führung zweifellos beitrugen, konnte nicht mehr über die tiefe Krise im Land hinweg täuschen. Tausende Bürger kehrten der DDR in jenen Tagen über Ungarn und CSSR den Rücken. Der Exodus von Fachkräften in den Westen ebbte nicht ab. Verteidigungsminister Armeegeneral Heinz Kessler verlangte in Verkennung der Lage, die 6. Grenzbrigade Küste in „volle Gefechtsbereitschaft" zu versetzen. Diesen Befehl führte der Chef Volksmarine nicht aus. Kessler hätte dem sozialistischen Party- und Eventkönig Honecker in den Arm fallen und ihm in dieser historischen Stunde erklären müssen, dass es hier nichts mehr zu feiern gäbe, und dass die NVA diese Show nicht mit macht. Diese Erwartungen erfüllten sich nicht. Das Gegenteil trat ein. In Berlin besprach Honecker mit seinem getreuen Minister für Staatssicherheit, Armeegeneral Erich Mielke „Maßnahmen zur militärischen Absicherung der Feierlichkeiten". Vermochten westliche Kamerateams von ZDF und ARD Gewaltversessene auf der Mahndemonstration Tausender Bürger auf dem Alex noch zu zügeln, so sah das am Abend anders aus. Im Stadtbezirk Prenzlauer Berg kam es zu schlimmsten Gewaltausbrüchen der Polizei und MfS-Truppen gegen Demonstranten. Die Tausend Bürger, die sich ab 18 Uhr in Richtung Palast der Republik in Bewegung setzten „pfiffen auf die Wahlen", wie mittlerweile an jedem 7. im Monat (Wahl-Manipulation 7. Mai). Sie skandierten lautstark "Gorbi, Gorbi, hilf uns!" Gegenüber der reformunfähigen DDR-Führung erklärte der sowjetische Staatschef, Michail Sergejewitsch Gorbatschow, am Vorabend: „Wer zu spät kommt, den bestraft das Leben." Als Gorbatschow am 7. Oktober 1989 auf der Tribüne an der Karl-Marx-Allee in Berlin gefragt wurde, ob er verstehen könne, was die Massen auf der Straße riefen, antwortete er: „Deutsch verstehe ich nicht alles, aber so viel begreife ich, dass dies der Anfang vom Ende der DDR ist."

Am 18. Oktober wurde Honecker in einem absurden Theaterspiel des SED-Politbüros entmachtet. Die 40 Tage seines Nachfolgers, Egon Krenz, offenbarten auf bizarre Weise die Untauglichkeit der SED-Führung zur radikalen gesellschaftlichen Erneuerung. Das Ende des SED-Zeitalters markierte die Tagung seines Zentralkomitees am 3. Dezember 1989. Die Volksbewegung in der DDR hatte einen Sieg errungen. Der Zug, für den sie mutig auf den Demonstrationen die Weichen gestellt hatte, war aber noch nicht am Ziel.

Marine-Garnisonstadt Stralsund

Am 6. November luden SED- und Kommunalpolitiker zu einer Veranstaltung des Dialogs ins Stralsunder Theater. Erst wenige Tage zuvor untersagte der Kommandeur der OHS, Konteradmiral Klaus K., den Berufssoldaten, Kulturveranstaltungen des Theaters zu besuchen. Er begründete sein Verbot auf der wöchentlichen Lagebesprechung am 27. Oktober 1989 mit den Worten: „Ich hole mir doch nicht die Konterrevolution ins Haus."

Diesmal gab es Karten für alle über den Gewerkschaftsbund. Die nahezu Zehntausend Bürger die unangemeldet kamen, hatten keine Delegiertenkarte. Die Forderungen der Bürger, darunter auch vieler Marinesoldaten der Garnisonstadt, brachten 37 Diskussionsredner zum Ausdruck. Die SED-Kreischefin verlor vor diesem Auditorium die Sprache. „Ich kann nicht mehr", piepste es aus ihr heraus. Dann trat sie ab, für immer. Am Abend zogen nach dem Friedensgebet in der Marienkirche 6.000 Bürger durch Stralsund. In Richtung Rathaus und SED-Kreisleitung erschallte ihr Ruf „Abtreten!" Am 8. November verkündete der Rat der Stadt Sofortmaßnahmen zur Sicherung der täglichen Versorgung und zur Rettung der Altstadt. Der Lokalteil der „Ostsee-Zeitung" berichtete über Arbeits- und Versorgungseinsätze der Marinesoldaten. Während Bürgervertreter keine Gelegenheit ausließen, um sich mit der Forderung „Stralsund militärfrei" öffentlich gegen die Marinepräsenz in der Stadt (einschließlich auf der Insel Dänholm) in Stellung zu bringen, hielten Marinesoldaten in den strengen Wintermonaten die Versorgung in Stralsund aufrecht. Von Dezember 1989 bis Februar 1990 stellte die Marine Lkw mit Personal zur Warenbelieferung der Verkaufsstellen. Dabei kamen 1.060 Angehörige der OHS zum Einsatz. Marinesoldaten der Sicherstellungskompanie arbeiteten schichtweise im Heizhaus des Stadtteils in Knieper Nord. 36 Offiziersschülern gelang es Mitte November unter fachlicher Anleitung, eine größere Havarie am Hauptwasserversorgungsnetz der Stadt zu beheben. Sanitätsfahrzeuge der Volksmarine übernahmen tägliche Transporte für das Bezirkskrankenhaus am Sund. Wegen fehlenden medizinischen Personals in den Polikliniken beteiligten sich Militärärzte des medizinischen Zentrums in Stralsund an den medizinischen Sprechstunden für die Stadt- und Landbevölkerung.

9. November 1989, ein Donnerstag mit welthistorischer Bedeutung

An diesem Tag referierte der Chef der Volksmarine, Vizeadmiral Theodor Hoffmann, vor dem Führungs- und Lehrpersonal der OHS über die Lage in der DDR und die Situation in der Volksmarine. Seine Lagebeurteilung bot erste Ansätze für ein neues Denken in der NVA. Die anschließende Diskussion musste der Admiral abbrechen. Man reichte ihm einen Zettel. Er hatte umgehend im Kommando der Volksmarine in Rostock zu erscheinen. In Admiralsuniform begleitete er dann ab 18. November als Minister für Nationale Verteidigung bzw. ab 18. März 1990 als Chef der NVA den komplizierten Kurs der NVA bis zur deutschen Einheit.

Kurz vor 18 Uhr begab sich der Berliner SED-Chef Günter Schabowski zu der inzwischen zur Legende gewordenen Pressekonferenz in der Mohrenstraße. Er wollte die dort anwesenden Westkorrespondenten über die neue Reiseregelung der DDR informieren. Parteichef Krenz übergab ihm sein Exemplar mit den Worten: „Du musst unbedingt über den Reisebeschluss informieren. Das wird ein Knüller!" Von einem zeitlichen Sperrvermerk für die Presse sagte Krenz nichts. Die Grenzöffnung war für den nächsten Tag, den 10. November vorgesehen, erst nachdem die Grenztruppen, Volkspolizei und MfS-Einheiten die entsprechenden Befehle hatten. Um 18.53 Uhr stellte ein Journalist Schabowski die Frage, wann denn das Reisegesetz in Kraft tritt. Etwas irritiert antwortete Schabowski: „Nach meiner Kenntnis ist das sofort, unverzüglich!" Anschließend verkündeten AP und dpa, dass die Grenzen offen sind. Eine Lawine kam ins Rollen. Tausende Ostberliner strömten zur Mauer nach Westberlin. Dort spielten sich Tumult artige Szenen ab. Um 23.30 Uhr entschlossen sich Grenzkommandeure, die Tore und Schlagbäume nach Westberlin zu öffnen. Ihre Meldung lautete: „Wir fluten jetzt." Ein Team des DDR-Fernsehens, das zufällig live am Ort des Geschehens war, erhielt von seiner Zentrale Drehverbot. Im Nachhinein können wir Schabowski für seinen „Versprecher" dankbar sein. Die überall im Land angestiegene Protestwelle der Bevölkerung barg Gefahren, dass sich die Aktionen direkt gegen die Mauer richten würden, mit dann vielleicht ungewissem Ausgang.

Offizier vom Dienst (OvD) am 9./10. November 1989

Der OvD (=Autor) bekam den Gang der Ereignisse zur Grenzöffnung in der Nacht vom 9. zum 10. November ebenso wenig mit, wie einige seiner Vorgesetzten. Außer den spärlichen Radio- und Fernsehmeldungen über die Ereignisse in Berlin wusste ich von nichts. Als Schabowski seinen berühmten Satz sprach, da hat man gar nicht erfasst, dass die Grenze tatsächlich offen ist. Bei meinem abendlichen Rundgang im Objekt der OHS in Stralsund mit Siegelkontrolle der Waffenkammern fiel mir nichts Außergewöhnliches auf. Obligatorisch meldeten die Diensthabenden in den Unterkünften dem OvD und seinem Gehilfen um 22 Uhr „Nachtruhe hergestellt". Die Ruhe sollte sich als trügerisch erweisen. Von den Ereignissen in Berlin bekam ich und mein Gehilfe zunächst nichts mit.

Früher als sonst verließ der Dienstwagen des Kommandeurs der OHS, ein blauer LADA des russischen Typs 2404, am Morgen des 10. November die Dienststelle, um den Admiral von seiner Wohnung abzuholen. In etwa 15 Minuten hatte der OvD zur Morgenmeldung am Eingangstor zu stehen. Ich nahm noch einmal einen Rundblick und prüfte, ob am Tor und auf der Objektstraße alles in Ordnung war. Für Unordnung hatte der Kommandeur einen Spürsinn. Heute, an diesem Tag, schien das aber anders. Er stieg aus, ich marschierte auf ihn zu und machte Meldung. „Genosse Admiral, während meines Dienstes keine besonderen Vorkommnisse." Denn was sich in der Nacht ereignet hatte, dafür gab es kein Meldeschema. Die Berliner Mauer, in der sich seit 1961 die permanente Staatskrise der DDR manifestierte, war gefallen. Die Herrschenden hatten einen Teil ihres Volkes verloren, ca. drei Millionen Bürger. Der von Hardlinern in der Vergangenheit prophezeite Einmarsch der Bundeswehr blieb aus. Der Blick des Admirals verfinsterte sich. „Ob ich noch alle beisammen hätte", meinte er. „Wieso erfolgte keine Alarmierung, wieso wurde ich nicht über die Grenzöffnung informiert?" Ich konnte seine Fragen nicht beantworten. Die Generäle in Strausberg und das Kommando der Volksmarine hatten ihn und uns einfach vergessen. Als mein Dienst um 16 Uhr zu Ende war und ich am Abend das Geschehen im Fernsehen verfolgte, wurde mir klar, dass ich vermutlich den „letzten Dienst deutscher Teilung" hinter mich gebracht hatte. Konsterniert verfolgte ich die Bilder aus Berlin. Beim Anblick der in den Westen strömenden Massen war ich mir der Tragweite und historischen Dimension des 9. November noch nicht bewusst. Mir schien alles nicht glaubhaft. Erst später kam ich zu der Einsicht, wenn ein politisches System daran scheitert, dass sich Menschen frei bewegen können, dann hat dieses System letztlich versagt.

Am **19. November 1989** wandte ich mich mit einem Schreiben an die Arbeitsgruppe „Jugend und Schutz des Sozialismus" im Zentralrat der FDJ. Darin unterbreitete ich Vorschläge zur inhaltlichen Neuausrichtung des gesellschaftswissenschaftlichen Studiums an den Offiziershochschulen der NVA. Die 1988/89 von der Politischen Hauptverwaltung in Strausberg berufene „Fachkommission Geschichte" hatte die dazu vorgelegten Forschungsergebnisse lediglich zur Kenntnis genommen. Diese beruhten auf empirische Untersuchungen von 950 Probanden an der OHS in Stralsund. Erkenntnisse über gescheiterte, von der Ideologie des Marxismus Leninismus und SED-Politik überfrachtete Bildungskonzepte wurden im Jahr des 40-jährigen DDR-Jubiläums nur ungern gelesen, geschweige denn erhört. Um Veränderungen im Hochschulstudium und Ausbildungsprozess zu erreichen, bedurfte es eines grundlegenden Strukturwandels an den Hochschulen der NVA. Ich glaubte in jener Zeit, über Reformen an einer Verbesserung des Sozialismus in der DDR beitragen zu können, ohne ihn abschaffen zu wollen. Der rasante Verlauf der gesellschaftlichen Ereignisse im letzten Jahr der DDR, die letztlich zur Einheit Deutschlands führten, machte alle Verbesserungen am bestehenden System überflüssig.

Gefechtsbereitschaft in der Wendezeit

Neben der Aufrechterhaltung einer Lage bezogenen Führungs- und Einsatzbereitschaft der Kommandeure, Dienste und des Personalbestandes rund um die Uhr, der Sicherung von Waffen, Munition und eingelagerten Mobilmachungsreserve befand sich vom 10. Oktober bis Mitte Dezember 1989 an der OHS zusätzlich eine Einsatzgruppe im 24-Stundendienst. Sie bestand aus vier Offizieren und 100 Offiziers- und Fähnrichschülern. Ihnen waren vier bis acht Lkw`s sowie ein bis zwei Hubschrauber zugeordnet. Zu den Aufgaben der Einsatzgruppe gehörten u.a. der Schutz des Objektes, die Verhinderung des Eindringens von Demonstranten sowie Einsätze in Stralsund bei Anforderungen durch die Stadt. Diese bedurften jedoch der Genehmigung des Kommandos der Volksmarine. Waffen und Munition durften nicht ausgegeben werden. Die am 10. Oktober 1989 erlassene neue OvD-Instruktion untersagte jeglichen Waffeneinsatz am Objekttor. Man forderte vom OvD energisches Handeln bei Versuchen des gewaltsamen Eindringens ins Objekt. Die am Tor stehenden Posten konnten in diesem Falle nur lebende Schilde bilden. Neben Demonstrationen rechnete man mit dem Eindringen von Provokateuren, eventueller Entwendung von Waffen und Munition sowie mit Verhängen des Objektzauns oder Tores mit Losungen und Transparenten. Tatsächlich verteilten Stralsunder Bürger am Eingangstor friedlich Flugblätter und verhängten damit die Frontscheiben der auf dem Parkplatz abgestellten Trabbis und Wartburgs.

Welche Mengen an Waffen und Munition in der OHS gehortet waren, wurde bei der Auslagerung nach Saßnitz und Parow am 2. Februar 1990 bekannt, ca. 70 Tonnen! Nach einer Zeitperiode strengster Sicherungsmaßnahmen aller Waffenkammern wurden an diesem Tage insgesamt 1.585 Maschinenpistolen (MPi) und 350 Pistolen von der OHS nach Saßnitz ausgelagert. Zwei Kampfsätze von MPi- und Pistolenmunition mit einem Gewicht von 17t, kamen zur Flottenschule Parow, dem Standortmunitionslager. Bis zum 2. Oktober 1990 verblieben an der OHS noch etwa 700 MPi „Kalaschnikow", 55 leichte Maschinengewehre (LMG-K) und 500 Pistolen „Makarow" samt Munition. Wie viele Lehrbücher dazu im Vergleich die OHS im Bestand hatte, ist nicht bekannt, dafür aber die Unmengen von Waffen und Munition für den Mobilmachungs- oder Kriegsfall.

Minister-Ukas vom 26. Januar 1990
Viele NVA-Soldaten sahen Ende 1989 keinen Sinn für die weitere Dienstausübung. Sie sorgten sich um ihre Arbeitsplätze in der Heimat. In Beelitz, südlich von Berlin, streikten Soldaten. Sie forderten ihre sofortige Entlassung. Politischen Zwängen folgend, verfügte Verteidigungsminister Hoffmann, dass alle Soldaten, die im dritten Dienstjahr standen, sofort die Truppe verlassen können. Diese Entscheidung führte dazu, dass etwa 1.900 Mannschaftsdienstgrade Ende Januar 1990 den Schiffen der Volksmarine ade sagten. Ratlosigkeit befiel die Kommandanten über den Minister-Ukas, der so seiner eigenen Flotte einen „vernichtenden Schlag" versetzte. Schiffe mussten an der Pier angebunden bzw. konserviert werden. Das Personal, das noch übrig blieb, hielt die restlichen 70 Kriegsschiffe fahrbereit, erledigte dringende Wartungs- und Pflegearbeiten, bis zur nächsten Entlassungswelle im April 1990. Der letzte „Tag der NVA" am 1. März 1990 wurde bereits von der DDR-Regierung ignoriert. Der an diesem Tage übliche Ordens- und Beförderungssegen blieb aus. Dafür flossen an der OHS im Zeitraum 1. Dezember 1989 bis 31. Mai 1990 immerhin 1.469 Geldprämien in Höhe von 200 bis 600 Mark. Das war vor dem Währungsumtausch verhältnismäßig viel Geld. Die NVA-Soldaten erlebten eine Zeit von ver-

schiedenen Abrüstungs-„Initiativen". So z.B. die Forderung der Gruppe „Appell der 89" mit „NVA- **N**ationale **V**ollständige **A**brüstung". Gregor Gysi von der Partei des Demokratischen Sozialismus (PDS) forderte, die Wehrpflicht abzuschaffen.

„Marine-Zeitung" Nr. 2/1-1990

Im Februar 1990 veröffentlichte die „Marine-Zeitung" der Volksmarine einen „offenen Brief" von drei Fregattenkapitänen der Volksmarine an alle Marineoffiziere. Die Botschaft von Ditmar Jagusch, Bodo Keppler und Bernd Lohmann lautete „Kommunikation statt Konfrontation". Sie forderten die Bereitschaft zum breiten Dialog zwischen den Offizieren von Volksmarine und Bundesmarine, die Schaffung von Vertrauen und Glaubwürdigkeit auf beiden Seiten. Kontaktaufnahmen und Gespräche zwischen vergleichbaren Marineeinheiten wurden vorgeschlagen. Auch die Zeitschrift „MarineForum", der Marine-Offizier-Vereinigung der Bundesrepublik, veröffentlichte den Aufruf. Das war nicht ganz ungefährlich, da einige Vorgesetzte in der Volksmarine immer noch in den Gräben des Kalten Krieges verharrten.

Verbindungsaufnahme zur Bundeswehr in Zivil

Nach dem Mauerfall waren die bis dahin in der NVA verbotenen Kontakte zwischen Politik- und Geschichtswissenschaftlern in Ost und West nunmehr legal. Man kannte die jeweils andere Seite durch Fachpublikationen. Abwarten und Beobachten, wie Dienstvorschriften den Umgang miteinander regeln würden, war nicht mein Fall. Ich ergriff Anfang März 1990 die Initiative für die Verbindungsaufnahme mit dem Fachbereich Geschichtswissenschaft an der Bundeswehruniversität Hamburg und fand Kontakt zur Professur für Neuere Geschichte, Oberst a.D. Prof. Dr. Eckhard Opitz. Ich beabsichtigte, mich über die Geschichtsausbildung an dieser Hochschule zu informieren, um diese Erkenntnisse in der Militärreform einfließen zu lassen. Parallel mit der Antwort kam die Einladung zu einem beiderseitigen Gedankenaustausch in Hamburg. Ich beschäftigte mich seit Mitte der 80er Jahre mit den „Erziehungs- und Gesellschaftswissenschaftlichen Anteilen" (EGA) des Studiums an den Bundeswehruniversitäten in Hamburg und München. Nunmehr hatte ich Gelegenheit, den geschichtswissenschaftlichen und militärischen Bereich der Universität kennen zu lernen und damit auch die Andersartigkeit der Ausbildung in der Bundeswehr. Ich war Gast im Hause eines Universitäts-Professors, der am Abend seine Examenskandidaten und ausländischen Offiziere zu einem Essen eingeladen hatte. Prof. Dr. Opitz betonte: „Die Gespräche waren für alle Beteiligten eine wichtige Erfahrung, führten sie doch zur Berührung von zwei Welten, die Jahrzehnte lang von der Mauer getrennt waren. Der Wunsch, einander kennen zu lernen und auf militärischem Gebiet zusammen zu arbeiten, war auf beiden Seiten vorhanden. Die Bereitschaft, die NVA/Volksmarine einer Reform zu unterziehen, war auf überzeugende Weise demonstriert worden, und das Interesse, dabei zu helfen, war die konsequente Antwort."

Mein Optimismus, mit dem ich mich wieder nach Stralsund auf den Weg machte, erhielt durch das anschließende dienstliche Donnerwetter einen Dämpfer. Trotz meines genehmigten Urlaubsantrages für einen Privatbesuch in Zivil sickerte auf dem Dienstweg bis nach Strausberg und Rostock durch, dass sich ein Fregattenkapitän in Hamburg „eigenmächtig" über die Ausbildung an der Universität der Bundeswehr informierte und dort Gespräche ohne „Vollmacht" der Vorgesetzten führte. Der Chef Volksmarine, Vizeadmiral Henrik Born, „faltete" den Kommandeur der OHS wegen „Pfeiffers Dialoginitiative" bzw. angeblicher Kompetenzüberschreitung in alt bekannter Manier zusammen. Nichts hatte sich geändert! Man gab mir zu verstehen, dass es jetzt mit meiner Schonzeit vorbei wäre. Ich hätte alle Aktivitäten zur Bundeswehr einzustellen und meinen Schriftverkehr mit dem Westen heraus zu geben. Es bedurfte für mich keines besseren Beweises, um zu erkennen, dass die Militärreform mit diesen Vorgesetzten nie funktionieren würde. Auf mein im Mai 1990 an Minister Rainer Eppelmann gerichtetes Schreiben mit Vorschlägen für eine Zusammenarbeit zwischen den Hochschulen der NVA mit der Bundeswehr sowie der Neuausrichtung der sozialwissenschaftlichen Ausbildung an der OHS und Traditionspflege in der Volksmarine erhielt ich nie eine Antwort. Initiativen vor Inkrafttreten der Richtlinie für Kontakte zwischen Bundeswehr- und NVA-Angehörigen am 1. Juni 1990 waren nicht erwünscht.

Zwischen Euphorie und Grauen - Reflexionen des Wertewandels
Mit dem Sturz Honeckers und der Entmachtung des SED-Politbüros kam ein rasanter Ausmusterungsprozess von Büchern, Tonbändern, Filmen und Bildern einstiger Politgrößen sowie diverser Lehrmaterialien in Gang. Größe und Zusammensetzung der sich im Freien türmenden Müllberge reflektierten die aktuelle innenpolitische Situation und die daraus resultierende Stimmungslage in der Bevölkerung und unter den Soldaten. Ein Bild von Honecker & Co reichte, um ganze Bildbände und Zeitschriften gebündelt der Altpapiererfassung zu übergeben. Zurück blieben an den Wänden die Schattenrisse der Bilderrahmen von einstigen Polit- und Militärgrößen. Nach den Wahlen am 18. März 1990 flog dann alles weg, was irgendwie an NVA oder Warschauer Pakt erinnerte. Die militärische Fachbibliothek an der OHS verschenkte Bücher und forderte zugleich per Mahnbescheid ausgeliehene Exemplare zurück. Wissenschaftliche Kabinette mit diversem Lehrmaterial lösten sich auf. Die Bibliothek für Verschlusssachen (GVS und VVS) erklärte ehemals geheime Dokumente zu offener Literatur. Die aufgelöste Politabteilung räumte ihr Materiallager: ca. 25 Kubikmeter Papier, diverse Bilder und Bücher („Sinn des Soldatseins"), Fotosammlungen, Chroniken, Urkunden, Fahnen, technische Geräte, Büsten historischer Vorbilder sowie Symbole der DDR, NVA und des Warschauer Paktes. Versuche, Stücke des Marinefundus zu erwerben, scheiterten an zentralen Vorgaben vom Ministerium in Strausberg bzw. dem Kommando in Rostock. Der Befehl lautete: Alle historischen Sachzeugnisse und Marinesymbole sind zu registrieren und dem Militärmu-

seum Dresden oder Kommando der Volksmarine zu übergeben. Auf dem Weg dorthin, gelangte vieles in private Kanäle. Einiges tauchte bei Militaria-Händlern wieder auf. Zufällig erblicke ich in einem der Bücherhaufen ein Fotoalbum mit Bildern über den Bau der Offiziersschule der Seepolizei bzw. VP-See in den 50er Jahren. Ich steckte mir das, von seinem Besitzer inzwischen wertlos gewordene Album ein. Die zu Altpapier deklarierten Zeitschriften über die Aufbauphase der DDR-Seestreitkräfte landeten in meinem Archiv. Der Kofferraum meines Pkw Skoda war in jenen Tagen immer reichlich mit „musealem Papier" beladen. Mit Beschluss der DDR-Volkskammer vom 31. Mai 1990 über die Entfernung des Staatsemblems der DDR begann die Jagd auf „Hammer-Zirkel-Ährenkranz". In der Nacht zum 1. Juni „retteten" Marinesammler die im großen Lehrgebäude der OHS hängende Flagge der Volksmarine. Da kam ich zu spät.

Als im September 1990 viele Offiziersschüler den Dienst quittierten, hinterließen sie drei volle 30 Kubikmeter-Container mit einem Durcheinander von Uniformstücken, Stahlhelmen, Gasmasken, Lehr- und Studienmaterial. Mit Übernahme des Objektes durch die Bundesmarine und den Einzug des Unternehmens „Berufsförderungswerk" erreichte der unter Termindruck stehende Rückbau ab Oktober 1990 dann chaotische Zustände. Lehrkabinette wurden regelrecht ausgeschlachtet. Vom Sextanten, Toilettenbecken und Torpedorohr landete alles auf einen Müllhaufen. Die Schnelligkeit mit der sich die Ereignisse entwickelten, gestattete keine Zeitverschwendung für Sortierung und Material-Werterhaltung.

Militärreform in der NVA
Am 19. November 1989 kündigte der neu ernannte Minister für Nationale Verteidigung, Admiral Hoffmann, in Berlin eine Militärreform an. Fortan gab es eine klare Trennung von NVA und SED. Gemäß dem Ministerbefehl nahm die unter Leitung von Generalleutnant Klaus Baarss stehende Kommission „Militärreform" am 11. Dezember die Arbeit auf. Bis zum 10. Mai 1990, dem Tag ihrer Auflösung, erhielt die Expertengruppe 12.500 Zuschriften, Telegramme und Telefonanrufe von Soldaten der NVA und Bundeswehr gleichermaßen. Die Eingaben, Kritiken und Vorschläge spiegelten die große Erwartungshaltung vieler Soldaten und Zivilbeschäftigten gegenüber Veränderungen in der NVA wider. In den Briefen kam die Bereitschaft zur Mitwirkung an der Militärreform zum Ausdruck. Die Kommission schaffte es, 4.515 Briefe (36,12%) auszuwerten. Die Vorschläge und Eingaben, die sich nicht der Militärreform zuordnen ließen und überwiegend persönliche Anliegen beinhalteten, wurden den zuständigen Kompetenzbereichen im Ministerium für Nationale Verteidigung zugeleitet. Lediglich 802 Briefeschreiber (6,42%) erhielten aus Strausberg eine Antwort. Im Rostocker Ständehaus, dem Konsultationspunkt der Volksmarine für die Militärreform, gingen in kurzer Zeit 446 Vorschläge ein. Die NVA-Kommission brachte in relativ kurzer Zeit vieles auf den Weg. Dazu gehörten:
- Neubestimmung der militärpolitischen Leitsätze der DDR, der NVA-Struktur

und des Wehrdienstgesetzes
- Grundsätze zur Truppen- und Flottenausbildung in der NVA
- Konzeption über Ziel, Grundsätze, Inhalt und Formen der staatsbürgerlichen Arbeit
- Aus- und Weiterbildung von Zeit- und Berufssoldaten, Vorbereitung der Berufssoldaten und Zivilbeschäftigten auf Arbeitsrechtsverhältnisse außerhalb der NVA
- Innendienstvorschrift
- Leitlinien für die Tätigkeit der Armeesportvereinigung Vorwärts
- Statut der Gewerkschaft der Zivilbeschäftigten in der NVA
- Traditionspflege in der NVA
- Richtlinien über dienstliche und außerdienstliche Kontakte zwischen Soldaten der NVA und der Bundeswehr.

Letzteres erwies sich aus eigenem Erleben als Rohrkrepierer, da sich ranghohe Kommandeure nicht vom alten Denkschema „Eigeninitiativen nur auf dem Dienstweg" verabschieden konnten. Einiges versandete oder blieb auf der Strecke. Der Bevollmächtigte für die Militärreform (NVA) unterbreitete dem Volkskammerausschuss für Abrüstung und Verteidigung am 9. Mai 1990 Vorschläge zur Weiterführung der Reform. Diese beinhalteten u.a.:
- Schaffung von verfassungsrechtlichen und gesetzlichen Grundlagen zur Neubestimmung der Struktur und Stärke der Armee (Reduzierung auf 100.000 Soldaten und 45.000 Zivilbeschäftigte bis 1992/93)
- Neuregelung des Militär- und Zivildienstes, Berufung eines Wehrbeauftragten der Volkskammer
- Ausgestaltung des demokratischen Charakters der Armee (NVA)
- Beitrag der NVA im Prozess der Annäherung und Vereinigung beider deutschen Staaten
- Durchführung einer Wissenschafts- und Bildungsreform in der NVA.

Am 8. Mai 1990 betrug die Ist-Stärke der NVA 97.000 Armeeangehörige, ca. 46.000 Zivilbeschäftigte und 18.000 einberufene Wehrpflichtige. Nach Ansicht von Baarss existierte im Ministerium in Strausberg die Vorstellung, in einer „Brückenfunktion zwischen den Streitkräften des Warschauer Paktes und der NATO wirksam zu werden. Man wollte „alte Freunde nicht verlieren, sondern neue hinzu gewinnen." Diese Überlegung erwies sich im Prozess der Wiedervereinigung beider deutschen Staaten auf Seiten der NVA als Utopie.

Marine-Zeitung, Januar 1990

Juni 1990   Nr. 6/1. Jahrgang

Marine-Zeitung

Themen:

überraschend:
CVM im KVR
Seite 2

überzeugend:
Bilder vom Minister-Besuch
Seite 3

überwältigend:
Der „Vater des KSK"
Seite 4

Minister Eppelmann bei der Volksmarine

Der Minister für Abrüstung und Verteidigung, Herr Rainer Eppelmann, besuchte die Volksmarine. In der 4. Flottille erläuterte der amtierende Kommandeur, Fregattenkapitän Hans-Heinrich Schneider, die Aufgaben des Verbandes und führte die hohen Gäste durch die Dienststelle, wo sie unter anderem die Lehrbasis besichtigten und sich über Einsatzmöglichkeiten der Marine-SAR-Hubschrauber informierten.

Unser Bild: Der Minister und seine Begleitung begeben sich an Bord des Küstenschutzschiffes „Wismar", mit dem sie zu militärischen Vorführungen in See ausliefen.

Schiffe in See!

Gerade erst vom einem Ausbildungstörn zurückgekehrt, machen die Besatzungen der Hochsee-

Marine-Zeitung, Juni 1990

Zeitung Militärreform in der DDR, Nr. 16/ 1990

Zeitung Militärreform in der DDR, Nr. 20/1990

Konflikt mit der Vergangenheitsbewältigung, der „Fall Reimann"
Zu dem, was in der Militärreform teilweise auf der Strecke blieb, gehörten Anträge zur Rehabilitierung von unrechtmäßig bestraften bzw. aus den Seestreitkräften der DDR ausgeschlossenen Marinesoldaten. An einer Rechtsvorschrift zur Regelung von Rehabilitierungen wurde gearbeitet. Es waren nicht wenige Marinesoldaten, die aus politischen Gründen Repressalien erleiden mussten und unehrenhaft aus der Marine entlassen wurden. Bis April 1990 gingen im Kommando der Volksmarine 29 Rehabilitierungsanträge ein. 19 Fälle wurden vorläufig entschieden.

Zu jenen Anträgen, die aus Mangel an Beweisen höflich zurück gewiesen wurden, gehörte der „Fall von Oberleutnant (Intendantur) Eckart Reimann" im Juni 1953. Reimann (Jahrgang 1925) gehörte der Crew X/43 an. Als Seekadett der Kriegsmarine fuhr er auf dem Zerstörer Z 36. Das Kriegsende erlebte er als Fähnrich zur See. Nach seiner Entlassung aus englischer Kriegsgefangenschaft fand er 1947 eine Anstellung bei der Landespolizei in Mecklenburg. 1949 leitete Reimann das Referat Verpflegung an der Landespolizeischule in Eggesin. Mit dem Aufbau der Seestreitkräfte der DDR wurde Seepolizei-Kommissar (Leutnant) Reimann am 1. Juli 1950 die Leitung des Referates Verpflegung an der Seepolizeischule Parow übertragen. Im März 1953 überstand das Referat eine mehrtägige Generalinventur. Die ausbleibende Anerkennung der Vorgesetzten glossierte Oberleutnant Reimann mit einer humorvollen, aber angesichts der politischen Lage (Stalins Tod am 5. März 1953) unbedachten Äußerung. Er begrüßte seine Mitarbeiter auf einer Musterung mit den „brüderlichsten Kampfesgrüßen" und überbrachte eine „Grußadresse" mit dem Inhalt: „Plus minus Null, drei Tage Sonderurlaub, gezeichnet Arschlibowski!", was im Militärjargon so viel hieß, wie „Schütze Arsch im letzten Glied". Diese damals übliche demagogische Redewendung mit Huldigung der Sowjetunion bei jeder Gelegenheit brachte die allgemeine Enttäuschung für ausbleibende Anerkennung zum Ausdruck. Mit Ausnahme eines Politoffiziers haben das auch alle so verstanden. Reimann wurde denunziert und wegen Antisowjetismus, Verunglimpfung des „großen Führers Stalin", parteischädigende Äußerungen usw. verhaftet. Den Stalinisten in der Volkspolizei-See schienen diese Vorwürfe ins politische Kalkül zu passen. Endlich, so glaubte man, einem ehemaligen Angehörigen der Kriegsmarine den noch immer währenden „faschistischen Geist" nachweisen zu können. Der Leiter der Seepolizeischule, Kapitän zur See Walter Steffens, der 1944/45 in einer Spezialeinheit der Roten Armee gegen die Wehrmacht kämpfte, verordnete in selbstherrlicher Manier 31 Tage Einzelhaft unter verschärften Bedingungen. Hosenträger und Schnürsenkel wurden ihm abgenommen. In der Arrestzelle brannte Tag und Nacht das Licht. Die morgendliche Rasur fand unter Aufsicht statt. Beim Bad einmal in der Woche musste Reimann Kampf- und Volkslieder singen. Man wollte auf diese Weise ausschließen, dass er sich während des Bades selbst ertränkte. Die spärliche Verpflegung erhielt er, wie Haustiere auch, im Blechnapf gereicht. Den täglichen Freigang von einer Stunde bewachten zwei mit dem Karabiner K-92 bewaffnete Matrosen. Trotz Reimanns völliger Isolierung sprach sich das ihm ereilte Unrecht in Parow herum. Im Kameradenkreis trug Reimann den Spitznamen „Max". Das war offensichtlich seinen Vorgesetzten entgangen. So kam es, dass die ursprünglich für den westdeutschen KPD-Führer überall in der Dienststelle angebrachte Losung „gebt Max Reimann frei!", nun unbeabsichtigt einem andern galt. Da er sein „Vergehen" nicht gestand, dachten sich seine Peiniger eine List aus. Man gewährte ihm im Knast einen Tag Urlaub, um ihn zur Republikflucht zu animieren. Aber den Vorwurf „Verräter der Arbeiterklasse" oder „Agent des westdeutschen Kapitalismus" zu sein, dieses gefällige Argument lieferte Reimann den Vorgesetzten in den Seestreitkräften nicht. Pünktlich um 7 Uhr meldete er sich aus dem „Urlaub" wieder in der Arrestanstalt zurück. Schließlich wurde Oberleutnant Reimann am 27. April 1953 ohne Anhörung oder Gerichtsverfahren vor den auf dem Sportplatz angetretenen Mannschaften und Offizieren in entwürdigender Art zum Zivilisten degradiert und aus den Seestreitkräften ausgeschlossen. Nach dem Willen der Vorgesetzten sollte er im dreckigsten Bordpäckchen von Parow nach Stralsund laufen. Seine Ehefrau Inge erwartete ihren Mann am Kasernentor. In der Hand hielt sie das beste Zivilsakko, den es in Stralsund 1953 gab. Wutentbrannt schmiss sie das verschmutzte Bordpäckchen über das Tor zurück. Anschließend fand Reimann nirgends eine Arbeit. Jedes Mal kamen ihm SED-Funktionäre in den Bewerbungen zuvor. Sie erteilten die Weisung: Nicht einstellen! Als Friseur im Geschäft seiner Frau ging Reimann 1990 in Rente. Seit jenem Vorfall im April 1953 hatten sich Inge und Eckart Reimann dreizehn mal bei der SED- und NVA-Führung um eine Rehabilitierung bemüht. Erich Honecker in Berlin schwieg ebenso wie der langjährige Chef der Volksmarine, Wilhelm Ehm. Die letzte Mitteilung erhielt das Ehepaar am 30. Juli 1990 von der Kommission zur Bearbeitung von Rehabilitierungsanträgen im Eppelmannschen Ministerium für Abrüstung und Verteidigung. „Wir müssen ihnen bedauerlicher Weise mitteilen, dass auf Grund fehlender Unterlagen wir derzeit nicht in der Lage sind, ihnen die Berechtigung Ihres Antrages auf Rehabilitierung und Entschädigung zu bestätigen."

Ein Kamerad meiner Crew 1968, der seit Auflösung der Volksmarine ein Schuhgeschäft in Stralsund betreibt, erzählte mir von den Diensterlebnissen seines Schwiegervaters. Ich nahm mich des Falls an und führte mit Eckart Reimann und seiner Frau 1991 mehrere Interviews. Was ich dann in sehr bewegter Weise zu hören bekam, bestärkte mich in dem Willen, diese traurige Episode in der Geschichte der Seestreitkräfte der DDR aufzuarbeiten. Im Gegensatz zu den Mitarbeitern in der Straußberger- und Rostocker Rehabilitierungskommission fand ich die Dokumente aus dem Jahr 1953 und auch die, aus der Zeit danach. Darunter befanden sich die Namen der Offiziere, die Reimann denunzierten und demütigten. Sie fanden nach 1989 nicht den Mut, um sich zu Lebzeiten bei Reimann zu entschuldigen. Die Ergebnisse meiner Recherchen und Veröffentlichungen im „MarineForum" nutzte das Landgericht Rostock in der Verhandlung zur Rehabilitierung von Reimann nach 41 Jahren. Die scheinheilige Bearbeitung von Anträgen zur Rehabilitierung riss in der Wendezeit bei den Betroffenen jene Wunden auf, die durch unwürdige Behandlung von politisch Verfolgten entstanden waren. Darunter fielen auch jene „auffällig" gewordenen Offiziere, denen im NVA-Lazarett Bad Sarow „Geistesstörungen" attestiert bzw. von NVA-Medizinern „Dienstunfähigkeit" bescheinigt wurden.

Wer nicht der Legendenbildung über die Geschichte der Seestreitkräfte der DDR Vorschub leisten will, muss einräumen, dass die damaligen politischen Verhältnisse und die Allmacht der SED selbst den Nährboden für Heuchelei und Zynismus, für Doppelgleisigkeit und Intrigen bestellt und gepflegt haben. Mit der Vergangenheitsbewältigung hatte die Führung der Volksmarine und Strausberger Rehabilitierungskommission Probleme. Die Verantwortlichen hätten sich sonst nämlich jenem zuwenden müssen, was Jahrzehnte lang verborgen blieb und offensichtlich nicht bekannt werden durfte. All das hätte das Antlitz von Personen in Führungspositionen beschädigt. Wie der Fall Reimann eindrucksvoll belegt, fiel es in der Wendezeit schwer, missbrauchte Verantwortung namhaft zu machen und einzugestehen, wo Recht gebrochen wurde.

Ein Pfarrer wird Minister

Im Ergebnis der ersten demokratischen Wahl in der DDR am 18. März 1990 wurde Pfarrer Rainer Eppelmann Minister für Abrüstung und Verteidigung. Admiral Hoffmann rückte in die Position des Chefs der NVA. Die Zeitschrift „Militärreform in der DDR" veröffentlichte am 30. April 1990 ein Interview Eppelmanns zur Militärreform. Darin betonte er: „Das wichtigste an der NVA sind mir die Menschen. Damit verbunden ist die Sorge um die soziale und rechtliche Sicherung. Maßnahmen der Berufsvorbereitung und -Überleitung der Berufssoldaten ins zivile Leben müssen getroffen werden." Fünf Monate später wurde klar, dass seine Versprechen an der Realität vorbei gingen. Auf einer Kommandeurstagung Anfang Mai in Strausberg bekräftigte Eppelmann, die „Auflösung der NVA stehe nicht zur Debatte. Die NVA-Offiziere haben sich als Abrüstungssoldaten zu verstehen". Eppelmann, von Beruf(ung) Pfarrer und Mitglied der Partei Demokratischer Aufbruch dann CDU, war Christ und überzeugter Pazifist. Weil er als Bausoldat kein Gelöbnis ablegte, musste er in den 60er Jahren für acht Monate in den NVA- Strafvollzug in Schwedt. Zu seinem Amtsantritt als Minister am 11. April 1990 trug er eine Krawatte mit dem Symbol „Schwerter zu Pflugscharen". Wegen seiner markanten Schiffermütze, die er ähnlich wie Julius Leber und Helmut Schmidt (ehemalige Verteidigungsminister der BRD) als Minister für Abrüstung und Verteidigung bei allen Auftritten trug, erhielt er in der NVA den Spitznamen „Mütze".

Am **18./19. Juni 1990** besuchte Eppelmann mit seiner Strausberger Führungscrew die Volksmarine. Mit großem Einsatz und Perfektion demonstrierten die Marinesoldaten dem Minister an Bord des U-Bootabwehrschiffes WISMAR vom Typ 133.1 typische Abwehrhandlungen auf See. Das Repertoire der Waffenshow auf See umfasste die Minenabwehr eines Räumverbandes, Sicherung einer Geleitformation, U-Bootsuche mit Wasserbombeneinsatz gegen ein angenommenes Unterwasserziel, Artilleriebekämpfung von Luftzielen usw. Marinefliegerkräfte imitierten Bombenabwürfe und den Raketeneinsatz auf ein Geleit. Das Raketenschiff ALBIN KÖBIS (Typ 1241) demonstrierte einen Raketenschlag auf ein Schiffsgeleit. Den Abschluss bildete die Rettung von Schiffbrüchigen durch SAR- Hubschrauber des Marinehubschraubergeschwaders 18. Danach begab sich Eppelmann in Saßnitz an Bord des Küstenschutzschiffes HALLE (Typ 1159), um Gefechtshandlungen des „Geschwaders 90" zu beobachten. Schiffe der Baltischen Flotte, der Polnischen Seekriegsflotte und Volksmarine übten mit Fliegerkräften Abwehr- und Angriffshandlungen auf See. Eine solche, zuvor nur Honecker dargebotene Potemkinsche Marineshow beeindruckte auch den Abrüstungsminister. Sie konnte aber den weiteren Lauf der Ereignisse über das nahe Ende der Volksmarine nicht beeinflussen.

Am **26. Juni** trafen sich in der Schiffsstammabteilung auf dem Stralsunder Dänholm sieben Brigade- und vier Abteilungschefs sowie 47 Kommandanten aller drei Flottillen mit dem Chef der Volksmarine, Vizeadmiral Henrik Born, zu einer Tagung. Zur Diskussion standen die Lage in der Volksmarine, Wege und Aufgaben im Reformierungsprozess innerhalb der Marine sowie daraus resultierender Führungsanforderungen an das Offizierskorps. In den Mittelpunkt rückten jedoch soziale Probleme, Befürchtungen und Ängste der Marinesoldaten über die ungewisse Zukunft der Volksmarine. Die allgemeine Verunsicherung dominierte. Überall sank die Dienstmotivation der Soldaten. Ausbleibende Antworten aus Berlin nährten zu jener Zeit Illusionen und Hoffnungen. Forderungen an die Adresse des Ministeriums für Abrüstung und Verteidigung in Strausberg blieben rein akademisch. Viele Offiziere quittierten die vom Flottenchef Born gegebene Lageeinschätzung mit sichtlicher Skepsis. Diejenigen Offiziere, die die Situation in der DDR und ihre Berufsperspektiven in der gesamtdeutschen Marine kritisch einschätzten, hatten sich bereits vom Fortbestehen der DDR-Seestreitkräfte in der Bundesmarine verabschiedet.

Am **20. Juli**, dem 46. Jahrestag des Attentats auf Adolf Hitler, legten die NVA-Soldaten zum zweiten Mal ein Treuegelöbnis auf den gleichen Staat ab. Sie schworen „ihre ganze Kraft zur Erhaltung des Friedens und zum Schutz der DDR einzusetzen". Ein neuer Eid, den ein Soldat des Volkes mit ruhigem Gewissen leisten konnte. Es war schon sonderbar, unter den Klängen der DDR-Nationalhymne auf einen nur noch 75 Tage existierenden Staat vereidigt zu werden. Das Zeremoniell vollzog sich im Angesicht von Fahnen und Symbolen, die die Volkskammer längst für passe erklärt hatte. Neu waren die Kokarden an den Mützen vom Matrosen bis zum Admiral. „Hammer-Zirkel-Ährenkranz" hatte ausgedient und wurde ausgetauscht gegen das schwarz-rot-goldene „Auge" - gleichsam als Blick in die Zukunft oder Rückbesinnung auf deutsche Geschichte. Das Koppelschloss mit dem alten DDR-Staatsemblem verblieb. Auffallend war an diesem Tage die ungewöhnliche Leere auf den Uniformjacken. Das Tragen der im Frieden erworbenen Orden und Ehrenzeichen geriet außer Mode. Wer allzu viele erhalten hatte, geriet jetzt in den Verdacht, in besonderer Linientreue zur SED gestanden zu haben. Am gleichen Tag trafen sich im Rostocker Ständehaus 15 Offiziere der Volksmarine. Sie gründeten die erste Marine-Offizier-Messe in der DDR.

Am **10. Juli 1990** traf sich der Chef der Volksmarine, Vizeadmiral Henrik Born, zu einem Gespräch mit dem Inspekteur der Bundesmarine, Admiral Hans-Joachim Mann, auf dem Lenkwaffenzerstörer LÜTJENS in Kiel. Der in Zivil gekleidete Marinechef aus Rostock versuchte, für die Volksmarine übergangsweise eine Integration in die Bundesmarine zu erreichen. Das Vorhaben hatte keine Chance. Die Bundesmarine musste ohnehin um 50 % reduzieren. Born erfuhr, dass die Bundesmarine beabsichtigte, den Marinestützpunkt der 4. Flottille in Warnemünde/ Hohe Düne zu nutzen, eine Marineausbildungsstätte in Stralsund weiter zu betreiben sowie Teile ihres Marineamtes von Wilhelmshaven nach Rostock zu verlegen. Was aus den Soldaten der Volksmarine werden sollte, blieb offen.

Am **31. Juli 1990** stellte die Volksmarine das in der Peenewerft Wolgast gebaute schnelle Patrouillenboot vom Typ SASSNITZ in Dienst. Das ursprünglich als Raketenschnellboot projektierte Fahrzeug vom Projekt 151 mit zwei neu entwickelten Vierfachstartern für Seezielraketen hatte eine Wasserverdrängung von 350t. Es war das erste, einer von Eppelmann genehmigten Serie von 10 Stück zu Patrouillenbooten umfunktionierten Fahrzeuge. Als den Abgeordneten der DDR-Volkskammer bekannt wurde, dass die Volksmarine Materialzuführungen in Höhe von einer Milliarde Mark abwickelte, kam es in Berlin zu Tumult artigen Szenen. Die Mittel wurden gesperrt. Die Volksmarine brauchte keine Schiffe mehr. Daraufhin protestierten die Werftarbeiter der DDR-Schiffbauindustrie. Ihnen drohte wegen der stornierten Aufträge der Verlust des Arbeitsplatzes.

„2-Armeen-Theorie"

Das in der Truppe verfolgte Festhalten Eppelmanns an der „2-Armeen-Theorie", von zwei Deutschen Armeen im wiedervereinten Deutschland, mit dem Hick Hack vom zeitlich befristeten Fortbestand der Volksmarine im vereinten Deutschland, stieß im Bundesministerium für Verteidigung von Anbeginn auf Ablehnung. In Bonn hielt man die NVA wegen ihres Charakters als Parteiarmee für völlig inkompatibel zur Bundeswehr. Eine „gleichberechtigte Fusion" zog man dort nicht in Betracht. Nach dem Kaukasusbesuch von Kanzler Helmut Kohl, in dem Michail Gorbatschow sein OK für eine NATO-Mitgliedschaft des wiedervereinten Deutschland gab, stellte der Minister für Verteidigung in Bonn, Dr. Gerhard Stoltenberg, im August 1990 die Rahmenrichtlinien der BRD für den Übergang vor. Danach hört die NVA am Tag der Deutschen Einheit auf zu bestehen. Alle Verbände werden aufgelöst. Etwa 20.000 Soldaten der ehemaligen NVA sollten probeweise für zwei Jahre übernommen werden.

War Eppelmanns Festhalten an der „2-Armeen-Theorie" politisches Kalkül oder Naivität? Zumindest erzielte diese Doktrin in Verbindung mit seinen voluminösen Worten den Effekt, dass die Lage innerhalb der NVA bis zum 2. Oktober 1990 relativ stabil blieb. Je problematischer die Wirklichkeit für den Fortbestand der NVA wurde, desto üppiger blühten Fantasien über den Weg zu gesamtdeutschen Streitkräften. Frustriert waren dann die NVA-Soldaten und Zivilbeschäftigten, die an diese „2-Armeen-Theorie" glaubten, als diese Träume letztendlich wie Seifenblasen zerplatzten. Eppelmanns visionäres Projekt von „zwei Deutschen Armeen in einem Staat" ging pleite. Der DDR-Minister avancierte im August 1990 zum „Vereppelmann". Seine Taktik führte zur kalten Abwicklung von Tausenden Berufssoldaten der NVA. Hätte die politische Führung der DDR von Anbeginn die Sachlage über die unvermeidliche Auflösung der NVA offen ausgesprochen, hätte man womöglich mehr Zeit für einen sozial verträglichen, stufenweisen Personalabbau gehabt.

Hoffnung auf Ost-Marine passe
„Ein Ende mit Schrecken ist besser, als ein Schrecken ohne Ende." An dieses Sprichwort fühlt sich erinnert, wer die damaligen nebulösen Verlautbarungen von DDR-Außenminister Markus Meckel und seines Kollegen Eppelmann über „ein Staat, zwei Armeen" betrachtet. Ich gehörte mit zu den Berufssoldaten, die die Hoffnung über den Fortbestand von Teilen der DDR-Seestreitkräfte in der Bundesmarine noch nicht aufgegeben hatten. Bis in den Juni hinein existierte der verbreitete Glaube, dass die Volksmarine weniger von den Reduzierungen des Militärpotentials der NVA betroffen wäre, als vergleichsweise die Land- und Luftstreitkräfte. Diese Erwartung sollte sich wenige Monate später als ein fataler Irrtum erweisen. Zuvor jedoch wurden eiligst aus den zwölf offensiven Landungsschiffen des Projektes FROSCH nunmehr Transportschiffe. Aus den Marinehubschraubern des Typs Mi-8 wurden Seenot-, SAR- oder Transporthubschrauber. Das Rostocker Mot.-Schützenregiment 28 verwandelte sich im März 1990 in ein Küstenverteidigungsregiment mit Soldaten in Marineuniform. Die Volksmarine hatte jetzt auch sowjetische Panzer T-55, Schützenpanzer BMP-1, Panzerabwehrlenkraketen und Haubitzen samt zahlreicher Munition im Bestand. Welche Küsten an der Ostsee mit dieser Waffentechnik gegen welchen Gegner verteidigt werden sollten, konnte sich 1990 keiner vorstellen. Offensichtlich glaubte die NVA- und Marineführung mit diesen Strukturänderungen Abrüstungsmaßnahmen umgehen oder aufschieben zu können. Immerhin erzielte man auf diese Weise für Hunderte von NVA-Soldaten einen Entlassungsaufschub von sechs Monaten.

Abschiedsshow mit Titanic-Stimmung
Am 3. August 1990 war das Marineobjekt auf dem Dänholm letztmalig Gastgeber für eine Dienstberatung von Kommandeuren der Volksmarine. Die Verunsicherung des Personalbestandes hatte inzwischen aus existenziellen Gründen bedrohliche Ausmaße angenommen. Überall dominierte Pessimismus über den künftigen Entwicklungsweg, den keiner so recht kannte. Geschliffene, wohl formulierte und abgelesene Diskussionsbeiträge ähnelten einem Rapport an die Marineführung. Der über Jahre gewachsene Zusammenhalt verpuffte, weil die Weichen zur Totalauflösung der Volksmarine gestellt waren. Vizeadmiral Born erklärte, dass die Volksmarine die

Struktur der Bundesmarine übernimmt. Alles was nicht zur Struktur passt wird aufgelöst. Alle Berufssoldaten ab dem 55. Lebensjahr werden zum 30. September 1990 entlassen. Ebenso alle Offiziere mit der Verwendung als Politoffizier und Offizier für staatsbürgerliche Arbeit. Die Entlassungswelle erfasste auch alle Frauen in Marineuniform. Für sie gab es damals in der Bundesmarine keine Verwendung. Jeder, der die Absicht hatte, in der Bundeswehr zu dienen, muss einen schriftlichen Antrag stellen. An alle Angehörigen der Volksmarine gerichtet, sagte Born: „Alles was jetzt auf jeden einzelnen einströmt, soll man nicht als Gefahr oder Existenzbedrohung auffassen, sondern als gesellschaftliche Chance und Herausforderung." In einer weggeworfenen Mitschrift eines mir gut bekannten Kameraden fand sich dazu die Notiz: „Nach X Dienstjahren ist das der Arschtritt ins Aus!" Zunehmend wurde allen bewusst, dass es für die Mehrzahl der Soldaten der Volksmarine im wiedervereinten Deutschland keine Verwendung in der Marine geben würde. Das vom 18. März bis Ende September 1990 Erlebte entsprach der Beschreibung Bertolt Brechts: „Wenn alle Irrtümer verbraucht sind, sitzt uns als letzter Gesellschafter das Nichts gegenüber."

Letzte Ernennung von Marineoffizieren
Am 11. August 1990 fand auf dem Sportplatz der OHS in Stralsund die letzte Ernennung von Offiziersschülern zum Leutnant statt. Von den 159 jungen Männern, die 1986 das vierjährige Studium in den Fachrichtungen Seeoffizier, Schiffsmaschinenoffizier und Gesellschaftswissenschaften aufgenommen hatten, erhielten an diesem Tag 91 die Leutnant-Schulterstücke. 76 Absolventen bekamen gleichzeitig das Diplom eines Ingenieurs und 11 eines Gesellschaftswissenschaftlers ausgehändigt. Rechnerisch gesehen, gaben 42,77% des 1986 immatrikulierten Studienjahrgangs auf. Sie hatten die NVA verlassen. Der „Sinn des Soldatseins", so hieß der Titel eines NVA-Buches, hatte sich zeitgeschichtlich gesehen erledigt. Kontinuierlich schwand im Verlauf des Jahres 1990 die Motivation für den Dienst als Berufssoldat. Das seit Jahrzehnten bestehende Feindbild löste sich mit dem Zerfall des Warschauer Paktes auf. Aus ehemaligen Gegnern wurden Partner. Von 377 Offiziersschülern der Studienjahrgänge 1987, 1988 und 1989 quittierten im Zeitraum vom 1. Dezember 1989 bis 2. Oktober 1990 zwei Drittel den Dienst in der NVA. Ebenso brachen die hier studierenden ausländischen Militärkader aus Libyen (23 Mann), Palästina (7 Mann) und Syrien (23 Mann) ihre Ausbildung bis September 1990 ab. Eine Anordnung besagte, dass sie das wiedervereinigte Deutschland bis Oktober 1990 zu verlassen hatten. Von den einst 278 Stabs-, Lehr- und Kompanieoffizieren an der OHS verblieben bis zum 2. Oktober 1990 noch 154 Mann. Allein im Monat September 1990 wurden 90 Offiziere in die Arbeitslosigkeit entlassen.

Bis **30. August 1990** mussten alle Kampfschiffe ihre Munition an Land abgeben. Was ist ein desarmiertes Kriegsschiff noch wert, fragen sich die Besatzungen. Es begann die geräuschlose Auflösung der NVA. Die Verärgerung und Enttäuschung über den Untergangskurs der DDR-Regierung nahm unter den Marinesoldaten zu. Daraus resultierten aber auch Hoffnungen und der überall zu spürende Elan für das Leben im wieder vereinten Deutschland. Ernüchternd wog dagegen das Miterleben über das politisch-soziale und militärische Unvermögen des Ministers für Abrüstung und Verteidigung mit seiner handverlesenen Crew in den Verhandlungen mit der Führung der Bundeswehr.

Admiral Mann mit Auflösungsbefehl
Als Admiral Mann am **5. September 1990** zum Gegenbesuch im Kommando der Volksmarine erschien und auch die 4. Flottille in Warnemünde besuchte, erklärte er ohne Vorwarnung, dass die Volksmarine am 3. Oktober aufhört zu existieren. Alle Schiffe werden an der Pier angebunden. Die radikalste aller Entscheidungen war nunmehr für alle wahrnehmbar vier Wochen vor der Deutschen Einheit gefallen. Die Salami- und Stillhaltetaktik gegenüber den Marinesoldaten fand ein Ende. Nicht in der Bundesmarine diensttaugliche Strukturen, Fahrzeuge und Militärtechnik sowie nicht überlebensfähige Vorschriften und Gewohnheiten mussten über Bord geworfen werden. Die Chefs der 1., 4. und 6. Flottille sowie der beiden Lehreinrichtungen der Volksmarine wurden gegen jüngere Offiziere ausgewechselt. Fachbereiche im Kommando der Volksmarine nahmen direkt Verbindung zu analogen Dienstbereichen in der Bundesmarine auf.

Am **30. September 1990** lud der Chef der Volksmarine zu einer Abschiedsfeier in die Admirals- und Offiziersmesse der OHS in Stralsund. Geprägt war diese Show von Verbitterung über die kalte Personalabwicklung sowie dem Wortbruch Eppelmanns. Eine lapidare kleine Papierurkunde im Format 10x15cm für „gewissenhafte Pflichterfüllung" war das Letzte, was der 198 Tage Abrüstungsminister verabreichte. Ein Teil der Offiziere blieben der Veranstaltung fern. Eingefunden hatten sich auch die Akteure von Gestern, darunter bereits entlassene „verdienstvolle Genossen" nunmehr in Zivil. Darunter befanden sich jene, die den Reformprozess torpedierten, Offiziere wegen ihrer Eigeninitiative im Erneuerungsprozess zu disziplinieren versuchten und sie als Nörgler oder Miesmacher abstempelten. Beim Anblick des langjährigen Kaderchefs der Volksmarine, ein Kapitän zur See, kehrten jüngere Offiziere instinktiv um. Sie hatten vom einstigen maritimen Vollstrecker der Kaderpolitik der SED die Nase voll. Zufällig führte mich mein Weg an den vor dem Messegebäude Wartenden vorbei. Mir fiel beim Vorbeigehen auf, dass sich die Geladenen genau dort versammelt hatten, wo zuvor zig ausrangierte weiße Toilettenbecken lagerten.

Ende September 1990 verabschiedete sich das Militärwochenblatt **„trend"**, Nachfolger der Zeitung „Volksarmee", von seinen Lesern. Neben dem redaktionellen Aufsatz „NVA ade! - Abschied mit Wehmut" zeichnete darin der designierte Befehlshaber des Bundeswehrkommandos Ost, Generalleutnant Jörg Schönbohm, den künftigen Weg der Bundeswehr. Mit Blick auf die NVA-Offiziere wandte er sich gegen jegliche plakative Darstellungen und forderte: „Die Soldaten der NVA sind auch deutsche Soldaten - sie werden aufeinander zugehen müssen." Beunruhigt über die Lage in der NVA erwähnte Schönbohm in der letzten „trend"-Ausgabe: „Die Verunsicherung in der NVA ist vor allem dadurch entstanden, dass all das, was vorher (Eppelmann & Co., Anm. d. Verf.) gesagt wurde, nicht eingetreten ist."

Von einst 11.200 Marinesoldaten und 2.600 zivilen Mitarbeitern der Volksmarine am 1. Dezember 1989 verblieben bis zum Vorabend der Deutschen Einheit 8.323 Soldaten, darunter 2.246 Offiziere. Der zivile Personalbestand erhöhte sich auf 3.700 Beschäftigte.

Welche Konsequenzen die Kaukasusvereinbarungen zwischen Helmut Kohl und Michail Gorbatschow am 17. Juli 1990 für die Abrüstung im wiedervereinten Deutschland hatten, wurde in ihrer personellen Tragweite von Teilen der Soldaten der Volksmarine aus dem Bewusstsein verdrängt oder nicht verstanden. Bis 1994 durfte die einzunehmende Obergrenze der Bundeswehr 370.000 Mann nicht überschreiten. Man brauchte die anderen deutschen Soldaten der NVA nicht mehr. Diese unterschiedlich empfundene Einsicht musste erst einmal verarbeitet werden. Nicht alle sind dabei in ihren Überlegungen im wiedervereinten Deutschland angekommen und unterzogen ihre Dienstzeit im Frieden auch einer kritischen Betrachtung. Letztlich bestanden die Angehörigen der Volksmarine die historische Herausforderung, sich geordnet und diszipliniert in den Prozess deutscher Wiedervereinigung einzubringen und zu übergeben, um so ihre Geschichte zu beenden. 40 Jahre Seestreitkräfte der DDR haben das Leben von zehntausenden Männern und Frauen mehrerer Generationen unterschiedlich geprägt.

Erst integriert, dann eliminiert: Abwicklung von Personal und Waffentechnik einer Flotte

Mit Wirkung vom 3. Oktober 1990 übernahm der Bundesminister der Verteidigung, Dr. Gerhard Stoltenberg, die Befehls- und Kommandogewalt über die ehemalige NVA. In Strausberg bei Berlin wurde neben der Wehrbereichsverwaltung VII als Mittelbehörde der Bundeswehrverwaltung in den neuen Bundesländern als zentrale militärische Kommando-Behörde das Bundeswehrkommando OST aufgestellt. Dem waren alle Kommandos der drei Teilstreitkräfte der NVA unterstellt, so auch die Marine. Fünf Wochen später erklärte Generalmajor von Scheven am 14. November 1990: „Die Marine muss abrüsten von etwa 9.000 Soldaten auf 1.500 Mann". „Der Einigungsvertrag macht viele der uns anvertrauten Menschen zu Verlierern. Er setzt das Soldatengesetz nur partiell für die neuen Kameraden in Kraft. § 1, Abs. 1, Satz 2 Soldatengesetz: `Staat und Soldaten sind durch gegenseitige Treue miteinander verbunden`, hat für die neuen Soldaten keine Gültigkeit." Nach Ansicht von Scheven schränkte der Einigungsvertrag eine sozialverträgliche Behandlung der länger dienenden Soldaten bei ihrer Entlassung für den Dienstherrn erheblich ein. Für die personelle Überleitung der Berufssoldaten ins zivile Leben fehlten damals im wiedervereinten Deutschland die Entscheidungsgrundlagen.

Das von Flottillenadmiral Dirk Horten vom 4. Oktober 1990 bis 4. April 1991 befehligte Aufstellungskommando Marine bzw. Marinekommando Rostock (Stadtteil Gehlsdorf) führte die ehemalige Volksmarine in der alten Struktur. Dem Marinekommando Ost gehörten 85 Soldaten und 15 Verwaltungsbeamte an. Wenn erforderlich, wurde personelle Verstärkung aus den bestehenden Dienststrukturen der Bundesmarine herangeholt. Parallel ging im Westen der „normale" Dienstbetrieb weiter. Neben der Auflösung der Volksmarine mit partieller Integration von Personal und Technik sowie Neuorganisation in der Deutschen Marine operierte der „Minenabwehrverband Südflanke" im östlichen Mittelmeer (Kuweitkrise) und ein Schiffsverband der Zerstörerflottille im westlichen Mittelmeer. In der Heimat waren die Weichen in Richtung gesamtdeutscher Marine gestellt. In der Übernahme- und Umstrukturierungsphase standen Horten drei Kommandeur- und sechs Unterstützungsgruppen in den Standorten der ehemaligen Volksmarine zur Seite. In den Kommandeurgruppen übernahm der neue Kommandeur West von Anbeginn die Befehls- und Disziplinargewalt. Das betraf das Marinekommando in Rostock (Flottillenadmiral Dirk Horten), die Offiziershochschule in Stralsund (Kapitän zur See Holger Timm Petersen) und die 4. Flottille in Warnemünde (Kapitän zur See Michael Kämpf). In den Unterstützungsgruppen verblieben die bisherigen Kommandeure der Volksmarine im Amt. Ihnen wurde zur Beratung und Unterstützung ein Team von Offizieren der Bundesmarine beigegeben. Zu diesen Gruppen gehörten: die 6. Flottille in Dranske (Kapitän zur See Rüdiger Kubalek), die 1. Flottille in Peenemünde (Kapitän zur See Reinhold Siebert), das Marinehubschraubergeschwader 18 in Parow (Fregattenkapitän Dankmar Rossnagel), das Küstenverteidigungsregiment 18 in Rostock (Fregattenkapitän Klaus Berger), das Küstenraketenregiment 18 in Schwarzenforst (Fregattenkapitän Eberhard Eicke) und das Nachrichtenregiment 18 in Böhlendorf (Fregattenkapitän Hubertus Schmalz).

Marineschule Stralsund
Auf dem Sportplatz der Offiziershochschule mit einer terrassenförmigen Zuschauerarena und einem tollen Blick auf den Strelasund fanden neben Sportwettkämpfen schon viele militärische Zeremonielle statt. Am 5. Oktober 1990 hatten um 13 Uhr auf dem Rasen des Fußballfeldes etwa 1.200 in Marineuniform verbliebene Soldaten der neu geschaffenen Marineschule Stralsund im Karree zu einer militärischen Musterung Aufstellung genommen. Zum ersten Mal erklang auf dem Platz die bundesdeutsche Nationalhymne, gespielt vom ehemaligen Musikkorps der Volksmarine. Die Marineschule bestand aus den Lehrgruppen **A** (Offiziershochschule), **B** (Flottenschule) in Parow und **C** (Schiffstammabteilung 18) auf dem Dänholm. Zuvor brachte jeder seine Marineuniform vom Volksmarine-Outfit auf den Bekleidungsstandard der Bundesmarine. In kurzer Zeit besorgten die Frauen in den Schneidereien der drei Marinedienststellen das Annähen der goldenen Ärmelstreifen an den Jacken und der Gürtelschlaufen an den Hosen. An den Jacken waren die beiden oberen Blindknöpfe

sowie Knöpfe an den Schulterstücken mit Schlaufen zu entfernen. Mit dem Austausch des Mützenemblems wechselte die Schirmmütze innerhalb von drei Monaten zum dritten Mal ihr Aussehen. Für die jetzt an der Uniform zu tragenden Namensschilder fehlte anfangs das Material. Einige griffen zur Selbsthilfe. Sie kamen auf die Idee, ihren Namenszug in die alte NVA-Ordensspange hinter durchsichtigem Kunststoff einzuschieben. Die Mehrzahl der übernommenen Marinesoldaten trug kein Namensschild. So waren im Erscheinungsbild der Uniform noch die Unterschiede zwischen West- und Ost sichtbar.

Im bisherigen Dienstausweis verdrängte der deutsche Bundesadler per Stempelüberdruck „Hammer-Zirkel-Ährenkranz" der untergegangenen DDR. Aus Mangel an neuen Dienstsiegeln mit dem Bundesadler im vereinten Deutschland gehörten die Marineangehörigen der Lehrgruppe **A** unversehens zur „Amphibischen Gruppe" der alten Bundesmarine, auch Fregattenkapitän (vorläufig) Ingo Pfeiffer.

Dienststellenausweis mit NVA- und Bundeswehrsiegel (ausgestellt am 9. November 1989)

Ein Blick ins Marinefachbuch verriet, dass ich per Dienstsiegel zur Gruppe der Landungsschiffe bzw. -boote gehörte. Die überwiegend in Kiel-Holtenau stationierten Fahrzeuge trugen solche exotischen Namen wie: FLUNDER, KARPFEN, ZANDER oder MAKRELE (Typklasse 520 A-D). Ich war mir nicht sicher, ob die symbolische Landung nach den chaotisch verlaufenden Monaten zuvor wirklich gelungen war. Nach den Täuschungen durch die alte Führungselite der DDR und NVA mit dem im September 1990 abgetauchten „Havarie-Kapitän" Eppelmann konnte im wiedervereinten Deutschland vieles nur besser werden.

Der erst kurz zuvor zum Chef des Marinekommandos Rostock ernannte Flottillenadmiral Dirk Horten, schritt mit dem ebenfalls aus dem Westen kommenden Kommandeur für die Marineschule Stralsund, Kapitän zur See Holger Timm Petersen, die angetretene Formation von Offizieren, Fähnrichen, Unteroffizieren und verbliebenen Offiziersschülern ab. Viele Zivilbeschäftigte verfolgten auf den Zuschauerterrassen das Geschehen. Beim Anblick des neuen, in den Osten kommandierten Marinechefs stellten sich viele die Frage: Was mag der Admiral über die ihm plötzlich „über Nacht" anvertrauten Unterstellten gedacht haben? Immerhin standen wir uns vor einigen Monaten als Gegner gegenüber. Gegenüber dem neuen Dienstherrn bestand allgemein eine geteilte Erwartungshaltung. Zu diesem Zeitpunkt ahnten viele vorläufig übernommene Offiziere, dass die Hoffnungen auf eine Dienstübernahme in den zur Deutschen Marine vereinten deutschen Seestreitkräften eher gering waren. Nicht wenige Marinesoldaten glaubten in jener historischen Stunde an einen Neuanfang. Sie beantragten in den folgenden Tagen ihre Dienstverwendung in der Bundeswehr.

Im Prinzip nahmen die Herren Horten und Petersen am 5. Oktober die Front einer kleinen Armee von künftigen Arbeitslosen, Umschülern, Versicherungs- und Immobilienmaklern ab. Die angetretenen Marinesoldaten, von denen letztlich nur eine sehr geringe Zahl eine Verwendung in der Bundeswehr erhielt, verfolgten aufmerksam die Ansprache von Flottillenadmiral Horten mit der Kurzvorstellung des neuen Kommandeurs, Kapitän zur See Petersen. Zu der von Petersen geführten Marineschule gehörte eine Gruppe von Offizieren der Bundesmarine mit den Fregattenkapitänen Horst Rietmüller und Harald Jöster, dem Korvettenkapitän Hans Müller sowie den Oberregierungsrat Marin und Rechnungsführungssekretär Lemster.

Trotz der anhaltenden Bürgerinitiativen für eine „Entmilitarisierung Stralsunds" erklärten beide Herren, dass der Marinestandort Stralsund erhalten bleibt. Sie versicherten: „Viele würden ein Angebot als Soldat auf Zeit für zwei Jahre (SaZ 2) erhalten, viele müssen aber auch gehen". Die in freier Rede routiniert vorgetragenen Gedanken erzielten Wirkung. Hoffnungen und Zweifel für eine Dienstübernahme blieben. Ich empfand diese erste militärische Musterung unter der Bundesdienstflagge mit der Ansprache des Marinekommandeurs im 23. Jahr meines Marinedienstes sehr bedeutsam. Die Situation war schon sonderbar. Hier erhielt ich 1972 das Offizierspatent für meine Marinelaufbahn im Kalten Krieg. Jetzt erfüllte sich das Bekenntnis der Angehörigen der DDR-Seestreitkräfte, die in den 50er und 60er Jahren bei Belobigungen erwiderten „Ich diene Deutschland". Die von vielen mitgestaltete Wandlung von einer Gegner- zur Partnerschaft verlief rasant schnell. Verwundert war ich dann neun Monate später über eine Äußerung von Flottillenadmiral Horten in der Zeitschrift „MarineForum". Darin charakterisierte er rückblickend die an diesem 5. Oktober 1990 im Karree angetretenen Berufssoldaten der ehemaligen Volksmarine als „Hochprivilegierte" und „Meistverunsicherte", die „unter einer Käseglocke lebten". Es stimmte schon, viele waren berufsbedingt sehr verunsichert. Ich hatte das Privileg studieren zu können, West- bzw. Sperrliteratur lesen zu dürfen und einen Garten zur Obst- und Gemüseversorgung zu besitzen. Für meinen Pkw Skoda 120 LS stand ich neun Jahre auf der Warteliste. 1993 kaufte ich mir einen Volkswagen Golf II.

Bezeichnend für die Wirren in dieser Zeit war folgende Kuriosität. Während die Musterung auf dem Sportplatz lief, inspizierte eine Arbeitsgruppe eines Hamburger „Berufsförderungswerks", die Dienstzimmer im Stabsgebäude, auch das von Kapitän zur See Petersen. Ein Herr aus Hamburg erklärte Petersen, dass er den neuen Hausherrn vertrete. Dieser verfügte seit dem 2. Oktober 1990 über das gesamte Objekt der OHS, mitsamt allen Gebäuden, militärischen und zivilen Einrichtungen. Die neuen Herren in Zivil baten die Marine um Aufklärung über den Sinn der militärischen Wache am Tor, der Anwesenheit von Kapitän zur See Petersen mit seinem Stab, der im Objekt gehissten Bundesdienstflagge usw. Wie Petersen später beschrieb, war die Verblüffung auf beiden Seiten groß. Welch einmaliger Immobiliencoup dem voraus gegangen war, wusste damals keiner in der Marine in Ost und West. Am 2. Oktober 1990, dem letzten Tag der DDR, kam es in einem noblen Hamburger Notariat zu dem ordentlich beurkundeten Vertragsabschluss über die langfristige Verpachtung der Offiziershochschule der Volksmarine an eine nur acht Tage zuvor gegründete GmbH, das „Berufsförderungswerk". Der Vertrag brillierte durch seine Superkonditionen: 50 Jahre Laufzeit und monatliche Pachtsumme 1.000 DM. Der wegen seiner Fürsorgegedanken zitierte Minister für Abrüstung und Verteidigung Rainer Eppelmann erwies sich bei diesem Deal als federführend. Der Vertrag trug seine Unterschrift. Dieser Vorgang entpuppte sich bei der Vermarktung von NVA-Immobilien als größter Coup im Osten. Die Bundeswehr musste auf die Offiziershochschule als künftige Marineschule verzichten.

In dem Maße, wie die Auflösung einer kleinen Marine mit Entlassung ihrer Berufssoldaten Gewissheit wurde, vollzog sich bei einigen der nach Stralsund kommandierten Offiziere der Bundesmarine eine Wandlung. Neben ihrer, vom ersten Tag an erlebten Arbeits- und Hilfsbereitschaft „rund um die Uhr" mischten sich bald tiefe Enttäuschung und Frust über den seelisch schwer zu ertragenen radikalen Personalabbau. Als „Plattmacher-Ost" hatten sie sich nicht freiwillig für den Einsatz in den ehemaligen Standorten der Volksmarine gemeldet. Die Lehrgruppe A (OHS) war bis Ende 1990 vollständig zu räumen und der Rückbau bis zum 31. März 1991 abzuschließen. Neben dem Berufsförderungswerk fand auf der geteilten Liegenschaft der ehemaligen OHS die am 1. September 1991 gegründete Fachhochschule Stralsund ihren Standort. Somit blieb ein Teil der wissenschaftlichen Labore und technischen Ausrüstungen für den künftigen Studienbetrieb junger Menschen erhalten. Lehrpersonal aus dem naturwissenschaftlichen und ingenieurtechnischen Bereich der OHS fand in der Fachhochschule eine neue Tätigkeit.

Unter der Kategorie „dauernd entbehrlich" übergab die Deutsche Marine am 1. April 1991 die Liegenschaft 01024 Stralsund-Dänholm mit einer Fläche von 60,2 Hektar in zivile Nutzung. Die „Ostsee-Zeitung" vom 19.02.1991 kommentierte: „Nach 383 Jahren verliert Stralsund den Status als Garnisonstadt. Es erscheint wenig wahrscheinlich, dass dem jemand nachtrauert." Diese vorschnelle Prophezeiung basierte auf der damals in den neuen Bundesländern existierenden, gegen jedes Militär gerichteten Volksbewegung. Am 30. Juni 1991 folgte die Auflösung der Lehrgruppe B (Flottenschule). Kapitän zur See Petersen erklärte: „Mit der Schließung wird der Abschluss eines Weges markiert". Von den einst in Stralsund dienenden 3.300 Marinesoldaten des Stammpersonals blieb bis zum Juni 1991 nur ein „Kommando" von 240 Mann übrig. Dazu gehörte die Gruppe der Marine-Hubschrauber in Parow. Nach neun Monaten seines Ost-Einsatz verabschiedete sich Kapitän zur See Petersen aus der Hansestadt. Oberbürgermeister Harald Lastowka, der inzwischen die Präsenz der Deutschen Marine in Stralsund begrüßte, dankte ihm mit der Eintragung in das Ehrenbuch der Stadt.

Kameraden oder Bösewichte?

Diejenigen Berufssoldaten, die sich für eine Dienstübernahme in die Bundesmarine bewarben, was nur als Soldat auf Zeit (SaZ 2) möglich war, hatten zwei Fragebögen auszufüllen. Das Bewerbungsformular enthielt 21 Bundeswehrtypische Fragen mit diversen Erläuterungen. Der in grauem Recyclingpapier gehaltene Zusatzfragebogen „Erklärung über Mitgliedschaft oder Verbindung zu bestimmten politischen Parteien und Organisationen sowie bestimmten Institutionen" berührte politische Aspekte und persönliche Einstellungen des Antragstellers. Auf vier Seiten waren zu beantworten:

- Erklärung zur Mitgliedschaft und Funktionsausübung in der SED sowie in einer von ihr beeinflussten Organisationen, Verband, Bewegung oder Gruppe sowie kommunistischen Partei und Organisation
- Beschäftigung des Antragsteller/ Ehegatten/ der Verlobten im Staatsdienst der DDR
- Funktionen im Wirtschafts-, Erziehungs-, Kultur- und Sportwesen der DDR sowie in den Ostblockländern, einschließlich Afghanistan, Albanien, Bulgarien, China, Jemen, Kambodschea, Korea, Kuba, Mongolei, Polen, Rumänien, Tschechoslowakei, UdSSR, Ungarn, Vietnam
- Dienst- oder Arbeitsverhältnis (auch Kontakte) des Antragstellers und der im Haushalt lebenden Angehörigen (Ehegatte, Kinder, Eltern, Geschwister) im ehemaligen DDR-Nachrichtendienst (MfS, Verwaltung für Aufklärung des MfNV, Informationszentrum MfAV, AfNS, Militärabwehr der NVA) oder in einem der zuvor genannten Länder
- Mitgliedschaft zu verfassungswidrigen Parteien (KPD, DKP, SEW, SDAJ, NPD)

- verwandtschaftliche, geschäftliche, gesellschaftliche, wissenschaftliche, kulturelle und sportliche Beziehungen des Antragstellers und Angehörigen in den genannten Ländern.

Die nachgefragten Informationen ähnelten denen in der NVA-Kaderakte. Auch hier blieben politische Einstellungen und persönliche Belange nicht ausgespart. Offizieren mit Westverwandtschaft wurden z.B. schriftliche Erklärungen abverlangt, dass sie diese Kontakte abbrechen. Beim Lesen der Fragekomplexe des neuen Dienstherrn konnte ich mich nicht des Eindrucks erwehren, ähnlich angelegten Fragen schon einmal in der deutschen Geschichte begegnet zu sein. Als Ende der 40er Jahre in der SBZ die zweite Entnazifizierungswelle herein brach, wurden vielfach nominelle NSDAP- Mitglieder zu aktiven Nazis, Offiziere der Wehrmacht und Kriegsmarine zu Mitschuldigen am Krieg, politisch Andersdenkende und Demokraten zu Regimegegnern usw. Das lag mehr als 40 Jahre zurück. Sollte sich die Geschichte tatsächlich wiederholen? Im Unterschied zu der damaligen Personal-Überprüfung gab es in der DDR mittlerweile andere Parteien und Organisationen. Das obskure Ansinnen, den Dienst in der Volksmarine auf die Vereinbarkeit mit den Grundsätzen der Menschlichkeit und Rechtsstaatlichkeit hin zu hinterfragen, empfanden viele Berufssoldaten der Volksmarine als diskriminierend. Sie lehnten die Beantwortung der Zusatzfragen ab und verabschiedeten sich aus der gesamtdeutschen Marine. Andere, wie ich, vertrauten den demokratischen Prinzipien des Rechtsstaates und beantworteten auch diese Fragen, einschließlich der Zugehörigkeit und den Funktionen in der SED, FDJ-, GST- und Pionierorganisation, der Gesellschaft für Deutsch-Sowjetische Freundschaft, dem Freien Deutschen Gewerkschaftsbund, Deutschen Roten Kreuz sowie im Kleingärtner-, Angler- oder Sportlerverband. Ich hatte damit keine Probleme. Schließlich war es nachvollziehbar, dass sich der neue Dienstherr ein Bild von den Menschen machen wollte, die ihm quasi über Nacht zugefallen waren.

Im Schreiben-Chaos

Viele Marinekameraden der Lehrgruppe A, auch der Autor, erhielten am 29. Oktober 1990 ein vom 18. Oktober 1990 datiertes Schreiben aus Strausberg. Darin wurde die Übernahme in die Bundesmarine mit dem vorläufig zu tragenden Dienstgrad bestätigt. Die Freude währte jedoch nicht lange. Zwei Tage später erhielten die gleichen Männer den Auszug aus dem Fernschreiben „R 26 1500 Z OCT" vom Bundesminister der Verteidigung, Außenstelle Strausberg, Gruppe Personal, Referat 2 E über „Betreff: Entlassung von Offizieren: Laufende Nr./ Dienstgrad/ Name/ Vorname/ geb. am... wird mit Ablauf des 31. Dezember 1990 aus der Bundeswehr aus strukturellen Gründen entlassen". Ich hatte die Nummer 23. Einige Kameraden erhielten beide Mitteilungen in umgekehrter Reihenfolge, auf die Mitteilung der Entlassung folgte Tage später die Information über ihre Zugehörigkeit zur Bundeswehr. Am 13. November 1990 wurde mir ein, bereits am 26. Oktober in Strausberg verfasstes Schreiben über die Entlassung aus der Bundeswehr zum 31. Dezember 1990 ausgehändigt. Einen Tag später erhielt ich am 14. November vom Kommandeur der Marineschule Stralsund die schriftliche Bestätigung über den Eingang meiner Bewerbung in das Dienstverhältnis eines Soldaten auf Zeit. Ich hatte mich als Offizier des militärfachlichen Dienstes für die Verwendung in den Bereich der militärgeschichtlichen Forschung und Lehre beworben. Schließlich erfuhr ich am 10. Januar 1991, per Postzustellung, dass „auf Grund des begrenzten Bedarfs keine Verwendungsmöglichkeit als Soldat auf Zeit in der Bundeswehr besteht". Wegen dieser lapidaren Begründung wandte ich mich mit einer Eingabe an den Wehrbeauftragten des Deutschen Bundestages, Herrn Alfred Biehle. In dessen Antwort vom 15. August 1991 erfuhr ich den Grund der Ablehnung: „Die Personalstruktur der Marine sieht vor, dass nur eine begrenzte Anzahl von Geschichtswissenschaftlern pro Jahrgang in die Marine übernommen werden. Die Anzahl ist bereits für den Jahrgang 1949 ausgeschöpft." Pech für mich, ich gehörte zum Jahrgang 1949. Eine so einfache Erklärung zu meiner Ablehnung für die Verwendung in der Bundeswehr hatte ich nicht vermutet.

Das den NVA-Soldaten zugeschriebene Stigma, Angehöriger einer „Parteiarmee" und „Systemstütze" gewesen zu sein, führte ab 3. Oktober 1990 zur radikalen Personalabwicklung in der Bundeswehr (Ost). Das Menschliche blieb dabei auf der Strecke. Die Schnelligkeit der negativ erteilten Personalbescheide und die Art und Weise der Prüfungsverfahren empfanden viele meiner Kameraden als unwürdig und diskriminierend. Diese Verfahrensweise unter Bundeswehrregie liefert ein Beleg dafür, wie undifferenziert das allgemeine Urteil über das politische System der DDR auf die Lebens- und Dienstbedingungen der Soldaten übertragen wurden. Der Glauben an demokratische Werte ging teilweise verloren. Der Weg zu neuen Werten in der sozialen Marktwirtschaft war noch weit. Die Gründe für diese Enttäuschungen lagen weniger im neuen System, sondern vielmehr in der Täuschung durch die letzte DDR-Regierung mit ihrem 198-Tage-Abrüstungsminister Eppelmann. Ein System, dem wir auch nach den Wahlen am 18. März 1990 mit neuem Eid ab 20. Juli 1990 gedient haben und von dem wir „als Stütze" eines abgewählten Systems letztlich aus den Streitkräften eliminiert wurden. Offiziere, die nach der Einheit Deutschlands den Dienst per Befehl des neuen Dienstherrn quittieren mussten, durchlebten eine Sinn- und Existenzkrise, eine Art „Clausewitz-Konflikt". Gewiss, 1990 war nicht 1812. Keine NATO-Armee sollte nach Moskau ziehen. Und die innerhalb weniger Monate personell abgerüstete NVA sollte nicht, wie 1812 das Preußische 20.000 Mann-Corps, napoleonisch gedreht werden. Vergleichbar erscheint wohl die schmerzliche psychische, weil ethische Katastrophe des Offiziers. Ganz abgesehen von der Überlegung, dass der 32 jährige Major von Clausewitz nicht degradiert wurde als er in russische Dienste trat. Im Gegenteil, er wurde als Oberstleutnant eingestellt.

Personalintegration, Eliminierung und Resteverwertung
Unter den am 3. Oktober 1990 aus der Volksmarine übernommenen 8.323 Unifor-

mierten sowie 3.700 Zivilbediensteten befanden sich 2.246 Offiziere, 1.438 Portepeeunteroffiziere, 805 Unteroffiziere und 1.093 Matrosen. Davon erhielten 4.200 Marinesoldaten bis 31. Dezember 1990 die Kündigung. Der Personalbestand der Offiziere reduzierte sich auf 1.642 Mann. Im 1. Halbjahr 1991 schrumpfte der Offiziersbestand durch viele Ablehnungen als SaZ 2 auf 752 Mann. Ende des Jahres 1991 verringerte sich die Zahl auf 273 Offiziere. Das bedeutete, dass innerhalb des Jahres 1991 lediglich 12 % von den am 3. Oktober 1990 vorläufig übernommenen Offizieren im Dienst der Deutschen Marine verblieben. Darunter befanden sich 39 Leutnante, 78 Oberleutnante, 98 Kapitänleutnante, 52 Korvetten- und 6 Fregattenkapitäne. Von diesen Männern standen 129 Offiziere im Truppendienst. 106 Offiziere gehörten zum Schlüsselpersonal der Marine und 38 Offiziere befanden sich in Militärfachdiensten. Bis Ende Dezember 1992 verringerte sich die Zahl der integrierten Offiziere auf 154 Mann. Nach vier Jahren Deutsche Einheit schrumpfte die Zahl im September 1994 auf 136 Offiziere, die ehemals in der Volksmarine dienten. Im Vergleich zum Personalbestand am 3. Oktober 1990 entsprach das einem Anteil von 6 %. Das Verhältnis der letztlich in der Deutschen Marine integrierten Offiziere gegenüber den entlassenen Berufssoldaten betrug 1 zu 17 (Stand 1994). Ob die gleichermaßen von Politikern und Militärs gepriesene Integration der NVA in die Bundeswehr tatsächlich so beispielhaft war, darf angesichts der geringen Anzahl von übernommenen und letztlich im Dienst der Deutschen Marine verbliebenen Berufssoldaten der Volksmarine sowie abgewickelten Militärtechnik bezweifelt werden. Die Integration erwies sich als eine perfekte geräuschlose Auflösungsaktion der anderen deutschen Marine.

Dennoch liefert die Zerstörerflottille in Wilhelmshaven Beispiele für eine gelungene Personal-Integration in der Deutschen Marine. 13 Offiziere erhielten dort in den 90er Jahren eine Borddienstverwendung auf den Fregatten 122 der BREMEN-Klasse und 123 der BRANDENBURG-Klasse. Einige Offiziere schafften es bis zum Kommandanten. Unmittelbar nach dem Beitritt kamen etwa 2.000 Offiziere und Unteroffiziere der Bundeswehr in den neuen Ländern, vor allem in Schlüsselfunktionen, zum Einsatz. Dagegen beschränkte sich die Verwendung von ehemaligen NVA-Soldaten in den alten Ländern 1990/91 auf die Teilnahme an Ausbildungsmaßnahmen.

Die im Zuge der Dienstentlassungen 1990/91 mit einem Schlag erworbene „Flexibilität in der Arbeitswelt", entpuppte sich für viele Berufs- und Zeitsoldaten der Volksmarine zunächst als neue, noch unbekannte Form der Freiheit, nämlich frei von jeglicher Arbeit zu sein. Die Arbeitsvermittlung in den neuen Bundesländern befand sich im Aufbau. Arbeitssuchende, die sich für einen Ortswechsel in die alten Bundesländer entschieden, fanden schneller einen Job. Eine Arbeitsgruppe von ehemaligen Hochschuloffizieren der NVA ermittelte in einer Umfrage, dass sich 1995 noch 87 % der aus der NVA entlassenen Offiziere als „Bürger 2. Klasse" fühlten.

Angesichts der in den neuen Bundesländern ab 1991 rasant ansteigenden Arbeitslosigkeit wechselten nicht wenige in die neue Gesellschaft mit dem Gefühl, nicht mehr gebraucht zu werden, ja ganz überflüssig zu sein. In dieser Situation organisierte der Führungsstab der Marine in Bonn und das Marinekommando in Rostock eine bemerkenswerte Aktion. Das Büro „Hilfe zum Berufswechsel" hieß die Institution, die per Befehl von Flottillenadmiral Horten im November 1990 in Rostock eingerichtet wurde. Innerhalb der ersten drei Monate informierten sich 850 aus der Volksmarine stammende Berufssoldaten über eine berufliche Neuorientierung. 170 Ratsuchende konnten im gleichen Zeitraum durch die Marine in Umschulungen oder Qualifizierungslehrgängen vermittelt werden. Als Antwort eines Briefes des Inspekteurs der Marine, Vizeadmiral Mann, an Firmen in den alten Bundesländern, bekundeten diese Interesse, gut ausgebildete Berufssoldaten in Unternehmen einzustellen oder auf künftige Arbeitsbereiche in den neuen Bundesländern vorzubereiten. Von dieser Möglichkeit machten etwa 400 Arbeit suchende ex Marinesoldaten bis Ende Januar 1991 Gebrauch. Unter marktwirtschaftlichen Bedingungen gelang es vor allem jüngeren Offizieren, aus ihrem Bildungsniveau, ihrer Leistungsfähigkeit und Erfahrungen in der Personalführung in Verbindung mit persönlicher Mobilität beruflichen und finanziellen Erfolg zu schlagen. Anstelle der Ungewissheit über die weitere Dienstverwendung in der Bundeswehr oder Wehrverwaltung, der Einstufung in Warteschleifen bei fortschreitender Abrüstung entschlossen sich viele Kameraden, ihre vor einigen Monaten erhaltenen Uniformen der Bundeswehr wieder abzugeben. Sie akzeptierten die bis zum 31. Dezember 1990 befristete einmalige „Abfindungszahlung" von 7.000 DM und sagten der Marine für immer ade.

Ein Teil der zur Entlassung anstehenden Marineoffiziere entschloss sich zu Umschulungs- oder Aufbauqualifizierungen für einen beruflichen Neuanfang. Ich absolvierte ein betriebswirtschaftliches Studium mit dem Abschluss als Marketing-Referent. Durch Vermittlung der Marine-Offizier-Hilfe in Bonn fand ich Kontakt zum Personaldirektor, einem Fregattenkapitän dR, der STRABAG Bau AG in Köln. Offensichtlich passte ich mit meinem Wissen und Erfahrungen in das Personalentwicklungskonzept des Unternehmens. Ich erhielt meinen ersten Anstellungsvertrag in der Marktwirtschaft. Im Ressort Projektentwicklung erarbeitete ich ein Konzept zur Sanierung von militärischen Liegenschaften und zum Recycling von Militärtechnik in den neuen Bundesländern. Dann passierte etwas, was mein Leben entscheidend veränderte. Im ICE von Köln nach Hamburg begegnete ich zufällig im Restaurantwagen dem Vorstand von Krupp Hoesch Dienstleistungen. Ich kannte den sympathisch wirkenden Herrn aus Meetings im Unternehmen. Er unterbreitete mir ein Vertragsangebot, dass ich dann sieben Jahre im Kruppkonzern erfüllte.

Schiffe und Boote

Von den 192 von der Bundesmarine übernommenen Schiffen und Booten der Volksmarine (78 Kampfschiffe) und der Grenzbrigade Küste (21 KONDOR I) gab die Deutsche Marine etwa 150 Fahrzeuge bis Oktober 1991 zur weiteren Verwertung ab. Davon wurden über die Hälfte von der Treuhandgesellschaft des Bundes (VEBEG) verkauft, verschenkt oder verschrottet. Außerdem übernahm die Bundesmarine von der Volksmarine 78 Kampfpanzer (Kette), 10 mobile Startrampen für Land- und Schiffraketen mit einem Arsenal von 90 Raketen. Zur Hinterlassenschaft der Volksmarine gehörte auch erschreckend viel Munition von 14.000t und eine Menge von 45.000 Handfeuerwaffen. Setzt man diese Mengen ins Verhältnis zu den am 3. Oktober 1990 übernommenen Marinesoldaten, dann entfielen auf einen Marineangehörigen 5,41 Stück Handfeuerwaffen und 1,68t Munition.

Zu Vorführzwecken hielt die Marine 12 Kampfschiffe bis Ende 1991 in Dienst. Darunter befanden sich je ein Küstenschutzschiff KONI (Projekt 1159), das Kleine Raketenschiff TARANTUL (Projekt 1241), das Patrouillenboot BALCOM-10 (Projekt 151-SASSNITZ), vier U-Boot-Abwehrschiffe PARCHIM (Projekt 133.1) und fünf Minensuch- und Räumschiffe KONDOR II (Projekt 89.2.). Im Dienst verblieben fünf Versorger der DARSS-Klasse, sechs Wohnschiffe der OHRE-Klasse sowie diverse Hafenschlepper und Tankschiffe. Bis Ende 1992 hielt die Deutsche Marine 34 Schiffe und Boote der aufgelösten Volksmarine als Vorführ-, Test- und Erprobungsschiffe mit neuer Kennung in Dienst. Die längste Überlebensdauer hatten Schlepper und Wohnschiffe. Der BGS-See stellte zwei Patrouillenboote der SASSNITZ-Klasse in Dienst und übernahm neun Schiffe der KONDOR II-Klasse. Drei kamen jedoch nur zum Einsatz. Von den nach 1992 fertiggestellten Patrouillenbooten der SASSNITZ-Klasse gingen zwei Einheiten nach umfassendem Umbau ebenfalls zum BGS-See.

Mit dem Ankauf von 39 Kriegsschiffen übernahm die Marine Indonesiens für 1,83 Milliarden DM den größten Posten aus dem ehemaligen Schiffsbestand der Volksmarine. Darunter befanden sich 16 U-Boot-Abwehrschiffe PARCHIM, neun Minensuch- und Räumschiffe KONDOR II, 12 Landungsschiffe FROSCH I und zwei Gefechtsversorger FROSCH II. Nach der Hauptinstandsetzung und dem Umbau mit teilweiser Demilitarisierung unternahmen die Schiffe gruppenweise ihre Überführungsfahrt nach Indonesien. Neun KONDOR II-Schiffe wurden vom russischen Schwerguttransportschiff TRANS-SHELF aufgedockt und im Huckepack-Verfahren nach Indonesien transportiert. 15 KONDOR II und das in Polen gebaute Bergungsschiff OTTO VON GUERICKE gingen nach Uruguay. Weitere KONDOR I- und II-Schiffe sowie kleine Grenzboote der BREMSE-Klasse wurden an Malta, Tunesien, Belgien und den Baltischen Republiken Litauen, Lettland und Estland abgegeben. Lettland kaufte fünf Raketenschnellboote OSA I.

Für einen Teil der Hilfsschiffe fanden sich weltweit zivile Käufer. Norwegen übernahm fünf Hochseeversorger der KÜHLUNG-Klasse (Typ DARSS). Die Niederlande erwarben fünf Tankschiffe. Ein Amsterdamer Schiffsmakler kaufte das Flugsicherungsboot HUGO ECKENER. Das Schulschiff WILHELM PIECK fand im dänischen Sonderburg einen privaten Liebhaber. Auch dubiose Unternehmen witterten im Kauf der Volksmarine-Schiffe ein Geschäft. Über ein in Belgien ansässiges

Unternehmen, das sich als internationale Waffenhändlerfirma entpuppte, gingen 14 Kriegsschiffe. Als der Deal mit Surinam, einem der ärmsten Länder Südamerikas, in der Presse bekannt wurde, trat Surinam vom Kauf zurück. Die Schiffe verblieben vorläufig auf der holländischen Werft Harderwijk bzw. im Hafen Peenemünde. Das Außenwirtschaftsamt in Bonn zog die bereits erteilte Ausfuhrgenehmigung für diese Schiffe wieder zurück.

Weitere Fahrzeuge gingen an Polen, Spanien und Abu Dhabi. Unter die Schneidbrenner kamen alle Raketen- und Torpedoschnellboote sowjetischer Produktion der SHERSHEN- und OSA- Klasse sowie auch der Tanker POEL. Von den drei in der UdSSR gebauten Küstenschutzschiffe ROSTOCK, BERLIN und HALLE, Fregatten der KONI-Klasse, dienten zwei Fahrzeuge als Ersatzteilspender für die Indonesische Marine, um dann schließlich auch abgewrackt zu werden. Die Wehrtechnische Dienststelle 71 der Marine nutzte das KSS ROSTOCK für waffentechnische Erprobungen. Wegen des gebundenen Asbests war die Abwrackung aller drei KONI-Fregatten mit hohen Entsorgungsaufwendungen verbunden. Ähnlich erging es den relativ modernen fünf Kleinen Raketenschiffen vom Typ TARANTUL. Drei gerieten bis 1994 unter die Schneidbrenner.. Lediglich die RUDOlf EGELHOFER fuhr als Kleines Raketenschiff unter dem Namen HIDDENSEE mit deutscher Besatzung unter der Flagge der US Navy. In der langjährigen Geschichte der US Navy war es das einzige Kriegsschiff, dass in der UdSSR gebaut, die Flaggen von zwei deutschen Marinen führte und schließlich unter der Registriernummer 185 NS 9201 im Dienst der US-Marine stand.

Zur Freude vieler Marinefans überlebte das Kleine Raketenschiff mit der Bord-Nummer 575 (HANS BEIMLER) der TARANTUL-Klasse als Museumsschiff im ehemaligen Marinehafen Peenemünde. Wegen der hohen Wartungskosten des dort an der Stützpunktpier liegenden Schiffes ist die weitere Betreibung durch das Historisch-technische Informationszentrum in Frage gestellt. Von den bereits ab 1984 schrittweise außer Dienst gestellten 30 Kleinen Torpedoschnellbooten der LIBELLE-Klasse stehen einige bis heute in den militärhistorischen Museen Dresden und Stralsund-Dänholm sowie im Wissenschaftlichen Institut für Schifffahrts- und Marinegeschichte in Hamburg.

Die relativ modernen Schlepper WUSTROW, DRANSKE und KOOS verblieben bei der Deutschen Marine. Das betraf auch einige schwimmende Stützpunkte der OHRE-Klasse. Auf den Wohnschiffen mit eigenem Maschinenantrieb konnten bis zu 250 Personen in Zwei- und Vierbettkabinen untergebracht werden. An Bord befanden sich separate Dusch- und WC-Räume, Messen für Offiziere und Mannschaften, Klubräume, eine Kombüse und Bäckerei, Pantrys und Sauna. Die Wohnschiffe lagen je nach Bedarf bis 2001 in verschiedenen Stützpunkten der Deutschen Marine. Angesichts der Tatsache, dass die KONI-Fregatten, TARANTUL-Korvetten u.a. Fahrzeuge direkt aus sowjetischer Produktion stammten und selbst in der DDR gebaute Kriegsschiffe zu 60-70 % mit sowjetischer Ausrüstung bestückt waren, kam eine weitere Indiensthaltung aus Kostengründen für die Deutsche Marine nicht in Betracht.

Eine bereits vor dem 3. Oktober 1990 in der Volksmarine weilende Gruppe von Marineexperten und marinetechnischen Fachleuten der Bundeswehr hatte die schwimmende, fliegende und in der Peenewerft am Ausrüstungskai liegende Militärtechnik begutachtet. Ihr Urteil war für alle niederschmetternd. Gemessen am Stand der Bundesmarine befanden sich die Schiffe mit ihrer Waffentechnik mit Ausnahme des Küstenraketenkomplexes „Rubesch" auf dem Stand Ende der 50er Jahre. Die Ausrüstung der Kriegsschiffe der Volksmarine entsprach in etwa der Technologie der Schiffseinheiten, die die BRD längst ausgemustert hatte, wie z.B. die Zerstörer der HAMBURG-Klasse.

Um die Eignung der U-Jagdschiffe der Volksmarine mit ihren Besatzungen zur U-Bootsuche zu testen, führte die Deutsche Marine im November 1990 eine U-Jagdübung im Arkonabecken nordöstlich vor Rügen durch. Daran nahmen vier U-Jagdschiffe der PARCHIM-Klasse, zwei Hubschrauber MI 14 aus dem Volksmarinebestand und vier U-Jäger der THETIS-Klasse der Bundesmarine teil. Als Zielobjekt fungierte U 21 der Klasse 206. Der Verbandsführer stellte mit Abschluss der Übung fest, dass die Fahrzeuge der PARCHIM-Klasse hinsichtlich der Geräteausstattung, Ausbildung und Taktik westlichem Standard unterlegen sind. Die Sonaranlage (1BV2) der schon in die Jahre gekommenen THETIS-Boote erzielte bessere Ergebnisse in der Ortung eines Unterwasserziels als die hydroakustische Anlage der erst in den 80er Jahren in Dienst gestellten PARCHIM-Klasse. Deren Antriebsanlage erwies sich für die U-Boot-Jagd als völlig ungeeignet. Die Antriebsmotoren konnten nur in einer begrenzten Zeit mit niedriger Drehzahl laufen. Das erforderliche „Freibrennen" der sowjetischen Hochleistungsdieselmotoren, drei des Typs M 504, in hohen Fahrtstufen machte eine kontinuierliche Kontaktverfolgung zum Unterwasserziel unmöglich. Es bestätigte sich das Urteil der Marineexperten und Wehrtechniker über die eingeschränkten Fähigkeiten der U-Jagdschiffe der Volksmarine in der U-Bootsuche und Bekämpfung. Das Fazit der Deutschen Marine über den technischen Zustand der Schiffe der Volksmarine lautete: die weitere Betreibung der Militärtechnik ist zu personalintensiv, der Wartungsaufwand zu hoch und die Schwierigkeiten in der Ersatzteilbeschaffung für die Marine nicht kalkulierbar. Im Ergebnis der Bestandsaufnahme „Ost" kam der Befehlshaber der Flotte, Vizeadmiral Dieter Franz Braun, im April 1991 zu der Einschätzung: „Die DDR- Schiffe sind solide gebaut, aber im Stand der Technik 20 bis 30 Jahre zurück". Die Waffensysteme der Volksmarine passten nicht in das neue Konzept „Marine 2000". Das sah eine verkleinerte, leistungsfähige und moderne Flotte mit einer starken Hochseekomponente vor. Ins Kalkül gezogene Umbauten von Schiffen der Volksmarine wären letztlich teurer geworden als Neubauten. Einzig der Küstenraketenkomplex „Rubesch" beeindruckte die Marineführung. Wegen des großen logistischen Aufwandes und hoch giftigen Flüssigkeitstreibstoffes kam jedoch eine Weiterbetreibung des Waffensystems für die Deutsche Marine als mobile Flotte nicht in Betracht.

Investitionen in die Zukunft

Nach der Einheit Deutschlands hat die Bundeswehr die Vereinigung von Ost und West schneller und reibungsloser bewältigt, als jeder andere Teil in der Gesellschaft. Der damalige Bundespräsident Richard von Weizsäcker erwähnte in einer Rede am 29. April 1991: „Die Soldaten der Bundeswehr leben die deutsche Einheit vom ersten Tag an vor." Das, was an ehemaligen Stützpunkten bzw. Dienststellen der Volksmarine in völlig modernisierter Form u.a. in Rostock (Marineamt), Warnemünde (Marinestützpunkt) und Stralsund (Marinetechnikschule) nach über zwanzig Jahren übrig blieb und seitdem Bestand hat, verdient uneingeschränkte Anerkennung. Die Bundeswehr als Ganzes und die Deutsche Marine im Besonderen zählten nach dem 3. Oktober 1990 zu den „Großunternehmen" der BRD, die sich mit Investitionen im Milliardenbereich und gezielter Verlagerung von Arbeitsplätzen von West nach Ost in den neuen Bundesländern engagiert haben. Immerhin wurden 50 % der Dienstposten der Bundesmarine des Jahres 1990 in den ehemaligen Standorten der Volksmarine in Mecklenburg-Vorpommern ausgebracht. Damit leistete die Deutsche Marine eine bedeutende Investition in die Zukunft. Sie schuf auf diese Weise Integrationsmöglichkeiten für die nachwachsende Generation. Die Wirtschaft bekam in den neuen Bundesländern durch Aufträge des Bundes wichtige Impulse. 1991/92 zahlte die Bundeswehr 1,8 Milliarden DM an Bauunternehmen für die Sanierung maroder NVA-Kasernen. 1992/93 verausgabte die Bundeswehr fast 10 Milliarden DM für vereinigungsbedingte Aufgaben. Finanziert wurden die aufwendige Verschrottung von NVA-Waffentechnik und der Rückbau von militärischen Objekten und Liegenschaften in den neuen Bundesländern.

2. Ostsee – Resonanzfeld der Politik nach dem 13. August 1961

Volksmarine ab 1960 im Vorpostendienst in der westlichen Ostsee

Im Januar 1960 unterstellte das Kommando der Seestreitkräfte in Rostock der 4. Flottille in Warnemünde/ Hohe Düne vier MLR-Schiffe der HABICHT-Klasse. Die Fahrzeuge kamen für ein maritimes Aufklärungs- und Überwachungssystem gegenüber den Handlungen der NATO-Seestreitkräfte in der westlichen Mecklenburger Bucht zum Einsatz. Die Etablierung des Vorpostendienstes, drei bis vier Seemeilen östlich der BRD-Insel Fehmarn, wurde in der Volksmarine fortan „Gefechtsdienst" genannt. Die ersten, für diesen Einsatz in See vorgesehenen HABICHT-Schiffe bildeten die Abteilung z.b.V. Das bedeutete, die MLR-Schiffe waren „zur besonderen Verwendung" abkommandiert. Zu der von Kapitänleutnant Lothar Zähler geführten Abteilung gehörten die Schiffe SUHL, SCHWERIN, COTTBUS und NEUBRANDENBURG. Sie führten die Bord-Nummern 720, 740, 760 und 780. Die Kommandanten in jener Zeit waren die Oberleutnante zur See Klaus Lasch, Hans Sorge, Heinz Wolf und Dieter Jochmann.

In nationaler Selbstbestimmung traf damals die NVA- und Marineführung noch unabhängig vom Warschauer Pakt die Entscheidung, die Handlungen und Seeoperationen der NATO-Seestreitkräfte sowie auch die Kriegsschiffe der Ostseeanlieger Schweden und Finnland am Ostseeausgang des Fehmarnbelts zu beobachten. Die BRD sah zu jener Zeit noch keine Veranlassung, einen analogen Beobachtungs- und Aufklärungsdienst direkt vor der DDR-Küste aufzunehmen.

Unter der fachlichen Anleitung und militärischen Zuständigkeit des Stabes der 4. Flottille sowie mit Unterstützung von Offizieren des Marinestabes in Rostock wurden die Schiffsbesatzungen für diese neue Aufgabe auf See vorbereitet. Der Gefechtsausbildungslehrgang (GAL) zur Ausübung des Vorpostendienstes (B 4) dauerte etwa drei Monate. Die Ausbildung umfasste die Fachgebiete Seerecht, taktische Navigation, taktische Berechnungen, Militärgeographie, den Erkennungsdienst sowie eine spezielle Hafen- und Seeausbildung. Alle vier MLR hatten anfangs ihren Abstützpunkt in dem kleinen Hafen Tarnewitz bei Boltenhagen. Später verlegten sie zum Marinestützpunkt nach Warnemünde/ Hohe Düne. Sie lagen dort nördlich des Breitlings an der sogenannten „Steinpier", Vis-a-vis vom Gebäude des Operativen-Dienstes (OP-Dienst). Anfang Mai 1960 legten die Schiffsbesatzungen der betreffenden MLR die „GAL Aufgabe B-4" ab. Das bedeutete, sie erhielten die Zulassung zum Vorpostendienst im angrenzenden Seegebiet zum Gegner. Noch im gleichen Monat lief das erste MLR der Seestreitkräfte der DDR zum Vorpostendienst in Richtung Fehmarnbelt aus. In Nahdistanz zur Tonne 6c, am Hauptschifffahrtsweg 1 (heute „Kiel-Ostsee-Weg") und den nach Süden führenden Weg 3 gelegen, ging das MLR vor Anker. Diese Position bzw. Standort auf See mit den Koordinaten 54 Grad

24,8 Minuten Nord und 11 Grad 26,2 Minuten Ost erhielt im Dienstgebrauch der Volksmarine die Bezeichnung „**Vorpostenposition 72**". Dass dieser Beobachtungs- bzw. Aufklärungsdienst bis Ende August 1990 andauern sollte, ahnte damals wohl keiner. Die Marineschiffe bezogen dort vor Anker liegend eine stationäre Position auf See. Zur näheren Aufklärung von gegnerischen Fahrzeugen im Seegebiet gingen sie Anker auf und nahmen zeitweise einen beweglichen Vorposten in Fahrt ein. In der Anfangsperiode des Vorpostendienstes der Volksmarine war die personelle Anspannung der MLR-Besatzungen sehr hoch. Die Einsatzdauer auf See dauerte mitunter mehrere Wochen, in der Regel jedoch eine Woche. Allein auf sich gestellt, trotzten die Besatzungen der Vorpostenschiffe Wind und Wetter. Die Versorgung und Betankung erfolgte zu Beginn der 60er Jahre mitunter noch auf See. Ein weiteres MLR lag als Bereitschaftsschiff im Stützpunkt Tarnewitz bzw. dann später in Warnemünde/ Hohe Düne. Die gesamte Besatzung hatte an Bord anwesend zu sein. Für einen plötzlichen Maschinenstart wurde das Motorenöl der Antriebsmaschinen im Hafen ständig vorgewärmt.

Das überzogene System der Einsatz- und Gefechtsbereitschaft, dass sich die Führung der Volksmarine ausdachte, band enorme personelle und materielle Kräfte. Ein ausgeklügeltes Bereitschaftssystem erfasste selbst die Wochenenden und Feiertage, obwohl sich da die Besatzungen der Bundesmarine überwiegend im Kurzurlaub befanden. Zur Entlastung des Seeeinsatzes der MLR-Abteilung z.b.V. wurden bald MLR des Typs KRAKE von der 2. und 4. MLR-Abteilung der 4. Flottille in die Vorpostentörns einbezogen. Die Minenleg- und Räumschiffe HABICHT und KRAKE waren mit einer Höchstgeschwindigkeit von 17 Knoten zwar recht langsam, dafür aber sehr seetüchtig und für den Vorpostendienst bestens geeignet. Sie besaßen für die damalige Zeit ausreichende funkelektronische Anlagen, Nachrichtengeräte und Ortungsanlagen sowie eine gute Artilleriebewaffnung. Zu Beginn der 70er Jahre wurde deutlich, dass die Weiterbetreibung der MLR-Schiffe altersbedingt zu kostenaufwendig und für den ständigen Vorpostendienst zu personalintensiv war. Zunehmend wurden ab 1972 für den Vorpostendienst die neuen Minensuch- und Räumschiffe des Projektes 89.2. Typ KONDOR II eingesetzt.

Das eintönige, jeweils vierstündige Wechselspiel von Wache und Freiwache prägte die Bordroutine auf den Vorpostenschiffen auf See. Das Wort Freiwache klingt verführerisch, bedeutete jedoch nicht, dass man tatsächlich Freizeit für ganz persönliche Dinge hatte. Die vierstündige Freiwache war am Tage ausgefüllt mit Wartungs- und Pflegearbeiten, Großreinschiff und Ausbildung sowie täglichem Kartoffelschälen für die gesamte Besatzung. In der Nacht mussten ein paar Stunden Schlaf reichen, um sich fit zu halten. Die Marinesoldaten nutzten die wachfreie Zeit, um ihr Schlafdefizit auszugleichen, Briefe zu schreiben, Karten zu Spielen oder Kaffee zu trinken. Man genoss bei guter Sicht in der Ferne die Küste von Holstein und das in der Sonne in blau-grünen Farben glitzernde Meer. Die Dienstbelastung auf See war körperlich einseitig. Die Bewegungen der Marinesoldaten wurden naturgemäß träge, die Muskeln in den Beinen schlaffer und der Rücken steifer. Das Körpergewicht nahm bei guter Küche allmählich zu. Eine Joggingstrecke oder Fitnesscenter mit modernen Sportgeräten, wie auf den Kreuzfahrtlinern üblich, suchte man auf den Vorpostenschiffen vergeblich.

Der das ganze Schiff einnehmende Dieselgestank vermischte sich um die Mittagszeit mit überwiegend angenehmen Bratengerüchen aus der Kombüse. Der Smutje oder Chefkoch hatte auf das Stimmungsbarometer der Besatzung großen Einfluss. Im Gegensatz zu den Versorgungsengpässen in der DDR-Bevölkerung bestand im Schiffproviant bei guter Bewirtschaftung kein Mangel. Die Beliebtheit des Bordkochs steigerte sich gewöhnlich in dem Maße, wie er es verstand, den eintönigen Speiseplan durch traditionelle Heimatgerichte zu bereichern. Der Thüringer brillierte durch die gleichnamigen Klöße mit Sauerbraten. Der Mecklenburger bereitete leckeren Rippen- oder Krustenbraten. Zum Speiseplan eines Berliner Kochs passte am besten Eisbein oder Schweinehaxe mit Sauerkraut. Dagegen stießen Fischmalzeiten bei der Besatzung auf wenig Gegenliebe. Ganz abgesehen davon, dass der markante Fischgeruch das gesamte Schiff einnahm. Bei Seegang dauerte es dann nicht lange, bis das Essen übelriechend wieder zum Vorschein kam.

Vor Anker liegend mischten sich in die leicht rollenden Schiffsbewegungen bei ruhiger See nur die Motorengeräusche der Hilfsdiesel, das leichte Knattern der am Schornstein ins Freie austretenden Verbrennungsgase, die summenden Geräusche der Lüfteranlage mit den Durchsagen des wachhabenden Offiziers bzw. Unteroffiziers. Die bald zur Gewohnheit werdende Eintönigkeit auf See wurde jeh unterbrochen durch Gefechtsalarm zur Übung, bei Gegnerberührung oder An- und Überflügen von NATO-Marinefliegern. Das schrillende Klingelsignal brachte die scheinbare Ruhe und Ordnung blitzschnell durcheinander. Durch die zur Gewohnheit werdenden Besuche von Fahrzeugen der Bundesmarine und des Bundesgrenzschutzes See kam keine Einsamkeit und lange Weile an Bord auf.

Nach einem festgelegten Schema wurden sämtliche Schiffsbewegungen der NATO-Seestreitkräfte, besonders U-Boote, aber auch Kriegsschiffe der Ostseeanliegerstaaten Schweden und Finnland dem Hauptgefechtsstand beim Chef der Seestreitkräfte in Rostock sowie OP-Dienst im Marinestützpunkt Warnemünde/ Hohe Düne über das Flotten-Funknetz 553 gemeldet. Dienstintern erhielt dieses Meldeschema die Bezeichnung DOSOR (aus dem Russischen „Streife"). Nach optischer Sichtung des Marinefahrzeuges mussten Typ bzw. Klasse, Bewaffnung, Ausrüstung, besondere Merkmale, Kurs, Geschwindigkeit und Handlungen des Schiffes auf See dem OP-Dienst gemeldet werden. Veränderungen in der Bewaffnung und erkennbare schiffbauliche oder technische Weiterentwicklungen an Bord eines schon bekannten Schiffstyps waren aus verschiedenen Blickwinkeln zu fotografieren. Besonders neue, in Dienst gestellte Kriegsschiffe der NATO fanden das besondere Interesse im Marinestab Rostock. Diese Fahrzeuge mussten genau unter die Lupe genommen werden. Aus den Funkmeldungen ihrer auf See entfalteten Schiffe verschaffte sich der Hauptgefechtsstand im Kommando der Volksmarine ein genaues Lagebild über die Fahrzeugbewegungen der NATO-Seestreitkräfte in der westlichen Ostsee. Auf Befehl mussten NATO-Schiffe auf ihrem Kurs in Richtung Ost vor der DDR-Küste auch begleitet werden. Dazu wurden in den Marinestützpunkten geeignete Marinefahrzeuge in Bereitschaft gehalten. Östlich vor Rügen erfolgte in der Pommerschen Bucht dann die Übergabe an ein polnisches oder sowjetisches Marineschiff.

Ein Informationsaustausch zwischen der Baltischen Flotte, der Polnischen Seekriegsflotte und Volksmarine gab es anfangs noch nicht. Während der Kubakrise 1962 unternahm die Führung der Baltischen Flotte den unprofessionellen Versuch, dies administrativ gegenüber der Volksmarine unter ihrer Befehlsgewalt zu ändern. Erst am 21. April 1963 kam es mit dem gemeinsamen Dokument BALTIKA-63 zu einem abgestimmten Einsatz von Aufklärungs- und Vorpostenschiffen der drei Ostseeflotten des Warschauer Paktes. Diese teilten den vor ihren Küsten liegenden Seeraum der Ostsee in drei national zuständige Abschnitte ein. Er erstreckte sich im Westteil von der Insel Fehmarn bis zum Abzweig des „Kiel-Ostsee-Weges" in den Öresund und reichte östlich bis ins Seegebiet der Insel Bornholm. Es dauerte jedoch noch sechs Jahre, bis 1969 der Vorposten- und Begleitdienst durch die drei Flottenstäbe des Warschauer Paktes organisiert bzw. abgestimmt wurde und auch halbwegs funktionierte. Von nun an verstärkten ihre Flottenkräfte das Aufklärungs- und Beobachtungssystem gegenüber NATO-Fahrzeugen in der westlichen und mittleren Ostsee. Die Instruktion für den Vorpostendienst mit dem Geheimhaltungsgrad „vertrauliche Verschlusssache" besagte: „Das Aufziehen des Vorpostens ist eine Gefechtsaufgabe". Die Instruktion legte ausdrücklich fest, dass jedes Vorpostenschiff die Bewaffnung nur auf Befehl seines nationalen Flottenchefs einsetzen durfte. Schiffe der Polnischen Seekriegsflotte kreuzten im Seegebiet vor Bornholm. Kriegsschiffe der Baltischen Flotte bezogen im Öresund ihre Position. In besonderen Lagesituationen, z.B. bei erhöhter und voller Gefechtsbereitschaft oder NATO-Manövern in der Ostsee, bezog entsprechend den Alarmdokumenten der Volksmarine ein Fahrzeug den laufenden Vorposten **71**. Das Schiff patrouillierte vor dem Ostausgang des Fehmarnsunds. Ein weiteres Vorpostenschiff lag im Alarmfall auf der Position **73**. Diese befand sich im Seedreieck Möen-Grönsund-Tonne 14, in der Nähe zum Schifffahrtsweg 1. Auf der mit **74** bezeichneten Vorpostenposition östlich Rügens in der Pommerschen Bucht patrouillierte ein Schiff mit wechselnden Standorten entsprechend der Lage auf dem Seeschauplatz. Welche Ausmaße diese Seebeobachtung ab 1960 bis Anfang der 80er Jahre annahm, belegen geheime Planungsdokumente des Stabes der Volksmarine. Vorgesehen war, zeitweilig die vorgeschobene Vorpostenposition im Seedreieck 1-11-28, mitten in der Kieler Bucht einzunehmen. Sporadisch dehnte die Volksmarine ihre Aufklärungsfahrten bis in die Seegebiete des Kattegat und Skagerrak sowie in die südliche Nordsee aus.

Der Informationsaustausch zwischen den Flottenstäben des Warschauer Paktes über die Handlungen der NATO-Seestreitkräfte erwies sich in der Praxis häufig als Einbahnstraße in Richtung Baltische Flotte. Die sowjetische Admiralität ließ sich nicht gern in ihre Karten gucken. Wiederholt hielt die Führung der Baltischen Flotte eigene Informationen über die NATO-Seestreitkräfte zurück. Um bei Aufklärungsmissionen auf See unerkannt zu bleiben, unternahmen ihre Fahrzeuge auch Täuschungsmanöver. Während eines See-Einsatzes meines U-Jagdschiffes im Sommer 1973 wunderten wir uns über das eigenartige Verhalten eines vermeintlichen Fischkutters. Dieser tuckerte scheinbar gelassen im Seegebiet nördlich des Sperrgebietes der Halbinsel Darss vor sich hin. Dabei streifte er die DDR-Territorialgewässer. Um heraus zu bekommen, um was für ein Fahrzeug es sich handelte, näherten wir uns dem fremden Schiff. Die Silhouette wollte so gar nicht zu einem Kutter passen, vielleicht eher zu einem Schnellboot. Durch das Fernglas erkannten wir, dass einige Aufbauten an Oberdeck mit Planen verhangen waren. Diese Tarnung machte das Schiff verdächtig. Als wir glaubten, das Fahrzeug endlich identifizieren zu können, wurde dieses plötzlich immer schneller und schneller, bis es uns schließlich mit über 60 bis 70 km/h abhängte. Unser U-Jagdschiff schaffte gerade mal 40 km/h. Das fremde Fahrzeug entpuppte sich als ein gut getarntes sowjetisches Schnellboot ohne Nummer in geheimer Mission.

„UvD" der Ostsee

Die Bundesmarine war anfangs über den ständigen Beobachtungsposten vor ihrer Küste überrascht. Sie reagierte auf die Anwesenheit der Schiffe der Volksmarine östlich der Insel Fehmarn zunächst gelassen, aber interessiert. Die Marinesoldaten der Bundesmarine bezeichneten die vor der Insel Fehmarn ständig auf Vorposten liegenden Fahrzeuge der Volksmarine, scherzhaft als „UvD" in der Ostsee. Das bedeutete im Militärjargon der NVA und Bundeswehr gleichermaßen „Unteroffizier vom Dienst". Diese synonymhafte Bezeichnung der Vorpostenschiffe griff eher auf das spöttisch abwertende Attribut „Unteroffizier" zurück, als auf den Offiziersrang. Der UvD als militärischer Erfüllungsgehilfe der Vorgesetzten in der unteren Kommandoebene, galt in der Truppe als allgegenwärtig. Er war zuständig für praktisch alles im täglichen 24 Stundendienst, vom Wecken, der Einhaltung des Tagesdienstplans und der Anzugsordnung bis hin zur Kontrolle der Nachtruhe. Klappte einmal etwas nicht in der Dienstorganisation, dann hatte das der UvD häufig auszulöffeln. Die Verwendung der symbolischen Bezeichnung „Offizier vom Dienst" (OvD) in Bezug auf das Vorpostenschiff schien den Namensgebern anscheinend zu schmeichelhaft. Mit dem niedrigen Dienstrang „Unteroffizier" verband sich zugleich eine ironische Bewertung gegenüber der ständigen Anwesenheit eines Schiffes der Volksmarine vor der eigenen Haustür.

Taktische Nahaufklärung (TN)

Es dauerte nicht lange und die Bundesmarine baute ein durchaus vergleichbares Regime der Seeüberwachung im Fehmarnbelt auf. Mit dem Einsatz von Fahrzeugen aus den Bootsflottillen, vorwiegend der Minensucher und Schnellboote, zur „Taktischen Nahaufklärung" (TN) stellte die Bundesmarine eine lückenlose Überwachung des

Fehmarnbelt und in der westlichen Ostsee gegenüber allen Kriegsschiffen des Warschauer Paktes sowie ausgewählten Handelsschiffen der Ostblockstaaten sicher.

Fahrzeuge der Bundesmarine, des Bundesgrenzschutzes See und Zolls (BRD) kamen häufig auf ihren Routine-Verlegungsfahrten von der Kieler Bucht nach Neustadt/ Holstein oder Travemünde aus Neugier bis auf wenige Meter an die Ostmariner heran. Sie wollten fernab von der „großen Politik" in Bonn und Berlin mit den Kameraden von der anderen Seite einfach ein paar Worte wechseln. Ein Gespräch kam jedoch nur selten zu Stande. So fiel schon mal diese oder jene unpassende Bemerkung über die Sturheit auf Seiten der Volksmarine. All diese Annäherungen in Nahdistanz erfolgten überwiegend in friedlicher Absicht entsprechend den Gepflogenheiten auf See und in der seemännisch gebotenen Form. Das war jedoch nicht immer so. Beispiele im Kapitel 6 und 7 belegen, dass im Verhalten von einigen Kommandanten der Bundesmarine und Volksmarine sowie auch von Passagieren auf westdeutschen Fahrgastschiffen differenziert werden muss.

In einer Brandrede bewertete der Bundesminister der Verteidigung in den 60er Jahren die dauernde Präsenz der KRAKE im Fehmarnbelt „als ein Stein des Anstoßes in der Ostsee. Die KRAKE sollte man auf den Grund des Meeres versenken, da wo sie hin gehört." Diese sich gegen die Anwesenheit der Volksmarine in der Ostsee richtende Polemik im Stile des Kalten Krieges kam einer Rufmordkampagne gleich. Keine Spur von Achtung und Fairness auf See. Die Rede erklärte vielmehr das Marineschiff vom Typ KRAKE, stellvertretend für alle Marinefahrzeuge der DDR, zum Freiwild auf See.

Die KRAKE aus dem Osten bot für zivile westdeutsche Schiffe und ihrer Freizeitkapitäne ein lohnendes und geschäftsträchtiges Ausflugsziel. Besonders Seebäderschiffe aus Burgstaaken, Heiligenhafen und Kiel zeigten ihren Passagieren gern die Fortsetzung der Berliner Mauer auf See. Das „Marineschiff aus der Ostzone" mit seinen leicht angestellten Geschützrohren war für Reisegesellschaften der Bundesrepublik die Attraktion auf See. Die Erklärungen, die dort über Bordlautsprecher liefen, konnten die Marinesoldaten problemlos mithören. Mitunter konnte man dabei den Eindruck gewinnen, wie Insassen eines Zoos auf See vorgeführt, bestaunt, bemitleidet, aber auch beschimpft zu werden. Die Stimmung eines Teils der westdeutschen Bevölkerung zur deutschen Teilung, gegen die Mauer und den SED-Staat entlud sich so auf See oftmals gegenüber den Angehörigen der Volksmarine als Repräsentanten der DDR in Uniform. Nicht selten flogen Geschenkpakete, bunte Illustrierte, Bierbüchsen und Zigarettenschachteln in Richtung der KRAKE über Bord, die dann im Meer versanken. Angetrunkene Passagiere grölten herüber. Extra für die Fahrt angeheuerte weibliche Passagiere ließen auf den Ausflugdampfern für die Ostmariner in Nahdistanz ihre Hüllen fallen. Die weiblichen Reize verfehlten bei den Marinesoldaten nicht ihre Wirkung. Die Damen hatten eine ansehnlich gute Figur.

Die strategische Vorpostenposition der DDR innerhalb des Warschauer Paktes widerspiegelte sich in der Aufgabenstellung für die Volksmarine. Ihre Marineschiffe hatten vorwiegend die Kadetrinne zwischen der Halbinsel Darss und dänischen Insel Falster sowie das Gebiet der westlichen Ostsee zu überwachen. Auf diese Weise sollte das unbemerkte Eindringen von Fahrzeugen der NATO-Seestreitkräfte in die mittlere Ostsee verhindert werden. Der bis August 1990 andauernde Vorpostendienst war Bestandteil der Überwachung und Sicherung der Seeverbindungswege für die Flotten des Warschauer Paktes. Die ununterbrochene Aufklärung und zeitweilige Begleitung von NATO-Fahrzeugen in der westlichen Ostsee wurde in der Volksmarine mit einem Höchstmaß an Personal- und Schiffseinsatz betrieben. Welches Schiff zum Vorpostendienst auslief, konnte man in den 70er Jahren häufig an dessen frischem Farbanstrich erkennen. Als nämlich in der DDR Farbe knapp zu werden drohte, standen zumindest diese Schiffe immer gut in Farbe. Man wollte sich der anderen Seite schließlich nicht als „Rosteimer auf See" präsentieren.

Aus den Funksprüchen der Kommandanten auf See fügte sich in den Stäben an Land das tägliche Lagebild „Ostsee". Liefen Zerstörer, Fregatten, U-Boote, Minentransporter oder Aufklärungsschiffe der NATO mit Kurs Ost in der Ostsee, dann begleitete sie gewöhnlich ein Schiff der Volksmarine vor der Mecklenburgischen Küste auf Parallelkurs. Die Begleitung der kategorisierten NATO-Fahrzeuge, vor allem ihrer U-Boote, wurde nach Passieren der Vorpostenlinie durch das dort vor Anker liegende Schiff der Volksmarine aufgenommen. Damit die Vorpostenposition 72 nicht unbesetzt blieb, erhielt ein in der 4. Flottille in Bereitschaft gehaltenes Schiff den Auslaufbefehl. Es lief dann mit Höchstfahrt in Richtung Fehmarnbelt. Auch alle aus der mittleren Ostsee vor der DDR-Küste mit Westkurs wieder in ihre Stützpunkte zurücklaufenden NATO-Schiffe wurden bis Eingangs des Fehmarnbelts begleitet. Immer dann, wenn die modernen Flugkörperzerstörer ROMMEL, LÜTJENS oder MÖLDERS der Bundesmarine ab 1970 in der westlichen Ostsee auftauchten, sorgten diese Fahrzeuge wegen ihrer modernen Waffensysteme regelmäßig für viel Aufregung in den Führungsetagen des Warschauer Paktes.

Dass dieses Treiben fast drei Jahrzehnte andauerte, war nicht zu vermuten. Alle schienen sich auf See für die Ewigkeit eingerichtet zu haben. Es gehörte zum maritimen Ritual auf See, zur „Wachablösung" auf der Vorpostenposition 72, jeweils am Donnerstag oder Freitag, spätestens jedoch am Wochenende vom BGS-See oder einem Fahrzeug der Bundesmarine Besuch zu bekommen, begleitet mit den besten Wünschen für den Wachdienst auf See. Anläufe mit fiktiven Scheinangriffen von Schnellbooten der Bundesmarine auf das dort vor Anker liegende Schiff der Volksmarine gehörten in den 60er Jahren zum deutschen Marinealltag. Um dieser, zur Gewohnheit werdenden Annäherung auf See bis vor den Bug nicht tatenlos ausgeliefert zu sein, dachten sich einige Kommandanten der Volksmarine eine Abwehrattacke aus. Immer dann, wenn zu erkennen war, dass Schnellboote der Bundesmarine in rasanter Fahrt dicht vor dem Bug des Vorpostenschiffes vorbei preschen wollten, ließ deren Kommandant die Antriebsmaschinen für einen Moment auf „Zurück" legen. Durch die für den Gegner unvorhersehbare Rückwärtsfahrt, straffte sich plötzlich die auf dem Grund liegende, nun aber teilweise im Wasser schwebende Ankerkette. Für die schneidig vor dem Bug vorbei ziehenden Schiffe bestand die Gefahr, dass sie wegen des Hindernisses unter Wasser ihren Schiffspropeller verlieren. Es ist jedoch kein Beispiel bekannt, wo durch dieses Überraschungsmanöver einem gegnerischen Schiff tatsächlich der Propeller abrasiert wurde. Die Kommandanten der Bundesmarine erkannten den Trick. Sie drehten rechtzeitig ab. So hatte jeder in der Volksmarine und Bundesmarine auf See seinen Spaß.

Zeitabschnitte der Konfrontation von Volksmarine und Bundesmarine auf See

Nach dem Mauerbau im **August 1961** quer durch Deutschland begann in den 60er Jahren in der Ostsee ein merkwürdiges Treiben. Der Kalte Krieg und die Konfrontation von NATO und Warschauer Pakt hinterließen ihre Spuren in der Ostsee. Die NATO-See- und Luftstreitkräfte, besonders der Bundesmarine und dänischen Marine, erhöhten ihre Präsenz in der Ostsee. Kontinuierlich stieg die Anzahl ihrer Schiffe, U-Boote und Jagdflugzeuge, die in Seegebiete bis östlich Rügen zu Übungen aufliefen. Aus dieser permanenten Präsenz im Seegebiet vor der mecklenburgischen Küste, der Verantwortungszone der Volksmarine, resultierten völlig überzogene personelle und technische Anforderungen an eine ständig hohe Gefechtsbereitschaft. Diese beinhaltete eine 85 %-ige Anwesenheit der Besatzungen auf den Schiffen der Volksmarine.

Die Präsenz der Bundesmarine in der westlichen, mittleren und östlichen Ostsee resultierte aus der damaligen NATO-Strategie „Flexible Response". Der Lage gerechte Einsatz der NATO-Seestreitkräfte und ihrer Marineflieger umfasste dabei jene Seeräume, aus denen der Gegner, der Warschauer Pakt, seine Angriffshandlungen entwickeln konnte. Gebiete der maritimen Vorneverteidigung waren sowohl die eigenen Seeverbindungswege als auch die des Gegners. Der Baltischen Flotte, Polnischen Seekriegsflotte und Volksmarine sollten die Nutzung der Ostseeausgänge verwehrt werden. Schiffe und Flugzeuge der Bundesmarine gehörten schon bald zu den „Stammgästen" in der Danziger Bucht und mittleren Ostsee. Die Ausübung dieser maritimen Präsenz bis hinein in die östliche Ostsee empfanden die drei sozialistischen Koalitionsflotten vor „ihrer Haustür" als Bedrohung. Sie reagierten mit der Entfaltung von vorgeschobenen Marinefahrzeugen ins Seegebiet des Gegners zur Beobachtung und Aufklärung der NATO-Seebewegungen. Zur Demonstration von eigenen machtpolitischen Interessen in Friedenszeit lief die Seekriegsflotte der UdSSR weltweit in „Hochform" auf. Sie erhöhte u. a. ihre Aktivitäten an der Nordflanke der NATO.

Die Ostsee gehörte weltweit zu den Seegebieten mit der stärksten Konzentration von Flottenkräften. Im Seegebiet westlich der dänischen Insel Bornholm waren ca. 330 Marineschiffe sowie etwa 250 Flugzeuge und Hubschrauber basiert. Davon entfielen auf die Volksmarine und die in Swinoujscie (Swinemünde) stationierten Flottenkräfte der UdSSR und Polens ca. 200 Schiffe und 50 Flugzeuge bzw. Hubschrauber. Mitte der 80er Jahre verfügten die Flottenkräfte der Ostseeanliegerstaaten einschließlich der neutralen Staaten Finnland und Schweden schätzungsweise über 1.350 Marineschiffe und 600 Flugzeuge bzw. Hubschrauber.

Im Verlauf der militärischen Konfrontation zwischen beiden deutschen Seestreitkräften in der Ostsee hatte die Deutschlandpolitik beider Staaten und die politische „Großwetterlage" Auswirkungen auf die Begegnungen auf See und den seemännischen Umgang miteinander. Unter Berücksichtigung der Besonderheiten in den staatlichen Beziehungen zwischen der BRD und DDR, der Militärstrategie der NATO und des Warschauer Pakts und den daraus resultierenden Einsatzkriterien von Bundesmarine und Volksmarine kristallisieren sich in den bilateralen Begegnungen vier Zeitabschnitte heraus.

1. Abschnitt: 1955 bis 13. August 1961 - beidseitige Ignoranz

In der Aufbauphase der DDR-Seestreitkräfte und Bundesmarine ignorierten beide Seiten die jeweils andere bei Begegnungen auf See. Man fuhr in größerem Abstand aneinander vorbei. Kontakte waren beiderseits unerwünscht. Boote des 3. Schnellbootsgeschwaders der Bundesmarine näherten sich Räumbooten der Flottenbasis Peenemünde, die vor Rügen Minen räumten. Die Schulschiffe BRUMMER (F 209), BREMSE (F 208) und HUMMEL (F 210) der Klasse 319 der Bundesmarine begegneten Küstenschutzboote der VP-See, ohne das sie Fühlung zueinander aufnahmen. Als Schiffe der DDR-Seestreitkräfte 1960 den Vorpostendienst im Fehmarnbelt aufnahmen, passierten noch relativ wenige Fahrzeuge der Bundesmarine das Fahrzeug der anderen deutschen Marine. Die Mehrzahl der zu diesem Zeitpunkt an den MLR-Schiffen vorbei fahrenden Schnellboote SILBERMÖWE (P 6052), STURMMÖWE (P 6053), WILDSCHWAN (P 6054), EISMÖWE (P 6055) oder RAUBMÖWE (P 6056) der Klasse 149 der Bundesmarine hielten sich an internationale Schifffahrtsregeln. Auch die Küstenminensuchboote der LINDAU-Klasse 320 und die als Küstenwachboote der Klasse 368 eingesetzten Kriegsfischkutter W1, W2 und W3 sowie W13 bis W19 verhielten sich gegenüber den Besatzungen der DDR-Marine überwiegend korrekt. Die Zerstörer der FLETSCHER-Klasse 119 beachteten die MLR-Schiffe kaum.

Der erste Inspekteur der Bundesmarine, Vizeadmiral Ruge erklärte, dass „die Bundesrepublik gegen Mächte (UdSSR, Anmerkung des Verfassers) stehe, die die See beherrschen". Daraus schlussfolgerte Ruge für den Aufbau der Bundesmarine, dass die Marine entsprechend stark sein muss, um sich in der Ostsee behaupten zu können. Den Auftrag der Bundesmarine definierte der Generalinspekteur der Bundeswehr Theodor Heusinger in einem Vortrag am 25. November 1957 im Hansaclub Hamburg. Er sagte: „Die Bundesmarine muss im Prinzip als Angriffsflotte formiert werden". In der Zeitschrift Wehrkunde, die sich im Heft 12-1957 mit dem Auftrag der Bundesmarine beschäftigte, war zu lesen: „Sie ist dazu beauftragt, die Ostseeausfahrten für die Ostblockstaaten zu sperren und den Nachschub der NATO von der

Nordsee her zu sichern." Von den geplanten 21 Flottengeschwadern mit ca. 170 Fahrzeugen sollten allein 13 Marinegeschwader in der Ostsee stationiert werden. Der damalige Bonner Verteidigungsminister Franz Joseph Strauss forderte in der Zeitschrift „Der deutsche Soldat", dass es „dringend an der Zeit sei, im Gebiet der Nordflanke der NATO klare Befehlsverhältnisse und ein einheitliches Kommando in dem Ostseeraum zu schaffen".

In der zweiten Hälfte der 50er Jahre kam es in der DDR-Marinezeitschrift „Flotten-Echo" zu einer lebhaften Leserdiskussion. Debattiert wurde die Frage, ob Schiffe der Bundesmarine mit „Front nach Backbord" oder „Steuerbord" auf See gegrüßt werden oder nicht bzw. ob deren Gruß erwidert werden soll. Neben Pro- und Kontra-Meinungen, z.B. Abdrehen bei Annäherung des Gegners, gelangte man mehrheitlich zu der Überzeugung, dass die Einhaltung der traditionellen maritimen Höflichkeitsformen auf See die Pflicht jedes Angehörigen der Seestreitkräfte der DDR ist.

Fahrzeuge der Grenzpolizei-See bzw. der Grenzpolizei der DDR (Vorläufer der 6. GBK) stellten westdeutsche Motor- und Hafenbarkassen bei dem Versuch, ein ca. 150 Meter langes See-Nachrichtenkabel im Seegebiet vor Kühlungsborn zu bergen. Wegen seines Kupferanteils hätte das Kabel bei den Schrotthändlern einen staatlichen Erlös eingebracht. Durch das Eingreifen der Grenzpolizei konnte der Diebstahl und beträchtlicher wirtschaftlicher Schaden verhindert werden. Boote des BGS-See verletzten in der Mecklenburger Bucht wiederholt die Territorialgewässer der DDR. Sie wollten vermutlich die Reaktion der Grenzpolizei-See testen. Als die dann mit ihren Booten heran kamen, entfernten sich die westdeutschen Grenzschützer in Richtung offene See.

2. Abschnitt: 60er Jahre, Höhepunkt des Kalten Krieges auf See

Provozierende Handlungen, besonders von Schnellbooten der Bundesmarine der JAGUAR- und ZOBEL-Klasse, bei Begegnungen mit Schiffen der Volksmarine gehörten seit dem 13. August 1961 immer stärker zum Marinealltag auf See. Zu den häufigsten Aktionen zählten: Annäherungen bis auf wenige Meter, herausforderndes Bord- an Bord Legen, Umfahren des Schiffes der Volksmarine mit ausgebrachten Kletternetzen als Einladung zur Fahnenflucht, nächtliches Anblenden des Brückenpersonals mit dem Bordscheinwerfer, Beschimpfungen bei ausbleibenden Reaktionen der Ostmariner, Beschuss durch Handfeuerwaffen mit Leuchtspurmunition in die Mastspitze, Ausrichten der Bordgeschütze auf Fahrzeuge der Volksmarine, Überspielen von akustischen Einladungen und Wünschen über Megaphon oder Bordlautsprecher, demagogische Zurufe und blöde Signalsprüche. Zum Spruch-Repertoire an die „Brüder im Osten" gehörten in jener Zeit: „Na, wie hat heute der Eintopf geschmeckt?" „Wollt Ihr schönes Dortmunder Bier?" „Versteht Ihr nur Sächsisch?" „Wir greifen Entwicklungsländern gern unter die Arme!" „Nehmen noch Wochenendurlauber an Bord" „Springt außerbord Jungs, die Wassertemperatur ist 16°C- die beste Gelegenheit!" Fahrzeuge der Bundesmarine umkreisten häufig und andauernd die nahe Fehmarn vor Anker liegenden Vorpostenschiffe der Volksmarine mit hoher Fahrtstufe. Offensichtlich hatten die westdeutschen Mariner ihren Spaß mit anzusehen, wie die Kameraden aus dem Osten beim Mittagessen kräftig von den Wellen durch geschaukelt wurden. Beim Kommando „Schiff durchlüften" konnte es passieren, dass durch den plötzlichen Wellenschlag des gegnerischen Fahrzeuges Seewasser durch die geöffneten Bulleys in die Kammern schwappte. An- und Überflüge von Marinefliegern der Bundesmarine gehörten bis in die 80er Jahre hinein zum Marinealltag.

Schiffe der Volksmarine konterten mit demagogischen Sprüchen über ihre Bordlautsprecher oder blendeten in nächtlichen Scheinwerferattacken die Brückenwache des Gegners. Bei Verfolgung durch gegnerische Kriegsschiffe versuchte man, den Anderen durch ein plötzlich eingeleitetes Stoppmanöver oder Kursänderung in Nahdistanz zu überraschen, wenn nicht gar auflaufen zu lassen. Der Blödsinn auf See ging sogar so weit, dass man das Winken von Besatzungen der Bundesmarine seitens der Volksmarine durch Winken mit roten Tüchern beantworten wollte. Zum Glück setzte sich diese, vom Chef der Politischen Verwaltung erdachte „proletarische Aktion auf See" nicht durch. Aus Begegnungen mit Booten des 3. Schnellbootgeschwaders in Flensburg berichteten Kommandanten von MLR-Schiffen der 4. Flottille in Warnemünde über einen auf See wild gewordenen Schnellbootskommandanten der Bundesmarine. Dieser schwang in Cowboymanier auf der Brücke hin und wieder seine MPi in Richtung der Schiffe der Volksmarine und Grenzbrigade auf See. Er soll damit auch hin und wieder in die Luft geschossen haben. Nach Erinnerung von Seeoffizieren der Bundesmarine ballerte der betreffende Schnellbootskommandant mit der UZI-MPi gern auf fast jeden in See schwimmenden Gegenstand, u.a. auf Dosen, Bälle, Schwimmblasen oder -kugeln, auch Möwen. Die Volksmarine registrierte die Ballerei ohne erkennbaren Grund als eine Art Drohgebärde oder Provokation auf See. In der Bundesmarine bewertete man diese hin und wieder vorkommende eigensinnige Aktion eher als „Übungsschießen" eines Heißsporns unter den Kommandanten. Als schließlich das Maß der Verträglichkeit für die DDR Ende der 60er Jahre überschritten schien, wandte sich der Chef der Volksmarine mit einem Schreiben samt einer detaillierten Auflistung aller Vorfälle auf See an das Flottenkommando der Bundesmarine.

In verschiedenen NATO-Seekriegsmanövern in der Ostsee, wie z.B. „Wallenstein I bis IV", „Schwanensee 62", „Doorkeeper 62", „Gelber Löwe", „Fresh Water" usw. demonstrierte die Bundesmarine bis ins nordöstliche Seegebiet vor Rügen hinein ihre militärische Stärke zur See. Die Führung der Volksmarine wertete diese Aktivitäten stets als potentielle Angriffshandlungen bzw. simulierten Kriegsbeginn in der Ostsee.

Parallel zu diesen Handlungen auf See inszenierten die Medien der Bundesrepublik eine Art Gruselpropaganda gegen die Volksmarine. In Zeitungsberichten schürten sie Ängste und Vorurteile gegenüber den Schiffsbesatzungen der Volksmarine. Der Westberliner „Telegraph" brachte am 15. Mai 1966 einen Artikel über das Vorpostenschiff der Volksmarine mit der Schlagzeile „Wo die KRAKE in der Ostsee lauert." Die „Welt" vom 30. Oktober 1968 titelte: „Die Mauer auf dem Meer" und beschrieb darin die Soldaten der Volksmarine als „finstere Kerle, die argwöhnisch und traurig über die See blicken." Nach Ansicht des Redakteurs wären die Marineschiffe des Ostens mit ausrangiertem Material der Sowjets bewaffnet. Was den russischen U-Jäger vom Typ 201-M betraf, da hatten die Artikelschreiber nicht ganz Unrecht. Die „Frankfurter Rundschau" vom 2. März 1960 zitierte den damaligen Befehlshaber der Flotte, Vizeadmiral Hans Gerlach u.a. mit den Worten: „Es sei Aufgabe der NATO, (im Krisen- bzw. Kriegsfall, Anmerkung des Verf.) die Häfen des Warschauer Paktes zu blockieren, die russischen Nachschubwege zu verminen und die Radarstationen des Gegners zu zerstören. Die Bundesmarine hat die Aufgabe, die Sund- und Beltzone für Fahrzeuge des Warschauer Paktes zu sperren". Das Wehrmagazin „Soldat und Technik", traf in seiner Märzausgabe 1969 die bemerkenswerte Einschätzung: „Vornehmlich mit Hilfe Moskaus hat die sowjetische Volksmarine in den letzten Jahren ihre Schlagkraft beträchtlich steigern können, so dass sie jetzt zu den ernst zu nehmenden Gegnern zählt."

3. Abschnitt: 70er Jahre im Zeichen der neuen Ostpolitik der BRD

Am 21. Oktober 1969 wurde mit Willy Brandt ein Sozialdemokrat Bundeskanzler der BRD. An seine Seite berief er Helmut Schmidt zum sozialdemokratischen Verteidigungsminister auf der Hardthöhe in Bonn. Schmidt war nach Gustav Noske 1919/20 in der Weimarer Republik der zweite Sozialdemokrat in der deutschen Geschichte, der in Verantwortung für deutsche Streitkräfte stand. Schmidts Berufung in die Spitze der Bundeswehr fiel in der Truppe auf breite Akzeptanz. Er war als kriegserfahrener Wehrmachtsoffizier bekannt und galt als ausgewiesener sicherheitspolitischer Fachmann. In den 50er Jahren absolvierte er in der Bundeswehr eine Wehrübung. Durch sein energisches und perfektes Katastrophenmanagement während der Hamburger Flutkatastrohe im Februar 1962 erwarb sich Schmidt als damaliger Hamburger Innensenator mit exzellenten Kontakten zur NATO- und Bundeswehrführung breite Anerkennung, selbst unter den kriegsgedienten Obersten, Generalen und Admiralen. Schmidt verordnete der Bundeswehr eine kritische Bestandsaufnahme und den Streitkräften eine Reform an „Haupt und Gliedern."

Im Vorfeld des Abschlusses des Grundlagenvertrages zwischen der BRD mit der DDR (1972) und den BRD-Ostverträgen mit Moskau und Warschau erließ der Bundesminister der Verteidigung Helmut Schmidt im September 1971 völlig überraschend den **Grußbefehl** für Schiffe der Bundesmarine gegenüber den Fahrzeugen der Volksmarine. Die „neue Ostpolitik" der Bundesregierung fand mit Schmidts Dienstanweisung auf See ihre Fortsetzung. Fortan hatten auch Marineschiffe der BRD bei Begegnungen mit Fahrzeugen der Volksmarine das international übliche

Grußzeremoniell auf See mit „Front Pfeifen" durchzuführen. Das bedeutete, dass bei Begegnungen von Kriegsschiffen auf See der in der Seniorität oder dem Dienstgrad niedrigere Kommandant zuerst den „Größeren" bzw. mit dem höheren Kommandozeichen grüßt. Er pfeift die „Front" nach „Backbord" bzw. „Steuerbord" an. Bei diesem Kommando hatten alle an Oberdeck und auf der offenen Brücke anwesenden Marinesoldaten im „Stillgestanden" („Achtung") mit Blickrichtung („Front") zum anderen Schiff zu verharren. Der Gegrüßte pfeift die Front in See ab, wenn das ihn grüßende Kriegsschiff passiert hat. Bei einer Begegnung zwischen einem Handelsschiff und einem Kriegsschiff, hatte das Handelsschiff zuerst durch „Dippen der Flagge" zu grüßen. Die Flagge wird erst wieder vorgenommen, wenn der Gruß durch ein entsprechendes Flaggendippen des Kriegsschiffes erwidert wurde. Handelsschiffe und zivile Staatschiffe grüßen sich untereinander durch Dippen der Flagge. Der Kleinere, Jüngere bzw. Höflichere grüßt zuerst und hält seine Flagge solange halbstock, bis der Gegrüßte seine Flagge wieder vor gehisst hat.

Schmidts Grußerlass verfehlte in den bilateralen Begegnungen auf See nicht seine Wirkung. Der anfänglichen Überraschung und beiderseitigen Zurückhaltung folgte überwiegend Normalität im Umgang miteinander. So wie es international unter Seeleuten bis heute üblich ist. Beide Seiten befleißigten sich um korrekte Verhaltensweisen, entsprechend dem maritimen Brauchtum auf See. Man kannte sich inzwischen schon durch die Bordnummern des Schiffes und wusste zum Teil, wer an Bord des jeweiligen Schiffes Kommandant war. Die gegeneinander geführten Lautsprecherattacken und rüden Begrüßungen in Nahdistanz wurden zurück gefahren. Von nun an registrierte die Volksmarine sehr aufmerksam, welches Fahrzeug der Bundesmarine den Befehl ihres Ministers befolgte und welches Schiff die Grußerweisung unterließ. „Nicht Grüßen" legte die Volksmarine als Sturheit und Überheblichkeit des Westens aus. Die penible Buchführung im Kommando der Volksmarine ist ein Beleg dafür, dass die DDR der politischen Anerkennung auf See große Bedeutung beimaß. Akribisch führte die Volksmarine eine Statistik über die Anwendung bzw. Unterlassung des Grußzeremoniells zwischen den Fahrzeugen beider deutschen Marinen auf See. Offensichtlich glaubte man mit dem Dauerthema des maritimen Grußrituals die von Seiten der Bundesrepublik ausbleibende staatliche Anerkennung der DDR irgendwie aushebeln zu können. Diese Thematik soll aber auch nicht den Blick verstellen, dass die Bundesrepublik wegen der von ihr vertretenden Doktrin des Alleinvertretungsanspruchs, weder die DDR noch ihre Flagge anerkannte. Von daher war deren Gruß politisch nicht erwünscht.

Die Politische Verwaltung der Volksmarine veröffentlichte 1972 eine Dokumentation, in der ersichtlich wurde, dass einige Kommandanten der Bundesmarine nicht daran dachten, den Befehl ihres Ministers auszuführen. Bei 45 Annäherungen in einer Distanz von 50 bis 100 Meter im Zeitraum vom September bis November 1971 führten lediglich sieben Fahrzeuge der Bundesmarine das Zeremoniell ordnungsgemäß durch. Die anderen Schiffe ignorierten angeblich die Fahrzeuge der Volksmarine. Im gleichen Zeitraum überflogen Marineflieger der Bundesmarine in 40 Fällen

Schiffe der Volksmarine in nur zehn bis zwanzig Meter über deren Mastspitze. Einige Kommandanten des 7. Schnellbootgeschwaders der Bundesmarine fuhren wie eh und je rasante Anläufe auf die Vorpostenschiffe der Volksmarine. Zivile Fahrzeuge der BRD missbrauchten das Grußzeremoniell zur Verhöhnung der Besatzungen der Volksmarine. Beim Passieren in geringer Distanz hissten sie am Mast die Totenkopfflagge. Vom Grußerlass fühlten sich offenbar auch Sportboote der BRD angesprochen. Sie kamen an das Vorpostenschiff der Volksmarine heran und dippten zum Gruß die Staatsflagge. Einigen Skippern schien es ein sichtbares Vergnügen zu bereiten, darauf zu warten, ob ihr Gruß vom „Größeren" erwidert wurde oder nicht. Schlauch- und Motorboote, bei denen die Flagge mitunter größer war als das Fahrzeug selbst, versuchten der Volksmarine einen Gruß auf See abzuringen. Sie hatten damit überwiegend Pech.

Nach Abschluss des Grundlagenvertrages wurde jede Verletzung der Territorialgewässer der DDR registriert und von der Politik gegen den Westen propagandistisch ausgeschlachtet. Von daher lag es im politischen Interesse der DDR-Staatsführung, dass die von der 6. Grenzbrigade Küste halbjährlich vorgelegte Statistik u.a. auf geschöntes Zahlenmaterial basierte. Zumindest muss diese Absicht mit ins Kalkül gezogen werden. Auch kleinste „Verstöße", wie etwa das versehentliche Eindringen von Sportbooten in die Territorialgewässer der DDR, fielen mit ins Gewicht. Laut dieser Statistik registrierte die 6. GBK im 1. Halbjahr 1975 insgesamt 44 Fälle, in denen westliche Seefahrzeuge die DDR-Territorialgewässer verletzten. Darunter befanden sich Boote des westdeutschen Grenzzolldienstes HITZACKER, ERWIN RUDE und NR. 3, drei französische Kriegsschiffe (Bord-Nummer 770, 773 und A 619) und das dänische U-Jagdschiff P 532. Im 1. Halbjahr 1976 verletzten insgesamt 61 fremde bzw. gegnerische Seefahrzeuge die DDR-Territorialgewässer. Darunter befanden sich 58 Fahrzeuge der BRD (u.a. vorgenannte Boote des Grenzzolldienstes), die französische Fregatte F-765 sowie eine westdeutsche und französische Fähre. In vier Fällen des Jahres 1976 wurde die Seegrenze nach Ansicht der 6. GBK in „provokatorischer" Absicht verletzt. Nähere Einzelheiten enthielt der Bericht darüber nicht. Bei der Mehrzahl der mit „vorsätzlich" bewerteten Grenzverletzungen durch Fischkutter, Barkassen und Sportboote handelte es sich um Hochseeangler bzw. Fischfang ohne Genehmigung. Es kam auch vor, dass Skipper den Grenzverlauf angeblich nicht kannten oder, dass ihnen auf See die Orientierung verloren ging. So z.B. verwechselten westdeutsche Sportbootführer die DDR-Küste im Bereich der Boltenhagener Bucht mit der BRD-Küste am Timmendorfer Strand. Mitunter gerieten Skipper in Seenot oder trieben durch einen technischen Defekt ihres Bootes in DDR-Territorialgewässer ab. In diesen Fällen leiteten die Fahrzeuge der 6. GBK entsprechende Hilfsmaßnahmen ein. Ausländischen Segelyachten und Motorbooten wurde dann ein Kurs außerhalb der DDR-Gewässer angewiesen. Wegen des geringen Aufkommens war die Lage unter den DDR-Sportbooten in den DDR-Gewässern überschaubar. Gerieten sie ohne Genehmigung außerhalb der eigenen Gewässer wurden sie zurück verwiesen oder unter Land beordert.

Auch Schiffe der Volksmarine verletzten die Territorialgewässer der BRD. Das wurde aber offiziell verschwiegen. Dieser Lapsus mit politischen Folgen ereignete sich Anfang der 70er Jahre. Der genaue Zeitpunkt ließ sich in der Erinnerungsstruktur der daran beteiligten Seeoffiziere nicht mehr ermitteln. Eine Bootsgruppe kleiner Räumfahrzeuge geriet in der Lübecker Bucht in die Territorialgewässer der BRD. Die Boote der SCHWALBE-Klasse waren im Marinestützpunkt Warnemünde stationiert. Da auf See weit und breit kein Bundesgrenzschutz zu sehen war, entschloss sich der Abteilungschef den Heimatkurs der Bootsgruppe durch gegnerisches Seegebiet abzukürzen. Der Kurs durch feindliches Terrain wurde an Bord des Führerboots mit gekoppelt. Irgendwie kam die Sache durch die Prahlerei des Abteilungschefs bzw. seiner Kommandanten heraus. Die gegnerische Funkmessaufklärung, die die Husarenaktion auf See natürlich mitbekam, meldete den Vorfall bis nach Bonn. Im Ergebnis dieses eigenmächtigen Verhaltens auf See soll es zu politischen Unstimmigkeiten zwischen den „Ständigen Vertretungen" der beiden deutschen Staaten in Berlin und Bonn gekommen sein. Auf Befehl der Marine- bzw. Flottillenführung mussten die entsprechenden Eintragungen im Navigationstagebuch gelöscht und die Seepassage der Räumboote neu eingetragen werden, diesmal selbstverständlich ohne Verletzung der BRD-Territorialgewässer. Diese schizophrene Anweisung entsprang einer Denkweise, die von totalitären Dimensionen geprägt war. Die DDR-Oberen hatten viel mehr zu verbergen, als einen geringfügigen Navigationsfehler von sechs kleinen Räumbooten einzugestehen, die westdeutsche Territorialgewässer irgendwie gestreift hatten.

Schnellboot mit Henkersknoten
Am **24. März 1976** ereignete sich auf See ein einzigartiger Eklat. Das Schnellboot der Bundesmarine GEPARD P 6098 näherte sich einem Fahrzeug der Volksmarine. Dessen Kommandant beabsichtigte, dass übliche Grußzeremoniell auf See durchzuführen. Die Männer auf dem Boot der Volksmarine glaubten jedoch ihren Augen nicht zu trauen. Sie erkannten an der Saling des Mastes auf dem Schnellboot einen Strick mit Henkersknoten und Schlinge. Die Volksmarine wertete diese unseemännische „Geste" keinesfalls als Spaßbotschaft in See, sondern als unmissverständliche Drohung und politische Provokation. Die im Foto festgehaltene einmalige maritime Entgleisung machte in der Volksmarine die Runde. Die Episode aus der Begegnung zwischen Marineschiffen der beiden deutschen Seestreitkräfte in See bedurfte keines weiteren Kommentars. Auch ich war beim Anblick des Fotos ziemlich schockiert. Ich stellte mir damals die Frage, ob diese westdeutsche Haltung gegenüber den Soldaten der Volksmarine typisch war oder nicht. Wer uns demonstrativ die Schlinge wie ein Henker vor Augen hielt, schien mir in Anlehnung an das Eiserne Kreuz der Bundeswehr ein „Kreuzritter zur See" zu sein. Obwohl sich der Vorgang nicht wiederholte, prägte sich das Foto bei den Angehörigen der Volksmarine ein. Die Politische Verwaltung nutzte dieses Vorkommnis im Verlauf der Begegnung zwischen beiden

deutschen Seestreitkräften für propagandistische Zwecke. Das Foto des Schnellbootes mit der graphisch hervorgehobenen Schlinge und Henkersknoten fand in Agitationsmaterialien eine umfassende Verbreitung. Die Provokation wurde als typisch für die Geisteshaltung der Angehörigen der Bundesmarine verallgemeinert. 34 Jahre später erfuhr ich auf der Mitgliederversammlung der Marine-Offizier-Vereinigung am 24. April 2010 in Warnemünde nähere Einzelheiten zu diesem, uns in der Marine nach wie vor beschäftigenden skandalösen Vorfall. Der Kommandant des Schnellbootes hatte angeblich die Angewohnheit, mit dem für alle auf See sichtbaren Henkersknoten samt Schlinge als „Erkennungszeichen" zur See zu fahren. Welche Botschaft er damit vermitteln wollte, ist nicht weiter bekannt. Dieses eigensinnige und offensichtlich von den Vorgesetzten geduldete Verhalten lässt auf wenig politische Sensibilität auf Seiten des betreffenden Kommandanten schließen. Dafür scheinen die Fassungslosigkeit und Reaktionen auf Seiten der Volksmarine umso verständlicher.

Reserviertheit auf See
Trotz aller Fortschritte blieb das Verhältnis zwischen den Soldaten der Volksmarine und Bundesmarine in den 70er Jahren auf See überwiegend reserviert. Die Distanzhaltung spiegelte sich u.a. in einem Aufsatz eines Marinejournalisten der Volksmarine über die Patrouillenfahrt des Torpedoschnellbootes ADAM KUCKHOFF (Projekt 206) zwischen Gedser Rev und Kap Arkona im Jahr 1972 wider; veröffentlicht im Marinekalender der DDR 1973. „Der Kommandant der ADAM KUCKHOFF, Kapitänleutnant B., schärfte seinen Genossen ein, den See- und Luftraum genauestens zu beobachten. Die Sicht ist gut. Auf der voraus berechneten Position zeigt sich die charakteristische Silhouette des Zerstörers an der Kimm. Er läuft auf den Weg 55 vom Gedser Rev zur Tonne 5. Die Schnellbootfahrer beobachteten den Zerstörer aufmerksam. An seiner Steuerbordseite lungern dutzende Matrosen, sie winkten und fotografierten. Manche sind nur mit einer Badehose bekleidet, andere tragen Rollkragenpullover. Wieder andere stecken im Bordpäckchen. Man sieht Beatle-Frisuren und Jesus-Mähnen, wallende Vollbärte und Schnauzer. Das ist bei der Bundesmarine und der Bundeswehr 1971 so in Mode gekommen. SPD-Kriegsminister Schmidt garantiert auf diese Weise jedem `Bundesbürger in Uniform` seine `persönliche Freiheit`. Auf der ADAM KUCKHOF weiß man, was von all dem zu halten ist. Auch die `innerdeutsche` Masche mit fröhlichem Winke-Winke und freundlichen Zurufen zieht bei den Matrosen der Volksmarine nicht. Denn - das bleibt das Einmaleins: Nichts habe ich jemals gemeinsam mit der Sache des Klassenfeindes!"

Das in dem Beitrag erwähnte Entsetzen über die Haartracht der Matrosen der Bundesmarine war damit zu erklären, dass die Volksmarine strenge Bestimmungen über Frisuren in der Truppe hatte. Lange Haartrachten und Bärte waren bis zum November 1989 verboten, ebenso Glatze. Der kurze „militärische" Haarschnitt rangierte in der Skala der Aufmerksamkeit von einigen Kommandeuren gegenüber ihren

Unterstellten ganz oben. Wer keinen kurzen Haarschnitt im Dienst trug, wurde mitunter so lange zum Friseur geschickt, bis der Vorgesetzte den Haarschnitt für kurz genug befand. Auch konnte man in der NVA wenig dem Prinzip der Inneren Führung der Bundeswehr abgewinnen, da in der Volksmarine wie in der NVA generell, die Befehlstaktik bestimmend war. Man brauchte Marinesoldaten die Befehle ausführten.

4. Abschnitt: 80er Jahre bis 1989 - Höhepunkt der Konfrontation

Der NATO-Raketendoppelbeschluss, die Abrüstungsverträge bei Mittelstrecken- und strategischen Raketen bis hin zu Glasnost und Perestroika führten zu einer neuen Qualität in den maritimen Aktivitäten der NATO-Seestreitkräfte in der Ostsee. Das fand seinen Ausdruck in der Verlagerung der NATO-Haupt- und Stoßkräfte in Ostseehäfen, die Intensivierung des NATO-Gefechtsdienstes und Erhöhung der Präsenz ihrer Seestreitkräfte in der Ostsee mit der Vorentfaltung ihrer U-Boote bis östlich Bornholms. Die Seeausbildung der Bundesmarine verlagerte sich zunehmend in die wahrscheinlichen Einsatzräume. Fortan dominierten bei Begegnungen auf See nicht mehr Einzel- bzw. spontane Aktionen. Die Schiffsbesatzungen wurden an das Haupteinsatzgebiet vor der DDR-Küste, in der Arkonasee vor Rügen bis östlich Bornholm, mit faktischem Waffensatz in Übungen gewöhnt. An der jährlich durchgeführten NATO-Übung „Baltic Operations" waren bis zu 20 NATO-Schiffe in der mittleren und östlichen Ostsee entfaltet. Die NATO-Seefliegerkräfte und Hubschrauber intensivierten die Luftaufklärung in der Vorsundzone bis zur mittleren Ostsee von jährlich durchschnittlich 1.680 Einsätze im Zeitraum 1975 bis 1980 auf allein 2.680 Einsätze im Jahr 1981. Das bedeutete sieben Einsätze pro Tag. Im Zeitraum Januar bis September 1987 führten 361 Schiffe der NATO-Seestreitkräfte Aufklärungseinsätze in der Mecklenburger Bucht bis zur Arkonasee durch. Darunter befanden sich 242 dänische U-Jäger und Wachboote. Zur Luftaufklärung in der Vorsundzone bis mittleren Ostsee setzte die NATO im gleichen Zeitraum 1.615 Flugzeuge und Hubschrauber ein. Boote des BGS-See unternahmen 346 Patrouillenfahrten im Westteil der Mecklenburger Bucht. In 52 Fällen wurden sie dabei von Hubschraubern der Grenzschutzfliegerstaffel Küste unterstützt.

Im Zeitraum Januar bis September 1988 erhöhten sich die Einsätze von NATO-Schiffen zur Seeaufklärung in der Mecklenburger Bucht, der Arkonasee bis hinein in die östliche Ostsee auf 740 Fahrzeuge. Zur Luftaufklärung in der Vorsundzone kamen 1.952 Flugzeuge zum Einsatz. Zusätzlich hielten sich 394 NATO-Flugzeuge im Luftraum über der östlichen Ostsee auf. Die Patrouillenfahrten von Booten des BGS–See in der Mecklenburger Bucht erreichte eine Präsenz von 338 Einsätzen. Hubschrauber der Grenzschutzfliegerstaffel Küste führten 60 Einsätze in der Mecklenburger Bucht durch. In 208 Fällen registrierte die 6. GBK, dass vorwiegend Fischkutter, Hochseeangler und Sportboote die Territorialgewässer der DDR verletzten. Unter den Grenzverletzern befanden sich drei Kriegsschiffe der NATO.

Die Küstenaufklärung der Volksmarine und 6. GBK registrierten im 1. Halbjahr 1988, dass täglich zehn NATO-Schiffe und acht Flugzeuge/Hubschrauber der westlichen Allianz in der Verantwortungszone der Volksmarine operierten.

Imitierter Rudelangriff von Torpedoschnellbooten der Bundesmarine der JAGUAR-Klasse auf ein Fahrzeug der Volksmarine (60er Jahre)

Im Zeitraum Januar bis September 1989 erhöhten sich die Aufklärungsaktivitäten der NATO-Seestreitkräfte von der Mecklenburger Bucht bis zur östlichen Ostsee noch einmal auf 1.028 Schiffe und Boote. Darunter befanden sich u.a. 460 dänische Marinefahrzeuge, vorwiegend U-Jagdschiffe und Wachboote. Die Luftaufklärung der NATO unternahm in der Vorsundzone 2.178 Einsätze. In der östlichen Ostsee belief sich die Anzahl auf 470 Einsätze. Diese Präsenz der NATO in der Ostsee bedeutete, dass 1989 täglich etwa drei bis vier Kriegsschiffe und acht bis neun Marineflieger in der Verantwortungszone der Volksmarine operierten. Der BGS-See unternahm im gleichen Zeitraum insgesamt 350 Patrouillenfahrten in der Lübecker Bucht und im Westteil der Mecklenburger Bucht. In 128 Fällen wurden dabei die BGS-Fahrzeuge von Hubschraubern der Grenzschutzfliegerstaffel Küste unterstützt. Im Jahr des Mauerfalls ermittelten die Kräfte der 6. GBK in 299 Fällen die Verletzung der DDR-Territorialgewässer durch westliche Sport- und Fischereiboote und vier NATO-Schiffen. Darunter befanden sich zwei Fregatten der US Navy.

Die dazu im BStU-Archiv aufgefundenen Dokumente mit der Geheimhaltungsstufe VVS (Vertrauliche Verschlusssache) belegen, dass die 6. GBK und Küstenaufklärung in den 80er Jahren sämtliche Einsätze der NATO-Luft- und Seestreitkräfte zur Seeaufklärung im Seegebiet vor der DDR-Küste erfasste. Das akribisch vom Stab der 6. GBK zusammengestellte und analysierte Zahlenmaterial wurde den Führungskräften der Volksmarine, der 6. GBK, der Bezirksbehörde der Deutschen Volkspolizei, der Bezirksverwaltung für Staatssicherheit und Bezirkszollverwaltung in Rostock für das „Zusammenwirken dieser Organe" in mehreren Ausfertigungen jährlich zur Verfügung gestellt. Die bis zu 20 Seiten umfassende Chefvorlage, enthielt den Vermerk, „Dokument ist bis auf die Urschrift nach X Tagen zu vernichten." Weil sich das MfS nicht daran hielt und alles archivierte, stehen uns heute diese Materialien für die historische Forschung zur Verfügung.

Am 24. 03. 1976 wurde als Erwiderung des von einem Boot der Volksmarine eingeleiteten Flaggengrußes vom Schnellboot der BRD „Gepard" an der Saling des Mastes ein Strick mit Schlinge und Henkersknoten aufgezogen.

Schnellboot GEPARD P 6098 mit Henkersknoten, 24. März 1976

Torpedoschnellboot der Bundesmarine folgt Schiff der Volksmarine im Kielwasser (60er Jahre)

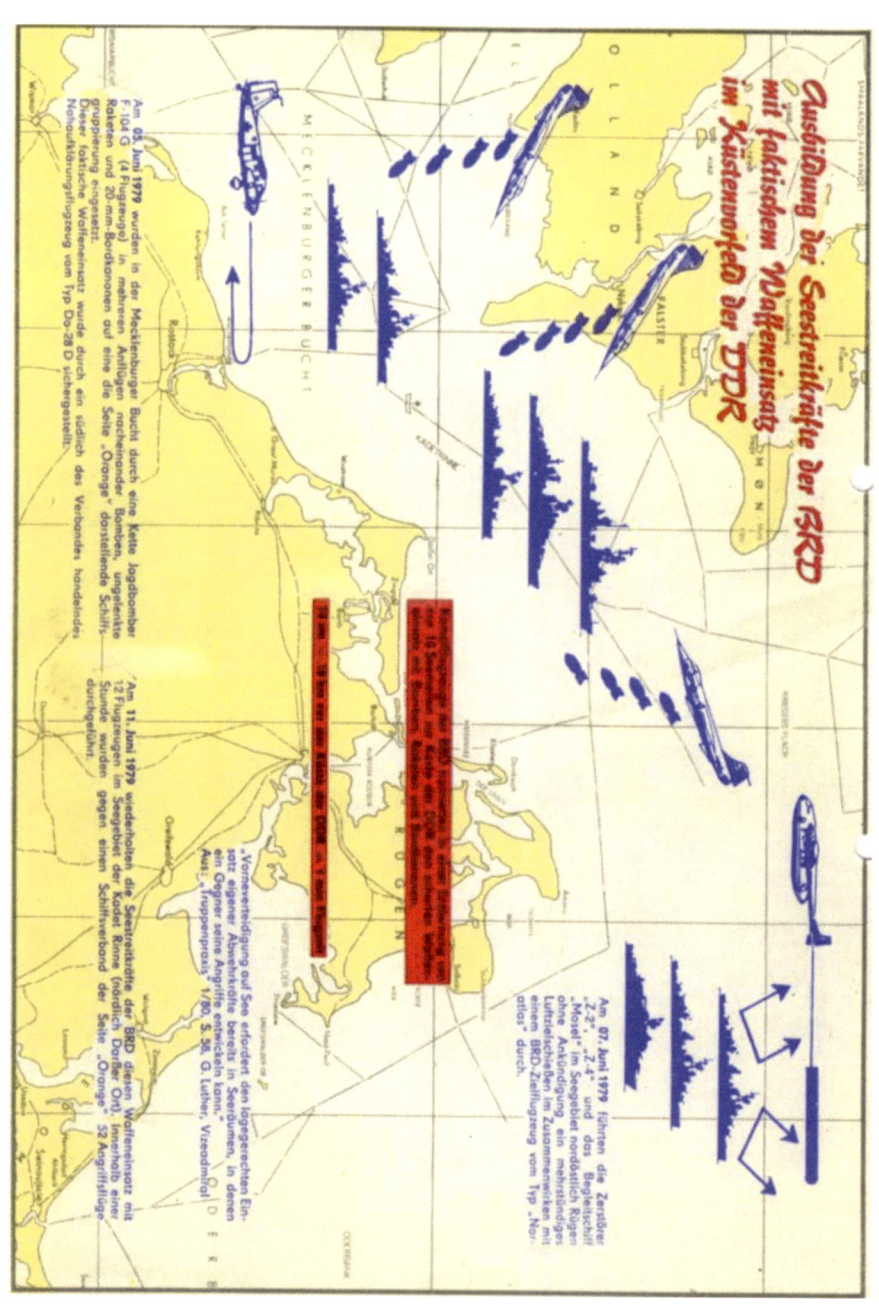

„Ausbildung der Seestreitkräfte der BRD mit faktischem Waffeneinsatz im Küstenvorfeld der DDR", Dokumentation Politische Verwaltung (70er Jahre)

D 582 Geheime Verschlußsache
Ro 01   Nr. 199/72
Ausfertigungen
25. Ausfertigung ...20.. Blatt

Nationale Volksarmee   Bezirksverwaltung für
6. Grenzbrigade Küste   Staatssicherheit Rostock
Der Chef   Der Leiter

Bezirksbehörde   Bezirkszollverwaltung
Deutsche Volkspolizei   Rostock
Der Chef   Der Leiter

A n l a g e

zum Plan des Zusammenwirkens vom 1. 9. 1971 zwischen

- der 6. Grenzbrigade Küste
- der Bezirksverwaltung für
  Staatssicherheit Rostock
- der Bezirksbehörde
  Deutsche Volkspolizei
- der Bezirkszollverwaltung

zur Präzisierung der Grundsätze und Aufgaben des Zusammenwirkens im Bereich der Grenzübergangsstellen

(Anlage zum Plan des Zusammenwirkens der 6. Grenzbrigade
Küste -GVS D 73011-)

*Geheime Verschlusssache Nr. 199/72 „Anlage zum Plan des Zusammenwirkens"
vom 01.09.1971*

GRENZTRUPPEN
DER DEUTSCHEN DEMOKRATISCHEN REPUBLIK
6. GRENZBRIGADE KÜSTE "FIETE SCHULZE"
Stellvertreter d. Chefs und Stabschef

Az.: o1 18 o8

O.U., den 12.1o.1988

Vertrauliche Verschlußsache

Vertrauliche Verschlußsache
VVS-Nr.: D 178 8o3
4. Ausfertigung = 10 Blatt

ARBEITSMATERIAL

zur Vorbereitung und Durchführung der Beratung der Organe des Zusammenwirkens/ der Zusammenarbeit des Bezirkes ROSTOCK

am 18. Oktober 1988

Ausgearbeitet : Arbeitsgruppe der Chefs/
Leiter der Organe des
Zusammenwirkens

Analysezeitraum: o1.o1.1988 bis 3o.o9.1988

Ostsee – baltische Ausgangsregion der Operation „Anadyr"

Im Sommer 1962 rückte die Ostsee mit ihren Meerengen der Sund- und Beltzone in den Fokus einer besonderen militärischen Aufmerksamkeit der NATO und des Warschauer Paktes. Die in dieser Region seit Mitte der 50er Jahre bestehenden überlagerten Sicherheitsinteressen beider Militärkoalitionen erhielten eine neue Dimension. Den Anlass dazu lieferte die UdSSR. Ab Ende Juni 1962 wurden ihre baltische Seehäfen zu einer Ausgangsregion der vom sowjetischen Staatschef Nikita S. Chruschtschow abgesegneten geheimen Militäroperation „Anadyr". Die Armada der mit Militärtechnik beladenen sowjetischen Handels- und Transportschiffe in Richtung Kuba durchlief die Ostsee und passierte die Ostseeausgänge mit Kurs Atlantik. Sowjetische Häfen im Schwarzen-, Ochotskischen- und Europäischen Nordmeer gehörten zu weiteren logistischen Ausgangspunkten der Militäroperation. Unter strengster Geheimhaltung gelang der sowjetischen Militärführung, ca. 42.000 Soldaten und etwa 230.000 Tonnen militärische Ausrüstung über den Seeweg getarnt nach Kuba zu verlegen. Darunter befanden sich auch Mittel- und Langstreckenraketen sowie taktische ballistische Raketen. Deren Abgangshafen war die Marinebasis Seweromorsk der Nordmeerflotte. Die Raketen mit einer Reichweite bis 4.500 km sollten auf Kuba gegen die USA in Stellung gebracht werden. Die Militäroperation trug den Decknamen „Anadyr", benannt nach der im fernen Nordosten der Sowjetunion auf der Tschuktschen Halbinsel gelegenen Stadt Anadyr an der Mündung des gleichnamigen Flusses. Die Gruppe der sowjetischen Streitkräfte und Raketentruppen kommandierte Armeegeneral Issa A. Plijew (Pseudonym Pawlow).

Volksmarine - „Augenzeuge" der Militäroperation „Anadyr" in der Ostsee

Die Volksmarine wurde durch ihre gut organisierte Seeaufklärung in der Ostsee im Sommer 1962 „stummer Augenzeuge" einer drohenden militärischen Eskalation zwischen den beiden Supermächten, der UdSSR und den USA. Im Unterschied zu den anderen Teilstreitkräften der NVA, verfügte die Marineführung seit Ende Juni 1962 über interne Informationen, die die außergewöhnlichen sowjetischen Seetransporte in der Ostsee dokumentierten. Die Kommandanten der Eingangs des Fehmarnbelt vor Anker liegenden Vorpostenschiffe der Volksmarine berichteten in Bild und Text über die besonders im Juli und August auffälligen sowjetischen Schiffspassagen in Richtung Großer Belt. Auch die anderen, auf den Schifffahrtswegen der Ostsee und ihrer Ausgänge operierenden Fahrzeuge der Volksmarine informierten den Hauptgefechtsstand in Rostock über diese besonderen Beobachtungen.

Die in der „Instruktion für den Vorpostendienst" geforderte Wachsamkeit gegenüber den Handlungen der NATO-Seestreitkräfte konzentrierte sich nun erstmals auf die Führungsmacht des Warschauer Paktes, der UdSSR und ihrer Flotte. Die Vorlage der Ergebnisse über die Beobachtungen stieß bei der Marineführung und Aufklärung auf Interesse. Diese wohlwollende Akzeptanz der mit Fotos belegten Meldungen „legalisierte" die Berichterstattung der Kommandanten über die sonderbaren Flottenaktivitäten der UdSSR. Entgegen der sonst üblichen Praxis, keine Schiffe der Verbündeten zu fotografieren, drückten sie jetzt fleißig auf den Fotoauslöser und lieferten in dichter Folge immer besseres Bildmaterial. So richtete sich die Aufklärung auf See in eine nicht zuvor erlaubte Richtung. Man hatte auf einen Verbündeten ein wachsames Auge. Die 1962 in leitenden Stabsfunktionen meist noch kriegsgedienten Offiziere hatten ein Gespür für die aufziehende militärische Gefahrensituation. In den Vorposten-Berichten liefen die Auffälligkeiten unter der Rubrik „Besonderheiten auf See", was den Tatsachen entsprach. Besonders auffallend waren die vielen, sich ohne erkennbaren Aufgabenbereich an Oberdeck der Frachter aufhaltenden kahlköpfigen jungen Männer. Für den „ostdeutschen Waffenbruder" klar als russische Soldaten erkennbar. Die an Oberdeck nur zum Teil mit Planen verdeckte Ladung von landwirtschaftlichem Gerät und Industrieanlagen, wollte so gar nicht zum Militär an Bord passen.

Dänische Soldaten der Luft- und Seeraumbeobachtung auf der Eingangs des Großen Belt gelegenen Insel Langeland (Langeland Fort und Marinedistrikt-Signalstelle Fakkebjerg) lieferten der NATO-Aufklärung Informationen über den dichten Strom der tief im Wasser abgeladenen Transportschiffe und Tanker. Neben der registrierten auffälligen Oberdecksladung fanden westliche Geheimdienste heraus, dass die Soldaten neben Kanonenöfen auch textile Polarausrüstung (Felljacken) mit sich führten. Die Russen glaubten mit diesem arktischen Bezug der Tarnung „Kurs Nordmeerregion", die NATO und USA täuschen zu können. Westdeutsche Tageszeitungen berichteten über die sowjetischen Militärtransporte nach Kuba. Im August erschienen erstmals Meldungen mit der vagen Vermutung, über die geheime Stationierung von atomaren Mittelstreckenraketen auf der Karibikinsel. Die Aufklärung der Volksmarine zog aus all den Informationen die Schlussfolgerung, dass die russischen Schiffe in ihren Frachträumen Militärtechnik geladen hatten. Aus der intern in der Volksmarine geführten Rubrik „Besonderheiten in See" entwickelte sich eine geheim gehaltene Chronologie über Daten und Fotos einer getarnten Truppenverlegung auf dem Seeweg, der Operation „Anadyr".

Rollentausch auf See – Raketenkreuzer GROSNI
Umrahmt wurde die Operation „Anadyr" von einem perfekten Täuschungsmanöver der sowjetischen Seekriegsflotte. Dazu gehörte die Erprobungsfahrt ihres modernsten Raketenkreuzers der Welt. Die GROSNI, ein Neubau der KYNDA-Klasse mit der Bordnummer 898, begab sich am 27. Juni 1962 vom Finnischen Meerbusen aus (Leningrad) zur Marinebasis Baltijsk. Ihr Ziel war die Marinebasis Sewerodwinsk im Nordmeer. Dort hielten die Nordmeer- und Baltische Flotte im Juli/August 1962 ein Großmanöver ab. Vizeadmiral N.I. Schibajew fungierte als Kommandeur der Fahrt und Vorsitzender der staatlichen Abnahmekommission. Am 30. Juni legte die

GROSNI aus Baltijsk ab. Auf ihren Kurs durch die Ostsee, der Passage des Großen Belt nordwärts wurde der KYNDA-Kreuzer vom Raketenzerstörer DERSKI 952 der KRUPNYJ-Klasse sowie bis ins Kattegat vom Bergungsfahrzeug AGATAN begleitet. Am 1. Juli 1962 passierte der Verband den Fehmarnbelt und durchfuhr dann den Großen Belt in Richtung Norden. In dem 2010 vorgelegten Buch „Der erste Raketenkreuzer der Welt-GROSNI" schildert der Autor W.M. Wasiliew, dass während der Beltpassage der GROSNI alle möglichen Arten der Aufklärungsdienste des Westens (NATO) aktiviert waren. Er erwähnt, dass sich bereits in der südwestlichen Ostsee Schnellboote der Bundesmarine bis auf 10 Meter (!) der GROSNI näherten. Nach Wahrnehmung der Kreuzerbesatzung fuhren die Schnellboote angeblich einige Male fiktive Torpedoangriffe auf das Schiff. Zusammen mit dänischen Marineeinheiten begleiteten sie den sowjetischen Verband bis Ausgang des Großen Belt. Im südlichen Kattegat setzten dann schwedische Fahrzeuge und Hubschrauber die Aufklärung fort. Noch nie zuvor hatte man den super modernen KYNDA-Kreuzer in See gesehen. Seine imposante Kulisse mit der neuartigen Raketenbewaffnung beindruckte die NATO sehr. In dem vom BND am 8. August vorgelegten fünfseitigen Aufklärungsbericht Nr. 32/62 (Schwerpunkt Marine) wurde die GROSNI als ein „sehr eindrucksvolles Schiff" bezeichnet. Die GROSNI als erster Raketenkreuzer der Welt vom Projekt 58 mit einer Wasserverdrängung von 5.700t gehörte damals mit seiner Raketenbewaffnung zu den modernsten Kriegsschiffen der Sowjetischen Seekriegsflotte. Er war 142,70 Meter lang und erreichte mit seiner 90.000 PS Maschinenleistung eine Geschwindigkeit von 34,5 Knoten. Zu seiner weithin sichtbaren markanten Silhouette gehörten die jeweils auf dem Vor- und Achterschiff angeordneten Vierfachstartrampen für Seezielraketen. Acht weitere Raketen befanden sich im Hanger. Der Kreuzer, dem noch weitere drei Typschiffe folgten, wurde auf der Shdanov-Werft (heute Nordwerft) in Leningrad gebaut.

Die Welturaufführung des Raketenkreuzers GROSNI auf der politischen Seebühne beider Supermächte, just im Zeitfenster größter sowjetischer Flottenbewegungen, war vermutlich Teil eines Ablenkungsmanövers der sowjetischen Seekriegsflotte. Die viermonatige Erprobungsfahrt der GROSNI erregte bei der NATO höchste Aufmerksamkeit. Parallel verließen im Monat Juli u.a. auch 17 U-Boote der Baltischen Flotte die Ostsee über den Großen Belt nordwärts. Um die überseeischen Militär- und Truppentransporte nach Kuba zu verschleiern, ließ Chruschtschow seine Überwasserkriegsschiffe zu einer groß angelegten Übung ins Nordmeer auflaufen. Sie hielten dort bis in den Oktober hinein Gefechtsübungen der See- und Luftstreitkräfte ab. Staatschef Chruschtschow besuchte Ende Juli 1962 den Marinestützpunkt der Nordmeerflotte Sewerodwinsk. An Bord der GROSNI nahm er am Raketenschießen seiner Flottenkräfte teil. Währenddessen eskortierten sowjetische U-Boote, vorwiegend in Unterwasserfahrt, die Transporter in Richtung Karibik.

Flottenbesuch der Volksmarine in Leningrad

Fast zur gleichen Zeit, als sich die mit Militärtechnik und Truppen beladenen sowjetischen Frachtschiffe aus ihren baltischen Häfen Kronstadt, Liepaja und Baltijsk mit Kurs West in Richtung Kuba auf den Weg machten, fuhr ein Flottenverband der Volksmarine mit entgegen gesetztem Kurs nach Leningrad. Die Schiffe begegneten sich förmlich auf der Ostsee, ohne dass die Besatzungen der Volksmarine ahnten, dass die sowjetischen Transporter und Tanker Vorboten eines schon bald drohenden atomaren Weltkrieges sein werden. Der unter dem Kommando von Konteradmiral Heinz Neukirchen stehende Verband der Volksmarine weilte vom 22. bis 28. August 1962 zum ersten offiziellen Flottenbesuch in der UdSSR in Leningrad. Zur Schiffsgruppierung gehörten das Küstenschutzschiff KARL LIEBKNECHT, der RIGA-Klasse sowie die Minenleg- und Räumschiffe MAGDEBURG, HALLE und ROSTOCK vom Typ KRAKE. Konteradmiral Neukirchen wusste von den massiven sowjetischen Flottenbewegungen in der Ostsee mit Kursrichtung Großer Belt, Kattegat und Skagerrak. Wie ein routinemäßiges Seemanöver sah das alles nicht aus. Die getarnten Militärtransporte erreichten im August 1962 ihre höchste Intensität. Ungewollt bestätigte die DDR-Nachrichtenagentur ADN die Vermutung des Admirals, dass die Amerikaner auf Kuba den Beweis für die Raketenstationierung suchten. Empört berichtete die Presseagentur über die 76-fache Verletzung des kubanischen Luftraums durch amerikanische Aufklärungsflugzeuge im Juli 1962. Mit diesem Wissen trat Konteradmiral Neukirchen seine Fahrt nach Leningrad an. Diplomatisch vorbereitet und begleitet wurde der Flottenbesuch vom damals amtierenden DDR-Militärattaché in der UdSSR, Oberst Rolf Franke. Generalmajor Rudolf Dölling weilte zu diesem Zeitpunkt in Urlaub. Oberst Franke nutzte die ihm zugänglichen Informationsquellen, um Neukirchen über die Lage auf der Karibikinsel in Kenntnis zu setzen. Im Verlauf seiner in Leningrad und Moskau geführten Gespräche blieb Konteradmiral Neukirchen nicht verborgen, dass das Oberkommando der sowjetischen Seekriegsflotte etwas zu verbergen hatte. Im Gespräch mit dem 1. Stellvertreter des Oberkommandierenden der Seekriegsflotte der UdSSR, Admiral W. A. Fokin, am 25. August in Moskau, erfuhr der DDR-Repräsentant im Stil der kommunistischen Propaganda die alt bekannten irreführenden Halbwahrheiten. Die sowjetische Staats- und Armeeführung verschwieg, dass sie damit begonnen hatte, auf Kuba sowjetische Soldaten zu stationieren und Raketenabschussbasen mit atomaren Gefechtsköpfen zu installieren. Die Volksmarine besuchte im August 1962 das „Mutterland des Kommunismus", das seine Bündnispartner über die wahren Absichten der sowjetischen Führung und die Hintergründe der massiven Flottenbewegungen täuschte.

Flottenübung mit Untergang Räumboot 422-STERNBERG

Drei Wochen vor dem Ausbruch der Kuba-Krise absolvierte die Volksmarine vom 24. September bis 3. Oktober 1962 eine Flottenübung. Schwerpunkt bildeten dabei:

„Die Handlungen der Volksmarine im Bestand der Vereinten Ostseeflotten im Interesse der Vorbereitung und Durchführung einer Operation zur schellen Inbesitznahme der Sund- und Belt-Zone." Die Übung stand unter der Leitung von Konteradmiral Neukirchen. Sie war Teil einer gemeinsamen Übung der Vereinten Ostseeflotten des Warschauer Paktes, der Gruppe der sowjetischen Streitkräfte in Deutschland, der NVA und polnischen Streitkräfte. Die Übung fand bis zum 6. Oktober in „Baltyk Odra" vor der polnischen Ostseeküste ihre Fortsetzung. Im Verlauf der Flottenübung verlor die Volksmarine am 30. September 1962 im Seegebiet zwischen Warnemünde und Gedser eines ihrer 36 Räumboote vom Typ SCHWALBE.

Die Borduhr zeigte etwa 3 Uhr, als das Räumboot 422 STERNBERG mit dem britischen Handelsschiff ABBOTSFJORD in der Nähe der Tonne 9 des viel befahrenen Ostsee-Schifffahrtsweges 1 kollidierte. Stark an der Steuerbordseite getroffen, sank das kleine Boot in wenigen Minuten. Alle 16 Besatzungsmitglieder konnten sich in Schlauchboote retten. Sie wurden vom Frachter aufgenommen und nach einigen Stunden von einem Marineschiff abgeholt. Das Unglück ereignete sich auf einer Kurierfahrt des Bootes 422 in der westlichen Ostsee.

Der Kommandant, Leutnant zur See Günter Gutow, hatte zuvor vom OP-Dienst der 4. Flottille den Befehl erhalten, an die beiden östlich vor Fehmarn und Gedser liegenden Vorpostenschiffe der Volksmarine Codierungsunterlagen zu überbringen. Nachdem er die geheimen Dokumente an das vor Fehmarn postierte MLR übergeben hatte, nahm er um 00.30 Uhr Kurs in Richtung Feuerschiff „Gedser-Rev". Sein Boot passierte die Tonnen 7 und 7c des Hauptschifffahrtsweges 1 entsprechend den Regeln der Seestraßenordnung an der Backbordseite. Dann jedoch unterlief dem Kommandant ab Tonne Warnemünde in Fahrtrichtung Tonne 9 ein fataler Navigationsfehler. Der führte in Verbindung mit Mängeln in der Dienstorganisation an Bord geradewegs in eine Katastrophe. Als der Leutnant voraus die Tonne 9 bemerkte, ließ er 90 Grad steuern. In einem Abstand von 1,5 Kabellängen passierte das Boot Tonne 9 querab an seiner Steuerbordseite und ging dann auf Kurs 34 Grad. Damit steuerte das Boot verkehrswidrig auf die linke Seite des Schifffahrtsweges 1 zu. Als der Kommandant bemerkte, dass sein Boot auf die falsche Seite des Schifffahrtsweges geriet, ließ er das Ruder nach Steuerbord legen und befahl Kurs 77 Grad. Ein Radargerät gab es an Bord seines Schiffes nicht, nur einen Magnetkompass. Gegen 2.45 Uhr begab sich Leutnant zur See Gutow unter Deck, um an den OP-Dienst einen Funkspruch abzusetzen. Er übertrug einem Offiziersschüler des 4. Lehrjahres, der als Praktikant noch nicht die Zulassung zur selbständigen Schiffsführung besaß, das Kommando auf der Brücke. Den Steuermann wies er an, immer in Richtung des Rundumlichtes vom Feuerschiff „Gedser-Rev" zuzuhalten. Während der Kommandant sich im Funkschapp aufhielt, drehte sein Boot um 2.52 Uhr auf Kurs 40 Grad. Durch die innerhalb von 30 Minuten laufenden Kursänderungen nach Passieren der Tonne Warnemünde von anfangs 90 Grad auf 34 Grad, dann wieder auf 77 Grad und schließlich auf 40 Grad drehend, fuhr das Boot eine Linkskurve, auch „Hundekurve" genannt. Als gemäß der Seestraßenordnung rechtspflichtiges

Fahrzeug beim Befahren des Schifffahrtsweges 1 geriet das Räumboot immer weiter auf die linke und damit falsche Seite des Seeweges. Wegen der unterlassenen Einweisung über die Lage im Seegebiet hielt der Steuermann offensichtlich direkt auf das entgegenkommende Fahrzeug zu. Hinzu kam, dass der Posten Ausguck seine Dienstpflichten zur Seeraumbeobachtung grob vernachlässigte. Der betreffende Matrose verließ etwa 10 Minuten vor der Kollision seinen Posten, um die Ablösung unter Deck zu wecken. Erst als er auf seinen Posten an Oberdeck zurück kehrte, will er den herannahenden englischen Frachter in einer Entfernung von 50 Metern gesehen haben. Da die Sicht in jener Nacht immerhin zwei Seemeilen betrug, hat der Matrose die Seeraumbeobachtung zu jenem Zeitpunkt vermutlich nicht wahr genommen. Das entgegenkommende Fahrzeug wurde viel zu spät visuell ausgemacht. Kurz danach löste der Frachter akustische Warnsignale aus. Der Kommandant hörte das laute und tiefe Typhonsignal „Achtung" und eilte sofort auf die Brücke. In nur 20 Metern Entfernung sah er an Steuerbord einen großen Schatten auf sein Boot zukommen. Um der Kollision auszuweichen, ließ er sofort das Ruder hart Backbord und die beiden Antriebsmaschinen auf „AK zurück" legen. Wegen der geringen Distanz blieb dieses Manöver wirkungslos. Der Frachter mit einer Wasserverdrängung von 1.860 t stieß in voller Wucht mit seinem Vordersteven in die Steuerbordseite des nur mit 83 BRT vermessenen Räumbootes. Der Zusammenstoß, vergleichbar zwischen einem voll beladenen Sattelaufleger und Trabant, verursachte an der Steuerbordseite des Bootskörpers ein mehrere Meter langes Leck in Höhe der Kommandantenkammer. Wegen des starken Wassereinbruchs, begann das kleine Räumboot allmählich zu sinken. Die Besatzung konnte sich in Schlauchboote retten und wurde vom Frachter aufgenommen. Der Kommandant verließ als Letzter die STERNBERG. Während man sich an Bord der ABBOTSFJORD um die Marinesoldaten der DDR kümmerte, ihnen Tee und Kekse servierte, gelang dem Funkmeister, einen Morsespruch von Bord des Frachters über das Unglück nach Rügenradio abzusetzen. Damit erlangte das Marinekommando in Rostock Kenntnis von dem Vorfall auf See. Bald darauf erhielt der Kapitän des britischen Frachters aus Rostock die Funkanweisung, so lange gestoppt auf der Position liegen zu bleiben, bis ein Marineschiff die gerettete Besatzung des Räumbootes abholen würde. Der Brite wollte jedoch, um keine Zeit zu verlieren, nach Kiel weiter fahren. Nach seiner Ansicht könnten die Marinesoldaten in dort von Bord absteigen. Ohne den Funkspruch wäre es vermutlich zu diesem einmaligen Transitaufenthalt von Angehörigen der Volksmarine in der Bundesrepublik gekommen. Der Händler kannte offensichtlich nicht die deutsch-deutschen Befindlichkeiten nach dem Mauerbau und musste warten. Nach der Erinnerung von Gutow, dauerte es vermutlich wegen des inzwischen aufgezogenen Nebels fast 2 Stunden, bis ein Patrouillenboot des Typs DELPHIN seine Männer vom britischen Frachter abholte. Unter der Schlagzeile „Wichtiges in Kürze-Kollision im Nebel" berichtete die „Ostsee-Zeitung" über den Vorfall auf See. Nach der Havarieverhandlung an der Seeoffiziersschule in Stralsund erhob der Militärstaatsanwalt der Volksmarine am 11. Oktober 1962 gegen den Kommandanten Anklage. Gemäß dem

Straf- und Militärstrafgesetzbuch der DDR habe Leutnant zur See Gutow „die Kampfkraft der Organe der Landesverteidigung und die Sicherheit im Schiffsverkehr angegriffen". Sechs Tage später führte die Strafkammer des Kreisgerichts Rostock im Objekt der Volksmarine in Warnemünde/ Hohe Düne das Hauptverfahren durch. Im Ergebnis der Verhandlung wurde zu Recht erkannt, dass „der Angeklagte wegen Beeinträchtigung der Einsatzbereitschaft der Kampftechnik und militärischer Ausrüstung, begangen in Tateinheit mit fahrlässiger Transportgefährdung und Verstoßes gegen die Seestraßenordnung (Artikel 18, 22, 25 und 29) bedingt unter Auferlegung einer Bewährungsfrist von 3 Jahren zu einer Gefängnisstrafe in Höhe von 1 -einem- Jahr und 9 -neun- Monaten verurteilt" wird. In einer mehrseitigen Urteilsbegründung wurde Leutnant zur See Gutow beschuldigt, „die Schutzfunktionen des Staates angegriffen, der DDR durch die Vernichtung eines Kampfbootes der NVA einen beträchtlichen Schaden zugefügt und das internationale Ansehen der DDR geschädigt zu haben." Das Gericht argumentierte, dass der „Vorfall keineswegs geeignet ist, die Autorität unserer Streitkräfte zu heben". Man rechnete damit, dass „insbesondere westzonale Publikationsorgane ein solches Vorkommnis zur zügellosen Hetze gegen unseren Arbeiter- und Bauernstaat ausnutzen".

Weltfrieden in Gefahr
Im Umfeld der drohenden Kriegsgefahr operierten Fahrzeuge der Bundesmarine und Volksmarine in der Ostsee. Die Bundesmarine verfügte im Herbst 1962 etwa über 175 Kriegsschiffe sowie ca. 100 Flugzeuge und Hubschrauber. Darunter befanden sich acht Zerstörer der FLETCHER- und HAMBURG-Klasse, vier Fregatten der KÖLN-Klasse, ca. 40 Schnellboote der Klasse 149, 152, 153, 140 und 141, fünf U-Jagdboote der THETIS-Klasse sowie 75 Küstenminensuch- und Räumboote. Diesen Fahrzeugen standen ca. 120 Kriegsschiffe der Volksmarine in der Ostsee gegenüber. Dazu gehörten vier Küstenschutzschiffe der RIGA-Klasse, 22 Minenleg- und Räumschiffe des HABICHT- und KRAKE-Typs, 12 U-Jagdboote 201-M, 27 Torpedoschnellboote 183 sowie 48 Minenräumboote der SCHWALBE-Klasse.

Am 14. und 17. Oktober gelang amerikanischen U-2-Piloten mit Luftbildaufnahmen, die Existenz von Startrampen für SS-4- und SS-5-Raketen zweifelsfrei zu dokumentieren. Außerdem entdeckten die Piloten sowjetische IL-28-Bomberflugzeuge auf Kuba.

Als sich der US-Präsident John F. Kennedy am 22. Oktober 1962 mit einer eindringlichen Rede über Radio und Fernsehen an die Völker und Nationen der Welt wandte, wurde der Ernst der internationalen Lage deutlich. Wegen der von der UdSSR auf Kuba betriebenen geheimen Raketenstationierung von strategischen und taktischen Atomwaffen sowie von Flugabwehrstellungen, richtete Kennedy eine unmissverständliche Warnung an den damaligen sowjetischen Staatschef Chruschtschow. Von 114 sowjetischen Schiffen, die mit Kriegsgerät und Truppen nach Kuba unterwegs waren, erreichten 94 Fahrzeuge ihr Ziel. Die Satelitenaufklärung der USA fand heraus, dass sich weitere 35 Schiffe auf dem Seeweg in Richtung Kuba befanden. Die USA reagierten. Sie versetzten ihre Luft- und Seestreitkräfte in erhöhte Einsatzbereitschaft. Am 24. Oktober verhängten die USA eine Seeblockade über Kuba. Damit sollte die Karibikinsel isoliert werden. Sowjetische Marine- und Handelsschiffe, die sich der von den USA errichteten 500 Seemeilen „Quarantäne"-Grenze um Kuba näherten, mussten stoppen. Der Weltfrieden stand auf der Kippe.

Ich war damals 13 Jahre alt und absolvierte gerade in Kirchmöser bei Brandenburg die 7. Klasse. Von dem, was sich Tausende Kilometer entfernt von uns abspielte, begriff ich nur wenig. Unvergessen geblieben ist mir jedoch der sehr besorgte Anblick meines Vaters auf meine Frage: Wird es Krieg geben? Diese Frage stellten sich in jenen Tagen viele Menschen in Ost und West. Ich wusste damals wenig von dem, was sich hinter den fünf Buchstaben KRIEG verbarg. Das verhielt sich bei der Kriegsgeneration meiner Eltern völlig anders. Oft erzählte mir mein Vater von seinen Kriegserlebnissen auf dem deutschen Zerstörer Z 24 im nördlichen Eismeer und dem Seegefecht mit dem englischen Kreuzer EDINBURGH am 2. Mai 1942, bei dem der Zerstörer HERMANN SCHOEMANN verloren ging. Ich kannte die Kriegseinsätze von Z 24 vor der Westküste Frankreichs und auch sein Schicksal, als der Zerstörer am 25. August 1944 nach Bombentreffern im Hafen Le Verdon kenterte und sank. Mein Vater berichtete von seinem Kriegseinsatz auf dem Minenschiff LOTHRINGEN mit den dramatischen Flüchtlingstransporten 1945 von Pillau nach Stettin sowie von Hela bzw. Stettin nach Kopenhagen. Nach seiner Internierung in Sonderborg Anfang Mai 1945 gehörte mein Vater noch bis zum 13. September 1945 dem Korps Witthöft mit dem Batallionsstab in Lunden an. Von den 17 Jungen seiner Schulklasse in Kirchmöser kehrten nur sechs aus dem Krieg zurück.

Während beide Mächte mit ihren Atomraketen und den in See stehenden Kriegsschiffen bzw. U-Booten pokerten, befanden sich acht Boote des 3. Schnellbootsgeschwaders der Bundesmarine seit dem 15. Oktober zur Einsatzausbildung in der mittleren Ostsee. Der Tanker FRANKENLAND, der zugleich als Stützpunkt fungierte, lag in der Köge-Bucht südlich von Kopenhagen vor Anker. Wegen der Kriegsgefahr traten die Boote am 24. Oktober den Rückmarsch nach Flensburg an. Am Sonntag des 28. Oktober liefen einige Boote wieder in Richtung Osten aus. Der Kommandant vom Schnellboot TIGER Sigurd Hess beschrieb die damalige Anspannung der Schnellbootsfahrer: „Während der Motor-Standprobe und den Besatzungsmusterungen stehen die Angehörigen hinter dem nahen Zaun des Stützpunktes und winken zum ungewissen Abschied."

Welche Gedanken und Gefühle die Marinesoldaten mit ihren Familien damals bewegten, erlebte ich ähnlich 40 Jahre später am 2. Januar 2002 im Marinestützpunkt Wilhelmshaven bei der Verabschiedung des ersten deutschen Marineverbandes zum Antiterror-Einsatz „Enduring Freedom". Ich hätte nicht gedacht, dass nach dem Fall der Mauer 1989 und dem Ende der Ost-West-Konfrontation jemals ein solch massiver deutscher Marineeinsatz notwendig werden könnte.

Warschauer Pakt im Alarmzustand

Ab 18. Oktober weilten die Zerstörer SWETLY und SPRAWEDLIWY der Baltischen Flotte zu einem Flottenbesuch in Rostock-Warnemünde. Der Schiffsverband stand unter dem Kommando des Chefs der Baltischen Flotte, Vizeadmiral Alexander J. Orjol. Beide Zerstörer hatten am Kai des Rostocker Stadthafens in Höhe des Kabutzenhof festgemacht. Früher als geplant, verabschiedeten sie sich am Morgen des 22. Oktober aus der Hansestadt. Die Gründe für den plötzlichen Aufbruch waren der Volksmarine nicht bekannt. Der Zerstörer SWETLY nahm Kurs in Richtung Fehmarnbelt. Er passierte den Großen Belt und lief dann weiter ins nördliche Kattegat auf dem Tiefseeweg 34 in Richtung norwegische See. Mit Ausnahme der Russen ahnte keiner, dass er in wenigen Tagen als Begleitfahrzeug des modernsten Raketenkreuzers der Welt in die Ostsee zurück kehren würde.

Um 16 Uhr des 23. Oktober löste der Oberkommandierende des Warschauer Paktes für seine Armeen und Flottenkräfte Alarm aus. Wenig später befahl der damalige Vorsitzende des Nationalen Verteidigungsrates der DDR, Walter Ulbricht, erhöhte Gefechtsbereitschaft (EG) für die NVA. In Chruschtschows und seinen Marschällen im Herbst 1962 geführten, den Frieden gefährdenden Raketen-Hasardspiel wurden alle drei Teilstreitkräfte der NVA völlig überraschend aus dem täglichen Dienst heraus alarmiert und unvorbereitet einbezogen. Leitende Offiziere im Kommando der Volksmarine und in den Flottillenstäben verlegten ad hoc noch am Nachmittag des 23. Oktober in die für den Alarmfall eingerichteten dezentralisierten Führungsstände. Alles verlief so schnell, dass nicht einmal Zeit zur Verabschiedung von den Familien blieb. Kapitänleutnant Ewald Tempel, der damals in der operativen Abteilung Aufklärung im Kommando der Volksmarine seinen Dienst versah, beschrieb die Situation: „Die gefühlte Atmosphäre an diesem Nachmittag war sehr frostig. Mehrfach auf einen plötzlichen Alarm getrimmt, handelten wir schnell und diszipliniert. Doch die uns plötzlich klar gewordene, den Weltfrieden bedrohende internationale Lage, löste bei vielen neben Kriegsangst auch sorgenerfüllte Gefühle über die zurück bleibenden Familien aus. Trotz fehlender Informationen ahnte wohl jeder von uns, diesmal den äußerst ernsten Hintergrund des Alarms." Seit Wochen verbreiteten die DDR-Medien, besonders die SED-Zeitung „Neues Deutschland", Meldungen über eine Kuba drohende amerikanische Militärinvasion. „Doch Kuba war für uns fremd und weit entfernt. Ein pro-kubanisches Solidaritätsgefühl kam nicht auf und wurde auch nicht von der Marineführung gefordert." Der Alarmzustand in der Volksmarine wurde bis zum 21. November aufrecht gehalten. Soldaten die sich in Urlaub befanden, erhielten per Telegramm die Order, sich sofort zum Dienst in ihrer Einheit zu melden. Die für den 1. November vorgesehene Entlassung eines Drittels der Soldaten im Grundwehrdienst wurde auf unbestimmte Zeit verschoben. Neben der gefechtsmäßigen Entfaltung ihrer Schiffschlag- und Sicherungskräfte hatten die Vorposten- und Aufklärungsschiffe der Volksmarine in Richtung Fehmarnbelt, Gronsund und Schwedischen Sund eine lückenlose Überwachung der im strategischen Raum Ostseeausgänge operierenden NATO-Seestreitkräfte durchzuführen.

Alle Schiffe der Volksmarine befanden sich in erhöhte Gefechtsbereitschaft (EG) bzw. Bereitschaftsstufe I. Sie verlegten teilweise in küstennahe Bereitschaftsräume, u.a. Tromper Wiek. Die in der Marinebasis Peenemünde stationierten U-Jagdschiffe des Typs 201 M lagen in der Tromper Wiek, am Anleger der Greifswalder Oie und im Marinestützpunkt Warnemünde/ Hohe Düne.

Mit der Alarmauslösung erfolgte auch die Dezentralisierung aller 27 Boote des Projekts 183 der Torpedoschnellboot-Brigade der Volksmarine. Neun Boote der 2. Torpedoschnellboots- Abteilung verlegten mit ihrem schwimmenden Stützpunkt, so nannte man damals die ersten Wohnschiffe des Projektes 62, von Gager auf Rügen zum Manöverhafen Darßer Ort. In dem, in Mitten eines Naturschutzgebietes angelegten Hafen, lag bereits das Stabs- und Führungsschiff H-02 des Chefs der Volksmarine. Das am 10. Mai 1961 in Dienst gestellte 1.320 Tonnen verdrängende pontonförmige und antriebslose Fahrzeug vom Projekt 62, war mit umfangreicher Nachrichtentechnik ausgestattet. Es fungierte als Alarm-Hauptgefechtsstand. Zeitzeugen erinnern sich, dass auch einige der erst vor drei Monaten in Dienst gestellten kleinen Landungsboote vom Projekt 46 im Hafenbecken fest gemacht hatten.

Die in Barhöft gegenüber dem Bock, einer östlich der Halbinsel Zingst vorgelagerten Insel, stationierten neun Boote der 4. Torpedoschnellboots- Abteilung verlegten mit einem Wohnschiff auf die Halbinsel Bug/Rügen. Sie hatten am Holzanleger nördlich des Blewser Hakens am Wieker Bodden fest gemacht. Einen Marinestützpunkt gab es hier zu diesem Zeitpunkt noch nicht. Mit Ausnahme des Erholungsheims des Deutschen Wirtschafts- und Beamtenbundes (1920-1930) und der bis 1960 als Jugendherberge genutzten Gebäude ähnelte der ehemalige Seefliegerhorst einer Trümmerlandschaft. Bis zum Kriegsende im Mai 1945 waren hier das 126. Seeaufklärungsgeschwader, die Bordfliegergruppe 196 der Kriegsmarine und Seenotfliegergruppe 81 stationiert. Das einzige, was das gesperrte Buggelände den Schnellbootsbesatzungen im Herbst 1962 zu bieten hatte, waren prächtig in den Wäldern wachsende Pilze zur Selbstversorgung. Inmitten der täglichen Gefechtsausbildung im Hafen erschien völlig überraschend der amtierende Chef der Volksmarine, Konteradmiral Neukirchen. Er informierte sich über den Ausbildungsstand der Besatzungen und den Dienstbedingungen im Alarmzustand. Dem Admiral blieb nicht verborgen, dass es Mängel in der Versorgung mit Getränken und Lebensmitteln gab. Er ordnete umgehend eine Nachrüstung an und befahl, zum Einkauf eine Barkasse nach Wiek in Marsch zu setzen. Das Dorf lag dem Bodden direkt gegenüber. Dort deckten sich die Schnellbootsfahrer im Lebensmittelgeschäft „Artmer" mit mehreren Getränkekästen ein. Selbstverständlich durften Zwiebeln für die täglichen Pilzmenüs nicht fehlen.

Die 6. Torpedoschnellboots-Abteilung befand sich in Vorbereitung auf die planmäßige Werftliegezeit in einer Abrüstungsphase im Marinestützpunkt Warnemünde/ Hohe Düne. Alle neun Boote sollten nach dem Werftklarmachen ab den 25. Oktober in der Neptun-Werft in Rostock-Gehlsdorf auf Slip gehen. Es kam jedoch alles anders. Mit Auslösung erhöhter Gefechtsbereitschaft wurden alle Boote in großer Eile wieder ausgerüstet, mit Treibstoff, Wasser, Gefechtstorpedos, Artilleriemunition und Wasserbomben. Parallel standen Ende Oktober viele Besatzungsangehörige nach Ableistung ihres Marinedienstes vor der planmäßigen Entlassung. Wegen der von den Nachrichtenagenturen TASS und ADN gemeldeten ernsten politischen und militärischen Lage erklärten sich viele Matrosen und Maate spontan bereit, länger dienen zu wollen. So z.B. verpflichtete sich die komplette Besatzung des Bootes 205 unter Kommandant Leutnant zur See Klaus Trepping, ihren Dienst an Bord so lange zu verlängern, wie es die Lage erfordern würde. Kein Besatzungsmitglied der Schnellboote kannte jedoch den wahren Hintergrund der um Kuba zwischen den USA und der UdSSR entstandenen prekären Lage.

Die beiden Küstenschutzschiffe KARL MARX und FRIEDRICH ENGELS der RIGA-Klasse, lagen in 30-Minutenbereitschaft ebenfalls in der Tromper Wiek. Auch die Offiziere des Abteilungsstabes befanden sich an Bord. Die beiden anderen Küstenschutzschiffe befanden sich im Herbst 1962 zur planmäßigen Werft-Instandsetzung in Leningrad. Auf den, in den Marinestützpunkten liegenden Schiffen, wurden während des Alarmzustandes die Antriebsmaschinen für den Sofortstart stets vorgewärmt. Die Munition war an den Bordgeschützen angeschlagen. Die Besatzungen schliefen während der Nachtruhe in ihrer Uniform.

Krisenhöhepunkt und Rückzug

Am 27. Oktober erreichte die Krise ihren Höhepunkt. Den USA blieb nicht verborgen, dass die auf Kuba stationierte 51. Raketendivision der UdSSR inzwischen die volle Gefechtsbereitschaft für ihre 24 Startanlagen hergestellt hatte. Die sowjetischen Truppen transportierten die nuklearen Gefechtsköpfe zu den Startstellungen in Calabazar de Sagura und Sitiecito. Die Anspannung unter den Marinesoldaten auf beiden Seiten wich erst im Verlauf des 29. Oktober. An diesem Tag wurde bekannt, dass Chruschtschow am Vortag den Abzug der auf Kuba stationierten sowjetischen Raketen angewiesen und seinen Schiffen den Befehl zur Rückkehr erteilt hatte. Die Amerikaner garantierten ihrerseits die Integrität Kubas. Am 28. Oktober begannen die sowjetischen Soldaten um 15 Uhr sämtliche Startanlagen zu demontieren. Alles ging sehr schnell. Die Russen transportierten die Raketen zu den Verladehäfen. Bereits am 1. November 1962 verließ ihr Handelsschiff „Alexandrowsk" mit diversen Atomsprengköpfen an Bord die Karibikinsel Kuba. Das Schiff nahm Kurs in Richtung Sewjeromorsk. Die Rückverlegung der letzten Raketen in die UdSSR erfolgte am 9. November 1962 mit dem Schiff „Leninski Komsomol". Erst jetzt erfuhr die Welt, dass sich die Nuklearsprengköpfe der sowjetischen Streitkräfte 108 Tage außerhalb der UdSSR befanden. 59 Tage lagerten sie auf Kuba. Die taktischen Atomwaffen wurden erst Ende 1962 aus Kuba abgezogen.

Der vom sowjetischen Generalstab dem Präsidium der KPdSU am 24. Mai 1962 vorgelegte und am 10. Juni abgesegnete Operationsplan „Anadyr" offenbarte, dass die sowjetische Militärführung vom Gelingen ihrer geheimen Operation überzeugt war. Vor lauter Selbstüberschätzung und Täuschungsmanöver vergaßen sie, einen „Plan B" für den – nun tatsächlich eintretenden - ziemlich überstürzten Rückzug ihres Militärs von der Karibikinsel auszuarbeiten. Die Führung der sowjetischen Seekriegsflotte musste nach Verkünden der US-Seeblockade eingestehen, dass ihre Marine für größere überseeische Operationen nicht vorbereitet und hinreichend gerüstet war.

NATO übt Zurückhaltung

Im Gegensatz zum Warschauer Pakt hielt die NATO-Führungsmacht USA ihre europäischen Verbündeten überwiegend aus dem turbulenten Geschehen heraus. Das NATO-Krisenmanagement äußerte sich vordergründig deeskalierend durch betonte politische und militärische Zurückhaltung. Im europäischen Raum fand kein Truppen- oder Flottenaufmarsch statt. Lediglich für einige Depots der US-Streitkräfte in Zentraleuropa wurde zeitweilig die Alarmstufe „Orange" ausgerufen. Die Auslösung der NATO-Alarmstufe „erhöhte militärische Wachsamkeit" beschränkte sich in ihrer Wirkung auf eine Minimalbesetzung von Brigade- und Flottillenstäben. Nachgeordnete Stäbe wurden überhaupt nicht einbezogen. Mit Ausnahme der Verhängung einer Ausgangssperre und Streichung eines Wochenendurlaubs fand in der Bundesmarine weder eine Alarmierung noch Aufmarsch ihrer Flotteneinheiten in der Ostsee statt. Die Führung der Volksmarine war durch ihre Aufklärung über die deeskalierende Haltung der Bundesmarine bestens informiert. Diese Informationen wurden auch an den Hauptstab der NVA und die Stäbe der Baltischen und Polnischen Flotte weiter geleitet. Die in der Karibik entstandene brisante militärische Lage blieb somit weitgehend in ihren Auswirkungen allein auf die UdSSR und USA beschränkt. Die Einigung, die beide Supermächte dann Ende Oktober erreichten, ist offensichtlich durch den Beitrag Westeuropas begünstigt worden.

Kreuzer GROSNI erneut Star der Ostsee

Im Rahmen intensiver, nunmehr rückläufiger Flottenbewegungen wurde der NATO-Aufklärung bekannt, dass sich ein sowjetischer Flottenverband durch den Großen Belt in Richtung Ostsee bewegte. Die westlichen Nachrichtendienste meldeten den Raketenkreuzer GROSNI mit der Bord-Nummer 898 der KYNDA-Klasse in Begleitung des Zerstörers SWETLY 850 der KOTLIN-Klasse. Nach Abschluss seiner strategischen Erprobung in der Barentssee kehrte die GROSNI nach Leningrad zurück. Dort traf der Kreuzer am 5. November 1962 ein. Seine Indienststellung fand erst 1963 statt. Im Unterschied zum KOTLIN-Zerstörer hatte die NATO-Aufklärung den neuen KYNDA-Kreuzer lediglich auf seiner Hinfahrt von Baltijsk nach Sewerodwinsk am 1. Juli 1962 beim Passieren des Großen Belts erstmals zu Gesicht bekommen. Der wenige Tage zuvor in Rostock weilende sowjetische Zerstörer SWETLY begleitete die GROSNI auf ihrer Rückfahrt von Sewerodwinsk nach Leningrad.

Dieser 126 Meter lange Zerstörer vom Projekt 56K mit einem Deplacement von 3.500t und zahlreicher Artilleriebewaffnung erreichte mit seiner Maschinenleistung von 72.000 PS eine maximale Geschwindigkeit von 36 Knoten.

Die fotographische Aufklärung des modernen KYNDA-Kreuzers hatte deshalb für die NATO hohe Priorität. Jetzt kam es doch noch zum Einsatz der Schnellboote der Bundesmarine. An Stelle der Bordgeschütze wurden diesmal die Fotoapparate mit reichlichem Filmmaterial geladen. Am 3. November trafen um 14.25 Uhr die drei JAGUAR-Schnellboote ILTIS P 6058, LEOPARD P 6060 und PANTHER P 6064 westlich von Feuerschiff „Gedser Rev" auf den sowjetischen Verband. Ihr Auftrag lautete, den neuartigen KYNDA-Kreuzer in Nahdistanz fotografisch aufzuklären. Um in gute „Schussposition" zu gelangen, gingen die Schnellboote dicht an beide Fahrzeuge heran. Dabei kam es beim Manövrieren, wie Sigurd Hess beschrieb, beinah zu einem Zwischenfall. Der KOTLIN-Zerstörer versuchte, die drei heran preschenden Schnellboote der Bundesmarine vom KYNDA-Kreuzer abzudrängen. Das gelang nicht. Die wendigen Schnellboote wichen aus und liefen den Verband einzeln und in Pfeilformation „Victor" erneut an. Die Aufklärung in Nahdistanz bis auf 30 Meter dauerte laut den Eintragungen im Schiffstagebuch exakt 18 Minuten. Die Schnellbootsfahrer waren von der neuen Waffentechnik der Sowjetischen Seekriegsflotte sehr beeindruckt.

Der Kommandant vom Schnellboot ILTIS 6058, der damalige Leutnant zur See Lutz Freiherr von Wangenheim, schildert dem Autor zu diesem Ereignis einen weitgehend unbekannt gebliebenen Zwischenfall. Nach seiner Erinnerung fingen die Schnellboote den sowjetischen Verband bereits östlich Kels Nor im südlichen Ausgang des Großen Belts, also südlich von Langeland, ab. „Ich lief als äußerstes rechtes Boot in der Dreierformation an der Steuerbordseite des KYNDA/ KOTLIN-Verbandes in lockerer Dwarslinie parallel von achtern auf. Die Fotoerfassung übernahmen die Schnellboote LEOPARD und PANTHER an der Steuerbordseite des KYNDA, also aus südlicher Richtung und mit der Sonne im Rücken. Der KOTLIN scherte aus dem Kielwasser des KYNDA nach Steuerbord aus. Er überholte mich an Steuerbord, also auf der Sonnenseite. Dann drehte der KOTLIN plötzlich nach Backbord auf mich an. Ich sah, dass sein vorderes Vierlinggeschütz (57-mm, Model SIF 75, Anm. des Autors) voll besetzt und auf mein Boot angerichtet war." So jedenfalls will es der ILTIS-Kommandant gesehen und auch wahr genommen haben. Diese Drohgebärde, wenn sie denn so als solche vom KOTLIN 850 bezweckt war, ist unmissverständlich. Sie bedeutete „auf Distanz halten oder es knallt!" Auf dem Schnellboot waren die beiden 40-mm-Borfors-Geschütze nicht besetzt und auch nicht auf munitioniert. Die Rohre befanden sich in Nullstellung, d.h. recht voraus mit 45 Grad Rohrerhöhung. Alle vier Torpedoschutzkappen waren festgezurrt. Von Wangenheim berichtet, dass die Boote am Vortage ihre Gefechtstorpedos in Flensburg abgegeben hatten. Der Schnellbootskommandant ließ sich von den Russen nicht einschüchtern und reagierte. „Ich ging auf Stopp. Der KOTLIN drohte, sich die Vorfahrt erzwingend, mein Boot zu rammen. Mit einem AK Rückwärts-Manöver konnte ich seinem Rammversuch ausweichen. Diese wiederholten sich mehrmals. Meine Männer sahen mich entsetzt an und sagten: `Herr Leutnant, das dürfen wir uns auf Dauer in Hoher See nicht gefallen lassen. Wir müssen den Ruskis mal die Faust zeigen`. Nach dem dritten Rammversuch des KOTLIN-Zerstörers habe ich mir aus der vorderen Munitionslast eine UZI-MPi auf die Brücke bringen lassen. Dann habe ich ca. 50 bis 100 Meter hinter dem Heck des Zerstörers `eine Naht durch sein Kielwasser genäht`. An der Reaktion des sowjetischen Kommandanten konnte ich ablesen, dass die Russen meine MPi-Salve wahrgenommen und offensichtlich als Warnung richtig verstanden hatten. Das Vierlinggeschütz drehte bei, die Geschützbesatzung wurde abgezogen. Der KOTLIN ließ von unserem Schnellboot ab. Er lief mit hoher Fahrtstufe dem KYNDA-Kreuzer hinterher, der schon beinahe mit den anderen beiden Schnellbooten PANTHER und LEOPARD an der Kimm verschwand. Ich kann heute (2011, Anm. des Autors) nur vermuten, dass ich den KOTLIN binden sollte, der die Fotoerfassung durch unsere Boote ver- bzw. behindern wollte, was ja sein gutes Recht auf See war. Wenig später nach dem Abdrehen des KOTLIN erhielt ich einen Funkspruch vom Flottenkommando mit der höchsten Vorrangstufe `Z`: `Lutz, fotografieren und nicht provozieren!` Ganz offensichtlich hatte die NATO-Funkaufklärung etwas von dem Vorfall auf See mitbekommen."

Auch die Marineflieger der NATO beteiligten sich am KYNDA-Aufklärungseinsatz. Innerhalb einer Stunde flogen sie mehrmals an den beiden sowjetischen Kriegsschiffen in Masthöhe seitlich vorbei. Der Raketenkreuzer GROSNI war der Star der Ostsee. Die NATO gewann brisante Nahaufnahmen über diesen neuen Kreuzertyp der sowjetischen Seekriegsflotte mit allen an Oberdeck sichtbaren waffentechnischen Details. Als alle Aufnahmen im Kasten waren, drehten die Marineflieger wieder ab. Die Führung der Baltischen Flotte informierte ihre Bündnispartner nicht über das Passieren ihres Flottenverbandes in der westlichen und mittleren Ostsee.

Notaufenthalt in Malmö
Zur Beobachtung und operativen Aufklärung der Handlugen der NATO-See- und Luftstreitkräfte setzte das Kommando der Volksmarine Anfang November 1962 das Vermessungsschiff „Karl Friedrich Gauss" in Richtung Kattegat in Marsch. Auf dem ca. 300 t verdrängenden Fahrzeug des SHD, einem ehemaligen Fischereiboot vom Typ Seiner, fuhr unter einer zivilen Besatzung. Die einzigen Uniformierten an Bord waren Kapitänleutnant Ewald Tempel von der Abteilung Aufklärung der Volksmarine und sein Marinefunker.. Tempel fungierte als Leiter der Aufklärungsfahrt, die damals zur Tarnung als „Hydro-meteorologische Expedition" bezeichnet wurde. Nach Passage des Großen Belt geriet das Vermessungsschiff im südlichen Kattegat am 6. November in schwere See. Bei Windstärke 9 zunehmend, konnte sich die „Gauss" kaum noch auf der See halten. Im Seegebiet zwischen der dänischen Ostküste von Djursland und der Insel Anholt befahl Tempel deshalb den Abbruch

des Einsatzes und Kurs in Richtung Heimathafen Warnemünde. Auf der Rückfahrt durch den Öresund verschlechterte sich die Wetterlage. Der Wind erreichte in Böen die Stärke 12 der Beaufortskala. Um die Sicherheit des Schiffes und seiner Besatzung besorgt, fasste Seeoffizier Tempel den Entschluss, in Malmö einzulaufen. Der Notaufenthalt im neutralen schwedischen Hafen resultierte aus rein seemännischen Erwägungen. Angesichts der Notsituation seines Schiffes verloren politische Befindlichkeiten in Tempels Überlegungen an Bedeutung. Das sollten ihm später Hardliner im Marinekommando zum Vorwurf machen. Kaum war die „Karl Friedrich Gauss" im Hafen von Malmö fest, erschien ein schwedischer Zollinspekteur an Bord des DDR-Schiffes. In perfektem Deutsch sprechend genehmigte er den Notaufenthalt und klarierte Schiff und Besatzung ein. Während seines Kontrollganges an Bord warf er auch einen Blick in den Funkraum, ohne die sensible Funktechnik zu inspizieren. Dass die im Auftrag der Volksmarine handelnde „Karl Friedrich Gauss" während der Kuba-Krise keine Spazierfahrt auf See unternahm, war dem Zollinspektor offensichtlich klar. Wozu also in der angeheizten internationalen Lage noch Öl ins Feuer der Ost-Westkonfrontation gießen und geheime Funkunterlagen eines Schiffes des Warschauer Paktes ausspionieren. Als sich der Schwede wieder von Bord verabschiedete, sagte er freundlich lächelnd: „Ihr braucht Euch beim Auslaufen nicht extra abmelden, dass bekommen wir sowieso mit!" Während des zwei Tage dauernden Aufenthaltes im Hafen von Malmö wurden die DDR-Seeleute und ihr Marineoffizier zuvorkommend behandelt und gut umsorgt.

Kaum in Rostock angekommen, wurde Tempel wegen seines eigenmächtigen Malmö-Coups im Alarmzustand des Warschauer Paktes von Stabsoffizieren im Kommando der Volksmarine attackiert. Nach deren Ansicht hätte er das Bündnis in große Gefahr gebracht, weil er vor dem Einlaufen nicht den geheimen Funk-Code an Bord vernichtete. Karriereoffiziere wollten Tempel wegen ungenügender politischer Wachsamkeit zu Fall bringen. Konteradmiral Neukirchen und der Chef des Stabes, Kapitän zur See Nordin, sahen das anders. Nach Kenntnis der näheren Umstände, die Tempel zum Einlaufen in Malmö veranlassten, hielten sie dessen Entscheidung für richtig. Damit erteilten sie dem überzogenen Feind- und Sicherheitsdenken in den eigenen Reihen eine deutliche Abfuhr.

Rettungseinsatz in Volksmarine

In der, durch die Kubakrise verursachten angespannten militärpolitischen Lage platzte in der Volksmarine ein Ereignis ganz anderer Art. Am 9. November kam es zu einem spektakulären Rettungseinsatz von drei Torpedoschnellbooten der Volksmarine in der Mecklenburger Bucht. Was ging dem voraus? Das MLR-Schiff MAGDEBURG hatte bei schwerem Sturm mit Windstärke neun eine Ruderhavarie. Zwei Matrosen, die den Schaden beheben sollten, wurden auf dem Achterdeck ihres Schiffes von der überkommenden See über Bord gerissen. Das manövrierunfähige Schiff konnte zur Rettung seiner beiden Besatzungsangehörigen nicht direkt eingreifen. Der Kommandant, Kapitänleutnant Hubert Rodewald, ließ einen Kutter K-10 ausbringen, um die beiden hilflos in der See treibenden Matrosen aufzunehmen. Das Unglück ließ nicht lange auf sich warten. Die neunköpfige Kutterbesatzung, unter dem Kommando des Oberbootsmanns, geriet in der Nussschale bei dem ungestümen Wetter selbst in Seenot. Zur Rettung der Kutterbesatzung kamen jetzt drei Schnellboote des Typs 183 zum Einsatz. Wenn überhaupt, hatten nur die in Darßer Ort liegenden Schnellboote eine Chance, den in der aufgewühlten See treibenden Kutter noch vor Einbruch der Nacht zu erreichen. Die Boote HEINZ KAPELLE, WILHELM LEUSCHNER und MAX ROSCHER liefen in Suchformation mit Kurs auf die voraus berechnete mögliche Position. Endlich, nach zwei Stunden sichten sie den Kutter in der See. Es gelang, Leinen an die Besatzung im Kutter zu übergeben. Sobald diese aber festgesetzt waren und sich strafften, brach die Leine wie ein Bindfaden. Jetzt entschloss sich der Kommandant des Schnellbootes HEINZ KAPELLE, den Kutter mit seinem Achterschiff anzulaufen. Um ihn dabei nicht zu überlaufen oder gar zum Kentern zu bringen, musste das Schnellboot in der brodelnden See rechtzeitig zum Stehen gebracht werden, d.h. die Fahrt aus dem Boot genommen sein. Das Manöver klappte. Anschließend zogen die Schnellbootsfahrer ihre Kameraden nacheinander über das Heck auf ihr Boot. Die beiden zuvor auf dem MLR über Bord gegangenen E-Gasten ertranken in der See. Sie wurden auf tragische Weise Opfer der Kuba-Krise in der Ostsee und den damit im Zusammenhang stehenden Alarmzustand in der Volksmarine.

„Ständiger Befehl der Flotte" bei Begegnungen mit Volksmarine

Der „Ständige Befehl der Flotte Nr. 9a" und „Nr. 5" liefert ein Beleg dafür, wie die politische Haltung der Bundesrepublik gegenüber der DDR das Einsatzspektrum der Bundesmarine in der Ostsee beeinflusste. Bis September 1966 regelte der „Ständige Befehl Nr. 9a" den grundsätzlichen Umgang mit Marinefahrzeugen des Warschauer Paktes auf See. Um keinen Anlass zu einer Eskalation zu bieten, wurde den Fahrzeugen der Bundesmarine ein äußerst deeskalierendes Verhalten befohlen. Bei Begegnungen mit Schiffen der Volksmarine war den Kommandanten der Bundesmarine sowohl jeglicher optischer und funktechnischer Signalverkehr als auch zunächst das traditionelle Grußzeremoniell auf See untersagt. Eine Besonderheit bildete der Flüchtlingsschutz von Bürgern der DDR in der freien See. Dazu regelte der „Ständige Befehl" des Flottenkommandos das Verhalten ihrer Marineschiffe bei Zwischenfällen und offenen Angriffen von Grenz- oder Marineschiffen gegenüber flüchtenden Personen auf See. In der Vorschrift wurde den Fahrzeugen der Bundesmarine u.a. befohlen: „Das Aufbringen von Fluchtfahrzeugen oder die Bergung von im Wasser treibenden Flüchtlingen durch Fahrzeuge der DDR zu verhindern. Dies durfte jedoch nur durch gewaltlose Maßnahmen und auf Hoher See erfolgen." Eine Modifizierung erfuhr der „Ständige Befehl der Flotte" im September 1967 in der Fassung „Nr. 5." Dem ging ein besonderes schwerwiegendes Ereignis im **September**

1965 voraus. Marinefahrzeuge der DDR stoppten den BRD-Frachter STEINBURG in internationalem Gewässer in der westlichen Ostsee. Unter Verletzung der Hoheitsrechte eines Staates begab sich ein Kommando von Marinesoldaten der DDR an Bord des westdeutschen Frachtschiffes, um es nach DDR-Flüchtlingen zu durchsuchen. Die Suche fiel negativ aus. Man fand keine „Verdächtigen" bzw. „DDR-Bürger" an Bord. Anschließend konnte der Frachter seine Fahrt fortsetzen. Der Protest der Bundesrepublik ließ nicht lange auf sich warten. In Reaktion auf diesen, in den deutsch-deutschen Begegnungen auf See einzigartigen und einmaligen Vorfall, wurden der Bundesmarine erweiterte Eingreifmöglichkeiten auch in der Anschlusszone der DDR befohlen. Danach konnte die Bundesmarine schon ab sechs Seemeilen (bisher 12 Seemeilen) vor der DDR-Küste das Aufbringen von Fahrzeugen verhindern. Das barg jedoch für die verantwortlichen Stellen in der Bundesrepublik ein zu hohes Eskalationspotential. Deshalb hob die „Fassung Nr. 5" im Dezember 1967 die Verhinderung des Aufbringens von Handelsschiffen in der DDR-Anschlusszone auf See wieder auf. Von nun an war dies nur noch auf Hoher See und in den Hoheitsgewässern der Bundesrepublik Deutschland erlaubt.

Fluchthilfe der Bundesmarine

Auf der Historisch Taktischen Tagung der Flotte im Jahr 2005 traf ein Marineoffizier die Einschätzung, dass Einsätze der Bundesmarine zur Rettung von DDR-Flüchtlingen in der Ostsee eher selten waren. Die Hilfe der Bundesmarine für DDR-Flüchtlinge in der Ostsee hatte im Dienst und in der Aufgabenerfüllung auf See eine untergeordnete Bedeutung. Im Rahmen der Konfrontation mit Fahrzeugen der Volksmarine und der 6. GBK bestand jedoch latent die Möglichkeit von potentieller Gewaltanwendung. Diese wollte man auf keinen Fall provozieren. Nach Auffassung des Referenten „war hier eine Balance zwischen politischen und humanitären Gesichtspunkten einerseits und der Vermeidung einer wo möglichen bewaffneten Eskalation andererseits zu finden". Mit Ausnahme der Fluchthilfeaktion am 15. Juli 1975 gegenüber der Rostocker Segelyacht TORNADO, ist es zu keiner weiteren, derart gefährlichen militärischen Konfrontation zwischen Fahrzeugen des BGS See und der Bundesmarine mit Kriegsschiffen der 6. GBK und Volksmarine auf freier See gekommen.

Minensucher M 1098 verhindert Aufbringung von Flüchtigen

Im **September 1963** gelang dem schnellen Minensuchboot CAPELLA M 1098 der SCHÜTZE-Klasse 341 in der Lübecker Bucht die Rettung von DDR-Flüchtlingen auf See. Der 266t große Minensucher mit zwei Maybach-Dieselmotoren (4.400 PS) lief mit Höchstfahrt 24 Knoten in der Abenddämmerung auf der Position des Schifffahrtsweges Travemünde-Trelleborg, etwa in Höhe des westdeutschen Dahmeshöved. Der schnelle Minensucher hatte zuvor vom Flottenkommando den Funkspruch erhalten, dass in diesem Seegebiet ein Faltboot mit mehreren Personen in

Richtung Territorialgewässer der BRD paddelte. Reinhard Zoche erinnerte sich, dass die Männer auf M 1098 dann tatsächlich im letzten Büchsenlicht ein kleines Faltboot sichteten. Sie erkannten auch, dass von Nordosten her ein Küstenschutzboot der 6. Grenzbrigade (GBK) ins Seegebiet heran preschte. Den westdeutschen Marinesoldaten war klar, dass das weitere Schicksal der mutmaßlichen Flüchtlinge jetzt davon abhing, wer als Erster am Ort des Geschehens eintreffen würde. Beide Schiffe liefen mit Höchstfahrt zu den auf freier See um ihr Leben Paddelnden heran. Durch das Fernglas erkannten die Marinesoldaten, dass es sich um junges Ehepaar handelte. Der Mann hatte ein Kleinkind auf dem Rücken, dessen Kopf aus einem Rucksack heraus ragte. Der westdeutsche Minensucher war mit seinen 44 km/h schneller als das Küstenschutzboot der 6. GBK. Durch geschickte Fahrtmanöver gelang den Männern des Minensuchbootes, dem DDR-Grenzboot den direkten Kurs zum Faltboot zu versperren. Das kleine Paddelboot näherte sich dem Minensucher und machte schließlich an dessen Steuerbordseite fest. Bevor es zur Nahbereichssituation mit dem Grenzboot kam, gelang es, die aus der DDR geflohenen Bürger samt ihrer wenigen Habseligkeiten ohne Gegenattacken der DDR-Soldaten an Bord des Minensuchers aufzunehmen. Anschließend steuerte der M 1098 sofort den Hafen Travemünde an. Das Boot der 6. GBK folgte dem Minensucher noch eine Zeit lang in Richtung Travemünde. Die Marinegrenzer konnten jedoch nichts mehr zur Verhinderung der Personenflucht ausrichten. Am Anleger der Wasserschutzpolizei im Hafen Travemünde übergaben die Marinesoldaten von M 1098 die geflohenen und auf See geretteten DDR-Bürger den westdeutschen Behörden.

Geheime Mission U-Jagdboot NAJADE und TRITON

Dramatisch und einmalig war der seitens der Bundesmarine geheimdienstlich vorbereitete und durchgeführte Einsatz von zwei U-Jagdbooten in der Nacht vom **13. zum 14. April 1968** im Fehmarnbelt, der ausschließlich der Aufnahme eines fliehenden DDR-Bürgers auf See diente.

Das DDR-Urlauberschiff MS VÖLKERFREUNDSCHAFT der Deutschen Seereederei in Rostock, befand sich unter Kapitän Gerhard Thiemann mit 497 Urlaubern an Bord und 220 Mann Stammbesatzung auf der Rückreise von Kuba zum Heimathafen in Warnemünde. Es war das erste sozialistische Traumschiff der DDR der Einheitsklasse. Der Ankauf des ehemaligen schwedischen Passagierschiffes STOCKHOLM, Baujahr 1948, kostete der DDR 17,5 Millionen Westmark. Am 24. Februar 1960 brach die VÖLKERFREUNDSCHAFT zu ihrer ersten Reise ins Mittelmeer mit Aufenthalten auf Rhodos und in Piräus auf. Damals träumte fast jeder DDR-Bürger, an Bord des Schiffes eine Seereise in entfernte Länder unternehmen zu können. Die begehrten Plätze wurden damals vom Freien Deutschen Gewerkschaftsbund (FDGB) der DDR an verdienstvolle Werktätige und Aktivisten vergeben. Dazu gehörte auch mein Vater. Nachdem er wiederholt mit der Medaille „Für ausgezeichnete Leistungen" im Fünf- bzw. Siebenjahrplan geehrt wurde, konnte er im Februar 1961 auf dem Kreuzliner eine Seereise nach Casablanca unternehmen. Seine anschließend der Familie geschilderten imposanten Reiseeindrücke sind mir bis heute in angenehmer Erinnerung geblieben.

Weil die DDR-Führung Angst vor fluchtwilligen Bürgern hatte, führten die Reisziele nach dem 13. August 1961 nicht mehr nach Casablanca oder Athen, sondern nach Leningrad oder Murmansk. Die Begeisterung für diese Reiseziele hielt sich in Grenzen. Dagegen erfreuten sich Seereisen zur Karibikinsel Kuba allgemein großer Beliebtheit. Immer mehr als Touristen getarnte MfS-Leute ohne Urlaubsticket vom FDGB weilten unter den Passagieren an Bord. Immer dann, wenn Küstenabschnitte kapitalistischer Staaten in Nahdistanz passiert wurden, wie z.B. der Fehmarnbelt oder Bosporus, mischten sich an Oberdeck der DDR-Urlauberschiffe MfS-Leute mit Ferngläsern. Ihre gespielte Aufmerksamkeit galt weniger den Küstenlandschaften, sondern den eigenen Landsleuten. Fluchtwillige brauchten hier nur wenige hundert Meter schwimmend zurück zu legen, um in den Westen zu gelangen.

Am Morgen des 12. April 1968, stand die VÖLKERFREUNDSCHAFT im Englischen Kanal zwischen Dover und Calais. An diesem Tag, meldete ein Passagier am Kundenschalter des Funkraums ein Seefunkgespräch nach Kiel an. Das war an Bord eigentlich nichts Besonderes. DDR-Bürger mit Verwandten in der BRD nutzten auf dem Schiff häufig die wesentlich bessere Möglichkeit, um über die Küstenfunkstelle und ohne stundenlange Wartezeit ein Telefonat mit einem Anschluss in der BRD zu führen. Wegen atmosphärischen Störungen konnte der aus dem Landkreis Döbeln in Sachsen stammende Mann nur einen Satz an den Empfänger in Kiel verständlich übermitteln: „Wir kommen am Sonntag Morgen an." Er meinte damit die Ankunft in Warnemünde. Auf diese Information hatte man in Kiel und anders wo schon gespannt gewartet. Die Nachricht war das Signal für das Anlaufen einer Geheimoperation der Bundesmarine mit der Zielstellung: „Hilfeleistung bei der Flucht eines DDR-Bürgers an Bord der VÖLKERFREUNDSCHAFT bei Passieren des Fehmarnbelt". Zuerst musste der Standort des Schiffes in See ermittelt und fortlaufend auf der Seekarte mit gekoppelt werden. Horchposten im Marinefernmeldeabschnitt sieben in Twedterfeld bei Flensburg, die sonst nur den Seefunkverkehr von Kriegsschiffen des Warschauer Pakts überwachten, peilten das in der Nordsee fahrende Urlauberschiff der DDR an. Von jetzt an meldeten sie halbstündlich die Schiffsposition an das Marineführungsdienstkommando.

Die Besatzung des U-Jagdbootes NAJADE P 6054 der THETIS-Klasse 420, mit der ursprünglichen Bezeichnung Torpedofangboot und dann Flottendienstboot, befand sich in bester Urlaubsstimmung. Bis zum ersehnten Osterurlaub waren es noch zwei Tage. Doch daraus sollte nichts werden. Der Kommandant, Kapitänleutnant Johannes Hass, befahl „Boot Klarmachen zum Auslaufen!" Kurz zuvor erhielt er vom Befehlshaber der Flotte einen geheimen Einsatzbefehl. Die beiden Boote NAJADE und TRITON (P 6055) sollten das DDR-Motorschiff VÖLKERFREUNDSCHAFT mit einer Wasserverdrängung von 12.442 BRT zu nächtlicher

Stunde auf See abfangen, um einen potentiellen Flüchtling aufzunehmen. Das ganze Unternehmen barg einige Risiken. Man wusste weder den genauen Zeitpunkt noch die exakte Position an Bord, von wo aus der Mann ins eiskalte Wasser springen wollte. Wie die Schiffsführung des Kreuzliners und das in der Nähe im Fehmarnbelt postierte Vorpostenschiff der Volksmarine bei Erkennen der Fluchthilfeaktion reagieren würden, ließ sich nicht vorher sagen. Deshalb sollte die Aktion nach Möglichkeit unauffällig um Mitternacht passieren. Es kam jedoch alles anders.

Nachdem die NAJADE zur Taktischen Nahaufklärung mit Kurs Fehmarnbelt in See gestochen war, folgte das Schwesternboot TRITON. Beide Boote gehörten zum Flottendienstgeschwader der Bundesmarine. Mit Ausnahme der beiden Kommandanten wusste keiner an Bord, welche Aufgabe die Bootsbesatzungen diesmal tatsächlich hatten. Die damals mit einem 40-mm-Zwillingsgeschütz und vierrohrigen U-Jagd-Raketenwerfer bewaffneten Boote NAJADE und TRITON sollten eigentlich in See feindliche U-Boote orten und bekämpfen. Das 70 Meter lange Kriegsschiff mit einer Wasserverdrängung von 570t bis maximal 650t erreichte mit seinen zwei MAN-Dieselmotoren von 6.800 PS eine Geschwindigkeit von 23,5 Knoten. Diesmal jedoch übte die für die U-Boot-Bekämpfung ausgebildete Besatzung, dutzende Male die Rettung eines Dummy-Schiffbrüchigen in See. Die Aufgabe lautete: Eine in See treibende Puppe im nächtlichen Scheinwerferlicht halten, heran manövrieren und dann auf der Leeseite sicher an Bord nehmen. Gerüchte und Vermutungen machten unter der Besatzung die Runde. Wozu diese nächtlichen Rettungsübungen? Sollte man einen Überläufer aus dem Osten übernehmen? Schließlich informierten die Kommandanten der NAJADE und TRITON ihre Männer über die ungewöhnliche Aufgabe: „Aufnahme eines Mannes vom MS VÖLKERFREUNDSCHAFT, der während der Fehmarnbelt-Passage über Bord springen wird. Unser Mann ist Mitte 30, seine Eltern wohnen am Stadtrand von Kiel. Er ist in der See aufzufischen und anschließend nach Kiel zu bringen. Nichts darf schief gehen."

Die Operation sah vor, dass der Mann seine Fluchtbereitschaft mit einer Taschenlampe signalisieren würde. Von wo aus er an Bord des Schiffes das Blinkzeichen geben würde, war nicht bekannt. Immerhin hatte die 171 Meter lange VÖLKERFREUNDSCHAFT sieben Decks. Die Schwierigkeiten des Unternehmens waren klar umrissen. Die Marinesoldaten mussten zweifelsfrei den Richtigen in der Nacht auf dem Kreuzliner ausmachen. Ebenso musste der Mann wissen, dass sich die helfenden Marinefahrzeuge in der Nähe befanden und in Tuchfühlung parallel zum Urlauberschiff mit liefen.

Kurz vor Mitternacht des 12. April sichteten beide auf Stopp liegenden Marineschiffe das DDR-Urlauberschiff im wiederkehrenden hellen Scheinwerferlicht des Feuerschiffs Fehmarnbelt. Trotz des regen Schiffsverkehrs hatte auch die Brückenwache auf dem Kreuzliner zwei Kriegsschiffe voraus ausgemacht, ohne den Typ und die Nationalität der Fahrzeuge zu erkennen. Mittlerweile war es Mitternacht, der Ostersonntag angebrochen. Um 0.23 Uhr lief die VÖLKERFREUNDSCHAFT mit

17 Knoten am Feuerschiff vorbei. Trotz nächtlicher Stunde herrschte gute Sicht. Die Lufttemperatur betrug sieben Grad Celsius, die Wassertemperatur etwa acht Grad Celsius. Für ein Bad in der Ostsee waren das keine guten Bedingungen. Nach Passieren des Feuerschiffs Fehmarn steuerte die VÖLKERFREUNDSCHAFT den Schifffahrtsweg 1 in Richtung Ost folgend, auf neuen Kurs 120 Grad. Die NAJADE und TRITON hatten inzwischen Fahrt aufgenommen. Beide Marinefahrzeuge kamen schnell auf, bis sie schließlich in einer Distanz von etwa 100 bis 150 Meter parallel an beiden Seiten des Kreuzliners fuhren. Die NAJADE befand sich an der Backbordseite des Urlauberschiffes. Plötzlich bemerkten die Marinesoldaten auf der NAJADE ein Lichtsignal 15 Meter über der Wasseroberfläche. Das musste der Mann an Bord des DDR-Schiffes sein. Der Kommandant ließ jetzt das Bullauge, aus dem das Lichtsignal kam und sein Schiff mit dem Bordscheinwerfer kurz anstrahlen. Er signalisierte auf diese Weise die Anwesenheit der Fahrzeuge der Bundesmarine, damit der Mann seine Helfer in der Nähe wusste. Ohne den Grund für die Scheinwerferattacke zu kennen, wusste jetzt auch die Brückenwache auf der VÖLKERFREUNDSCHAFT, welche Fahrzeuge sich in ihrer unmittelbaren Nähe befanden. Alles musste jetzt sehr schnell gehen. Der Mann kletterte durch das geöffnete Bullauge und seilte sich langsam an einer Leine an der Bordwand ab. Die Marinesoldaten verfolgten gespannt durch ihre Nachtsichtgläser die kühne Seilaktion. Allen stockte förmlich der Atem, als die Leine plötzlich riss. Der Mann fiel in die kalte See und musste schnellstens aufgenommen werden. Die NAJADE fuhr mit 40 km/h „volle Fahrt voraus" und hart Steuerbord an das Urlauberschiff heran. Die VÖLKERFREUNDSCHAFT befand sich zu diesem Zeitpunkt noch auf einer Kursänderung nach Steuerbord. Durch die Drehung bewegte sich das Achterschiff der NAJADE entgegen. Das hatte der westdeutsche Kommandant nicht bedacht. Zum Ausweichmanöver blieb der NAJADE kein Platz. Um 0.25 Uhr krachte es auf der Position 54 Grad 35,4 Minuten Nord und 11 Grad 9,4 Minuten Ost gewaltig. Der Bug der NAJADE rammte mit voller Wucht die Bordwand des Urlauberschiffes. Das Marinefahrzeug legte sich durch den Aufprall stark zur Seite. Die Maschinen fielen kurzzeitig aus. Die Männer auf der Brücke wurden durch den Raum geschleudert. Kurzzeitig flackerte das Licht. Die Beschreibung der Lage an Bord könnte man im Marinejargon als „Zustand" bezeichnen. Der Bug des Vorschiffes hatte sich durch den Crash total verzogen. Der Wassereinbruch hielt sich zum Glück in Grenzen und konnte schließlich gestoppt werden. Die ursprünglich verdeckt geplante Operation war durch die „unsanfte nächtliche Begrüßung" aufgeflogen. Auf Diskretion brauchte man jetzt keine Rücksicht mehr zu nehmen. Der Kommandant befahl, mit dem Bordscheinwerfer nach dem Schiffbrüchigen in der See zu suchen. Allen war bewusst, dass der Mann ohne Spezialausrüstung in der kalten See nicht lange überleben würde. Jetzt zahlte sich das nächtliche Bergungstraining aus. Nach einigen Minuten hatten die Marinesoldaten den wagemutigen Mann an Bord. Seine erste Frage lautete: „Seid Ihr aus dem Westen?" Der Mann wurde erst einmal medizinisch versorgt. Während er unter der heißen Dusche allmählich auftaute, brauste das beschädigte U-Jagdboot in Rich-

tung Marinestützpunkt Kiel davon.

Die Schiffsführung auf der VÖLKERFREUNDSCHAFT war von dem nächtlichen Rammstoss eines Kriegsschiffes der Bundesmarine völlig überrascht. Handelte es sich um eine politische Provokation oder womöglich um einen kriegerischen Akt? Das Urlauberschiff fuhr mit Höchstfahrt in Richtung Warnemünde. Kapitän Thiemann verständigte sofort die Reederei in Rostock. Diese informierte das DDR-Verkehrsministerium in Berlin. Durch die Funküberwachung erhielt auch der Hauptgefechtsstand im Kommando der Volksmarine und die Bezirksverwaltung des MfS in Rostock Kenntnis von dem Vorkommnis auf See. Als die VÖLKERFREUNDSCHAFT sechs Stunden später am Warnemünder Passagierkai anlegte, fehlte ein Passagier. Jetzt wusste man, weshalb zwei Fahrzeuge der Bundesmarine das DDR-Urlauberschiff in die Zange nahmen und dass die (nicht beabsichtigte) Kollision im Verlauf einer Fluchthilfeaktion geschah. Das DDR-Fernsehen brachte am Abend des Ostersonntags einen Beitrag über den Vorfall auf See mit einem Interview des Kapitäns. Gefilmt wurden die Materialschäden an Bord der VÖLKERFREUNDSCHAFT. Die Schadensaufnahme ergab, dass das westdeutsche Marineschiff im Bereich der Spanten 41 bis 50 auf die Bordwand des Kreuzliners prallte. Dem Umstand, dass der Vorsteven der NAJADE dabei direkt auf einen Spant des Motorschiffes traf, war es zu verdanken, dass der Bug des Kriegsschiffes nicht ins Innere des zivilen Schiffes eindrang. Außer einer großen Delle an der Bordwand waren in vier Passagierkabinen des Achterdecks die Holzverschalungen beschädigt.

Bei den Politikern in Bonn und Berlin herrschte dagegen helle Aufregung. Die DDR-Medien berichteten über „Menschenraub und Piraterie in der Ostsee". Die BRD-Presse informierte über eine Flucht in die Freiheit. Nach Ansicht eines Regierungssprechers der Bundesrepublik hätte sich „die NAJADE auf einer alltäglichen routinemäßigen Patrouillenfahrt im Rahmen der Taktischen Nahaufklärung auf freier See befunden. Bei einem Manöver schrammte das Boot zufällig leicht die Bordwand des Zonenschiffes". Die Schuld für die Schiffskollision im Fehmarnbelt nahm der NAJADE-Kommandant später auf sich. Er bezeichnete seine Attacke gegenüber dem DDR-Motorschiff als sehr unseemännisch. Der Kommandant des Bootes der Bundesmarine verstieß gegen nautische Regeln auf See. Er gefährdete sowohl sein Fahrzeug als auch das Schiff der DDR mit seinen Urlaubern an Bord. Das Verteidigungsministerium in Bonn leistete unbürokratisch Schadensersatz. Eine seeamtliche Untersuchung fand in der Bundesrepublik nicht statt. Vom damaligen Zeitgeist geprägt, lag nach Ansicht der westdeutschen Behörden „kein Unfall im Sinne des See-Unfallgesetzes vor, da das Fahrgastschiff der sowjetisch besetzten Zone (SBZ) außerhalb des Geltungsbereiches der Grundgesetzes registriert war."

Die Seekammer-Verhandlung in Rostock stellte fest: „Die Ursache der Havarie ist im Verhalten des westdeutschen U-Jagdschiffes begründet, das unter Missachtung des Artikels 2 der Konvention über das offene Meer (hohe See) und Außerachtlassung des Artikels 19 der Seestraßenordnung diese Havarie schuldhaft verursachte."

Wegen der vom NAJADE-Kommandant verursachten Kollision und dem damit im Zusammenhang heraufziehenden politischen Unwetter fiel die Reaktion des Flottenkommandos über den Ausgang der Aktion weniger euphorisch aus. Den Männern der NAJADE blieb der erhoffte Ruhm als „Marinehelden der Ostsee" versagt. Um sich den neugierigen Blicken und Fragen der Journalisten zu entziehen, musste die erheblich am Vorschiff beschädigte NAJADE einige Tage in der Geltinger Bucht vor Anker ausharren.

Rettungsaktion Fregatte NIEDERSACHSEN F 208 in Lübecker Bucht
In einer lauwarmen Sommernacht des **17. August 1983** begaben sich zwei junge Männer an den Ostseestrand zwischen Brook und Großklützhöved, im nahe gelegenen Ostseebad Boltenhagen. Die beiden aus der DDR stammenden Bürger hatten einen abenteuerlichen Plan. Nach intensivem Training wollten sie, nur mit einfachen Schwimmhilfen ausgerüstet, in der Lübecker Bucht die etwa 25 Kilometer entfernt liegende Küste der Bundesrepublik erreichen. Sie hofften auf dem Wasserweg dorthin, von westlichen Fahrzeugen auf See aufgenommen zu werden. Unbemerkt von Grenzsicherungskräften gelang den beiden Männern die nächtliche Ablandung vom Strand. Zu Zweit schwammen sie hinaus in die See. Irgendwie trieben sie in den Wellen voneinander ab. Sie verloren den Kontakt. So versuchte jeder allein die andere Welt zu erreichen. Aus dem Fluchtvorhaben entwickelte sich am 18. August 1983 eine Rettungsaktion der Fregatte NIEDERSACHSEN F 208 der Bundesmarine. In den Morgenstunden fischten die Marinesoldaten einen völlig entkräfteten Mann aus der Ostsee. Glücklich über seine Rettung, erzählte der Mann, dass er mit noch einer männlichen Person von der DDR-Küste los geschwommen war. Zur Suche dieser zweiten Person in der Lübecker Bucht setzte die Fregatte des Typs 122 ihren Bordhubschrauber Sea Lynx ein. Den Geretteten übergaben sie dem Boot BG-13 des Bundesgrenzschutzes.

Die Seenotrettungsstelle in Schleswig-Holstein koordinierte die Suche nach der zweiten Person auf See. Ein Hubschrauber der Grenzschutzfliegerstaffel wurde ins Seegebiet beordert. Auch die Küstenfunkstellen in Kiel und Lübeck waren in die Rettungsaktion involviert. Die Suche nach dem Mann blieb erfolglos. Man befürchtete deshalb das Schlimmste, dass er auf seiner Flucht wegen Entkräftung in der See ertrunken war.

Aus nicht bekannten Gründen trieb der jedoch südlich ab. Völlig erschöpft und am Ende seiner Kräfte, erreichte der junge Mann das vermeintlich rettende Ufer. Er glaubte, an einem Strandabschnitt der Bundesrepublik angekommen zu sein. Dieser Glaube erwies sich jedoch als ein fataler Irrtum. Kaum dass er wieder festen Boden unter seinen Füßen hatte, wurde er von den Grenzsicherungskräften verhaftet. Die Marinegrenzer hatten den verdächtigen Schwimmer längst im Visier. Sie warteten ab, bis er ihnen förmlich in die Arme lief. Der Mann landete wegen „Republikflucht in Tateinheit" im Gefängnis.

Verschollen im Fehmarnbelt - Fahnenflucht auf Vorpostenschiff

Am Sonnabend den **26. Juni 1971** lag das Minenleg- und Räumschiff ERFURT mit der Bord-Nummer 243 östlich der BRD-Insel Fehmarn in ruhiger See vor Anker. In der Seekarte auf dem Hauptbefehlsstand war die Position 54 Grad 28,7 Minuten Nord und 11 Grad 26,1 Minuten Ost eingetragen. Die am westlichen Ausgang der Ostsee gegenüber dem dänischen Lolland liegende Insel war in einer Entfernung von 5,7 Seemeilen gut zu erkennen. Der kleine Ort Marienleuchte befand sich nahezu auf gleicher Höhe mit dem Marineschiff. Die Sicht an diesem warmen Sommertag betrug etwa acht Seemeilen. Die Dünung versetzte das 1958 in Dienst gestellte Schiff der KRAKE-Klasse in eine sanfte Rollenbewegung. Das in schlichtem Grau angestrichene Fahrzeug befand sich auf der „Vorpostenposition 72", nahe dem Seezeichen „Tonne 6c". Unter der MLR-Besatzung befand sich der 19 jährige Matrose Harald Grau, ein Thüringer von Beruf Glasschleifer aus Ilmenau. Seit dem 2. November 1970 absolvierte er seinen dreijährigen Dienst in der Volksmarine als Soldat auf Zeit. Nach der Matrosen-Spezialausbildung in der Flottenschule Parow erhielt er am 28. April 1971 seine Bordverwendung als Signalgast auf dem MLR 243. Das Schiff gehörte zur 4. Flottille in Warnemünde. Innerhalb von zwei Monaten hatte sich Grau gut an Bord eingelebt. Keiner an Bord ahnte, dass der junge Mann auf diesem Seetörn ein nächtliches Schwimm-Abenteuer zur BRD-Küste plante. Es wäre nicht das erste Mal, dass ein Marinesoldat den Vorposteneinsatz für eine Fahnenflucht nutzte. Laut seiner Personalakte erwarb Grau zuvor in der GST die Qualifikation als Rettungsschwimmer. Für seine Flucht bestanden an diesem Wochenende gute hydrometeorologische Bedingungen. Der Wind wehte mit der Stärke 1 aus Süd-Süd-Ost. Die See war nahezu Spiegel glatt. Die dem Wind nachsetzende See strömte in Richtung Nord-Nord-West mit einer Geschwindigkeit von 1 bis 1,5 Seemeilen/h. Das bedeutet, dass die Strömung einen in See treibenden Gegenstand in einer Stunde bis zu 1,5 Seemeilen in diese Richtung fortbewegt. Dieser Effekt verschafft einem Schwimmer, wenn er sich in die gleiche Richtung bewegte, eine Art Schubunterstützung von maximal 1,5 Seemeilen in der Stunde. In der Annahme, dass Matrose Grau in einer Stunde mit Strömungsunterstützung und bei Windstille etwa drei Seemeilen im Wasser zurücklegte, könnte er in Abhängigkeit von seiner körperlichen Fitness die Distanz zur Insel Fehmarn theoretisch in zwei Stunden bewältigen. Allerdings betrug die Wassertemperatur in diesem Seegebiet zu jener Zeit nur 12 Grad Celsius. Für nicht geübte Schwimmer wäre eine längere Verweildauer in der See ohne Schwimmmittel wegen der Unterkühlungsgefahr sicherlich problematisch. Völlig auf sich allein gestellt, und ohne dass IM`s an Bord etwas von seinem Vorhaben mitbekamen, riskierte Grau in der Nacht zum Sonntag etwa gegen 1 Uhr seine Flucht. Sein Ziel war die Insel Fehmarn oder ein in See stehendes Fahrzeug, das ihn aufnahm oder vielleicht in der dunklen Nacht auf ihn wartete. Wir wissen es nicht genau, denn der Ausgang seiner mutigen und riskanten Aktion ist bis heute ungeklärt. Die Umstände seiner Flucht und das, was danach passierte sind mysteriös. Dafür existieren im BStU-Archiv in Berlin mehrere Akten mit der Aufschrift „Grau". Folgen wir dieser Spur.

Die letzten Stunden an Bord

Signalgast Grau hatte an diesem Sonnabend von 20 bis 24 Uhr Seewache auf dem Signaldeck. Wie schon in den Tagen zuvor, hielt er sich häufig im Kartenraum der Kommandobrücke auf, obwohl sich dort nicht seine Dienst- bzw. Gefechtsstation befand. Interessiert betrachtete er die Seekarten der BRD-Küste. Er erkundigte sich über Distanzen zur Küste Fehmarn, nach Markierungspunkten an Land und den Strömungsverhältnissen in See. Seine Kameraden gaben dem „Neuen" an Bord breitwillig Auskunft. Ein Matrose auf der Kommandobrücke, sagte später in der Vernehmung aus, er habe Grau gegenüber scherzhaft erwähnt: „Würden wir eine Holzkiste über Bord werfen, dann ist die in etwa fünf bis sechs Stunden in Marienleuchte auf Fehmarn." Um 24 Uhr war für die zweite Wache der Dienst beendet. Zur Kontrolle der Vollzähligkeit versammelten sich die Wachgänger auf dem Achterdeck des Schiffes. Alles war OK. Der Wachleiter befahl „Wegtreten". Die Männer begaben sich unter Deck. Einige gönnten sich noch einen „Mittelwächter", den obligatorischen Imbiss zur Mitternachtsstunde auf See. Grau trank gemeinsam mit einem Stabsmatrosen in der Pantry eine Tasse Kaffee. Dann begab sich jeder in sein Deck, um bis zur Ablösung um vier Uhr ein paar Stunden zu schlafen. Einige Besatzungsangehörige bestätigten später, dass sie Grau gegen 0.30 Uhr das letzte Mal gesehen hatten. Ihnen fiel auf, dass er einen prall gefüllten Brustbeutel unter der Uniform trug. In der Volksmarine war es damals üblich, die wichtigsten Ausweise, Erkennungsmarke und Geld und in einem Brustbeutel ständig am Mann zu tragen. Grau nutzte die Nachtruhe und offensichtlich auch lasche Dienstorganisation an Bord, um sich gegen 1 Uhr für immer aus der DDR zu verabschieden. Vermutlich nur in Unterwäsche, dem Bordanzug blau und Bordschuhen bekleidet, begab er sich nach Achtern. Hier seilte er sich ins Wasser ab. Um 3.40 Uhr wurden die Männer zur Wachablösung geweckt. Der erste Wachoffizier (I WO), Leutnant Dieter D., übergab um vier Uhr auf der Brücke die Wache an den Kommandant, Kapitänleutnant Ulrich Dömelt. Zehn Minuten später meldete der Wachleiter dem Kommandant, dass Matrose Grau nicht zur Wachablösung auf dem Achterdeck erschienen war. Der Obermaat hatte bereits den Diensthabenden unter Deck beauftragt, nach Grau zu suchen. Seine Koje war leer. Der Kapitänleutnant erteilte dem Wachleiter den Befehl, nochmals nach Grau an Bord zu suchen. Er blieb jedoch unauffindbar. Jetzt löste der Kommandant um 4.30 Uhr Gefechtsalarm aus. Alle Besatzungsmitglieder besetzten in Windeseile ihre Gefechtsstationen an Bord.

Dann trat die Freiwache auf dem Achterdeck an. Dorthin begab sich auch der Kommandant, um mit der Besatzung Maßnahmen zur Durchsuchung seines Schiffes einzuleiten. Der Leitende Ingenieur, Politstellvertreter, Bootsmann, Leitende Maschinist, Wachleiter, Diensthabende unter Deck und weitere Unteroffiziere durchkämmen jetzt buchstäblich jeden Winkel auf dem MLR. Um fünf Uhr stand fest, Matrose Grau befand sich nicht an Bord. Man konnte nicht ausschließen, dass er über Bord gegangen war, ohne dass jemand Hilferufe hörte. Die ERFURT startete ihre beiden Antriebsmaschinen und hievte um 5.12 Uhr den Anker. Der Kommandant befahl, Suchkurs zu laufen, um den eventuell in See treibenden Signalgast zu finden. Inzwischen war es hell geworden. An Oberdeck starrten alle Wachgänger mit dem Fernglas auf die See und zum Ufer der Insel Fehmarn. Wo war Matrose Grau?

Um sechs Uhr befahl der Kommandant, das Schiff noch einmal in allen Räumen, Lasten und Bilgen zu durchsuchen. Matrose Grau blieb unauffindbar. Inzwischen rechnete man mit der Möglichkeit, dass der Thüringer desertiert war. Um Anhaltspunkte für eine eventuelle Flucht zu finden, ließ der Kommandant Graus Spint im Wohndeck öffnen, seine Sachen durchsuchen und persönliche Briefe sicher stellen. Es fanden sich keine Hinweise, die auf eine Flucht hindeuteten. Das besondere Vorkommnis wurde nunmehr meldepflichtig. Um 6.45 Uhr setzte der Kommandant an den Operativen Dienst in der 4. Flottille den Funkspruch ab: „Dringend! Matrose Grau seit 0.30 Uhr an Bord nicht auffindbar." Laut den Eintragungen im Gefechtstagebuch des Schiffes, ging das MLR um 7.14 Uhr im Fehmarnbelt auf Suchkurs. Dabei kam es zur Begegnung mit dem schnellen Minensucher der Bundesmarine STEINBOCK M 1091. Den Marinesoldaten der anderen Seite blieb nicht verborgen, dass das MLR auf See etwas suchte. Der Minensucher lief einige Zeit parallel zur KRAKE mit. Es dauerte nicht lange, bis auch ein Boot des BGS-See im Seegebiet erschien. Um 8.42 Uhr passierte BG 12 mit langsamer Fahrt das MLR in 300 Meter Entfernung. Zur Verstärkung der Suchkräfte entsandte der Chef der 4. Sicherungsbrigade das Minensuch- und Räumschiff 341 und das Kommando der 6. GBK das Fahrzeug G-82 ins Seegebiet. Mittlerweile kreuzten dort jetzt fünf Marinefahrzeuge. Die KRAKE erhielt den Befehl, umgehend in den Stützpunkt Warnemünde zurück zu kehren. Das MSR 341 übernahm vorübergehend die Vorpostenposition 72. Auf der Rückfahrt des MLR 243 brauste um 10.30 Uhr ein Schnellboot der Bundesmarine heran. Es hielt direkt auf die KRAKE zu. Wegen des fiktiven Angriffskurses löste der MLR-Kommandant Gefechtsalarm aus. Das MLR war innerhalb einer Minute abwehrbereit, alle Geschütze gefechtsklar. Die Marinesoldaten erlebten nicht zum ersten Mal, dass Schnellboote der Bundesmarine mit voller Fahrt direkt auf Fahrzeuge der Volksmarine heran fuhren. Da konnte einem schon mulmig werden. Die Schnellbootfahrer zogen winkend an den Ostmarinern vorbei. Der MLR-Kommandant gab Entwarnung und ließ die Bereitschaftsstufe II herstellen. Auf seinem Heimatkurs begegnete das MLR dem Schwesternschiff MLR 242. Es hatte Befehl, die Vorpostenposition 72 einzunehmen. Für die ERFURT dagegen waren Seefahrten in den nächsten Tagen erst einmal passe. Um 13.08 Uhr machte es am Liegeplatz acht im Marinestützpunkt fest. Die Besatzung erhielt Stellingsverbot. Das bedeutete, keiner durfte bis auf Widerruf das Schiff verlassen. Der Militärstaatsanwalt, das MfS und vom Flottillenchef befohlene Marineoffiziere begannen mit der Untersuchung des Falls „Grau".

Verhöre mit überraschenden Erkenntnissen

Eine Untersuchungskommission unter Vorsitz des Flottillenchefs, Leiters der MfS-

Unterabteilung in der 4. Flottille und Militärstaatsanwaltes nahm unmittelbar nach dem Einlaufen des MLR ihre Arbeit auf. Der Abschlussbericht lag bereits einen Tag später am Montag des 28. Juni vor. Er enthielt Aussagen über gravierende Mängel in der Dienstorganisation an Bord mit diversen Wachvergehen in der Zeit von 0.30 bis 4 Uhr, angefangen beim I WO bis zu den Diensthabenden Unteroffizieren. Nach Ansicht der Untersuchungskommission offenbarten die Umstände der Tat ernsthafte Versäumnisse in der Dienstdurchführung an Bord. Der Militärstaatsanwalt erließ zwei Tage später Haftbefehl gegen Matrosen Grau und eröffnete wegen Fahnenflucht und Spionage ein Ermittlungsverfahren.

Laut den Eintragungen im Schiffstagebuch von MLR 243 passierten im Zeitraum Null bis vier Uhr 12 Schiffe den Vorposten in Fahrtrichtung Ost und acht Schiffe in Richtung West. Bei keinem dieser Schiffe ist den diensthabenden Marinesoldaten in der Nacht etwas Verdächtiges aufgefallen. Alle Fahrzeuge fuhren ohne Fahrtunterbrechung unbeirrt ihren Kurs. Die Befragungen von vier Besatzungsangehörigen, die auf der Brücke Dienst hatten, brachten überraschende Erkenntnisse ans Tageslicht. Die Marinesoldaten gaben an, dass sie zwischen 2.30 bis 2.45 Uhr in etwa 1 bis 1,5 Seemeilen Entfernung einen Gegenstand im Wasser bemerkten. Der führte angeblich rhythmische Bewegungen aus. Diese konnten nicht vom Seegang oder der leichten Dünung herrühren. Die Matrosen meldeten die Beobachtung dem I WO. Sie informierten ihren Vorgesetzten auch darüber, dass sich ein nicht identifizierbares Fahrzeug für einige Zeit in einem Abstand von zwei bis drei Seemeilen zum MLR-Vorposten aufhielt. Ob es sich bei dem Fahrzeug um ein Schiff der Bundesmarine, des BGS See, einen Fischkutter oder gar Sportmotorboot handelte, konnte sowohl damals als auch heute nicht ermittelt werden. Plötzlich nahm dieses unbekannte Fahrzeug Fahrt auf und hielt angeblich auf den in der See treibenden Gegenstand zu. Nach den Beobachtungen der Brückenwache auf dem MLR wendete das Boot gegen drei Uhr und fuhr in Richtung Küste davon. Trotz einsetzender Dämmerung konnten die Matrosen an Bord des MLR in der Entfernung keine Einzelheiten erkennen. Die Brückenwache unter Leitung von Leutnant D. maß der ganzen Sache keine weitere Bedeutung bei. Man vermutete, dass da ein Seehund herum plätscherte oder vielleicht eine Kiste in der See vor sich hin schwappte. Der Leutnant sah keine Veranlassung, Anker auf zu gehen, um den Gegenstand und das auf See stehende Fahrzeug aufzuklären. Keiner ahnte zu diesem Zeitpunkt, dass da draußen in der See ihr Signalgast in Richtung BRD-Küste schwamm. Die Aussagen über die ungewöhnlichen Beobachtungen auf See belegen zweifelsfrei die Flucht des Matrosen Grau. Wie seine Aktion verlief, ob er tatsächlich auf See aufgenommen wurde, allein in Richtung Küste schwamm oder gar ertrank, bleibt bis heute ungeklärt. Auch im Schiffstagebuch des sich gegen sieben Uhr dem Seegebiet nähernden westdeutschen Minensuchers STEINBOCK fanden sich keine Hinweise auf die Aufnahme einer Person im fraglichen Zeitraum.

Da der lasche Wachdienst unter Deck Graus Fahnenflucht ermöglichte, konzentrierten sich die Verhöre auf die verantwortlichen Unteroffiziere. Besonders der

Diensthabende unter Deck, wurde von den MfS-Leuten regelrecht in die Mangel genommen. Der Maat quittierte seine Kontrollgänge um ein, zwei und drei Uhr mit der Eintragung „Freiwache vollzählig", was offensichtlich nicht stimmte. Um 1.10 Uhr musste der Maat sogar von Leutnant D. geweckt werden, da er nicht seiner vorgeschriebenen stündlichen Kontrollpflicht nachkam. Der junge Mann verspürte für den nächtlichen Firlefanz keine Lust und machte lieber ein Nickerchen. Was sollte schon an Bord passieren? Alles lief scheinbar seinen gewohnten Gang. Anfangs behauptete der Maat, Grau in der Koje gesehen zu haben. Schließlich konnte er dem Vernehmungsdruck der Stasi nicht mehr standhalten. Er gab zu, dass die Koje von Grau bei seiner Kontrolle gegen 1.15 Uhr nicht belegt war. Er unternahm jedoch nichts, um festzustellen, wo sich Grau aufhielt. Vielleicht war er auf dem WC? Die Kontrollen um zwei und drei Uhr trug der Maat ins Wachbuch ein, ohne sie durchzuführen. Dieses Wachvergehen bewertete der Militärstaatsanwalt dann als „Beihilfe zur Republikflucht". Der Maat wurde zu drei Monaten Freiheitsstrafe verknackt, die er im NVA-Strafvollzug Schwedt/ Oder absaß. Erst nach 20 Jahren wurde er 1991 vom Amtsgericht Meiningen rehabilitiert.

Die unterlassenen Kontrollen verschafften dem Matrosen Grau einen Zeitvorsprung von etwa drei Stunden. Nach Ansicht der mit der Untersuchung beauftragten Offiziere, hätte der Diensthabende unter Deck jedem schlafenden Freiwächter in die Koje schauen müssen, um nachzusehen, ob derjenige auch schlief. Matrose Grau kannte offensichtlich die laschen nächtlichen Kontrollen während des Seeeinsatzes. Deshalb unterließ er es, mit Decken und Kissen einen Schlafenden in der Koje vorzutäuschen. Als man sein Fehlen an Bord bemerkte, saß er womöglich schon längst auf dem Trockenen.

Nach dem Vorkommnis ordnete der Flottillenchef eine eingehende Untersuchung der Führungstätigkeit der Vorgesetzten, des politisch-moralischen Zustandes und der Wirksamkeit der politisch-ideologischen Arbeit an Bord vom MLR 243 an. Eine aus sieben Offizieren der Politabteilung der 4. Flottille bestehende Arbeitsgruppe führte diverse Befragungen durch. Graus Stasi-Akte enthält Gesprächsprotokolle von fünf Offizieren, 13 Unteroffizieren und 13 Matrosen. Nach Ansicht der Untersuchungskommission erfüllte Kapitänleutnant Dömelt seine Aufgaben als Kommandant nicht zufriedenstellend. Er vernachlässigte die politisch-ideologische Arbeit an Bord. Den Gipfel der Unterstellungen bildete der Vorwurf, dass der Kapitänleutnant angeblich das Vertrauen seiner Besatzung verloren habe. Diese Einschätzung über einen verantwortlichen Marineoffizier ist leider kein Einzelfall. Auch in anderen Untersuchungen zu Vorkommnissen in der Volksmarine bedienten sich Vorgesetzte diesem gefälligen Argument, um den Betreffenden in seiner Dienststellung abzuservieren. Schuld an dem ganzen Flucht-Desaster auf dem MLR ERFURT trug nach Ansicht der Untersuchungskommission ganz allein der Kommandant.

Matrose Harald Grau erhielt „postum" eine Persönlichkeitseinschätzung. Obwohl er seine Spezialausbildung als Signalgast mit „ausgezeichnet" absolvierte, erfuhr die Einschätzung nach seiner Flucht eine negative Wandlung. Angeblich waren seine Kenntnisse als Signalgast an Bord auf einmal unzureichend. Er soll Befehlen von Vorgesetzten widersprochen haben. Im Kreis seiner Kameraden sei er angeblich vorlaut gewesen. Bis zu seiner Flucht galt Grau an Bord von MLR 243 als guter FDJ-Sekretär. Er wurde von seinen Kameraden allseits geachtet. Offensichtlich konnte, dem damaligen Zeitgeist folgend, ein zum Klassenfeind Geflüchteter der Volksmarine kein guter Marinesoldat sein.

Bestrafungen

Der Kommandant vom MLR 243, der für alles an Bord seines Schiffes die Verantwortung trug, wurde disziplinarisch vom Flottillenchef zur Verantwortung gezogen und von seiner Funktion entbunden. Er erhielt seine Versetzung als Zugführer an der Flottenschule Parow. Diese Position bedeutete eine deutliche Herabsetzung in der Dienststellung. Die Bestrafung des I WO fiel dagegen milder aus. Gegen ihn wurde eine sogenannte Erziehungsmaßnahme eingeleitet. Weil sich beide Offiziere keiner Schuld bewusst waren, erhielten sie auch noch eine saftige Parteistrafe. Weiterhin traf das Bestrafungskarussell zwei Unteroffiziere und einen Stabsmatrosen.

MfS-Ermittlungen in Ilmenau

Das MfS führte auch Untersuchungen im Heimatort von Matrosen Grau, in Ilmenau. Seine Eltern waren seit 1961 geschieden. Sohn Harald wohnte bei seiner Mutter. Dort rückte plötzlich die Stasi an. „Ihr Sohn ist desertiert!" brüllte ein MfS-Offizier die damals 41 Jahre junge Frau an. Aus den Vernehmungen von Mutter und Vater sowie zwei zu Harald Grau in Beziehung stehenden jungen Frauen, erhoffte sich das MfS Informationen über das Tatmotiv der Flucht. Die Ergebnisse fielen mager aus. Die Mutter konnte sich nicht erklären, weshalb ihr Sohn in den Westen geflüchtet sein soll. Nach ihrer, vom MfS protokollierten Ansicht, „muss man meinen Sohn verleitet haben, solch eine Handlung zu begehen." Grau hatte ein uneheliches Kind mit einer Frau in Schmiedefeld. Seine gegenwärtige Freundin, die im fünften Monat schwanger war, konnte die Nachricht vom Verschwinden ihres Freundes Harald nicht glauben. Nach dem Seetörn wollten sich beide am 2. Juli verloben und dann bald darauf heiraten.

Flucht nach eigenem Entschluss oder in geheimer Mission?

Während der Ermittlungen des Militärstaatsanwaltes der 4. Flottille meldete die Volkspolizei am 15. August 1971, dass am Strand von Darsser Ort eine Leiche angeschwemmt wurde. 51 Tage nach dem Verschwinden von Grau begab sich der Militärstaatsanwalt zur Identifizierung der Person zum Fundort. Die aufgefundene männliche Person war 183 cm groß und wog ca. 80 kg. Grau hatte eine Körpergröße von 177 cm und brachte 70 kg auf die Waage. Der Militärstaatsanwalt verneinte eine

Identität zu Matrosen Grau. Oder, war er es vielleicht doch? Die Strömungsverhältnisse im Seegebiet südöstlich der Insel Fehmarn lassen es eher unwahrscheinlich erscheinen, dass ein dort Ertrunkener etwa 100 Kilometer weiter östlich an der Halbinsel Darß angeschwemmt wird. Auf der Insel Fehmarn registrierte man im Sommer 1971 keine ans Ufer gespülte männliche Person. Sollte Grau auf seiner nächtlichen Flucht tatsächlich ertrunken und die Leiche von der Strömung an die dänische Küste getrieben sein, dann hätte darüber die Presse berichtet. Auch in dem Fall, wenn Grau die Anlandung auf Fehmarn geschafft haben sollte, wäre das auf der Insel nicht unbemerkt geblieben. DDR-Bürger, denen schwimmend die Flucht über die Ostsee in die Bundesrepublik gelang, standen gewöhnlich als Helden im Fokus der westlichen Presse.

2000 berichtete der MDR über das Verschwinden von Matrosen Grau in der Sommernacht vor Fehmarn. Die BILD- Zeitung brachte ein Foto und titelte in ihrer Ausgabe vom 14. November 2000: „Seit 30 Jahren keine Spur mehr von diesem Mann." Der Journalist beförderte Grau postum zum Maat, was einige Irritationen auslöste. Nachdem die Story über den Sender ging bzw. veröffentlicht wurde, erhielt die Mutter eine überraschende Nachricht von der Redaktion. Man habe einen Telefonanruf aus Schwerin erhalten. Darin stellte sich eine Person als ein ehemaliges Besatzungsmitglied der ERFURT vor. Er sagte den Journalisten, dass er angeblich eine Postkarte erhalten habe. Auf der stand nur das Wort: „geschafft!". Ein anderer Bürger behauptete, den gesuchten Mann unter einem anderen Namen in der französischen Fremdenlegion gesehen zu haben. In der Eile hatte man vergessen, den Namen und die Telefon-Nummer des Anrufers zu notieren. So bleiben auch diese Behauptungen spekulativ, wie so vieles andere in diesem Fall.

Die Indizien der Flucht sprechen noch für eine andere Variante im Kalten Krieg. Falls Matrose Grau über die Spezialschule des MfS gelaufen war, besteht die Möglichkeit, dass er sich im Sonderauftrag des MfS während des Vorposteneinsatzes organisiert absetzte. Dann zumindest hatte Grau zwei Schutzengel: Meeresgott Neptun und den I WO. Das würde erklären, weshalb der I WO nicht auf die nächtlichen Beobachtungen seiner Matrosen reagierte und die Sache einfach laufen ließ. Entlastend muss ich gestehen, dass ich an Stelle des I WO als Bordoffizier auch nicht anders gehandelt hätte. Als ebenso junger Leutnant wäre es mir damals nicht in den Sinn gekommen, dass sich Kameraden meines Schiffes in einer Nacht- und Nebelaktion schwimmend in Richtung Westen absetzen würden. Ganz abgesehen von dem Risiko, es kräftemäßig nicht zu schaffen, Opfer der See zu werden oder entdeckt zu werden. Ich hätte es während meines Dienstes in der Nacht auch plätschern lassen.

Erhärtet wird der Verdacht über eine inszenierte Flucht im geheimen Auftrag durch folgende Episode. Graus Mutter, die sich unermüdlich um Aufklärung über das plötzliche Verschwinden ihres Sohnes bemühte, erhielt eines Tages eine Vorladung ins Wehrkreiskommando Ilmenau. Dort erwartete sie ein General in Uniform. Das ist wegen des hohen Dienstranges sehr außergewöhnlich. Er erklärte: „Es gibt keine stichhaltigen Fakten zum Verbleib ihres Sohnes". Auf die Anspielung der Mutter, dass ihr Harald vielleicht für die DDR ins Ausland geschickt wurde, antwortete der General mürrisch, dass „sie dann in den nächsten 40 Jahren nichts von ihm hören würde". Diese Antwort könnte ein vager Beleg für eine eventuelle Auftragsflucht sein. In diesem Fall wäre die Frist zu Graus Funkstille im Jahr 2011 abgelaufen.

Hinterfragt werden muss auch die Umstand, weshalb der Militärstaatsanwalt der 4. Flottille am 28. August 1971, exakt zwei Monate nach Graus Verschwinden und genau 14 Tage nach der am Strand von Darßer Ort angeschwemmten Leiche, das Ermittlungsverfahren gegen Grau vorläufig einstellen ließ. Entsprach diese Vorgehensweise routinemäßigen Fristabläufen oder gab es andere Gründe?

Gegen den Einspruch der Mutter setzte das Kreisgericht Ilmenau den Tod von Harald Grau auf den 31. Dezember 1976 fest. Am 22. April 1983 hob der Militäroberstaatsanwalt in Berlin endgültig das Ermittlungsverfahren gegen Grau auf, „da der Beschuldigte, entsprechend des durch das Kreisgericht Ilmenau am 15. Oktober 1982 unter Az: T-10/81 ergangenen und seit dem 18. März 1983 rechtskräftigen Beschlusses, seit dem 31. Dezember 1976 als tot gilt." Parallel wurde auch der Haftbefehl gegen Grau aufgehoben.

Untergang im Kalten Krieg: Torpedoschnellboot 844 kollidiert mit Fährschiff DROTTNINGEN

Es ist kurz nach Mitternacht des **31. August 1968**. Auf dem Torpedoschnellboot der Volksmarine WILLI BÄNSCH mit der Bord-Nummer 844 klingelte das Alarmsignal. Um 01.53 Uhr lief das Boot mit 16 Besatzungsmitgliedern aus dem Hafen Darßer Ort. Ihr Auftrag lautete: „Aufklärung und Begleitung der Fregatte KARLSRUHE 223". Die damals zu den modernsten Fahrzeugen der Bundesmarine zählende Fregatte vom Typ 120 der KÖLN-Klasse wurde in der westlichen Ostsee von einem Vorpostenschiff der Volksmarine in schneller Fahrt mit Ostkurs gesichtet. Keiner der jungen Männer an Bord des Schnellbootes 844 ahnte, dass dies ihre letzte Seefahrt sein würde und dass sieben ihrer Kameraden in 34 Minuten verzweifelt mit dem Tode ringen werden.

Historischer Hintergrund

Der „Prager Frühling" verursachte 1968 innerhalb des Warschauer Paktes eine politische Krise. Sowjetische Panzer walzten in jenen Augusttagen vor den Kameras der Weltöffentlichkeit auf den Prager Straßen die tschechische Reformbewegung nieder. In dieser angespannten Lage und überhitzten Atmosphäre platzte am 31. August die Meldung über ein besonderes Vorkommnis in der Ostsee, der Untergang eines Marineschiffes der DDR. Wie kam es dazu?

Mit dem Einmarsch der Truppen des Warschauer Paktes in die benachbarte CSSR wurde am 21. August für die NVA „Erhöhte Gefechtsbereitschaft" (EG) ausgelöst. Das betraf auch die Volksmarine. Boote der 4. Torpedoschnellbootsabteilung verlegten vom Stützpunkt Dranske in den für Spannungs- und Krisenzeiten angelegten Ausweichhafen Darßer Ort, inmitten eines Naturschutzgebietes. Seit 1990 wird dieser, immer wieder zu versanden drohende kleine Hafen, gern als Zwischenstopp von Motor- und Segelyachten angelaufen.

Inmitten der Kadetrinne, dem stark befahrenen Schifffahrtszwangsweg 1 zwischen Gedser Odde auf schwedischer Seite und Darßer Ort an der mecklenburgischen Ostseeküste kollidierte um 2.27 Uhr des 31. August 1968 das Torpedoschnellboot WILLI BÄNSCH mit dem schwedischen Fährschiff DROTTNINGEN. Stark an Steuerbord und Heck getroffen, sank das Boot innerhalb von wenigen Minuten. Alles ging so schnell, dass für einen SOS- Ruf keine Zeit blieb. Neun Besatzungsmitglieder wurden Stunden später in einer Rettungsinsel aufgefischt. Überlebende und Hinterbliebene sowie mit der Marine verbundene Kameraden hinterfragen bis heute die Hintergründe dieser Katastrophe. Wie konnte trotz des hohen technischen Entwicklungsstandes in der Schiffsführung solch ein Unglück passieren? Diese Fragen stellte ich mir anlässlich der jährlich am letzten Augustsonntag von der „Marinekameradschaft Bug 1992 e.V." auf Rügen im Seegebiet zwischen Arkona und Stubbenkammer veranstalteten Totenehrung. In Gedenken der verunglückten Marinesoldaten werden an diesem Tage nach einer kurzen Ansprache des Vorsitzenden der Marinekameradschaft und einem akustischen Achtungssignal der See Kränze und Blumengebinde übergeben. Unter den Gästen des für die Zeremonie gecharterten Schiffes weilt auch hin und wieder der ehemalige Chef der Volksmarine und letzte Chef der NVA unter der De Maiziere-Regierung, Admiral a. D. Theodor Hoffmann. Er leitete damals als Stabschef der 6. Flottille die vom Minister für Nationale Verteidigung der DDR eingesetzte Untersuchungskommission. Die beiden, den Untergang ihres Bootes überlebenden Offiziere, der Kommandant Kapitänleutnant Wolfgang S. und Leitende Ingenieur Leutnant Rolf J. nahmen an keiner, der seit 1993 stattfindenden maritimen Gedenkveranstaltung teil. Als sich aus Anlass der 35-jährigen Wiederkehr der NDR für Mecklenburg-Vorpommern dem Ereignis annahm, wurden weitere Einzelheiten der Schiffskatastrophe bekannt. Die Ausstrahlung des Beitrages im NDR-Nordmagazin am 31. August 2003 erreichte auch fast in Vergessenheit geratene Überlebende vom Schnellboot 844. Ihre Zeitzeugenberichte komplettieren neben dem aufgefundenen 19-seitigen vertraulichen Untersuchungsbericht mit diversen Fotos das Bild über die letzten Minuten der WILLI BÄNSCH und dem, was nach dem Unglück geschah.

Höchstfahrt im Nebel

Der 30. August neigte sich dem Ende, da erreichte den Hauptgefechtsstand (HGS) des Chefs der Volksmarine im Marinekommando in Rostock der Funkspruch, dass die Fregatte KARLSRUHE -F 223- der Bundesmarine aus Kiel kommend in die westliche Ostsee eingelaufen sei. Mit voller Fahrt von 25 bis 30 Knoten fuhr sie mit

Kursrichtung Bornholm in das Verantwortungsgebiet der Volksmarine. Der Leiter des HGS, Kapitän zur See Erich T., und die diensthabenden Marinesoldaten wussten nicht, dass die KARLSRUHE zur Erprobung ihrer Maschinenanlage etwa eine Stunde lang mit Hauptkraft lief. Auch habe man angeblich an Oberdeck mit Persennings verdeckte Gegenstände ausgemacht. Um Klarheit über die Absichten des Gegners in dieser politisch brisanten Zeit zu bekommen, erhielten die Bereitschaftsboote 844 und 843 vom HGS den Befehl zum Auslaufen, der Zielaufklärung und Begleitung. Um 1.53 Uhr rasten beide Schnellboote mit voller Maschinenkraft ins Ungewisse. Dichter Nebel mit Sichtweiten unter 30 Meter erschwerten die Operation, die wegen der schwierigen hydrometeorologischen Bedingungen hätte gar nicht stattfinden dürfen. In der vom damaligen Zeitgeist geprägten Lageeinschätzung raste der Kommandant des Führungsbootes 844 geradewegs in eine Katastrophe. Jeder Schnellbootsfahrer wusste, dass die sowjetische Funkmessstation „Reja" mit ihrer Geräte bedingten „toten Zone" im Sichtbereich bei Nahdistanz für die Seeaufklärung unter diesen Bedingungen an Bord völlig unzureichend war. Auch dass der Wasserdruckschalter an einem Rettungsfloß defekt war, interessierte in jenem Moment keinen.

Schon nach wenigen Minuten auf See hatte der Funkmessgast, Stabsmatrose Reiner Laudeley, neben jede Menge „Gries" 15 Zielobjekte auf dem Radarsichtgerät. U. a. sichtete er auf dem Bildschirm ein größeres Zielobjekt, dessen Identität er nicht kannte. Mit 16 sm/h bewegte es sich direkt auf das Schnellboot zu. Der Kommandant nahm an, die westdeutsche Fregatte KARLSRUHE in der Funkmesspeilung zu haben. Ein fataler Irrtum, denn tatsächlich näherte er sich mit rasanter Geschwindigkeit dem schwedischen Fährschiff DROTTNINGEN. Das verkehrte fahrplanmäßig von Travemünde in Richtung Zielhafen Trelleborg auf gewohntem Kurs. Unbemerkt vom östlich der Insel Fehmarn ankernden Vorpostenschiff der Volksmarine hatte die Fregatte KARLSRUHE wegen der Sichtverschlechterung längst gewendet. Sie steuerte Kurs West und legte sich wegen der miesen Wetterlage südwestlich Staberhuk auf Fehmarn vor Anker. Das blieb den diensthabenden Offizieren im HGS der Volksmarine verborgen. Mit dieser falschen Lageeinschätzung rasten die beiden Torpedoschnellboote in einer selbst inszenierten Konfliktsituation einem Phantom hinterher.

In kurzen Zeitabständen meldete der Funkmessgast dem Kommandant die Entfernungen zum Zielobjekt. Um 2.24 Uhr änderte der Kommandant des Bootes 844 den Kurs von 309 Grad auf 240 Grad West-Süd-West, d.h. er drehte um 69 Grad nach Backbord. Bei einer Geschwindigkeit von etwa 28 Knoten (ca. 52 km/h) nahm er das aufzuklärende Fahrzeug jetzt Steuerbord voraus von der Kursvorausmarke. Das aufzuklärende Ziel lief 16 Knoten. Damit betrug die Annäherungsgeschwindigkeit beider Seefahrzeuge 44 Knoten. Da der Kapitän des Fährschiffes, der Kollisionsgegner, parallel ein Ausweichmanöver nach Steuerbord einleitete, steuerte das Schnellboot nun quer vor den Bug des langsam nach Steuerbord drehenden Zieles. Zwischen der Kursänderung des Schellbootes um 02.24 Uhr und dem Zeitpunkt der Kollision um 02.27 Uhr lagen unter Zugrundelegung der Annäherungsgeschwindigkeit drei Minuten. Das bedeutete, dass die Distanz beider Fahrzeuge zum Zeitpunkt der Kursänderung lediglich 2,2 Seemeilen betrug. Damit ließ sich der Kommandant des Schnellbootes viel zu wenig Raum, um unter diesen schlechten Sichtbedingungen gefahrlos manövrieren zu können. Bei dieser gefährlichen Annäherung sind beide Fahrzeuge verpflichtet, nach Steuerbord auszuweichen bzw., wie in diesem konkreten Fall, bei weiterer Annährung zu stoppen. Dem kam der Kapitän des Fährschiffs offensichtlich nach. Der Kommandant des Schnellbootes behielt dagegen in voller Fahrt das Zielobjekt an Steuerbord voraus. Er hätte bei dem Aufklärungseinsatz das Zielobjekt nach Radarsicht in einem Mindestabstand von drei Seemeilen umfahren und sich dann in dessen Kielwasser setzen müssen. Dann galt es, entsprechend den seemännischen Regeln, sich langsam dem Heck des Fahrzeuges anzunähern, „aufzudampfen" wie der Seemann sagt, um das Fahrzeug identifizieren zu können. Die DROTTNINGEN hatte sich kurz vor 2.30 Uhr der Tonne 12 des Zwangsweges 1 nordwestlich Darßer Ort angenähert. In einer Distanz von etwa drei Kabellängen (550 Meter) zum Zielobjekt wechselten mehrmals die Kommandos des Schnellbootskommandanten von Stopp auf langsame Fahrt. Er beabsichtigte, in den Dunst hinein zu horchen. Plötzlich verschwand das Ziel vom Bildschirmradar. Das bedeutete, dass sich das Boot dem Fährschiff bereits unter 50 Meter angenähert hatte. Jetzt überstürzten sich die Ereignisse an Bord. Der Funkmessgast machte den Kommandanten sowohl mit Worten als auch auf dessen Füße klopfend, auf diesen äußerst gefährlichen Umstand aufmerksam. Da die Sicht gerade bis zum Bug reichte, beorderte der Kommandant den Torpedomechaniker, Stabsmatrose Reinhard Christ, als Posten Ausguck auf die Back. Kaum dort angekommen, sah der plötzlich eine weiße Wand an Steuerbord. Mit einer von der Untersuchungskommission ermittelten Geschwindigkeit von 18,5 Knoten (34 km/h) prallte das Schnellboot mit voller Wucht gegen das Fährschiff. In der Schrecksekunde der Kollision und des Kenterns tat Stabsmatrose Christ das einzig Richtige. Er sprang sofort ins Wasser und versuchte, so tief es ging abzutauchen, um nicht von beiden Fahrzeugen erfasst zu werden. Der Kommandant versuchte, der urplötzlich im Nebel erkannten Gefahr mit einem AK-Manöver aller vier Antriebsmaschinen und Ruderlage „Backbord fünf" auszuweichen. Bei der Wrackbergung standen drei Handgriffe des Maschinentelegraphen auf „voll voraus" bzw. „alle Kraft voraus" (AK). Der Handgriff der Backbord-Bugmaschine stand auf „voll zurück". Für das Manöver des letzten Augenblicks war es jedoch zu spät. Die Zeiger der Bord-Uhr blieben bei 2.27 stehen. Beide Fahrzeuge krachten in Fahrtrichtung in einem Winkel von 70 Grad aufeinander. Der Vorsteven der DROTTNINGEN erfasste das Schnellboot an Steuerbord und schlitzte diese Seite von der Abteilung III bis zum Heck auf. Holz splitterte, Boots- und Anlagenteile flogen durch die Luft. Einige Marinesoldaten wurden von Bord geschleudert, andere waren unter Deck eingeschlossen. Durch die Wucht des Aufpralls rissen Teile des Oberdecks, des Brückenfahrstandes und der „Reja"- Mast ab. Das 25-mm-Heckgeschütz an und das Torpedorohr an Steuerbord samt dem Gefechtstorpedo gingen über Bord. Wahrscheinlich führte das Schnellboot bei der Kollision noch eine

Drehbewegung nach Steuerbord aus. Diese Annahme würde zumindest das im Winkel von 45 Grad total abrasierte Heckteil erklären. Beide Heckmaschinisten, Stabsmatrose Peter Schulz und Jürgen Dannies sowie der im 25-mm-Heckgeschütz während der Fahrt sitzende Stabsmatrose Rainer Handschug sind vermutlich sofort tot. Erst bei der Bergung des Bootswracks wurde ersichtlich, dass die in der Kammer des Leitenden Ingenieurs aufgefundenen Stabsmatrosen Egon Matthes und Gert Witteck vermutlich noch einige Zeit in einer Luftblase atmen konnten. Beide hielten sich zum Zeitpunkt der Kollision in der Kompasskammer auf und wurden von den Ereignissen völlig überrascht. Sie konnten ihre Lage in dem nach Backbord kenternden und dann schließlich kieloben sinkenden Bootes schwer einschätzen. Im Bootsrumpf eingeschlossen, hofften sie auf Rettung. Vergeblich, ein Marinefotograph schoss nach dem Aufslipen des Bootes die wohl grauenvollsten Fotos seines Lebens, die sich im Todeskampf fest umklammernden beiden Marinesoldaten. Das schwedische Fährschiff DROTTNINGEN nahm außer ein paar Kratzer an der Bordwand keine weiteren Beschädigungen.

Rette sich wer kann

An Bord des Schnellbootes und in See spielten sich nach den Erzählungen der Überlebenden dramatische Szenen ab. Der Navigator bzw. E-Nautiker, Stabsmatrose Hans-Joachim Klowersa, wurde in der Brücke durch die Wucht der Kollision vom Kartentisch geschleudert. Nach seinem Empfinden neigte sich das Boot zunehmend nach Backbord. Schnell stand die Brücke unter Wasser und riss dann seitlich auf. Er und Stabsmatrose Laudeley stemmten sich dem eindringenden Seewasser entgegen, um das rettende Brückenschott nach draußen zu erreichen. Das war jedoch für beide zusammen zu eng. In dem Moment ging Stabsmatrose Laudeley der Gedanke durch den Kopf, dass sein Kamerad Klowersa verheiratet ist. Er ließ dem E-Nautiker den Vortritt und gab ihm einen kräftigen Schub nach draußen. Dann legte sich die Rudersäule des Bootes vor die rettende Öffnung. Der Fluchtweg war versperrt. Das schwer getroffene Boot füllte sich weiter mit Wasser und drehte immer stärker nach Backbord bis es schließlich kieloben über das Heck abzusacken begann. Zum Glück erkannte Stabsmatrose Laudeley diese prekäre Lage. Er ließ sich nach unten ins Wasser fallen und tauchte in Todesangst aus dem Boot. Den Sog des Bootes spürend, bemühte er sich nach Leibeskräften vom sinkenden Boot wegzukommen. Als er die Lichter des vorbei fahrenden Fährschiffes erkannte, war ihm bewusst, dass er es geschafft hatte. So wie er, schwammen auch seine Kameraden aus der Gefahrenzone. Von zwei Rettungsflößen schwamm nur eins auf. Das zweite Floß ging mit dem Boot in der See unter. Eigentlich sollten sich die Rettungsflöße bei einem Schiffsuntergang generell allein vom Fahrzeug lösen und dann an der Wasseroberfläche selbständig aufblasen. Den in See Treibenden gelang es, die Rettungsinsel zu entfalten. Die im öligen Salzwasser Treibenden machten sich mit Rufen bemerkbar. Mühsam zogen sich die neun Überlebende ins Floß hinein, darunter auch der Kommandant und Leitende Ingenieur. Allen war spei übel. Sie hatten in ihrer Angst ÖL- und Diesel getränktes Seewasser geschluckt. Die Rettungspäckchen im Floß waren nicht zu gebrauchen. Man hätte sie zuvor mal austauschen sollen. Der Kommandant ließ Notsignale schießen. Vergeblich riefen sie in den stummen Nebel der Nacht um Hilfe. Ihr Begleitboot 843 müsste doch in der Nähe sein. Aber von dem war weder etwas zu hören, geschweige denn zu sehen. Um 2.51 Uhr meldete das Schnellboot 843 dem Hauptgefechtsstand in Rostock die Einnahme der befohlenen Position an Tonne 12. Zu dem Zeitpunkt lag das Führungsboot 844 bereits auf dem Grund der Ostsee. Um 3.15 Uhr empfing die Seenotrettungsstelle in Warnemünde den Funkspruch der DROTTNINGEN, dass sie mit einem unbekannten Fahrzeug kollidierte. Das Fährschiff suchte nach dem Kollisionsgegner in See, bzw. nach dem, was von der „Ramming auf See" vom Fahrzeug übrig geblieben war. Dabei entfernte es sich immer weiter vom Unglücksort. Die im Wasser treibenden Schiffbrüchigen sahen, wie deren Lichter zunehmend ihren Blicken entschwanden. Dann endlich, gegen 4.30 Uhr tauchte im Nebel ein großer Schatten auf, das Handelsschiff ALBERTA, Heimathafen Stockholm. An Bord bemerkte man das Floß mit den Schiffbrüchigen. Doch durch den verdammten Nebel ging der Sichtkontakt wieder verloren. Das schwedische Fährschiff GUSTAV WASA, das sich in der Nähe befand, nahm sofort Kurs zum Unglücksort und beteiligte sich an der Suchaktion.

Seitdem der Funkkontakt zum Schnellboot 844 verloren ging, glühten in den Führungsetagen der Volksmarine und NVA die Drähte. Auch Ulbricht und Honecker in Berlin wurden informiert. Eine große Rettungsaktion lief an. Die Volksmarine alarmierte zehn Schnellboote, vier Minenleg- und Räumschiffe, drei Hubschrauber und ein Hilfsschiff. Eine ganze Flotte suchte in der Ostsee 16 ihrer Marinesoldaten. Dann endlich, nach drei Stunden und 19 Minuten der Ungewissheit fand das Boot 843 im Morgengrauen ein Rettungsfloß mit neun Überlebenden. Das Angebot des schwedischen Fährschiffkapitäns zur Aufnahme und Erstversorgung der Geretteten, erwies sich wegen des zunehmenden Wellengangs als undurchführbar. Es gelang dem Schnellboot 843, ihre Kameraden in der zunehmend rauer werdenden See aufzunehmen. Anschließend ging es mit voller Fahrt zurück in den Marinestützpunkt Dranske.

Wo befanden sich die anderen sieben Marinesoldaten? Noch war deren Schicksal nicht bekannt. Ein westdeutsches und polnisches Handelsschiff sowie drei dänische Helikopter eilten herbei und beteiligten sich nach der Nebelauflösung an der Suchaktion in See. Der Deutschlandfunk und die DDR-Presseagentur ADN meldeten in den Abendstunden des Unglückstages den Bootsuntergang mit den vermissten Seeleuten. Laut ADN „unternahm der Kommandant des Schnellbootes alles, um die entstandene Gefahr abzuwenden" und „das Verhalten der Bootsbesatzung zeichnete sich in der für sie entstandenen schwierigen Situation durch Umsichtigkeit, hohe Disziplin und Moral aus." Über die Ursachen und Schuld des nach dem Untergang vom U-Boot HAI der Bundesmarine am 14. September 1966 nunmehr schwersten Schiffsunglücks in der Volksmarine enthielten die Meldungen keinerlei Angaben.

Wracksuche und -bergung

Der gerettete E-Nautiker Klowersa, der die Fahrt seines Bootes buchstäblich bis zur letzten Sekunde auf der Seekarte laufend mit koppelte, nannte den Offizieren der Untersuchungskommission die letzte Position des Bootes. Unter Berücksichtigung der örtlichen Wind- und Strömungsverhältnisse, ermittelte man den ungefähren Standort des Bootsuntergangs. Räumboote versuchten mit Grundschleppgeräten das Wrack am Meeresboden zu finden. Sie hatten keinen Erfolg. Jetzt kam das Kampfschwimmerkommando (KSK-18) der Volksmarine in dem betreffenden Seegebiet zum Einsatz. Eine Einsatzgruppe des KSK-18 unter Leitung ihres Stabschefs, Kapitänleutnant Klaus Helmrich, befand sich seit den frühen Morgenstunden des 1. September an Bord des Bergungsschiffes 1. MAI. Es nahm Kurs zum vermuteten Untergangsort. Die Tauchergruppe bestand aus 19 Marinesoldaten, darunter acht Offizieren, drei Unteroffizieren und acht Matrosen. Zusätzlich gewährleisteten sechs KSK-Männer die medizinische und materielle Sicherstellung des ungewöhnlichen Einsatzes. Ein mehrere Quadratseemeilen großes Seegebiet mit einer durchschnittlichen Wassertiefe von 15 Metern war außerhalb der DDR-Territorialgewässer abzusuchen. Und das alles bei etwa 8° Celsius Wassertemperatur, wechselnden Strömungsverhältnissen und einer Sichtweite unter Wasser von nur fünf Metern. Eine Dienstvorschrift besagte, dass jeder Taucher täglich nur dreimal auf den Meeresgrund abtauchen durfte. Am zweiten Tag ihres Einsatzes fanden die gut trainierten und ausgebildeten Männer diverse auf dem Meeresboden treibende Blätter des Schiffstagebuches, Borddokumente, Gegenstände des Bootes und sogar die Dienstflagge. Doch wo befand sich das Bootswrack? Unter Berücksichtigung der Versetzung durch die Strömungsverhältnisse in See wurde das Suchgebiet nochmals eingegrenzt. Dann endlich fanden am 5. September Kapitänleutnant Rudolf Ludwig und Unterleutnant Ingo Törsel das Wrack in 15 Meter Tiefe. Es lag kieloben auf der Position 54 Grad 34,35 Minuten Nord und 12 Grad 21,85 Minuten Ost. Den Tauchern bot sich ein schreckliches Bild. Die Steuerbordseite war Mittschiffs bis zum Heckspiegel total zerstört. Besonders stark waren die Verwüstungen in den Heck-Abteilungen I und II, die praktisch nicht mehr existierten sowie im Heckmaschinenraum III. Die später aufgenommenen Wrackfotos zeigen ein wüstes Durcheinander von Rohren, Versorgungsleitungen, zerborstenen Aggregaten und Schottwänden. Irgendwie dazwischen rangen junge Seeleute zum Zeitpunkt der Kollision um ihr Leben. Dort fanden die Kampfschwimmer die beiden toten Maschinisten. Die Taucher brachten auch persönliche Gegenstände von Besatzungsangehörigen an die Oberfläche. Das Bootswrack wurde unter Wasser angeseilt und am 8. September gehoben. Zuvor mussten die Kampfschwimmer aus der Kommandantenkammer die geheimen Quarze der Freund-Feind-Kennungsanlage bergen. Man befürchtete, dass bei der Hebung und auf dem Wracktransport das Boot auseinander brechen und die Quarze dabei verlorengehen könnten. Am Kranhaken hängend und im Wasser aufschwimmend wurde das Bootswrack in den Marinestützpunkt Warnemünde geschleppt. Die Angler und Urlauber auf den Molen des Warnemünder Seekanals staunten nicht schlecht, welch seltsames Bootswrack da an ihnen vorbei zog. Im Marinestützpunkt, am Liegeplatz 19 nahe der Slipanlage, hievte der Kran des Bergungsschiffes das stark beschädigte Boot aus dem Wasser. Das Bild, das sich den Beschäftigten des Bergungsdienstes dabei bot, werden diese wohl nie vergessen. Bei der Hebung brach das Torpedoschnellboot in zwei Teile. Offensichtlich hatte man die beiden Stahltrossen nicht fachgerecht genug um den stark lädierten und vollgelaufenen Bootsrumpf gelegt.

Das Fehlen des Steuerbordrohres samt Gefechtstorpedo und des 25-mm-Heckgeschützes waren ein Beleg dafür, dass der Fundort des Wracks nicht mit dem Kollisionsort identisch waren. Einem Schiff des Seehydrographischen Dienstes gelang es, die vermissten Waffen auf dem Meeresboden zu orten. Da der Zustand des Torpedos als problematisch bewertet wurde, kamen die Kampfschwimmer noch einmal zum Einsatz. Sie brachten den Torpedo mit Plaste-Sprengstoff unter Wasser zur Explosion.

Unauffindbar blieben wichtige geheime Dokumente. Darunter befanden sich u.a. die Funkunterlagen für das Zusammenwirken der drei Ostseeflotten des Warschauer Paktes, Tarntafeln mit Schlüsseleinstellung zur Führung von Schnellbooten der Volksmarine, die Schlüsselserie 309/016 der „VM- 1", die Rufzeichenliste der Volksmarine, zehn Seekarten mit vertraulichem Verschlusscharakter und Signaltabellen. Über den Verbleib der geborgenen und sicher gestellten Seiten des Schiffstagebuches bestehen keine Erkenntnisse. Verschwanden sie, wie auch die Fotos der Toten in irgendwelchen Panzerschränken? Im vertraulichen Abschlussbericht der Untersuchungskommission wird das Schiffstagebuch bzw. das, was davon übrig blieb, nicht erwähnt.

Schuld-Versagen-Verschweigen

Die Volksmarine wich einer kritischen Aufarbeitung eigener Fehler, die zu dieser Schiffskatastrophe führten, in ihrer Selbstdarstellung bis 1990 aus. Debatten über die Schuldfrage ähnelten einem Spagat von Dichtung und Wahrheit, von schuldhaftem Eingeständnis aber auch Schweigen. Ein Sprichwort besagt, geschieht auf See ein Unglück, dann sitzen die Klügsten an Land. Vom damaligen Zeitgeist geprägt, klang der Nachruf des Chefs Volksmarine, Admiral Wilhelm Ehm, der am 30. August seinen 50. Geburtstag feierte. Danach verloren „der Sache des Sozialismus ergebene Genossen in treuer Pflichterfüllung während ihres Dienstes zum Schutz der DDR" ihr Leben. Das Unglück war jedoch vermeidbar. Für Stasi-Chef Erich Mielke stand der Fährschiffkapitän als allein „Schuldiger" am Untergang des Schnellbootes bereits vor Abschluss der Untersuchung fest. In seiner am 3. September 1968 an Erich Honecker gerichteten streng vertraulichen „Einzel-Information Nr. 981/68" bezeichnete er den Kommandanten, Kapitänleutnant Wolfgang S. „als erfahrensten und besten Kommandanten der Torpedoschnellbootsbrigade, der in Erkennung der Situation versuchte, die Kollision zu vermeiden und auszuweichen. Durch die große Geschwindigkeit des Zieles gelang dieses Manöver nicht." In dem MfS-Schreiben sind die Handlungsabläufe so dargestellt, dass sie den Kommandanten nicht belasten. Verschwiegen werden ebenso die Begleitumstände des vom HGS befohlenen Einsatzes.

Am 9. September legte die unter Vorsitz des DDR-Havariekommissars, Kapitän zur See Elchlepp, stehende Untersuchungskommission ihren Abschlussbericht vor. Danach „hätte das Torpedoschnellboot 844 das aufzuklärende Ziel nur aus dem Heckkurswinkel ansteuern dürfen. Erforderlich wäre, Kurs und Geschwindigkeit des Gegners rechtzeitig zu bestimmen." Der Kommandant hätte „das Ziel durch Herabminderung der eigenen Geschwindigkeit nach Osten auswandern und es vor dem Bug passieren zu lassen. Damit wäre die DROTTNINGEN nicht zu einem Drehmanöver nach Steuerbord veranlasst worden. Der Kommandant des Bootes 844 unterlag dem Irrtum, das aufzuklärende Ziel klar an seiner Steuerbordseite zu haben. Deshalb ging er auf Stopp, um es passieren zu lassen. Er rechnete nicht mit der Möglichkeit, dass die DROTTNINGEN zur gleichen Zeit ein Steuerborddrehmanöver fuhr." Soweit der Auszug aus dem 19-seitigen vertraulichen Abschlussbericht. Warum der Kommandant die allgemein geltenden Besonderheiten terrestrischer Navigation bei der Fahrt im Nebel nicht beachtete und sich dem Zielobjekt nicht in dessen Kielwasser langsam annäherte, bleibt unergründbar. Darüber existieren im Abschlussbericht keine Aussagen. Offensichtlich glaubte er bis zur letzten Minute vor der Kollision, die gegnerische Fregatte KARLSRUHE in der Peilung zu haben. Anders lässt sich seine rasante Nebelfahrt nicht erklären.

Der Kommandant wäre nach dem Unglück gut beraten, Fehler die er aus seemännischer Unvollkommenheit begangen hatte, gegenüber seiner Besatzung einzugestehen. Danach sucht man in den Unterlagen vergebens. Er hat sich dazu nie geäußert, weder bis zum 2. Oktober 1990 als auch danach. Verschwiegen wurden auch die Gründe für die falschen Positionsmeldungen über die westdeutsche Fregatte und dem daraus resultierenden Lagebild im Hauptgefechtsstand in Rostock. Man ließ die Überlebenden in dem Glauben, dass ihr Schnellboot von der Fähre, „einfach untergepflügt" wurde, was jedoch nicht den Tatsachen entsprach. Damit im Zusammenhang kursierte in der Volksmarine die Ansicht, dass die Fähre zum Zeitpunkt des Unglücks außerhalb des Zwangsweges 1 fuhr. Die laufende Standortbestimmung des E-Nautikers belegte, dass die Kollision tatsächlich außerhalb des Zwangsweges geschah. Nach gründlicher Prüfung der schwedischen Behörden und mehreren Gerichtsterminen wurde dem Kapitän des Fährschiffes laut einer Recherche des NDR-Redakteurs eine geringe Mitschuld nachgewiesen.

Die gerettete Besatzung wurde nach den Befragungen sofort dienstfrei gestellt. Alle erhielten Heimaturlaub. Bis zum Ablauf ihres Marinedienstes wurden die Matrosen in andere Einheiten versetzt. Der mit der Seefahrt eng verbundene Stabsmatrose Laudeley geriet z. B. in den Wachzug. Er hatte fortan völlig demotiviert den nordwestlichen Zipfel der Halbinsel Bug zu bewachen. Ein Sperrgebiet, in dem sich außer Wildschweinen und Hasen keine Menschenseele verirrte. Seine Beschwerde mit der Bitte um Rückversetzung in die Flotte lief ins Leere. Unfassbar, man drohte ihm sogar mit Haft, wenn er die Notwendigkeit des Wachdienstes nicht akzeptiere.

Nachdem die Leichen der noch vermissten Seeleute, Obermaat Reinhard Zobel und Stabsmatrose Werner Schiwek an die schwedische Küste angeschwemmt wurden, erfolgte deren Überführung in die DDR. Am 12. September fand ein Bergungsschiff die Leiche des in der See aufgetriebenen Rainer Handschug. Nach Übergabe des Toten an das MLR 225 wurde der Leichnam in den Marinestützpunkt Warnemünde gebracht. Die anschließende Obduktion ergab, dass der Stabsmatrose Handschug bei der Kollision eine Schädelbasisfraktur erlitt. Die sieben tödlich verunglückten Seeleute wurden in ihren Heimatorten mit allen militärischen Ehren beigesetzt. Ein Gedenkstein mit ihren Namen steht seit Auflösung des Marinestützpunktes nunmehr auf dem Friedhof in Dranske. Das Andenken der sieben tödlich verunglückten Marinesoldaten der Volksmarine wird im Marineehrenmal Laboe auf einer Tafel wach gehalten.

„In Erfüllung eines Kampfauftrages" würdigte der Chef der Volksmarine den Einsatz der Besatzung mit der Verleihung der NVA-Verdienstmedaille. Die tödlich verunglückten Marinesoldaten erhielten sie postum in Gold, die beiden Offiziere in Silber und Mannschaftsdienstgrade in Bronze. Auf die Frage eines Überlebenden, welche Verdienste bzw. Schicksale damit gestaffelt in drei Stufen gewürdigt werden, ließ Admiral Ehm erklären, dass diese Ordensverleihung auf die spätere Rente angerechnet werde. Er irrte, die Rechnung ging nicht auf. Der Havarie-Kommandant brachte es im Verlauf seiner Dienstzeit noch bis zum Kapitän zur See.

Militärische Eskalation im Seegebiet zwischen Darßer Ort und Gedser am 15. Juli 1975

Der **15. Juli 1975** liefert ein Beispiel, wo ausgelöst durch die Flucht einer DDR-Familie mit ihrer Segelyacht TORNADO in der Ostsee die Politik stundenweise in Seenot zu geraten schien. Es war 11.15 Uhr, als sich an diesem lauwarmen Sommertag die mit vier Personen besetzte Segelyacht TORNADO mit der Segelnummer „GO 213" am Grenzkontrollpunkt Warnemünde ausklarierte. Der Skipper passierte diesen, damals als Kutterbrücke bezeichneten Kontrollpunkt Ausgangs des „Alten Strom" nicht zum ersten Mal in Richtung See. Die Marinegrenzer wussten nicht, dass das Rostocker Ehepaar mit ihren beiden Söhnen plante, die DDR diesmal für immer zu verlassen. Keiner ahnte bei der routinemäßigen Abmeldung, dass sich in wenigen Stunden dramatische Ereignisse weiter nördlich auf See abspielen würden. Die Flucht der Segelyacht mit der Familie Willi Gaeth hätte beinah einen militärischen Konflikt zwischen Fahrzeugen der 6. Grenzbrigade Küste (GBK) und Volksmarine auf der einen Seite sowie dem Bundesgrenzschutz-See (BGS-See) und der Bundesmarine auf der anderen Seite heraufbeschworen. Wie kam es dazu?

Erster Anlauf scheitert

Bereits am Vortage startete das Ehepaar Gaeth mit ihren beiden Söhnen, die jedoch nichts von dem Vorhaben ihrer Eltern wussten, um 14.30 Uhr ab Warnemünde ihre Fluchtaktion mit der Segelyacht. Alles schien gut vorbereitet und organisiert zu sein. Irgendwie lancierte Willi Gaeth zuvor über verwandtschaftliche und geheimdienstliche Kanäle, die bisher nicht thematisiert oder vollständig aufgeklärt wurden, der anderen Seite seine Fluchtabsicht mit Angabe des Zeitpunktes und der Koordinaten im Seegebiet. Die in der „Spiegel"-Ausgabe vom 4. August 1975 (Nummer 32-1975) veröffentlichte Fluchtversion, wonach zumindest das Grenzschutz-Kommando in Bad Bramstedt (Holstein) Kenntnis von dem Fluchtvorhaben der Rostocker Familie hatte, bestätigte der damalige Kommandant des BGS-Bootes G 14 später in einer Mitteilung an den Autor. Der BGS-See erfuhr auf nachrichtendienstlichem Wege von der geplanten Fluchtaktion der Rostocker Familie Gaeth. Die offizielle vom BGS-Kommando als „Ausbildungs- und Patrouillenfahrt" deklarierte Anwesenheit von BG 14 im betreffenden internationalen Seegebiet vor der Halbinsel Darß war demzufolge nicht zufällig. Auch nicht der Zeitpunkt der Fluchtaktion. Immerhin fand 14 Tage später vom 30. Juli bis 1. August in Helsinki die Abschlussphase der Konferenz über Sicherheit und Zusammenarbeit in Europa statt. Die Repräsentanten von 33 europäischen Staaten, den USA und Kanada unterzeichneten in der Hauptstadt Finnlands die Schlussakte dieser Konferenz. Für die DDR setzte Erich Honecker seine Unterschrift unter das Dokument. Vor diesem politischen Hintergrund konnte man sich kurz zuvor keine militärische Eskalation in internationalen Seegewässern zur Verhinderung der Flucht einer DDR-Familie in die Bundesrepublik leisten.

Wegen des schwach umlaufenden Windes benötigte Gaeth am 14. Juli etwa sieben Stunden, bis er mit seiner Yacht das Seegebiet vor Darßer Ort erreicht hatte. Nördlich des hier von den DDR-Behörden für die Schifffahrt ausgewiesenen „Großen Sperrgebietes" sollte es zur Begegnung mit einem Fahrtzeug des BGS-See kommen. Doch die Beamten waren noch nicht zur Stelle. Das für die Fluchthilfeaktion auserwählte Patrouillenboot BG 14 DUDERSTADT vom Stützpunkt in Neustadt lief erst am folgenden Tag mit Kurs Ost aus. Gaeth erkannte, dass es wegen der einbrechenden Dunkelheit nahezu unmöglich war, das erwartete BGS-Boot in See auszumachen. Er entschloss sich zur Umkehr nach Warnemünde und setzte seinen Bordmotor in Gang. Gegenüber den erstaunten Grenzkontrolleuren am Alten Strom gab er an, die Bordbücher vergessen zu haben. Er müsse sie aus seiner Rostocker Wohnung holen. Diese Ausrede erscheint mir als ein ziemlicher Schwachsinn. Kein Segler- und Motorbootskipper fuhr ohne Papiere zur See, schon gar nicht auf der Ostsee. Das habe ich als begeisterter Segler auf den Binnen- und Seewasserstraßen als Erstes gelernt und stets beherzigt. Jedenfalls führte Gaeth seine Umkehr auf die vergessenen Borddokumente zurück. Dass die „Fluchthelfer in Uniform" an diesem Tage noch gar nicht vor Ort waren, wurde damals in der Presse und von den Autoren Christine und Bodo Müller in ihrer 2000 erstmals veröffentlichten Fluchtgeschichte „Über die Ostsee in die Freiheit" nicht erwähnt.

Zweiter Versuch

Am 15. Juli klarierte die Segelyacht TORNADO, Registrier-Nummer E-1-1468 um 11.15 Uhr mit vier Personen an Bord erneut aus. Die Familie Gaeth hatte von den zuständigen DDR-Behörden die Genehmigung erhalten, vom 13. bis 19. Juli 1975 im Seegebiet zwischen Warnemünde-Rügen segeln zu dürfen. Dazu bedurfte es des Einverständnisses mit Unterschrift und Stempel vom Bund Deutscher Segler der DDR, der Bezirksbehörde der Deutschen Volkspolizei in Rostock und der 6. GBK. Außerdem besaß der Skipper mit dem Personaldokument PM-19 die befristete Berechtigung, die DDR-Territorialgewässer zum Umsegeln des „Kleinen und Großen Sperrgebietes" vor Darßer Ort/ Zingst auch in der Nacht verlassen zu können. Mit Unterstützung des günstigen Windes der Stärke vier erreichte das Segelboot bei Kurs 20 bis 35 Grad Nord-Nord-Ost bereits gegen 16.35 Uhr die Tonne Darßer Ort, Koordinaten: 54 Grad 29,9 Minuten Nord und 12 Grad 24,4 Minuten Ost.. Auf dem Weg dorthin passierte die Segelyacht auch das nordwestlich vor Ahrenshoop ankernde Minensuch- und Räumschiff (MSR) G 21 VITTE der KONDOR I-Klasse von der 2. Grenzschiffabteilung in Warnemünde. Bei seiner Vorbeifahrt in einer Distanz von etwa 1,5 bis 2 Seemeilen will Gaeth angeblich gesehen haben, wie die Besatzung des Grenzfahrzeuges in See badete bzw. um ihr Schiff herum schwamm. Diese, in dem Buch „Über die Ostsee in die Freiheit" erwähnte Badeversion, soll offensichtlich den Grenzsoldaten im Nachhinein eine lasche Dienstausübung unterstellen, die wiederum Gaeths Flucht zu begünstigen schien. Mehrere Gründe sprechen gegen diese Badeepisode. Ein angeblich genehmigtes Badevergnügen für die Besatzung wäre in diesem Fall ein grobes Dienstvergehen. Es hätte weitreichende disziplinarische Konsequenzen zur Folge. Die blieben jedoch in Auswertung der Fluchtaktion aus. Zugegeben, es kam schon hin und wieder vor, dass Bootsbesatzungen in Küstennähe und vor Anker liegend, in der Ostsee badeten. Wir Bordoffiziere der Volksmarine nutzten auf See, wenn es der Dienst erlaubte, das Schwimmen um das eigene Schiff mit dem „Kampfanzug See" als Ausbildungselement. Das hat allen Spaß gemacht, diente der körperlichen Fitness und verschaffte jedem Besatzungsmitglied das Gefühl, sich auf See mit orangefarbenem Kampfanzug und eingeknöpfter Korgschwimmweste bewegen zu müssen. Ganz anders verhielt sich der Badespaß bei den Schiffen der 6. GBK. Ihr Auftrag lautete, 24 Stunden am Tag aufmerksam die Küste und See zu beobachten, um Ablandungen von fluchtwilligen DDR-Bürger aufzuspüren, Provokationen an der Seegrenze zu verhindern und Grenzverletzer aus den DDR-Territorialgewässern zu verweisen. Daneben hatten sie auch die Aufgabe, ausländische Kriegsschiffe auszumachen und erforderlichenfalls vor der DDR-Küste zu begleiten. Bei der Annäherung der Segelyacht wäre das unterstellte Baden in diesem Fall sofort beendet worden. Zu berücksichtigen ist ferner, dass in einer Entfernung von etwa drei bis vier Kilometer, mit der die Yacht das Grenzschiff G 21 passierte, es nahezu unmöglich ist, in See schwimmende Personen zu erkennen. Außerdem lag G 21 querab und in Sichtweite der 6. Technischen Beobachtungskompanie (TBK) im Küstenbereich vor Anker. Die auf dem Beobachtungsturm diensthabenden Soldaten hätten den Badevorfall ihrer Kameraden sofort bemerkt und den Vorgesetzten gemeldet. So gesehen ist die angebliche Badeepisode auf G 21 erfunden. Diese Ansicht vertreten auch zwei Kommandanten der an der Aktion beteiligten KONDOR-Schiffe.

G 14 trifft TORNADO nördlich Darßer Ort

Der Warnemünder Skipper ging schon bald auf Kurs Nord, um das militärische Sperrgebiet vor der Halbinsel Darß zu umfahren. Nach Beobachtung der TBK verließ die Segelyacht um 17.40 Uhr nördlich Darßer Ort die Territorialgewässer der DDR. Der Skipper, der zuvor die vorgeschriebene Route befuhr, hielt jetzt auf den internationalen Schifffahrtsweg 1 in der Ostsee zu. Er hoffte, hier auf das erwartete westliche Fahrzeug zu treffen, das seine Familie aufnehmen würde.

Parallel zu Gaeths Ostseetörn stach am Vormittag des 15. Juli das bundesdeutsche Grenzschutzboot BG 14 DUDERSTADT vom Hafen Neustadt/ Holstein aus in See. Hier waren vom BGS-Amt See acht Patrouillenboote der Klasse 157 stationiert. Das Kommando über die Bootsflottille führte Fregattenkapitän Wilfried Mix. Der Einsatz der modernen, schnell laufenden und 38,5 Meter langen Boote mit einer Wasserverdrängung im Einsatz bis zu 245t (Typenverdrängung 220t) erfolgte vorwiegend in der Lübecker und Mecklenburger Bucht. Sie fuhren dort routinemäßig Patrouillen- und Streifendienst. Ferner kamen die Boote des BGS-See in Seenotrettungs- und Suchaktionen in See zum Einsatz. Diesmal jedoch hatten der Kommandant, Oberstabsbootsmann Claus Seekamp (Jahrgang 1931) und seine 27-Mann-Crew einen Sonderauftrag. Der lautete sinngemäß: „Operation auf dem internationalen Schifffahrtsweg 1 mit östlichem Vorstoß bis ins Seegebiet nördlich Darßer Ort. Dort, auf der Position 54 Grad 34,5 Minuten Nord und 12 Grad 36,5 Minuten Ost Treffpunkt mit der DDR-Segelyacht TORNADO, Zeitraum etwa zwischen 16 bis 21 Uhr. Hilfeleistung gegenüber der Familie Gaeth auf ihrer Flucht in die Bundesrepublik." In der BRD war es üblich, die Fluchthilfe gegenüber DDR-Bürgern in See als „Rettungsaktion" zu bezeichnen. Wegen der außergewöhnlichen Mission von BG 14 soll angeblich auch der Adjudant des Kommandeurs bzw. des Stabes vom BGS-See mit an Bord aufgestiegen sein. In Abhängigkeit von der gewählten Fahrtstufe dürfte BG 14 für die ca. 75 Seemeilen lange Fahrtstrecke etwa vier Stunden benötigt haben. Im Einsatzfall war der BGS-Besatzung der Maschinenantrieb der beiden MTU-Dieselmotoren vom Typ 16 V 538 TB 90 (vormals Maybach-Mercedes-Benz MD 872) gestattet. Mit diesen beiden äußeren Antriebsmaschinen erreichte das Boot bei einer maximalen Leistung von 7.208 PS eine Geschwindigkeit bis zu 31 Knoten. Eine Dienstanweisung für den BGS-See besagte, dass ansonsten für „Streifen- und Ausbildungsfahrten" nur mit der MWM-Mittelmaschine (Typ TRHS 518 16 V) gefahren werden durfte. Diese hatte eine Antriebsleistung von 685 PS. Damit erreichte das Boot gerade mal 9 bis 11 Knoten.

Die Funkaufklärung der Volksmarine erfasste das, noch nicht als BGS-Patrouillenboot identifizierte Fahrzeug, erstmals um 11.45 Uhr auslaufend von Neustadt in der Mecklenburger Bucht. Während seiner Fahrt in Richtung Ost stand es außerhalb der DDR-Territorialgewässer funkmessmäßig bis 14.45 Uhr unter Beobachtung. Danach geriet das Ziel nördlich Darßer Ort aus der Funkmesssicht der Küstenaufklärung. Nördlich vor dem Ostseebad Prerow lag an diesem Tag das MSR-Schiff G 24 GRAAL MÜRITZ von der 2. Grenzschiffabteilung vor Anker. Mit großer Wahrscheinlichkeit hatte es den Kurs von BG 14 im Seegebiet mit geplottet, ohne das Fahrzeug als solches identifiziert zu haben. Das betraf auch die funkmessmäßige Erfassung der genehmigten Fahrt der DDR-Segelyacht. Um 17.30 Uhr wurde BG 14 etwa 2,6 Seemeilen von der nördlichen Begrenzung der Hoheitsgewässer der DDR von der TBK auf Darßer Ort visuell ausgemacht. Zu diesem Zeitpunkt näherte es sich bereits mit Höchstfahrt dem Rostocker Segelboot. BG 14 kam auf Rufweite an die Yacht heran. Der Kommandant, Oberstabsbootsmann Seekamp, erkundigte sich über die Lage des Seglers. Das Anliegen der DDR-Familie war unmissverständlich und schnell erklärt. Sie wollten in den Westen. Der westdeutsche BGS-Kommandant gab sein OK und nahm die Segelyacht in internationale Gewässer in Schlepp.

Taktik von BG 14 auf See

Damit die Geheimoperation von BG 14 nicht im Vorfeld von der Küstenaufklärung und den Schiffen der 6. GBK erkannt wurde, wählte dessen Kommandant ein sehr geschicktes Kursverhalten. Als das Patrouillenboot gegen 14.35 Uhr die Position nördlich Darßer Ort erreichte, hatte es zu dem Segelboot offensichtlich noch keinen Radarkontakt. Die Rostocker Yacht befand sich zu diesem Zeitpunkt noch auf dem Weg dorthin, etwa in Höhe der Küste vor Ahrenshoop. Nordwestlich vor Ahrenshoop lag G 21 vor Anker. Bis zum avisierten Treffpunkt auf See, verblieben dem Skipper etwa noch zwei bis drei Stunden. Um die Fluchtaktion der Segelyacht nicht durch eine, der GBK ungewohnten Warteposition eines westlichen Fahrzeuges oder dessen auffälliges Kreuzen vor den Territorialgewässern der DDR zu gefährden, entfernte sich BG 14 mit Kursrichtung Nord. Folgerichtig geriet das Ziel dann auch um 14.45 Uhr aus der Funkmesssicht der TBK auf dem Darßer Ort. Das vor Prerow liegende Grenzschiff G 24 maß dem Kursverhalten des BGS-Bootes auf Hoher See zu diesem Zeitpunkt noch keine außergewöhnliche Bedeutung bei. So gesehen erwies sich die Taktik von BG 14 für den überraschenden Vorstoß aus Norden kommend und dann in Richtung Darßer Ort fahrend als erfolgreich. Alles Weitere ging dann sehr schnell.

Kurz zuvor erhielt G 24 um 17.53 Uhr vom Operativen Dienst (OP-Dienst) im Stab der 6. GBK in der Rostocker Ulmenstraße den Befehl zur Aufklärung der

Handlungen des Bootes vom BGS-See. Nur vier Minuten später meldete die TBK auf Darßer Ort um 17.57 Uhr, das „Längsseitsgehen einer Segelyacht an BG 14." G 24 ließ sich mit dem Manöver „Anker auf" und Start der beiden Hauptmaschinen viel Zeit. Immerhin brauchte dessen Kommandant ca. 80 Minuten seit der Befehlserteilung vom vorgesetzten Stab, bis er BG 14 trotz der relativ geringen Distanz von etwa 10 Seemeilen in See erreichte. G 24 brauste mit Höchstfahrt an das westdeutsche Boot heran. Am Mast des Grenzschiffes der DDR wehte das internationale Flaggensignal „Lima". Die in den Farben gelb und schwarz übereck geteilte Flagge bedeutete „Bringen Sie Ihr Fahrzeug sofort zum Stehen!" Jetzt wurde es ernst. Der Kommandant auf BG 14 ließ die Trosse zur Segelyacht bis auf ein paar Meter dicht holen. Er beorderte die vier Rostocker Zivilisten an Bord von BG 14, d.h. auf bundesdeutsches „Territorium". Dann stiegen zwei mit Pistolen bewaffnete Besatzungsangehörige der DUDERSTADT auf das Segelboot über. Sie holten sofort die DDR-Flagge nieder und hissten auf der Rostocker TORNADO die Bundesdienstflagge. Damit schien, so glaubten es die BGS-Besatzung und Neuankömmlinge in der freien Welt, rechtlich in internationaler See alles klar und eindeutig zu sein.

TORNADO im Schlepp von BG 14

Als G 24 auf der Position 54 Grad 35 Minuten Nord und 12 Grad 37 Minuten Ost das Fahrzeug des BGS-See mit dem Segelboot im Kielwasser gegen 19.15 Uhr erreichte, staunten die DDR-Grenzer, was sich inzwischen auf See ereignet hatte. G 24 lief direkt an Steuerbord von BG 14 heran, verringerte dann seine Fahrt bis das Grenzschiff dann genau so schnell bzw. langsam fuhr, wie das BGS-Patrouillenboot mit dem Segelboot in Schlepp. Beide Kommandanten auf BG 14 und G 24 konnten sich förmlich in die Augen sehen. Keiner sprach ein Wort. Die Lage war eindeutig und bedurfte keiner Erklärung. Der Kommandant von G 24 meldete per Funk seine Erkenntnisse umgehend dem OP-Dienst der 6. GBK. Von dort ging die Eilinformation sofort an den Hauptgefechtsstand beim Chef der Volksmarine. Die lautete: „DDR-Segelyacht im Schlepp von BG 14 - Bezeichnung des Heimathafens am Heck der Yacht unkenntlich gemacht - Yacht führt die BRD-Flagge - Registrier-Nummer des Bootes E-1-1468 ist deutlich zu erkennen." Trotz des überklebten Bootsnamens war durch die von G 24 identifizierte Nummer nachweisbar, dass es sich um die DDR-Yacht TORNADO aus Rostock handelte. Die Führung der Volksmarine und der 6. GBK, die jetzt weitere Kräfte alarmierte und an das BGS-Fahrzeug mit der Rostocker Segelyacht in Schlepp heranführte, bewertete die westdeutsche Polizeiaktion auf Hoher See „als völkerrechtswidrige Handlung von BG 14 gegenüber der DDR-Yacht." Die „Heranführung weiterer Schiffe der 6. GBK und von zwei Schnellbooten der Volksmarine" dauerte nach Einschätzung des in jener Zeit amtierenden Chefs der Volksmarine, Konteradmiral Gustav Hesse „viel zu lange, um das ungesetzliche Verlassen der DDR durch Gaeth zu verhindern". Inzwischen hatte das zuvor vor Ahrenshoop ankernde Grenzschiff G 21 VITTE den Schleppverband erreicht. Auch das im Seegebiet vor Warnemünde postierte Grenzschiff G 22 ZINGST wurde eiligst heran geführt. Es stieß etwa gegen 20.30 Uhr auf die beiden, den Schleppverband flankierenden Grenzschiffe G 21 und G 24. Alle KONDOR-Schiffe der 6. GBK hatten das internationale Flaggensignal „Lima" gesetzt. Das Boot des BGS-See ließ sich von der aufgefahrenen Drohkulisse und dem Stopp-Signal in freier See nicht beirren. Mit dem Segelboot in Schlepp fuhr BG 14 Kurs Südwest, der langsam im Meer untergehenden Sonne entgegen. Die DDR-Grenzsoldaten erkannten, dass die Flucht der DDR-Familie in die Bundesrepublik mit deren Aufnahme an Bord von BG 14 unabwendbar geglückt war. Anders verhielt sich die Sache dagegen mit dem zur Flucht benutzten Fahrzeug, der Rostocker Segelyacht TORNADO. Entgegen den Angaben von Gaeth, der gegenüber dem BGS-Kommandanten die Segelyacht als sein Eigentum deklarierte, verfügte die 6. GBK auf Anfrage beim Bund Deutscher Segler über Informationen, dass dieses Segelboot bei der Segelsportgemeinschaft vom Fischkombinat Rostock registriert ist. Die Informationen zu den an Bord befindlichen Personen und der Segelyacht stützten sich auf Angaben von Gaeth, die dieser bei der Antragstellung zur Segelgenehmigung bei den zuständigen Behörden selbst einreichte. Die Ansicht, ob die Segelyacht TORNADO tatsächlich Gaeth oder der Segelsportgemeinschaft gehörte, bleibt je nach dem Betrachtungsstandpunkt zweigeteilt. Die weiteren Aktivitäten der im Seegebiet operierenden Schiffe der 6. GBK und der Volksmarine konzentrierten sich auf die Inbesitznahme der Segelyacht. Gemäß dem Strafgesetzbuch der DDR, „§ 213 Ungesetzlicher Grenzübertritt", war das zur Straftat benutzte Fluchtmittel einzuziehen.

BGS und GBK im See-Duell

Um der ultimativen Forderung zum Stopp und zur Herausgabe des Segelbootes Nachdruck zu verleihen, blieb das jeweils auf dem Vorschiff der KONDOR-Fahrzeuge befindliche 25-mm-Geschütz, eine Doppellafette vom Typ 2-M-3, während der Kapermanöver see- und gefechtsklar. Die Bereitschaftsmunition von 65 Schuss befand sich im Gurtkasten des Geschützes. Der Befehl zum gewaltsamen Entern der Yacht blieb jedoch aus. Der Chef der 6. GBK, Konteradmiral Heinrich Jordt und die Kommandanten der Grenzschiffe waren sich der Konsequenzen eines eventuellen Waffeneinsatzes gegenüber einem ebenfalls gefechtsklaren Boot des Gegners durchaus bewusst. Durch wiederholtes Querlegen vor den Bug von BG 14 versuchte ein Grenzschiff den Schleppverband zum Stoppen zu veranlassen, während die beiden anderen Schiffe das westdeutsche Boot jeweils an dessen Steuer- und Backbordseite in die Zange nahmen. Die drei KONDOR der GBK unternahmen zahlreiche Anläufe, um der Rostocker Segelyacht wieder habhaft zu werden. Das sonst im Marineblauen Bordanzug fahrende Grenzerpersonal hatte unter Gefechtsalarm bzw. Bereitschaftsstufe I an Oberdeck vorschriftsmäßig den orangefarbenen Kampfanzug See angelegt. Auf dem Achterdeck von G 22 und G 21 stand jeweils ein mit MPi bewaffnetes Durchsuchungskommando mit einem Schlauchboot in Bereitschaft.

Angesichts der Übermacht der gefechtsklaren Schiffe der GBK wurde die Lage für die Männer auf BG 14 mit der geschleppten Segelyacht immer bedrohlicher. Der BGS-Kommandant ließ an den Brückennocken zwei Maschinengewehre aufstellen und Munition anschlagen. Die Männer seiner Crew erhielten Handfeuerwaffen, MPi und Pistolen. Die beidseitige „Aufrüstung" an Bord erfolgte nahezu in Sichtweite. Jeder konnte die Handlungen des anderen verfolgen. Der Kommandant von BG 14 setzte per Funk eine Lageinformation an seine BGS-Leitstelle in Neustadt ab. Dort reagierte man sofort. Gegen 20.30 Uhr erhielt BG 14 Luftunterstützung von einem BGS-Hubschrauber des Typs BELL UH-1 D. Durch wiederholtes gefährliches Anfliegen mit Anblenden seines lichtstarken Scheinwerfers gelang es dem Hubschrauber, die Grenzschiffe zeitweilig abzudrängen. Laut Einschätzung des BGS „versuchten die Grenzschiffe der DDR mit sehr riskanten Überhol- und Abschneidemanöver die Schleppleine zwischen BG 14 und der Segelyacht zu kappen". Die Grenzfahrzeuge kamen mitunter bis auf fünf Meter an das Heck von BG 14 heran. Doch immer dann, wenn sich die KONDOR-Schiffe BG 14 und dem, von BGS-Beamten besetzten Segelboot näherten, hoben die westdeutschen Beamten drohend ihre MPi und richteten die Waffen in Richtung des Brückenpersonals der Grenzschiffe. Dieses Wechselspiel wiederholte sich einige Male, ohne dass dabei ein Schuss fiel und ein Fahrzeug zu Schaden kam. Alle Attacken zur Kappung der Schleppleine scheiterten, weil die Beamten auf BG 14 jedes Mal die Trosse mit aller Kraft wieder dicht holten und kurz hielten. Kurz nachdem der Hubschrauber wegen Spritmangel abdrehen musste, erschien gegen 21 Uhr ein zweiter BGS-Helikopter. Etwa 30 Minuten später trafen in Höhe Gedser Feuerschiff die Boote BG 12 BAD BRAMSTEDT und bald darauf BG 11 NEUSTADT zur Unterstützung von BG 14 am Ort des Geschehens ein. Dass der BGS-See in relativ kurzer Zeit zwei weitere Fahrzeuge heran führen konnte, beweist, dass die Boote möglicherweise in Neustadt in Bereitschaft gehalten wurden. Während BG 14 mit dem Segelboot in Schlepp langsam weiter in Richtung Westen fuhr, sicherten die anderen beiden BGS-Boote den Schleppverband beidseitig in See ab.

Zwischenzeitlich hatte der Hauptgefechtsstand beim Chef der Volksmarine in Rostock zwei Torpedoschnellboote des Typs 206 SHERSHEN aus der Marinebasis der 6. Flottille in Dranske zum Ort des Geschehens befohlen. Sie sollten die drei KONDOR der GBK unterstützen. Die Schnellboote 851 FRITZ BEHN und 854 FIETE SCHULZE trafen noch vor dem Dunkelwerden im Seegebiet zwischen Gedser und Warnemünde ein. Jetzt wurde die Situation für die BGS-Fahrzeuge und ihre Besatzungen noch bedrohlicher. Die Heranführung von zwei Schnellbooten verdeutlichte die Absicht der Führung der Volksmarine, die Flucht der DDR-Familie samt ihrer Segelyacht zu beenden. „Von einer angemessenen Reaktion" seitens der Volksmarine bzw. GBK, wie der spätere Chef der Volksmarine und letzte Minister für Nationale Verteidigung sowie Chef der NVA die Aktion in den 90er Jahren vor der „Alternativen Enquet-Kommission" bezeichnete, kann angesichts der aufgefahrenen militärischen Drohkulisse im internationalen Seeraum nicht die Rede sein. Drei

Booten des BGS-See standen drei MSR des Typs KONDOR I der 6. GBK und zwei Schnellboote der Volksmarine gegenüber. Die Schnellboote umkreisten fortwährend die BGS-Boote und eigenen KONDOR-Schiffe in einer Distanz von mitunter nur 80 Meter. Ihre 30-mm-Geschütze in Doppellafette jeweils auf dem Vor- und Achterschiff waren feuerbereit. Nach Erinnerung eines Besatzungsmitgliedes von BG 14 empfanden die BGS-Männer auf der DUDERSTADT das fortwährende Umkreisen durch die beiden gefechtsklaren Schnellboote der Volksmarine als militärische Drohgebärde der DDR. BG 14 sollte zum Stoppen und letztlich zur Aufgabe der Fluchthilfeaktion bewogen werden. Diese Strategie ging nicht auf.

Die Kommandanten der drei GBK-Schiffe sahen die Schützenhilfe der Schnellboote der Volksmarine noch in einem anderen Licht. Im Gegensatz zu den Kommandanten der Schnellboote konnten sich die Kommandanten der GBK-Schiffe nahezu blind in die Taktik zur Fluchtverhinderung mit Inbesitznahme des Segelbootes hinein versetzen. Das war bei den Kommandanten der Schnellboot nicht so. Wegen des völlig überlasteten Funknetzes war eine Verständigung zwischen den Schnellbooten und KONDOR-Schiffen nahezu unmöglich. In ihren wiederholten Manövern zur Kappung der Schleppverbindung zwischen BG 14 und der Segelyacht fühlten sich die Kommandanten der Grenzschiffe durch die eigenen Schnellboote mehr behindert als unterstützt.

Per Funk informierte der Kommandant von BG 14 seine Leitstelle in Neustadt über die, seitens der DDR-Marineführung auf See aufgefahrene militärische Drohkulisse. Inzwischen hatte BGS-Brigadegeneral Dr. Hans-Werner Teichmann in Bad Bramstedt die Führung seiner Kräfte auf See übernommen. Er gab entsprechende Funkbefehle, um die Situation für seine BGS-Männer in See unter Kontrolle zu halten. Auf die Präsenz von zwei Schnellbooten der Volksmarine reagierte das Flottenkommando der Bundesmarine in Glücksburg mit der Alarmierung von ebenfalls zwei Schnellbooten der Marinebasis in Olpenitz. Mit Höchstfahrt von 43 Knoten (80 km/h) brausten sie dem aus Richtung Osten kommenden Schleppzug und um ihn herum gruppierten Begleitfahrzeugen entgegen. Angeblich sollen wenig später auch noch zwei Hubschrauber der Bundesmarine zur Verstärkung der im Seegebiet zwischen Warnemünde und Gedser in Konfrontation mit den DDR-Marineschiffen stehenden eigenen Kräften in Alarmbereitschaft versetzt worden sein.

Der Chef der 6. GBK, Konteradmiral Jordt, der die Flüchtlinge offensichtlich dem BGS wieder abjagen wollte, hatte inzwischen noch ein weiteres KONDOR-Schiff, die G 25 KÜHLUNGSBORN ins Seegebiet beordert. Es lag zuvor nördlich vor Heiligendamm vor Anker. Aus der Flucht von vier DDR-Bürgern entwickelte sich innerhalb von drei Stunden auf freier See eine militärische Konfliktsituation zwischen Fahrzeugen des BGS-See und den eiligst herangeführten Kräften der Bundesmarine einerseits mit Schiffen der 6. GBK und Volksmarine andererseits. Daran waren am Ende elf Kriegsschiffe, zwei Helikopter und ein Segelboot beteiligt.

Befehl zum Abbruch

Die militärische Lage auf See drohte zu eskalieren. Doch um welchen Preis sollte die DDR-Segelyacht zurück geholt werden? Das beiderseitige Gefühl, geladene Waffen in wenige Meter Entfernung auf sich mehr oder weniger gerichtet zu sehen, hielt letztlich jede Seite von einer Gewaltanwendung zurück. Mittlerweile hatte sich das Wetter auf der Ostsee verschlechtert. Der Westwind erreichte die Stärke sieben. Wegen der zunehmend rauer werdenden See und einsetzenden Dunkelheit wurde das Unterfangen für die Schiffe der GBK immer schwieriger bis unmöglich. Die Grenzschiffe konnten nicht mehr gefahrlos an BG 14 heran manövrieren und das Segelboot schadlos in Besitz nehmen. Die Verantwortung, die in jenen Stunden die Kommandanten der beteiligten Schiffe und Boote trugen, war enorm.

Kurz bevor die beiden mit Höchstfahrt heran laufenden Schnellboote der Bundesmarine am Ort des Geschehens im Seegebiet zwischen Warnemünde-Gedser eintrafen, brachen nach Aussage des damals amtierenden Chefs der Volksmarine, Konteradmiral Gustav Hesse, die Fahrzeuge der Volksmarine und 6. GBK auf allerhöchstem Befehl sozusagen „5 Minuten vor 12" die Aktion um 22.27 Uhr ab. Der erste Mann im Staat, Erich Honecker, der wiederholt die Volksmarine besuchte, schreckte vor einer weiteren militärischen Eskalation auf See zurück. Die DDR-Führung verzichtete auf einen „gewaltsamen Zugriff" im internationalen Seegebiet. Der bereits durch Vorkommnisse an der innerdeutschen Grenze und in den Grenzgewässern ramponierte Ruf der DDR, die ihren Bürgern jede Freizügigkeit verwehrte, sollte nicht noch weiter beschädigt werden. Ein Vorkommnis solcher oder ähnlicher Art der Fluchtverhinderung durch den Einsatz von militärischer Gewalt konnte sich die DDR 14 Tage vor Helsinki nicht leisten. Das hätte vermutlich die Ausladung Honeckers bzw. dessen Nichtteilnahme an der KSZE bedeutet, worüber einige Kreise in der Bundesrepublik sicherlich erfreut wären. Ihnen passte der von Honecker geplante große internationale Auftritt des Repräsentanten des anderen deutschen Staates, der Deutschen Demokratischen Republik, überhaupt nicht. Dieser poltischen Konstellation war sich wohl auch der Rostocker Willi Geath im Vorfeld seiner Fluchtaktion bewusst.

Einer der beiden Schnellbootskommandanten der Volksmarine erinnert sich, dass der Befehl zum Abbruch der Aktion zu einem Zeitpunkt kam, als die beiden Schnellboote der Bundesmarine bis auf etwa sechs Seemeilen heran waren. Offensichtlich wollte man eine direkte Konfrontation auf See vermeiden. Nach Aussage eines Kommandanten der vier beteiligten KONDOR-Schiffe der GBK formierten sich die DDR-Kräfte auf See abschließend in Kiellinie. Aus Norden kommend kreuzten sie im rechten Winkel an ihrer Backbordseite den Kurs von BG 14 mit der Yacht TORNADO im Schlepp und den beiden anderen BGS-Booten, um dann in Richtung Warnemünde abzulaufen. Die beiden Schnellboote der Volksmarine schlossen sich der in Kiellinie an den Patrouillenbooten des BGS-See vorbei defilierenden Fahrzeuge an. Das Grenzschiff G 25 begleitete die drei BGS-Boote noch bis zu den

Hoheitsgewässern der Bundesrepublik in der Lübecker Bucht und drehte dann ab. Der Schleppverband erreichte am frühen Morgen des folgenden Tages den Hafen Neustadt. Nach 19 bangen Stunden auf See hatte die Rostocker Familie endlich wieder Land unter den Füßen. Zwei Tage später besuchte der CDU/CSU-Fraktionsvorsitzende im Bundestag, Professor Karl Carstens, die BGS-Flottille in Neustadt. An Bord von BG 14 unternahm er auch eine Fahrt in der Lübecker Bucht. Er erklärte: „Wir haben allen Grund stolz zu sein auf das, was der BGS-See geleistet hat." Eine Woche später wurde die Besatzung von BG 14 vom Innenminister der Bundesrepublik empfangen und belobigt. BGS-Brigadegeneral Teichmann schätzte laut einem Bericht in der Bild-Zeitung vom 20. Juli 1975 ein: „Es handelte sich um den kritischsten Vorfall auf See, der sich bisher zwischen der Bundesrepublik und der DDR ereignet hat."

DDR-Protest an Bundesregierung

Fluchtaktionen von Bürgern aus der DDR über die Ostsee, wurden im dienstinternen Sprachgebrauch innerhalb der Führung der Volksmarine, der 6. GBK und des MfS als „Angriffe auf die DDR-Seegrenze" bezeichnet. Diese auf Personen bezogene militärische Terminologie hat schon damals kaum ein Seeoffizier in der Volksmarine verstanden. Vielen meiner Kameraden und mir fehlte jegliche Vorstellung darüber, wie Surfer, die Insassen eines Paddelbootes oder Menschen im Taucheranzug mit Schwimmbrille, Schnorchel und Flossen die Staatsgrenze auf See bzw. ein Marine- oder Grenzschiff angreifen können. Bei Kampfschwimmern verhielt sich die Sache schon etwas anders. Aber von dieser Elitetruppe wollte, so weit bekannt, keiner in der Zeit des Kalten Krieges in den Westen fliehen.

Die Führung der DDR, NVA und Grenztruppen bewertete die Polizeiaktion von BG 14 zur Fluchthilfe einer DDR-Familie auf Hoher See als einen „Akt von Piraterie". Diese Ansicht gründete sich auf die Besetzung der Segelyacht durch bewaffnete BGS-Beamte, die dann die DDR-Flagge nieder holten und die Bundesdienstflagge hissten. Die DDR-Seite, die vom „Recht zur Verfolgung von Schiffen (Recht der Nacheile)" auf freier See Gebrauch machte, betrachtete die Handlungen zur Fluchtverhinderung mit Einziehung des Fluchtmittels, der Segelyacht, als ihr legitimes Recht. Das „Recht der Nacheile" ist in dem 1960 vom Kommando der Seestreitkräfte in Rostock nur für Generale, Admirale und Offiziere der NVA heraus gegebenen Lehrbuch „Das Internationale Seerecht" beschrieben. Darin heißt es: „Obwohl auf dem Offenen Meer die Anwendung der Gerichtsbarkeit eines Staates auf ausländische Schiffe unzulässig ist, wird doch im Völkerrecht allgemein anerkannt, dass ein Küstenstaat ein ausländisches Schiff auf dem Offenen Meer verfolgen, stoppen und in einen eigenen Hafen einbringen darf, wenn dieses Schiff während seines Aufenthaltes in den Gewässern des betreffenden Küstenstaates die Gesetze und Regeln desselben verletzt hat und die Verfolgung in den Hoheitsgewässern des Küstenstaates begonnen wurde. Das Recht der Verfolgung haben Kriegsschiffe, ihnen gleichgestellte Grenzschiffe und andere Staatsschiffe. Die Verfolgung muss eingestellt werden, wenn das verfolgte Schiff seinen oder einen ausländischen Hafen angelaufen hat oder aber wenn die Verfolgung unterbrochen wird."

Die DDR warf der Bundesregierung in einer Protestnote vom 16. Juli 1975 vor, „unter Androhung von Waffengewalt die Segelyacht TORNADO entführt und das Völkerrecht verletzt zu haben." Unter Zugrundelegung dieser Sichtweise, bewertete der amtierende Chef der Volksmarine die BGS-Aktion. Seine Einschätzung widerspiegelte sich in einer analogen Pressemitteilung. Danach war „BG 14 völkerrechtlich nicht berechtigt, gegenüber einem DDR-Fahrzeug auf dem offenen Meer polizeiliche Handlungen durchzuführen. Zu diesen Handlungen sind nur Kriegsschiffe des Flaggenstaates berechtigt (Artikel 22 der Genfer Konvention über das `offene Meer` vom 29. April 1958). Entgegen den Bestimmungen des internationalen Seevölkerrechts hat am 15. Juli 1975 um 18.11 Uhr der Bundesgrenzschutz der BRD auf hoher See eine Yacht der DDR aufgebracht. Dank dem besonnenen Verhalten der Grenzsicherungsorgane der DDR kam es bei dieser Provokation zu keinem ernsten Zwischenfall auf hoher See."

So gesehen bezog sich der DDR-Protest an die Bundesregierung in erster Linie auf die Entführung der DDR-Segelyacht als Eigentum des Segelklubs vom Fischkombinat Rostock. Der Regierungssprecher der Bundesrepublik, Staatssekretär Klaus Bölling, wies den DDR-Protest als unbegründet zurück. In der entsprechenden Bonner Depesche widerlegte die Bundesregierung die Behauptungen der DDR-Seite über den Ablauf des Zwischenfalls in See. „Der Vorfall habe sich außerhalb der Hoheitsgewässer der DDR ereignet und sei deshalb keine Verletzung internationalen Rechts. Die Insassen des (Segel)bootes hätten um Hilfe der westlichen Grenzschutzbeamten gebeten. Der Grenzschutz (BGS) habe ohne Waffenandrohung das Segelboot auf Bitten des Eigners abgeschleppt." Die Presseagenturen DPA, AP und Reuter brachten am 26. Juli 1975 die Meldung mit dem Protest der Bundesregierung. Diese bedauere darin die Zuspitzung der Lage auf See, für die allein die DDR-Boote verantwortlich gewesen seien. Nach Ansicht der Bundesregierung „hätten die DDR-Boote mit den Nummern Z-21, Z-22, Z-24 und die Schnellboote 851 und 854 die Boote des Bundesgrenzschutzes bedrängt und zum Stoppen bringen wollen. Nur infolge des besonnenen Verhaltens des Bundesgrenzschutzes sei es zu keiner Ausweitung bzw. ernsten Folgen aus dem Verhalten der DDR-Einheiten gekommen." Bonn forderte Ostberlin in einer Antwortnote auf, Vorkehrungen zu treffen, die künftig derartige Zwischenfälle ausschließen. Ob Bundeskanzler Helmut Schmidt und DDR-Staatschef Erich Honecker fünf Tage später in Helsinki auf diesen Zwischenfall in der Ostsee zu sprechen kamen, ist nicht bekannt.

Dienstanweisungen

Die Führung der Volksmarine und der Chef der 6. GBK zogen aus diesem Fluchtfall u.a. die Schlussfolgerung, dass künftig alle vor der DDR-Küste operierenden Boote des BGS-See zu begleiten sind. Es wurde vorgeschlagen, dass daran auch die auf See stehenden Einheiten der Volksmarine heran gezogen werden sollen. Nach Ansicht von Konteradmiral Jordt, würde „diese Maßnahme gewährleisten, dass Boote des BGS Bürger der DDR künftig nicht mehr auf offener See aufnehmen bzw. andere gegen die DDR gerichtete feindliche Handlungen durchführen können. Eine derartige Regelung würde weniger Aufwand und Kraft erfordern als bisher und eine Nacheile in kürzester Zeit gewährleisten." Das Vorkommnis gab dem Chef der 6. GBK erneut Anlass, „nochmals die Forderung zu stellen, die seit langem vorgesehene Ausrüstung der 6. GBK mit Hubschraubern im Interesse einer wirksamen Sicherung der Staatsgrenze Nord/ Küste der DDR schnellstens zu realisieren."

Der amtierende Chef der MfS-Abteilung in der Volksmarine, i.V. Oberstleutnant Günter Knothe, nahm sich sofort des Falls der „spektakulären Republikflucht der Familie Gaeth" an. In seinem am 16. Juli 1975 um 7.15 Uhr an den 1. Stellvertreter der Hauptabteilung I, dem MfS-Generaloberst Israel, gerichteten Fernschreiben, bezeichnete er ebenso wie die Führung der Volksmarine, die Handlungsweise des Bootes der BGS-See als „erstmalig" und als einen „im Gegensatz zum Völkerrecht stehenden Akt der Piraterie." Innerhalb des MfS setzte sich ein Räderwerk in Gang. Die Hauptabteilung XX begann mit Ermittlungen zur Aufklärung des Verhältnisses von Gaeth zum Bund Deutscher Segler beim Deutschen Turn- und Sportbund der DDR, dem DTSB. In einer Anweisung „wird empfohlen, dass die Hauptabteilung XX beim DTSB bzw. dem Bund Deutscher Segler Ermittlungen über die Beziehungen und das Verhältnis zwischen diesen Organisationen und dem G. sowie generell zu seinen Mitgliedern durchgeführt werden, um daraus die erforderlichen Schlussfolgerungen zu ziehen."

Die geglückte Flucht der Familie Gaeth führte im Küstenbezirk Rostock zu gravierenden behördlich angeordneten Maßnahmen. Von der bisher üblichen Praxis, den PM 18 für die Dauer eines Jahres für Segler, Meeresangler und Urlaubsskipper auszugeben, wurde abgegangen. Segler erhielten den PM 18 fortan nur noch während der Segelsaison. Anträge für die Erteilung des PM 18 mussten bei dem für den Antragsteller zuständigen heimatlichen Volkspolizeikreisamt gestellt werden. Dort hätten die zuständigen Diensteinheiten des MfS die Anträge zu prüfen. In der Bezirksbehörde der Deutschen Volkspolizei in Rostock wurde eine zentrale Nachweisführung für alle PM 18-Inhaber eingerichtet. Damit im Zusammenhang schlug das MfS vor, die bereits vorbereitete „Dienstanweisung zur politisch-operativen Überprüfung und Aufklärung der Antragsteller auf ein Seefahrtsbuch der DDR, mitreisender Ehepartner … sowie von Antragstellen auf eine Genehmigung zum Befahren bzw. Verlassen der Territorialgewässer der DDR – Leuchtturm –" in Kraft zu setzen. Um das Meeresangeln besser unter Kontrolle zu haben, sollten die Angler auf See künftig nur noch befristet im Kollektiv angeln dürfen.

Im Fluchthilfe-„Rausch"

Das Boot BG 14 DUDERSTADT entwickelte weitere Aktivitäten zur Fluchthilfe von DDR-Bürgern in der Ostsee. Am 7. August 1975 befand sich die **DDR-Segelyacht „GO 350"** auf einem Segeltörn von Warnemünde nach Riga. Nahe der Reede Warnemünde wurde der Segler außerhalb der DDR-Territorialgewässer von BG 14 angelaufen. Die bundesdeutsche BGS-Besatzung forderte die Warnemünder Segelcrew durch Handzeichen auf, sich in Schlepp nehmen zu lassen. Die Segler ignorierten jedoch die Einladung. Das Angebot zur Übernahme der Schleppleine mit anschließendem Kurs West wurde grüßend abgelehnt. Den Seglern stand mehr der Sinn nach Kurs Ost. Im nahezu gleichen Seegebiet und Tag versuchte BG 14 noch einmal, DDR-Skipper zur Flucht zu animieren. Aber auch die Yacht **MUTAFO** lehnte ab, sich in Schlepp des BGS zu begeben. Die Crew vertraute mehr der Kraft des Windes aus Richtung West als der Motorleistung von BG-14 gegen den Wind.

Marinehubschrauber kontra Fluchtfahrzeug

Dass, wie in diesem Beispiel, Fahrzeuge der Volksmarine zur Fluchtverhinderung von DDR-Bürgern unterstützend für die Grenzsicherungskräfte herangezogen wurden, war eher selten. Ich selbst habe während meiner Bordzeit auf einem U-Jagd- bzw. Minensuch- und Räumschiff der Volksmarine so etwas nicht erlebt. Ich habe an keinem Einsatz zur „Jagd auf DDR-Flüchtlinge auf See" teilgenommen, wohl aber darüber gehört. Mitunter kamen dabei auch Hubschrauber des in Parow stationierten Marinehubschraubergeschwaders 18 auf Befehl des Chefs der Volksmarine oder des Chefs der 6. GBK zum Einsatz. So z.B. am 11. August 1986. An diesem Tag gelang es drei in Eberswalde wohnenden Bürgern, sich mit einem Motorboot des Typs „Trainer III" vom Ostseestrand in Zingst in die freie See abzusetzen. Das in der Bootswerft Postelwitz bei Bad Schandau hergestellte Sportboot erreichte mit seinem Dreizylinder-Yamaha-Außenbordmotor von 40 PS bei ruhiger See eine Geschwindigkeit von 40-50 km/h. Wegen der Geschwindigkeit und Distanz, die das Motorboot bereits in Richtung der dänischen Gewässer zurück gelegt hatte, war es für die Schiffe der 6. GBK nicht mehr erreichbar. Um das Fluchtfahrzeug zu stoppen, kamen Marinehubschrauber zum Einsatz. Den Piloten wurde über Funk vom Chef der 6. GBK das Recht der Nacheile erteilt. Der Helikopter sowjetischer Produktion flog das Motorboot auf See in geringer Höhe an, um es zum Stoppen zu veranlassen. Durch fortwährende An- und Überflüge dicht über das Fluchtfahrzeug sollten die Flüchtenden zur Aufgabe ihres Vorhabens gezwungen werden. Als das nichts half, hielten die Piloten ihren Helikopter wenige Meter über das Fluchtfahrzeug fast in der Standschwebe. Dieses Flugverhalten ist nicht ungefährlich und diente der Einschüchterung. Mit den Rotorblättern erzeugten die Helikopter einen Winddruck, ähnlich einem Wirbelsturm, der Seewasser wolkenförmig aufsteigen ließ. Das Boot begann sich in der See wie ein Kreisel zu drehen. Die aufgewirbelte Wassersäule ergoss sich über das kleine Motorboot mit seinen drei Insassen. Der Kommandant des Grenzschiffes G 423 beobachtete, dass die Räder des Marinehubschraubers die Wasseroberfläche berührten. Das Motorboot versuchte, durch Kurs- und Geschwindigkeitsmanöver sich der Standschwebe des Hubschraubers zu entziehen. Als schließlich der Pilot mit den Rädern seines Helikopters die vordere Windschutzscheibe des Motorbootes eindrückte, gab der Skipper nach dieser Attacke auf. Inzwischen näherten sich auch zwei alarmierte Küstenschutzschiffe des Typs PARCHIM aus der 4. Flottille dem Seegebiet. Mit ihren drei Antriebsmaschinen von 10.473 kW erreichten sie eine Geschwindigkeit von 24 sm/h. Das entsprach 44 km/h.

Typgleiche Boote des BGS-See: BG 11 NEUSTADT

BG 15 ESCHWEGE

MSR KONDOR I-Klasse, Projekt 89.1.

„Seemann oder Pirat" (Argumentation Politische Verwaltung)

3. See- und Luftaufklärung der Bundesmarine und Volksmarine zur Informationsgewinnung über den Gegner

Die Aufklärung gehört seit jeher zu einem wichtigen Führungsprinzip in den Streitkräften. Sie ist eine Voraussetzung militärischer Entscheidungsfindung. Professionelle politische und militärische Aufklärung soll im Verbund mit der Nachrichtengewinnung ein möglichst reales und umfassendes Bild über die Lage des Gegners, seinen Fähigkeiten und Absichten liefern. In Abhängigkeit von der Vielfalt und Exaktheit der gewonnenen Datenlage sowie der Professionalität und Unabhängigkeit ihrer Auswertung und Analyse entsteht ein Lagebild über den Gegner. Das kann entweder richtig oder manipuliert sein bzw. ein zutreffendes Spiegelbild oder verschleiertes Zerrbild liefern. Um den potentiellen Gegner bzw. Feind zu kennen, ist es erforderlich, über ihn bereits in Friedenszeit oder Spannungsperioden aktuelle Informationen und Erkenntnisse zu ermitteln und zu sammeln. Die Aufklärung im Dienst von Seestreitkräften beinhaltet den zielgerichteten Einsatz von Mitteln (u.a. technische Sensoren) und die visuelle Beobachtung durch geeignete Kräfte zur See und im Luftraum über See. Die dabei gewonnenen Erkenntnisse werden ergänzt durch die Nachrichtengewinnung unter Nutzung aller offenen Quellen sowie auf dem Wege der Nachrichtenbeschaffung durch spezielle Institutionen, z.B. des BND in der Bundesrepublik und der Militäraufklärung der NVA.

In der Zeit des Kalten Krieges gab es immer wieder Lücken und Schwachpunkte im Lagebild über den Gegner. Obwohl die Streitkräfte beider Militärblöcke über historische Erfahrungen und Erkenntnisse der Militärwissenschaft sowie auch über technologisch moderne Sensoren verfügten, boten die vorwiegend an Land installierten Ortungsanlagen keine Gewähr für eine erfolgreiche zeitnahe Aufklärung. In dem strategischen Raum der Ostsee, wirken noch andere zu berücksichtigende Faktoren. Gegenüber der, den NATO-Aufklärungsflugzeugen und -Schiffen durch die Konfiguration der südlichen und östlichen Ostsee gegebenen großen Aufklärungstiefe, stand den Aufklärungskräften des Warschauer Paktes in der westlichen Ostsee und hier besonders in seinen Ausgängen, das territoriale Hoheitsgebiet Dänemarks und Schwedens entgegen. Hier waren alle Überflüge und Schiffspassagen behördlich reglementiert. Die technischen Möglichkeiten der NVA und die zu geringe Reichweite der im Küstenbezirk der DDR stationierten elektronischen Ortungsanlagen ließen deshalb nur eine eingeschränkte Aufklärung zu. Sie endete bereits im Großen und Kleinen Belt. Lediglich die Funkpeilstationen konnten gegnerische Ziele in der Nordsee und im Skagerrak sicher orten. So ließ sich der Raum, aus denen die NATO ihre Kräfte entfalten konnte, nur teilweise durch den Warschauer Pakt überblicken.

Aufklärung der Bundesmarine
Die DDR-Küste mit der dort stationierten Volksmarine präsentierte der NATO, be-

dingt durch die geographischen Besonderheiten, täglich ihre offene Flanke. Die militärische Lage in und über der Ostsee sowie an den Küsten war für den Gegner immer überschaubar. Der NATO blieb nichts verborgen. Die DDR und Polen nahmen die international üblichen drei Seemeilen als Breite der Territorialgewässer in Anspruch. Die geringe Distanz zum Festland erleichterte die gegnerische Aufklärung. Die NATO-Aufklärungsflugzeuge brauchten nur parallel zur mecklenburgischen Küste zu fliegen, um bis in eine Landestiefe von 60 Kilometer blicken zu können. Flugzeuge der strategischen und operativen Luftaufklärung konnten bei einer entsprechenden Höhe das Territorium der sozialistischen Ostseeanliegerstaaten mit speziellen Seitensicht-Radaranlagen sogar bis zu einer Tiefe von 120 Kilometer optisch einsehen.

Mit Aufstellung der Bundesmarine 1955 erfolgte parallel der Aufbau einer landgestützten funkelektronischen Aufklärung ELINT (electronic intelligence). Sie ist eine Form der fernmelde- und elektronischen Aufklärung und speist sich aus abgehörten Funksignalen mit der Erfassung und Analyse von Radarsignalen (SIGINT). An der BRD-Küste existierte ein umfangreiches Überwachungssystem des elektromagnetischen Spektrums. Dazu gehörten die stationären Überwachungstürme in Pelzerhaken (83 Meter über NN) an der Nordküste der Neustädter Bucht sowie bei Großenbrode (126 Meter über NN) Nahe der Ortschaft Klausdorf auf Ostholstein. Beide in monolithischer Stahlbetonausführung gebauten Türme waren 70 Meter hoch. Auf den Antennenträger entfielen dabei allein 30 Meter. Die völlig autonom arbeitenden Türme mit Führungsstellen und Sensoren hatten für die Nachrichtengewinnung und Aufklärung in der Zeit des Kalten Krieges und militärischen Konfrontation eine große Bedeutung. Eine lückenlose Küstenradar-Organisation der NATO an exponierten Küstenpunkten war Bestandteil eines stationären Küsten-Beobachtungssystems. Dazu gehörten der Betonturm in Staberhuk auf Fehmarn, die im Kliff verbunkerten Anlagen bei Dahmeshöved in Ostholstein und Westermarkelsdorf auf Fehmarn. Alle drei Stationen hatten in der operativen Planung der Volksmarine einen hohen Stellenwert. Die Marinesignalstelle Marienleuchte auf Fehmarn galt in der Volksmarine als Zentrale in der Überwachung des funkelektronischen Spektrums für den Bereich der DDR-Küste und ihres Küstenvorfeldes. Die umfangreichen Fähigkeiten der Station blieben der Volksmarine zunächst verborgen. Erst aus der Veröffentlichung einer vom Deutschen Hydrologischen Institut in Hamburg im Juli 1971 herausgegebenen nautischen Mitteilung über Unterwasserarbeiten vor Marienleuchte, schlussfolgerte die Aufklärung der Volksmarine, dass dort eine stationäre, passiv arbeitende Gruppen-Horchanlage installiert wurde. Diese Erkenntnis fand ihre Bestätigung durch die in Marienleuchte stationierte Marine-Unterwasserortungsstelle. Die Einheit gehörte zur Marine-Fernmeldegruppe 53 in Neustadt. Die Aufklärungsfähigkeiten der Küstensonar-Organisation der NATO wurden im operativen Regime der Volksmarine aus Unkenntnis nicht ausreichend beachtet. Den Kommandanten und taktischen Kommandeuren war bis in die 70er Jahre hinein nicht hinreichend bewusst, dass ihre Schiffe bereits beim Seeklarmachen im Stützpunkt der 4. Flottille in Warnemünde/ Hohe Düne, durch die dabei eingeschalteten Radaranlagen, von den Stationen in Staberhuk und Marienleuchte identifiziert werden konnten. Alle Angaben über die spezifische Charakteristik und Leistungsparameter der stationären und Schiffsradaranlagen in der Volksmarine hatte die Marinefernmeldegruppe 53 längst in ihren Computern gespeichert. Erst 1990 erwies sich in Kenntnis der modernen leistungsfähigen elektronischen Aufklärungsfähigkeiten der Bundesmarine, die Jahrzehnte lang betriebene Geheimnistuerei in der Volksmarine im Nachhinein betrachtet als überzogen und überflüssig.

Für die effiziente Aufklärung und der Lagebilderstellung über die Ostseeflotten des Warschauer Paktes bedurfte es einer zusätzlichen, schwimmenden Komponente. Diese hieß taktische Nahaufklärung, in der Bundesmarine „TN" genannt. Sie gewährleistete u.a. die lückenlose Überwachung und Sichtbeobachtung von Kriegsschiffen des Warschauer Paktes und ausgewählter Handelsschiffe des Ostblocks im Fehmarnbelt. Zum TN-Einsatz kamen anfänglich Schnellboote der Typen SILBERMÖWE und der JAGUAR-Klasse, Minensuchboote und die SEAHAWK-Aufklärungsstaffel des 1. Marinefliegergeschwaders vom Fliegerhorst Jagel. Wegen der zeitlich begrenzten Seeaufenthaltsdauer dieser Kräfte ließ die Bundesmarine die beiden Hilfsschiffe TRAVE A 51 und OSTE A 52 Ende der 50er Jahre zu Aufklärungsschiffen umrüsten. Beide Schiffe mit Handlungsfähigkeiten in der operativen Tiefe des Gegners konnten den Funkverkehr der Kräfte des Warschauer Paktes abhören und dessen Ortungs- und Leitsysteme erfassen. Anfang der 70er Jahre folgte die Indienststellung der Messboote OKER A 53 und ALSTER A 50. Diese Boote der Klasse 733 B (750t) und 751 (1.497t) besaßen eine für die elektromagnetische und akustische Aufklärung moderne Ausrüstung.

In einer 1968 durchgeführten Planübung kamen für die Überwachung der mittleren und östlichen Ostsee erstmals U-Jagdflugzeuge der Bundesmarine vom Typ BREGUET ATLANTIC zum Einsatz. Diesem Flugzeugtyp gelang es, im Sommer 1968, die Seetransporte und Nachschubverbindungen der am Einmarsch in die CSSR beteiligten Truppen der Gruppe der sowjetischen Streitkräfte in Deutschland präzise aufzuklären. Damit hatten die sowjetischen Militärs nicht gerechnet. Dieser Erfolg veranlasste die Marineführung, ihre fünf ATLANTIC-Flugzeuge Anfang der 70er Jahre zu Mess-Flugzeugen umzurüsten. Sie eigneten sich speziell zur Aufklärung von elektronischen Strahlungsquellen. Lage bezogen wurden die neuen RF-104G SUPER STARFIGTHER der Aufklärungsstaffel des Marinefliegergeschwaders 2 aus Eggebek und dänische DRAKEN-Flugzeuge in die Aufklärung „im Einsatzgebiet See" einbezogen. Sie deckten den Seeraum und die Küsten in Richtung Pommersche Bucht bis zum 16. östlichen Längengrad ab. Damit verfügte die Bundesmarine zu Beginn der 70er Jahre sowohl über Seefernaufklärer „Maritime Patrol Aircraft" (MPA) als auch Messboot-MPA-Fähigkeiten. Beide Komponenten ermöglichten eine flächendeckende akustische, visuelle und optronische Aufklärung sowie auch die akustische Signalerfassung im „Einsatzgebiet See".

Zusätzlich wurden mit den sogenannten „Ausbildungsfahrten Ost" (AFOST) die Seegebiete von Fehmarnbelt bis Bornholm durch periodische oder aus besonderem Anlass angeordnete Ausbildungsfahrten der Bundesmarine Übungsaktivitäten des Warschauer Paktes aufgeklärt. In gleicher Weise führten die auf Anweisung des Flottenkommandos durchgeführten „erweiterten AFOST" in Seegebiete östlich bzw. nördlich von Bornholm. Parallel unternahmen die Marineflieger unter dem Stichwort „Streckentest" entsprechende Einsatzflüge in diese Seegebiete. Die dabei „abfallenden" Aufklärungsergebnisse waren durchaus gezielt und gewollt.

U-Boote der Klasse 201 und 205 unternahmen 1966/67 erste Aufklärungsversuche mit ihren weit reichenden passiven U-Bootsensoren in den NATO-Tauchgebieten BRAVO 1-9 sowie westlich und östlich von Bornholm. Die in den 70er Jahren in Dienst gestellten U-Boote der Klasse 206 waren für Aufklärung noch besser geeignet. Ihre Einsatzfahrten führten außerhalb der Tauchgebiete überwiegend unentdeckt bis in die östliche Ostsee. Die Aktivitäten der U-Boote der Bundesmarine zur gedeckten Aufklärung der Handlungen der drei sozialistischen Ostseeflotten bereiteten den Führungsstäben des Warschauer Paktes erhebliche Probleme. Es gelang nicht, die U-Boote bei Unterwasserfahrt unter Kontrolle zu halten. Die U-Boote tauchten im Seegebiet um Bornholm gezielt ab. Sie nutzten dabei die vom Wehrforschungsschiff PLANET der Bundeswehr (Kennung: Y 843A bzw. 1450) seit 1968 ermittelten hydrologischen und chemisch-physikalischen Messdaten über das in diesem Seeraum stark geschichtete Ostseewasser. Hier bestehen seit eh und je besonders ausgeprägte thermische- und Saline Sprungschichten. Die Ergebnisse der Sonarforschung ermöglichte es den Kommandanten der U-Boote der Bundesmarine unter diesen Sprungschichten abzutauchen und geschickt unter Wasser zu operieren. Gelang U-Jagdschiffen der Volksmarine Sonarkontakte zu einem U-Boot herzustellen, so gingen diese meist wieder verloren. Die Sprungschichten reflektierten das gesendete Ortungssignal und nicht das gesuchte U-Boot. Ich habe miterlebt, wie buchstäblich vor unseren Augen ein U-Boot der Bundesmarine abtauchte und bald darauf „verschwand". Lehrbuchmäßig hielten wir anfangs auf unserem U-Jäger Kontakt zum U-Boot, bis das Unterwasserziel plötzlich für uns weg war. Mein Kommandant fluchte wegen der veralteten sowjetischen Ortungstechnik. Dagegen dürfte der Kommandant unter Wasser frohlockt haben. Der bekam nämlich mit, dass wir sein Boot verloren hatten. Für die Bundesmarine war die gedeckte Aufklärung ihrer U-Boote durch den Einsatz aller passiv arbeitenden hydroakustischen und elektronischen Sensoren eine wichtige Quelle der Datengewinnung über die Baltische Flotte. Deshalb hatte die frühzeitige Erkennung eines mit Ostkurs laufenden U-Bootes der Bundesmarine für die Vorpostenschiffe der Volksmarine höchste Priorität.

In der Zeit der militärischen Ost-Westkonfrontation fungierte der Marinefernmeldestab 70 bei Flensburg ab Mitte der 70er Jahre als „Drehscheibe" für ein umfangreiches Meldesystem und Berichtswesen in der Bundesmarine. Hier wurden die für die Lagebilderstellung relevanten Meldungen und diverse Informationen der fernmelde- und funkelektronischen Aufklärung, der TN, AFOST, erweiterten

AFOST, der Streckentests und der Dateninformationen der Mess- bzw. Flottendienstboote erkannt, korreliert und täglich analysiert. Über die vom Marinefernmeldestab zusammengetragenen Aufklärungsdaten und Ergebnisse erfolgte ein regelmäßiger Informationsaustausch mit den befreundeten Nachrichtendiensten der NATO-Partner. So gewann die NATO über drei Jahrzehnte durch ihre täglich geführte Aufklärung auf und unter Wasser sowie im Luftraum über die Ostsee und dem Küstenbereich Grundlagendaten und Informationen über die Flottenkräfte des Warschauer Paktes. Die Zielstellung der NATO-Allianz „Keine Bewegung des Gegners bleibt uns in diesem Raum verborgen", dürfte in der Zeit der militärischen Konfrontation beider Militärblöcke nahezu erreicht worden sein. Zur Effektivität und den Realitätsgehalt der Aufklärung der Bundesmarine in dieser Zeit traf Torsten Brotke auf der 8. Historisch-Taktischen Tagung der Flotte (2008) folgende bemerkenswerte Einschätzung: „Der Vorteil der andauernden nahezu lückenlosen Aufklärung (der Bundesmarine) war ein permanent zutreffendes Lagebild über die Marinen der Warschauer-Pakt-Staaten sowie genaue Kenntnisse über deren Fähigkeiten, Fertigkeiten und Techniken. Mithilfe der durchgängigen Aufklärung wurden der Ausrüstungs- und Ausbildungsstand festgestellt und Erkenntnisse über Führungs- und Kampfgrundsätze sowie Taktiken erlangt und aktualisiert."

Aufklärung der Volksmarine

Ungleich schwieriger waren die Bedingungen unter denen die Aufklärung der See- und Luftstreitkräfte des Warschauer Paktes in der westlichen Ostsee und den Ostseeausgängen operierte. Die Seestreitkräfte der DDR nutzten vier Arten der Aufklärung mit zeitlich unterschiedlicher Ausprägung und Intensität. Dazu gehörten die Komponenten: Luftaufklärung, Funkaufklärung, funkelektronische Aufklärung und Seeaufklärung. Erschwerend kam hinzu, dass die Volksmarine in der Datengewinnung über den Gegner nahezu auf sich allein gestellt war. Der Informationsaustausch mit den beiden östlichen Nachbarflotten entsprach überwiegend nicht dem operativen Regime in der Volksmarine. Ein vergleichbarer, wie innerhalb der NATO übliche Informationsaustausch, existierte wechselseitig nicht. Neben mündlichen Fallinformationen vom OP-Dienst der Volksmarine an die Führung der Baltischen Flotte, erhielt der „große Bruder" pünktlich um Null Uhr Moskauer Zeit fernschriftlich eine ausführliche Meldung über alle Besonderheiten in der Volksmarine sowie den aktuellen Aktivitäten der NATO-See- und Luftstreitkräfte in der Verantwortungszone der Volksmarine. Demgegenüber waren die von der Baltischen Flotte eingehenden Informationen lückenhaft, oberflächlich, überwiegend veraltet und damit wertlos. Ebenso hielt sich die Baltische Flotte mit Angaben zu eigenen Bewegungen in der Ostsee zurück. Um nicht von der Entwicklung und den Informationen über die NATO-Seestreitkräfte abgekoppelt zu werden, ergriff die Volksmarine eigene Aktivitäten der Aufklärung. Die tägliche Lagefeststellung umfasste dabei den gesamten strategischen Raum der Ostseeausgänge. Begrenzt wurde dieser Raum im Norden durch die Mittellinie des Skagerraks, im Westen durch den Meridian 6 Grad Ost und im Nordosten (Kattegat und Öresund) durch die schwedische Westküste. Im Süden endet der Aufklärungsraum an der Grenze des territorialen Basierungssystems des NATO-Befehlsbereiches BALTAP. Das entsprach der Küstenlinie Niedersachsens und dem Verlauf der Unterelbe von der Mündung bis Lauenburg.

Die „Barriere" der schwedischen- und NATO-Lufthoheit verwehrte den Militärflugzeugen des Warschauer Paktes den Einflug in diesen Seeraum. Ab 1975 stand der Volksmarine der Kampfhubschrauber Mi-8 TB für Aufklärungsflüge zur Verfügung. Die zur See- und Küstenaufklärung genehmigten Hubschrauberflüge vor den Küsten Neustadt/ Holstein, Fehmarn, LaaLand, Falster und Möen fanden nur sporadisch statt. Wegen der möglichen Fluchtgefahr der Hubschrauberbesatzung samt Fluggerät standen diese Flüge unter schärfster Bewachung. Der Luftraum wurde vom Gefechtsstand der 16. Jagdfliegerdivision der Gruppe der sowjetischen Streitkräfte (GSSD) überwacht. Auf dem Fliegerhorst Pütnitz bei Damgarten hielten die GSSD stets eine Alarmkette für alle Fälle bereit. Hätte sich einer der NVA-Hubschrauber verdächtig dem Gegnerterritorium genähert, dann wäre er sicherlich von den „Waffenbrüdern" abgedrängt, wenn nicht gar abgeschossen worden. Ob die Sowjets die eigene Luftaufklärung in der westlichen Ostsee mit der gleichen Intensität betrieben, wie die NATO in der mittleren und östlichen Ostsee, darf bezweifelt werden. Wie wir heute wissen, verfügte die GSSD über geheime Erkenntnisse zur NATO. Danach ging von dem westlichen Militärpakt keine akute Aggressionsgefahr aus.

Ab Herbst 1973 konnte der Hauptgefechtsstand der Volksmarine in Abstimmung mit dem Kommando der Luftstreitkräfte der NVA Flugzeuge der Aufklärungsversion des Typs MiG-21 anfordern. Der erwogene Einsatz sollte im Paarflug auf vier möglichen Flugrouten über der Ostsee und den Küstenbereich erfolgen. Dazu mussten die MiG`s mit ihrer gesamten Bodenlogistik vom Raum Cottbus zum Fliegerhorst des Jagdgeschwaders 9 in Karlshagen auf Usedom verlegt werden. Zur Aufklärungsstaffel gehörte auch ein mobiler Luftbildzug. Zu einem derartigen Aufklärungseinsatz kam es jedoch nicht. Lediglich im Rahmen der Ausbildung wurden einige Male diese Kräfte zur Übung heran geführt. Mit Indienststellung des Marinefliegergeschwaders 28 in Lagge-Kronskamp bei Rostock war die Volksmarine ab 1980 in der Lage, alle vier Aufklärungsvarianten effizient einzusetzen.

Kernelement der operativen Aufklärung der Volksmarine war die Funkaufklärung. Diese konzentrierte sich in den 60er Jahren auf die ununterbrochene, im 24-Stundendienst stehende Überwachung der operativen und taktischen Funknetze der Bundesmarine und dänischen Marine. Ab 1960 liefen der Volksmarine nacheinander bis Mitte der 70er Jahre für die See- und Küstenaufklärung speziell ausgerüstete Schiffe zu. Dazu gehörten die WISMAR (bis 1962), HYDROGRAPH, KOMET, METEOR und JASMUND. Im Rahmen ihrer Aufklärungseinsätze befuhren die Schiffe u.a. dänische Gewässer des Großen Belt und schwedische Gewässer der Flint

Rinne im Öresund. Die mit Elektronik voll gestopften Spezialschiffe der Volksmarine wurden als Vermessungsschiffe geführt. Mit Ausnahme der JASMUND waren sie in der 4. Flottille stationiert. Die KOMET- und METEOR-Schiffe basierten auf dem bewährten Schiffsbauprojekt des MSR, Projekt 89.1. Mit Ausnahme der Stammbesatzung und von Spezialkräften aus dem Kommando der Volksmarine war allen anderen Marineangehörigen das Betreten der Aufklärungsschiffe verboten. Die Marinesoldaten der Vermessungsschiffabteilung nahmen trotz ihres Sonderstatus am normalen Dienst in der 4. Flottille teil. Immer dann, wenn in Dienstberatungen, der gesellschaftswissenschaftlichen Weiterbildung oder Polischulung das Gegnerthema zur Diskussion stand, gerieten der Abteilungschef und sein Politstellvertreter häufig ins Schmunzeln. Aus ihren Aufklärungsfahrten auf See kannten sie den Gegner natürlich viel besser, als wir im Stab oder rückwärtigen Dienst. Über das, was sie auf See erlebten bzw. über die NATO-Seestreitkräfte auskundschafteten, durften die Offiziere jedoch nicht sprechen. Das hätte sicherlich unsere düsteren Vorstellungen etwas aufgehellt.

Parallel mit den Fahrten der Vermessungsschiffe trugen auch episodisch in die NATO-Seegebiete Kattegat, Skagerrak und Nordsee entsandte Kriegsschiffe der Volksmarine zur Aufklärung bei. Durch ihre optischen Beobachtungen konnten wertvolle Angaben über NATO-Kriegsschiffe, militärische Einrichtungen an den Küsten und in den Häfen gesammelt werden. Für die Volksmarine waren operativ-taktische Erkenntnisse aus der Beobachtung von NATO-Flottenübungen sehr wichtig. Die dabei verfolgten Manöverhandlungen lieferten Rückschlüsse für den taktischen Einsatz der Schiffe der Volksmarine.

Die Aufzeichnung und Auswertung von signifikanten elektromagnetischen Impulsen und Leistungsparametern der an Land und auf NATO-Schiffen installierten Seeraum-, Luftraum- und Feuerleit-Radarstationen war erst ab 1967 durch die technische Nachrüstung des Aufklärungsschiffes HYDROGRAPH möglich. Die neue Technik funktionierte jedoch nur, wenn die eigenen aktiv arbeitenden Radargeräte abgeschaltet blieben. Lediglich die NATO verfügte in jener Zeit über automatisierte Steuergeräte. Diese ermöglichten eine gleichzeitige Schaltung der aktiv und passiv arbeitenden elektronischen Geräte auf einem Schiff.

Zu den Aufgaben der Funk- und Seeaufklärung der Volksmarine in der Spannungsperiode gehörten:
- rechtzeitiges Erkennen einer gegnerischen Konzentration von NATO-Streitkräften innerhalb des strategischen Raumes BALTAP durch Aufklärung bekannter, in Manövern häufig genutzter Bereitschaftsräume
- frühzeitiges Erkennen vorbereitender Handlungen zur Seeblockade der Ostseeausgänge für Flottenkräfte des Warschauer Paktes
- Aufklärung der Entfaltung von U-Booten der Bundesmarine in der mittleren und östlichen Ostsee als Anzeichen für eine angespannte militärische Lage.

Nach Ansicht der DDR-Marineführung entsprach diese Schwerpunktsetzung in etwa der zu erwartenden Reihenfolge von ersten Handlungen der für die Verteidigung dieses Raumes vorgesehenen NATO-Kräfte. Die beobachteten Ausbildungs- und Übungshandlungen der NATO-See- und Luftstreitkräfte charakterisierte der Warschauer Pakt selbst in normalen Zeiten als „Aggressionsvorbereitung" oder „Bereitschaft zur Aggression". Diese in der Volksmarine propagandistisch aufgebaute Sicht, konnte, wie wir heute wissen, in der gesamten Zeit des Kalten Krieges nicht durch glaubhafte Fakten über einen bedrohlichen massiven Heeres- und Flottenaufmarsch in Richtung Osten belegt werden.

Die Aufklärung militärischer Aktivitäten zur frühzeitigen Erkennung der Vorbereitung eines Angriffs der Gegenseite ist für Streitkräfte jeden Staates ein legaler und moralisch durchaus ehrenvoller Auftrag. Damit kann sowohl die eigene Friedfertigkeit als auch erhöhte Wachsamkeit signalisiert werden. Diese Aufklärung versetzt die jeweilige Armeeführung in die Lage, bei realen Gefahren, Maßnahmen zur Herstellung der Abwehrbereitschaft einzuleiten. Der Minister für Nationale Verteidigung (DDR) stellte der Volksmarine im jährlich erlassenen Befehl 100 die operative Aufklärungsaufgabe gegenüber den NATO-See- und Luftstreitkräften im Ostseeraum vor. Dem entsprechend waren aufzuklären:

- Veränderungen im Regime der Führungsverbindungen der Seestreitkräfte des NATO-Kommandos BALTAP
- Rückzugsbewegungen von Schiffen der Bundesmarine aus der östlichen Ostsee im Rahmen ihrer dort durchgeführten elektronischen Aufklärung
- Verstärkung der strategischen und operativen NATO-Luftaufklärung über der Ostsee
- Einsatz von Schnellbooten und Fliegerkräften zu Aufklärungsvorstößen in die taktische und operativ-taktische Tiefe der südlichen Ostsee
- Beginn der Entfaltung von U-Booten in Einsatzgebiete der Ostsee
- Entfaltung von Flottenkräften des NATO-Kommandos BALTAP in bekannte Bereitschafts- und Ausgangsräume
- Heranführung von Verstärkungskräften aus anderen NATO-Kommandos
- Vorbereitungen zur Blockade der dänischen Meerengen sowie des Minenlegens im Großen und Kleinen Belt, dem Öresund und Kattegat
- Vorkehrungen zum Legen von Minensperren vor den, zur Seeanlandung geeigneten Küstenabschnitten der dänischen Inseln sowie zur Landungsabwehr
- Veränderungen im Schaltregime der Küstenradarstationen
- Änderungen im Fahrtregime der zivilen Schifffahrt durch Rückruf von Handelsschiffen und Sperren von Seegebieten
- Aktivitäten im operativen Regime der neutralen schwedischen Streitkräfte.

Aus diesen, zum Teil nur als Momentaufnahme zu beschaffenden Informationen, wurde nach analytischer Auswertung eine Lagebeurteilung erstellt. Die Daten bedurften jedoch einer gezielten Anschlussaufklärung. Mit dem Beginn von Kampfhandlungen wäre eine Präzisierung der vorliegenden Daten nur durch eine „gewaltsame" Aufklärung möglich. Deshalb erforderten die Resultate der operativen Aufklärung zwingend den nachfolgenden Einsatz von Kräften zur taktischen Aufklärung, noch vor dem Beginn von Kampfhandlungen.

In der Organisation der Gefechtsbereitschaft der Volksmarine bestanden drei Lagezustände für den taktischen Einsatz der Flottenkräfte.

1. Stufe= ständige Gefechtsbereitschaft (**SG** - im Frieden)
2. Stufe= erhöhte Gefechtsbereitschaft (**EG** - in Spannungsperiode) mit Übergang zur Gefechtsbereitschaft bei Kriegsgefahr (**GK**)
3. Stufe= volle Gefechtsbereitschaft (**VG** - vor Beginn der Kampfhandlungen).

Die **SG** bezeichnete den im täglichen Dienst und in der Ausbildung bestehenden normalen Einsatzzustand des Personals und der Waffentechnik. Die Flottenkräfte und Truppen befanden sich in ihren Stützpunkten und Objekten. Flottenkräfte, Landeinheiten und Lehreinrichtungen trainierten im Rahmen des jährlichen Ausbildungsplans in Übungen und Überprüfungen die Gefechtsbereitschaft. Jeden Tag standen Marinefahrzeuge im Vorposten-, Aufklärungs- und Bereitschaftsdienst. Eine Mindestbevorratung von Lebens- und Betriebsmitteln an Bord der Schiffe gewährleistete für gewisse Zeit eine Stützpunktunabhängigkeit. Der Koeffizient für die technische Einsatzbereitschaft (KTE) schrieb prozentual vor, wie viele Schiffe einer Klasse einsatzklar zu sein hatten. In den 80er Jahren betrug der KTE für die Küstenschutzschiffe 0,5. Für die Hilfsschiffe lag er bei 0,75. Für die Marinehubschrauber war ein KTE von 0,85 festgelegt.

Bei der Stufe **EG** war innerhalb von 90 Minuten nach Alarmauslösung die Arbeitsbereitschaft der Führungsorgane herzustellen. Die Alarmierung erfolgte sowohl durch Signale über Fernmeldeeinrichtungen als auch durch ständig in den Flottillen und Dienststellen in Bereitschaft gehaltenes mobiles Benachrichtigungspersonal. Die Anzahl der Fahrzeuge des Gefechtsdienstes erhöhte sich in der EG auf 43 Kampfschiffe, sechs Hubschrauber und elf Hilfsschiffe. Innerhalb von sieben Stunden und 30 Minuten mussten alle Einheiten voll aufmunitioniert und ausgerüstet sein. Schiffe besetzten die U-Boot-Abwehrzone Nummer 1 im Seegebiet zwischen den Inseln Hiddensee und Moen und begannen mit der Minenaufklärung in vorgegeben Seewegen.

Aus der **EG** konnte der Übergang zur Gefechtsbereitschaft bei Kriegsgefahr (**GK**) eingenommen werden. Diese Stufe war innerhalb von zwei Stunden und 30 Minuten abschließen. Bei Auslösung der GK aus der normalen SG betrug die Normzeit drei Stunden. Die Führungsorgane hatten in geschützten, zum Teil verbunkerten Gefechtsständen, ihre Arbeitsbereitschaft herzustellen. Flottenkräfte verließen ihre Basierungsräume. Die in den Alarmdokumenten festgelegten Vorpostenpostionen sowie 40% der auf See stehenden Posten für die Minenbeobachtung wurden besetzt. Schiffe der 6. GBK, mobil gemachte Minenabwehrschiffe und zum Teil auch Fischereifahrzeuge, verstärkten die Minenaufklärung und -suche auf Ansteuerungen zu Häfen und Basierungsräumen. In der Stufe GK durfte die zivile Schifffahrt bestimmte Sperrgebiete nicht mehr befahren. Handels- und Fahrgastschiffe verkehrten nach einem geänderten Fahrtregime.

Im Normalfall erfolgte die Auslösung der „Vollen Gefechtsbereitschaft" (**VG**) nach Durchlaufen der vorangegangenen Stufen. Die Normzeit zur Einnahme der VG lag bei fünf Stunden. Sie war mit der allgemeinen Mobilmachung verbunden. Flottenkräfte und Landeinheiten bezogen die festgelegten Dezentralisierungsräume auf See bzw. in Küstenbereichen. Sofern keine anderen Weisungen erteilt wurden, entsprachen die weiteren Handlungen den Befehlen der als „Geheime Kommandosache" in Panzerschränken eingelagerten und versiegelten „Operativen Pläne". Flottenkräfte, Kampfhubschrauber und landgestützte Einheiten waren bereit, erste Kampfhandlungen auf Befehl durchführen zu können. Zu den Handlungen im Rahmen der VG gehörten u. a: Einnahme der U-Bootabwehrzone nördlich der Insel Rügen, Aufklärung gegnerischer Flottenkräfte, volle Entfaltung aller vorgehaltenen Abwehrsysteme, Herstellen der Objektverteidigung in den Landeinheiten, Organisation der Luftabwehr, Einrichtung eines geheimen Küstenzwangsweges, militärischer Schutz der zivilen Schifffahrt, Überwachung und Störung gegnerischer Fernmeldeverbindungen, verstärkte Grenzsicherung, Dezentralisierung der Versorgungs- und Instandsetzungseinrichtungen.

Im Frieden und während Spannungszeiten endete die taktische Aufklärung der beiden Sicherungsflottillen an der Grenze des Verantwortungsbereiches der Volksmarine in der Ostsee. Die mit nichtstrukturellen Kräften durchzuführende Aufklärung im eigenen Handlungsbereich diente der Sicherstellung von Handlungen zur Aufrechterhaltung des operativen Regimes der Flottille. Das ermittelte Lagebild erhielten die dezentralisierten Stoßkräfte der Volksmarine (Schnellboote). Deren taktische Aufklärung basierte auf die vorhandenen Ausgangsdaten und konzentrierte sich auf die Sicherung eines auszuführenden Schlages. Voraussetzung für den erfolgreichen Waffeneinsatz war das Ausmachen, Klassifizieren und Identifizieren (optisch und durch Freund-Feind-Kennungsgeber) der Kräfte des Gegners. Zur effizienten Bekämpfung von gegnerischen Flottenkräften gehörte die rechtzeitige und präzise Zielzuweisung an die dafür geeigneten Schlagkräfte. Die taktischen Aufklärungskräfte mussten dabei in der Lage sein, mit ihren Sensoren und ausreichender eigener Feuerkraft den beabsichtigten vernichtenden ersten militärischen Schlag durch die Schlagkräfte sicher zu stellen. Das bedeutete, rechtzeitig die erforderlichen Daten über den Bestand, die Koordinaten und Bewegungsparameter (Kurs, Geschwindigkeit) über das gegnerische Ziel zu beschaffen. Diese Daten mussten dann den Kräften der Schiffsschlaggruppe übermittelt werden. Die innerhalb des Warschauer Pakts verwendete Bezeichnung Schiffsschlaggruppe entsprach der NATO-Terminologie TASK FORCE oder TASK GROUP. In der Gefechtsausbildung der Stoßkräfte der

Volksmarine wurde der Kampf um die erste Artillerie- oder Raketensalve bzw. dem zielsicher angebrachten Torpedofächer hart trainiert.

Um die Bekämpfung von Scheinzielen auszuschließen, erforderte der Waffeneinsatz in der Volksmarine damals noch die Zielbestätigung durch visuelle Beobachtung. Die dazu bestimmten Kräfte mussten den Gegner durch eine zweckmäßige Auswahl von taktischen Suchverfahren und durch den Einsatz verschiedenster elektronischer Sensoren zuverlässig neu lokalisieren, identifizieren und melden. Die taktischen Aufklärungskräfte (Torpedoschnellboote) verfügten jedoch nicht über die dafür erforderliche Ortungs- und Rechentechnik. Die eigene Gefährdungskalkulation durch die Art und Intensität der Gegnereinwirkung konnte nicht in der erforderlichen Weise durchgeführt werden. Die hierzu gebotene automatisierte Führung hielt keinem Vergleich mit dem zu Beginn der 70er Jahre in der Bundesmarine eingeführten Command & Control-System stand.

Ab 1985 verfügte die Bundesmarine über eine verbunkerte operative Führungszentrale, das Marine-Hauptquartier (MHQ) am Standort Glücksburg. Das MHQ war mit allen taktischen Einheiten auf See (TASK FORCES/ GROUPS/ UNITS) über ein vernetztes online-Führungssytem verbunden. Davon konnte der Führungsstab der Volksmarine nur träumen. Bei der Einführung und in der Anwendung automatisierter taktischer und operativer Führungssysteme hatte die Volksmarine gegenüber der Bundesmarine einen erheblichen Zeitverzug.

In der taktischen Aufklärung hat der Zeitfaktor ein großes Gewicht. Bedingt durch die stark zerklüftete Küste der westlichen Ostsee sind hier kurze Distanzen und eine enge Verzahnung von Festland, Inseln und Seeraum charakteristisch. Außerhalb der Territorialgewässer existierte weder eine Grenzlinie der Zuständigkeiten noch eine vorprogrammierte Inbesitznahme des beanspruchten Seeraums. Die Seeherrschaft mit dem entsprechenden Luftraum hatte deshalb für die Flottenoperationen eine große Bedeutung. Innerhalb weniger Minuten konnte in der westlichen Ostsee eine gravierende Lageänderung eintreten, die Auswirkungen für die jeweils andere Seite, der NATO oder des Warschauer Paktes, hatte. Die Flottenkräfte der Anliegerstaaten beider Militärblöcke operierten täglich offen und verdeckt in diesem begrenzten Seeraum mit Schiffs- und Fliegerkräften. In Friedenszeiten gehörte das zum normalen Marinealltag. Mit dem Beginn von Kampfhandlungen hätte sich hier jedoch wegen der vorgenannten geographischen Bedingungen die Lagesituation schnell geändert. Die Fähigkeit der maritimen Einsatzkräfte der NATO (Bundesmarine, dänische Marine und Teile der norwegischen Marine), unter Ausnutzung der Gegebenheiten des Seeraumes und aus vielen inneren Buchten und Nebenfahrwasser heraus operieren zu können, sollte durch die zahlenmäßige Überlegenheit der Kräfte des Warschauer Paktes kompensierte werden. Den wirksamen Erstschlag, den jede Seite im Gefecht anstrebte, hätte die Volksmarine mit ihren Raketen-Schlaggruppen ab 1973 nur noch bedingt ausführen können. Die dazu erforderlichen Fähigkeiten der taktischen Aufklärung waren trotz der größeren Reichweite ihrer Waffen teilweise nicht mehr gegeben. Die Gründe für diese in den 70er Jahren verloren gegangene Fähigkeit lagen in den neuen vernetzten Nachrichtenmitteln der Bundesmarine zur online-Datenübermittlung. Die Bundesmarine verfügte mit dem Einsatz der Schiff-Schiff-Feststoffraketen des Typs MM-38 EXOCETT über bedeutend geringere Systemreaktionszeiten. Diese Schwäche glich der Warschauer Pakt mit der Indienststellung der TARANTUL-Korvetten ab Mitte der 80er Jahre aus. Außerdem verschaffte der Einsatz des Kampfhubschraubers vom Typ HIND dem Warschauer Pakt die Möglichkeit der Zieldatenfernübertragung.

Agentenaufklärung

Im Gegensatz zur NATO, die vorwiegend leistungsstarke elektromagnetische Sensoren zur Aufklärung einsetzte, bediente sich die NVA und Volksmarine auch illegitime Mittel und Methoden zur Aufklärung. Dazu gehörte die Informationsgewinnung durch Agenten in der Bundesmarine. Sigurd Hess beschreibt in seinem Aufsatz „Aufklärung und Propaganda" einen Spionagefall des MfS zur Aufklärung des Marinehauptquartiers (MHQ) beim Flottenkommando der Bundesmarine in Glücksburg. Nach einer Bauzeit von fast 10 Jahren ging das MHQ etwa 1985 in Betrieb. Die Entwicklung, Ausrüstung und Installation des Führungsinformationssystems für das Fernmeldezentrum (FMZ) und der Operationszentrale (OPZ) lag dabei in den Händen der Firma IBM Sondersysteme GmbH in Wilhelmshaven. Sie lieferte die entsprechende hochsensible Hard- und Software (Rechner, Programme, Geräte). In dem Wilhelmshavener Unternehmen stand ein Mann als Informant auf der Gehaltsliste des MfS. Karl Gebauer entwickelte sich in der Firma innerhalb von drei Jahren vom Archivar und technischen Zeichner bis zum Sicherheitsbeauftragten (!) im November 1975. Hess ermittelte, dass sich Gebauer von März 1975 bis März 1983 mehr als 20 Mal mit seinem MfS-Führungsoffizier traf. Diesem übergab er die komplette fotokopierte Dokumentation der Betriebsspezifikation der FMZ und OPZ des Marinehauptquartiers, Zeichnungen und Infrastrukturunterlagen des Bunkerkomplexes. Über Gebauer erlangte das MfS und Kommando der Volksmarine auch Kenntnis über die Betriebsspezifikation des Führungs- und Waffeneinsatzsystems des Flugkörperzerstörers der LÜTJENS-Klasse sowie zu diversen NATO-Dokumenten. Mehrere laufende Meter geheimer Aktenordner gelangten auf diese Weise in den Besitz des MfS und der Militäraufklärung der NVA. 1981 soll es sogar zu einem Geheimtreffen von Gebauer mit dem Chef der DDR-Spionageabwehr, Generalleutnant Günter Kratsch, in Ostberlin gekommen sein. Durch Gebauers Aufklärungstätigkeit erhielt die Volksmarine Kenntnis über die Infrastruktur des MHQ, der Führungssystementwicklung der Bundesmarine sowie zu den Fernmeldeschnittstellen der NATO-Partner. Nach seiner Verhaftung 1992 und Verurteilung zu 12 Jahren Haft am 27. Januar 1994 durch das Kammergericht Berlin wurde Gebauer durch den Bundespräsidenten 1998 begnadigt. In seinen Erinnerungen nannte Gebauer als Motiv für sein Handeln: „dass er als Grenzgänger zwischen den Militärblöcken auch für den Frieden im Kalten Krieg gesorgt habe". Durch den von ihm verübten Geheimnisverrat trug er letztlich zur Wahrung des militärischen Gleichgewichts in der Ostseeregion bei.

Entspannung 80er Jahre

Die Beschlüsse der KSZE-Folgekonferenzen in Helsinki und Wien sowie der 1984/1986 in Stockholm tagenden Konferenz über vertrauens- und sicherheitsbildende Maßnahmen und Abrüstung in Europa bewirkten eine schrittweise Entspannung der internationalen Lage in Mitteleuropa. Von nun an konnten legale und offizielle Möglichkeiten zur periodischen Überwachung sensibler strategischer und operativer Räume durch beide Militärpakte zur Aufklärung genutzt werden. Inspektionsgruppen beider Seiten verschafften sich beim jeweils anderen Einblicke in dessen Waffensysteme. In Zeiten der fortbestehenden militärischen Konfrontation gehörten die Inspektionen und wechselseitigen Manöverbesuche zu den ersten vertrauensbildenden Maßnahmen zwischen der NATO und dem Warschauer Pakt. Die Änderung und Offenlegung der Militärdoktrin der UdSSR und des Warschauer Paktes 1987 entschärfte die militärische Konfrontation. Das Ende des Kalten Krieges mit der wechselseitigen militärischen Bedrohung war eingeläutet. Dank der Aufklärung und des daraus resultierenden Wissens über die realen Fähigkeiten des Gegners kam es zu keinem Schlagabtausch zwischen den Flottenkräften beider Militärpakte. Der Ostblock hatte den Kalten Krieg verloren und dafür ein neues Europa gewonnen. Der „militärische Schlag", den der Warschauer Pakt und die Volksmarine in der Ostsee gegen die NATO trainierten, fand nicht statt. Die Militär- und Flottenführer hatten nicht mit dem Fall der Mauer gerechnet.

4. Thesen zur Konfrontation von Volksmarine und Bundesmarine auf See

1. Militärdienst zur Sicherung des Friedens

Begegnungen von Fahrzeugen der Bundesmarine und Volksmarine bedeuteten immer zugleich ein Aufeinandertreffen von NATO und Warschauer Pakt auf See. Trotz den bis in die Gegenwart hinein bestehenden divergierenden Ansichten über den bis 1990 in West und Ost gleichermaßen, aber gegensätzlich proklamierten Friedensauftrag ihrer Seestreitkräfte, einte den deutschen Marineoffizieren in der Zeit des Kalten Krieges die Klammer, dafür unter dem Banner von Schwarz-Rot-Gold mit verschiedenen Flaggen-Symbolen in unterschiedlicher Weise Militärdienst geleistet zu haben.

Beide deutsche Seestreitkräfte verstanden sich in ihrer Systemeinbindung und ihrem Selbstverständnis als Friedensstreitmacht. Dieser von der Bundesmarine und Volksmarine in der Zeit militärischer Konfrontation beiderseits vertretene Standpunkt wurde mit dem Auftrag und militärischer Stärke des Gegners begründet. Allein die Existenz von zwei deutschen Seestreitkräften ist ein Beweis dafür, dass man dem Frieden beiderseits nicht traute. Jede Marine wird für die Seekriegsführung aufgestellt, ausgebildet und vorgehalten. Friedensflotten gab es in der deutschen Marinegeschichte noch nicht, nur Kriegsmarinen.

Der Frieden wurde im Ostseeraum auf einem hohen Niveau von beidseitiger militärischer Abschreckung seitens der NATO und des Warschauer Paktes gesichert. Rückblickend nehmen die Angehörigen von beiden deutschen Seestreitkräften für sich in Anspruch, für den Frieden eingetreten zu sein und dafür mit gutem Gewissen Militärdienst geleistet zu haben. Unterschwellig unterstellt diese Sichtweise der jeweils anderen Seite, für den moralisch minderwertigen Frieden eingestanden zu sein. Dieser scheinbare Widerspruch resultiert aus dem damals in Ost und West unterschiedlich verstandenen Friedensbegriff. Deutlich wird dies in dem untrennbaren Wertepaar von Frieden und Freiheit. Die Friedenspolitik eines Staates muss sich daran messen lassen, in wie weit sie auch die Freiheit seiner Bürger ermöglichte. Hier sehe ich bei kritischer Bewertung der 40-jährigen Geschichte der DDR und ihrer Streitkräfte eine deutliche Diskrepanz. Diese bestand zwischen der ständig proklamierten Friedenspolitik der DDR, die auch die Motivation für den Militärdienst der Angehörigen der Volksmarine bildete, im Gegensatz zu den eingeschränkten Freiheiten seiner Bürger und der Verfolgung von politischen anders Denkenden in der DDR. Wer hier Akzeptanzprobleme hatte, musste diese in logischer Konsequenz dann auch zur Sinnhaftigkeit der innerdeutschen Mauer haben. Dieses, vor allem gegen die Bürger der DDR gerichtete sogenannte „Bollwerk des Sozialismus", verkörperte in Wahrheit die permanente Staatskrise der DDR, die Ende der 80er Jahre offen zum Ausbruch kam. Im Gegensatz dazu hatten die Bürger des Westens den Vorteil, in freiheitlich-demokratischen Verhältnissen aufwachsen, leben und arbeiten zu können sowie auch Militärdienst zu leisten. Wegen der Andersartigkeit des politischen Systems in der DDR, entspräche es einem schlechten Stil, den Angehörigen der Volksmarine daraus im Nachhinein einen Vorwurf zu machen. Erst hinterher, mit der Wiedervereinigung, stellte sich für die Marinesoldaten der Volksmarine die Frage nach dem Sinn des Dienstes und den tatsächlichen Gründen für die ständig hohe Gefechtsbereitschaft in der NVA.

Die Marinesoldaten der DDR waren niemals wertneutrale oder gar unpolitische Soldaten. Der in der DDR allgegenwärtig proklamierte friedenserhaltene Charakter ihrer Streitkräfte fand unter den Marinesoldaten mehrheitlich eine andere Auslegung und Glaubwürdigkeit, als in den Ansichten der im Herbst 1989 gestürzten bzw. am 18. März 1990 vom Volk abgewählten alten Führungselite. Das dokumentieren die nach 1990 bekannt gewordenen militärischen Planungsdokumente im Falle einer Kriegführung des Warschauer Paktes gegen die NATO. Diese einst geheimen Schriftstücke belegen u.a., dass die Volksmarine ab 1963 fast jährlich die kombinierte Luft- und Seeanlandung an der dänischen Küste in Divisionsstärke trainierte. Diese zu Beginn von Kampfhandlungen geplante Landung mit Okkupation der Küstenregion war operative Voraussetzung für den Durchbruch der Flottenkräfte des Warschauer Paktes durch die dänischen Meerengen. In den Karten der Militärstäbe der NVA zeigten die „roten Pfeile" der Truppen und Flottenkräfte des Warschauer Paktes immer tief in das Land des Feindes hinein. Als Rechtfertigung für diese Kriegführung diente der angenommene anfängliche Überfall der NATO, sichtbar an deren „schwarzen oder blauen Pfeilen" in die Tiefe des sozialistischen Lagers. Tatsächlich ist diese Ausgangslage, eines angenommenen atomaren Schlages seitens der NATO gegen den Warschauer Pakt, in der NATO-Stabsrahmenübung „Wintex 89" im Frühjahr 1989 belegbar. Dem ging auf dem Papier eine Offensive der Armeen des Warschauer Paktes in Richtung Westen voraus.

Die NVA und Volksmarine wäre in einem möglichen Krieg in relativ kurzer Zeit zerrieben und von der sowjetischen Führungsriege des Warschauer Paktes verheizt worden, wie das gesamte geteilte Deutschland. Zum Glück für beide Seiten blieb es bei diesen in der Zeit des Kalten Krieges immer wieder kehrenden „Pfeilplanspielen".

Die von der NVA-Führung immer wieder herauf beschworene Aggressionsgefahr seitens der NATO war nach heutigen Erkenntnissen unrealistisch. Sie hätte schon damals keiner vorurteilsfreien tiefgehenden Analyse stand gehalten. Im Gegensatz zur öffentlich geführten Anti-NATO-Propaganda innerhalb der Staaten des Warschauer Paktes wusste die sowjetische Militärführung, dass im Ostseeraum keine akute Gefahr für eine Aggression der NATO bestand. Diese Tatsache war für den Befehlshaber des Warschauer Paktes in jener Zeit eine wichtige, interne geheime Planungsgröße. Die sowjetischen Militärs waren sich ihrer Erkenntnisse über die NATO im Ostseeraum sehr sicher. Durch die Aufklärungsflüge ihrer auf acht Flugplätzen im Norden der DDR stationierten 16. Jagdfliegerdivision und 125. Jagdbomberfliegerdivision verfügten sie über aktuelle und aussagekräftige Daten zum militärischen

Potential der westlichen Militärallianz in Schleswig-Holstein, Niedersachsen sowie Dänemark.

Die Volksmarine diente der sowjetischen Flottenführung in ihrem Operationsgebiet lediglich als Auge und Ohr. Ein Mitreden oder gar Mitplanen in militärstrategischer oder operativer Hinsicht hat es nur in den seltensten Fällen gegeben. Das Kommando der Volksmarine hatte das auszuführen und umzusetzen, was der sowjetische Führungsstab vorgab bzw. sich ausdachte. Wenn ich damals gewusst hätte, dass wir den sowjetischen Marschällen und Flottenführern bis Mitte der 80er Jahre im Krisen- bzw. Kriegsfall lediglich als „Kanonenfutter" für die Kriegführung in Mitteleuropa dienten, dann hätte ich 1968 lieber den Beruf eines Förster erlernen sollen. Anstelle das Pulver trocken zu halten oder in Übungen zu verschießen, hätte ich mich lieber der Pflege der Brandenburger Wälder an stets frischer Luft widmen können. Die Erkenntnis über die jahrelange Selbsttäuschung des Militärdienstes in der sozialistischen Militärkoalition als Beitrag zur Friedenssicherung in Mitteleuropa wuchs erst allmählich aus den uns in den 90er Jahren zur Verfügung stehenden Archivdokumenten und ehemals geheim gehaltenen Informationen. Es bedurfte erst den Fall der Mauer und Auflösung des Warschauer Paktes, um zwischen den Worten und Taten der einst politisch Mächtigen in der UdSSR und DDR in den Jahren militärischer Pakt-Konfrontation differenzieren zu können. Vor diesem Hintergrund sind die Leistungen von Tausenden NVA-Angehörigen und Zivilbeschäftigten zur Bewahrung des Friedens und der europäischen Sicherheit in den Reden und Schriften der Wissenden und politischen Entscheidungsträger von damals eher eine Rechtfertigung für die Existenz der NVA. Der Abgang der Seestreitkräfte der DDR von der geschichtlichen Bühne war vorprogrammiert, allerdings nicht in der praktizierten Art und Weise und unter den erlebten unsozialen Begleitumständen.

2. Militärische Bedrohung

Die Volksmarine wertete die Präsenz der Bundesmarine und ihre Aktivitäten der maritimen Vorneverteidigung vor der DDR-Küste bis hinein in die mittlere Ostsee als militärische Bedrohung vor der eigenen „Haustür". So wie die UdSSR das Schwarze Meer als ihr „Haus und Hafmeer" ansah, so deklarierten die drei Anliegerstaaten des Warschauer Pakts die Ostsee als ihr „Binnenmeer" mit Gewohnheitsrechten vor der eigenen Küste. Daraus leitete die Volksmarine u.a. das Strategieverständnis ab, hier keine Seestreitkräfte der NATO zu akzeptieren und schon gar nicht die Anwesenheit der US Navy zu dulden. Obwohl gemäß der III. Seerechtskonferenz vom 30. April 1982 das offene Meer allen seefahrenden Nationen zur Verfügung steht, monierte die Führung der Volksmarine wiederholt die Präsens der NATO-Seestreitkräfte vor der DDR-Ostseeküste. Wiederum pochte die Volksmarine, sich auf den UN-Grundsatz berufend, bei Geschwaderfahrten im Kattegat, in der Nordsee oder Norwegischen See auf die Freiheit der Meere. Als z.B. im Juni 1986 Kampf- und Hilfsschiffe der drei sozialistischen Ostseeflotten in der Norwegischen See ein Seemanöver durchführten, wurden sie von NATO-Schiffen und Flugzeugen in geringer Distanz beobachtet. Diese Präsenz bewertete ein auf dem Hochseeversorger KÜHLUNG an Bord aufgestiegener Fregattenkapitän der Politischen Verwaltung in seinem Aufsatz im Marinekalender (1988) als „provokatorische und unseemännische Haltung. Was immer solche Aktivitäten bezwecken sollen, sie entsprechen in keiner Weise dem Seevölkerrecht." Er stellt in dem Beitrag die Frage: „Was diese Machtdemonstrationen oder Einschüchterungsversuche der NATO bezwecken sollen?" Dieses Beispiel belegt, dass die Volksmarine das Recht beanspruchte, auch in entfernten Seegebieten des Gegners zu operieren. Im Gegenzug jedoch sprach sie dieses Recht den NATO-Seestreitkräften in der Ostsee ab. Dem vom „Meer des Friedens" untermauerten Ansinnen stellte sich die NATO demonstrativ durch die Entsendung ihrer Seestreitkräfte bis in die östliche Ostsee hinein entgegen. Mit der Präsenz der NATO-Fahrzeuge auf See sollte dem internationalen Recht von der Nutzung der hohen (freien) See Ausdruck verliehen werden. Ohne die seeseitige Gegenwirkung des Westens barg die Politik des Ostens für die internationale Schifffahrt und „Nichtanlieger-Staaten" die Gefahr, womöglich mit seerechtlichen Restriktionen belegt zu werden.

Im Rahmen ihrer Doktrin der „Flexible Response" (flexible Reaktion) entwickelte die NATO wegen des fehlenden Raumes auf westlicher Seite das Prinzip der „Vorneverteidigung" als logischen Zwang und Folgerung aus der eigenen Lage. Sie setzte ab den 70er Jahren für den Bereich Ostsee neue Prioritäten in der militärischen Aufklärung und den Einsätzen auf See. Der Aktionsraum der NATO-Flotten und ihrer Fliegerkräfte erfasste dabei jene Seeräume, aus denen der Gegner einen Angriff entwickeln konnte. Die Militärstrategie der „Vorneverteidigung" wurde in der Volksmarine vorwiegend als aggressive „Vorwärtsverteidigung" der NATO interpretiert. Die Führung der Volksmarine fand auf die intellektuelle militärstrategische Herausforderung der „Vorneverteidigung" kein eigenes operativ-taktisches Gegenkonzept. Die Mehrzahl der gut ausgebildeten Seeoffiziere in der Volksmarine erkannte in der NATO-Strategie der „Vorneverteidigung" eine gelungene Weiterentwicklung und aktuelle Bereicherung der Seekriegskunst seitens der westlichen Militärallianz. Dem galt es auf Seiten des Warschauer Paktes ein eigenes tragfähiges Konzept entgegen zu stellen. So war es immer in der Geschichte der Seekriegskunst. Jeder neuen politischen und militärischen Lage sowie entwickelten Waffentechnik folgte eine neue Taktik. Diese wiederum forderte den Gegner sowohl zu einer wirksamen Gegentaktik als auch zur Einführung neuer Waffensysteme heraus. Die Fähigkeit der nach Osten gerichteten Vorentfaltung gegnerischer Flottenkräfte entgegen zu wirken oder diese zu neutralisieren, war den im Bündnis mit der Sowjetischen und Polnischen Seekriegsflotte eingebundenen Führungskräften der Volksmarine nicht gegeben. Wider besseren Wissens nutzte die politische und militärische Führung der NVA und Volksmarine die von der NATO offen dargelegte und in der Ostsee praktizierte Strategie der „Vorneverteidigung" vordergründig für eine Propaganda gegen den Klassenfeind. Eine intellektuelle Debatte im Kreis der Kommandanten, Abteilungs-, Brigade- und Flottillenchefs sowie Militärwissenschaftler der DDR zur „Vorneverteidigung" der NATO-Seestreitkräfte im Ostseeraum hätte eine Strategiedebatte in der Marine, einschließlich ihrer Lehreinrichtungen, beflügeln können. Der bis zum 30. November 1987 in 26 Dienstjahren an der Spitze der Volksmarine stehende Admiral Wilhelm Ehm, muss sich den Vorwurf gefallen lassen, die ohnehin beschränkten Möglichkeiten für eine Strategiediskussion noch einmal durch die Tabusierung der führenden Rolle der Partei und sowjetischen Seekriegsflotte verengt zu haben.

Die Bundesmarine sah vor allem in den Stoßkräften (Raketen- und Torpedoschnellboote) und Landungsschiffen der Volksmarine ein in Richtung Westen gerichtetes militärisches Bedrohungspotential. Dass die Landungsschiffe nicht zu „Spazierfahrten für NVA-Panzer in See" vorgehalten wurden und die massiven Stoßkräfte der 6. Flottille der Volksmarine keine „Speedboot-Rennen" in der Ostsee veranstalteten, darüber bestanden niemals Zweifel.

Die tägliche Präsenz von Kriegsschiffen und Marinefliegerkräften der NATO und den Seestreitkräften des Warschauer Paktes in der Ostsee und über deren Luftraum trug 30 Jahre lang zur friedlichen Ausbalancierung beider Militärblöcke bei. Neben dem überlegenen Militärpotential der Baltischen Flotte im Ostseeraum sahen die Bundesmarine und Volksmarine in der jeweils anderen deutschen Marine ihren Gegner bereits in Friedenszeit. Vor diesem Hintergrund erscheint es fast paradox, dass die sprichwörtliche Übertragung von „Wasser trennt nicht, sondern verbindet", bezogen auf die Begegnungen beider deutschen Seestreitkräfte in den vier Jahrzehnten Deutscher Teilung überwiegend Bestätigung fand. Dies ist wohl eine spezifische Besonderheit in der Existenz und im bilateralen seeseitigen Handeln der beiden deutschen Seestreitkräfte im Zeitraum 1955/56 bis 1990. Ein Grund für dieses marinegeschichtliche Phänomen lag im Verhalten und Umgang mehrheitlich miteinander und weniger gegeneinander. Es gab auch Ereignisse und Zwischenfälle, wo dieses Aufeinandertreffen auf See nicht reibungslos verlief. Durch Arroganz, seemännische Kraftmeierei, menschliche Entgleisung und mitunter auch vorgetäuschtem Waffeneinsatz drohten einige Begegnungen zwischen Schiffen der Bundesmarine und Volksmarine gefährlich zu eskalieren. Einige der in den Kapiteln 2, 5 und 6 geschilderten Beispiele überschatteten die ansonsten überwiegend friedlich verlaufenden Begegnungen von Fahrzeugen der Volksmarine und Bundesmarine auf See.

3. Marinegeneration mit Kriegserlebnissen

In der Aufbau- und Entwicklungsphase beider Seestreitkräfte waren viele Marinesoldaten noch Kriegsteilnehmer. Sie hatten in dramatischen Seegefechten des Zweiten Weltkrieges den Untergang eigener und gegnerischer Kriegs- und Handelsschiffe erlebt. Sie wollten keinen neuen Krieg. Dennoch bereiteten sich beide Seiten waffentechnisch und personell auf eine kriegerische Auseinandersetzung vor. Die Nachfolgegenerationen der Geburtenjahrgänge bis Anfang der 50er Jahre hatten durch ihre

Eltern Wurzeln in der Kriegsgeneration. Die Marinesoldaten wurden zum Teil von kriegsgedienten Marineangehörigen ausgebildet, erzogen und geführt. Mein Lehroffizier im Fach „Kolben- und Strömungsmaschinen" an der OHS in Stralsund, ein 1970 schon etwas ergrauter Kapitän zur See, fuhr im Zweiten Weltkrieg als Unteroffizier auf einem deutschen U-Boot. Viele Soldaten in der Bundesmarine und Volksmarine stellten sich die Frage: Was passiert bei einem militärischen Schlagabtausch zwischen der NATO und dem Warschauer Pakt in Zentraleuropa? Trotz der politischen und militärischen Unwägbarkeiten, war wohl allen in Ost wie West klar, dass dieser Schlagabtausch weder lokal begrenzt noch für eine Seite siegreich verlaufen würde. Der Preis des Sieges wäre die atomare Selbstvernichtung. So barg jede aus dem Ruder geratene Konfrontation auf See gewissermaßen auch Gefahren für den Frieden. Dessen war man sich auf beiden Seiten bewusst.

4. Zeitzeugen deutscher Spaltung

Die Marineangehörigen waren auf See „Zeitzeugen" von vier Jahrzehnten Deutscher Spaltung. Sie erlebten in der Ostsee unmittelbar die Auswirkungen der Trennlinie zwischen Ost und West mit der innerdeutschen Mauer ab dem 13. August 1961 auf das Leben in der BRD und DDR. Die Männer in Blau standen sich auf See als Repräsentanten ihres jeweiligen Staates mit zwei unterschiedlichen Gesellschaftssystemen gegenüber. Die Angehörigen der Volksmarine empfanden den von der Bundesregierung bis in die 70er Jahre proklamierten Alleinvertretungsanspruch für alle Deutschen als anmaßend und völkerrechtswidrig. Einige Schnellbootskommandanten der Bundesmarine verhielten sich in den 60er Jahren auf See dem entsprechend arrogant. Sie ignorierten das Schiff der Volksmarine oder brillierten durch riskante Fahrmanöver in Nahdistanz.

Wiederum waren die Soldaten der Bundesmarine tief betroffen, wenn sie miterleben mussten, wie flüchtige DDR-Bürger in der Ostsee ihr Leben riskierten, um mit einfachsten Mitteln in den anderen Teil Deutschlands zu gelangen. Mit einer Portion Glück gelang 913 Personen im Zeitraum 1961 bis 1989 die abenteuerliche Flucht über die blaue unsichtbare Grenze in der Ostsee. Das entsprach einer Erfolgsquote von 16,2%. 4.549 Fluchtversuche (80,7%) scheiterten durch Festnahmen. In Verkennung der Gefahren der See sind bei ihrer Flucht 189 Personen zu Tode gekommen. Davon wurden 54 Menschen nie gefunden. Marinesoldaten der Bundesrepublik stellten sich die Frage: Was mag einen jungen Mann dazu bewogen haben, sich auf einem Surfbrett von Hiddensee aus nach Mön auf den Weg zu machen? Welchen Mut und welche körperliche Fitness muss ein Mensch haben, um mit Schwimmflossen, Taucherbrille, Schnorchel und aus einem Fahrradmotor gebastelten Skuter die Distanz vom Strand Graal Müritz bis zum 25 Kilometer entfernt in der Ostsee liegenden dänischen Feuerschiff Gedser bewältigen zu können. Eine sensationelle und unglaublich anmutende Flucht unternahm ein Rostocker Arzt am 25. Juli 1971. Nach zweijährigem Schwimm- und Konditionstraining schwamm er im Neoprenanzug mit

Schwimmbrille und Schnorchel vom Weststrand in Kühlungsborn bis zur Insel Fehmarn. Die Presse der Bundesrepublik meldete, dass er die Distanz von 48 Kilometer innerhalb von 24 Stunden bewältigte.

Die Fluchtproblematik in der Ostsee hat die Soldaten der Bundesmarine nach individueller Veranlagung unterschiedlich beeinflusst. Viele empfanden es als menschliche Tragödie mit ansehen zu müssen, wie Menschen, die dem DDR-System entfliehen wollten, von Booten und Soldaten der 6. GBK auf unterschiedliche Weise daran gehindert wurden. Verbitterung und Verachtung gegenüber der DDR, dass sie als Unrechtssystem ansahen, waren deshalb in der Bundesmarine weit verbreitet. Da bedurfte es keiner von oben (Flottenkommando) verordneten Scharfmacherei. Die unterschiedlichen Erlebnisse aus den bilateralen Begegnungen zwischen der Bundesmarine und Volksmarine in der Ostsee boten ausreichend Gesprächsstoff für die Politische Bildung auf der einen Seite und Politschulung auf der anderen Seite. Die Ausbildungs- bzw. Unterrichtsinhalte lieferte sozusagen jede Seite auf See täglich live.

5. Bilaterale Begegnungen auf See

Wie viele Begegnungen es im Zeitraum des 35 Jahre bestehenden Nebeneinander von Bundesmarine und Volksmarine tatsächlich gegeben hat, lässt sich kaum feststellen. Darüber existierte keine Buchführung. Vielleicht waren es 30.000 bis 35.000 gewesen, vielleicht auch mehr oder weniger. In den Frühjahr- und Sommermonaten mit größeren Aktivitäten begegnete man sich häufiger als in der meist stürmischen Herbst- und Wintermonaten. Eine Ausnahme bildete die alljährlich durchgeführte Herbstmanöverserie der NATO-Seestreitkräfte und Herbstübung der Volksmarine. Bei 30.000 Begegnungen im Zeitraum 1955 bis 1990 bzw. durchschnittlich 860 Begegnungen im Jahr, scheint die auf Statistiken und Erfahrungswerten der Volksmarine beruhende Quote von 2% Konfliktsituationen und Provokationen realistisch. Bezogen auf den Zeitraum 1960 bis 1990 würde dieser Prozentsatz etwa 516 Zwischenfällen entsprechen. Folgt man diesem Ansatz, dann passierte in jeder 50. Begegnung etwas Außergewöhnliches, worüber eine Seite frohlockte und die andere sich ärgerte. Hierbei ist zu beachten, dass das was die eine Seite als Provokation der anderen auslegte, der vermeintliche Provokateur gar nicht so beabsichtigt oder empfunden haben muss. Der hatte dann jedoch in der Berichterstattung kaum eine Chance, sich zu wehren. Häufig sorgte die Erstmeldung in der Presse für eine durchschlagende propagandistische Wirkung.

Aktenkundig wurden all jene Vorfälle, in denen der eine bewusste gegen den anderen auf engstem Raum auf See agierte, wobei der andere dann wiederum reagierte, in welcher Form auch immer. Jedoch nicht alles ist auf dem Dienstweg bis nach Oben bekannt geworden. Die Berichte und Filme der Kommandanten der Volksmarine gingen an die Flottillenstäbe und von dort gewöhnlich zur Abteilung Aufklärung im Kommando der Volksmarine. Hier werteten Spezialisten die Meldungen und das Fotomaterial aus. Mitteilungen mit besonderer Brisanz wurden dem Chef des Stabes vorgelegt. Alle Berichte gelangten in eine Archivablage mit einer zeitlich befristeten Aufbewahrung. Die Ereignisse auf See mit Begegnungen von Fahrzeugen beider Marinen dienten Redakteuren in der Politischen Verwaltung der Volksmarine als Vorlage zur Herausgabe von illustrierten Konfrontations-Dokumentationen (Anlagen Kapitel 7).

Die Kommandanten der Bundesmarine lieferten ihre Berichte mit Fotomaterial aus den Begegnungen mit Schiffen der Volksmarine bei der A 2 Abteilung im Flottenkommando ab. Von dort gelangten die Berichte und Fotos zur weiteren Auswertung und für den Abgleich mit bereits vorhandenen Erkenntnissen zum Marinefernmeldestab 70. Diese Dienststelle fungierte als zentrale nationale Erfassungs- und Auswertestelle der Bundesmarine. Die dort erstellten Lageberichte, Datenblätter und taktischen Erkenntnisse flossen dann, von der ursprünglichen Quelle sanitarisiert, zurück an die Einsatzplanung oder Ausbildung. Sofern sie nicht mehr von aktuellem Interesse waren, gelangten die Berichte, Daten und Fotos dann ins Bundesarchiv-Militärarchiv in Freiburg. Dort wurden sie entsprechend der festgelegten Geheimhaltungsstufe mit einer Sperrfrist von mindestens 30 Jahren belegt.

Trotz der dienstlichen Reglementierungen für das Verhalten auf See war das **maritime Brauchtum** in beiden deutschen Seestreitkräften fest verwurzelt. Fernab von der Politik in Berlin und Bonn und den dienstlichen Vorgaben aus Strausberg folgten sie überwiegend eigenen Gesetzen. Im Gegensatz zu den teilweise politisierten Dienstvorschriften in der NVA und Volksmarine und den Ansichten einiger führender SED-Funktionäre entwickelte sich an Bord der Schiffe der DDR-Seestreitkräfte ein maritimes Eigenleben. Das ideologische Wunschdenken innerhalb der SED- und NVA-Führung entsprach überwiegend nicht den Realitäten auf See. Auf dem Wasser gab es keine räumliche Abgrenzung oder Abschottung zum Westen. Dem noch vom maritimen Brauchtum der Kriegsmarine geprägten Offiziers- und Unteroffizierskorps der ersten Generation in den DDR-Seestreitkräften gelang es, das normale Verhalten auf See zu entideologisieren. Es entsprach überwiegend den historisch gewachsenen maritimen Umgangsformen und dem normalen Verhalten auf See. Diese Normen übertrugen sich auf die Besatzungen und die nachfolgende Generation. Die überwiegende Mehrzahl der nicht nur „stundenweise" als Begleitperson von Mitgliedern des SED-Politbüros zur See fahrenden Offiziere beider Sicherungsflottillen (4. und 1. Flottille) hielt sich an die Regeln normaler Seemannschaft und der Pflege von maritimem Brauchtum, auch gegenüber dem „verteufelten Klassenfeind". Wenn heute ehemals leitende Offiziere und Admirale der Volksmarine in ihrer persönlichen Rückschau alle Berufs- und Zeitsoldaten der Volksmarine als „treue und mit der SED verbundene, folgsame und klassenbewusste Kämpfer für den Sozialismus" rhetorisch in Büchern und Reden vereinnahmen, dann entspricht diese Sichtweise eher dem Horizont eines Kleinbootfahrers. Viele Marinesoldaten dachten mehr an Seefahrt und weniger an den „Sozialismus auf See".

6. Im Sicht- und Rufkontakt

In der Zeit militärischer Konfrontation gehörte es zur Besonderheit von Seestreitkräften, dass sie neben der Radarpeilung im permanenten Sicht- und Rufkontakt mit dem potentiellen Gegner in Friedenszeit standen. Diese Erfahrung war bei Heer und Luftwaffe nicht vorhanden. Deutsch-Deutsche Begegnungen auf See gehörten fernab von Bonn und Berlin zum normalen Marinealltag. Dass dieser Alltag auf See selbst den führenden Genossen des SED-Politbüros Akzeptanzprobleme bereitete, belegt das Beispiel der Begegnung der Küstenschutzschiffe BERLIN und ROSTOCK der Volksmarine mit dem Tender MAIN A 63 der Bundesmarine am 20. Mai 1982 (siehe Kapitel 6). Der politischen und militärischen Führung der DDR fiel es mitunter schwer, diese Normalität zu akzeptieren. Möglicherweise erwies sich der „Klassengegner" als freundlicher Seemann bzw. der Skipper auf der westdeutschen Yacht als interessierter Bürger. Man hatte Angst, dass Besatzungsangehörige der Volksmarine und 6. GBK in den Begegnungen in Nahdistanz die „Fronten" wechseln könnten. Um dem vorzubeugen, installierte das MfS in der Volksmarine ein beispielloses IM-System an Bord jeden Schiffes.

Höflich gemeinte Gesten von Kommandanten der Bundesmarine gegenüber Schiffen der Volksmarine bei Begegnungen auf See blieben häufig ohne sichtbare Reaktion. Wegen der westdeutschen Doktrin der Nichtanerkennung der DDR und somit auch ihrer Flagge, existierte in der Bundesmarine ein „Gruß-Verbot" bei Begegnungen mit Schiffen der Volksmarine. Im Glauben, dass die Vorgesetzten an Land nicht alles mitbekommen, was sich auf See ereignete, hielten sich beide Seiten nicht an die verordnete Sprachlosigkeit. So kam es immer wieder zu kuriosen Episoden, die im Kapitel 6 und 7 beschrieben werden.

In den Begegnungen mit Schiffen der Bundesmarine auf See empfand ich die erlebte „Nähe" zum Gegner, dem deutschen Marinesoldaten auf der anderen Seite, als einen phänomenalen Widerspruch zu der bestehenden militärischen Konfrontation und praktizierten Abschottung der DDR zur Bundesrepublik. Diese staatlich verordnete „politische" Abgrenzung in den Beziehungen zur Bundesrepublik erfasste alle Bereiche der Gesellschaft in der DDR. Mit dieser Politik glaubte das SED-Politbüro, den Einfluss des Westens auf das Leben in der DDR abschotten zu können. Doch das funktionierte auf See nicht. Man begegnete sich hier „Auge in Auge" und verglich das, was man zuvor gehört hatte, mit der Wirklichkeit. Wir bestaunten die Waffentechnik der Bundesmarine, ihre immer gut in Farbe stehenden Marineschiffe, registrierten die Handlungen der Besatzungen an Bord und beobachteten das Können des Anderen in seemännischer und taktischer Hinsicht. Wenn man einmal vom sächsischen und bayrischen Dialekt absieht, pflegten wir an Bord der Marineschiffe die gleiche Sprache und seemännischen Rituale, tauschten identische Informationen und Signale aus. Dennoch blieben wir uns durch die bestehende Zweistaatlichkeit und verordnete Abschottung überwiegend fremd.

7. Neugier auf beiden Seiten

In Bewertung der vielen bilateralen Begegnungen lässt sich verallgemeinern, dass die Neugier über die jeweils andere Deutsche Marine im Vordergrund des beiderseitigen Interesses stand. Fotografien in Ost und West belegen das. Das wechselseitige Interesse über das Schiff des jeweils Anderen bezog sich auf dessen Bewaffnung, technische- und Feuerleitanlagen, Maschinenkraft, rasante Fahrtstufen, Ruder- und Flugmanöver. Selbst der immer perfekte Farbanstrich aller Fahrzeuge der Bundesmarine und des BGS See fand im Vergleich zum Farbzustand der Schiffe der Volksmarine Beachtung.

Zivile westdeutsche Fahrzeuge und Schiffe der Bundesmarine veranschaulichten in ihren Annäherungen zu den Schiffen der Volksmarine häufig die Vorzüge von westlicher Freiheit und Konsumüberlegenheit. Das fand seinen Ausdruck im Hinüberwerfen von Zeitschriften und bunten Illustrierten, Bier- und Konservenbüchsen oder Zigarettenschachteln. Man ließ in Folie eingeschweißte Westpakete zu Wasser und wartete, dass sie aufgefischt wurden. All das empfanden die Schiffsbesatzungen der Volksmarine als unmilitärisch. Sie ignorierten vielfach diese Gesten. Die Geschenkaktionen widersprachen den maritimen Gepflogenheiten auf See. Kein Besatzungsangehöriger der Volksmarine musste an Bord Hunger leiden oder gar verdursten. Dagegen wären die Illustrierten sicherlich auf Interesse gestoßen. Diese Art von Presseschau war den Soldaten der Volksmarine verboten. In Gesprächen „von Bord zu Bord" versuchte die westliche Seite, Marinesoldaten häufig zum Überlaufen zu bewegen. Die Volksmarine hielt mit Agitations- und Propagandamaterial dagegen. Es kam auch vor, dass bei abendlichen Filmvorführungen auf dem Achterdeck eines Vorpostenschiffes der Gegner einträchtig daneben lag und mit guckte. Einige Besatzungen der Bundesmarine fanden Interesse an den Spielfilmen aus der DDR. So z.B. löste der DEFA-Spielfilm „Meine Stunde Null" mit Manfred Krug in der Hauptrolle Lachsalven auf beiden Seiten aus.

Der von der Bundesrepublik vertretende Alleinvertretungsanspruch für alle Deutschen führte in Teilen der DDR-Bevölkerung und Volksmarine zu einer Distanzhaltung zur BRD und ihrer Marine. Die rasante Auflösung der militärischen Konfrontation und Gegnerschaft verlief dann ebenso historisch einmalig wie die Art der Begegnungen zuvor. Was in den Jahren zuvor unmöglich schien, wurde 1990 Wirklichkeit. Marinesoldaten von Bundes- und Volksmarine reichten sich als Deutsche einer wiedervereinten Nation symbolisch die Hand. Es liegt nahe, dass der über drei Jahrzehnte währende Deutsch-Deutsche Marinealltag auf See, den reibungslos aber nicht konfliktlos verlaufenden Prozess der Auflösung der Volksmarine mit Übergabe ihrer Schiffe, Technik und Bewaffnung an die Bundesmarine erleichterte.

8. Verdruss, List, Jux und Schadenfreude auf See

Wie sind die vielen bekannten und verborgen gebliebenen „Nettigkeiten", Sticheleien und Tricksereien sowie die gegeneinander geführten Spaßaktionen auf freier See einzuordnen? Handelte es sich hierbei um jugendlichen Leichtsinn, Jux und seemännische Arglosigkeit oder um absichtlich herbeigeführte Provokationen. Zufälle können dabei überwiegend ausgeschlossen werden. Es war wohl eher ein beiderseitiges Abtasten, ein Wechsel- und Possenspiel von Aktion und Reaktion, von Intellekt, Intoleranz und Borniertheit. Durch übersteigertes Selbstbewusstsein und zur Schau gestelltes seemännisches Können liefen dabei einige Kommandanten auf See zu skurriler Hochform auf. Vielleicht handelte es sich hierbei auch um ein spezielles deutsches Phänomen in der Zeit des Kalten Krieges. Man beobachtete sich gegenseitig, setzte in der Nacht an Bord irreführende Lichter oder gar keine. Um einen Verfolger los zu werden, ließ man diesen durch ein plötzliches Stopp in seiner Hecksee einfach auflaufen. Das war nicht ungefährlich, denn der Verfolger musste höllisch manövrieren, um nicht mit dem anderen zu kollidieren. Bei der geringsten Unaufmerksamkeit hätte es auf See gekracht. Zur Identifizierung blendete man sich in der Dunkelheit gegenseitig an. Mitunter entwickelten die Kommandanten in risikoreichen Manövern in geringer Distanz seemännische Glanzleistungen und Geschick im gegenseitigen Überlisten. Alles geschah in der Absicht, den Anderen zu veralbern oder zu ärgern, ihn abzudrängen und auf See in die ausweichpflichtige Position zu bringen. Per Megaphon beharkte man sich gegenseitig unter Nutzung aller Facetten der deutschen Muttersprache. Jeder wollte in diesen wüsten Gesprächsduellen die Oberhand gewinnen. Deshalb schaukelten sich die Dispute „von Brücke zu Brücke" mitunter bis ins Unerträgliche hoch. Zur Optimierung in der gegenseitigen Beeinflussung kamen auch starke Lautsprecher und Scheinwerfer zum Einsatz. Selbst die Lockerheit in der Anzugsordnung und im Auftreten der Besatzungen der Bundesmarine an Oberdeck eines Schiffes erzielte Wirkung. In der Volksmarine war die Seeausbildung militärisch reglementiert. Die Anzugsordnung an Oberdeck schrieb vor, entweder Bord blau mit Käppi als Kopfbedeckung zu tragen oder bei der Bereitschaftsstufe I den Kampfanzug See anzulegen. Da konnte nicht jeder an Bord so herum laufen, wie er wollte. Ein von der Bundesmarine übernommener Marineoffizier aus der Volksmarine beschrieb die Situation in den 80er Jahren mit den Worten, „Die Begegnungen waren zwar nicht von besonderer Freundschaft, aber zumindest von gegenseitiger Zurückhaltung gekennzeichnet. Die Angst, beim Winken gesehen zu werden, hinderte die Angehörigen der Volksmarine daran, dies zu tun. Jeder war sich der negativen Konsequenzen stets bewusst." Das Winken von Angehörigen der Bundesmarine wurde in der Volksmarine überwiegend als unmilitärisch abgetan. Diese Geste hätte wohl als Anerkennung missverstanden werden können. Trotzdem kam es immer wieder vor, dass Marinesoldaten das Winken der anderen Seite erwiderten. In Erinnerung an seine Dienstzeit als Schnellbootskommandant erwähnte Otto H. Ciliax, dass „persönliche Kontakte zu den Volksmarine-Soldaten nicht zu Stande kamen. Anfangs versuchten wir alles: Frontpfeifen, freundliches Winken, Mütze schwenken - keine Reaktion. Wir empfanden die sture und alle freundlichen Gesten ignorierende Art der Volksmarine-Offiziere als Provokation." Mitunter kam es vor, dass bei der Annäherung von Fahrzeugen der Bundesmarine auf den Schiffen der Volksmarine die

Bereitschaftsstufe I mit Gefechtsalarm ausgelöst wurde. Alle Stationen an Bord einschließlich der Bordgeschütze waren gefechtsklar. Das unter diesen Bedingungen auf der anderen Seite keine Sympathien aufkommen wollten, lag auf der Hand. Die erwähnte Sturheit bzw. Ignoranz auf Seiten der Volksmarine resultierte auch aus dem erlebten seemännischen und menschlichen Fehlverhalten von einigen Besatzungsangehörigen der Bundesmarine sowie den mitunter an Bord anwesenden Zivilisten. Dazu gehörten niveaulose Anpöbeleien, höhnische Zurufe, Beschimpfungen und obszöne Handlungen. Das unseemännische und provozierende Verhalten blieb teilweise der Schiffsführung verborgen, erzielte aber innerhalb der Volksmarine eine abstoßende Wirkung.

9. Annäherungsmanöver auf See

Durch gefährlich herbeigeführte Annäherungsmanöver bis auf wenige Meter, Anläufen mit Höchstfahrt, leichtsinniges Kreuzen unmittelbar vor dem Bug, andauernde Umkreisungen eines vor Anker liegenden Schiffes mit hoher Fahrtstufe bis hin zu provozierenden Handlungen, drohten einige Begegnungen im freien Seeraum zu eskalieren. Es folgten dann in der Regel gegeneinander geführte Schuldzuweisungen, propagandistisch geführte politische Attacken in den Medien sowie eine Perfektionierung der Handlungsanweisungen für die Kommandanten auf beiden Seiten.

Trotz der Gefahren, die Havariekurse beim wechselseitigen Aufklären und Abdrängen mitunter heraufbeschworen, blieben diese Aktionen zum Glück überwiegend ohne größere Personal- und Materialschäden. Der beiderseitigen Besonnenheit der Kommandanten war es zu verdanken, dass es in den Begegnungen auf See trotz einigen Rammings und „Beinahe"-Kollisionen bzw. heiklen Situationen zu keiner ernsthaften Auseinandersetzung kam. Dass Konflikte dabei auf See nicht eskalierten, ist dem verantwortungsbewussten Handeln jedes Kommandanten in West wie Ost zuzuschreiben. Auch wenn in einigen Begegnungen mit einem Waffeneinsatz durch provokatorisches Schwenken des Bordgeschützes gedroht wurde, darf der faktische Einsatz zwischen Kriegsschiffen der Volksmarine und Bundesmarine bezweifelt werden. Ein unpolitischer Marineoffizier war damals und ist heute ebenso undenkbar wie ein lebensübermütiger Seemann. Diese Sichtweise wird allerdings durch ein tragisches Ereignis getrübt. Während einer Raketenschießübung des Warschauer Paktes vor Kap Taran (nördlich Baltijsk) beschoss ein Fahrzeug der Polnischen Seekriegsflotte am 15. Juni 1987 den Tender NECKAR der Bundesmarine (Kapitel 6).

10. Zielobjekt des Gegners

Als Übungsobjekte gerieten Kriegsschiffe der Volksmarine und Bundesmarine mitunter wechselseitig ins Fadenkreuz des Gegners. Was mag den Besatzungsangehörigen eines auf freier See fahrenden Kriegsschiffes der Volksmarine durch den Kopf gegangen sein, wenn ihr Fahrzeug als Übungsziel tief fliegender Marine-TORNADO oder PHANTOM herhalten musste? Nicht selten spürte dabei das

Oberdeckpersonal den heißen Düsenstrahl der Marinejets. Obwohl laut Völkerrecht der Luftraum über dem Schiff dem Flaggstaat gehört, kam es immer wieder zu Überflügen in Masthöhe. Im Zeitraum September bis Mitte Oktober 1971 registrierte die Volksmarine z. B. 40 Überflüge in ca. 10 Metern über der Masthöhe durch Flugzeuge des Typs BREGUET ATLANTIC und STARFIGHTER F 104 G. Ein solch schneidiges und riskantes Pilotenverhalten löste neben Bewunderung und Kopfschütteln auch Nervosität in der Flugabwehr des völkerrechtswidrig überflogenen Kriegsschiffes aus. Sollte der Kommandant beim Anflug gegnerischer Marineflieger wenige Meter über See etwa Feuerbereitschaft befehlen und die Waffen gegen das Flugobjekt richten lassen? Generell gelten solche Anflüge, auch in Friedenszeiten, als Angriffshandlung auf das vom Piloten anvisierte Fahrzeug. Das hat in Konflikt-, Spannungs- oder Kriegszeiten bei zu später Erkennung des anfliegenden Kampfjets kaum noch Abwehrmöglichkeiten. Die Piloten der Bundesmarine testeten auf diese Weise immer wieder gerne den Adrenalinspiegel der Besatzungen der Volksmarine. Es gab auch Marinepiloten der Bundesmarine die in Parallelkurs winkend an den Fahrzeugen der Volksmarine vorbei flogen.

Welche Gefühle bewogen den Marinesoldaten eines in freier See getauchten U-Bootes der Bundesmarine, wenn über ihnen Kriegsschiffe des Warschauer Paktes kreuzten, sich in deren Unterwasserortung befanden oder in Position genau über ihnen stundenlang auf der Lauer lagen?

11. Normalität im Umgang miteinander

Das auf See teilweise verkrampfte deutsch-deutsche Verhältnis zwischen beiden Marinen unterschied sich wesentlich im Verhalten von Fahrzeugen der Bundesmarine bei Begegnungen mit Kriegsschiffen der Polnischen und Sowjetischen Seekriegsflotte. Zu keiner Zeit der Konfrontation beider Militärpakte gab es in den Begegnungen auf See solche ideologischen Verkrampfungen, Ignoranz oder Reserviertheit wie mit den Schiffen der DDR-Seestreitkräfte. Trotz der Pakt-Gegnerschaft achtete man sich auf See, wie es unter Seeleuten üblich ist. Begegneten Fahrzeuge der Bundesmarine Kriegsschiffe der Polnischen Seekriegsflotte, so winkten die polnischen Marinesoldaten häufig fröhlich herüber. Mitunter wurden auch Morsesprüche zwischen den Schiffen gewechselt und Informationen z.B. über Sportereignisse ausgetauscht.

Die polnischen und russischen Flottenkräfte hielten sich an das international übliche Grußzeremoniell auf See. Sie erwiderten den seemännischen Gruß der Bundesmarine. Hans Frank erwähnt, dass die Begegnungen der Bundesmarine mit Schiffen der Baltischen Flotte immer sehr korrekt und förmlich verliefen. Das seemännische Grußzeremoniell wurde beiderseits durchgeführt. War ein sowjetischer Admiral an Bord oder wurde dessen Anwesenheit durch das entsprechende Flaggensignal am Mast kenntlich gemacht, dann leiteten die Fahrzeuge der Bundesmarine nach internationalem Brauch zuerst das Grußzeremoniell mit „Front" pfeifen ein. Auch auf Winksprüche der Bundesmarine reagierten die sowjetischen Kriegsschiffe, wenn auch kurz und knapp. Dieses Verhalten änderte sich, wenn sich Fahrzeuge der Bundesmarine sowjetischen Schieß- und Übungsgebieten auf See näherten. Hier kamen die sowjetischen Marineschiffe mit Höchstfahrt und Rammkurs heran, um NATO-Schiffe zum Abdrehen zu bewegen, was auch immer gelang. Da gab es kein Pardon.

5. Gesellschaftliche Rahmenbedingungen des Marinedienstes in der DDR

1. „Volksmarine" - Name mit historischem Hintergrund

Mit der Namensgebung VOLKSMARINE am 3. bzw. 4. November 1960 waren einseitige, nach historischen Vorbildern ausgerichtete Traditionsinhalte der militärischen Gehorsamsverweigerung sowie die „Flaggenehre" im Oktober und November 1918 ablehnende revoltierende Matrosen für die Seestreitkräfte der DDR verbunden. Dazu gehörten der von Max Reichpietsch und Albin Köbis im Sommer 1917 angeführte Matrosenaufstand in Kiel, die Meuterei in der Kaiserlichen Hochseeflotte Ende Oktober/Anfang November 1918, der Kampf der „Roten Matrosen" und der Volksmarinedivision in der Novemberrevolution 1918. Auch das Wirken der Sektion Rote Marine innerhalb des Roten Frontkämpferbundes der KPD und die Tätigkeit des Kundschafters Dr. Richard Sorge mit seinem Funker Max Christiansen-Clausen wurden zum „revolutionären Erbe" erklärt. Dagegen blieben Traditionsbestandteile aus der deutschen Marinegeschichte von 1848 bis 1914, des Ersten und Zweiten Weltkrieges vorerst weitgehend ausgespart.

Die Volksmarine war die einzige Teilstreitkraft der NVA, die bereits schon in ihrem Namen das politische Banner der Meuterei in der deutschen Hochseeflotte und der linken Kräfte in der Revolution von 1918 vor sich her trug. Nicht unberücksichtigt bleiben darf dabei die Tatsache, dass die in der DDR als revolutionäre Matrosenbewegung bewerteten Ereignisse, zu einem Zeitpunkt stattfanden, als sich Deutschland noch im Kriegszustand befand. Den gewaltsamen Widerstand eines Teils der Schiffsbesatzungen, die gemeinschaftliche Widersetzung gegen Weisungen bzw. Maßnahmen der Schiffsführung und Vorgesetzten bezeichnete das damals gültige Militärstrafgesetzbuch als Meuterei.

Ende Oktober/Anfang November 1918 brach durch die Kriegswirren und Unzufriedenheit vieler Schiffsbesatzungen die innere Struktur in der Kaiserlichen Marine innerhalb weniger Tage zusammen. In Verkennung der Gesamtlage des Deutschen Reiches und des Zustandes der Marine manövrierte die „Seekriegsleitung" die deutsche Hochseeflotte in die Krise. Besatzungen der in und vor Wilhelmshaven auf Reede liegenden Großkampfschiffe verhinderten die von Admiral Reinhard Scheer geplante „letzte Schlacht" gegen die britische Flotte. Trotz der geheimen Operationsplanung für den Flottenvorstoß blieb den Mannschaften das Vorhaben durch die vielen vorbereitenden Maßnahmen nicht verborgen. Die Matrosen widersetzten sich dem geplanten Auslaufen ihrer Schiffe am 30. und 31. Oktober 1918. Durch das eigenmächtige Vorgehen führender Offiziere ging die Vertrauensbasis der Mannschaften zu den Vorgesetzten verloren. Matrosen verweigerten den Gehorsam. Auf den Schiffen verbreitete sich ein schleichender Verfall der Disziplin. Die Kommandanten und verantwortlichen Befehlshaber erkannten nicht die tieferen Ursachen des Vertrauensverlustes und der Gehorsamsverweigerung ihrer Unterstellten, die letztlich erhebliche Führungsdefizite der Vorgesetzten offenbarten.

Die revoltierenden Matrosen verbündeten sich an Land mit anderen Truppenteilen und der Arbeiterschaft. Als Siegessymbol der in vielen Orten gegründeten Soldatenräte wehte am 5. November 1918 auf allen Schiffen die rote Flagge. Die Mannschaften gingen von Bord ihrer Schiffe. Am 11. November 1918 rief der Arbeiter- und Soldatenrat unter ihrem sozialdemokratischen Vorsitzenden, dem Oberheizer Paul Kuhnt, in Wilhelmshaven die „Republik Oldenburg-Ostfriesland" aus. Bald darauf zogen Gruppen von meuternden Matrosen durchs Binnenland. Unterstützt von demonstrierenden Massen verbreiteten sie in Deutschland den „Funken der Revolution". Da die Depots und Lager in den Marinestandorten offen waren, konnte sich jeder mit Marineuniformen und Waffen samt Munition versorgen. Michael Freund beschrieb die Situation mit den Worten: „Gewehre waren seit dem November 1918 in Deutschland wohlfeiler als Dreschflegel. Jeder konnte sich aus den Haufen abgelegter Waffen bedienen. Wenige Tage danach verwandelten sich die meisten Kasernen in eine Kreuzung von Schieberzentrale und Bordell." In diesen chaotischen Tagen gelang dem SPD-Politiker Gustav Noske den völligen Umsturz durch Kräfte der Linken und radikalen USPD in Kiel abzuwenden. Nach Ansicht von Werner Rahn „blieben die ersten politischen und militärischen Forderungen der Matrosen gemäßigt. Sie forderten zwar die Abdankung der Hohenzollern, doch dachten sie anfangs weder an die Errichtung einer Republik noch gar an die Einführung des Sozialismus. Militärische Führungsprobleme, wie `schliche Behandlung der Mannschaften durch Vorgesetzte`, standen im Mittelpunkt ihrer ersten Forderungen."

Am 11. November 1918 kam es zur Bildung der „Volksmarinedivision" in Berlin. Die anfangs unter dem Kommando des Marinefliegers Obermaat Paul Wieczorek und Leutnant Heinrich Dorrenbach stehende Formation von Matrosen aus Cuxhaven und Berliner Arbeitern, die vormals in der Marine gedient hatten, wuchs schnell auf 1.200 Mann an. Sie erreichte eine Papierstärke von bis zu 3.250 Mann. Davon waren höchstens die Hälfte wirklich Matrosen. Viele hatten sich eine Uniform und Waffen beschafft, um in den Genuss der täglichen Unterhaltszahlung von fünf Mark plus einer Monatszulage von 30 Mark zu gelangen. Vollzählig trat die Truppe nur zum Löhnungsappell und zum Essen fassen an. Als „Hauptquartier" der „Revolutionskämpfer" fungierte das Berliner Schloss. Die Zusammensetzung der Volksmarinedivision mit einer zum Teil machtversessenen Führung war keinesfalls homogen. Drei Tage nach der Wahl von Wieczorek zum Kommandeur erschoss ihn Kapitänleutnant Friedrich Brettschneider am 14. November. Kommandeur wurde jetzt der Matrose Otto Tost. Neben links orientierten, gut gläubigen „Revolutionskämpfern" suchten von der Front zurückkehrende Soldaten sowie zugelaufene und arbeitslos gewordene Männer ein Abenteuer. Sie schlossen sich den Marinesoldaten aus Sympathie an, ohne sich der Truppe militärisch unterzuordnen. Andere wiederum verfolgten unter dem Deckmantel der Marineuniform radikale oder egoistische Absichten.

Die Volksmarinedivision hielt sich selbst für eine militärische Eliteeinheit der Revolution. Als revolutionäre Sicherheitstruppe war sie bis zum 6. Dezember 1918 dem Berliner Polizeipräsidenten Emil Eichhorn (USPD) unterstellt. Danach unterstand sie verwaltungstechnisch dem Zentralrat der Marine. In ihrem Selbstverständnis verstand sich die Volksmarinedivision als Schutzmacht des „Rates der Volksbeauftragten" gegenüber der Berliner Bevölkerung. Sie sicherte außerdem Gebäude und Betriebe der Stadt gegen konterrevolutionäre Übergriffe. Die im Marstall untergebrachte Abteilung I mit ca. 1.550 Mann bewachte vor allem öffentliche und Verwaltungsgebäude (Reichskanzlei, Banken und Konsulate, Hotels und Zeitungsverlage). Der Schutz des Gebäudes des Vollzugsrates war Aufgabe der Abteilung II mit etwa 800 Mann. Diese Truppe residierte anfangs im Berliner Schloss, dann in einer Saalgaststätte am Märkischen Ufer der Spree (heute Marinehaus), bis die Männer schließlich im Abgeordnetenhaus Quartier nahmen. Der 900 Mann zählenden Abteilung III mit vorwiegend Cuxhavener Matrosen und vielen Zivilisten oblag die Durchführung von Streifendiensten und Absperrmaßnahmen. Die auch für „Sonderaufgaben" zuständige Abteilung III war in den Ausstellungshallen des Lehrter Bahnhofs untergebracht. Gerade den Männern dieser Abteilung unterstellte die rechts orientierte Presse Räubereien, Diebstähle, radikales Auftreten sowie Gesetz- und Disziplinlosigkeit. Alle Untaten und Delikte, die Leute in Marineuniform in Berlin begangen, wurden in dieser Zeit der Volksmarinedivision angelastet. In der Öffentlichkeit erhielt die Truppe ein zunehmend negatives Erscheinungsbild. Während die Volksmarinedivision bei den Linken (Spartakusbund, KPD) als „Auge der USPD" galt, empfand die SPD diese Söldnertruppe als ständiges Ärgernis. Die SPD-Führer Ebert und Scheidemann bezogen gegenüber der mit Zivilisten durchsetzten Truppe ohne reguläre Offiziere zunehmend eine ablehnende Haltung. Die politische Auseinandersetzung zwischen der USPD und SPD im Zusammenhang mit den zwiespältigen Ansichten zur Volksmarinedivision, verschärfte deren existenzielle Lage. Als die Geldquellen mit dem Ausschluss des Grafen Metternich im Dezember 1918 allmählich versiegten, die Oberste Heeresleitung sich von der Volksmarinedivision löste und die Intendantur die Zahlungen einstellte, schrumpfte deren Personalbestand ab Ende Dezember 1918 rapide.

Die Volksmarinedivision trat bei vier Ereignissen mehr oder weniger in Erscheinung. Dazu gehörten: der Putschversuch rechter Kräfte am 6. Dezember 1918 gegen die Regierung der Volksbeauftragten mit Verhaftung des „Vollzugsrates", die durch Eberts Taktieren mit der Obersten Heeresleitung verursachte „Blutweihnacht" am 24. Dezember 1918 am Berliner Schloss, die Niederschlagung des Spartakusaufstandes vom 6. bis 13. Januar 1919 sowie die Märzkämpfe 1919. Als es im Januar 1919 zum Entscheidungskampf zwischen den Mehrheitssozialisten mit ihren Gegnern von links kam, verhielt sich die Volksmarinedivision eigenartiger Weise neutral. Die ausbleibende Löhnung war vermutlich ein entscheidendes Motiv, um nicht zu den Waffen zu greifen. Die versiegten Geldquellen und die von Noske verfügte Auflösung der Volksmarinedivision bewog die Mehrzahl ihrer Mitglieder sich den republikanischen Soldatenwehren anzuschließen. Als es schließlich Anfang März 1919 zu Kämpfen zwischen Freikorps-Einheiten (u.a. 1. Marinebrigade unter von Roden) und KPD-Anhängern kam, löste sich die Volksmarinedivision endgültig auf. Unter dem Vorwand die letzte Löhnung zu bekommen, wurden dabei 300 Männer in einen Hinterhalt gelockt und von Freikorps-Soldaten beschossen.

Die Gründe für das Scheitern der Novemberrevolution in Deutschland lagen weniger darin, dass die revoltierenden Matrosen und aufständischen Bürger nicht in der Lage waren, eine Revolution zum Erfolg zu führen. W. I. Lenin äußerte in dem Zusammenhang die spöttisch gemeinte Bemerkung: „Die Deutschen könnten nicht einmal einen Bahnhof besetzen, ohne vorher eine Bahnsteigkarte gelöst zu haben." Im Unterschied zum zaristischen Russland bot das Wilhelminische Kaiserreich der deutschen Arbeiterschaft ein Minimum an sozialer Sicherheit, Organisationsmöglichkeiten und politischer Partizipation. Hinzu kam, dass die damaligen Führer der SPD unter Ebert eine Revolution nach bolschewistischem Muster ablehnte. Man wollte keine Revolution auf Bajonetten, sondern eine auf dem Wege demokratischer Willensbildung angestrebte Wahl zur Nationalversammlung. Die äußerste Linke hatte zu keiner Zeit eine Mehrheitschance. Bei vielen in den mehrheitlich sozialdemokratisch besetzten Arbeiter- und Soldatenräten förderte die Revolution auch politisch-soziale Phantasien. Jenen Kräften schien auf anderen Wegen mehr möglich, als die sozialdemokratische Führung ihren Parteigenossen und den Bürgern vorgab und handelte.

Im Gegensatz zur DDR und Volksmarine fanden in der Bundesrepublik und ihrer Seestreitkräfte die aufständischen Vorgänge in der kaiserlichen deutschen Flotte 1917 und die von den „Roten Matrosen" im Oktober/November 1918 initiierte umstürzlerische Bewegung eine andere Bewertung. Die Ereignisse wurden wegen ihrer Begleiterscheinungen nicht als ein Ruhmesblatt deutscher Marinegeschichte angesehen, sondern als das, was sie tatsächlich waren, nämlich spontane Aktionen von kriegsmüden, meuternden und zum Teil disziplinlosen Soldaten. Die Traditionswürdigkeit im Sinne von Bewahrung und Pflege des Kampfes der Volksmarinedivision fand in der poltischen Bildung der Bundesmarine kaum Beachtung. Jeder deutsche Marineoffizier sollte jedoch die Ursachen der revoltierenden Matrosen in der deutschen Hochseeflotte ebenso kennen wie die Aktionen der Volksmarinedivision und ihrer Begleiterscheinungen in Berlin.

2. Anspruch und Wirklichkeit des Dienstes in den Seestreitkräften der DDR

Leidenschaft, Seefahrtromantik, Enthusiasmus und die Begeisterung zur Seefahrt bildeten für die Angehörigen der beiden deutschen Seestreitkräfte ein entscheidendes Motiv für den Dienst an Bord. Der Seemannsberuf erwuchs in Ost und West gleichermaßen aus der Verbundenheit zur See. Erst die von der UdSSR und den Westalliierten betriebene Politik mit der Spaltung Deutschlands und die dann folgende Gründung der Militärpakte NATO und Warschauer Vertrag führte letztlich dazu, dass aus den mit der See verbundenen Marinesoldaten einer Deutschen Nation

„Gegner wider Willen" wurden.

Die Mehrzahl der jungen Männer, die sich für den Dienst in den Seestreitkräften als Zeit- oder Berufssoldat meldeten, absolvierte diesen mit Begeisterung. Mannschaftsdienstgrade mit einer Verpflichtungszeit von drei bzw. vier Jahren erhofften sich aus dem Marinedienst in der DDR auch persönliche Vorteile für eine Studienzulassung bzw. weiteren Berufsweg. Die dabei täglich dem Personal abverlangten und auch gezeigten Leistungen waren Voraussetzung für die Einsatzbereitschaft der Waffentechnik und militärischer Stärke in Friedenszeit. In dem Bestreben nach Bewährung und Leistung ertrugen dabei viele Marinesoldaten persönliche Entbehrungen und Härten durch die teilweise unsinnigen, von oben verordneten militärischen Belastungen ihres Lebens. Nicht wenige kamen dabei ins Straucheln. Sie verloren den Glauben gegenüber dem, was sie im Dienst zu tun hatten, oder den Halt im Familien- und Kameradenkreis.

Die persönliche Begeisterung in der Dienstausübung war nicht systemneutral. Ebenso wenig waren die Marinesoldaten keine unpolitischen Soldaten. Keiner konnte sich dem politischen Charakter des Marinedienstes entziehen, ohne dabei mit dem System, den Vorgesetzten oder Dienstvorschriften zu kollidieren. In Abhängigkeit der Übereinstimmung von geforderter Gefechtsbereitschaft mit adäquater persönlicher Leistung offenbarte sich der Grad von politischem Gehorsam, realitätsbezogenem Denken bis zur Ablehnung und Dienstverweigerung. Die eigentliche Bewährung des Offiziers der DDR-Seestreitkräfte in See- oder Landverwendung lag in seinem Vermögen und Mut, die unsinnig hohen Forderungen an eine permanent hohe Gefechtsbereitschaft mit Sachverstand und menschlicher Reife im Führungsverhalten auf ein erträgliches Maß herunter zu brechen. Wahre Größe und Charakter bewiesen dabei jene Offiziere, die nicht widerspruchslos dem Aggressionsgefasel der NVA- und Marineführung folgten. Diese Offiziere schenkten den Propagandaphrasen der Politischen Verwaltung keinen Glauben. Sie gingen der vielfach von der SED-Führung verbreiteten Hurra-Stimmung nicht auf dem Leim. Dem Einsatz Zehntausender Marinesoldaten aller Dienstgradgruppen war es zu verdanken, dass sie die Marine unter teilweise komplizierten gesellschaftlichen Bedingungen und bei stets knappen materiellen und personellen Ressourcen 40 Jahre lang halbwegs am Laufen hielten. So wie das „Mangelmanagement" für die DDR-Wirtschaft charakteristisch war, prägten die Forderungen nach einer stets hohen Einsatz- und Gefechtsbereitschaft der Waffentechnik den Dienstalltag in den Seestreitkräften der DDR. Einigen Vorgesetzten mangelte es dabei am seemännischen Sachverstand, Stil und Benehmen im öffentlichen Auftreten sowie Takt im Umgang mit den Unterstellten.

Die Reglementierung des Marinealltages an Bord und an Land erfasste alle Bereiche, selbst das Ehe- und Familienleben. Auch die Freizeit- und Urlaubsgestaltung blieben davon nicht verschont. Der Marinesoldat musste überall und zu jeder Zeit erreichbar sein. In den Neubaublocks in Rostock, in denen Marinesoldaten mit ihren Familien wohnten, waren die entsprechenden Aufgänge mit Alarmhupen ausgestattet. So bekam in den 70er Jahren jeder Bewohner im Stadtteil Lütten Klein mit, wenn die 4. Flottille in der Nacht ihre Zeit- und Berufssoldaten alarmierte. Die Reglementierungen konnten deshalb Fuß fassen, weil der Dienst an Bord in der Volksmarine vorwiegend von der Politik der SED beherrscht und das staatsbürgerliche Denken vieler Bürger und Soldaten mehr oder weniger von der Ideologie des Marxismus-Leninismus geprägt war.

3. Marinedienst und Grenzdienst

Das vorwiegend auf den Dienst an Bord bezogene Verhältnis zwischen den Offizieren und Bootsbesatzungen der Volksmarine und 6. GBK gestaltete sich sowohl auf See als auch im wechselseitigen Umgang an Land als überwiegend reserviert bis distanzierend. Eine auf See bezogene Marinekameradschaft, wie sie unter den Schiffsbesatzungen innerhalb der Volksmarine existierte, wollte zu den Besatzungen der 6. GBK überwiegend nicht aufkommen. Viele Seeoffiziere der Volksmarine empfanden die teilweise Missachtung des seemännischen Grußrituals auf See beim Passieren von Schiffen der GBK als unverständlich und abartig. Egal welcher Kommandowimpel im Mast der Schiffe der Volksmarine wehte, ob Kommandant, Abteilungs-, Brigade- oder Flottillenchef, die vor der DDR-Küste liegenden Schiffe der GBK reagierten überwiegend nicht. Da die Fahrzeuge der Volksmarine meist größer waren als die der GBK, hätten diese auch unabhängig vom Kommandozeichen das Grußzeremoniell zuerst einleiten müssen. So fuhren wir sprichwörtlich aneinander vorbei. Das war schon eine eigenartige Situation in See, die viele nicht verstanden. Die Mehrzahl der Seeoffiziere in der Volksmarine betrachteten die Marinegrenzer der GBK weniger als Seeleute, sondern eher als Grenzüberwacher oder Grenzkontrolleure.

Die Angehörigen der Volksmarine mit den für jede Marine typischen Aufgaben auf See fühlten sich als die eigentlichen Seefahrer bzw. Seelords. Trotz des verbindenden Elements **–die See–** unterschied sich der Grenzdienst durch seine vorwiegend nach innen gerichtete Aufgabenstellung wesentlich vom Dienst in der Volksmarine. Dieser grundlegende Unterschied prägte letztlich auch das distanzierende Verhältnis zueinander. Die Volksmarine und NVA als Bestandteil der DDR-Landesverteidigung verstanden sich im Waffenbündnis mit den Staaten des Warschauer Paktes als eine gegen die NATO-Streitkräfte gerichtete Militärmacht. In ihrem Selbstverständnis waren die Marinesoldaten überzeugt, durch eine hohe Gefechtsbereitschaft mehr oder minder zur friedlichen Balance eines annähernd militärischen Gleichgewichts beizutragen. Dagegen sah man den GBK-Angehörigen mit den grün unterlegten Schulterstücken auf der blauen Marineuniform abschätzend als „Küstenfahrer" mit einer vorwiegend nach innen, d.h. zur DDR-Küste ausgerichteten Blick- und Handlungsrichtung. Streifte einer der 18, an der Küste während der Nacht operierenden mobilen lichtstarken Scheinwerfer der GBK ein Marineschiff auf See, dann war die Verärgerung an Bord wegen dieser Blendattacke groß.

Viele Seeoffiziere empfanden die in Küstennähe vor Anker liegenden Schiffe der 6. GBK als eine schwimmende Küstenbeobachtungsstation. Wiederum sahen sich die Grenzsoldaten an der See- und Landgrenze der DDR als die eigentlichen Beschützer des Sozialismus in der DDR gegen äußere (Agenten, Saboteure, Schieber) und innere Feinde (Flüchtlinge). Dem entsprechend galt das von den Wehrkreiskommandos und Personal-Offizieren in der Truppe auserlesene Grenzerpersonal als besonders politisch zuverlässig. In Gesprächen über den Dienst an Bord verhielten sich viele Grenzeroffiziere reserviert. Vielleicht war diese dienstliche Zurückhaltung verordnet. Offensichtlich sollte man nicht allzu viel von den Ereignissen vor der mecklenburgischen Küste mitbekommen.

Versetzungen von Offizieren und Unteroffizieren der Volksmarine zur 6. GBK waren mit militärischem und moralischem Druck oder finanziellen Lockmitteln verbunden. Bei Personalbedarf bzw. militärischer Notwendigkeit wurden fachkundige Stabsoffiziere der Volksmarine auf Dauer oder zeitweilig gegen ihren Willen zur GBK versetzt. Hin und wieder kam es vor, dass auch umgekehrt Offiziere der 6. GBK nach ihrem Studium zur Volksmarine wechselten, z.B. durch Versetzungen an die Offiziershochschule in Stralsund.

Bei der Übergabe von Booten der Seestreitkräfte der DDR an die Grenzpolizei-See bzw. 6. GBK war es üblich, dass Besatzungsangehörige auf die grünen Schulterstücke umtakeln mussten. Beliebt war diese Umstufung vom Marinedienst zum Grenzdienst nicht. Es gab jedoch kaum eine Möglichkeit, diesem Ärgernis zu entkommen. Andernfalls riskierte man seine Abschiebung in eine Laufbahnsackgasse. Im September 1972 wurden vier, seit 1965 im Dienst der 6. GBK stehende U-Jagdschiffe des Typs 201 M von der Volksmarine trotz ihres desolaten technischen Zustandes als U-Jagdkräfte in der 4. Flottille reaktiviert. Damit im Zusammenhang wechselten per Befehl auch einige Marinesoldaten der Stammbesatzung zur Volksmarine. Zur Unterweisung in die „Bordgeheimnisse" verblieben auf dem U-Jagdschiff 421 SPERBER der Oberbootsmann, leitende Maschinist und zwei Stabsmatrosen. In meiner 1. Dienststellung als Leitender Ingenieur an Bord von 421 spürte ich die distanzierende Haltung der übernommenen Grenzer gegenüber der strafferen Dienstorganisation in der 4. Flottille. Ihr Unwillen über die Zwangsversetzung widerspiegelte sich in einer laschen Dienstausübung, anfänglicher Nörgelei gegenüber Anweisungen von Vorgesetzten bis hin zu Anträgen für eine Rückverpflichtung in der Dienstzeit von vier auf drei Jahre oder gar 18 Monate Grundwehrdienst.

Die Offiziere der 6. GBK nahmen innerhalb des Offizierskorps der Volksmarine eine Sonderstellung ein. Sie genossen eine Reihe von Privilegien. Zeitweilig existierte Ende der 50er und zu Beginn der 60er Jahre in der Grenzpolizei eine Dienstzeitregelung, wonach der jährlichen Dienstzeit zusätzlich sechs Monate angerechnet wurden. So z.B. erhielt ein Offizier für sechs Jahre Grenzdienst zusätzlich eine Zeitgutschrift von 6 mal 6 Monaten, also drei Jahre. Obwohl nur sechs Jahre gedient, durfte er sich über neun angerechnete Jahre freuen. Wäre diese schizophrene Regelung nicht wieder aufgehoben worden, dann hätte z. B. ein 47jähriger Grenzoffizier entsprechend dieser Vergütungspraxis mit real 25 Dienstjahren dann auf dem Papier 37,5 Jahre Grenzdienst geleistet. Theoretisch müsste er als Neunjähriger Grenzoffizier geworden sein.

Durch die wesentlich höhere monatliche Stehzeit bzw. Einsatzdauer auf See brachten es die Marinegrenzer zu viel mehr Seetagen als die Besatzungen der Volksmarine. So z.B. waren in den 70er und 80er Jahren monatlich 20 Seetage und mehr keine Seltenheit. Da konnten wir in der Volksmarine nicht mithalten. Wegen knapper Ressourcen und limitierten Betriebsstunden der Antriebsmaschinen befanden sich die Schiffe der Volksmarine mehr im Hafen als auf See. Eine Ausnahme bildeten die für den Vorpostendienst vorgehaltenen Schiffe. Diese Überlegenheit in den Seetagen führte innerhalb des Bordpersonals der GBK zur Prahlerei gegenüber den „Hafenliegern" der Volksmarine. Das unterschiedliche Selbstverständnis zum Dienst in der Volksmarine und 6. GBK übertrug sich nahezu auf alle Bereiche des Dienstalltages. In der 4. Flottille lagen die Schiffe der Grenzschiffabteilung am Ende der KSS-Pier, nahe des Pinnegrabens am Breitling. Wie das berüchtigte 5. Rad am Wagen wurden die Grenzschiffe teilweise auch im Marinestützpunkt behandelt. Kehrten die Schiffe der GBK vom Grenzdienst auf See zurück, dann mussten sie sich z.B. bei der Betankung mit Diesel und Öl hinten anstellen. Erst wenn die Fahrzeuge der Volksmarine betankt waren, kamen die Schiffe der GBK an die Reihe. Diese Vorrangstellung der Marineschiffe bezog sich häufig auch auf die Rangfolge bei Reparaturarbeiten oder Werkstattleistungen durch die Instandhaltungsbasis bis hin zur Versorgung mit Verpflegung und Ausrüstung. Die Führungen in der Volksmarine und 6. GBK unternahmen weitgehend nichts, um dieses eigenartige und verkrampfte Verhältnis in der Truppe irgendwie zu normalisieren oder harmonisieren. Das lag wohl damals auch nicht im politischen Interesse. Die vom letzten Chef der NVA, Admiral a.D. Theodor Hoffmann gepriesene Harmonie zwischen der Volksmarine und 6. GBK offenbart, dass die NVA-Führung die bestehenden Probleme im Verhältnis zueinander weitgehend ausblendete. Der langjährige Leiter der Politabteilung der 6. GBK (1962 bis 1984) Kapitän zur See Kurt Loge galt als ein markanter Verfechter der Sonderstellung des Offizierskorps der 6. GBK in der Volksmarine. Seit 1950 bei der Marine, wechselte er 1962 zur 6. GBK.

4. Feindbild und Hasspropaganda in der NVA

Die in der NVA und Volksmarine geschürte Feindbildproblematik gegenüber dem Westen bedarf einer differenzierten Betrachtung. Unbestritten bestand zwischen der DDR und BRD ein antagonistischer Klassengegensatz. Allgemein galt der „BRD-Imperialismus" in der zeitgenössischen Betrachtung innerhalb der DDR als politischer Klassenfeind „Nr. 1", den es bei jeder sich bietenden Gelegenheit zu bekämpfen galt. Ob im Sport, in den Medien von Presse, Rundfunk oder Fernsehen, der Forschung, auf kulturellem Gebiet und erst recht im militärischen Bereich tobte eine Klassenschlacht gegen den Kapitalismus. Man wurde förmlich zugeballert mit Information, die auf unterschiedliche Weise der Verteufelung des Klassenfeindes in der Bundesrepublik dienten. Wenn ich mir heute meine militärgeschichtlichen Aufsätze aus den 80er Jahren durchlese, dann fallen mir darin die damals üblichen Redewendungen vom „Imperialismus in der BRD" und die von der „Bundeswehr ausgehende Aggressivität" auf. Die andere Seite, die die militärwissenschaftlichen Publikationen der DDR verfolgte, schmunzelte über diese politisch-ideologischen Einlassungen. Diese Erfahrung machte ich im Juni 1990 anlässlich meines Besuches an der Universität der Bundeswehr in Hamburg. Vermutlich waren diese, dem Zeitgeist geschuldete Formulierungen das einzige, was den Offizieren der Bundeswehr in meinen Artikeln missfiel. Sonst hätten sie mich bestimmt nicht nach Hamburg eingeladen.

Ganz anders verhielt sich die Feindbildproblematik bei dem in der NVA und Volksmarine von Anbeginn propagierten Automatismus vom „Gegner als Dein Feind", den man hassen musste. Den Auftakt für die offene Hasskampagne gab SED-Chef Walter Ulbricht 1959 in seiner Rede zur Eröffnung der Militärakademie „Friedrich Engels" in Dresden. Er sagte: „Seit der Eingliederung Westdeutschlands in die NATO muss die westdeutsche NATO-Armee als möglicher Feind erkannt werden." Im gleichen Zusammenhang führte der damalige Minister für Nationale Verteidigung, Generaloberst Willi Stoph aus: „Unsere Offiziersschüler müssen eine gründliche Kenntnis unseres Feindes, des deutschen Imperialismus und Militarismus, und dessen Machtinstruments, der Bundeswehr, besitzen. Dadurch erziehen wir in den Offiziersschülern und Offiziershörern den unerbittlichen Hass gegen den Feind." Auf Betreiben des Chefs der Politischen Hauptverwaltung, Vizeadmiral Waldemar Verner, beschloss die III. Delegiertenkonferenz der Parteiorganisationen in der NVA im Juni 1960: „auch den letzten Armeeangehörigen mit tiefem Hass und offenen Kampfwillen gegen den deutschen Imperialismus und Militarismus zu erfüllen." In der NVA wurde das Wortpaar „Gegner-Feind" vordergründig unter einem politisch-ideologischen Aspekt gesehen und beide Begriffe nahezu gleich gesetzt. Unbestritten gilt seit jeher, dass der Feind immer zugleich auch Gegner ist. Ideologen und Künstler erdachten für die NVA-Soldaten alle möglichen Theorien, Argumentationen, Graphiken und Karikaturen, um zu belegen bzw. zu zeigen, dass die Bundeswehr „Dein Feind" ist, den man hassen und auf Befehl bekämpfen musste. Wer das nicht so sah, war angeblich einfältig oder selbst ein Feind in den eigenen Reihen. Nach Ansicht von einigen SED-Funktionären und Vorgesetzten fehlte dem betreffenden Soldat der notwendige Klassenstandpunkt.

Der von der SED- und NVA-Führung gepriesene und verordnete Hass auf den Klassenfeind, den Angehörigen der NATO-Seestreitkräfte und hierbei besonders der Bundesmarine, konnte in der Volksmarine auf breiter Basis keinen Fuß fassen. Hass darf für den Soldaten keine Denkgröße sein. Er hat den Gegner real, nüchtern und emotionslos einzuschätzen und zu bewerten. Lässt sich der Marineführer im Gefecht vom Hass leiten, gleitet er ab in die Kategorie eines Piraten. Wer wie leitende Politgeneräle bzw. hochrangige Offiziere der NVA und Volksmarine Hass predigte, appellierte dabei an das Negative im Menschen, der Zuchtlosigkeit. Aus Hass erwächst keine schöpferische Leistung. Hass gibt eher dem Unglauben freie Bahn. Das in der Volksmarine in Vorträgen, Politschulungen, Zeitschriften und diversem Argumentationsmaterial geschürte Hassgefühl gegenüber den NATO-Seestreitkräften produzierte ein permanentes Aggressionsgefasel. Jene Offiziere, die durch ihre Tätigkeit einen tieferen Einblick in die Gegnerproblematik hatten, glaubten daran am wenigsten. Trotz nicht ermüdender Prophezeiungen Honeckers und seiner getreuen Parteigänger schwand zu Beginn der 80er Jahre zunehmend der Glaube, dass die Bundesmarine im NATO-Bündnis einen Krieg gegen die sozialistischen Staaten beginnen würde. Die Chronik des Ministeriums für Nationale Verteidigung in Strausberg enthielt für das Ausbildungsjahr 1981/82 im Abschnitt „Politische Arbeit" die bemerkenswerte Feststellung, dass die offizielle Sprachregelung über die „aggressiven Absichten des BRD-Imperialismus von der Mehrzahl der Grundwehrdienstleistenden (Matrosen) und Unteroffiziere nicht geteilt wird". Nach dem Besuch Honeckers 1987 in der Bundesrepublik kam es innerhalb der Bord-Besatzungen und Landeinheiten zu lebhaften Diskussionen über die weitere Entwicklung der Beziehungen zwischen der DDR und BRD. Die von Oben immer wieder aufs Neue beschworene Konfrontation auf See wich in der Truppe bzw. Flotte zunehmend der Normalität und dem beiderseitigen Interesse im Umgang miteinander.

Die in der Volksmarine mehr oder weniger gepredigte Hasspropaganda war unvereinbar mit den Normen und Regeln im internationalen seemännischen Verhalten. Wollte man dem Anspruch gerecht werden, eine Marine auf dem Wasser und nicht im Stab oder an Land zu sein, dann musste man sich in der Volksmarine diesem normalen traditionellen Verhalten auf See unterordnen. Sicherlich gab es keinen Zweifel daran, den Gegner auf Befehl zu bekämpfen. Musste man ihn deshalb in Friedenszeit bis zu dessen physischer Vernichtung hassen? Ich denke nein! Das Ziel in einem Seekrieg ist das Schiff als Waffenträger und nicht der Marinesoldat oder Seemann, der auf ihm fährt. Mit der Vernichtung des gegnerischen Schiffes ist die Aufgabe erfüllt. Wenn im Ergebnis der Versenkung des Schiffes der im Gefecht unterlegene Seemann hilflos der See ausgeliefert ist, dann besteht für den anderen, im Gefecht siegreichen Gegner die völkerrechtliche Pflicht zur Hilfeleistung bzw. Rettung. In einer bewaffneten Auseinandersetzung auf See bzw. einem Seekrieg stellt sich das Verhältnis von militärischem Auftrag und soldatischer Menschlichkeit anders dar als in einem Landkrieg oder Luftkampf. In einem Landkrieg wird auf Menschen gezielt und geschossen. In einem Seekrieg auf das Schiff. In dem Zusammenhang erinnerte sich der damalige Stabschef der 4. Flottille, Fregattenkapitän Günter Pöschel, an den Untergang von U-HAI der Klasse 240 der Bundesmarine am 14. September 1966. Das U-Boot sank um 18 Uhr bei schwerem Wetter infolge eines Wassereinbruchs auf der Position 55 Grad 15 Minuten Nord und 4 Grad 22 Minuten Ost. Es fuhr in einem Ausbildungsverband mit Kurs Richtung Aberdeen. Zum Unglückszeitraum befanden sich zufällig zwei MLR der Volksmarine auf einer Navigations-Belehrungsfahrt in der Nordsee. Dort tobte ein schwerer Sturm. Über Funk verfolgten die MLR-Besatzungen die tragischen Ereignisse des Untergangs von S 170. Beide

MLR waren leider zu weit vom Unglücksort entfernt, um helfen zu können. Außerdem hatten beide MLR in der tobenden See selbst erhebliche Schwierigkeiten mit den Antriebsmaschinen. Eine Mitwirkung an der Suche der schiffbrüchigen Marinesoldaten war nicht möglich. Lediglich ein Obermaat konnte von den 20 Besatzungsmitgliedern gerettet werden. Der Untergang des U-Bootes und das Schicksal seiner Besatzung gingen den Männern auf den beiden MLR innerlich sehr nahe. Da wollte keine „Feindstimmung" aufkommen, sondern Mitgefühl mit den Verunglückten, denen man nicht helfen konnte.

Bezeichnend für die einseitigen, nach politischen Dogmen ausgerichteten Traditionsinhalte innerhalb der Volksmarine war die damit im Zusammenhang stehende Ehrung von Marinesoldaten, die auf tragische Weise auf See den Tod fanden. Nur eigene, während der Dienstausübung verunglückte Kameraden flossen als Traditionsbestandteil in die Volksmarine ein. Die Seeleute der anderen Seite, wie z.B. die Männer vom U-Boot HAI blieben ausgespart. Das hat dem Ansehen der Volksmarine geschadet.

Je mehr man sich in der Hasspropaganda von dieser Marinespezifik entfernte, um so mehr schwand die innere Bereitschaft vieler Marinesoldaten für diese Führung auf Befehl zu kämpfen. Mit der Gorbatschow-Ära und der von Honecker immer wieder aufs Neue hervorgeholten Phrase „vom Sozialismus in seinem Lauf hält weder Ochs noch Esel auf", ging diese Bereitschaft parallel mit den wachsenden Widersprüchen im täglich erlebten Sozialismus ab Mitte der 80er Jahre deutlich zurück. Angesichts der zunehmenden wirtschaftlichen Schwierigkeiten, den Versorgungsproblemen und den vielen Reglementierungen im Leben zogen die alten Argumentationen nicht mehr. Ein neues Denken machte sich breit, auch in der Volksmarine.

Zur Feindproblematik kam es innerhalb der Volksmarine in den 70er Jahren zu einem theoretischen, nicht öffentlich geführten Disput. Dieser mündete in der Fragestellung: „Muss der Gegner zugleich bzw. notwendigerweise auch „Dein" Feind sein?" Die Marinesoldaten der Bundes- und Volksmarine standen sich auf See als Gegner Auge in Auge gegenüber. Mussten wir uns deshalb hassen? Nein, man konnte dem Gegner in Friedenszeit auch freundlich gegenüber treten ohne mit ihm spinne Feind sein zu müssen. Viele Begegnungen auf See erweckten durchaus nicht den Eindruck, dass der andere deutsche Marinesoldat feindlich gesinnt war. Marineangehörige stellten sich die Frage: Wieso ist der Deutsche (Onkel, Tante, Bekannte usw.) westlich der Elbe unser Feind? Mit diesen Diskussionen, die deutlich Zweifel an dem in der NVA propagierten Feindbild aufkommen ließen, fing man sich schon mal in Parteiversammlungen die Kritik der Genossen ein. Durch ihr kontroverses Denken gerieten politisch auffällig gewordene Soldaten und Zivilbeschäftigte schon mal unbemerkt ins Visier des MfS. Die von der Politischen Hauptverwaltung in Strausberg erarbeiteten Lesehefte für die Politschulungen der Matrosen und Unteroffiziere belegen, dass viele Mühen darin investiert wurden, um aus der rationalen Vermittlung des Feindbildes auch emotional den Hass auf den Angehörigen der Bundeswehr zu entwickeln. Die Schärfe, die in dieses Thema von Oben hinein interpretiert wurde, haben freilich in der Volksmarine nicht alle so gesehen.

5. Die SED in der Volksmarine

Die führende Rolle der SED in der NVA und ihres Parteiapartes in den Politabteilungen der Flottillen- und Brigadestäbe innerhalb der 1., 4. und 6. Flottille, der Offiziershochschule, Flottenschule, Schiffstammabteilung, der 6. GBK usw. gehörte bis zum November 1989 zu einem Wesensbestandteil in der Volksmarine. Seinen Ausdruck fand das in der SED-Mitgliedschaft aller Berufs- und einiger Zeitsoldaten, den Organisationsstrukturen von Parteigrund- und Gruppenorganisationen auf jedem Schiff bzw. Boot, in den Stäben und militärischen Einheiten ab Kompanieebene. Die führende Rolle der SED widerspiegelte sich in der politisch-ideologischen Bildung und Erziehung aller Soldaten vom Matrosen bis zum Kapitän zur See, in parteipolitischen Unterweisungen der Kommandeure vom Wachoffizier bzw. Kompanieoffizier bis Flottillenchef, der achtsamen Fürsorge der Partei zur Einhaltung der sozialistischen Moral und Ethik bis zum Hineinreden in rein militärische Belange des Dienstalltages. Letzteres empfanden viele Kommandeure als Bevormundung. Lief im Bord- oder Tagesdienst etwas schief, dann musste der betreffende Vorgesetzte vor der Partei (SED) dazu Stellung beziehen. Der Einfluss der SED in der NVA zeigte sich auch in dem allgegenwärtigen Spruch „Wo nicht die Partei präsent ist, da ist es der Gegner bzw. Klassenfeind". Die Übersättigung der Truppe mit politischen Schulungen, Unterrichten und Beeinflussungsmaßnahmen, Aussprachen, Parteikontrollen und Parteibeauftragten behinderten oftmals die rein militärische Aufgabenerfüllung. Die Bord- und Truppenoffiziere und hier besonders die Kommandanten wurden mit parteipolitischen Aufgaben und Terminen förmlich zugeschüttet. Politische Maßnahmen konnten sich so durchaus kontraproduktiv auf den Dienstalltag auswirken. Einige clevere Offiziere fanden Auswege, um sich der ständigen „Fürsorge" der Partei dezent zu entziehen.

Das Privileg, stets und überall die Linie der SED zu vertreten und auf ihre Einhaltung im Dienstalltag zu achten, hatte der Stellvertreter des Kommandeurs für politische Arbeit, StKPA oder umgangssprachlich in der NVA einfach Politstellvertreter genannt. Diese Tätigkeit erwies sich mitunter als ein Spagat zwischen staatstreuer Einsicht in die geforderte militärische Notwendigkeit, auch wenn diese noch so dogmenhaft erschien, und den aufkommenden inneren Zweifeln am Realitätssinn der Maßnahmen bzw. Politik. So z.B. stimmten die vom ZK der SED, der Zeitung „Neues Deutschland" und vom Nachrichtenmagazin der „Aktuellen Kamera" propagierten wirtschaftlichen Erfolge beim Aufbau und Schutz des Sozialismus zunehmend nicht mehr mit dem Lebens- und Dienstalltag in den 80er Jahren überein. Die in der NVA bestehende Verpflichtungs-, Wettbewerbs- und Bestenbewegung kollabierte in der Truppe stellenweise zu einer Farce. Neben den für den einzelnen Soldaten und die jeweilige Einheit („Kampfkollektiv") festgelegten Kriterien für die

Normerfüllungen, konnte sich jeder zu weiteren Aufgaben verpflichten oder auch nicht. Auf den Prüfstand gerieten all jene Aktivitäten, die irgendwie zur Gewährleistung der Gefechtsbereitschaft beitrugen. Dazu zählten gute Zensuren in der Ausbildung, die Einhaltung der Vorschriften für die Wartung- und Pflege der Kampftechnik, die Unterbietung von Zeitnormen bei Reparaturarbeiten bis hin zur schmackhaften Essenzubereitung durch den Verpflegungsdienst und einem, vom medizinischen Dienst niedrig gehaltenen Krankenstand. Die Entscheidung darüber, ob die Normen erfüllt wurden oder nicht, oblag häufig der subjektiven Sicht des Vorgesetzten. Besonders anlässlich von SED-Parteitagen oder einer bevor stehenden Parteidelegiertenkonferenz in der NVA wuchs die Meldeflut von herausragenden Ergebnissen im sozialistischen Wettbewerb. Da man mit Negativbilanzen unangenehm auffiel, wurde in der Punktbewertung auch schon mal nachgeholfen. Mitunter durfte ein Marinesoldat so lange schießen oder er musste eine Sportdisziplin wiederholt ablegen, bis er die erforderliche Ringzahl bzw. Norm endlich geschafft hatte. Der Politstellvertreter diente oftmals auch als Kummerkasten für die persönlichen Probleme der Soldaten. Er war „Blitzableiter", wenn an Bord oder in der Truppe mal etwas schief gelaufen war. Klemmte etwas in der Dienstorganisation, erfüllten Soldaten ihre Normen in der Ausbildung nicht, trafen beim MPi-Schießen nicht ins Schwarze oder kamen wiederholt zu spät von Land, dann hatte dieses „Versagen" häufig politisch-ideologische Ursachen. Die Schuld an diesen Fehlleistungen bzw. -verhalten sah man in mangelnder Motivation und Überzeugung der Soldaten, für die der Politstellvertreter zuständig war. Er musste sich dann Maßnahmen ausdenken, um positive Ergebnisse zu erreichen. In diesem Zusammenhang erinnere ich mich an einen Vorfall im Rückwärtigen Dienst der 4. Flottille in Warnemünde Mitte der 70er Jahre. In einem Wettbewerb sollte die beste Wandzeitung zum Thema „Jugend und Schutz des Sozialismus" der Flottille ermittelt werden. Nahezu entrüstet war die Bewertungskommission, als sie die Wandzeitung einer Kompanie des Rückwärtigen Dienstes sah. Die Jungs im Grundwehrdienst hatten in ihrer Gestaltung u.a. auch Aktfotos aus dem „Magazin" und der „Funzel" (Zeitung „Volksarmee") verwendet. Damit die schmucken Mädels nicht ganz nackt waren, hatte man ihnen andeutungsweise eine FDJ-Bluse verpasst. Ich fand die schwarz-weiß-Botschaften der ansehnlichen Damen mit dem Symbol der aufgehenden Sonne am Blusenärmel gar nicht so schlecht. Jedenfalls erregte die Wandzeitung Aufmerksamkeit. Das sahen einige Vorgesetzte völlig anders. Sie bewerteten die Ansichten als totale politisch-moralische Entgleisung. Da der betreffende Politstellvertreter nicht auf die Ideen seiner Soldaten einwirkte, wurde er abgelöst.

Die vorwiegend parteipolitische Ausrichtung der Politoffiziere in der Truppe bedeutete nicht, dass die Offiziere über kein militärfachliches Wissen oder keine marinespezifischen Erfahrungen verfügten. Einige standen mit der Zulassung als Wachoffizier oder Leitender Ingenieur auch ihren Mann im Borddienst. Das war aber nicht typisch. Es gab auch „Flachzangen" und stramme „Marschierer", die in der Flotte keine Anerkennung fanden.

Das Ziel sozialistische, kämpferische Persönlichkeiten zu formen und zu erziehen, erwies sich mit dem Scheitern der DDR und der Auflösung ihrer Streitkräfte letztlich als Utopie. Wir alle hatten sicherlich Karl Marx nicht richtig gelesen, der schrieb: „Alle Revolutionen haben bisher nur eines bewiesen, nämlich, dass sich vieles ändern lässt, bloß nicht die Menschen." Bis zu Beginn der 70er Jahre gab es in der Volksmarine auch einige Offiziere, die trotz aller Beeinflussungsmaßnahmen nicht daran dachten, in die SED einzutreten. Wer in der Dienstlaufbahn weiter kommen wollte, hatte die Wahl eine Position (als Parteiloser) auf dem Abstellgleis zu bekommen oder, dem Werben schließlich nachzugeben. Mitunter wurden die Betreffenden so lange agitiert, bis sie den Antrag um Aufnahme als Kandidat der SED stellten. Sie hatten sich dann in einem Zeitraum von ein bis zwei Jahren in der Partei zu bewähren, ehe sie als Mitglied aufgenommen werden konnten oder nicht.

Diese Prozedur durchlief auch der Chef des Stabes der Seestreitkräfte der DDR bzw. Volksmarine, Konteradmiral Heinz Neukirchen. Er gehörte seit dem 10. Oktober 1949 zum Führungskreis der NDPD und geriet deshalb 1961 in einen Parteienkonflikt. Seine NDPD-Mitgliedschaft sahen das Zentralkomitee (ZK) der SED und die SED-Parteiorganisation im Kommando der Volksmarine gar nicht gern. Schließlich entzog sich der strenge Admiral mit dem Beinamen „Donnergroll" auf diese Weise der Kritik der ihm unterstellten Genossen Offiziere im Stab. Wer zu ihm gerufen wurde, hatte präzise und kenntnissicher vorzutragen. Weitschweifigkeit lösten bei ihm sofort „Blitz" und „Donner" aus. Seine im Dienst verbreitete Grimmigkeit resultierte vor allem aus der Tatsache, dass Nichtfachleute teilweise in Führungspositionen saßen, die keine oder nur wenig Marineerfahrungen einbrachten. Neukirchen geriet schließlich so unter Druck, dass er in Absprache mit dem Sekretariat des ZK der SED im Juli 1961 den Antrag um Aufnahme in die SED stellte. Vermutlich gegen seine innere Überzeugung schrieb er am 31. Juli 1961 einen Brief an den Parteichef der NDPD, Dr. Lothar Bolz. Darin teilte er in einem Satz seinen Austritt aus der NDPD mit. Neukirchen bat Dr. Bolz am 25. August um Verständnis für seinen Parteiwechsel. Er erklärte, der Entschluss „diene der Erhöhung meiner politischen Wirksamkeit in Verbindung mit der sich entwickelnden poltischen Lage". Der eher vom Karrieredenken bewirkte Parteiwechsel zwei Wochen vor den Ereignissen des 13. August 1961 passte eigentlich nicht zu Neukirchens Persönlichkeit. Er äußerte sich wiederholt abfällig über Marineoffiziere, die als stolze Parteigenossen in ihrer dienstlichen Funktion nur Mittelmaß boten. Neukirchen war als ein „Arbeitstier" mit energischem, teilweise autoritärem Führungsstil bekannt. Für ihn galten Fach- und Marinekompetenz als Voraussetzungen für Anerkennung in der Flotte. Ideologisches Geschwafel in Versammlungen lehnte er ab. Neukirchen wurde Kandidat der SED. Im Gegensatz zum Produktionsarbeiter, hatte er sich in einer zweijährigen Kandidatenzeit zu bewähren. Der Parteiwechsel konnte ihn jedoch nicht mehr zum Chefposten der Volksmarine verhelfen. Der gelernte Elektriker und ehemalige Oberfunkmeister der Wehrmacht sowie 2. Sekretär der SED-Kreisleitung von Rügen, Wilhelm Ehm, wurde Chef der Volksmarine. Diesen Posten behielt Ehm bis zu seiner

Pensionierung 1987.

6. Die Volksmarine und 6. GBK im Fokus des MfS

Die Abteilung des Ministeriums für Staatssicherheit (MfS) in der Volksmarine, mitunter auch als Verwaltung 2000 oder Militärabwehr bezeichnet, unterstand nicht dem Chef der Volksmarine sondern dem 1. Stellvertreter des Leiters der MfS-Hauptabteilung I in Berlin. Das MfS galt als „Staat im Staate" (DDR) und genoss auch innerhalb der Volksmarine und 6. GBK eine unantastbare Sonderrolle. Das war von der SED-Führung gewollt und bereits schon in der Aufbauphase der Seestreitkräfte ab 1950 instrumentalisiert. Das MfS verstand sich in seinem Selbstverständnis als „Schild und Schwert der Partei". Diese These diente dem Sicherheitsdienst als Legitimation seiner Tätigkeit und zugleich als Parteiauftrag. Das „Schild" symbolisierte die Handlungen des MfS zum Schutz und zur Verteidigung der sozialistischen Errungenschaften gegen Angriffe des Gegners, auch in den eigenen Reihen. Das „Schwert" galt als Wahrzeichen für die Zerschlagung der Feinde des Sozialismus mit geheimdienstlicher Bekämpfung der von ihnen gegen die DDR geführten subversiven Aktionen und ideologischen Diversion sowie staatszersetzenden Aktivitäten.

Das Handlungsspektrum des MfS in den Seestreitkräften und 6. GBK reichte von der Abschirmung der Marine und den Grenzsicherungskräften gegenüber Aktionen von westlichen Geheimdiensten, dem Aufspüren von subversiven Elementen und Feinden, der permanenten Überwachung der Marinesoldaten aller Dienstgrade bis hin zur rigorosen Einmischung in bestehende militärische Strukturen. Wenn es die Lage bzw. die jeweilige „Fall"-Aufklärung erforderte, setzte das MfS bestehende Dienstvorschriften der NVA zeitweilig außer Kraft und überging dabei auch die Disziplinar- und Befehlsgewalt von Kommandeuren aller Hierarchiestufen.

Die Marineabteilung des MfS wurde 1950 von Dietrich Bünnig aufgebaut und von ihm bis 1979 mit dem Dienstgrad Oberst geleitet. Nach seinem Tod übernahm Oberst Günter Knothe 1979 die Führung der MfS-Abteilung in der Volksmarine, von der er bereits nach fünf Jahren wieder entbunden wurde. Wegen eines groben Dienstvergehens, Beihilfe zur Fahnenflucht am 28. August 1884, musste er zwei Tage später auf Anordnung von Stasi-Chef Mielke seinen Hut nehmen. An seine Stelle trat Fregattenkapitän Gerhard Priewe. Er führte die MfS-Abteilung bis zu ihrer Auflösung Ende 1989. Sein letzter Dienstgrad war Kapitän zur See.

Innerhalb des MfS gab es sowohl Hardliner und „Punktesammler" als auch gemäßigtere Offiziere. Letzteren ging zumindest der Blick über die wachsenden Probleme und Widersprüche in der DDR und ihrer Streitkräfte trotz aller vom SED-Politbüro verkündeten Hurraparolen nicht verloren. Gewöhnlich gut über alles informiert, verfolgten sie den, in den 80er Jahren fortschreitenden Prozess der inneren Erosion in der DDR. Ihre Berichte nach Oben wurden jedoch dort nicht mehr gehört. Zu den intern als „Punktesammler" bezeichneten MfS-Offizieren gehörten jene diensteifrigen Mitarbeiter, die möglichst lange vermeintliche Feinde in den eigenen

Reihen beschatten ließen, über sie akribisch belastendes Material sammelten, um sie dann verhaften und überführen zu können. Je höher das jeweilige „Punktekonto" war, desto größer waren für den Betreffenden die Chancen für ein Studium und zur Beförderung.

Anfang der 80er Jahre umfasste die MfS-Abteilung in der Volksmarine 98 operative und 22 technische sowie 65 IM-führende Mitarbeiter. Das damals 17-köpfige Führungsteam hatte seinen Dienstsitz in Rostock-Gehlsdorf. Die Struktur dieser MfS-Abteilung untergliederte sich in sechs Unterabteilungen und dem Referat HA I/ Äußere Abwehr. Unterabteilungen bestanden im Stab bzw. Kommando der Volksmarine, der 1., 4. und 6. Flottille, der Offiziershochschule und Flottenschule sowie in der 6. GBK.

Mitte der 80er Jahre führte die MfS-Abteilung in der Volksmarine schätzungsweise 1.300 bis 1.400 inoffizielle Mitarbeiter (IM). Die genaue Zahl ist nicht bekannt. Danach hatte ein hauptamtlicher MfS-Mitarbeiter in einer Flottille 20 bis 25 IM zu führen. In Abhängigkeit des Personalbestandes auf einem Schiff und seiner Zweckbestimmung gab es auf jedem Fahrzeug etwa zwei bis vier IM. Die neben ihrer Dienstfunktion an Bord im Auftrag des MfS konspirativ agierenden Aufpasser waren weder dem Kommandanten noch den Bordoffizieren bekannt. Die MfS-Unterabteilung in der 4. Flottille hatte in den 80er Jahren 16 MfS-Mitarbeiter. Sie bearbeiteten die Bereiche: Flottillenstab, Küstenschutzschiffabteilung, 4. Sicherungsbrigade und den Rückwärtigen Dienst. Bei einem Bestand von etwa 45 Schiffen und Booten der 4. Flottille Mitte der 80er Jahre ist die geschätzte Anzahl von etwa 260 IM einschließlich der IM in den rückwärtigen, sicherstellenden Einheiten nicht übertrieben.

Schwerpunkt in der Tätigkeit des MfS innerhalb der Volksmarine bildete der „Kampf gegen Fahnenfluchten und ungesetzliche Grenzübertritte" auf See oder an Land. Um junge Menschen und politisch Andersdenkende zu „Feinden des Sozialismus" abzustempeln und zu beschatten, reichte dem MfS oftmals schon die Kenntnis über ein Gespräch zu kritisierten Missständen in der DDR und den mitunter desolaten Dienstbedingungen an Bord. Verdächtig machten sich Marinesoldaten, die durch ihre kritische Haltung zur SED-Politik und durch entsprechende Äußerungen in der Politschulung auffielen. Nach einer MfS-Statistik erfasste der Sicherheitsapparat im Zeitraum 1985/86 allein 98 Gespräche mit 160 beteiligten Personen unter den Schiffsbesatzungen in der Volksmarine und 6. GBK, die sich angeblich mit Fahnenfluchtambitionen beschäftigten. Das entsprach 5,16% aller an Bord dienenden Marinesoldaten. Auf den ersten Blick scheint die Anzahl von angeblich 160 potentiellen Fahnenflüchtigen für die Personalsituation in der Volksmarine erschreckend hoch zu sein. Denn die Personalstärke der Schiffsbesatzungen betrug Mitte der 80er Jahre etwa 3.100 Mann. Da das MfS in dieser Statistik auch all jene Soldaten einbezog, die als passive Zuhörer nur am Rande irgendwie etwas von Fluchtgesprächen mitbekamen, darf der Wahrheitsgehalt dieser Zahl bezweifelt werden.

Innerhalb der Hauptabteilung IX in Berlin, dem Untersuchungsorgan des MfS, befasste sich die Abteilung IX/6 mit Staatsverbrechen, Fahnenfluchten sowie Straftaten mit Auswirkungen auf die Einsatz- und Gefechtsbereitschaft der NVA. Dazu gehörten Meuterei, Verstöße gegen den Geheimnisschutz, Schäden an der Kampftechnik, Störung in den sozialistischen Beziehungen usw. Die Mitarbeiter der Abteilung IX/6 bedienten sich dabei geheimdienstlichen Methoden, Überwachungs-, Verhör- und Verfolgungspraktiken, die die menschliche Würde und Bürgerrechte der betroffenen Soldaten und ihrer Familien missachteten. Der nach Oben gemeldete Erfolg über die Aufdeckung einer gegen die DDR gerichteten „politischen Verschwörung" und die Verhaftung von vermeintlichen Gegnern, einschließlich von Fahnenfluchtverdächtigen, heiligte offenbar alle Mittel, auch der Täuschung und körperlichen Gewaltanwendung. Zwei vorrübergehend inhaftierte Besatzungsmitglieder des Torpedoschnellbootes 844 WILLI BÄNSCH bestätigten, dass die beiden Matrosen der auf ihrem Boot im Februar 1968 aufgedeckten Fahnenflucht in Verhören von Vernehmungsoffizieren geschlagen wurden. Einer der Fahnenflucht verdächtigten und festgenommenen Matrosen beschrieb, wie er von einem Stasi-Offizier mehrfach brutal ins Gesicht geschlagen wurde.

Als junger Leutnant und Leitender Ingenieur an Bord eines U-Jagdschiffes wurde ich von Januar bis August 1973, ohne es zu bemerken, Zeitzeuge einer geplanten Fahnenflucht mit beabsichtigter gewaltsamer Entführung meines Schiffes in die Bundesrepublik. Die Aktion sollte im Verlauf des bevor stehenden Vorposteneinsatzes im Fehmarnbelt in der zweiten Augustwoche 1973 über die Bühne gehen. Bei Widerstand war laut den Verhörprotokollen des MfS angeblich die Liquidierung der Bordoffiziere vorgesehen. Nach dem das MfS die Fahnenfluchtgruppe bereits über sieben Monate konspirativ beobachtete und durch die Berichte von mehreren IM über die Lage an Bord bestens informiert war, schlug der Sicherheitsapparat „5 Minuten vor 12" schließlich am 8. August 1973 zu. Die sich verdächtig gemachten Crewmitglieder und einige Mitwisser kamen in Haft. Wie der zwei Tage später geplante Seetörn ohne den Zugriff des MfS verlaufen wäre, lässt sich im Nachhinein schwer beurteilen. Eine gewaltsame Kommandoübernahme an Bord mit beabsichtigter Entführung des Schiffes in die Bundesrepublik wäre von uns Bordoffizieren nicht geduldet worden. Wir hätten in dem Fall entsprechende, den Aktionen der Fluchtakteure angemessene Gegenmaßnahmen eingeleitet. Mit ihrem eigenwilligen Fluchtvorhaben an Bord eines Kriegsschiffes mit Ausschaltung bzw. Neutralisierung der Schiffsführung gefährdeten die meuternden Marinesoldaten sowohl die gesamte Besatzung als auch das Schiff selbst. Die den gemeinschaftlich handelnden drei Matrosen von der Militärstaatsanwaltschaft und des MfS unterstellte Gewaltbereitschaft gegen Angehörige meiner Besatzung als „Terror im besonders schweren Fall" ist jedoch nicht frei von Mutmaßungen und Widersprüchen seitens der Untersuchungsführenden selbst. Die Auswertung der betreffenden Akten im BStU-Archiv verdeutlicht, dass die Ermittlungen der MfS-Abteilung IX/6 vom Denkschemata steter Feindeinwirkung geprägt waren. Ermittlungserkenntnisse mit einer gegen die DDR und NVA gerichteten Aussagekraft werden in den Protokollen weitschweifig dargelegt. Die daraus gezogenen Schlussfolgerungen, hinsichtlich des von den Matrosen ausgehenden Gefahrenpotentials, sind überwiegend überzogen. Die Aussagen der beschuldigten Soldaten, von Personen aus dem Familienkreis, der Berufsschulausbildung und Besatzung sind teilweise manipuliert.

Von den bisher recherchierten Fällen von Fahnenfluchten in der Volksmarine endeten seit 1961 fünf Fluchtaktionen mit neun beteiligten Marinesoldaten erfolgreich. Beispiele einer gelungenen (24. August 1961) und misslungenen Fahnenflucht (5. August 1979) auf Marineschiffen der DDR belegen, dass es dabei zur bewaffneten Auseinandersetzung an Bord kommen kann. Die Durchsetzung des persönlichen Freiheitsrechts von einzelnen Marinesoldaten rechtfertigt nach meinem Empfinden und Erleben nicht, die von den Fahnenflüchtigen an Bord eines Marineschiffes ausgelöste Spirale der Gewalt gegenüber der Schiffsführung und unbeteiligten Besatzungsangehörigen. Kein Marinesoldat, weder im Osten noch im Westen, konnte in Zeiten militärischer Konfrontation von NATO und Warschauer Pakt seinen Privatkrieg in der Ostsee führen.

6. Episoden aus dem Deutsch-Deutschen Marinealltag auf See

Deutsche Marinekameradschaft auf See: Räumboot ADLDEBARAN im Gespräch mit Aufklärungsschiff WISMAR

Im Verlauf einer am **12. April 1961** durchgeführten Aufklärungsfahrt des Schiffes WISMAR in die Kieler Bucht, traf das in Rostock beheimatete Fahrzeug auf Boote des in Kiel-Wik stationierten 3. Minensuchgeschwaders. Der Einsatzbefehl für die damals als „Hydro-Meteorologische Expedition" des Seehydrographischen Dienstes der DDR getarnte Aufklärungsfahrt kam vom Chef des Stabes der Volksmarine, Konteradmiral Heinz Neukirchen. Oberleutnant zur See Ewald Tempel vom Kommando der Volksmarine fungierte an Bord als verantwortlicher Offizier der Fahrt. Der Aufklärungsvorstoß erfolgte mit der operativen Aufgabenstellung: Legale Gewinnung von Informationen aller Art über einen vermeintlichen Gegner mit visueller und fotografischer Nahaufklärung aller Schiffe. Tempel berichtete später, dass „die visuell-optische Beobachtung der in dem stützpunktnahen Übungsgebiet, der Kieler Bucht, auf engem Raum durchgeführten Seeausbildung der hier basierten Geschwader der Bundesmarine, für die Volksmarine eine mehrfache Bedeutung hatte. Diese Angaben dienten der Bewertung des Ausbildungsstandes der Bundesmarine und der Präzisierung und Erweiterung der täglichen Lagefeststellung auf dem Hauptgefechtsstand der Volksmarine." Zur Überwachung des taktischen UKW-Funkverkehrs innerhalb der Geschwader der Bundesmarine hatte die WISMAR eine mobile, mit VHF- und UHF-Empfangsgeräten ausgerüstete Gruppe der Funkaufklärung an Bord genommen. Die WISMAR war der Bundesmarine nicht ganz unbekannt. Am 12. Juni 1950 übergab die UdSSR aus ihrem Kriegsbeutebestand einer Regierungskommission der DDR neben weiteren Fahrzeugen auch den ehemaligen dänischen Minenleger LOSSEN. Das Fahrzeug wurde für die im Aufbau befindliche Marine der DDR als Hochsee- und Bergungsschlepper mit der Bordnummer H-33 wieder flott gemacht. Nach entsprechenden Umbauten fuhr es von 1960 bis 1962 als Aufklärungsschiff. Außer zusätzlichen Antennen hatte sich die Silhouette kaum verändert. An Stelle des marinetristen Grau erstrahlten die Aufbauten jetzt in weiß.

Unter Kommandant Oberleutnant zur See Gerhard Nitz passierte die WISMAR um 3.40 Uhr die Molen von Warnemünde. Sie nahm Kurs Fehmarnbelt. Gegen 9 Uhr hatte die WISMAR das Feuerschiff KIEL erreicht. Während der Umrundung des Feuerschiffs, das als Leit- und Lotsenstation für die Kanalschleuse Kiel-Holtenau fungierte, winkte die auf dem Seezeichenboot stationierte Besatzung dem Fahrzeug der Volksmarine freundlich zu. Spätestens zu diesem Zeitpunkt war auch dem Kommando der Flotte in Glücksburg die Anwesenheit des Marineschiffes aus der DDR bekannt. Ehrfurchtsvoll betrachteten die Männer auf der WISMAR das in der Morgensonne liegende Marine-Ehrenmal Laboe. Die Ehrenbezeigung fand innerlich statt. Diese traditionsbewusste Haltung mit ehrendem Gedenken gegenüber allen auf See gebliebenen Marinekameraden war in der Volksmarine nicht typisch. Die kriegsgediente erste Unteroffiziers- und Offiziersgeneration der HV Seepolizei, VP-See und Seestreitkräfte hatte zu dieser maritimen Traditionsstätte überwiegend eine stärkere innere Bindung als nachfolgende Generationen. In der DDR-Propaganda galt das Marine-Ehrenmal Laboe als eine Stätte des „westdeutschen Revanchismus" und „wiedererstarkten Militarismus in der BRD". Die mit der Betreibung des Ehrenmals verbundenen maritimen Veranstaltungen dienten nach Ansicht von DDR-Autoren in Militärzeitschriften angeblich der Verherrlichung der „kriegstreibenden Rolle der Reichsmarine und Kriegsmarine des dritten Reiches". Damit im Zusammenhang unterstellten die Journalisten den Soldaten der Bundesmarine einen revanchistischen Geist.

Die WISMAR drehte mit Nord-Nord-West-Kurs auf die Flensburger Förde und den zum Kleinen Belt führenden Schifffahrtsweg acht ein. Schnellboote des 1. und 3. Schnellbootgeschwaders operierten im Artillerie-Schießgebiet westliche Ostsee der Bundesmarine. Wegen der Entfernung waren die Bordnummern nicht auszumachen. Aus der Überwachung der bekannten UKW-Frequenzen war die Volksmarine über die Handlungen aller an der Seeausbildung teilnehmenden Boote informiert. Oberleutnant Tempel erfuhr über die UKW-Aufklärung, dass sich östlich des Übungsgebietes Breitgrund das 3. Minensuchgeschwader in vollem Bestand in der Räumausbildung befand. Gegen 10.30 Uhr kamen die Räumboote mit ihrem Tender EMS A 53 im Seegebiet südlich der dänischen Marstal Bucht in Sicht. Der Kommandant der WISMAR fuhr in einem weiten Drehkreis um das übende 3. Minensuchgeschwader herum und ging dann auf Stopp. In einer respektvollen Distanz von etwa acht bis zehn Kabellängen (ca. 1.600 Meter) zu den Räumbooten und bei ruhiger, fast spiegelglatter See, beobachteten die Männer auf der WISMAR durch das Fernglas die Handlungen der Räumboote.

Unwillkürlich befielen dem aus Ostpreußen stammenden Oberleutnant Tempel Gedanken zur Geschichte der im Sommer 1939 in Pillau (Ostpreußen) aufgestellten 3. Räumbootflottille der Kriegsmarine. Wegen des Geschwader-Wappens, des ostpreußischen Elchkopfes mit umrandeten kariertem „Taxistreifen" beidseitig am Bug, bürgerte sich in der Marine die Bezeichnung „Elchkopf-Geschwader" ein. Mit der Aufstellung des 3. Schnellen Minensuchgeschwaders der Bundesmarine am 15. Oktober 1956 in Bremerhaven setzte die Bundesmarine die Geschichte des Verbandes fort. Auf diese Weise sollte den Marinesoldaten der 3. Räumboot-Flottille gedacht und die Erinnerung an Ostpreußen wach gehalten werden. Der Vorschlag zur traditionellen Weiterführung der Wappen kam vom Kapitän zur See Adalbert von Blanc. Mit der Verlegung nach Wilhelmshaven wurde das Geschwader als erster Verband der Bundesmarine der NATO unterstellt und in 3. Minensuchgeschwader (MSG) umbenannt. Seit dem 4. August 1958 hat das MSG im Marinestützpunkt Kiel seinen Heimathafen. Das MSG bestand zu Beginn aus acht Booten der Bauserie R 41 bis R 129 (M 1060 bis M 1064 und M 1067 bis M 1069) sowie zwei Booten der Bauserie R

130 bis R 150 (M 1065 JUPITER und M 1066 MERKUR). Die im Zeitraum 1939 bis 1944 für die Kriegsmarine auf der Werft Abeking & Rassmussen in Lemwerder gebauten Räumboote in Holzbauweise hatten voll ausgerüstet ein Deplacement von 136t. Sie waren 37,80 Meter lang und 5,80 Meter breit. Zwei MAN-Dieselmotoren mit einer Leistung von 1.836 PS verliehen dem Boot eine Geschwindigkeit von 20 Knoten. Zeitzeugen berichten, dass diese Geschwindigkeit auch noch 1956 erreicht wurde. Die Kraftübertragung erfolgte über zwei Voith-Schneider-Propeller. Die beiden Boote MERKUR und JUPITER der CAPELLA-Klasse waren mit einem Deplacement von 155t und 41,05 Meter Länge etwas größer. Alle Boote gehörten zur 1. Division. Zu dem von Korvettenkapitän Günter Georg Connert geführten Geschwader mit weiteren Räumbooten der 2. Division gehörte auch das Begleitschiff EMS. Im Frühjahr 1956 gingen alle Boote an die neu aufgestellte Bundesmarine über.

Selbstverständlich hatten die Männer auf den Booten des MSG die Anwesenheit des Schiffes der Volksmarine bemerkt. Gegen 12 Uhr löste sich das Führerboot der 1. Division, die ALDEBARAN (ex R 91 der Kriegsmarine) aus dem Verband des MSG. Das Boot mit der Nummer M 1060 steuerte mit kleiner Fahrt direkt auf die WISMAR zu. Die Begegnungen mit der Bundesmarine waren zu jener Zeit noch spärlich und sehr zurückhaltend. Den Kommandanten war damals jeder unmittelbare Kontakt mit der anderen Seite, selbst die auf See traditionelle Grußerweisung, offiziell untersagt. Die Praxis auf See gestaltete sich jedoch meistens anders, als in den Stäben an Land erdacht bzw. vorgegeben. Die ALDEBARAN signalisierte mit absichtlich geringer Fahrtstufe, dass sie sich in freundschaftlicher Absicht dem Aufklärungsschiff der Volksmarine näherte. So sollte es sich dann auch in dieser einzigartigen Begegnung erweisen. Das Räumboot kam bis auf etwa acht Meter an die Backbordseite der WISMAR heran und ging dann auf Stopp. An der Rah des Mastes flatterte das Kommandozeichen des S 3, dem Stellvertreter des Geschwaderchefs und Führer der 1. Division. Es handelte sich um einen, mit dem Symbol des Eisernen Kreuzes versehenen weiß-grauen Dreieckswimpel mit der Spitze auswehend. Entsprechend dem maritimen Brauch war es üblich, dass der S 3 oder in seiner Vertretung der dienstälteste Kommandant der Division den Divisionsstander führen durfte. Er wurde in der Marine scherzhaft als „Ärger-Karl" bezeichnet. Der Grund für diese ulkige Redewendung liegt in der Ausdrucksweise der beiden Anfangsbuchstaben entsprechend dem Morsealphabet. Der Buchstabe ä (älteste…) hieß „Ärger" und der Buchstabe K (Kommandant) stand für „Karl". Ein schon etwas älterer Marineoffizier, es handelte sich vermutlich um den kriegsgedienten Kapitänleutnant Gerold Dietze, grüßte von der Brücke herüber und eröffnete ein Gespräch: „Guten Tag, meine Herren! Ich habe eine Nachricht für Sie!" Der überraschte Kommandant der WISMAR mit seinem Stabsoffizier vom Kommando der Volksmarine grüßte auf der kurzen Distanz ohne Megaphon mit einem „Guten Tag Herr Kapitänleutnant" zurück. Die Marinesoldaten auf der ALDEBARAN konnten mit der Sonne im Rücken die angespannten und erwartungsvollen Gesichter der Männer auf der WISMAR bestens studieren. Noch nie zuvor gab es eine solche sprichwörtlich hautnahe Begegnung mit einem Fahrzeug der Bundesmarine. Ohne dass der Kapitänleutnant auf dem Räumboot Gedanken lesen konnte, blieben ihm vermutlich in diesem Moment die Emotionen auf der anderen Seite nicht ganz verborgen. Ohne Umschweife übermittelte er dann eine sensationelle Nachricht: „Seit heute Morgen umrundet ein russischer Fliegeroffizier mit einem Raumschiff die Erde!" Diese Information fernab von der Heimat saß wie ein Paukenschlag. Unwillkürlich richteten sich bei dieser Nachricht die Blicke auf der WISMAR in den strahlend blauen Himmel. Im ruhigen Ton fügte der westdeutsche Marineoffizier hinzu: „Schalten Sie die Mittelwelle des Norddeutschen Rundfunks, dort läuft eine von Radio Moskau übernommene Sondersendung, in der Sie mehr über diesen Raumflug erfahren können." Oberleutnant Tempel bedanke sich höflich für die Information, die ihre durchschlagende Wirkung nicht verfehlte. Der Kommandant wies den Obersteuermann an, die zentrale Rundfunkanlage zu schalten und den NDR zu suchen. Eigentlich war es den NVA-Angehörigen verboten, Westsender zu hören. Die WISMAR befand sich jedoch außerhalb der Reichweite der DDR-Rundfunksender. Um mehr über die „Pioniertat der Freunde" aktuell zu erfahren, blieb nur die Möglichkeit, den „Feindsender" einzuschalten. In der Zwischenzeit entspannte sich zwischen den beiden Kommandanten der WISMAR und des Räumbootes M 1060 ein Gespräch von Bord zu Bord. Nach einigen Minuten hatte man den Sender gefunden. Die Rundfunkübertragung lief jetzt über die Oberdeckslautsprecher der WISMAR. Der Kommandant des Bootes ALDEBARAN und Kommandant der WISMAR mit seinem Stabsoffizier verabschiedeten sich mit Handzeichen. Das Räumboot gab mit seinem Bord-Typhon „zweimal kurz" und drehte dann in rasanter Fahrt nach Backbord ab. Damit war das Gespräch auf See zwischen Marinesoldaten der BRD und DDR beendet. Die Besatzungen beider Schiffe winkten sich noch eine Weile zu und schwenkten mit den Mützen. Kaum hatte die ALDEBARAN ihre etwa in 12 bis 15 Kabellängen entfernt liegenden Boote der 1. Division wieder erreicht, nahmen diese plötzlich alle Fahrt auf. Die Boote hielten jetzt auf die WISMAR zu. In lockerer Dwarslinie laufend, kamen sie bis auf etwa 100 Meter an das Fahrzeug der Volksmarine heran. Dann gingen sie auf Stopp und ließen sich treiben. Auf der WISMAR war man von der unerwarteten Aufmerksamkeit der Bundesmarine überrascht. Die Erklärung für diesen Blitzbesuch auf See war jedoch ganz einfach. Alle wollten die von der WISMAR über ihre Bordlautsprecher laufende NDR-Rundfunkübertragung zum sensationellen ersten Weltraumflug eines Menschen hören. Deshalb wurden die Lautsprecher noch etwas aufgedreht. Auf der WISMAR beobachtete man, wie alle Räumboot-Besatzungen ihre Arbeiten an Oberdeck zur Verfolgung der Rundfunksendung einstellten. In einem Gemeinschaftsempfang auf See hörten die Marinesoldaten aus West und Ost dem Korrespondentenbericht interessiert zu. Nach etwa 30 Minuten beendete der NDR seine Sondersendung. Die Boote der 1. Division drehten wieder ab und setzten ihre Minenräumausbildung fort. Die Wirkung aus dieser zufälligen Begegnung auf See war für die Besatzung der WISMAR nachhaltig. Der für die Aufklärungsfahrt verantwortliche Offizier und zwei Jahrzehnte in der Abteilung Aufklärung der Volksmarine tätige Marineoffizier Ewald Tempel charakterisierte das Ereignis am 12. April 1961 rückblickend als: „eine korrekt abgelaufene Begegnung mit den Booten des 3. MSG aus Kiel-Wik. Das gemeinsame gezeigte Interesse an einer technologischen Spitzenleistung der UdSSR-Raumfahrt, sind ein ehren- und erhaltenswertes Beispiel einer entsprechend der Lage spontan gesuchten und gelebten deutsch-deutschen Partnerschaft auf See. Die Begegnung war von Offenheit und spürbarer Marinepartnerschaft auf See geprägt. Hassgefühle auf die NATO-Soldaten und blanke Feindschaft, wie von der SED von uns gefordert und den Soldaten der Bundeswehr gegenüber der NVA unterstellt, traten niemals zu Tage".

Die 2006 in der Zeitschrift „MarineForum" angeschobene Diskussion über Begegnungen von Fahrzeugen beider deutschen Seestreitkräfte auf See, trug dazu bei, dass diese einzigartige Episode für die geschichtliche Forschung erhalten blieb. Hervorzuheben ist der sachliche Umgangston miteinander und die offene, kameradschaftlich zu bewertende Atmosphäre in dieser Begegnung. Sie steht am Beginn der 30 Jahre andauernden maritimen Präsenz beider deutscher Seestreitkräfte in der Ostsee. Diese Begegnungen liefen im weiteren Verlauf nicht immer so harmonisch ab. Die Episode vom 12. April 1961 ist auch deshalb so bemerkenswert, weil sie gar nicht in den damaligen Zeitgeist der politischen Auseinandersetzung zwischen Ost und West passte. Die politische Großwetterlage zwischen den beiden deutschen Staaten war alles andere als freundschaftlich.

Zeitgeschichtlich scheint diese Begegnung von Marineoffizier zu Marineoffizier am 12. April 1961 auch unter einem günstigen Stern gestanden zu haben. Im Vergleich zu späteren Begegnungen auf See fand diese sprichwörtlich noch unbelastet von den Folgen der Berliner Mauer mit ihren damit im Zusammenhang stehenden dramatischen Fluchtschicksalen von DDR-Bürgern statt. Der Frust der Bundesbürger und ihrer Marinesoldaten über die Mauer und dass von der DDR installierte Grenzregime entlud sich in der Folgezeit oftmals über die Besatzungen der Vorpostenschiffe der Volksmarine.

Entgegen den propagandistischen Sprüchen und politischen Vorgaben der SED- und NVA-Führung gewann jeder Angehörige der Volksmarine auf See seine eigenen Erfahrungen über den NATO-Gegner. In Abhängigkeit der persönlichen Erlebnisse auf See waren diese Erfahrungen sowohl positiv als auch negativ. Rückblickend ist der Auffassung von Kamerad Tempel zuzustimmen, dass „die Besatzungen unserer Schiffe nach dem Auslaufen aus dem Stützpunkt in die offene, gemeinsame See, im wahrsten Sinne des Wortes, die Verleumdungen und Hetztiraden der militärischen SED-Nomenklatura hinter sich ließen." Jedem Kommandanten war es selbst überlassen, wie er dem Fahrzeug der anderen deutschen Marine auf See gegenüber trat.

WISMAR als Hochsee- und Bergungsschlepper nach Umbau ex LOSSEN

WISMAR als Aufklärungsschiff an der Pier in Warnemünde 1961

Leutnant zur See Ewald Tempel (1958 in Litewka Dienstuniform blau)

Räumboot der Kriegsmarine in See, 1943

Titelseite „Junge Welt" vom 13. April 1961, „Der erste Mensch kreiste im Weltraum"

Räumboote der Bundesmarine des Typs ALDEBARAN

Havarie zwischen Minensuchboot M 1085 und MLR 221 im Seegebiet vor Warnemünde

Die Volksmarine befand sich in Vorbereitung auf den zweiten Jahrestag ihrer Namensverleihung, da ereignete sich auf See eine schwere Schiffskollision. Ein Minenleg- und Räumschiff vom Typ KRAKE mit der Bordnummer 221 kollidierte am **2. November 1962** um 21.32 Uhr im Seegebiet nördlich Warnemünde mit dem Minensuchboot M 1085 MINDEN der LINDAU Klasse vom 6. Minensuchgeschwader der Bundesmarine in Cuxhaven.

Der Kommandant des Schiffes 221 hatte die Aufgabe, in der Zeit vom 30. Oktober bis 2. November 1962 Vorpostendienst bei der Tonne 14 (nördlich Halbinsel Zingst), am Schifffahrtsweg1, durchzuführen. Dann erhielt er den Befehl, wieder in den Stützpunkt Warnemünde/ Hohe-Düne einzulaufen. Um 19.14 Uhr trat das MLR seine Rückfahrt an. Das Fahrzeug lief von Tonne vierzehn bis Tonne neun auf der westlichen Seite des Schifffahrtsweges 1. Mit Erreichen der Tonne neun entschloss sich der Kommandant, in Richtung Heimatstützpunkt eine Abkürzung zu nehmen. Er verließ den Schifffahrtsweg 1 und hielt jetzt direkt auf Tonne zwei, der Ansteuerung von Warnemünde zu. Kurz danach erhielt der Kommandant um 21.20 Uhr vom Signaldeck die Meldung: „Steuerbord voraus unbekannte Kriegsschiffe mit Südkurs". Um welche Schiffe es sich handelte, war wegen der Dunkelheit nicht zu erkennen. Der Kommandant vermutete, dass es sich um eigene Räumboote handeln könnte. Er befahl, den Austausch mit dem Erkennungssignal (ES) durchzuführen. Die KRAKE 221 steuerte zu dem Zeitpunkt 213 Grad. Das Schiff lief etwa Kurs Südsüdwest. Die Minensuchboote M 1084 FLENSBURG und M 1085 MINDEN der Bundesmarine reagierten nicht auf das Funksignal. Sie drehten nach Backbord und liefen in Kiellinie Kurs 95 Grad Ost. Der Kommandant entschloss sich, die Identität der beiden Fahrzeuge festzustellen. Vom Hauptgefechtsstand der Volksmarine in Rostock lag jedoch kein Befehl für eine taktische Nahaufklärung vor. Der MLR-Kommandant befahl Ruderlage Steuerbord 10 Grad, um auf beide Fahrzeuge zu zulaufen. Noch während des Drehmanövers wurde das MLR 221 vom Minensuchboot M 1084 mit Blaulicht angerufen. Dem MLR-Kommandant war jetzt klar, dass die ihm gegenüber stehenden Fahrzeuge keine eigenen Marineschiffe sein können. Wenige Minuten später passierten um 21.29 Uhr MLR 221 und M 1084 beiderseits an ihrer Steuerbordseite. Der MLR-Kommandant ließ das fremde Fahrzeug zur Identifikation mit dem Bordscheinwerfer kurz Anleuchten. Jetzt wusste man, dass es sich um das Minensuchboot M 1084 handelte. Zu diesem Zeitpunkt lag das andere Minensuchboot M 1085 gestoppt Steuerbord voraus auf rechtweisendem Kurs 180 Grad (Süd) in einer Distanz von etwa drei Kabel (ca. 550 Meter) zum MLR. Das lief mit 14 Knoten weiter. Als sich die Distanz zu dem gestoppt liegenden Minensuchboot M 1085 auf etwa 300 Meter verringerte, entschloss sich der MLR-Kommandant, dem an Steuerbord voraus liegenden Fahrzeug mit Ruderlage Backbord 10 Grad auszuweichen. Zum Zeitpunkt der eingeleiteten Backbord-Drehung nahm auch der Minensucher M 1085 unerwartet Fahrt auf. Aus dem Schornstein sprühende Funken gaben dies deutlich zu erkennen. Der MLR-Kommandant befahl jetzt hart Backbord. In dem Moment, als M 1085 mit der Fahrt anging, wurden auf dem MLR zwei kurze Töne gehört. Das bedeutete, auch M 1085 drehte nach Backbord und hielt direkt auf das MLR zu. Kurz darauf kam es um 21.32 Uhr zur Kollision. Der Bug vom Minensucher M 1085 durchschnitt mit großer Wucht die Bordwand des MLR an der Steuerbordseite. Dabei schob sich der Bug des Minensuchers in Höhe der Abteilung 10, unterhalb des 85-mm-Buggeschützes, ins Innere des MLR bis zum Deckshaus empor. Der Vordersteven des Minensuchbootes MINDEN steckte im Vorschiff des MLR 221. Die Eindringtiefe ließ auf einen erheblichen Rammstoß schließen.

Der Schreck über den Zusammenstoß war beiderseits groß. Zum Glück blieb diese, in der Geschichte der Volksmarine und Bundesmarine einmalige deutschdeutsche „Begrüßung" von zwei Fahrzeugen auf See ohne Personalschaden. Weder im Vorschiff des MLR noch auf der Back des Minensuchers hielten sich zum Zeitpunkt der Kollision Angehörige von beiden Besatzungen auf. Die Beschädigungen waren auf beiden Marineschiffen beträchtlich. Zu einem Wortgefecht zwischen den

Besatzungen der havarierten Schiffe soll es angeblich nicht gekommen sein. Die MINDEN kam mit Unterstützung des Schwesternbootes M 1084 wieder aus dem Schiffsrumpf des MLR frei. Als „Erinnerung" ließ die MINDEN ein großes Holzstück ihres Vorstevens im Leck des MLR zurück. Mit erheblich beschädigtem Vorschiff der MINDEN liefen beide Minensuchboote der Bundesmarine in Richtung Heimatstützpunkt ab. Gerhard Kähler, der die MINDEN als neuer Kommandant mit lädiertem Vorsteven übernahm, veröffentlichte im „MarineForum" (Heft 5-2006) Fotos mit den Schäden seines Bootes.

Mit einem mehrere Quadratmeter großem Leck oberhalb der Wasserlinie erreichte auch das MLR seinen Heimatstützpunkt. Im Ergebnis der sofort eingeleiteten Untersuchung bewertete der Havariekommissar der Volksmarine, Kapitän zur See Friedrich Elchlepp, das seemännische Fehlverhalten des MLR-Kommandanten „als Verstoß gegen Artikel 19, 21, 22 und 23 der Seestraßenordnung". Ebenso hätte nach seiner Ansicht „M 1085 als Manöver des letzten Augenblicks lt. Artikel 21 der Seestraßenordnung nach Steuerbord abdrehen müssen. Anhaltspunkte für eine Provokation durch das westdeutsche Kriegsschiff liegen nicht vor."

Trotz des Ärgers und der Blamage über diese Havarie, präsentierte der MLR-Kommandant, Kapitänleutnant Hans S., stolz seine Trophäe vom NATO-Gegner, ein Stück vom Vorsteven des Minensuchers M 1085. Das Holzstück „Made in West Germany" löste sich dann in der 4. Flottille förmlich auf. Jeder schnitt sich mit dem Taschenmesser davon ein Souvenirstück vom Gegner ab. Bis heute hält sich hartnäckig das Gerücht, dass einige Marinekameraden noch immer einen Holzspan besitzen.

Entgegen der Bewertung mit dem eindeutigen Schuldspruch des Havariekommissars der Volksmarine wurde 1985 in der Redaktion der Marinezeitung „Auf Gefechtskurs" der Politischen Verwaltung aus dem Versagen des MLR-Kommandanten eine Provokation der Bundesmarine. „Das Minensuchboot MINDEN hat das MLR vorsätzlich gerammt." Diese politische Sicht über den Gegner passte damals besser in das Feindbild, als das Eingeständnis, über das eigene seemännische Versagen in einer direkten Begegnung mit ihm. Der Vorgang mit dem Schuldspruch des Havariekommissars befand sich bis 1990 im Dokumentenbestand der Volksmarine und gehört heute zum Aktenbestand im Bundesarchiv-Militärarchiv in Freiburg.

MLR Typ KRAKE der Volksmarine

Küstenminensuchboot M 1085 der LINDAU-Klasse

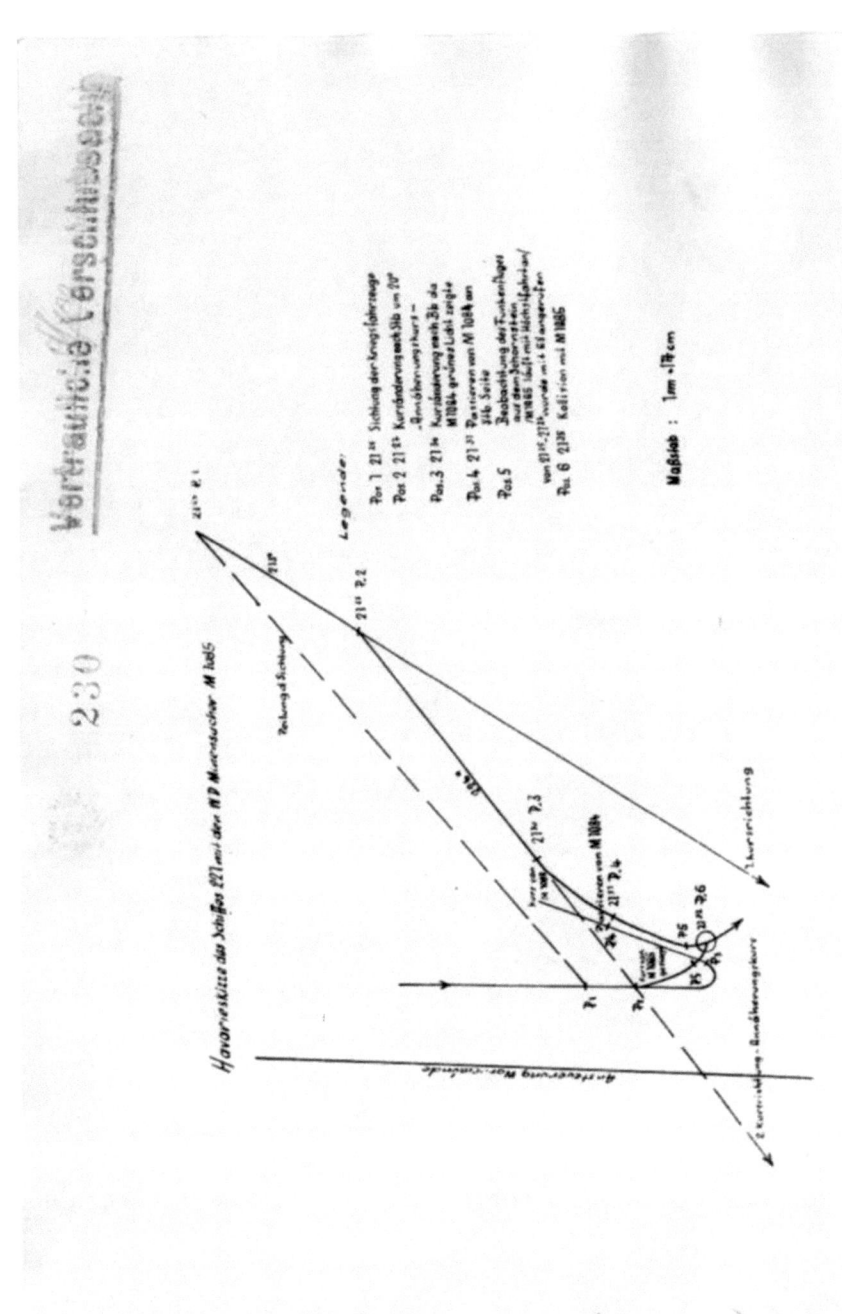

Havarieskizze MLR 221 mit Kursen der Minensucher M 1084 und M 1085

Ramponierte Vordersteven auf M 1085 MINDEN (Fotoalbum Gerhard Kähler)

Sommer 1964: "Wär im Gielwossa däs Sozijalismus schwimme will, muss ärschdemal lärne, rischtüsch ze sschdeuern!"

An einem schönen Sommertag des Jahres **1964** erhielt der Kommandant des Minensuchbootes ULM der LINDAU-Klasse vom 6. Minensuchgeschwader der Bundesmarine in Cuxhaven vom Flottenkommando die Message, den neuen Minenleger BOTTROP N 121 bei seinen Probefahrten in der Mecklenburger Bucht zu begleiten. Die ULM mit der Bord-Nummer M 1083 befand sich zur Taktischen Nahaufklärung im Fehmarnbelt. Das Minensuchboot sollte im Seegebiet operierende Fahrzeuge der Volksmarine daran hindern, den neu in Dienst gestellten Minenleger mit einer Wasserverdrängung von 3.640 bis 4.140t (ex USS SALINE COUNTY) aus Nahdistanz zu fotografieren. Das Vorpostenschiff der Volksmarine hatte die BOTTROP jedoch schon längst gesichtet und war Anker auf gegangen. Die ULM brauste mit Höchstfahrt von 16 Knoten an die KRAKE heran, konnte jedoch das Fahrzeug der Volksmarine nicht überholen. Das steuerte ebenfalls mit Höchstfahrt 17 Knoten auf den, für die Volksmarine noch unbekannten Minenleger zu. Im Verlauf der Wettfahrt in See gelang es dem ULM-Kommandanten nicht, sich zwischen der BOTTROP und dem MLR in See zu stellen. Das MLR war etwas schneller als sein Verfolger. Das Minensuchboot preschte so im Kielwasser des MLR hinterher. Als der Abstand nur noch etwa 100 Meter betrug, ging der Kommandant der KRAKE plötzlich auf Stopp. Dieses Manöver kam für die ULM völlig überraschend. Dem Kommandant gelang es gerade noch, mit Hartruderlage knapp an dem Schiffsheck der KRAKE vorbei zu kommen. Während der Minensucher mit starker Schlagseite an der Steuerbordseite des MLR in geringem Abstand vorbei rauschte, ließ der KRAKE-Kommandant über Oberdeckslautsprecher ein teuflisches Lachen los. Er rief auf Sächsisch: „Wär im Gielwossa däs Sozijalismus schwimme will, muss ärschdemal lärne, rischtüsch ze sschdeuern!" Auf Hochdeutsch hieß das: „Wer im Kielwasser des Sozialismus schwimmen will, muss erst mal lernen richtig zu steuern!" Das MLR hat durch sein plötzliches Stopp den westdeutschen Minensucher ULM echt auflaufen lassen. Dieses Manöver hätte auch leicht zu einer Kollision der ULM mit dem MLR führen können.

Gratulation auf See

Während der Zeit der Olympischen Sommerspiele 1964 in Tokio befand sich das Schnellboot KONDOR P 6167 der Klasse 143 vom 2. Schnellbootsgeschwader der Bundesmarine auf Taktischer Nahaufklärung im Fehmarnbelt. Es gehörte zum obligatorischen seemännischen Ritual, dem hier östlich von der Insel Fehmarn vor Anker liegenden Vorpostenschiff der Volksmarine einen Besuch abzustatten und den Jungs an Bord eine gute Wache zu wünschen. Um die Sportübertragungen aus Tokio hören zu können, waren in der Nacht auf dem Schnellboot die Richtfunkpeiler auf Radio DDR geschaltet. Die Brückenbesatzung verfolgte mit Interesse die damals vom DDR-Reporter sehr pathetisch gehaltene Berichterstattung. So bekamen die

Männer auf dem Schnellboot in der Liveübertragung mit, wie die DDR-Sportlerin Ingrid Krämer Olympiasiegerin im Turmspringen der Damen wurde. Um den Kameraden von der anderen deutschen Marine zu der ersten olympischen Goldmedaille zu gratulieren, fuhr der Kommandant des Schnellbootes nach dem Hellwerden bis auf Rufweite an das MLR heran. Für das Überbringen der Grußbotschaft dachte man sich auf dem Schnellboot einen kleinen Spaß aus. Ein bisschen Heiterkeit im tristen Dienstalltag auf See könne ja nicht schaden, dachten die Schnellbootsfahrer. Der Decksmeister konnte perfekt die Sprache vom damaligen DDR-Staatschef Walter Ulbricht imitieren. Während sich die Brückenwache auf dem Schnellboot bog vor Lachen, gratulierte der Decksmeister über den Oberdeckslautsprecher akzentuiert in sächsisch und etwas lispelnd, zur ersten sozialistischen Goldmedaille. Auf dem MLR blieb alles stumm, keine Reaktion, kein Dankeschön, nichts passierte. Als der KONDOR-Kommandant nach dem Einlaufen in Kiel sein Boot dem Geschwaderkommandeur zurück meldete, empfing ihn dieser mit den Worten: „Schönen Gruß vom Flottenchef, und ich soll Ihnen ins Kreuz treten!" Was war in der Zwischenzeit passiert? Das MLR-Vorpostenschiff hatte den Vorfall über die Verunglimpfung der Person Ulbrichts per Funk an seine Führungsstelle an Land, dem Operativen Dienst der 4. Flottille in Warnemünde, gemeldet. Der Spruch wurde von der Funkaufklärung der Bundesmarine aufgefangen. Von dort gelangte der Vorgang mit den Glückwünschen auf See zum Flottenkommando. Jedenfalls hatten die Marinesoldaten auf dem MLR die Gratulation verstanden. Der Tritt ins Kreuz bzw. in den Hintern blieb verständlicherweise aus.

Angebote auf See: „Biete gute westdeutsche Farbe für sozialistische Roststellen!"

1. April 1967: Das Vorpostenschiff der Volksmarine, ein MLR mit der Bordnummer 225, lag bei ruhiger See im Fehmarnbelt. Um 13.35 Uhr näherte sich das westdeutsche Schnellboot NERZ P 6096 der Bootsklasse 142 bis auf 40 Meter dem vor Anker liegenden Schiff der Volksmarine. Um die Schiffserkennung für das MLR zu erschweren, waren der Name und die Nummer des Bootes mit Persennings verhangen. Der Kommandant des Schnellbootes ging auf Stopp und setzte den Winkspruch ab: „Haben Sie irgendwelche Kenntnisse und Informationen?" Da keiner an Bord des MLR antwortete, begann er über Lautsprecher ein Gespräch. „Wenn Sie den Wunsch haben, unsere andere Seite zu sehen, kommen wir rum. Dann können Sie diese auch noch fotografieren. Ihr könnt mal raten, wer wir sind." Zu dieser Zeit hatte die Besatzung des MLR die Bootsnummer und den Namen des westdeutschen Bootes trotz der Tarnung bereits ausgemacht. Schnellboot: „Wollen Sie von uns etwas Farbe haben, damit Sie Ihre sozialistischen Roststellen streichen können? Gute westdeutsche kapitalistische Farbe. Wir haben noch einen Topf übrig." Auf dem MLR blieb scheinbar alles ruhig. Das Gespräch wurde jedoch aufmerksam mitgehört und aufgezeichnet. „Was rauchen Sie Herr Unterleutnant, Turf oder Salem? Sie sind vielleicht stur!" Da auf dem MLR kein Besatzungsangehöriger auf das Gesprächsangebot reagierte, kam das Schnellboot bis auf etwa 10 Meter heran. Der Kommandant des Schnellbootes schlug jetzt einen wechselseitigen Besuch vor. „Wie wäre es mit einem kleinen Freundschaftsbesuch? Sie kommen zu uns und wir kommen zu Euch. Wenn Sie das machen, tun wir das auch. Warum wollen Sie denn nicht antworten? Haben Sie inzwischen heraus bekommen, wer wir sind? Ihre Männer haben die Nummer eher ausgemacht als ihre hohe Schiffsleitung. Haben Sie Angst vor einem Gespräch? Wir fahren jetzt zur Vesper und kommen heute Abend zurück. Erst jetzt reagierte man auf dem MLR. Der Kommandant ließ den Winkspruch absetzen: „Sie sind kein Seemann, sondern ein Provokateur." Angeblich wurde der Spruch auf dem Schnellboot nicht verstanden. Der Kommandant forderte die MLR-Besatzung auf, den Text noch einmal per Vartalampe rüber zu geben.

„Tausche Whisky gegen Wodka oder Turf"

Am folgenden Tag näherte sich um 5.50 Uhr das westdeutsche Schwesternboot GEPARD P 6098 dem Vorpostenschiff erneut bis auf 10 Meter. Der Kommandant des Schnellbootes winkte und rief herüber: „Guten Morgen. Ich hoffe Sie hatten eine angenehme Nacht und gute Wache. Wollen Sie einen kleinen musikalischen Morgengruß haben?" Das Schnellboot fuhr mit seinem Bug bis auf 5 Meter an die Steuerbordseite des MLR heran. Aus dem Oberdecklautsprecher klang flotte Schlagermusik aus dem Westen. Die Ostmariner ließen sich die musikalischen Einlagen auf See gefallen. Weghören war wegen der Lautstärke sowieso nicht möglich. Der Kommandant rief: „Haben Sie keine Musik zum Abspielen? Tauschen eine Flasche Whisky gegen eine Flasche Wodka, oder eine Zigarette gegen eine `Turf` von Euch. Seien Sie doch nicht so stur! Wie wär`s denn mit einem Fässchen Bier? Heute ist doch Sonntag". Seitens des MLR erfolgte keine Reaktion. „Immerzu die gleiche Sturheit. Ihr seid doch auch Deutsche. Ist Eure Anlage kaputt. Könnt Ihr nicht antworten? Es kann ja auch sein, dass Ihr keine Ersatzteile habt." Der Schnellboot-Kommandant vermutete richtig. Auf dem MLR war die Lautsprecheranlage an Oberdeck tatsächlich defekt. Bei intakter Anlage hätte man sicherlich dem Wunsch nach Musik aus der DDR entsprochen. Unser Repertoire an Kampf- und Arbeiterlieder war damals reichhaltig. Das westdeutsche Schnellboot näherte sich mit seinem Bug dem MLR bis auf ein Meter (!). Der Kommandant rief: „Wann gibt es bei Euch Frühstück? Ihr müsst Euren Smutje anlüften. Er soll Euch etwas Vernünftiges zum Essen machen. Wollt Ihr von uns Kuchen haben?" Der akustischen Anfrage folgte umgehend das visuelle Angebot. Ein Besatzungsmitglied des Schnellbootes stellte auf das Steuerbord-Torpedorohr einen leckeren, selbst gebackenen Kuchen ab. Man wartete gespannt, ob der in Reichweite abgestellte Kuchen von der MLR-Besatzung angenommen wurde. Doch nichts passierte. Obwohl man in der Bundesmarine längst wusste, dass die Wachablösung des Vorpostenschiffes der Volksmarine überwiegend am Donnerstag erfolgte, fragte der Schnellboots-Kommandant an: „Wann geht es nach

Hause? Heute oder morgen?" Das Schnellboot lief jetzt bis auf 1 Meter an das Heck des MLR heran. Die dort auf dem Achterdeck zum Trocknen aufgehängte Wäsche veranlasste den Schnellboots-Kommandant zu der Bemerkung: „Eure Unterhosen auf dem Achterdeck sind nicht gerade ein Bild deutscher Seegeltung." Ohne dem MLR-Kommandant in der Morgenstunde ein Wort entlockt zu haben, entfernte sich schließlich das westdeutsche Schnellboot um 6.33 Uhr. Den leckeren Kuchen mussten die Schnellbootsfahrer selbst essen.

Dänischer Schnellbootskipper wird „Freund" der Volksmarine

Im August 1967 lief in der Ostsee die Flottenübung der Volksmarine mit der Bezeichnung „Taifun". Als die daran teilnehmenden Schiffe, darunter Küstenschutzschiffe der RIGA-Klasse im Seegebiet nördlich von Hiddensee ihre Position für eine Sammelaufgabe einnahmen, ereignete sich ein außergewöhnlicher Vorfall. Darüber berichtete der damalige Stabschef der KSS-Abteilung, Karl Heinz Kremkau, in einem von ihm verfassten Aufsatz. Sein im amüsanten Stil gehaltener Erinnerungsbericht stimmt sehr nachdenklich. Die einmalige Story wirft heute, nach 45 Jahren, ein Licht auf die damals von der SED erdachten und von Alexander Schalck Golodkowski praktizierten überwiegend geheimen Devisengeschäfte der DDR. Von diesen dubiosen Machenschaften hatte damals die Mehrzahl der DDR-Bürger keine Ahnung. Auch den Angehörigen der Volksmarine waren diese Geschäfte mit dem Westen damals weitgehend unbekannt.

Zum besseren Verständnis der Geschichte sei erwähnt, dass die SED-Oberen in der DDR-Regierung bereits in den 60er Jahren versuchten, ihre stets knappe Fremdwährungskasse durch Geschäfte mit dem Westen, sauber wie illegal, aufzufüllen. Zu den wichtigsten SED-Devisenbeschaffern gehörte Alexander Schalck Golodkowski. Nach dem Mauerbau 1961 begann im Außenhandelsministerium der DDR die Karriere des damals knapp 30-jährigen Schalck. „Intrac", so hieß damals eine der Firmen in Ostberlin, in der der junge Genosse Schalck sein Talent in der Devisenbeschaffung staatlich gefördert ausprobieren durfte. Zu dem wichtigsten Geldbeschaffungsinstrument avancierte die geheimnisumwitterte Abteilung „Kommerzielle Koordinierung", mit der Abkürzung Ko Ko. Den Namen dieser vom MfS gesteuerten Devisenhandelstruppe erhielt sie von Honecker selbst. Sie war zwar formal dem Ministerium für Außenhandel unterstellt, tatsächlich aber dem Zentralkomitee der SED. Ko Ko mit dem promovierten Außenhandelswirtschaftler Schalck an der Spitze dirigierte die lukrativen Firmen „Genex", Intershops und die Devisenhotels in der DDR. Dazu gehörten die Hotels „Neptun" in Warnemünde, „Panorama" in Oberhof sowie das „Metropol" und „Palasthotel" in Berlin. Ko Ko steuerte den Technologie-Transfer zwischen Ost und West und sprang immer dann ein, wenn ein DDR-Kombinat dringend Devisen zur Sicherung der Produktion benötigte. Der 1,90 Meter große Alex, der zugleich den Dienstgrad eines MfS-Oberst trug, reüssierte als Allroundmanager der DDR für alle Fälle. Unter der Regentschaft Erich Honeckers

(1973-1989) erhielt Schalck seine Ernennung zum Staatssekretär. Seine Ideen in der Devisenbeschaffung belohnte Honecker mit Schalcks Sitz im ZK der SED.

Lassen wir nun den damaligen Marineoffizier Kremkau selbst zu Wort kommen: „Der Signalmaat auf dem Küstenschutzschiff meldete zuerst ein unbekanntes Schnellboot, was sich nicht bestätigte. Es war ein ca. sieben Meter langes Speedboot bester Bauart, angetrieben von zwei Volvomotoren. Wenn ein Fahrzeug mit einer Geschwindigkeit von etwa 45 Knoten (etwa 82 km/h) innerhalb der Dreimeilenzone seinen Kurs quer durch einen sich formierenden Verband von Kriegsschiffen wählt, dann ist nicht Staunen, sondern entschlossenes Handeln angesagt. Den kurzen Mast mit Radarreflektor hatte der Skipper abgenommen und verhüllt, um nicht vom Radar anderer Fahrzeuge geortet zu werden. Eine Flagge war nicht auszumachen. All das machte ihn verdächtig. Noch rätselhafter wog für uns der Umstand, dass der Schnellbootsfahrer unbehelligt von den Booten der 6. GBK seinen Kurs quer durch die DDR-Territorialgewässer ziehen konnte. Bei allen anderen Anlässen, z.B. Republikflucht, waren die Grenzer sofort in Aktion. Den Grund für diese Unterlassung sollten wir bald erfahren. Dass der von unserer Anwesenheit zunächst unbeeindruckte `Seefahrer` geschäftlich im Auftrag von Ko Ko unterwegs war, wussten wir nicht. Unser Signal zum sofortigen Stopp verstand der Skipper, ohne dass eins unserer Geschütze in seine Fahrtrichtung schwenken musste. Nach der Aufforderung zum längsseits Gehen, legte er brav am ausgebrachten Seefallreep der Bordwand an. Der Skipper kam vom `Shoppen` aus Stralsund. Er hatte sein Boot bis unter das Deck mit Brandy und Zigaretten vollgestopft. Trotz erheblicher Schwierigkeiten in der Verständigung erklärte uns der dänische Staatsbürger, dass er diese Tour öfter mit ausdrücklicher Genehmigung der DDR-Behörden absolvierte. Er verstehe nicht, dass wir ihn mit so einem großen Kriegsschiff auf See stoppen und des Schmuggels bezichtigten. Er betrachte sich als Händler und Kaufmann, der mit der DDR ordentliche Geschäfte machte. Die Küstenschutzschiffe hätten ihm wegen der Größe und ihrem kriegerischen Aussehen Angst und Respekt eingeflößt. Ole Hansen, so hieß der Mann, kam an Bord und zeigte uns seine Papiere und Rechnungen. Wir überzeugten uns so gut es ging, dass er alles bezahlt hatte, was er in seinem schwimmenden Warenlager verstaut hatte. Eine Kontrolle an Bord machte keinen Sinn und war auch nicht unsere Aufgabe. Wir, die Offiziere der Volksmarine, versahen unseren Dienst nach den Regeln des DaB (Dienst an Bord) und internationalem Seerecht. Die `Kurse` von Herrn Schalck und Ko Ko wurden uns im Fach terrestrische Navigation nicht gelehrt. Sie standen auch nicht in der gesellschaftswissenschaftlichen Weiterbildung der Offiziere zur Debatte. Die Devisenkurse der von uns auf See bestaunten Fracht lagen in der DDR-Staatsbank in Rostock. Mit den an Bord verstauten Kartons von bestem Brandy und Tabakwaren hätte man gut und gerne die Stralsunder Nachtbars für einige Wochen versorgen können. Die größte Enttäuschung seines Lebens erlebte der an Bord anwesende Politstellvertreter der Abteilung. Er verstand überhaupt nicht, dass die DDR diese Schmuggelgeschäfte wollte und unterstützte. Für ihn brach ein sozialistisches Weltbild zusammen. Das Unverständnis über diesen von ganz oben mitgetragenem Deal, feinste DDR-Waren für Westgeld zu verschachern, übertrug sich auch auf die Besatzung. Keiner konnte sich bis dahin vorstellen, dass der Arbeiter- und-Bauernstaat mit dem sonst bei jeder Gelegenheit verteufelten Westen, solche krummen Geschäfte machte. Jetzt begriffen wir, weshalb der dänische Devisenskipper unbehelligt von den Booten der 6. GBK seinen Kurs von Stralsund bis zu uns auf See ziehen konnte. Mein an Bord anwesender Abteilungschef machte ein sehr nachdenkliches Gesicht. Nachdem er alles gesehen und halbwegs verstanden hatte, zündete er sich genüsslich eine `F 6` (DDR-Zigarettenmarke) an und wandte sich an seinen Stabschef mit den Worten: `Nimm mal die Sache in die Hand und kläre mit der Grenze diesen Fall!` Nichts wäre leichter als das, dachte ich mir und setzte mich über UKW mit der Leitstelle der 6. GBK in Dornbusch auf Hiddensee in Verbindung. Von dort bekam ich eine direkte Verbindung zum Operativen Dienst der 6. GBK. Ein Stabsoffizier der 6. GBK befahl mir, den Ole Hansen sofort freizugeben und ihn unbehelligt weiter fahren zu lassen. Ich musste mir vom Grenzerstab die Frage gefallen lassen, was uns überhaupt einfiele, einen solch ehrbaren dänischen Bürger einzufangen und festzuhalten! Nach dem Rüffel von der 6. GBK zuckten wir mit den Schultern, setzten eine Mine des Bedauerns auf und wünschten Ole Hansen eine gute Weiterfahrt. Als besonderen Service gaben wir dem Skipper noch den Kurs zu seinen Kumpanen in der Köge Bucht mit. Dann entließen wir ihn in die grenzenlose Freiheit. Die beiden Volvomotoren seines schneidigen Bootes sprangen sofort an. Mit 45 Knoten entschwand er schnell unseren Blicken. Ich ahnte nicht, dass die Angelegenheit damit nicht abgeschlossen war. Denn schon nach kurzer Zeit meldete sich der Kommandant vom einem unserer auf See operierenden Küstenschutzschiffe. Er hätte einen Schmuggler gefangen genommen. Ich stellte dem Kommandant die Frage, welche Nationalität der Schmuggler hätte und wie der Mann hieß. Er sei Däne und sein Name wäre Ole Hansen, bekam ich zur Antwort. Er wäre heute schon mal auf so einem großen Kriegsschiff gewesen. Dort hätte man ihn freundlich verabschiedet und ihm eine gute Fahrt nach Dänemark gewünscht. Ich glaubte, mich verhört zu haben und explodierte förmlich auf der Brücke. Ich befahl, den Mann sofort frei zugeben und in Marsch zu setzen. Nach einiger Zeit meldete sich erneut der Kommandant mit einer Hiobsbotschaft. Ole käme heute nicht mehr nach Dänemark, weil sein „Freund" nicht mehr am vorgesehenen Treffpunkt sei und er tanken müsse. Letzterem konnte abgeholfen werden. Wir hatten an Bord immer einen 20 Liter Benzinkanister für unseren Außenbords Boxermotor russischer Bauart. Man zeigte Ole den Kanister und Bootsmotor. Der hatte so ein Typenschild mit rotem Stern auf dem Zylinderkopf noch nie gesehen. Das Wagnis, mit diesem Sprit seinen Volvo zu betanken, schien ihm zu groß. Damit nicht genug. Er wolle jetzt auch nicht mehr selbst fahren, sondern abgeholt werden. Wieder rief ich den Operativen Dienst der 6. GBK an. Ich erklärte, dass wir uns in einem Manöver auf See befanden und keine Aufgaben der 6. GBK übernehmen werden. Unverständnis über unsere Handlungsweise war die erste Reaktion. Es folgte ein Schwall von Vorwürfen in einer Tonart und Ausdrucksweise, die ich energische rügte und entschieden zurück wies. Wir waren nicht der Grenze unterstellt. Die habe sich gefälligst um den Fall zu kümmern. Es dauerte eine Weile bis die 6. GBK tatsächlich eines ihrer Schiffe zur Abholung des Ole Hansen zu uns in Marsch setzte. Ole Hansen wurde derweil in der Offiziersmesse des Küstenschutzschiffes verpflegungsmäßig versorgt. Die Offizier-Messe servierte Rotwurst mit Harzer Käse und frischem Brot. Als die Zeit des Abschieds, diesmal für immer, gekommen war, bedankte sich der Däne für das ausgezeichnete Essen an Bord. Der weitere Transport der Devisen bringenden Ware erfolgte sozusagen unter militärischer Begleitung. Nie zuvor hätte ich gedacht, welch sonderbare Einlagen die Übung „Taifun" für uns bereit halten würde. Die Begebenheit mit Ole Hansen war der einzige Fall von „Zusammenarbeit" der Volksmarine mit der 6. GBK, die ich in meinem Dienst erlebt habe. Darüber bin ich nicht betrübt. Als der Chef des DDR-Fernsehens Heinz Adameck, die Filme über die dänische „Olsenbande" einkaufte, fühlte ich mich an diesen Vorfall auf See erinnert. Das Trio mit den genial komischen Plänen ihres Chefs Egon Olsen, die sämtlich in die Hose gingen, erheiterte damals in der DDR jung und alt an den Bildschirmen, wie uns Ole Hansen zuvor."

Cognac- und Konservenbotschaft der Bundesmarine auf See

Am **4. September 1967** um 14.45 Uhr erhielt das Torpedoschnellboot der Volksmarine 823 (Projekt 183) den Befehl, Sofortbereitschaft herzustellen. Nach 24 Minuten verließ das Boot seinen Stützpunkt der 6. Flottille auf dem Bug in Dranske. Die Schellbootsfahrer hatten die Aufgabe, die westdeutsche Schulfregatte SCHEER F 216 aufzuklären und zu begleiten. Zu diesem Zeitpunkt befand sich die Fregatte etwa in Höhe Tonne vier des Seeweges 32. Nach 95 Minuten Fahrt in Richtung des aufzuklärenden Ziels erreichte das Schnellboot die Fregatte. Die fuhr mit 15 Knoten Kurs 115 Grad in Richtung Ost. Das Boot der Volksmarine näherte sich auf gleicher Höhe bis auf etwa 50 Meter dem Fahrzeug der Bundesmarine. Ein großer Teil der Besatzung befand sich auf dem Oberdeck und winkte den Schnellbootsfahrern der Volksmarine zu. An Bord der SCHEER befanden sich viele Offiziere, die teilweise in weißen Uniformjacken an Oberdeck herum liefen. Gegen 17 Uhr forderte die Schulfregatte das Schnellboot auf, noch dichter heran zu fahren, um eine Cognacflasche als Präsent der Bundesmarine entgegen zu nehmen. Die Schnellbootsfahrer bemerkten, wie auf der Fregatte ein Fischkescher zur Brandy-Übergabe klar gemacht wurde. Trotz des verlockenden Angebots hielt das Boot der Volksmarine Distanz. Daraufhin bereiteten die Jungs auf der Fregatte einen Rettungsring zur schwimmenden Geschenkübergabe auf See vor. Die Schnellbootsfahrer erfuhren über Lautsprecher, dass es sich um eine Flasche besten spanischen Cognacs handeln würde. Die Schulfregatte ging jetzt auf Stopp. Die Männer ließen achteraus den Rettungsring mit dem Cognac und einigen Konservenbüchsen zu Wasser. Die Schnellbootsfahrer ignorierten diese Versorgung auf See. Sie fuhren dichter an die Schulfregatte heran. Dessen Kommandant rief jetzt das Torpedoschnellboot per Vatalampe optisch an: „K an K, das war Formint". Antwort: „K an K, haben wir selbst, Danke!" Fregatte: „K an K, dann muss ich ihn selbst trinken." Schnellboot: „K an K, na dann Prost!" Der Spruchwechsel lief von Kommandant (K) zu Kommandant (K). Ein Offizier auf der Schulfregatte rief dann zum Schnellboot herüber: „Wenn Ihr sie nicht holt, dann holen wir sie wieder." Die Fregatte nahm wieder Fahrt auf und ging auf Gegenkurs. Das Schnellboot folgte dem Fahrzeug der Bundesmarine wie ein Schatten. Als der Rettungsring in der See ausgemacht wurde, erhöhte das Schnellboot seine Fahrt und überfuhr den Ring samt den Präsenten. Als der Rettungsring achtern wieder auftauchte, waren die Geschenke in der Ostsee verschwunden. Die Fregatte SCHEER nahm ihren Rettungsring wieder auf. Während der gesamten Zeit verfolgten viele ihrer Besatzungsangehörigen mit Kameras bzw. Fotoapparaten die Aktion. Sie warteten darauf, dass die Geschenke aus dem Westen von den Männern aus dem Osten angenommen wurden. Den Gefallen bereiteten ihnen die Schnellbootsfahrer nicht. Sie hielten sich aber weiter in Parallelfahrt dicht an der Schulfregatte. Von dort wollte das Winken kein Ende nehmen. Man versuchte nun, Konservenbüchsen zum Schnellboot rüber zu werfen. Die fielen jedoch alle ins Wasser und versanken im Meer. Wahrscheinlich wäre das noch eine Weile so weiter gegangen. Nach 30 Minuten erhielt der Kommandant des Schnellbootes den Befehl, seinen Aufklärungseinsatz abzubrechen und in den Stützpunkt zurück zu kehren. Das Auffischen von Cognacflaschen und westdeutschen Konservenbüchsen fiel nicht in den Kompetenzbereich der Volksmarine. Die Filmpatronen mit den Schnappschüssen über die Geschenkübergabe auf See und Aufnahme der Spenden durch die Schnellbootsbesatzung blieben leer.

Kommandanten im Gesprächsduell: Minenleg- und Räumschiff 223 BERLIN kontra Schnellboot WOLF P 6062

Am Morgen des **20. Juni 1968** passierte das Schnellboot WOLF P 6062 das eingangs des Fehmarnbelt auf Vorposten liegende Schiff der Volksmarine MLR BERLIN 223. Es blieb achter aus liegen und trieb auf die KRAKE zu. Diesmal war der Kommandant der Volksmarine auf den Routinebesuch der Bundesmarine gut vorbereitet. Man hatte sich einen Propagandatext ausgedacht, der wegen seiner primitiv dümmlichen Ausdrucksweise keines weiteren Kommentares bedarf. Der MLR-Kommandant ergriff die Initiative zu einem „Gespräch". Es dauerte 45 Minuten und wurde aufgezeichnet. Daraus einige Auszüge.

MLR: „Können Sie es vor Ihrem Gewissen und Ihren Wühlmäusen verantworten, dass Sie sich mit Ihren Oberdecksantilopen so lange der kommunistischen Propaganda aussetzen." Man bemerkte unter der Schnellbootbesatzung auf der Brücke Aufmerksamkeit. MLR: „Wo wart Ihr denn zu Eurem Staatstrauertag am 17. Juni (damals Tag der Deutschen Einheit, Anm. Autor), wir haben auf Euch gewartet? Habt Ihr bei Euren Himmelskomikern Anteilnahme geheuchelt oder geheult wie die Wölfe?" (Anspielung auf Bootsname) Das Schnellboot näherte sich dem MLR bis auf 20 Meter und blieb parallel an dessen Steuerbordseite liegen. Matrosen winkten herüber. MLR: „Wenn Sie nicht antworten, dann will ich Ihnen ein paar Fragen stellen. Wie ist Ihre Meinung zu unseren Passgesetzen? Endlich kassieren wir allein die Steuern für die Benutzung unserer Straßen und nicht Ihre Pfeffersäcke. Das Schnellboot zog etwas zurück und kam dann wieder bis auf 30 Meter heran. MLR: „Immer schön zurückziehen. In zwei Weltkriegen haben die deutschen Imperialisten bewiesen, wie schön das geht. Auch Euch wird es nicht besser gehen! Wir haben jetzt schöne Aufnahmen gemacht, wie Ihre Oberdecksantilopen unserem Politunterricht lauschen. Das Bild erscheint demnächst in der Zeitung. Schnellboot: „Wir lesen auch Zeitung." MLR: „Auch wir studieren aufmerksam Ihre Zeitung. Sie sollten unsere Presse aufmerksamer studieren. Dann würden Sie politisch besser im Stoff stehen und auf Ihre Politiker mehr Einfluss nehmen können." Schnellboot: „Viele Köche verderben den Brei". MLR: „Dass viele Köche nicht den Brei verderben, haben die französischen Arbeiter bewiesen, in dem sie gegen die Unternehmerwillkür streiken" Schnellboot: „Dort können die Arbeiter streiken, aber bei Ihnen nicht." MLR: „Unsere Arbeiter brauchen nicht streiken, da der Erlös der Arbeit der ganzen Volkswirtschaft und damit auch jedem Arbeiter zu Gute kommt. Des Weiteren sind die sozialen Errungenschaften weitaus höher als Ihre. Ihre Arbeiter müssen ja streiken, da sie nur ein Bruchteil dessen verdienen, was die Unternehmer an Profit einstreichen". Schnellboot: „Sie fallen von einem Extrem ins andere. Es ist das erste Mal, dass Sie mit uns Tuchfühlung aufnehmen und nicht provozieren." MLR: „Was verstehen Sie unter nicht provozieren? Nennen Sie es etwa keine Provokation, wenn unsere Grenzposten von Ihnen beschossen werden? Oder ist das nichts, wenn im vergangenen Jahr auf der Elbe unsere Barkassen beschossen werden? Oder ist das keine Aggressivität, wenn Ihr Chef Kriegsminister Schröder (CDU) und Revanchistenminister Hai Uwe von Quassell (gemeint ist Kai Uwe von Hassel) erklärten, dass unsere KRAKE ein Stein des Anstoßes in der Ostsee wäre. Man müsse diese Schiffe mit allen Mitteln bekämpfen und auf den Meeresboden versenken. Ihr ehemaliger Kriegsminister Strauss sagte, dass der Zweite Weltkrieg noch nicht zu Ende sei. Also befinden Sie sich mit uns im Kriegszustand." Schnellboot: „Das ist mir nicht bekannt." MLR: „Was halten Sie von unseren Passgesetzen?" Schnellboot: „Holt sich Ihr Walter Ulbricht seine Instruktionen nicht aus Moskau?" MLR: „Genosse Ulbricht ist schon zu alt, um täglich zum Befehlsempfang nach Moskau zu reisen." Anfrage vom Schnellboot: „Was meinen Sie zu den Ereignissen in Prag, wie beurteilen Sie dort die Situation?" MLR: „In Prag versuchen konterrevolutionäre Elemente mit Unterstützung westdeutscher und amerikanischer Reaktionäre Unruhe zu stiften. Die Lage wird sich zu Ihrem Leidwesen wieder normalisieren". Schnellboot: „Es ist eigentlich schade, dass wir uns nicht normal unterhalten können. Es sieht so aus, als wären Sie vorbereitet und würden alles vom Blatt ablesen." MLR: „Das habe ich nicht nötig. Sie können ja gern längseits und zu mir auf die Brücke kommen, um sich zu überzeugen. Inzwischen haben wir schon eine halbe Stunde Politunterricht durchgeführt. Hoffentlich bekommen Sie dadurch keine Probleme". Auf die wohl eher scherzhaft gemeinte Einladung des MLR-Kommandanten zu einem Besuch an Bord reagierte der Schnellbootskommandant leider nicht. Wäre er tatsächlich der ausgesprochenen Einladung gefolgt, dann hätte das sicherlich eine sehr heikle Situation auf See herauf beschworen mit disziplinarischen Konsequenzen für beide Kommandanten. Womöglich wäre das Anlagemanöver des westdeutschen Schnellbootes durch die DDR propagandistisch als Kapermanöver der Bundesmarine ausgelegt worden. Im Falle eines kaum vorstellbaren Besuches und Gespräches im Angesicht von Kommandant zu Kommandant, wäre das sicherlich das letzte Kommando des MLR-Kommandanten gewesen. Das Schnellboot nahm schließlich Fahrt auf und verabschiedete sich: „Tschüs. Für mich wird es Zeit zur Wachablösung". MLR: „Es wird auch höchste Zeit, dass Sie Ihren Wachpflichten nachkommen."

Nach vier Stunden erschien das westdeutsche Schwesternboot TIGER P 6063 beim Vorpostenschiff MLR 223. Es lief an dessen Backbordseite bis auf wenige Meter heran. Die Besatzung hatte wohl schon Kenntnis von dem außergewöhnlichen Bord-an-Bord-Gespräch ihrer Kameraden mit den Männern von der anderen deutschen Marine. Der Kommandant des MLR schien offensichtlich an diesem Tage bei guter Gesprächslaune zu sein. Er begrüßte die Besatzung des Schnellbootes mit den Worten: „Haben Sie Lust an einem politischen Gespräch, wie Ihr Vorgänger von P 6062? Es kann aber passieren, dass Sie dadurch auf die Abschussliste Ihrer Wühlmäuse kommen!". Der Kommandant des Schnellbootes grüßte, winkte freundlich mit der Mütze und drehte ab, ohne der Einladung zu einem Gespräch zu folgen.

Reaktion und Ansichten der WOLF-Besatzung
Mit Rückkehr in den Heimatstützpunkt Flensburg war die Begegnung mit dem Kriegsschiff von der anderen deutschen Marine Diskussionsthema im Rahmen der staatspolitischen Bildung. Wie die jungen Männer im Alter von 18 bis 22 Jahren des Schnellbootes WOLF, vom MLR-Kommandanten spöttisch als „Oberdecksantilopen" bezeichnet, dieses deutsch-deutsche Rededuell bewerteten, erfuhr ich nach 38 Jahren. Nach Veröffentlichung meines Aufsatzes im „MarineForum" (Heft 1/2-2006) erhielt ich unvermittelt Post vom Kommandant des Schnellbootes WOLF, dem damaligen Kapitänleutnant Hans Jürgen Trautmann. Neben seinen Erinnerungen zu dem Ereignis, stellte er mir in dankenswerter Weise die Niederschriften seiner damals unterstellten Besatzungsangehörigen zur Verfügung. Darin wird deutlich, welche Wirkungen diese wüste Propaganda-Attacke vom Kommandanten des MLR BERLIN 223 gegenüber der Besatzung des Schnellbootes WOLF hatte. Die hier auszugsweise wieder gegebenen Gedanken, sind recht bemerkenswert und aufschlussreich. Sie wirken politisch abgeklärt ohne jegliche Hassgefühle.

Die Männer des Schnellbootes WOLF waren der Auffassung, dass das eher als Monolog zu bewertende Gespräch vermutlich von einem an Bord des MLR anwesenden Politoffizier geführt oder dirigiert wurde. Das war jedoch nicht der Fall. Die Entscheidung ihres Kommandanten bis auf Ruf- bzw. Hörweite an das „SBZ-

Wachboot" heran zu fahren, empfanden die Schnellbootsmänner als mutig und gewagt. Ihr Kommandant wahrte größtmöglichen Respekt vor der Meinung des anderen. „Es war gut, dass unser Kommandant sich der KRAKE näherte und auf das Gespräch einging. In der Marine verbindet uns das gleiche Element - die See. Es besteht ein Zusammengehörigkeitsgefühl. Deshalb müssen wir den Kontakt zu den Menschen mit der anderen Seite pflegen. So kann die Wiedervereinigung beider deutscher Staaten gelingen." Hervorgehoben wurde mehrfach das Unverständnis, dass sich zwei deutsche Schiffe als Gegner feindlich gegenüber stehen. „Auf beiden Schiffen sind deutsche Männer, deren Eltern noch in Frieden zusammen lebten. Die Lösung der Deutschlandfrage kann nur durch beidseitiges Verständnis und ein friedliches Leben nebeneinander gelöst werden. Die DDR müsste aufhören, die entstandenen Streitfragen mit Gewalt und Schikane zu ändern. Wir sprechen doch die gleiche Sprache. Viele von uns haben noch Verwandte in der DDR. Jeder bei uns und drüben glaubt, dass sie die richtige Politik vertreten und die jeweils andere Seite die Falsche."

In der DDR existierte bis Mitte der 80er Jahre die von der SED-Führung vertretende Theorie von zwei verschiedenen deutschen Staaten und zwei verschiedenen deutschen Nationen. Für die Besatzung des Schnellbootes waren die Marinesoldaten der Volksmarine und Bundesmarine junge Menschen einer deutschen Nation. „Während wir durch die Doppelgläser in die Gesichter unserer `Gegner` schauten, die die gleiche Nationalität haben wie wir, ergab sich die Gelegenheit für ein Gespräch: Wir wurden sogar dazu aufgefordert. Jemand auf der anderen Seite hatte den guten Willen und den Mut, sich der Diskussion von Schiff zu Schiff zu stellen. Für ein derartiges Gespräch sei es wichtig, die Ansichten des Anderen nicht zu missachten oder selbst mit provozierenden Worten oder Gedanken zu reagieren. In diesem Fall war anzunehmen, dass der gute Wille zum Meinungsaustausch da war; vielleicht auch das Bestreben, durch aufrichtige Diskussion den jungen Gesichtern auf dem anderen Schiff etwas Einsicht und Sympathie für unsere, die westdeutsche Situation abzuringen. Den Gesichtern sah man an, dass die Generation, der sie angehörten, nicht allzu viel mit uns im Westen im Sinn hatte. Das ideale Ziel wäre es vielleicht gewesen, die jungen von Demagogie und Theorien beeinflussten Männer an Hand von Tatsachen zu überzeugen, zumindest einsichtiger zu machen."

Wie unterschiedlich das Gespräch bewertet wurde, wiederspiegelte sich in folgenden Meinungen: „eine ungewöhnliche, nicht alltägliche jedoch harmlose Begegnung auf See", „Zwischenfall auf See", „ein besonderes interessantes Ereignis im Zusammentreffen mit der anderen Seite", „kleiner Annäherungsversuch", „Gespräch im seltsamen Ton" sowie „Unterbrechung des sonst häufig eintönig verlaufenden Seetörns im Fehmarnbelt". „Die ostzonale Propaganda bekam hier direkt an die Besatzung unseres Bootes gerichtet, unmittelbare Authentizität." „Wir (Schnellbootsbesatzung) wurden Zeuge, wie ehrlich gemeinte Diskussionsbereitschaft und die Erweckung von gegenseitiger Sympathie durch kommunistische Diskussionspraktiken (Verdrehung von Tatsachen, beleidigende Ausdrucksform), politische Phrasen, polemische Anschuldigungen, nichtssagende Worte und aus der Luft gegriffene Behauptungen buchstäblich erstickt wurden." „Anstelle der belehrenden und beleidigenden Äußerungen zur Regierung und Führung der Bundeswehr wären bei einem Gespräch von Soldat zu Soldat, von Koch zu Koch andere Dinge zur Sprache gekommen, z.B. über das Leben im geteilten Deutschland oder die Besoldung". „Das Gespräch zeigt aber auch, wie die Gegenseite uns begegnet, dass eine Form der Annäherung auf diese Art und Weise unmöglich wird, so wie es auch immer wieder aktuell in der Ost-West-Politik beider deutschen Staaten vorkommt."

Das Verhalten und die Ansichten der Besatzung des Schnellbootes widerlegen die in der Volksmarine verbreitete Propaganda über das angeblich „feindliche und revanchistische Denken" sowie unterstellte „kriegsbereite Handeln der Soldaten der Bundesmarine". Die harmlose Begegnung mit dem Schnellboot erfuhr in einem Agitationsmaterial der Poltischen Verwaltung der Volksmarine eine propagandistische Wandlung zum „provokativen und unseemännischen Verhalten des Schnellboot-Kommandanten". Die Gesprächsaufzeichnungen belegen, dass sich das Boot des Gegners gegenüber dem MLR BERLIN keinesfalls als Feind präsentierte. Bereits sechs Jahre zuvor veröffentlichte die Zeitschrift „Flotten-Echo" in ihrer Ausgabe vom 17. April 1962 unter der Rubrik „Die Bundesmarine - Dein Feind" einen Schmähartikel über die Begegnung eines Vorpostenschiffes der Volksmarine mit den „westzonalen" Schnellbooten P 6060, P 6064, P 6059 (mit Foto), P 6066, P 6063 und P 6067. In Anspielung auf den Bootsnamen WOLF (P 6062) titelte der Beitrag mit „Wölfe im Schafspelz". Die westdeutschen Schnellbootsbesatzungen wurden als „Bundesmarinegangster" verleumdet, die zugleich „unsere eingeschworenen Feinde sind". Der Artikel unterstellte den Marinesoldaten „wenn sie könnten, wie sie wollten, so hätten sie, anstatt zu winken auf uns geschossen." Freundliche Gesten („Menschlichkeit") der Besatzungen verkehrten sich in dem Artikel, wie der Wolf im Märchen Rotkäppchen, zu kriegslüsternen Handlungen.

Die bis 1972 hin und wieder praktizierte plumpe Art der Gesprächsführung auf See beeindruckte die andere Seite weniger, als angenommen. Sie entlarvte vielmehr die Geistlosigkeit einiger Offiziere fern jedweder Gepflogenheiten und vernünftiger Kommunikation auf See. In welch geistig armer Verfassung müssen sich jene Offiziere befunden haben, die sich zu solchen politischen Rededuellen hergaben? Im Offizierskorps der Volksmarine bildeten diese wenigen Kommandanten eine Ausnahme. Ihre Aktionen waren peinlich für das Ansehen der gesamten Volksmarine. Sie standen im Widerspruch zum Bild einer solide ausgebildeten und weitgehend intakten Marine und des Dienstes von zehntausenden Männern in verschiedenen Verwendungen an Bord und an Land. Die Soldaten und Offiziere der Bundesmarine, die sich die Agitationssprüche auf See anhörten, weil sie auf ein vernünftiges Gespräch hofften, zogen aus dem Erlebten Schlussfolgerungen über das Denken und Auftreten des gesamten Offizierskorps der Volksmarine. Diese Urteile waren der Kameradschaft auf See nicht förderlich. Sie wirken teilweise noch bis heute in Vorurteilen und Verallgemeinerungen gegenüber den Angehörigen der Volksmarine nach.

MLR Typ KRAKE, hier Nr. 243

Schnellboot WOLF P 6062, Deplacement 180 bis 210t, Besatzung 39 Mann

Marinesoldaten des Schnellbootes WOLF winken auf der Brücke dem MLR der Volksmarine

Flotten-Echo

Redaktionsschluß: 10. April 1962. Chefredakteur: Kapitänleutnant Martin Küster. Postanschrift: Rostock-Warnemünde, Postfach 3902 W. Zeitung erscheint vierzehntägig dienstags. Druckerei des Seehydrographischen Dienstes der DDR. Ag 117/IV/62.

„Die Bundesmarine —
Dein Feind"

Wölfe im Schafspelz

Die Spezialisten für psychologische Kriegführung in der Bonner Armee haben sich einen neuen Trick ausgedacht und die Bundeswehr mit seiner Verwirklichung beauftragt.

Das sieht in der Praxis so aus: An einem Sonntagvormittag umkreisen die westzonalen TS-Boote P 6060 und 6064 ein Schiff der Volksmarine in geringem Abstand. Besatzungsmitglieder der Schnellboote winken und werfen Zeitungen außenbords, und einer der zwei TS-Bootskommandanten ruft durchs Megaphon: „Könnt ihr denn nicht auch mal winken?"

Am Nachmittag laufen die Boote P 6059 und 6066 unser Schiff mit Gefechtskurs an. Beim Passieren winken die Bundesmariner mit Händen und Mützen (bei dieser Gelegenheit wurde das nebenstehende Foto geschossen).

Zwei Tage später umkreisen P 6063 und 6067 unser Schiff, wobei von 6063 gewinkt und folgen- der Spruch abgesetzt wird: „Wünschen guten Morgen, seid doch etwas menschlicher!"

Das sind nur einige Beispiele aus einer ganzen Reihe von Versuchen, unsere Matrosen für dumm zu verkaufen. Wenn die Bundesmarinegangster könnten, wie sie wollten, so hätten sie, anstatt zu winken, auf uns geschossen — genau wie ihre Kumpane vom Bundesgrenzschutz mehrmals das Feuer auf Genossen unserer Grenztruppen eröffneten. So aber machen sie in „Menschlichkeit". Ihr seid doch Deutsche, und unser Franz Josef Strauß ist doch auch Deutscher. Ihr seid doch Seeleute, und unsere Zenker, Gerlach und Kretzschmer sind doch auch Seeleute. Das Rotkäppchen im Märchen hatte doch auch Vertrauen zum guten Wolf!

Wie dumm müssen jene sein, daß sie annehmen, wir würden über ihrem Winken und ihrem Geschwafel von Menschlichkeit auch nur einen Moment vergessen, daß sie unsere eingeschworenen Feinde sind. Für uns gibt es nur eine Antwort:

Gefechtsklar auf allen Stationen!

Foto: Archiv

Zeitungsausschnitt „Wölfe im Schafspelz", Flotten-Echo, 17. April 1962, hier Schnellboot JAGUAR P 6059

Küstenmotorschiff rammt Minenleg- und Räumschiff 222 LEIPZIG östlich vor Fehmarn

Als das MLR LEIPZIG mit der Bord-Nummer 222, Anfang Oktober 1968, zum gewöhnlich eine Woche dauernden Vorposteneinsatz auslief, ahnte keiner an Bord, dass sie bereits in einigen Tagen nahezu als Schrotthaufen vorzeitig in den Marinestützpunkt Warnemünde zurück kehren würde. Die LEIPZIG lag am **5. Oktober 1968** auf der Position 54 Grad 28,8 Minuten Nord und 11 Grad 26,2 Minuten Ost Nahe der Tonne 6c östlich der Insel Fehmarn auf ruhiger See vor Anker. Die Lichter waren in der Nacht vorschriftsmäßig gesetzt. Der im Sternenhimmel hell leuchtende Vollmond glitzerte in der See. Um 1.15 Uhr meldete der Ausguckposten auf dem Signaldeck ein aus Richtung Fehmarnbelt kommendes Seefahrzeug. Es lief Kurs Ost dicht unter der Küste und außerhalb des Seefahrtsweges 1. Nach Passieren des Fehmarnbelts änderte das Fahrzeug seinen Kurs in Richtung Lübecker Bucht. Die fortlaufende Beobachtung der diensthabenden Marinesoldaten ergab, dass sich ein Küstenmotorschiff direkt auf das vor Anker liegende MLR zubewegte. Es näherte sich zusehends der Backbordseite des Kriegsschiffes. Der 1. Wachoffizier (I WO), Oberleutnant zur See Uwe Wolter, ließ jetzt mit dem Bordscheinwerfer einen „langen Blick" in Richtung des Küstenmotorschiffes geben. Parallel signalisierte das MLR akustisch mit dem Bordtyphon „kurz-lang-kurz" („Richard"=Ankerlieger) seine Ankerposition auf See. Der Kapitän des Küstenmotorschiffes muss den Ankerlieger nun wohl bemerkt haben. Das Fahrzeug änderte seinen Kurs nach Steuerbord. Daraufhin stellte das MLR seine wiederholte Signalgebung mit dem Typhon ein. Als sich das Handelsschiff bei einer Peilung Backbord 30 Grad in einem Abstand von nur 70 bis 100 Meter zum MLR LEIPZIG befand, drehte es plötzlich wieder nach Backbord. Es hielt, mit ca. 10 Knoten laufend, jetzt direkt auf das Schiff der Volksmarine zu. Offensichtlich hatte man auf der Brücke des Küstenmotorschiffes wieder den Autopilot eingeschaltet. Diese automatische Anlage zur Schiffssteuerung „ignorierte" das vor Anker liegende Kriegsschiff. Angesichts der jetzt urplötzlich entstandenen Gefahrensituation löste der I WO an Bord des MLR 222 sofort Gefechtsalarm aus. Dadurch gelang es, alle Männer vor der nahenden Kollision, aus den Decks zu holen. Um 1.47 Uhr krachte es gewaltig. Das westdeutsche Küstenmotorschiff JOHANNA CATHARINA rammte das MLR LEIPZIG voll an der Backbordseite.

Der damalige Leitende Ingenieur (LI), Oberleutnant-Ing. Günter Haselow, erinnert sich: „Um 1.20 Uhr legte ich mich in die Koje. Geweckt wurde ich durch das Schrillen der Alarmglocken. Als ich meine Kammertür öffnete, gab es den ersten derben Hieb an der Backbordseite. Mit drei Schritten war ich im Maschinenleitstand. Ich sah meinen Wachleiter und den Pumpengast fragend an. Beide zuckten ahnungslos mit den Schultern. Dann gab es weitere schwere Stöße an der Backbordseite. Wir hörten das Geräusch von berstendem Stahl. Als Leitender Ingenieur des Schiffes brauchte ich umgehend Klarheit, was passiert war. Blitzschnell war ich über den achteren Quergang draußen auf der Backbordseite. Ich sah noch, wie ein Hecklicht an mir vorbei fuhr. Funken von aufeinander reibendem Stahl sprühten in der Nacht umher. Die Bordwand hatte sich erhitzt. Das Schanzkleid war stark beschädigt, die Schwanenhälse der Entlüftungen für Dieselkraftstoffbunker waren umgeknickt bzw. abrasiert. Ich lief ein paar Meter an Oberdeck und stieß mir unvermittelt den Kopf. Im Dunkeln bemerkte ich, dass die Waffennock der Gefechtsstation 10 mächtig herunter gedrückt war. Ich hatte vorerst genug gesehen und begab mich zurück zum Leitstand. Dort waren inzwischen die Gefechtsklarmeldungen aus den Maschinenräumen aufgelaufen. Ich befahl den Männern des Schiffsicherungszuges, den Verschlusszustand Abteilung für Abteilung zu öffnen und jeden Raum in und unter der Wasserlinie auf eventuellen Wassereinbruch zu kontrollieren. Nach wenigen Minuten kam die beruhigende Meldung: `An LI-kein Wassereinbruch, Verschlusszustand wieder hergestellt`. An Oberdeck sah die Lage völlig anders aus. Zusammen mit dem Oberbootsmann, Stabsobermeister Kurt Füldner, habe ich die erkennbaren Schäden an Oberdeck aufgenommen. Der erste Aufprall erfolgte offensichtlich an der Backbordseite des Bugs. Hier waren an den Ankerausrundungen (Schweinsrücken) Teile der Reling weggebrochen und erheblicher Blechschaden entstanden. Die Bordwand hatte am Bug zwei Lecks. Der zweite Aufprall in Höhe des Niedergangs vom Backdeck zum Oberdeck zerquetschte den an Backbord mitgeführten Kutter K-10 samt Ausrüstung. Die Handläufe des Backbord-Niedergangs hatten sich derart verformt, dass sie nicht mehr als solche zu erkennen waren. Beim dritten Rammstoß erwischte es die Waffennock an der Backbordseite inklusive dem Geschütz der 25-mm-Doppellafette. Alles war zusammen gedrückt. Dem Artilleriegast gelang es, sich mit einem beherzten Seitensprung in Sicherheit zu bringen. Der Anker des Küstenmotorschiffes hatte unser Schanzkleid auf etwa 16 Meter Länge regelrecht abrasiert. Auch das Achterdeck wies diverse Beschädigungen an den seitlich angebrachten Räumgeräten auf. Besonders erwischt hatte es den Otter-Kran (Hebezeug) am Heck. Zum Glück führte die Kollision zu keiner Verletzung des Personals. Den größten Schreck hatte wohl der 2. Wachoffizier (II WO) abbekommen. Nach dem Gefechtsalarm wollte er vom Backbord-Niedergang des Oberdecks hoch zum Backdeck auf die Brücke. Genau dort krachte das Küstenmotorschiff hinein. Weil er sich in dem Moment instinktiv in den Seitengang fallen ließ, überlebte er die Katastrophe. Im Maschinenabschnitt (GA V) hatten wir inzwischen alle Bunker und Tanks in den Backbordwallgängen geschlossen. Zusätzlich zu den üblichen Kontrollen wurden die Klaffungen an beiden Wellenanlagen gemessen, um eventuell durch die Ramming entstandene Verformungen bzw. Verschiebungen auszuschließen. Die E-Werke und Maschinenantriebsanlagen funktionierten. Das Schiff war schwimmfähig und bedingt einsatzklar."

Trotz des Schreckens über die urplötzliche nächtliche Schiffskollision auf freier See wirkte der MLR-Kommandant, Kapitänleutnant Peter Prien, in jenen dramatischen Minuten ruhig und gelassen. Um die Situation auf seinem Schiff exakt einschätzen zu können, befahl er den Männern, in allen Abteilungen, Decks, Bordlasten und Räumen sofort Kontrollen durchzuführen. Die durch die Ramming verursachten Schäden hielten sich nach erstem Augenschein zum Glück in Grenzen.

Nach der Kollision mit dem Schiff der Volksmarine lief die JOHANNA CATHARINA trotz des eingeleiteten Stopp-Manövers noch eine Auslaufstrecke von etwa 2,6 Seemeilen. Als schließlich die Fahrt aus dem Schiff war, wendete der Kapitän. Das Küstenmotorschiff hielt dann auf das MLR LEIPZIG zu. Um 2.52 Uhr hatte es sich bis auf Rufweite dem Schiff der Volksmarine angenähert. Der MLR-Kommandant tauschte mit dem westdeutschen Kapitän die Adressen aus. Im Ergebnis des wechselseitigen Informationsaustausches wurden nähere Einzelheiten über das westdeutsche Küstenmotorschiff bekannt. Es handelte sich um ein Schiff mit der Bau-Nummer 527 des Schiffseigners Georg Petersen in Regensburg. Es befand sich seit dem 25. September 1965 auf Fahrt. Das Fahrzeug hatte eine Länge von 60,42 Meter, war 10,03 Meter breit und lag 3,88 Meter tief im Wasser. Die normale Tragfähigkeit (ohne Ladung) betrug 499 BRT. Bei voller Beladung erhöhte sich die gesamte Tragfähigkeit auf 1.068 tdw. Ein Viertakt-Achtzylindermotor des Typs MAK mit 730 PS verlieh dem Schiff eine Höchstgeschwindigkeit von 11 Knoten. Der Kommandant vom MLR LEIPZIG forderte den Kapitän der JOHANNA CATHARINA auf, eine visuelle Schadensbesichtigung an seinem Marinefahrzeug vorzunehmen. Daraufhin ließ der Kapitän des Küstenmotorschiffes die von ihm ramponierte Backbordseite des MLR LEIPZIG Meter für Meter mit einem Scheinwerfer ableuchten. Welche Blessuren das Handelsschiff bei der Kollision davon trug, ist nicht bekannt. Sicherlich gab es dort an der Bordwand nicht nur Lackabschürfungen. Das Angebot für eine gegenseitige Hilfeleistung auf See wurde laut dem Havariebericht beiderseits abgelehnt. Nach der Funkmeldung des Kommandanten über die Kollision auf See an den OP-Dienst in Warnemünde kam von dort der Befehl zur Rückkehr in den Stützpunkt. Gegen sieben Uhr lief das MLR LEIPZIG in den Seekanal von Warnemünde ein. Vor Erstaunen über den vorbeifahrenden Marine-Schrotthaufen ließen einige Angler auf der Ostmole ihre Angeln ins Wasser fallen. Kaum war das MLR an der Pier fest, da setzte in der 4. Flottille das bekannte ´wichtige` Treiben ein. Der Pierabschnitt an dem das MLR lag, wurde abgesperrt. Offiziere des Flottillenstabes begannen mit der Untersuchung des Vorkommnisses auf See. Besonders der LI vom MLR LEIPZIG hatte in den folgenden Tagen viel Arbeit. Nach der detaillierten Schadensaufnahme über alle Beschädigungen an Bord mussten parallel die entsprechenden Instandsetzungsarbeiten für die Werftreparatur eingeleitet werden. Im Oktober verlegte das MLR in die Neptunwerft Rostock. Alle Schäden waren in etwa drei Wochen behoben und das MLR LEIPZIG wieder einsatzklar.

Die Havarie-Verhandlung in Rostock ergab, dass auf dem MLR-Schiff LEIPZIG die gesetzlichen, seemännischen und militärischen Bestimmungen exakt eingehalten und beachtet wurden. Der I WO tat alles Erforderliche, um das Küstenmotorschiff JOHANNA CATHARINA auf das in See vor Anker liegende Kriegsschiff aufmerksam zu machen. Wegen seiner Ankerposition konnte das MLR der Volksmarine kein Ausweichmanöver zur Abwendung der Havarie kurzfristig einleiten. Das Urteil der Havariekommission lautete: „Die Ursachen für das Zustandekommen der Havarie sind einzig und allein in der, der Seestraßenordung widersprechenden Fahrweise des westdeutschen Küstenmotorschiffes und im Verhalten seiner Schiffsführung zu suchen. Dessen Absichten waren für das MLR nicht klar ersichtlich. Die JOHANNA CATHARINA hätte bei einem ordnungsgemäßen Ausguck das vor Anker liegende MLR-Schiff rechtzeitig ausmachen und seinen Kurs entsprechend verändern müssen. Die nach der Signalgebung des MLR durchgeführte Kursänderung des Küstenmotorschiffes nach Steuerbord erfolgte nicht durchgreifend genug."

Das Vorkommnis wurde dem Vertreter des Stabes der Vereinten Streitkräfte des Warschauer Paktes bei der Volksmarine (Verbindungsoffizier zur Baltischen Flotte), Vizeadmiral W. Tschali, gemeldet. Er bezweifelte, dass in der angegebenen kurzen Zeit ein Schiff hinreichend auf Wassereinbrüche untersucht werden kann. An den MLR-Kommandant gerichtet, stellte er die Frage, weshalb der Kapitänleutnant nicht das Ablaufen des westdeutschen Schiffes mit einer Rakete gestoppt hätte. Die verdutzten Gesichter der Offiziere der Volksmarine auf diese Nachfrage sind nicht überliefert. Sollte das ein Scherz oder Übersetzungsfehler gewesen sein? Ganz abgesehen davon, dass das MLR vom Typ KRAKE über keine Raketenbewaffnung verfügte, vertrat der sowjetische Admiral wohl eine andere Auffassung über den Umgang mit dem nicht sofort anhaltenden Havarie-Verursacher gegenüber einem Kriegsschiff.

Minensuch- und Räumschiff VITTE 341 kontra Tender RHEIN A 58 mit Blessuren

Auf den ersten Blick scheint die Rechtslage zur Ramming zwischen den beiden Fahrzeugen der Volksmarine und Bundesmarine im Juli 1972 eindeutig. Im Seegebiet zwischen Arkona und Bornholm operierte ein Flottenverband der Baltischen Flotte, Polnischen Seekriegsflotte und Volksmarine. Die Bundesmarine beobachtete mit ihrem Tender RHEIN A 58 vom 3. Schnellbootsgeschwader in Flensburg das Geschehen auf See. Als sich der Tender immer weiter den Schiffen des übenden Verbandes näherte, erhielten zwei MSR des Typs KONDOR I den Befehl, das westdeutsche Marinefahrzeug abzudrängen. Der Gegner sollte nicht alles mitbekommen. Der aufmerksame Beobachter, der Tender RHEIN, hielt schnurgerade seinen Kurs dicht am Verband des Warschauer Paktes im internationalen Seegebiet. Mit Höchstfahrt staffelten die beiden MSR von achtern an den Tender heran. Das MSR 341 mit dem Städtenamen VITTE näherte sich dem Fahrzeug der Bundesmarine an dessen Steuerbordseite bis auf etwa 80 Meter. Das andere MSR hielt einen Abstand von etwa 200 Meter. Das MSR 341 befand sich laut der internationalen Seestraßenordnung (KVR-72, Nr. 15) in der Vorfahrtposition. Die besagt, wenn sich die Kurse von zwei begegnenden Fahrzeugen kreuzen, ist dasjenige ausweichpflichtig, das den anderen an seiner Steuerbordseite hat. Der Tender RHEIN hatte das MSR VITTE an seiner Steuerbordseite. Der Tender war demzufolge nach dieser Regel ausweich-

243

pflichtig. Als das MSR in einer Distanz von etwa 50 Metern auf gleicher Höhe parallel zum Tender fuhr, ließ der MSR-Kommandant das Ruder auf Backbord legen, wie die Fotos dokumentieren. Damit näherte sich das MSR im spitzen Winkel zusehend dem Tender RHEIN. Der Zusammenstoß schien bei konstant gehaltenen Kursen beider Schiffe vorprogrammiert. Die Annäherung geschah mit der Absicht, den Tender zum Abdrehen nach Backbord zu bewegen bzw. ihn robust abzudrängen. Der MSR-Kommandant beharrte offensichtlich auf sein Vorfahrtsrecht. Die Wettfahrt auf freier See nahm so seinen Lauf. Der RHEIN-Kommandant hielt jedoch Kurs und Geschwindigkeit von 20 Knoten bei. Schneller ging es wohl trotz der 12.600 PS Maschinenleistung nicht mehr. Wie die Körpersprache auf den Fotos belegt, verfolgten die Marinesoldaten an Oberdeck der VITTE in lockerer und interessierter Haltung die Annäherung beider Fahrzeuge. Beide begegneten sich bis auf Rufweite. Es fehlten nur ein paar Meter und man hätte sich an der Reling die Hand reichen können. Eine Grenze oder Mauer gab es auf See zwischen beiden Marineschiffen nicht. Der MSR-Kommandant schaute auf der offenen Brücke genüsslich zum Brückenpersonal des Tenders herüber. Dort schoss der Schiffstechnische Offizier der RHEIN die einmaligen Fotos der Begegnung in Nahdistanz, vielleicht bereits in Vorahnung eines eventuell zu schreibenden Havarieprotokolls.

Die vom MSR-Kommandant auf freier See herbei geführte Annäherung bis auf wenige Meter war nicht nur riskant sondern auch unseemännisch. Was wie eine gemütliche Wettfahrt mit Kaffeekränzchen und Rees an Backbord aussah, entwickelte sich im Minutentakt zu einer bedrohlichen Situation. Der MSR-Kommandant rechnete in Auslegung der KVR-72 mit einem Ausweichmanöver des Tenders RHEIN. Er spekulierte jedoch falsch. Die RHEIN wich nicht aus. Man befand sich auf freier See. Platz war genug für alle da. Der schnurgerade Kurs des westdeutschen Tenders war für Freund und Feind weithin sichtbar. Da keiner der beiden Kommandanten nachgab, krachte es. Das MSR mit einer Wasserverdrängung von 327t traf in Parallelfahrt mit der Seite seiner Backbord-Schanz an die Bordwand des viel größeren Tenders mit 2.740t Wasserverdrängung. Das Fahrzeug der Volksmarine schrammte, wie die Fotos dokumentieren, mit leichter Steuerbord-Schräglage an der 98,2 Meter langen Bordwand des Tenders bis nach Achtern durch. Die Scheuerleiste an Backbord nahm einige Blessuren. Der Schiffbaustahl beider Fahrzeuge widerstand der Ramming mit leichten Beulen. Die RHEIN hatte eine kleine Delle in der Außenwand an Steuerbord achtern. Die Ramming hinterließ deutliche Schrammspuren am grauen Bootslack beider Fahrzeuge. Die VITTE verlor an Fahrt und ließ sich dann nach achtern in die Hecksee des Tenders fallen. Der Leitende Ingenieur nahm an Bord die Schadensmeldungen entgegen.

Das Manöver lief weiter. Der Tender RHEIN behielt seinen Kurs unbeirrt bei. Proteste blieben auf beiden Seiten aus bzw. wurden nicht weiter bekannt. Der MSR-Kommandant schrieb seinen „Kontaktbericht" über die etwas unsanfte Begegnung mit dem Fahrzeug der Bundesmarine. Der Bericht mit dem Vorfall auf See ging an die Abteilung Aufklärung im Kommando der Volksmarine in Rostock. In einer von der Politischen Verwaltung herausgegebenen Dokumentation erfuhr die Episode aus dem deutsch-deutschen Marinealltag auf See eine propagandistische Wandlung. Aus einer Begegnung von zwei deutschen Marinefahrzeugen mit dem gescheiterten Abdrängversuch des MSR wurde „ein seerechtswidriges Verhalten des RHEIN-Kommandanten, der das (erzwungene, Anm. des Verf.) Vorfahrtsrecht des MSR gröblich missachtete".

Welche dienstlichen Konsequenzen diese Ramming für den MSR-Kommandanten hatte, ist nicht bekannt. Im Verlauf meines Marinedienstes erfuhr ich keine Einzelheiten und Hintergründe zu diesem Vorfall. Ich schenkte damals der zeitgeschichtlichen Darstellung und politisch geprägten Sichtweise über das „provokatorische Verhalten des Gegners auf See" Glauben. Andere Informationen als die vom Kommando der Volksmarine und der Politischen Verwaltung hatten wir zu jener Zeit nicht. Vorfälle, die sich in den bilateralen Begegnungen zwischen beiden deutschen Seestreitkräften ereigneten und offensichtlich dem Ansehen der Volksmarine schadeten, wurden nur einem begrenzten Führungskreis bekannt.

Erst 36 Jahre später erhielt ich 2008 im Rahmen einer in der Zeitschrift „MarineForum" geführten Leserdiskussion Post vom damaligen Schiffstechnischen Offizier auf dem Tender RHEIN, Herrn Uwe Dirks. Er schilderte kurz und knapp die längst zurück liegende Episode und stellte auch die sensationellen Fotos zur Verfügung. Sie dokumentieren, wer hier wen in welcher Weise provozierte.

KONDOR I (341) in Parallelfahrt zum Tender RHEIN, Distanz ca. 200 Meter. Hintergrund sowjetisches U-Jagdschiff

Annäherung KONDOR I (341) auf ca. 50 Meter mit Höchstfahrt parallel zum Tender RHEIN

KONDOR I (341) in geringer Distanz (ca. 15-20 Meter) zum Tender RHEIN.

KONDOR I 341 touchiert mit Tender RHEIN. Besatzung bestaunt in Schräglage den Verlauf der Ramming

KONDOR I lässt sich in Hecksee des Tenders abfallen

Minensuch- und Räumschiffe der Volksmarine erweisen Befehlshaber der Flotte militärische Ehre auf See

Am Schluss des NATO-Seemanövers „Botany Bay" verabschiedeten am **25. September 1975** alle teilnehmenden NATO-Schiffe in der Kieler Bucht den auf der Fregatte KARLSRUHE F 223 eingeschifften Befehlshaber der Flotte, Vizeadmiral Paul Hartwig mit einem Steampast in den Ruhestand. Sein Nachfolger, Konteradmiral Hans Helmut Klose, befand sich ebenfalls an Bord der Fregatte KARLSRUHE. Die Zeremonie näherte sich dem Ende. Als das letzte Fahrzeug der Bundesmarine die Fregatte in Richtung Heimatstützpunkt Kiel passierte, brausten aus Richtung Fehmarnbelt sechs Minensuch- und Räumschiffe der Volksmarine des Typs KONDOR II mit Höchstfahrt heran. Die Überraschung war perfekt. Keiner hatte mit dem Blitzbesuch der Fahrzeuge von der anderen deutschen Marine gerechnet und schon gar nicht mit der dann folgenden, einmaligen Aktion auf See. Alle sechs MSR-Schiffe formierten sich in Kiellinie. Zum Erstaunen der Marineführung der Bundesrepublik reihten sie sich am Ende der NATO-Schiffsformation ein. Mit Paradeaufstellung der Besatzungen an Oberdeck und „Front Pfeifen" erwiesen die Marinesoldaten der Volksmarine dem scheidenden Befehlshaber der Flotte die militärische Ehre auf See. So etwas hatte es noch nie gegeben und sollte sich auch nicht wiederholen. Auf Anraten von Konteradmiral Klose wurde dieses, im Verlauf einer Begegnung von beiden deutschen Seestreitkräften einmalige militärische Zeremoniell, aus politischen Gründen von der Fregatte KARLSRUHE nicht erwidert. Damit entschied sich Klose gegen den von seinem Minister 1971 erlassenen Grußbefehl gegenüber den Schiffen der Volksmarine. Vermutlich ignorierte Klose als neuer Befehlshaber bewusst diese kameradschaftliche Geste der Volksmarine. Ein Grund für seine Entscheidung mag vielleicht in der von Seiten der DDR bzw. Volksmarine gegen ihn geführten Verleumdungskampagne gelegen haben. (siehe Kapitel 8). Nach Erinnerung von Reinhard Zoche würdigten jedoch alle Marinesoldaten an Bord der Fregatte KARLSRUHE diese ungewöhnliche und noble Geste der Volksmarine.

„Messboot- Affäre" nördlich Dornbusch

Am **21. März 1978** ereignete sich an Bord des Flottendienstbootes OKER A 53, auch als Messboot bezeichnet, während einer Aufklärungsfahrt in der Ostsee ein medizinischer Notfall, der einzigartige diplomatische Aktivitäten zwischen der Bunderepublik und DDR auslöste. Die OKER lief im Seegebiet nördlich Dornbusch mit 15 Knoten Kurs 260 Grad. Schneeschauer peitschten die See. Immer wieder führte überkommende See zu Vereisungen auf dem Oberdeck. Drei Tage zuvor verabredete der Kommandant, Kapitänleutnant Klaus Peter S., mit seinen Offizieren, einschließlich dem neu an Bord eingesetzten Schiffsarzt, im Rahmen der Rollenausbildung eine Sanitätsübung (MedExe) durchzuführen. Von der Routine abweichend, sollte diesmal der Kommandant ausfallen. Der wachhabende Offizier auf der Brücke bekam von dem Gespräch mit der simulierten Verletzung des Kommandanten nichts mit. Alles sollte an diesem Tag echt aussehen. Der Bordarzt präparierte mit Moulage eine Schädelwunde beim Kommandanten, der dann plötzlich um 9.12 Uhr auf der Position 54 Grad 51,6 Minuten Nord und 13 Grad 8,6 Minuten Ost „stürzte". Klaus Peter S. berichtet über den Gang der Ereignisse: „Der Schiffsarzt wurde auf die Brücke gerufen, wo er schulmäßig die in so einem Fall notwendigen Maßnahmen einleitete. Dabei unterließ er es, den bei Übungen üblichen Zusatz bei der Lautsprecherdurchsage „Zur Übung" zu erwähnen. Auch den auf die Brücke gerufenen IWO klärte er nicht darüber auf, dass es sich um die besprochene Übung handelte. Diese Tatsache behielten die beteiligten Sanitätssoldaten und San-Helfer für sich. Deshalb wurde von der übrigen Besatzung das Ereignis als ernster Unfall angesehen und so, die für diesen Fall notwendigen Maßnahmen wie Mitteilung an das Flottenkommando, Anforderung von Hubschrauber usw. unverzüglich veranlasst." Auch in der an das Flottenkommando in Glücksburg abgesetzten Meldung über das angeblich lebensbedrohliche Krankheitsbild des Kommandanten fehlte der Zusatz „Zur Übung". Diese Unterlassung hatte in kurzer Zeit gravierende Auswirkungen. Verständlicher Weise sorgte die Hiobsbotschaft im Flottenkommando für erhebliches Aufsehen. Der Befehlshaber der Flotte, Vizeadmiral Klose und der Admiralsarzt versuchten, mehr Informationen über den Zustand des Kommandanten der OKER zu erfahren. Der Schiffsarzt bestätigte, dass sich der Kapitänleutnant an Bord eine lebensbedrohliche Schädelverletzung mit schwerem Schädel-Hirn-Trauma zugezogen hatte. Er müsste so schnell wie möglich in einem nächst gelegenen Krankenhaus operiert werden. Das waren in diesem Fall Kliniken in Stralsund oder Rostock und die befanden sich in der DDR. So nahm die Posse ihren dienstlichen Lauf. Nach Schilderung von Klaus Peter S., soll sich Bundeskanzler Helmut Schmidt, der zu einem Truppenbesuch in Rendsburg weilte, direkt mit dem Staatsratsvorsitzenden der DDR, Erich Honecker, in Verbindung gesetzt haben. Beide Regierungschefs vereinbarten, die Notaufnahme des verletzten Marineoffiziers im Stralsunder Bezirkskrankenhaus am Sund. Hier befand sich auch das Lazarett der Volksmarine. Der Transport dorthin sollte per Hubschrauber erfolgen. Nach Ansicht von Klaus Peter S. hätten sich zwei Hubschrauberbesatzungen der Bundeswehr trotz der sehr schlechten Flugbedingungen und entgegen der Nichtfreigabe der Flüge dennoch freiwillig auf den Weg zur OKER gemacht. Offensichtlich bereitete man sich im Flottenkommando parallel auch auf ein eventuelles Einlaufen der OKER in einen DDR-Hafen vor. Wegen des navigatorisch schwierigen und flachen Fahrwassers der Nordansteuerung von Stralsund kämen hier alternativ nur Warnemünde-Rostock oder Saßnitz in Frage. Die Universitätsklinik in Rostock verfügte damals über die besten medizinischen Möglichkeiten, um die Operation durchführen zu können.

Dass ein in der Volksmarine als Spionageschiff klassifiziertes Fahrzeug des Gegners samt seiner geheimen funkelektronischen Ausrüstung jemals in einen Hafen der DDR einlaufen könnte, hielt kein Marinesoldat in Ost und West für möglich. Der Brisanz des im Flottenkommando optional in Erwägung gezogenen Transits der OKER in einen DDR-Hafen war man sich bewusst. Alle Handelnden an Land waren um das Leben des Kapitänleutnants sehr besorgt. Eile schien geboten. Das Flottenkommando setzte sich mit dem Bundesministerium der Verteidigung in Bonn in Verbindung. Vorsorglich nahm man Kontakt zum Ministerium für Nationale Verteidigung der DDR in Strausberg auf. Nach Darstellung des im „MarineForum", Heft 6-2007 veröffentlichten Vortrages von Karsten Uwe S. mit Schilderungen zur „Messboot-Affäre", soll das DDR-Ministerium versichert haben, „dass das Einlaufen (der OKER) völlig problemlos sei und man den verletzten Kommandanten auch umgehend die beste ärztliche Hilfe zukommen lassen werde." Sollte man das als sensitiv eingestufte Geheimmaterial im Falle des Einlaufens der OKER in einen DDR-Hafen vernichten oder nicht? Als schließlich die chirurgische Universitätsklinik in Rostock die Blutgruppe des Mannes anfragen ließ, schien der Höhepunkt der „Affäre" erreicht. Von all dem bekam der ahnungslose „Patient" nichts mit. Inzwischen „kamen dem Schiffsarzt selbst Zweifel an der Fortführung der Übung. Das Missverständnis wurde im Gespräch mit dem IWO aufgeklärt. Dem auf dem Achterdeck für den Hubschraubertransport vorbereiteten Kommandanten schien seine Rolle als Patient nun lange genug durchgehalten", soweit die Schilderung von Klaus Peter S.

Die MedExe mit dem simulierten medizinischen Notfall war beendet. Im direkten A3-Funkgespräch mit dem A3 im Flottenkommando Glücksburg erklärte der Kommandant die Situation. Die angelaufene Operation der Bergungskräfte wurde abgebrochen, ebenso der Einsatz des Messbootes. Die OKER erhielt Befehl, umgehend nach Flensburg zurück zu kehren. Die Übung hatte wohl das vertretbare Maß bei weitem überschritten. Jetzt oblag es den involvierten politischen und militärischen Führungsebenen, das in Gang gesetzte Hilfsszenario diplomatisch wieder zurück zufahren und sich bei der DDR für die nicht mehr benötigte Unterstützung freundlich zu bedanken. Wie mir der damalige OKER-Kommandant mitteilte, wäre der IWO „unter keinen Umständen in einen DDR-Hafen eingelaufen". Flottenchef Klose löste den Kapitänleutnant Klaus Peter S. als Kommandant ab und nahm ihn so aus der Schusslinie. Der Vorgang selbst ist als Ausbildungspanne mit weitreichenden Folgen anzusehen.

Ich war zu jener Zeit Kapitänleutnant im Stab der 4. Flottille in Warnemünde und habe von dem Vorfall erst 29 Jahre später Kenntnis erhalten. Ich hätte es mir damals nicht nehmen lassen, das Messboot der Bundesmarine einmal aus der Nähe zu betrachten, wenn es denn die Absperrmaßnahmen überhaupt zuließen.

Bundesmarine grüßt SED-Politbüro auf See, Volksmarine grüßt zurück

Während einer Demonstration der Waffentechnik der Volksmarine und NVA-Luftstreitkräfte mit Gefechtsvorführungen auf See für das SED-Politbüro, dem Verteidigungsminister und weiteren DDR-Ministern sowie einigen Ersten Sekretären von SED Bezirksleitungen kam es am **20. Mai 1982** zur Begegnung mit dem Tender MAIN A 63 der Bundesmarine. Die „führenden Genossen" schifften sich im Marinestützpunkt der 4. Flottille auf der Hohen Düne zur „Weiterbildung auf See" auf die beiden Küstenschutzschiffe (KSS) ROSTOCK und BERLIN vom Typ KONI ein. Zur Einkleidung erhielt jeder Gast eine nagelneue graue kunstlederne Kommandantenjacke. An Bord war nahezu alles vertreten, was zu jener Zeit in der DDR Rang und Namen hatte: Verteidigungsminister Heinz Hoffmann und der Chef des NVA-Hauptstabes Heinz Kessler, MfS-Chef Erich Mielke, Sigfried Herrmann, Günter Kleiber, Herbert Krolikowski, Günter Schabowski, Gerhard Schürer usw. Eigentlich wollte auch die „Nummer 1" Erich Honecker zur Marineshow auf der Ostsee kommen. Er sagte jedoch wegen dringenden Terminen in Berlin kurzfristig ab. So lief die Premiere der Aktion mit dem Codenamen „Meilenstein I" ohne ihn. Dafür kam die „First Lady", Margot Honecker, als Minister für Volksbildung an Bord. Begleitet von Sicherungsfahrzeugen stachen die beiden KSS in See. Sie nahmen Kurs in Richtung der Küste Rügen.

Irgendwie hatte das Flottenkommando der Bundesmarine Kenntnis von dieser gigantischen Marine-Show erlangt. Sie schickte ihren Tender MAIN zur Aufklärung und Beobachtung ins Seegebiet zwischen Warnemünde und Rügen. Als der Tender vom 5. Schnellbootgeschwader in Olpenitz dort aufkreuzte, wurde er zunächst von MIG-Jagdflugzeugen im Niedrigflug „begrüßt". Einen Scheinangriff vortäuschend, donnerten die NVA-MIG`s in Nahdistanz über die MAIN hinweg. Derartige provokatorische An- und Überflüge auf See hatten bisher nur die Schiffsbesatzungen der Volksmarine durch Kampfjets der Bundesmarine erlebt. Die MIG-Piloten meldeten ihrer Leitstelle die Verletzung der DDR-Territorialgewässer durch ein Kriegsschiff der Bundesrepublik. Diese Information hatte durchschlagende Wirkung. Sie entsprach jedoch nicht den Tatsachen. Die Schiffsführung der MAIN war sich nach mehrmaliger Standortüberprüfung sicher, dass ihr Fahrzeug in internationalen Gewässern operierte und meldete das dem Flottenkommando. Dennoch wurde die vermeintliche Verletzung der Territorialgewässer der DDR durch ein Kriegsschiff der Bundesmarine von der Nachrichtenagentur ADN verbreitet und von Radiostationen gesendet. Auch Sender der BRD strahlten diese Meldung aus.

Es dauerte nicht lange, als zwei MSR vom Typ KONDOR II versuchten, den Tender in die Zange nehmend, abzudrängen. Alle Versuche scheiterten jedoch an der umsichtigen Fahrweise des Kommandanten der MAIN. Der Tender der Bundesmarine näherte sich den beiden KSS bis er sich schließlich querab zum KSS ROSTOCK befand. Der Kommandant auf der MAIN hatte die im Mast der ROSTOCK wehende Flagge des Ministers für Nationale Verteidigung ausgemacht. Er leitete das Grußzeremoniell ein, mit „Front Pfeifen" und Blick nach Steuerbord. Die Kommandanten der ROSTOCK und BERLIN erwiderten akkurat mit seemännischem Gruß und „Front Pfeifen" nach Backbord. Zum Schluss der traditionell auf See üblichen militärischen Zeremonie schrillten aus den Signalpfeifen drüben wie hüben die Abpfiffe des Gruß-Manövers. Die Annäherung der MAIN verfolgten die Genossen mit Argwohn. Sie konnten hier auf der Hohen See nichts dagegen tun, als sich schleunigst unter Deck zu begeben. Als dann der „Gegner" abdrehte und auf Distanz zu den

Schiffen der Volksmarine ging, tauchten die führenden Genossen an Oberdeck wieder auf. Sie hatten wohl zum ersten Mal direkten „Feindkontakt" auf See erlebt, der für die Schiffsbesatzungen der Volksmarine nahezu alltäglich war. Für die Männer der KSS-Besatzung muss es wohl ein komisches Gefühl gewesen sein, ihren Minister und die DDR-Führung so erlebt zu haben. Die beiden KSS liefen weiter ins Seegebiet nordöstlich vor Rügen. Dort boten die Blauen Jungs den Ehrengästen an Bord Höchstleistungen in See. Alle Typkräfte der Volksmarine zeigten trotz knappem Stundenlimit für die Antriebsmaschinen ihr Können in diversen Gefechtsvorführungen auf See. Raketen- und Torpedoschnellboote, Minensuch- und Räumschiffe, U-Bootabwehrschiffe, Landungsschiffe, Marinehubschrauber, ja selbst von kleinen Schnellbooten abspringende Kampfschwimmer demonstrierten den Einsatz von verschiedener Waffentechnik auf See. Die Kommandanten nutzten die Vorführungen zur Seeausbildung ihrer Besatzungen.

Nach Erinnerung von Reinhard Grass, der an Bord des Tenders MAIN als Ortungs-Offizier fuhr, soll Honecker jedoch an Bord gewesen sein und die Front sogar durch Gruß erwidert haben. Da jedoch alle DDR-Oberen an Bord der beiden KSS Kommandantenmäntel trugen, war es in der Distanz kaum möglich, sie als Zivilpersonen identifizieren zu können. Auf der MAIN will man außerdem beobachtet haben, wie sich die Genossen während des seemännischen Grußrituals von ihren an Oberdeck aufgestellten Armlehnstühlen erhoben haben. Ein Marinejournalist der Volksmarine, der gewöhnlich die Führungselite der DDR und NVA an Bord für die Berichterstattung in der Presse begleitete, kann die Anwesenheit Honeckers auf dieser Fahrt am 20. Mai 1982 nicht bestätigen. Er äußerte sich dazu im „MarineForum" (Heft 11-2006). Angeblich soll zu dieser Honecker-Episode auf See Filmmaterial im Bundesarchiv-Militärarchiv existieren. Diese Archivdokumente blieben dem Autor für seine Recherchen verschlossen. Ereignisse aus der Geschichte der Bundesmarine unterliegen u.a. einer 30jährigen Sperrfrist. Im Gegensatz dazu sind die archivierten Dokumente über die Seestreitkräfte der DDR, vom ersten (28. Februar 1950) bis letzten Tag (2. Oktober 1990) für Jedermann von „A bis Z" einsichtig.

Die jeweils in den Sommermonaten für Margot und Erich Honecker sowie den Genossen des SED-Politbüros veranstalteten Marine-Shows auf See fanden am 24.Juli 1984 und 23. Juli 1985 mit „Meilenstein II und III" ihre Wiederholung. Sie gehörten mittlerweile zu einer Art Urlaubsprogramm für die „Nummer 1 der DDR", an dem auch einmal Enkelsohn Roberto teilnehmen durfte. Dem Politstellvertreter der KSS-Abteilung fiel dabei die Aufgabe zu, sich um den achtjährigen Knaben an Bord zu kümmern. Auf der am 24. Juli 1984 für Erich Honecker, Heinz Hoffman und Günter Mittag veranstalteten Marine-Show auf See begaben sich die Genossen in Saßnitz an Bord des KSS BERLIN. Von dort ging es hinaus auf Hohe See, wo die Volksmarine diverse Gefechtsvorführungen für die drei Herren zelebrierte.

Geheimnisvolle Unterwasserkontakte, unbekannte U-Boote in DDR-Territorialgewässer

Am **11. Juli 1983** ortete das Minensuch- und Räumschiff G 444 vom Typ KONDOR I der 6. GBK um 17.30 Uhr im Seegebiet nördlich vor Kühlungsborn ein unbekanntes Fahrzeug. Um es zu identifizieren, fuhr das Grenzerschiff näher heran. Das Ziel, dass sich in den DDR-Territorialgewässern befand, tauchte bei der Annäherung sofort ab. Bis 22.43 Uhr konnten die Hydroakustiker an Bord des MSR den Unterwasserkontakt zum „U-Boot" halten. Es bewegte sich langsam mit Westkurs in Richtung Wismar. Kurz nachdem der Stab der 6. GBK zwei U-Jagdschiffe der Volksmarine zur Unterstützung anforderte, ging der Kontakt zum Unterwasserziel verloren. Was für ein Fahrzeug mit welcher Absicht tatsächlich unter Wasser in den DDR-Territorialgewässern fuhr, blieb bis heute ein Geheimnis. Wegen der geringen Wassertiefe von ca. 15 bis 20 Meter ist es unwahrscheinlich, dass es sich um ein U-Boot der Bundesmarine handelte. Erst in den 90er Jahren wurde bekannt, dass Unterwasserskipper der BRD in der Zeit des Kalten Krieges mit Klein U-Booten in die DDR-Territorialgewässer eindrangen, ohne entdeckt zu werden. Angeblich schleusten sie an der Küste Personen aus der DDR heraus bzw. auch welche hinein.

Am **31. August 1981** ortete der Hydroakustiker auf dem Grenzer-MSR G 423 nördlich der Landspitze Großklützhöved ein Unterwasserziel, vermutlich ein U-Boot. Es fuhr mit etwa 6 Knoten und Kurs 270 Grad West. Nach der Peilung des Schiffes der 6. GBK befand sich das Fahrzeug etwa 1,3 Kilometer tief in den DDR-Territorialgewässern. Die Geräusche der von den E-Motoren angetriebenen Schiffsschrauben waren von den Hydroakustikern an Bord des Grenzerschiffes gut zu hören. Der Kontakt zum U-Boot konnte von 20.10 Uhr bis 20.52 Uhr gehalten werden. In dieser Zeit dachten sich Offiziere im Stab der 6. GBK verschiedene Szenarien aus, um das Unterwasserziel zum Auftauchen zu veranlassen. Erwogen wurde der Einsatz von Wasserbomben, Handgranaten oder Signalmunition. Da der Kontakt zum U-Boot verloren ging, blieb der ins Kalkül gezogene Waffeneinsatz aus. Wen der Hydroakustiker tatsächlich akustisch am Haken hatte, blieb um Dunkeln.

U 26 kollidiert mit MS VÖLKERFREUNDSCHAFT im Fehmarnbelt

Das FDGB-Urlauberschiff VÖLKERFREUNDSCHAFT befand sich, aus der Karibik kommend, auf der Heimreise nach Rostock-Warnemünde. Der DDR-Kreuzliner passierte am 21. Januar 1983 den Großen Belt und steuerte dann auf dem Schifffahrtsweg 1 mit Kurs Ost. Gegen 7 Uhr befand sich das Fahrzeug nahe dem Feuerschiff Fehmarnbelt. In der mittleren Ostsee herrschte Westwind der Stärke acht und schwere See. Die Sicht betrug fünf bis acht Seemeilen. Am Westausgang des Fehmarnbelts erreichte die Wellenhöhe 2,5 Meter. Die mittlere Wellenlänge lag bei 25 bis 36 Meter. Auf der Kommandobrücke des Kreuzfahrtschiffes bemerkte der Wachleiter an diesem Morgen, dass sich auf See ein kleines weißes Licht mit etwa 10 Knoten bedrohlich näherte. Bald darauf erkannte der Ausguck in der Backbord-

Brückennock auch ein grünes Licht. Das bedeutete, das andere Fahrzeug zeigte seine Steuerbordseite. Es befand sich auf Kollisionskurs und kreuzte offensichtlich den Schifffahrtsweg. Nach der Lichterordnung zu urteilen glaubte man, ein kurskreuzendes Fahrzeug von Backbord nach Steuerbord vor sich zu haben. Das Echo des Schiffsradars zeigte nichts an. Vielleicht handelte es sich um einen kleinen Fischkutter, der unbeirrt seinen Kurs zog. Es wäre nicht das erste Mal, dass die Fischer auf ihren Booten das Steuerrad anbinden, um kurzzeitig einer anderen Beschäftigung nachzugehen. Da die Lichter des entgegenkommenden Fahrzeuges nach keiner Seite auswanderten, bestand Kollisionsgefahr. Die VÖLKERFREUNDSCHAFT änderte ihren Kurs mit Ruderlage hart Steuerbord, um nach rechts fahrend auszuweichen. Außerdem signalisierte das Urlauberschiff mit fünf kurzen Tönen als kombiniertes Schall- und Lichtsignal dem Entgegenkommenden seine Position. Dessen Kursverhalten veränderte sich nicht. Weshalb es das wie ein Weihnachtsbaum erleuchtete 171 Meter lange Passagierschiff weder sah noch auf dessen Zeichen reagierte, blieb den Männern auf der Kommandobrücke ein Rätsel. Als sich die Distanz bis auf etwa 200 Meter verringerte, erkannte die Brückenwache im Morgenlicht, dass ihnen ein U-Boot in Überwasserfahrt entgegen kam.

U 26 vom I. U-Bootgeschwader der Bundesmarine befand sich auf dem Rückmarsch von der Tauchausbildung östlich der Insel Bornholm. Das Boot der Klasse 206 mit der Bord-Nummer S 175 lief im aufgetauchten Zustand gegen 7 Uhr mit 10 Knoten und Kurs 286 Grad an der äußeren rechten Seite des Kiel-Ostsee-Weges. Es gehörte zur Klasse 206 und hatte ein Deplacement von 450t bei Überwasserfahrt sowie von 500t in Unterwasserfahrt. Wegen der ständig überkommenden See konnte die Turmbesatzung nichts sehen. Das Boot wurde von der Zentrale im Innern gesteuert. Beide Sehrohre waren angeblich besetzt. Um nicht von Fahrzeugen des Warschauer Paktes geortet zu werden, blieb das Radargerät abgeschaltet. Dies sollte sich als ein folgenschwerer Fehler erweisen. Um 7.05 Uhr änderte S 175 seinen Kurs auf 266 Grad. Es schwenkte auf den Kurs der VÖLKERFREUNDSCHAFT ein, ohne den Kreuzliner auf See zunächst zu bemerken. Um 7.12 Uhr meldete die Seewache dem Kommandant von U 26, Kapitänleutnant Dirk U. „Schiff auf Kollisionskurs, Abstand 80-100 Meter". Eine Minute später krachte es. Das U-Boot prallte an die Backbordseite des Urlauberschiffes. Es kam parallel zur VÖLKERFREUND- SCHAFT in etwa zwei Meter Abstand zum Liegen. Kapitän Gerhard Thiemann ging sofort auf Stopp. Er versuchte, mit Ruderlage hart Backbord vom U-Boot weg zu kanten. Das schrammte achteraus an der Bordwand des Urlauberschiffes durch, bis es schließlich mit seinem Turm gegen das Heck der VÖLKERFREUNDSCHAFT schlug. Der Kommandant von U 26 informierte per Funk, dass er erhebliche Beschädigungen an der Turmsektion habe. Sein Boot sei jedoch weiterhin manövrierfähig und benötige keine Hilfe.

Auf der VÖLKERFREUNDSCHAFT kontrollierte die Besatzung sofort das Achterschiff, Bilgen und Tanks. Es konnten keine größeren Beschädigungen festgestellt werden. Nach wechselseitiger Verständigung zwischen dem U-Boot-

Kommandanten und Kapitän der VÖLKERFREUNDSCHAFT setzten beide Fahrzeuge ihre Fahrt fort. In Warnemünde untersuchte ein Taucher den Unterwasserbereich am Heck des Urlauberschiffs. Drei Flügelspitzen des Backbordpropellers waren beschädigt. Da das Schiff planmäßig ab 27. Januar zur Werftliegezeit ins Dock kommen sollte, wurde der Propeller bei dieser Gelegenheit gleich ausgewechselt, Kosten 250.000 Mark. Auf U 26 soll der Schaden etwa zwei Millionen Mark betragen haben.

Auf der Kieler Gerichtsverhandlung gestand der Kommandant, ein junger 32 jähriger Kapitänleutnant: „Es war ein Fehler, ohne eingeschaltetem Radar zu fahren." S 175 fuhr völlig blind im aufgetauchten Zustand auf einem Hauptschifffahrtsweg. Außerdem habe nach Ansicht des Kommandanten der diensthabende II. Wachoffizier das Ausweichmanöver zu spät und viel zu schwach eingeleitet. Er hätte sofort das Manöver des letzten Augenblicks fahren müssen. Der Kapitänleutnant erklärte vor dem Kieler Gericht, dass die Wache des U-Bootes das andere Fahrzeug mindestens 30 Minuten zuvor gesehen und gemeldet haben müsste. Wäre die Meldung über die Annäherung ein paar Sekunden eher gekommen, hätte die Kollision vermieden werden können. Die Staatsanwaltschaft und das Kieler Gericht sprachen den Kommandant der Pflichtverletzung und Gefährdung des Schiffsverkehrs für schuldig. Laut einer Vorschrift der Bundesmarine haben U-Boote in Überwasserfahrt zusätzlich ein Signallicht, ein gelbes funkelndes Rundumlicht, zu führen. Dieses Licht musste eine Mindesttragweite von drei Seemeilen haben.

Die Seekammer in Rostock, die ebenfalls die Kollision auf See untersuchte, gelangte zu der Auffassung: „Das aufgetaucht fahrende U-Boot S 175 der Bundesmarine war gegenüber dem MS VÖLKERFREUNDSCHAFT ausweichpflichtig. Ursache der Kollision war das Verhalten von U 26 (Bord-Nr. S 175, Anm. d. Verfassers), das nicht gemäß den Schifffahrtsregeln auf See handelte. Nach der Kollision kamen beide Fahrzeuge ihrer Kundgebungs- und Beistandspflicht nach."

Minensuch- und Räumschiff STRASBURG kollidiert mit Flottendienstboot OKER in Gdansker Bucht

U-Bootabwehrschiffe (UAW) sowie Minensuch- und Räumschiffe (MSR) der Volksmarine absolvierten auf freier See nördlich der Gdansker Bucht am **24. Juli 1983** eine U-Jagd-Übung mit einem U-Boot der Baltischen Flotte. Das Flottendienstboot OKER A 53 der Bundesmarine, auch als Messboot bezeichnet, hatte die Aufgabe, die Handlungen der Seestreitkräfte des Warschauer Paktes aufzuklären. Dabei kam die OKER dem übenden Schiffsverband des Warschauer Paktes sehr nahe. Die Schiffe STRASBURG (MSR) und PERLEBERG (UAW) erhielten Befehl, das Flottendienstboot OKER von den am Manöver beteiligten Fahrzeugen mit dem getauchten U-Boot abzudrängen. Gegenüber dem Fahrzeug der Bundemarine, das die Übung aufmerksam verfolgte, setzten beide Fahrzeuge der Volksmarine die gut sichtbaren Flaggensignale „MY- 6", „NE- 4" und „MH-270". Das hieß: „Es ist gefährlich, nahe an mein Fahrzeug heran zukommen"; „Fahren Sie vorsichtig, halten

Sie sich aus dem Schussbereich" sowie „Ändern Sie Ihren Kurs auf 270 Grad". Der Kommandant der OKER ignorierte diese Signale. Er ließ sich nicht abdrängen. Die OKER versuchte, mit 12 Knoten und Kurs 35 Grad schnurgerade laufend, näher an den Verband heran zu kommen. Es hatte die beiden Fahrzeuge der Volksmarine an seiner Steuerbordseite. Gemäß der internationalen Regel 15 zur Verhütung von Zusammenstößen auf See (KVR-72) wäre die OKER als ausweichpflichtiges Schiff veranlasst gewesen, dem an seiner Steuerbordseite befindlichen Fahrzeug (MSR STRASBURG) bei kreuzenden Kursen auszuweichen. Um die Gefahr einer Kollision nicht aufkommen zu lassen, hatte der Kommandant der OKER nach Regel 16 KVR-72 frühzeitig und durchgreifend zu handeln, um sich klar zu halten. Der Abstand der OKER zum getauchten U-Boot verringerte sich auf etwa 1 Seemeile. Das entspricht exakt 1.852 Meter. Wegen dieser geringen Distanz drohte der Abbruch der Übung. Die STRASBURG versuchte daher mehrmals die OKER auf freier See vom übenden Verband nach Backbord abzudrängen. Beim sechsten Anlauf der STRASBURG kam es dann fast zu einer Kollision mit der OKER. Die STRASBURG lief mit Kurs 21 Grad und einer Geschwindigkeit von 9 Knoten. Die Distanz zur OKER betrug um 17.52 Uhr bei einem querab Kurswinkel (qK) = 25 Grad Steuerbord 130 Meter. 30 Sekunden später betrug die Distanz nur noch 30 Meter bei qK= 15 Grad Steuerbord. Beide Schiffe behielten Kurs und Geschwindigkeit bei. Die Gefahr erkennend und womöglich in Vorahnung der Ereignisse ließ der Kommandant der OKER den Steuerbord-Anker um einige Meter fieren. Vielleicht wollte er auch damit bekräftigen, dass er nicht daran denke, seinen schnurgeraden Kurs auf freier See zu ändern. Bei einer eventuellen Ramming mit dem MSR würde der Anker etwas Eigenschutz bieten. Beide Schiffe fuhren unbeirrt ihre Kurse weiter. Als bei qK= 5 Grad Steuerbord die Distanz nur noch 10 Meter betrug, fuhr der MSR-Kommandant um 17.53.50 Uhr mit höchster Fahrtstufe und Ruder Backbord 20 Grad das Manöver des letzten Augenblicks. Dadurch konnte die Kollision mit der OKER vermieden werden. Mit Anker-Schrammen am Schanzkleid und an den Räumgeräten achtern rauschte die STRASBURG gerade noch am Vorsteven der OKER vorbei. Das UAW-Schiff PERLEBERG dokumentierte dieses Manöver mit einigen Fotos. Diese kamen in einem Aufsatz im Marineheft „Ausbilder" (Heft 2-1984) zur Veröffentlichung. Darin widerlegte der Navigationsoffizier der 4. Flottille, Fregattenkapitän Dieter S., die seitens der Bundesmarine unterstellte Schuld des MSR-Kommandanten an der Ramming mit der OKER. Die internationale Regel zur Verhütung von Zusammenstößen auf See (KVR-72) Nr. 15 besagt: „Wenn die Kurse von zwei Maschinenfahrzeugen einander so kreuzen, dass die Gefahr einer Kollision besteht, muss dasjenige ausweichen, welches das andere an seiner Steuerbordseite hat". Als Kurs haltepflichtiges Schiff hatte sich der MSR-Kommandant darauf verlassen, dass die OKER als ausweichpflichtiges Schiff die Regel 15 und 16 KVR befolgt. Nach Ansicht des Marineoffiziers der 4. Flottille verstieß der OKER-Kommandant auch gegen die Regel 8 der KVR-72. Darin heißt es u.a.:

a)   Jedes Manöver zur Vermeidung einer Kollision muss, wenn es die Umstände zulassen, entschlossen, rechtzeitig und so ausgeführt werden, wie gute Seemannschaft es erfordert.

b) Eine Änderung des Kurses und/ oder der Geschwindigkeit zur Vermeidung einer Kollision muss, wenn es die Umstände zulassen, so groß sein, dass ein anderes Fahrzeug sie optisch oder durch Radar schnell erkennen kann.

c) Ist genügend Seeraum vorhanden, kann allein eine Kursänderung die wirksamste Maßnahme zum Meiden einer Nahbereichssituation sein, vorausgesetzt, dass sie rechtzeitig vorgenommen wird.

d) Manöver zur Vermeidung einer Kollision mit einem anderen Fahrzeug müssen zu einem sicheren Passierabstand führen.

e) Um eine Kollision zu vermeiden oder mehr Zeit zur Einschätzung der Situation zu gewinnen, muss ein Fahrzeug erforderlichenfalls seine Geschwindigkeit vermindern oder durch Stoppen oder Rückwärtsgehen der Antriebsanlage jegliche Vorausfahrt wegnehmen.

Nach Ansicht des Navigationsoffiziers der 4. Flottille handelte der Kommandant der STRASBURG entsprechend den Regeln der KVR-72. Er wendete eine Kollision mit größerem Schaden ab. Sein Verhalten entsprach der Regel 17 der KVR-72. Diese besagt:

a) Muss von zwei Fahrzeugen eines ausweichen, muss das andere Kurs und Geschwindigkeit beibehalten (kurshaltepflichtiges Fahrzeug). Das kurshaltepflichtige Fahrzeug darf jedoch zur Vermeidung einer Kollision selbst manövrieren, sobald klar wird, dass das ausweichpflichtige Fahrzeug nicht geeignete Maßnahmen in Übereinstimmung mit diesen Regeln (15, 16 und 8) ergreift.

b) Ist das kurshaltepflichtige Fahrzeug aus irgendeinem Grund dem ausweichpflichtigen Fahrzeug so nahe gekommen, dass eine Kollision durch das Manöver des ausweichpflichtigen Fahrzeuges allein nicht vermieden werden kann, muss das kurshaltepflichtige Fahrzeug so manövrieren, wie es zur Vermeidung einer Kollision am dienlichsten ist.

In Übereinstimmung mit dieser Darstellung bewertete die ADN-Meldung vom 26. Juli 1983 im „Neuen Deutschland" den Vorfall als „provokatorisches Verhalten eines Schiffes der Seestreitkräfte der BRD". Der Presse-Sprecher im Flottenkommando der Bundesmarine konterte mit der Erklärung: „Beim Zusammenstoß habe es sich um seemännisches Fehlverhalten des Kommandanten des DDR-Schiffes gehandelt. Es gäbe keine Veranlassung, das Verhalten des erfahrenen Kommandanten der OKER zu beanstanden. Im Rahmen ihrer Friedensaufklärung in der östlichen Ostsee beobachtete die OKER die DDR-Fahrzeuge. Dabei habe ein DDR-Minensuchboot versucht, die OKER abzudrängen. Der Kommandant der OKER habe unverändert Kurs und Geschwindigkeit gehalten. Das DDR-Schiff habe das

Manöver beim 3. Mal offensichtlich zu knapp angefahren und sei an den Anker der OKER gestoßen". Das Verteidigungsministerium in Bonn ließ erklären: „Das Flottendienstboot OKER habe im erlaubten 4 km-Abstand die Übung der Warschauer Pakt-Marine beobachtet und sei keineswegs auf die STRASBURG zugefahren."

Damit unterstellte das Flottenkommando dem Kommandanten des MSR STRASBURG unseemännisches Verhalten. Dem Kommandanten der OKER wurde ein untadliges Verhalten bescheinigt. Dem angeblichen vier Kilometer-Abstand, was umgerechnet 2,16 Seemeilen entspricht, stand die Aussage seitens der Volksmarine entgegen. Danach näherte sich die OKER dem in Unterwasserfahrt befindlichen U-Boot des Verbandes bis auf eine Seemeile (=1,852 Kilometer).

Neben den unterschiedlichen Distanzangaben zum U-Boot stehen bis heute zu dem Ereignis Aussage gegen Aussage. Ein Informationsaustausch zwischen dem Flottenkommando der Bundesmarine und Kommando der Volksmarine fand nie statt. Der Seekartenausschnitt mit den Kursen und Distanzen beider Fahrzeuge dokumentiert im Minuten- bzw. Sekundentakt den Verlauf der Annäherung bis zum Manöver des letzten Augenblicks. Obwohl im Vorfahrtsrecht, hätte der MSR-Kommandant die Annäherung durch die zunehmend bedrohliche Situation abbrechen müssen. Obwohl ausweichpflichtig, behielt der OKER-Kommandant seinen schnurgeraden Kurs und die Geschwindigkeit bei. Er leitete kein Ausweichmanöver ein. Der Leitspruch dieser Episode mit der „unsanften Berührung" sollte rückblickend besser lauten: „Der Klügere gibt nach!"

In einer Leserdiskussion der Zeitschrift „MarineForum" (Heft 6-2006) schilderte der OKER-Besatzungsangehörige Olaf H. nach 23 Jahren, dass die STRASBURG mehrmals in sehr knapper Distanz von Steuerbord kommend auf die OKER aufgelaufen sei, um sie abzudrängen, dann jedoch abdrehte. Beim dritten Anlauf, wieder an Steuerbord, kam es fast zur Kollision. Das MSR STRASBURG touchierte mit seiner Backbordseite den Anker der OKER. Dessen Kommandant hatte in Auslegung Regel 8 der KVR-72 (Vermeidung einer Kollision) seinen Anker zum Selbstschutz an der Steuerbordseite etwas abgefiert.

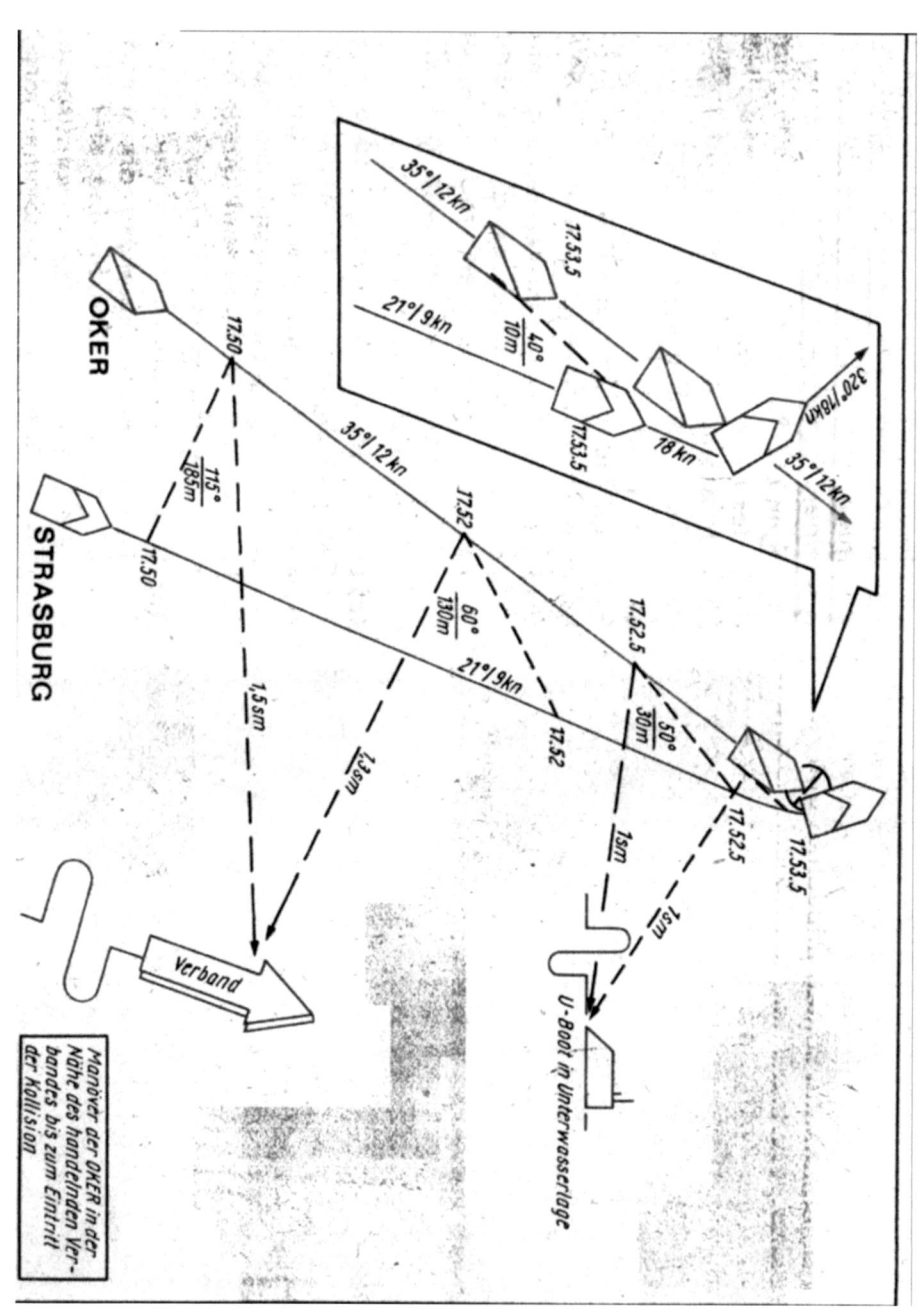

Kurse, Distanzen und Uhrzeit der OKER (blau) und STRASBURG (rot)

KONDOR II *mit Manöver des letzten Augenblicks: Fahrtstufe 10 (schwarze Abgase), Ruder Backbord 20 Grad, vor dem Bug der* OKER *mit gefiertem Anker an Steuerbord*

Honecker mit Greenpeaceschiff SIRIUS auf Konfrontationskurs

Am 6. August 1984 plante die Umweltorganisation „Greenpeace" im Rahmen ihrer weltweiten Protestaktion gegen Atomwaffentests mit einem Schiff in eine Hafenstadt an der DDR-Küste einzulaufen. Angesichts der bestehenden Umweltprobleme im Land und wegen der mit der Aktion verbundenen Meinungsfreiheit war das für die DDR-Führung unvorstellbar. Als die SED-Führung von der Absicht der Umweltorganisation Kenntnis erhielt, befahl der Minister für Nationale Verteidigung dem Chef der Volksmarine das Einlaufen der SIRIUS zu verhindern. Offiziere im Kommando der Volksmarine entwickelten dazu einen Einsatzplan. Der sah vor, dass nach rechtzeitiger Aufklärung des Greenpeace-Schiffs, das Fahrzeug durch Schiffe der Volksmarine vor der DDR-Küste begleitet werden sollte. Beabsichtigte die SIRIUS in Wismar, Warnemünde/Rostock oder Stralsund einzulaufen, so war das zu verhindern. In Absprache mit DDR-Behörden erhielt die SIRIUS keine Einlaufgenehmigung. Falls die SIRIUS schnell laufende Schlauchboote mit Außenbordmotor vor der Küste aussetzen würde, waren diese zu stoppen und aufzubringen. Sollte es der SIRIUS trotz gesperrter Seefahrtstraßen dennoch gelingen, in einem DDR-Hafen einzulaufen, dann war das Fahrzeug an der Pier zu isolieren und die Besatzung unter Bewachung zu stellen. Keiner der Greenpeace-Besatzung durfte von Bord und das DDR-Territorium betreten. Mit dieser grotesken polizeilichen Isolieraktion hätte die DDR sicherlich die Aufmerksamkeit der Weltöffentlichkeit auf sich gezogen, jedoch nicht in der erhofften Weise.

Der Plan fand im NVA-Ministerium und im SED-Politbüro in Berlin keine Billigung. Honecker wünsche keine Isolierung des Greenpeace-Schiffes. Er forderte kategorisch, das Einlaufen des Schiffes zu verhindern. Die SED-Oberen wollten ein Zusammentreffen der Umweltschützer mit der DDR-Bevölkerung unterbinden. Im Klartext bedeutete das: Honecker befahl den Einsatz „seiner" Marine gegen ein harmloses, für den Frieden in der Welt und gegen das atomare Wettrüsten eintretende zivile Schiff. Das hat selbst die Führung der Volksmarine nicht verstanden. Immerhin vertrat die Umweltorganisation Botschaften, die die DDR seit Jahren propagierte und für sich in Anspruch nahm.

Als die SIRIUS Flensburg mit Kurs mecklenburgische Küste verließ, hatte das Flottenkommando der Bundesmarine auf geheimdienstlichen Wegen bereits Kenntnis über die eventuellen Gegenmaßnahmen der DDR. Schiffe der Bundesmarine, des BGS-See und Marineflieger begleiteten die SIRIUS auf deren Fahrt im internationalen Seegebiet in Richtung Warnemünde. Auf Geheiß Honeckers ließ die DDR ein Teil ihrer Flotte vor der mecklenburgischen Küste auffahren. Im Seegebiet vor Wismar bezog eine Grenzschiffabteilung mit sechs KONDOR I und fünf Grenzkutter Position. Das Seegebiet vor Warnemünde riegelten weitere sechs KONDOR I und vier Grenzboote ab. Die Volksmarine hielt drei Kampfschiffe, vier Schnellboote und einen Marinehubschrauber in Sofortbereitschaft. Damit stellte die Volksmarine auf allerhöchstem Befehl der SIRIUS 28 Marinefahrzeuge und einen Marinehubschrauber entgegen. Für den Fall, dass die SIRIUS Schlauchboote mit tollkühnen Schwimmern in Richtung Küste absetzen würde, standen weitere Spezialkräfte in Bereitschaft. Eine solche (militärische) Aufmerksamkeit hatten die Greenpeace-Aktivisten nicht erwartet. Am 6. August tauchte die SIRIUS im Seegebiet vor Warnemünde auf. Der Kapitän bat um eine Einlaufgenehmigung für sein Schiff, die ihm natürlich nicht erteilt wurde. Er bemühte auch verschiedene diplomatische Kanäle, um in Warnemünde einlaufen zu können. Er hatte damit bei den DDR-Behörden keinen Erfolg. Der Kapitän der SIRIUS unterließ es, ohne behördliche Genehmigung in Warnemünde/ Rostock einzulaufen. Die Aktivisten auf dem Greenpeace-Schiff versuchten, mit den Besatzungen der Grenzerschiffe ins Gespräch zu kommen. Schließlich startete Greenpeace am 7. August im Seegebiet vor der DDR-Küste eine große Ballonaktion. Eine über dem Meer weithin sichtbare Leinwand trug die Aufschrift „Stoppt die Atomtests-Greenpeace". Damit erregten die Umweltschützer Aufmerksamkeit bei den Sommerurlaubern am Strand, mehr jedoch nicht. Die Schiffe der GBK und Polizeiboote setzten ihre Patrouillenfahrten fort. Die Volksmarine kehrte zur normalen Dienstorganisation zurück. Was blieb, war das Kopfschütteln und verbreitete Unverständnis vieler Marinesoldaten über den Konfrontationskurs Honeckers. Weshalb die SIRIUS nicht einlaufen durfte, hat mit Ausnahme von Honecker und seiner Berliner Führungsriege, keiner verstanden.

Tender NECKAR im Artilleriefeuer einer Raketenkorvette TARANTUL

Im Verlauf des jährlich stattfindenden Raketenschießabschnittes von Schiffen der Baltischen Flotte, Polnischen Seekriegsflotte und Volksmarine im Seegebiet vor Kap Taran (nördlich Baltijsk) ereignete sich am **15. Juni 1987** ein dramatischer Zwischenfall. Der Tender NECKAR A 66 der Bundesmarine, der die Handlungen in See beobachtete, wurde versehentlich durch die Artillerie einer polnischen Raketenkorvette vom Typ TARANTUL (Projekt 1241) getroffen. Glücklicherweise gab es keine Toten, aber drei verwundete deutsche Marinesoldaten. Der Kommandant, Korvettenkapitän Dieter G. beobachtete, wie am Tag zuvor die Zieldarstellungsmittel in die offene See, dem Übungsgebiet 117, geschleppt wurden. Er schaute sich mit seiner Besatzung diese Zielobjekte auf See einmal näher an. Gegen 6 Uhr des 15. Juni 1987 verließen die ersten Marineschiffe Baltijsk bzw. Baltijsk-Reede. Darunter befand sich ein Verband der Polnischen Seekriegsflotte, bestehend aus zwei Raketenkorvetten vom Typ TARANTUL mit den Namen GORNIK und HUTNIK sowie vier Raketenschnellboote der OSA-Klasse. Die NECKAR folgte dem mit 14 Knoten laufenden Verband in Richtung Nord. Über das weitere Geschehen berichtete Dieter G.: „Ich positionierte mich hinter den Verband, um jederzeit ausweichen zu können. Später schälte sich der Generalkurs Ost heraus. Die NECKAR lief diesen Kurs südlich von der Verbandsmitte in einem Abstand von ca. 0,5 Seemeilen mit. Sie hätte damit beim Seezielflugkörperschießen in Richtung Norden (offene See) auf die Zieldarstellungsmittel in Lee (feuerabgewandte Seite) gestanden. Wir beobachteten, wie alle Seeraumüberwachungsradare und Feuerleitgeräte auf den Schiffen des polnischen Verbandes um 8.30 Uhr eingeschaltet wurden. Sechs Minuten später öffnete sich die Startklappe des Flugkörper-Containers auf dem als taktische Nummer zwei fahrenden Schnellboot. Kurz vor 9 Uhr verringerten die sechs polnischen Einheiten den Abstand zueinander. Sie setzten das internationale Flaggensignal `Code Uniform`. Es bedeutete, `Sie begeben sich in Gefahr.` Um 9.01 Uhr startete für uns überraschend von der Küste ein Seezieldarstellungsflugkörper. Nach kurzer Steigphase flogt er Nordkurs und pendelte sich dann auf die Marschflughöhe von etwa 100 Meter Höhe ein. (vermutlich handelte es sich hierbei um den russischen Raketentyp P-15, Anm. d. Verf.). Kurz darauf sahen wir auf der Brücke den Rauchschweif des anfliegenden Flugkörpers. Um 9.02 Uhr eröffnete die erste Einheit des polnischen Verbandes, ein TARANTUL-Schiff, auf einer Entfernung von vier bis fünf Seemeilen das Feuer auf den Flugkörper. Kurz darauf beobachten wir 50 bis 80 Meter vor unserem Bug an Steuerbord die Einschläge von vermutlich 76-mm-Geschossen des Deckstumgeschützes AK 176. Dann zwang knapp über der Brücke und den Aufbauten liegendes polnisches Artilleriefeuer das Beobachtungspersonal zu Boden. Der Tender wurde im achteren Bereich von 30-mm-Geschossen der Gatling-Gun (sechsläufige Revolverkanone AK 630, Anm. d. Verf.) getroffen. Der Seezieldarstellungskörper passierte den Tender achteraus in etwa 80 Meter Höhe, ohne von der polnischen Artillerie getroffen worden zu sein. Mit ca. 320 Meter/ Sekunde stürzte der Flugköper nach 16 Seemeilen ins Meer. Auf der NECKAR schrillten die Alarmsignale. Es brannte im Turm „B". Die NECKAR erhielt achtern acht Treffer und außerdem ca. 220 Splittertreffer. Die Splitterwirkung führte zu Verletzungen von drei Besatzungsmitgliedern. Sie hatten sich an Deck zwischen den Aufbauten und dem Turm „B" aufgehalten. Zwei Artilleriegeschosse durchschlugen die 12mm starke Bordwand an Backbord. Zum Glück war das dahinter liegende Wohndeck nicht benutzt. Um bei einem erneut anfliegenden Flugkörper aus dem Feuerbereich des polnischen Verbandes zu kommen, drehte der Tender über Steuerbord mit Hartruderlage auf Gegenkurs. Durch die Krängung des Schiffes drang Seewasser durch die Einschusslöcher in der Abteilung zwei des Schiffes."

Um 9.08 Uhr setzte der Kommandant der NECKAR an das Flottenkommando der Bundesmarine und an den Kommandeur des 7. Schnellbootsgeschwaders folgenden Funkspruch offen ab: „SIND BEIM UEBERFLUG EINES FK`S UND DURCH ABWEHR DER OSA/ TARANTUL MIT GATING-GUN BESCHOSSEN WORDEN. DREI VERLETZTE, TREFFER IN TURM BRAVO, WASSEREINBRUCH IN ABTEILUNG ROEM 2." Diese Nachricht sorgte in der BRD und NATO verständlicher Weise für viel Aufregung. Auch im Stab beim Chef der Volksmarine herrschte ziemliche Nervosität. Durch die Funkaufklärung hatte man in Rostock von dem Vorfall früher Kenntnis erhalten, als die am Raketenschießen vor Baltijsk beteiligten Flottenkräfte des Warschauer Paktes. Der Chef des Stabes, Vizeadmiral Theodor Hoffmann, ließ sofort überprüfen, ob Schiffe der Volksmarine den

Vorfall verursacht hätten. Dieses besondere Vorkommnis wäre bis zur höchsten Kommandoebene meldepflichtig. Der Chef des Stabes ließ sich mit dem Chef des Stabes der Baltischen Flotte verbinden. Der wusste vom dem Vorfall noch gar nichts. Schließlich ergab die weitere Überprüfung, dass Fahrzeuge der Volksmarine zum Glück nicht in den Vorfall verwickelt waren.

Die Katastrophe auf der NECKAR wäre vermutlich noch schlimmer ausgefallen, wenn mehr Marinesoldaten das Artillerieschießen an Oberdeck verfolgt hätten. Urlaubsbedingt waren an Stelle der sonst üblichen 120 Männer auf dieser Fahrt nur ca. 90 Mann an Bord. Wegen des geringeren Personals fuhr man im Zweiwachsystem.

Um 9.46 Uhr kam vom Flottenkommando in Glücksburg der Befehl: „Auftrag abbrechen. In den Stützpunkt zurückkehren." Um die verletzten drei Unteroffiziere schnell abzubergen, flog ein Hubschrauber mit einem Stabsarzt aus Bornholm dem Tender entgegen. Um zu verhindern, dass bei höheren Fahrtstufen Seewasser ins Schiffsinnere eindrang, wurden die Einschusslöcher an der Bordwand notdürftig mit Holzstopfen abgedichtet. Am nächsten Tag erreichte die NECKAR den Kieler Marinestützpunkt. Um 12.12 Uhr machte der Tender an der Saltzwedelbrücke fest. Die Pier war voller Schaulustiger, Journalisten, Fernsehteams und Marinesoldaten. Nach Bekanntwerden des Vorfalls hatte die Bundesmarine die Rückkehr der NECKAR gut vorbereitet. Familienangehörige, Öffentlichkeit, Presse und Fernsehen wurden umgehend informiert. Die Journalisten durften die Trefferwirkungen an Bord besichtigen und alles filmen. Sie hatten Gelegenheit, jedes Besatzungsmitglied zu interviewen. Anschließend fand eine Pressekonferenz statt. Der stellvertretende Befehlshaber der Flotte, Konteradmiral Gustav Carl Liebig, erklärte. „Wir haben nichts zu verbergen. Wir wollen dazu beitragen, das der Zwischenfall von der Öffentlichkeit richtig eingeordnet wird." In der Presseerklärung des Bundesministers der Verteidigung hieß es: „Die NECKAR wurde während der Beobachtung eines Übungsschießens von Seestreitkräften des Warschauer Paktes in der östlichen Ostsee (Brüsterort, am Rande der Danziger Bucht), neun Seemeilen außerhalb der sowjetischen Hoheitsgewässer, von fünf Artilleriegeschossen getroffen und beschädigt. Dabei wurden drei Angehörige der Besatzung verletzt. Der Zwischenfall geschah in Internationalen Gewässern, und zwar in einem Warngebiet, das zum Zeitpunkt des Ereignisses von den Seestreitkräften des WP nicht aktiviert war. Diese Aktivierung erfolgte erst am Abend des 15. Juni, also viele Stunden nach dem Zwischenfall. Unabhängig davon handelt es sich hierbei um einen Bruch mit dem allseits praktizierten Brauch aller Seestreitkräfte dieser Welt, in solchen Warngebieten nicht scharf zu schießen, wenn fremde Schiffe davon gefährdet werden könnten. Die Verantwortung für die Sicherheit der Seefahrt bleibt beim schießenden Schiff oder Verband selbst dann, wenn es sich um erklärte Sperrgebiete innerhalb der Hoheitsgewässer, also um absolute Verbotszonen handelt. In diesem Fall ist die Einleitung des scharfen Schusses umso unverständlicher, als das Übungsschießen in internationalen Gewässern stattfand. Der Bundesminister der Verteidigung hat das Kabinett am 16. Juni über diesen Sachstand und die Seerechtslage informiert." Im Verhalten des polnischen TARANTUL-Kommandanten sah das Bundesministerium der Verteidigung „ein deutliches Abweichen von der internationalen Übung auch im Verhältnis der Seestreitkräfte der beiden Bündnisse zueinander, die sich üblicherweise gegenseitig auf hoher See in naher Entfernung beobachten." Die polnische Seite entschuldigte sich für diesen bedauerlichen Vorfall.

Abkommen über die Verhütung von Zwischenfällen auf See

Im Gegensatz zur Bundesrepublik und DDR existierte zwischen der UdSSR und den USA seit 1972 ein Vertrag, der das Verhalten und Manövrieren von Kriegsschiffen beider Seiten auf hoher See untereinander regelte. Die Kernaussage in diesem Vertrag lautete: „Bei der Beobachtung der Handlungen der anderen Seite ist genügender Abstand einzuhalten. Gesetzlich erlaubte Handlungen der Kriegsschiffe sind nicht zu stören. Die Möglichkeiten der Umgruppierung eines Verbandes von Kriegsschiffen sind nicht zu beeinträchtigen. Die gefährliche Annäherung ist zu vermeiden. Das Schneiden der Kurse in geringer Entfernung ist zu unterlassen. Die Besatzungen sind verpflichtet, sich so zu verhalten, dass die Sicherheit der Fahrt gewahrt bleibt."

Erst nach dem versehentlichen Beschuss des Tender NECKAR der Bundesmarine am 15. Juni 1987 durch eine polnische Raketenkorvette TARANTUL kam es 16 Monate später zum Abschluss eines identischen Vertrages zwischen der UdSSR als Führungsmacht des Warschauer Paktes und der BRD. Am **25. Oktober 1988** unterzeichneten die Regierung der UdSSR und der BRD in Moskau das „Abkommen über die Verhütung von Zwischenfällen auf See außerhalb der Hoheitsgewässer". Das im Bundesgesetzblatt Teil II am 3. März 1989 veröffentlichte Abkommen trat nach Artikel 8 des Grundgesetzes am 25. November 1988 in Kraft. Es hat mit Änderungen aus dem Jahr 2009 und Unterzeichnung durch die Russische Föderation noch immer Gültigkeit.

Der Vertrag regelt in neun Artikeln das Verhalten von Kriegsschiffen (einschließlich U-Boote), Hilfsschiffen und militärischen Luftfahrzeugen auf See. Er untersagte gefährliche Handlungen auch in Bezug auf zivile Schiffe beider Seiten. Auszugsweise sei hier auf folgende Inhalte verwiesen.

Artikel 2: „Beide Seiten stellen sicher, dass die internationalen Regeln von 1972 zur Verhütung von Zusammenstößen auf See (SeeStrO-72) nach Geist und Buchstaben von den Schiffführern beachtet werden. Beide Seiten erkennen an, dass die Grundlage für die Freiheit der Durchführung von Operationen außerhalb der Hoheitsgewässer die völkerrechtlich anerkannten Grundsätze sind, wie sie insbesondere in dem Genfer Übereinkommen vom 29. April 1958 über die Hohe See dargelegt sind."

Artikel 3 (1): „Schiffe der beiden Seiten, die in der Nähe voneinander operieren, haben sich stets gut freizuhalten, um das Risiko eines Zusammenstoßes zu vermeiden, es sei denn, dass sie nach der SeeStrO-72 verpflichtet sind, Kurs und Fahrt beizubehalten."

Artikel 3 (2): „Schiffe, die auf eine Formation der anderen Seite treffen oder in ihrer Nähe operieren, sollen unter Beachtung der SeeStrO-72 alle Manöver vermeiden, die die Fahrübungen dieser Formation behindern."

Artikel 3 (4): „Schiffe, die Schiffe der anderen Seite beobachten, sollen in einer Entfernung bleiben, die das Risiko von Kollisionen ausschließt, sowie Manöver vermeiden, durch die Schiffe der anderen Seite in Schwierigkeiten oder Gefahr geraten können."

Artikel 3 (5): „Schiffe beider Seiten, die in Sichtweite voneinander operieren, sollen, um ihre Operationen und Absichten anzuzeigen, die in der SeeStrO-72, im Internationalen Signalbuch sowie in der Tabelle für Sondersignale vorgesehenen Signale verwenden."

Artikel 3 (6): „Schiffe beider Seiten sollen keine simulierten Angriffe durchführen, indem sie Geschütze, Startvorrichtungen, Torpedorohre oder andere Waffen auf Schiffe oder Luftfahrzeuge der anderen Seite richten."

Ob die sowjetische Seite als Führungsmacht des Warschauer Paktes den Inhalt des Vertrages an die beiden anderen Bündnisflotten weiter reichte, ist nicht bekannt. Eine ähnliche Vereinbarung, die das Verhalten der eng zueinander in der Ostsee operierenden Fahrzeuge der Bundesmarine und Volksmarine zur Vermeidung von Zwischenfällen auf See regelte, existierte außer der allgemeingültigen KVR zwischen der BRD und DDR nicht. Hier lautete die Devise, seemännische Vernunft entsprechend den KVR-Regeln und Fairness im Umgang miteinander oder Operation nach der Methode Brechstange. Letzteres ging, wie einige Beispiele dokumentieren, überwiegend schief.

Tender NECKAR mit Einschüssen Bordwand (12 mm Stahl) an Backbord

Treffer im Turm „B" (5 mm Stahl)

7. Aus Bordtagebüchern, Aufklärungsberichten, Marine-Informationen sowie Erzählungen von Marinesoldaten der Volksmarine und Bundesmarine

Trotz verstärkter Grenz- und Küstensicherungsmaßnahmen an der mecklenburgischen Küste gelang dem KS-Boot G 423 vom Typ DELPHIN der DDR-Grenzbrigade am **24. August 1961** der Durchbruch in die Territorialgewässer der BRD. Zuvor gelang es drei Besatzungsangehörigen um 17.30 Uhr, dass vor Anker liegende Boot in Höhe Brock in ihre Gewalt zu bringen. Sie starteten die Maschinen und liefen mit Höchstfahrt in Richtung Travemünde. Zum Zeichen der Meuterei hatten sie die Flagge verkehrt herum gehisst. Unter den erstaunten Blicken von Passanten machte das Boot der DDR kurz vor 19 Uhr nahe dem Anleger vom Kommando der Wasserschutzpolizei in Travemünde fest. Der einmalige unangemeldete „Transitaufenthalt" eines Marineschiffes der DDR in der Bundesrepublik dauerte etwa 10 Minuten. Nachdem die drei Fahnenflüchtigen bzw. Deserteure von Bord waren, kamen die unter Deck eingeschlossenen Männer wieder frei. Ehe den westdeutschen Behörden klar wurde, was passiert war, lief G 423 sofort wieder aus. Das Boot nahm Kurs Heimathafen Wismar. Erst nach der Funkmeldung „Meuterei an Bord, erbitte Hilfe, ein Mann verletzt" beorderte die Grenzbrigade das Bereitschaftsboot G 421 umgehend zur Hilfeleistung auf Westkurs. Da man ein Eingreifen der Bundesmarine befürchtete, bat der Stabschef der Grenzbrigade die Volksmarine um Hilfe. Die schickte zwei MLR in Richtung Lübecker Bucht. Zu dem Zeitpunkt war aber alles gelaufen. Nach drei Stunden und 45 Minuten der Bord-Odyssee machte G 423 um 21.45 Uhr wieder an der heimatlichen Pier der Wismarer Bootsgruppe fest. Allerdings fehlten drei Marinesoldaten.

Am **24. September 1961** fuhr der westdeutsche Minensucher URANUS M 1099 vom 5. Minensuchgeschwader in Neustadt im internationalen Seegebiet südlich „Gedser Rev" etwa in Höhe des Ostseebades Wustrow von Fischland Darß. Der schnelle Minensucher der SCHÜTZE-Klasse befand sich auf einer Erprobungsfahrt nach der Werftausrüstung. Er manövrierte außerhalb der DDR-Territorialgewässer. Die Räumausrüstung und das 40-mm-Boforsgeschütz waren noch nicht an Bord. Plötzlich brausten aus Richtung der DDR-Küste 13 Torpedoschnellboote der Volksmarine heran. Hierbei handelte es sich um zwei Bootsgruppen. Die vom Ausweichhafen auf Darßer Ort kommende Gruppe fuhr der aus dem Marinestützpunkt Warnemünde ausgelaufenen Bootsgruppe zur Ablösung entgegen. Sie bemerkten den in freier See operierenden Minensucher URANUS M 1099 der Bundesmarine. Offensichtlich wollte man den aus dem westdeutschen Neustadt stammenden Jungs „vor der Haustür der DDR" eine Lektion erteilen. Die Schnellboote gruppierten sich zu einer Zangenformation zum Scheinangriff. Zeitzeugen wollen angeblich gesehen haben, dass einige Schnellboote ihre 25-mm-Doppellafette auf den Minensucher richteten. Angesichts der aufgefahrenen Drohkulisse auf See stoppte der Minensucher der Bundesmarine. Wie den 31 Männern der Besatzung dabei zu Mute war, lässt sich wohl erahnen. Die Begegnung dauerte etwa 20 bis 30 Minuten. Die Aufklärung im Kommando der Volksmarine schrieb darüber ein Bericht. Das von Konteradmiral Heinz Neukirchen unterzeichnete Schreiben gelangte ins Ministerium für Nationale Verteidigung in Strausberg. Hier erfuhr der Bericht eine vom Zeitgeist geprägte politische Wandlung. Aus der Begegnung mit dem Minensucher wurde eine Verletzung der DDR-Territorialgewässer durch ein Fahrzeug der Bundemarine, worauf die Torpedoschnellboote der Volksmarine zum Einsatz kamen. Der damalige Präsident der Volkskammer der DDR, Professor Johannes Dieckmann, verlas dann diesen Bericht vor den Abgeordneten des Volkes. Die nicht den tatsächlichen Ereignissen auf See entsprechende Darstellung diente der Legitimation für die Grenzsicherungsmaßnahmen des 13. August 1961.

Mitte **März 1962** lief in der Bundesmarine das Seemanöver OSDEX 1/62. Dabei waren in der westlichen und mittleren Ostsee zeitweise bis zu 40 Kriegsschiffe, Versorgungsschiffe und gecharterte Handelsschiffe entfaltet. Nördlich vor Rügen und südlich der Insel Bornholm absolvierte die dänische Marine unter Teilnahme von Kriegsschiffen der Bundesmarine eine Seeübung. In deren Verlauf unternahmen zwei westdeutsche Schnellboote einen Vorstoß bis ins Seegebiet vor Saßnitz. Die Zerstörer Z 1, 4, 5 und 6 der FLETCHER-Klasse der Bundesmarine operierten direkt im Küstenvorfeld der DDR. Diese Handlungen vor der mecklenburgischen Küste wertete das Kommando der Volksmarine als Provokation.

An einem Sonntag im **April 1962** umkreisten die Schnellboote LEOPARD P 6060 und PANTHER P 6064 der Bundesmarine ein MLR-Vorpostenschiff im Fehmarnbelt in geringer Distanz. Die Besatzungen winkten herüber und warfen in Richtung des MLR bunte Illustrierte und Zeitungen, die ungelesen in der blauen See unter gingen. Der Schnellbootskommandant rief durchs Megaphon „Könnt Ihr denn nicht auch mal winken?". Wenig später umkreisten die Schnellboote TIGER P 6063, FUCHS P 6066, MARDER P 6067 und JAGUAR P 6059 erneut die KRAKE und grüßten winkend die MLR-Besatzung. Per Vartalampe setzte P 6063 den Spruch ab: „Wünschen guten Morgen, seid doch etwas menschlicher!"

Der Kommandant des Minensuchers ULM, der damals 25-jährige junge Leutnant Wilhelm Reiss, vom 6. Minensuchgeschwader der Bundesmarine in Cuxhaven berichtete 2006 in der Zeitschrift „MarineForum" über eine kuriose Fahnenflucht eines Obermaaten vom MLR HALLE der Volksmarine am **5. Dezember 1963** im Fehmarnbelt. Horst Maiwald, der zu dieser Zeit auf einem typgleichen MLR seinen Marinedienst versah, bestätigte, dass sich in dieser Nacht der Koch vom MLR HALLE, ein Obermaat, unbemerkt von der Besatzung auf See absetzte. Nähere Einzelheiten wurden zu diesem Vorfall nicht bekannt. Wilhelm Reiss schilderte als Zeitzeuge, dass ein schwedisches Handelsschiff im Fehmarnbelt fahrend in der Nacht ein Schlauchboot auf der See entdeckte. Darin befand sich eine Person, die mit einer Fackel winkte. Das Handelsschiff drehte bei und setzte ein Beiboot aus, um den Mann aufzunehmen. Die ULM, die in etwa zwei Seemeilen Distanz ebenfalls das auf und nieder gehende Licht bemerkte, lief mit Höchstfahrt auf das Flackerlicht zu. Der schwedische Kapitän war jedoch schneller mit einem Beiboot an dem Mann heran. Die Besatzung auf dem Minensucher ULM musste mit ansehen, wie sich der Marinesoldat bei seiner „Rettung" heftig wehrte. Er wollte nicht auf den „Händler", sondern auf das ihm bekannte Marineschiff der Bundesmarine. Der Mann befürchtete, dass es sich bei dem Handelsschiff um ein Fahrzeug aus dem Ostblock handelte, dass ihn an die DDR ausliefern würde. Der Kommandant der ULM fuhr an das schwedische Handelsschiff heran. Er forderte den Handelsschiffkapitän auf, ihm den Mann zu übergeben. Der weigerte sich hartnäckig. Er vermutete in dem Kriegsschiff ein getarntes Fahrzeug der Ostmarine. „Ich konnte machen, was ich wollte, der Schwede ignorierte alles, trotz Lautsprecheranrufen, VHF-Sprechfunk und Anleuchten meiner eigenen Flagge. Der Kapitän brüllte sogar durchs Megaphon zu mir herüber, er gäbe den Mann nicht heraus. Er glaube mir nicht, dass ich ein westliches Kriegsschiff sei und solle gefälligst abziehen. Ich setzte einen Funkspruch ans Flottenkommando ab und wurde umgehend nach Kiel zur Berichterstattung zurück beordert", soweit die Erinnerung des damaligen Kommandanten Leutnant Wilhelm Reiss.

Die Seewache auf dem etwa in einer Entfernung von zwei Seemeilen vor Anker liegenden MLR-Schiff KRAKE bekam von der nächtlichen Aktion vermutlich nichts mit. Zur Verwunderung des Kommandanten auf der ULM blieb dort an Bord alles ruhig. Einige Wochen später erfuhren die Männer der ULM, dass der DDR-Flüchtling mittlerweile über Stockholm in die BRD gereist war. Diesen Umweg wollte ihm der Kommandant des westdeutschen Minensuchers ersparen.

Am **15. Juni 1965** näherte sich das Schnellboot STORCH P 6085 der Bundesmarine bis auf einen Meter dem MLR 224 der Volksmarine. Der Kommandant des Schnellbootes rief herüber: „Was gucken Sie so böse. Was kann ich dafür, dass Ihr Wache habt. Ihr habt so viele Offiziere, könnt Ihr uns keinen abgeben?"

Wenige Tage später forderte das Schnellboot PINGUIN P 6099 am **26. Juni** die MLR-Besatzung direkt zur Fahnenflucht auf. Als das Schnellboot der Bundesmarine dicht genug am MLR heran war, kam von dort durch das Megaphon die Einladung: „Haben Sie noch Wochenendurlauber an Bord? Wir haben noch Platz, springt außenbords Jungs! Die Wassertemperatur ist 15 Grad Celsius." Für einen Besuchstrip nach Olpenitz oder Kiel gab es jedoch erst nach dem 9. November 1989 Urlaubsscheine.

Am **23. und 24. Juni 1965** stattete das Schnellboot GEPHARD P 6098 der Bundesmarine dem Vorpostenschiff der Volksmarine mehrmals einen Besuch ab. Die Schnellbootsfahrer bemühten sich vergeblich um ein Gespräch von Bord zu Bord. „Wollt Ihr eine Kiste Dortmunder Bier haben? Wollen wir Zigaretten tauschen, biete HB, Ernte 23- suche Turf. Können wir eine Schachtel Zigaretten rüber werfen oder haben Sie Angst? Männer, seid doch nicht so stur!" Am Nächsten Tag kam das Schnellboot erneut heran und rief zum Schiff der Volksmarine herüber: „Guten Morgen Männer! Habt Ihr eine gute Nacht gehabt? Kommt jemand aus Neustrelitz? Schönes Städtchen! Warum spielt Ihr keine Musik, vielleicht vom großen roten Bruder? Na, dann werden wir mal Musik machen. Darf ich mich in Ihr Kielwasser hängen?"

Im Rahmen einer Ausbildungsfahrt des Zerstörers SCHLESWIG-HOLSTEIN D182 vom 2. Zerstörergeschwader in Wilhelmshaven im **Juli 1965**, nahm dieser direkt Kurs auf das östlich vor Fehmarn liegende Minenleg- und Räumschiff KRAKE. Der Zerstörer wurde von vier Schnellbooten in der Ostsee begleitet. Einige Kabellängen vor dem Fahrzeug der Volksmarine löste der Zerstörer an Bord Gefechtsalarm aus. Alle Geschütze waren in Windeseile besetzt. Dann umkreiste der Zerstörer mit etwa 10 Knoten die vor Anker liegende KRAKE. Durch die Bug- und Heckwellen des Zerstörers geriet das MLR kräftig ins Schaukeln. Während der Umkreisung richtete der westdeutsche Zerstörer eines seiner 100-mm-Geschütze auf das Fahrzeug der Volksmarine. Den Marinesoldaten auf der KRAKE befiel beim Anblick des auf sie gerichteten Geschützrohres ein mulmiges Gefühl. Später berichtete eine westdeutsche Zeitung über die Ausbildungsfahrt und der Begegnung mit dem Fahrzeug der Volksmarine. Das Personal des Artillerieabschnitts auf dem Zerstörer D 182 soll u. a. die Meinung vertreten haben: „Wir hätten noch mehr ran gehen müssen. Die müsste man sofort versenken, als Ausgleich für die Berliner Mauer, damit der deutsche Name endlich wieder in der Welt populär gemacht wird. Den Brüdern muss gezeigt werden, wer hier die Herrn auf deutschen Wassern sind." Diese Art einer eher feindlich gesinnten „Begrüßung auf See" fand ein Jahr später durch die schnelle Fregatte KARLSRUHE mit der Bordnummer F 223 vom 2. Geleitgeschwader in Wilhelmshaven seine Wiederholung. Diesmal jedoch ohne dass an Bord Gefechtsalarm ausgelöst wurde. Auf dem vom MLR aus aufgenommenen Foto ist zu erkennen, wie das 100-mm-Geschütz achtern während der Vorbeifahrt auf das Schiff der Volksmarine gerichtet war. Diese Aktion verlief unter einer imposanten Besatzungskulisse an Oberdeck der Fregatte mit Blickrichtung auf das Fahrzeug der Volksmarine.

Mitte der 60er Jahre gehörte es im Rahmen der Taktischen Nahaufklärung zum maritimen Ritual der Bundesmarine, dem östlich vor Fehmarn ankernden Schiff der Volksmarine einen Besuch abzustatten. Welche Eindrücke dabei die Besatzungen der Bundesmarine über die Ostmariner gewannen, schilderte der damalige Kommandant vom Minensuchboot PLUTO M 1092, Reinhard Zoche: „Der international übliche Gruß zwischen Marineeinheiten, das Pfeifen der Front, war uns nicht erlaubt. Unsere Grüße wurden von der KRAKE nie erwidert. Stattdessen blickten wir häufig in die Mündungen der auf uns gerichteten Geschütze und Soldaten im Gefechtsanzug. Unter diesen Umständen war es bemerkenswert, dass unser Gruß doch einmal auf der KRAKE zu einer Reaktion führte. Als Antwort auf meine Begrüßung schallte es aus dem Lautsprecher der KRAKE zu uns herüber: „An Kommandant, er möge sich einmal einen neuen Lautsprecher auf der Leipziger Messe kaufen." Die Männer auf dem Minensucher fühlten sich grundlos veralbert. Denn trotz akustischer Übertragungsmängel hatte der MLR-Kommandant die Begrüßung verstanden. Er konterte mit seiner offensichtlich stärkeren und besseren Lautsprecheranlage an Bord. Mit der Anspielung auf die Industriegütermesse in Leipzig wollte er wohl auf überlegenes technisches Material in der DDR verweisen. Ob dazu auch die Lautsprecheranlage auf dem MLR gehörte, erschien eher fragwürdig. Zumindest hätte eine Kauforder der Bundesrepublik der DDR zusätzliche Devisen eingebracht.

Mitte **September 1966** befand sich das Minenleg- und Räumschiff HALLE auf der Vorpostenposition 72 südöstlich des Fehmarnbelt. Regenschauer spülten das Deck und klatschten in die Gesichter der Marinesoldaten auf dem Oberdeck. Das MLR wartete auf seine Wachablösung vom Stützpunkt Warnemünde. Der Kommandant schrieb an seinem Vorpostenbericht. Nachdem sich der Nebel gegen Mittag verzogen hatte, näherte sich um 14 Uhr ein Wachboot des BGS-See. Gegen 15 Uhr überflog ein Hubschrauber des BGS in nur 30 Meter Höhe mehrmals das Schiff der Volksmarine. Gegen 18.30 Uhr pirschten sich in der einsetzenden Dämmerung zwei Schnellboote der Bundesmarine bis auf zwei Kabellängen an das MLR heran. Die Boote des Typs JAGUAR fuhren mit abgeblendeten Positionslichtern. Es dauerte nicht lange, da tauchten um 19.10 Uhr erneut zwei Schnellboote gleichen Typs auf. Neugierig umkreisten sie das Vorpostenschiff und drehten dann wieder ab. Irgendwie schien an diesem Tag das MLR die besondere Aufmerksamkeit der Schnellbootsfahrer gefunden zu haben. Denn um 20.15 Uhr tauchten abermals zwei JAGUAR-Schnellboote auf. Alles lief routiniert ab wie immer. Die Schnellboote umkreisten mehrmals das MLR, um es in Augenschein zu nehmen. Dann entfernten sich die Boote wieder. Um 23 Uhr erhielt der Kommandant der HALLE einen Funkspruch vom OP-Dienst in Warnemünde: „Aufklärungsschiff OSTE der Bundesmarine läuft aus Kieler Bucht mit Kursrichtung Ost. OSTE ist umgehend aufzuklären!" Der Kommandant spekulierte, sollten die Besuche der Schnellbootsfahrer ein Ablenkungsmanöver gewesen sein? Wollte die OSTE unerkannt in die mittlere Ostsee vorstoßen? Die Palette der Täuschungsmanöver auf See war vielfältig. Es wäre nicht das erste Mal, dass die Flottendienstboote der Bundesmarine versuchten, als Handelsschiff getarnt mit voller Oberdecksbeleuchtung oder abgeblendet mit ausgeschalteten Positionslichtern nördlich oder südlich vom internationalen Schifffahrtsweg unbemerkt die mittlere Ostsee zu erreichen. Um zu verhindern, dass die OSTE unerkannt in Seegebieten des Warschauer Paktes operierte, wurde deren Auftauchen in der Mecklenburger Bucht und vor der DDR-Küste in der Volksmarine sehr ernst genommen. Der Kommandant befahl Gefechtsalarm: „Anker auf, Bereitschaftsstufe 1, beweglichen Vorposten einnehmen!" Nachdem mit Hilfe des Radar etwa 20 Ziele aufgeklärt wurden, meldete der Funkmessmaat zwei Stunden nach Mitternacht: „Neues Ziel, drei Seemeilen nördlich Zwangsweg mit Ostkurs." Die schlechter gewordene Sicht ließ keine optische Erkennung zu. Das MLR näherte sich deshalb mit Höchstfahrt dem unbekannten Ziel. Das führte wider Erwarten keine Positionslichter. Es war als Schatten umrisshaft zu erkennen. Der Schatten entpuppte sich schließlich als das gesuchte Flottendienstboot OSTE. An Bord ahnte man, dass das Schiff der Volksmarine nach ihnen suchen würde. Diesmal gelang es der OSTE nicht, sich unerkannt in Richtung Osten bis ins Seegebiet vor Rügen oder der Gdansker Bucht einzuschleichen.

Am **3. April 1967** näherte sich das westdeutsche Schnellboot DACHS P 6094 dem Vorpostenschiff MLR 225 südöstlich des Fehmarnbelt bis auf zwei Kabellängen. In provokatorischer Absicht richtete das Schnellboot dabei sein vorderes 40-mm-Boforgeschütz in Richtung des vor Anker liegenden Schiffes der Volksmarine. Der Kommandant des MLR löste wegen der Bedrohung Gefechtsalarm aus. Das Schiff war abwehrbereit. Um eine Eskalation zu vermeiden, unterließ er es, die Bordgeschütze auf das Schnellboot der ZOBEL-Klasse richten zu lassen.

Schnellboote des 5. Schnellbootgeschwaders der Bundesmarine beteiligten sich im **Herbst 1968** an einer Flugabwehrübung der Volksmarine in See. Ein MLR vom Typ KRAKE ließ für das Luftzielschießen rote Zielballons aufsteigen. Die Aktion verfolgten die Schnellbootsfahrer der Bundesmarine. Noch bevor die Artilleristen mit ihren 25-mm-Geschützen auf dem MLR zum Abschuss der Zielballons kamen, hatten die Schnellbootsfahrer das Ziel mit Leuchtspurmunition bekämpft. Sie freuten sich über den erfolgreichen Abschuss. An Bord des MLR war man mehr als verärgert. Schließlich hatte man die Bundesmarine nicht zum innerdeutschen Wettbewerb im Artillerieschießen auf See eingeladen.

Im **Juni 1969** nahmen drei MLR des Typs KRAKE vom Marinestützpunkt Warnemünde/ Hohe Düne Kurs in Richtung Kieler Bucht und Großen Belt. Die unter dem Kommando von Kapitän zur See Fritz Notroff stehenden Marineschiffe absolvierten mit Offiziersschülern des 3. Studienjahres der Crew 66 eine Navigationsbelehrungsfahrt mit Weiterfahrt nach Gdansk, Riga und Leningrad. Plötzlich meldete der Ausguck auf dem MLR 225 mit dem Städtenamen DRESDEN im Seegebiet zwischen Fehmarn und Lolland eine im orangefarbenen Anzug in der See treibende Person. Die drei MLR änderten ihren Kurs. Sie hielten auf die leblos im Wasser aufschwimmende Person zu. Auch ein Schiff der Bundesmarine, das im Seegebiet operierte, bemerkte, dass die MLR der Volksmarine auf See etwas entdeckt hatten. Der schnelle Minensucher ALGOL M 1068 der Schütze-Klasse 341 näherte sich den MLR 225 und 242 bis auf wenige Meter. Für die Offiziersschüler der Crew 66 war es die erste Begegnung mit einem Schiff der Bundesmarine. „Alle an Bord waren ein wenig nervös", erinnert sich Manfred Soltwedel, damals einer der Offiziersschüler auf MLR 225. Die Männer auf M 1068 vermuteten, dass da vielleicht jemand abgehauen sein könnte, der wieder lebendig oder tot einfangen werden sollte. Die Fluchtvariante sollte sich jedoch nicht bestätigen. Der Kommandierende der Fahrt entschied, „Wir untersuchen die vermutlich tote Person und nehmen sie an Bord." Wegen der unklaren Lage und Nahbereichssituation mit dem Minensucher befahl der MLR-Kommandant einen Obermaat mit schussbereiter MPi ans Oberdeck. Er postierte sich am hinteren 25-mm-Backbordgeschütz. Die Marinesoldaten auf M 1068 standen fast alle an Oberdeck. Sie schauten interessiert in nur wenigen Metern Distanz zum MLR 225 herüber und beobachteten das Geschehen. Das MLR fuhr längsseits an die Wasserleiche heran. Der Bootsmann führte diese mit dem Enterhaken bis zum Heck mit. Dann hievten die Marinesoldaten die Person an Bord. Der Anblick der Wasserleiche soll nicht der beste gewesen sein. Offensichtlich trieb der Mann schon einige Tage in See. Die Leiche war mächtig aufgequollen. Ein Besatzungsmitglied mit angelegter Schutzausrüstung und Gasmaske untersuchte die auf dem Achterdeck abgelegte Leiche. Er fand persönliche Dokumente. Bei dem Toten handelte es sich um einen dänischen Segler. Die Umstände seines Todes und der Verbleib des Bootes konnten zu diesem Zeitpunkt und Ort nicht geklärt werden. Das MLR 225 fuhr mit der Leiche an Bord zum Marinestützpunkt zurück. Die anderen beiden MLR setzten ihre Fahrt in Richtung Kattegat fort. Die Sache hatte für Kapitän zur See Notroff noch ein diplomatisches Nachspiel. Um die notwendigen Formalitäten mit dem NATO-Land Dänemark klären zu können, musste man sich der Hilfe des Bündnispartners Polen bedienen. Zu jener Zeit wurde die DDR von vielen Staaten nicht anerkannt. Das MLR der Volksmarine hätte die Wasserleiche lieber den auf See anwesenden Kameraden der Bundesmarine überlassen bzw. übergeben sollen. Dann hätte man sich den aufwendigen diplomatischen Schriftverkehr sparen können. Eine derartige Verbindungsaufnahme zum damaligen Gegner, der in Rufweite neben dem MLR lag, war damals jedoch undenkbar.

Auf Befehl des Hauptgefechtsstandes im Kommando der Volksmarine kamen am **16. Dezember 1969** trotz stürmischer See zwei Raketenschnellboote zur Aufklärung und Begleitung des modernen Lenkwaffenzerstörers LÜTJENS D 185 zum Einsatz. Als der erst kurz zuvor in Dienst gestellte super moderne Zerstörer der Bundesmarine mit seinen modernen Waffensystemen vor der mecklenburgischen Küste auftauchte, schrillten im Stab der Volksmarine die Alarmglocken. Man reagierte auf die Raketenbedrohung in der Verantwortungszone der Volksmarine mit der Entsendung von zwei Raketenschnellbooten des Typs 205. Diese 39 Knoten laufenden Boote hatten jeweils vier Raketen des Typs P-15 an Bord. Die Volksmarine entsandte stets solche Typschiffe zur Aufklärung und Begleitung von NATO-Fahrzeugen, die in der Lage waren, diese auf Befehl zu bekämpfen. Im Verlauf ihrer Begleitaufgabe auf See wurde der neue Lenkwaffen-Zerstörer gründlich in Augenschein genommen. Die Männer der Schnellbootsbesatzungen sammelten wichtige waffentechnische Erkenntnisse über den neuen Zerstörers der Bundesmarine.

Am **25. Juli 1970** näherte sich das BRD-Fahrgastschiff STERN VON RIO II mit etwa 70 an Bord anwesenden Passagieren dem Vorpostenschiff der Volksmarine im Fehmarnbelt bis auf 50 Meter. Den Marinesoldaten blieb nicht verborgen, dass ein Großteil der männlichen Personen an Bord sichtbar unter Alkoholeinfluss stand. In Richtung des Marineschiffes winkten einige Personen mit Bierflaschen und riefen der Besatzung herüber: „Kommt doch rüber Jungs. Bei uns ist es viel besser!" Auf den Biervorrat des Fahrgastschiffes bezogen, schien das vielleicht zu stimmen.

In den Morgenstunden des **16. März 1971** ergab sich für das MLR-Schiff 222 mit dem Städtenamen LEIPZIG im Langeland Belt die Gelegenheit, den Zerstörer ROMMEL D 187, optisch aufzuklären. Der Zerstörer lief in Richtung Kiel und wurde vom Schnellboot FALKE P 6072 begleitet. Die Schnellbootsfahrer versuchten, das MLR von ihrem Zerstörer abzudrängen. Immerhin handelte es sich um den ersten Seekontakt eines Schiffes der Volksmarine mit dem westdeutschen Zerstörer ROMMEL. Der MLR-Kommandant brachte sein Schiff nahe genug an die ROMMEL heran. Die Fotoapparate auf der LEIPZIG klickten ununterbrochen. Das Kriegsschiff der Charles F. Adams-Klasse der Bundemarine wurde aus allen Blickwinkeln abgelichtet. Für die MLR-Besatzung war diese Begegnung ein besonderes Ereignis. Im Angesicht der ROMMEL lagen zwischen beiden Schiffen nicht nur waffentechnische Welten. Wenige Monate später bekam das MLR LEIPZIG den Lenkwaffen-Zerstörer MÖLDERS D 186 vor die Kameras.

Im **Juli 1971** lief der US Flugzeugträger INTREPID vom Vietnameinsatz zurück kehrend, in die Ostsee ein. Seine Anwesenheit und Operationen im Seegebiet vor der DDR-Küste bis hin zur Insel Gotland in der mittleren Ostsee wertete der Warschauer Pakt als Bedrohung. In der DDR fand gerade die „Ostseewoche" im damaligen Bezirk Rostock statt. Die alljährliche, von vielen Bürgern besuchte Veranstaltung lief unter der Losung: „Die Ostsee muss ein Meer des Friedens sein". Diese von den Ostseeanliegerstaaten vertretende Politik wollte so gar nicht zum Vorstoß des amerikanischen Kampfverbandes in die Ostsee passen. Begleitet wurde der zur U-Bootbekämpfung umgerüstete Träger mit einer Wasserverdrängung von 42.000t vom US-Kreuzer NEWPORT NEWS und Zerstörer KENNEDY sowie zeitweilig auch vom britischen Hubschrauberträger BULWARK. In der mittleren Ostsee schirmten die Fregatten HARTLEY und TAUSSIG die INTREPID ab. Als sich dieser mächtige NATO-Kampfverband auf dem Rückmarsch in Richtung Kiel befand, setzte die Volksmarine zur Aufklärung und Begleitung vor der DDR- Küste erstmalig eine Schiffsschlaggruppe ein. Raketenschnellboote umschwärmen die INTREPID auf freier See. Bei nahezu idealem Sommerwetter, einer Sichtweite von drei Seemeilen und leichter Brise formierten zwei Abteilungen Leichter Torpedoschnellboote (LTS) zum fiktiven Torpedoangriff. In rasanter Geschwindigkeit näherten sie sich zangenförmig dem gegnerischen Verband. In einer Distanz von acht Seemeilen kam der Befehl zum „Angriff". Obwohl völkerrechtswidrig sollte dieses von höchster Stelle befohlene fiktive Angriffsmanöver, „Hausrechte" in der Ostsee demonstrieren. In einer Entfernung von 20 bis 24 Kabellängen kamen die 24 LTS-Boote in Schussposition. An Stelle des Kommandos „Torpedo los" schoss dann jedes Boot einen Leuchtstern weiß. Diese über See niedergehende Signalmunition galt als Zeichen des fingierten Torpedoschusses. Im Ernstfall wären jetzt etwa 50 Torpedos auf das anvisierte Ziel zugelaufen. Ob die Besatzungen der Kriegsschiffe der US Navy dieses imposante Feuerwerk über See als Scheinangriff oder Begrüßungsgeste deuteten, ist nicht bekannt. Im Gegensatz zur Volksmarine blieben die Amerikaner relativ gelassen. Die US INTREPID interessierte sich vor allem für die U-Boote der sowjetischen Seekriegsflotte. Der US Flugzeugträger stattete der Ostsee noch einmal 1972 und 1973 einen Besuch ab.

Im **Juli 1971** drängten zwei Torpedoschnellboote der Volksmarine im Verlauf einer Torpedoschießübung der Volksmarine in der Ostsee den Tender SAAR A 65 von der Flottille der Minenstreitkräfte der Bundesmarine ab. Der Tender versuchte, die Aufnahme der nach dem Verschießen auf See aufschwimmenden Torpedos zu behindern, wenn nicht gar selbst zu bergen. Auf diese Art von „Hilfe" wollte die Volksmarine verzichten. Die Torpedos durften nicht in die Hände des Gegners geraten.

Am **21. Juni 1972** befand sich das Versuchsschiff V-81, ein U-Jagdschiff vom Typ HAI der Volksmarine, zur Erprobung von neuartigen Minenräumgeräten auf der Position 54 Grad 54,5 Minuten Nord und 13 Grad 45,1 Minuten Ost in der Ostsee. Um 8.56 Uhr und 9.15 Uhr wurde es von Marinefliegern des Typs STARFIGHTER im Tiefflug überflogen. Um 10.29 Uhr wiederholte sich das Schauspiel von einem schwedischen Jagdflugzeug des Typs SAAB. Der Pilot bretterte im Tiefflug in einem Höhenabstand zwischen 50 bis 100 Meter über das Schiff hinweg.

Das Jahr **1972** lieferte ein Beispiel für seemännisch korrektes Verhalten bei Begegnungen von Marinefahrzeugen auf See. Am 21. Juni näherten sich die beiden Schnellboote der Bundesmarine ALK P 6084 und STORCH P 6085 der JAGUAR-Klasse gegen 13.30 Uhr dem U-Jagdschiff der Volksmarine „V-81". Sie kamen bis auf 50 Meter heran. Das Schnellboot ALK pfiff auf gleicher Höhe „Front". Das U-Jagdschiff der Volksmarine erwiderte den Gruß. Nach der wechselseitigen Grußerweisung mit „Front Pfeifen" kam das Schnellboot der Bundesmarine P 6084 um 13.42 Uhr bis fünf Meter an die Backbordseite des U-Bootjägers der Volksmarine heran. Der Kommandant des Schnellbootes ALK stellte sich namentlich als Kapitänleutnant Hagenbeck vor. Er bedankte sich für die erwiderte Grußerweisung des U-Jagdschiffes und wünschte der Besatzung der Volksmarine weiterhin eine gute Fahrt.

Durch das Ausbringen von Schlauchbooten, an einer Schleppleine befestigte Rettungsringe bzw. Schwimmwesten oder an der Bordwand herunter gelassene Kletternetze forderten Fahrzeuge der Bundesmarine und dänischen Marine Besatzungsangehörige der Volksmarine wiederholt zur Fahnenflucht auf. Die Kriegsschiffe näherten sich dem Vorpostenschiff bis auf 30 Meter. So geschehen am **17. Dezember 1971** bei der Annäherung des dänischen Wachfahrzeuges RAN P 537, des Minensuchers NAUTILUS Y 1653 und BGS See DUDERSTADT BG-14 am **24. Juni 1973** sowie drei Tage später bei der Begegnung mit dem schellen Minensucher PERSEUS M 1090.

Am **6. Januar 1973** kollidierte die Fregatte EMDEN F 221 der Bundesmarine um 8.33 Uhr bei dichtem Nebel im Seegebiet nördlich vor Rügen mit dem Trawler ROS-205 BERLIN vom Fischkombinat Rostock. Der Trawler fischte mit Grundschleppnetz mit etwa 4 Knoten Geschwindigkeit bei Sichtweiten zwischen 0,5 bis 1 Kabellänge (ca. 90 bis 180 Meter) mit vorschriftsmäßiger Lichterführung. Wegen des

Nebels setzte er regelmäßig Nebelsignale. In ca. zwei bis drei Seemeilen Entfernung zeigte das Schiffsradar ein Echo auf 30 Grad an Steuerbord. Der Abstand zum Zielobjekt verringerte sich sehr schnell. An Bord von ROS-205 herrschte höchste Aufmerksamkeit. Der I WO versuchte, eine UKW-Verbindung zum anderen Schiff herzustellen. Der Kontakt misslang, weil das Gerät nicht auf die internationale Kanalfrequenz 16 geschaltet war. Um 8.32 Uhr sichtete die Brückenwache auf ROS-205 in nur 80 Meter Entfernung ein Fahrzeug an Steuerbord. Das kam nahezu im rechten Winkel auf den Trawler zu. Der I WO ließ die Maschine sofort auf „Stopp" und dann „Zurück volle Fahrt" legen. Parallel signalisierte er seine Rückwärtsfahrt mit dem Typhon „drei Mal kurz". Wegen der Zugwirkung des Grundschleppnetzes kam der Trawler schnell zum Stehen.

Die Fregatte EMDEN der KÖLN-Klasse hatte den Trawler aus nicht näher bekannten Gründen offensichtlich zu spät bemerkt. Sie versuchte beim Manöver des letzten Augenblicks nach Steuerbord abzudrehen. Dabei brach der Heckteil des Marineschiffes in Richtung des Bugs vom Fischtrawler aus. Um 8.33 Uhr krachte es im Seegebiet vor Rügen. Die EMDEN prallte mit der Backbordseite ihres Achterschiffes gegen die Steuerbordseite des Vorstevens der BERLIN. Die Materialschäden am Schiffskörper hielten sich auf beiden Seiten in Grenzen. Die Fregatte F 221 nahm anschließend Kurs in Richtung Bornholm und wurde in Rönne notdürftig repariert. Der Fischtrawler übergab nach der Kollision seinen Fischfang an das im Seegebiet liegende Transport- und Verarbeitungsschiff MARTIN ANDERSEN NEXÖ. Anschließend nahm er Kurs zum Heimathafen Rostock. Im Ergebnis des am 2. März 1973 vor dem Seekammergericht in Rostock verhandelten Vorfalls, erging der Spruch: „Gemäß Artikel 26 der Seestraßenordnung KVR-60 war die freilaufende Fregatte EMDEN gegenüber der fischenden BERLIN ausweichpflichtig."

Während einer Begleitaufgabe des U-Jagdschiffes SPERBER, Bord-Nummer 421, in der Mecklenburger Bucht kam es am **10. April 1973** zur Begegnung mit dem U-Boot S 187 der Bundesmarine. Ich hatte damals auf dem U-Jäger die Dienststellung als Leitender Ingenieur. Das U-Boot fuhr gemächlich seinen Kurs in Richtung Ost. Wir hatten den Befehl erhalten, das U-Boot bis ins Seegebiet Höhe Hiddensee zu begleiten. Wir näherten uns dem Boot S 187 bis auf etwa 100 Meter. Die See war ruhig. Mein Kommandant, Kapitänleutnant Horst Wilhelm, beorderte mich auf die Brücke. Er ahnte, dass ich zuvor ein U-Boot der Bundesmarine auf See noch nicht gesehen hatte. Der Kaleu leitete das Grußzeremoniell ein, mit „Front Pfeifen". Ich stand in meinem Bord-Blau-Arbeitsanzug frierend auf der offenen Brücke und nahm Haltung an mit Blick zum „Gegner". Der Kommandant des U-Bootes, es handelte sich um U 8 der Klasse 205, erwiderte den seemännischen Gruß. Das hat mich damals mächtig beeindruckt. Auch die an Oberdeck zum U-Boot hinüber schauenden Besatzungsangehörigen meines Schiffes bestaunten die U-Bootfahrer. Im Kriegsfall sollten wir sie unter Wasser orten und bekämpfen bzw. das U-Boot uns. Hier in diesen Minuten spielte sich alles ganz friedlich ab. Das Winken war uns verboten. Soweit ich mich erinnere, hat sich daran auch jeder gehalten. Das U-Boot hat unser

Fahrzeug nicht weiter beachtet und fuhr seinen Kurs unbeirrt in Richtung Bornholm. Mein Kommandant klärte mich bei dieser Gelegenheit über das damals übliche „Katz und Maussspiel" auf See zwischen den U-Jagdkräften der Volksmarine und den U-Booten der Bundemarine auf. Passierten westdeutsche U-Boote die DDR-Küste, dann wurden sie gewöhnlich von U-Bootabwehrschiffen begleitet. Sobald die Wassertiefe in der Ostsee groß genug war, tauchten die U-Boote vor unseren Augen in der See ab. Jetzt konnten Wetten darauf abgeschlossen werden, wie lange der Sonarkontakt zum U-Boot hielt. Das wussten auch die Männer in der Stahlröhre unter Wasser. Der Kontakt ging meistens verloren. Das U-Boot entwischte und tauchte dann irgendwo in ´zig Meilen Entfernung wieder auf.

Während des Vorpostendienstes vom **5. bis 14. September 1973** diente das MLR 222 mit dem Städtenamen LEIPZIG unfreiwillig als Zielobjekt von NATO-Kampfflugzeugen. Das Schiff der Volksmarine lag nahe der Tonne 6c am östlichen Ausgang des Fehmarnbelts. Es geriet in eine NATO-Übung in der westlichen Ostsee. Die Quote der aufgeklärten Fahrzeuge auf See und in der Luft erreichte Rekordwerte. Innerhalb von 10 Tagen erfasste die MLR-Besatzung im Seegebiet 149 Seeziele (Kriegsschiffe) und 268 Luftziele (Kampfflugzeuge). Alle wurden dem Hauptgefechtsstand der Volksmarine gemeldet. Den Höhepunkt erlebte die MLR-Besatzung an einem sonnigen Vormittag. Plötzlich flogen aus Richtung der Insel Fehmarn etwa 15 Maschinen des Typs F G.91 und eine PHANTOM das ankernde Schiff der Volksmarine in respektabler Höhe an. Sie hielten direkt auf das Marineschiff zu. Probten die NATO-Piloten wieder einmal einen Scheinangriff oder war es diesmal Ernst? Keiner an Bord des MLR-Schiffes konnte das vorhersehen. Die NATO hatte das Manöverelement „Luftangriff zur Übung" gegenüber dem Marineschiff des Warschauer Paktes nicht per Funk angekündigt. Der Kommandant, Oberleutnant Roland P., die Gefahr für sein Schiff erkennend, löste an Bord Gefechtsalarm aus. Alle Luftabwehrgeschütze waren feuerbereit und die Munitionsgurtkästen an den 25-mm-Waffen angeschlagen. Unter der Besatzung herrschte höchste Aufmerksamkeit. Dann brach über die Mariner das donnernde Getöse der zweistrahligen Kampfjets der Bundesluftwaffe herein. Im Sturzflug rasten sie in mehreren Angriffswellen auf das Schiff der Volksmarine zu. In einem Höhenabstand von vielleicht 20 Meter fingen die Piloten schließlich ihre Maschinen ab und zogen dann ihren Kampfjet nach oben. Hierbei handelte es sich um Jagdbomben- und Aufklärungsflugzeuge des Typs FIAT (F) G. 91, das auch in der Version als Erdkampf- und taktisches Unterstützungsflugzeug gebaut wurde. Es war der erste strahlgetriebene Kampfjet, der in Deutschland nach dem Zweiten Weltkrieg in Lizenz bei Dornier gefertigt wurde. Das G. stand für den Namen des italienischen Chefkonstrukteurs Gianelli. Die Piloten nannten die Flugzeuge „Gina", wohl in Anlehnung an die Schauspielerin Gina Lollobrigida. Doch für diesen waffentechnischen Exkurs verspürte die MLR-Besatzung in diesen Minuten wenig Interesse. Die Marinesoldaten verfolgten aufmerksam, wie die NATO-Flugzeuge in ca. vier Kilometer Entfernung in einer kreisförmigen Flugbahn über See um das MLR vorbei zogen, um sich dann erneut zum Scheinangriff im Sturzflug auf das MLR zu formieren. Der damalige Leitende Ingenieur auf MLR 222, Kapitänleutnant Günter Haselow berichtete, dass sich das militärische Spektakel drei bis vier Mal innerhalb von 30 Minuten wiederholte.

Im **September 1974** näherte sich das Aufklärungsschiff OSTE A 52 der Bundesmarine der mecklenburgischen Küste vor Usedom, dem Übungsgebiet der Volksmarine. Ein Boot der der 6. GBK näherte sich der OSTE bis auf 30 Meter. Der Kommandant der OSTE drohte: „Wenn sie noch einmal so nahe kommen, werde ich die Bordwaffen klar machen." Dieser Vorfall ereignete sich in internationalem Gewässer, etwa vier Seemeilen vor der DDR-Küste und 180 Seemeilen entfernt von Flensburg.

Am Weihnachtstag, dem **24. Dezember 1974,** näherte sich das Schnellboot DACHS P 6094 der Bundesmarine bis auf 100 Meter dem Vorpostenschiff der Volksmarine. Mit der Vartalampe gaben sie den optischen Spruch „Wir wünschen Ihnen ein frohes Weihnachtsfest und gesundes, glückliches Neues Jahr". Auch Wachboote des BGS-See richteten bei ihren, bis ins Seegebiet nördlich von Rügen ausgedehnten Patrouillenfahrten, wiederholt Weihnachts- und Neujahrsgrüße an Schiffsbesatzungen der Volksmarine. So z.B. kam BG 17 BAYREUTH am **31. Dezember 1974** bis auf 30 Meter an das MSR EILENBURG 344 heran. Über Bordlautsprecher kam dann der Spruch: „Kommandant des Wachbootes BAYREUTH wünscht Kommandant des Schiffes 344 und der Besatzung ein frohes Neues Jahr". Gleichzeitig wurde intensiv gewunken. Die Grüße wurden von den Signalgasten des MSR-Schiffes angenommen bzw. quittiert.

Zur Fußballweltmeisterschaft im **Juni 1974** schien sich die Begeisterung in den Fußballstadien auch auf die deutsch-deutschen Begegnungen auf See zu übertragen. Am **15. Juni** näherte sich das Boot BG 17 bis auf 30 Meter dem vor Fehmarn liegenden Minensuch- und Räumschiff der Volksmarine. Der BGS-Kommandant rief herüber: „Kommandant, gratuliere zum Sieg Ihrer Mannschaft!" Zwei Tage später passierte am **17. Juni** der Minensucher FLENSBURG M 1084 das Vorpostenschiff der Volksmarine. Das Fahrzeug der Bundesmarine setzte den Spruch: „Wir laden Euch ein zur Fußballweltmeisterschaft". Am **30. Juni** kam BG 17 erneut bis 30 Meter an das Minensuch- und Räumschiff der Volksmarine heran. Der Kommandant rief: „Schlagt die Holländer, dann haben wir es leichter! Gebt es ihnen heute Abend beim Fußballspiel".

Im **April 1975** beobachtete der Tender SAAR A 65 der Bundesmarine ein Seemanöver des Warschauer Paktes in der Ostsee. Dem Tender waren drei schnelle Minensuchboote zugeteilt. Zu den U-Jagdeinheiten des gemischten Verbandes gehörten auch U-Jagdschiffe des Typs HAI der Volksmarine. Der Kommandant des Tenders SAAR, Reinhard Zoche, erinnert sich, dass eines dieser U-Jäger dem Verbandsführer einige Probleme bereitete. Der HAI-Kommandant wollte vermutlich in den Heimatstützpunkt nach Warnemünde entlassen werden, weil angeblich die Verpflegung aufgebraucht war. Als das nicht zog, meldete der HAI-Kommandant eine technische

Störung in der Maschinenanlage seines Schiffes. Der Verbandsführer ließ Fachpersonal zur Reparatur der defekten Maschine übersetzen. Die Männer bekamen die Antriebsmaschine wieder klar. Die Übung lief weiter. Jetzt ärgerte der HAI-Kommandant den Verbandsführer mit falschem und nachlässigem Fahren in der U-Jagdformation. Es dauerte nicht lange, da platzte dem Verbandsführer der Kragen. Er brüllte in das Sprechfunkmikrofon: „Nehmen sie sofort ihre Station ein. Ihre Stunde schlägt morgen in Warnemünde auf der Pier!" Der Sprechfunkverkehr mit dem „Hick Hack" zwischen dem Kommandanten und Verbandsführer einschließlich dem Wutausbruch des Flottenführers lief für alle hörbar über Oberdecksslautsprecher. Das Donnerwetter, das sich dann in Warnemünde über den HAI-Kommandant entlud, bekam die Bundesmarine nicht mit.

Im Verlauf des Manövers begleitete der Tender SAAR mit seinen schnellen Minensuchern einen russischen Kreuzer auf dessen Fahrt vom Seegebiet in Höhe Gedser mit Kurs Ost. Die Besatzungen der Minensucher bemerkten, dass man auf dem Kreuzer diverse kleine Gegenstände über Bord warf. Die deutschen Marinesoldaten fischten die in der See schwimmenden Geschenke auf. Darunter befanden sich wasserfest verpackte russische Kommissbrote. Nach Abschluss des Einsatzes gingen die drei Minensucher im Seegebiet Adlergrund an den Tender SAAR längsseits. Als die vom Kreuzer geborgenen Gegenstände eingesammelt wurden, fehlten die Kommissbrote. Sie waren inzwischen von den Besatzungen der Minensucher genüsslich verspeist worden. Dass man in der russischen Marine köstliches Brot backen konnten, davon habe ich mich bei Flottenbesuchen mehrfach überzeugen können.

Am **6. November 1976** setzte der Kommandant des Zerstörers ROMMEL D 186 gegenüber dem Kommandant eines Torpedoschnellbootes der Volksmarine den Signalspruch ab: „K an K– ich verachte Euch, Hunde".

Am **18. April 1979** begegneten das Raketenschnellboot FRITZ GAST 714 (Projekt 205/11) und das Torpedoschnellboot ADAM KUCKHOFF 814 (Projekt 206/8) der Volksmarine im Seegebiet nördlich von Zingst dem US- Raketenzerstörer COONTZ. Beide Schnellboote leiteten zum Führerschiff der Ständigen NATO Einsatzflotte Atlantik das übliche Großzeremoniell auf See ein. Als Antwort wurden am Heckdoppelstarter des Zerstörers zwei Raketen des Typs „Standart ER" ausgefahren und auf das Raketenschnellboot 714 gerichtet. Die Reaktion der Amerikaner auf das „Front Pfeifen" der Boote der Volksmarine schockierte die Schnellbootsfahrer. Damit hatten sie nicht gerechnet.

Am **7. Juni 1979** kam es im Seegebiet nordöstlich vor Rügen zum faktischen Waffeneinsatz der Bundesmarine. Die Zerstörer Z 2 und Z 4 sowie das Begleitschiff MOSEL absolvierten ein mehrstündiges Luftzielschießen mit dem Zielflugzeug vom Typ NORATLAS. Weil dies nicht angemeldet war, empfand die Marineführung der DDR dies vor ihrer Küste als Provokation. Das schnelle Minensuchboot PERSEUS M 1090 der Bundesmarine passierte das Minensuch- und Räumschiff EILENBURG 344. Dabei richtete es sein 40-mm-Geschütz auf das Fahrzeug der Volksmarine.

Am **28. August 1979** näherte sich das Flottendienstboot OKER A 53 der Bundesmarine dem Minensuch- und Räumschiff GRANSEE 313 der Volksmarine. Das MSR befand sich auf der Position 12/1 in unmittelbarer Nähe der Territorialgewässer der DDR südöstlich der Insel Rügen. Die OKER ging auf Stopp und brachte in etwa 100 Meter Distanz zum MSR achtern ein bemanntes Schlauchboot aus. Besatzungsangehörige der OKER warfen einen Rettungsring hinterher. Diese „Schlauchbootübung" mit Rettungsring in unmittelbarer Nähe zum MSR betrachtete man auf dem Fahrzeug der Volksmarine nicht als „Mann über Bord"-Manöver, sondern als indirekte Einladung zur Fahnenflucht.

Am **4. September 1979** schoss das Flugkörper-Schnellboot LUCHS P 6143 der Klasse 148 der Bundesmarine in provokatorischer Absicht in der Ostsee Fallschirmleuchtraketen über den Gittermast des Torpedoschnellbootes ERNST SCHNELLER mit der Bordnummer 835. Nach einer Seenotübung sah das nicht aus, sondern eher als „Ziel"-Schießen auf ein Fahrzeug der Volksmarine.

Die gleiche „Zielübung" vollzog in provokatorischer Absicht ebenfalls am **4. September 1979** der Tender RHEIN A 58. Der Tender der Bundesmarine richtete sein 40-mm-Geschütz auf das U-Bootabwehrschiff PARCHIM 242 der Volksmarine.

Ende der 70er Jahre brachten Schiffe der 6. GBK in der Wismarer Bucht das westdeutsche Schiff PETER I auf. Der Meeresangler hatte die Territorialgewässer der DDR verletzt. Die DDR-Marinegrenzer kontrollierten das Schiff der BRD. Von den an Bord anwesenden 58 Personen konnten oder wollten sich 26 Bürger gegenüber den DDR-Soldaten nicht ausweisen. Während der Kontrolle erklärte der Kapitän, dass sein Fahrzeug von der eigenen Küstenbeobachtung mitgeführt werde, und dass er mit dem BGS-See wegen des Vorfalls in Funkverbindung stehe. Den Grenzsicherungskräften blieb nicht verborgen, dass auf der Funkanlage an Bord die Grenzmeldefrequenz des BGS-See eingestellt war. Offensichtlich bat der westdeutsche Kapitän den BGS um Hilfe. Wenig später lief aus Neustadt ein Boot des BGS-See aus. Es steuerte mit Höchstfahrt die Position von PETER I auf See an. Die Grenzsicherungskräfte stellten die Kontrolle ein und verwiesen den Meeresangler außerhalb der DDR-Territorialgewässer.

Das Landungsschiff COTTBUS 634 der FROSCH-Klasse der Volksmarine begleitete am **25. Mai 1980** den Minentransporter SACHSENWALD A 1437 der Bundesmarine auf dessen Fahrt von Ost nach West im Seegebiet vor der DDR-Küste. Auf der Position 54 Grad 35 Minuten Nord und 11 Grad 15 Minuten Ost Eingangs des Fehmarnbelts drehte das Landungsschiff COTTBUS schließlich in Richtung Heimat ab. Zur Verabschiedung setzte der westdeutsche Minentransporter das internationale Flaggensignal „Wünsche Ihnen eine gute Reise, Danke für Ihre Unterstützung". Diese Geste blieb von der Besatzung des Landungsschiffes der Volksmarine unbeantwortet, obwohl man fast den ganzen Tag einträchtig zusammen in Richtung Westen fuhr.

Am **25. Juli 1980** befanden sich das Küstenschutzschiff BERLIN mit der Bord-Nummer 142 und Schulschiff S 61 der Volksmarine auf Ostkurs von Warnemünde nach Tallinn. Als beide Fahrzeuge das Seegebiet nördlich Rügen passierten, sorgten NATO-Flugzeuge für die ersten unliebsamen Störungen auf See. Mehrmals überflogen Marineflugzeuge des Typs PHANTOM und STARFIGHTER sowie ein Aufklärungsflugzeug des Typs BREGUET ATLANTIK beide Schiffe in geringer Höhe. Sichtbar im Masttopp der BERLIN wehte die Flagge des Chefs der Volksmarine. Den I-Punkt der Provokation auf See setzte dann ein dänischer NATO-Hubschrauber. Minutenlang hielt er sich in der Standschwebe direkt über dem KSS BERLIN auf. Man konnte dem Piloten förmlich ins Auge blicken. Der Lärm an Oberdeck war unerträglich. Nach dieser Provokation in der Luft brauste ein dänisches Wachschiff der DAPHNE-Klasse heran. Es näherte sich beiden Fahrzeugen der Volksmarine bis auf wenige Meter und lief dann eine Weile parallel mit.

Am **15. März 1982** richtete die Besatzung des Tenders NECKAR A 66 vom 7. Schnellbootsgeschwader der Bundesmarine bei der Begegnung mit dem Minensuch- und Räumschiff RÖBEL 324 sein Geschütz auf das Fahrzeug der Volksmarine.

Die Torpedoschnellboote FRIZ HECKERT 834 und BERNHARD BÄSTLEIN 836 (Projekt 206) der Volksmarine, begleiteten am **22. September 1982** die US Raketenfregatte ELMER MONTGOMERY im internationalen Seegebiet vor der DDR-Küste. Während der Parallelfahrt beidseitig zur Raketenfregatte provozierten die Amerikaner die Schnellbootsbesatzungen mit obzönen Handlungen an Oberdeck und der symbolischen Errichtung eines Galgens auf dem Achterdeck. Angesichts dieser symbolischen Morddrohung verzichteten beide Schnellboote auf die Grußerweisung auf See.

Während der NATO-Übung „Baltic-Operations 82" **im Herbst 1982** fuhren Kleine Torpedoschnellboote der LIBELLE-Klasse wiederholt Scheinangriffe auf den Flugkörper-Zerstörer der Bundesmarine ROMMEL und den US-Kreuzer TURNER im Seegebiet nördlich von Warnemünde. Während sich die ROMMEL an der Steuerbordseite eines Tankers der US Navy im Seeversorgungsmanöver in Fahrt (RAS) befand, wurde an der Backbordseite die US-TURNER versorgt. NVA-Kampfhubschrauber flogen bei diesem RAS-Manöver mehrere Scheinangriffe im Tiefflug. Eine Gruppe Kleiner Torpedoschnellboote fuhr in rasanter Fahrt von annähernd 45 Knoten Scheinangriffe auf die NATO-Fahrzeuge auf See. Anschließend demonstrierten die LIBELLE-Schnellboote hoch riskante und extrem unseemännische Manöver. Sie schoben sich von achtern zwischen den jeweils an Steuerbord und Backbord im geringen Abstand zum US Tanker zur Treibstoffaufnahme fahrenden beiden NATO-Schiffen. Ein solches Manöver hatte, wie sich Willy Reiss erinnerte, kein Besatzungsmitglied an Bord der NATO-Schiffe für möglich gehalten. Staunen und Kopfschütteln wich der Erleichterung, dass bei diesem gewagtem Manöver nichts passierte.

Ende **Juli 1983** befand sich das Minensuch- und Räumschiff KYRITZ 321 im

Vorpostendienst im Fehmarnbelt. In der Ostseeregion herrschte eine hochsommerliche Wetterlage. In den politischen Beziehungen zwischen der DDR und der BRD stand dagegen das Politbarometer auf Tief. Während des sieben Tage andauernden Seetörns wurde das MSR mehrmals von Marinefliegern des Typs PHANTOM und STARFIGHTER überflogen. Zwei Piloten riskierten den Überflug sogar in nur wenigen Metern über dem Schiffsmast. Im Angesicht der über ihr Schiff hinweg donnernden NATO-Kampfjets kamen die Marinesoldaten an Oberdeck richtig ins Schwitzen. Private Segelyachten aus der BRD kreuzten in unmittelbarer Nähe. Deren Crews wollten offenbar den „roten" Vorposten einmal ganz aus der Nähe betrachten. Interessiert verfolgte die Besatzung an einem Tag die Annäherung einer schmucken nachgebildeten Fleute aus vergangenen Zeiten. Der Dreimaster hatte nicht alle Segel gesetzt. Dafür wehte am Heck eine überdimensional große bundesdeutsche Staatsflagge. Als sich das Segelschiff querab in einer Distanz von etwa 30 Meter zum MSR befand, vermutete der Kommandant, dass der Segler seine Flagge dippt, um die Mariner auf See zu grüßen. Doch weit gefehlt. Am Hauptmast stieg in provokatorischer Absicht die schwarze Totenkopfflagge empor. Die Besatzung auf der KYRITZ konnte es kaum glauben, es gab 1983 noch Piraten in der Ostsee. Diese kreuzten bekanntermaßen nur zu den Störtebeker-Festspielen in Ralswiek im Jassmunder Boden auf Rügen auf. Die Crew des BRD-Seglers demonstrierte mit dieser Art von „Flaggengruß" gegenüber einem Kriegsschiff der Volksmarine ihre politische Gesinnung gegenüber der DDR und ihren Marinesoldaten.

Vom **12. bis 19. Oktober 1985** lief die NATO-Übung „Baltic-Operations 85" in der Ostsee. Zum NATO-Verband gehörten u.a. das US Schlachtschiff IOWA, der US Raketenkreuzer TICONDEROGA, drei US Raketenfregatten und der britische Raketenzerstörer LIVERPOOL. Die Bundesmarine stellte den Raketenzerstörer MÖLDERS sowie die Fregatten RHEINLAND-Pfalz und AUGSBURG mit weiteren 11 Fahrzeugen, darunter zwei U-Booten der Klasse 206. Die dänische Marine beteiligte sich mit drei Fregatten und vier weiteren Fahrzeugen. Der eigentliche Star dieser Schiffsarmada war das 45.000t bis maximal 57.500t Wasser verdrängende große US Schlachtschiff IOWA (Bord-Nr. 61) mit einer Länge von 270,43 Meter und 32,98 Meter Breite. Die IOWA lief als erster Kernwaffenträger der NATO in die westliche und mittlere Ostsee ein. Diesmal führte das US Schlachtschiff jedoch keine Kernwaffen an Bord. Neben ihrer großkalibrigen Artilleriebewaffnung konnte die IOWA 32 Marschflugkörper des Typs TOMAHAWK, einer Marineversion der gegen Landziele eingesetzten CRUISE MISSILE, sowie 16 Seezielraketen mitführen. Besonders auffällig waren die drei mächtigen Artilleriedrillingstürme mit Geschützrohren des Kalibers von 406 mm. Mit seinen über vier Dampfturbinen von insgesamt 212.000 PS angetriebenen vier Propellern erreichte das Schiff eine maximale Geschwindigkeit von 33 Knoten (ca. 60 km/h). Wegen seines großen Tiefganges von 11,6 Meter konnte das Schlachtschiff in der relativ flachen westlichen und mittleren Ostsee höchstens 20 Knoten laufen. Das war gerade mal so viel Speed, mit der das Küstenschutzschiff BERLIN der Volksmarine der IOWA bequem folgen und diese überholen konnte. Das viel kleinere Küstenschutzschiff der 4. Flottille mit einem Deplacement von 1.499t und nur 3,48 Meter Tiefgang erreichte 30 Knoten. Als sich die NATO-Übung dem Ende näherte, unternahm die IOWA, vom Marinestützpunkt in Kiel aus, einen Vorstoß bis ins Seegebiet der Ostseeinsel Bornholm. Die Marineführungen des Warschauer Paktes befanden sich wegen der Anwesenheit der IOWA in der Ostsee im Alarmzustand. Immerhin galt das Schiff mit drei weiteren Anfang der 80er Jahre für 1,7 Mrd. US-Dollar aufwendig modernisierten Schlachtschiffen gleichen Typs, trotz seines Alters, als ein Kriegsschiff mit enormer Kampfkraft. Seit 1943 befand sich die IOWA in der US Navy im Dienst. Sie nahm am Pazifik-, Korea-, und Vietnamkrieg teil und kreuzte nach der Modernisierung im zweiten Golfkrieg vor der Libanesischen Küste auf. Die IOWA kam immer an weltpolitischen Brennpunkten bzw. Kriegsschauplätzen zum Einsatz. So erhob sich damals in West und Ost die Frage, was diese Machtdemonstration der USA Mitte der 80er Jahre vor der Haustür der sozialistischen Staaten bezwecken sollte. Für den Ostblock gab es keine Zweifel. Der von den Amerikanern durch die Anwesenheit der IOWA in der Ostsee inszenierte militärische Kraftakt galt damals als Beweis für die unverminderte Aggressivität der NATO gegenüber dem Warschauer Pakt. Das demonstrative Auflaufen der IOWA bis vor die baltische Küste hatte noch einen anderen Grund. Nachdem zuvor der moderne Flugdeckkreuzer KIEW der sowjetischen Seekriegsflotte mit einer Wasserverdrängung von 36.000t bis maximal 43.500t (Projekt 1143) in der Ostsee auftauchte und für Aufregung innerhalb der NATO sorgte, konterte das westliche Militärbündnis mit geballter maritimer Präsenz in „Baltic Operations 85". Die USA bewertete die Aktivierung und Modernisierung ihrer vier Schlachtschiffe der IOWA-Klasse als schlagkräftigste Antwort auf die sowjetischen Schlachtkreuzer der KIROW-Klasse. Der Oberkommandierende der sowjetischen Seekriegsflotte, Admiral Sergei Georgijewitsch Gorschkow, beobachtete die IOWA im Verlauf der NATO-Übung. Offensichtlich muss ihn das US Schlachtschiff sehr beeindruckt haben. Sein Eindruck widerspiegelte sich später in einer Rede vor dem US Navy-Personal. „Ihr Amerikaner wisst gar nicht, was für eindrucksvolle Kriegsschiffe ihr in diesen vier Schlachtschiffen habt. Aus der sorgfältigen Analyse haben wir geschlossen, dass diese großartigen Schiffe die am meisten zu fürchtenden Schiffe in eurem Arsenal sind. Im Kampf könnten wir alles, was wir haben, gegen diese Schiffe einsetzen, all unsere Feuerkraft würde an ihnen abperlen oder nur geringe Wirkung haben. Wenn wir dann erschöpft sind, werden wir euch am Horizont auftauchen sehen, und dann werdet ihr uns versenken." In dieser euphorischen Einschätzung kam zugleich auch die Bedrohung zum Ausdruck, die von diesem Waffensystem der US Navy für die UdSSR und ihrer Seekriegsflotte ausging.

Auch für die Schiffsbesatzungen der Volksmarine, die die IOWO im Seegebiet vor der DDR-Küste begleiteten, war der Anblick des US Schlachtschiffes überwältigend. In Anlehnung an die wechselvolle Geschichte des Kriegsschiffes machten sie sich auf die Anwesenheit der Amerikaner einen Reim „IOWA, IOWA bist du wieder da!" Der damalige Navigationsoffizier der KSS-Abteilung Fregattenkapitän Horst

Wilhelm, der auf dem KONI mitfuhr, erinnerte sich, dass die Geschütztürme der IOWA zeitweise in Richtung der DDR-Küste geschwenkt waren. Wegen der Bereitschaftsstufe 1 hatte die Besatzung der IOWA an Oberdeck teilweise den Stahlhelm aufgesetzt. Das KSS begleitete die IOWA bis zur Arkonasee nördlich Rügen. Dort übernahmen Schiffe der Polnischen Seekriegsflotte die weitere Begleitung. Im Seegebiet westlich der Insel Bornholm absolvierte die IOWA Schießübungen mit ihren gewaltigen 406-mm-Geschützen. Das Krachen der Geschütz-Salven über See war bis nach Rügen zu hören. Den Ostsee-Vorstoß der IOWA bis zur östlichsten Position etwa in Höhe Liepaja wertete der Warschauer Pakt als Provokation und größte militärische Bedrohung gegenüber den sozialistischen Staaten nach der Stationierung von Atomraketen „Pershing II" in Westeuropa. Im Gegensatz dazu exerzierten Kriegsschiffe des Warschauer Paktes kein Artillerieschießen im Golf von Florida. Ein Grund dafür lag sicherlich nicht nur darin, dass, mit Ausnahme der sowjetischen Seekriegsflotte, keine geeigneten Schiffe für ein derartiges Säbelgerassel zur Verfügung standen.

29. Oktober 1985: Der Zerstörer HESSEN D 184 der HAMBURG-Klasse 101A vom 2. Zerstörergeschwader in Wilhelmshaven absolvierte in freier See Zielübungen mit einem seiner drei 100-mm Geschütze auf das DDR-Handelsschiff TRENTSEE. Kurze Zeit später protestierte die Ständige Vertretung der DDR in der BRD im Bundeskanzleramt gegen diese, „im Widerspruch zu den allgemein anerkannten Regeln des Völkerrechts und der Freiheit der internationalen Schifffahrt stehenden Handlungen des Kriegsschiffes der BRD." Die DDR-Diplomaten forderten von der BRD-Regierung Maßnahmen, die eine Wiederholung dieser oder ähnlicher Provokationen ausschlossen.

Im Rahmen der Flottenübung „Baltic Operations 86" trainierten **im Oktober 1986** neun NATO-Schiffe in der Arkonasee vor der Insel Rügen, den „scharfen Schuss" im See- und Luftzielschießen. Insgesamt operierten in diesem Zeitraum 21 Einheiten der NATO-Seestreitkräfte unmittelbar im Küstenvorfeld der DDR. Die für seeseitige Handlungen im Rahmen der Truppenübung „BOLD Guard 86" in der Arkonasee zeitweilig entfalteten britischen Landungsschiffe mit dem US Flugzeugträger INTREPID hatten Truppen der 3. Marineinfanteriebrigade aus Großbritannien und der Niederlande an Bord.

Am **27. Januar 1989** kollidierte das Minensuch- und Räumschiff NEURUPPIN 345 östlich des Fehmarnbelts mit U19, einem U-Boot der Klasse 206 der Bundesmarine. Das MSR der 4. Flottille befand sich im Seegebiet der Vorpostenposition 72 der Volksmarine. An diesem Wintertag herrschten miese Witterungsbedingungen. Mäßig bis starker Wind peitschte dichte Schneeschauer über die westliche Ostsee. Das MSR hatte die Aufgabe, das U-Boot der Bundesmarine in Überwasserfahrt aufzuklären. Dabei touchierte das MSR das U-Boot. An beiden Fahrzeugen entstanden leichte Materialschäden am Boots- bzw. Schiffskörper.

11 Monate nach Abschluss des Vertrages zwischen der BRD und UdSSR über

die Verhütung von Zwischenfällen auf See kam es vom **13. bis 16. Oktober 1989** zum ersten offiziellen Besuch eines Verbandes der Bundesmarine im Ostseehafen Leningrad, dem heutigen Petersburg. Der Flottenbesuch war Bestandteil von Vereinbarungen beider Verteidigungsministerien, um das Verhältnis zwischen den Streitkräften der BRD und der UdSSR zu normalisieren. Bessere Kenntnis übereinander sollte zu mehr Vertrauen zueinander führen. Unter der Führung von Flottillenadmiral Hans-Rudolf Böhmer, dem späteren Inspekteur der „Gesamtdeutschen" Marine, weilten der Zerstörer ROMMEL D 187, die Fregatte NIEDERSACHSEN F 208 und der Versorger COBURG A 1412 zur großen Überraschung vieler Bürger in Leningrad. Die deutschen Marineschiffe hatten am „Seebahnhof" (russisch: Morskoi Woksal), dem Leningrader Passagierkai für ausländische Schiffe, festgemacht. Auch Touristen aus der DDR, darunter viele Jugendliche, nutzten die Gelegenheit, um mit den Marinesoldaten der Bundesrepublik ins Gespräch zu kommen. Angesichts der desolaten politischen Lage in der DDR wären einige Bürger am liebsten an Bord der westdeutschen Marineschiffe geblieben. Der deutsch-deutsche Dialog auf den Schiffen der Bundesmarine in Leningrad war herzlich und für alle Beteiligten überwältigend. Bei nicht wenigen Marinesoldaten und DDR-Bürgern erwuchsen daraus der Wunsch und vielleicht auch die Vorahnung, dass die letzten Tage der DDR eingeläutet waren. Keiner dürfte aber geahnt haben, dass dieser Traum bereits schon in 24 Tagen Wirklichkeit werden sollte. Der Besuch der „Botschafter in Blau" setzte damals ein bedeutendes Zeichen für die Fortentwicklung der militärpolitischen Beziehungen zwischen der Bundesrepublik Deutschland und der UdSSR.

Annäherung Schnellboot JAGUAR an Vorpostenschiff der Volksmarine, März 1962

Annäherung Tender A 68 vor dem Bug MLR HALLE auf Vorpostenposition 72, Frühjahr 1964

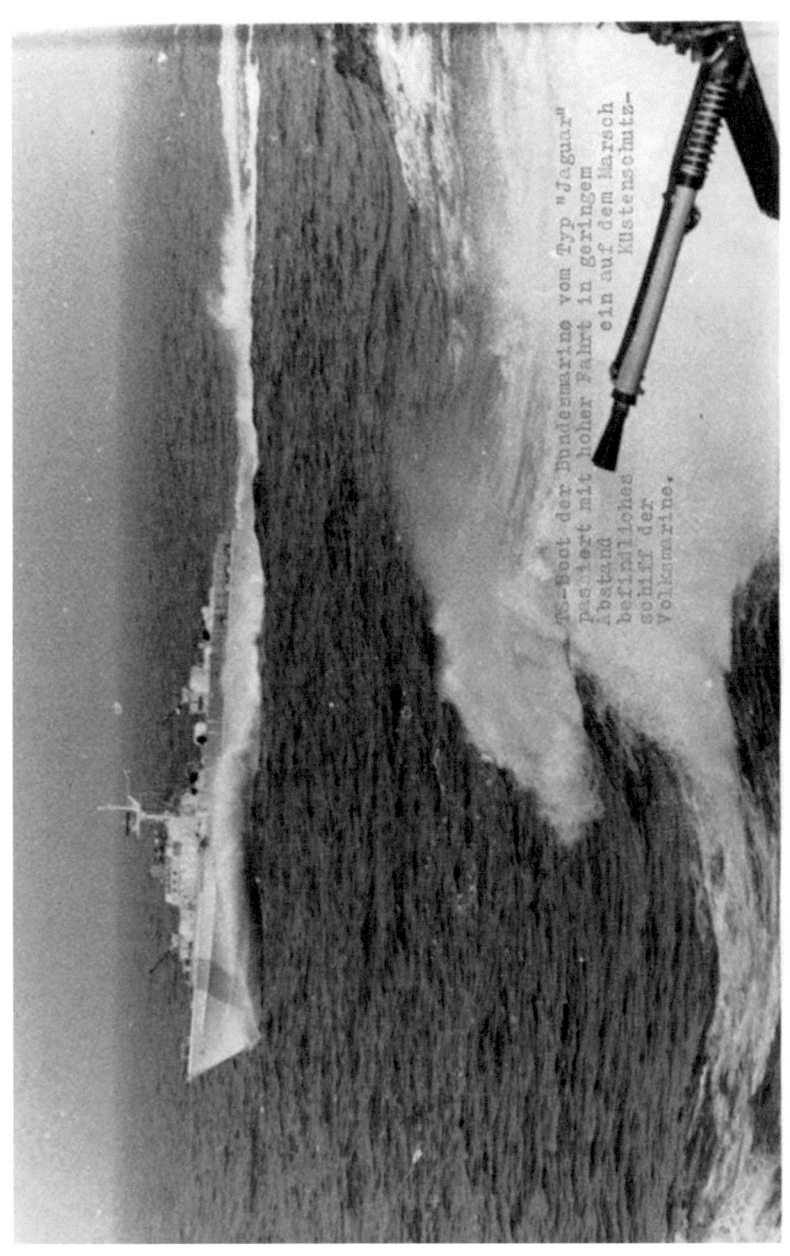

Schnellboot der JAGUAR-Klasse in Parallelfahrt zum Küstenschutzschiff der RIGA-Klasse, Mitte 60er Jahre

Schnellboot STRAHL P 6194 (Klasse 153) kreuzt hart am Bug eines Vorpostenschiffes der Volksmarine (60er Jahre)

Schnellboot LUCHS P 6061 (Klasse 140) umkreist in minimalem Abstand ein vor Anker liegendes Vorpostenschiff der Volksmarine (60er Jahre)

Schnellboot HUGIN P 6191 (Klasse 152) in geringer Distanz zum Vorpostenschiff der Volksmarine (60er Jahre)

Schnellboot der Bundesmarine mit Zivilpersonen in Rufweite zu einem Vorpostenschiff der Volksmarine (60er Jahre)

Westdeutsches Küstenmotorschiff BERND passiert MLR-Vorpostenschiff im Fehmarnbelt

Schnelles Minensuchboot (Klasse 341) ALGOL M 1068 mit Besatzung an Backbord kreuzt Hecksee eines Schiffes der Volksmarine

Besatzung Minensuchboot ALGOL M 1068 beobachtet in geringer Distanz die Bergung einer Wasserleiche auf MLR 225 DRESDEN im Juni 1969

Schnellboot NERZ P 6096 kreuzt im geringen Abstand vor dem Bug eines Torpedoschnellbootes der Volksmarine (70er Jahre)

Flugkörper-Schnellboot (Klasse 148) der Bundesmarine passiert Raketenschnellboot der Volksmarine in geringer Distanz. Besatzung schaut interessiert, teilweise mit Fernglas, herüber. (August 1977)

US Schlachtschiff IOWA, Widmung: „Herrn Günter Stavarinus Beste Wünsche vom Schlachtschiff IOWA, G.E. Gneckow, Capitän-Kommandant"

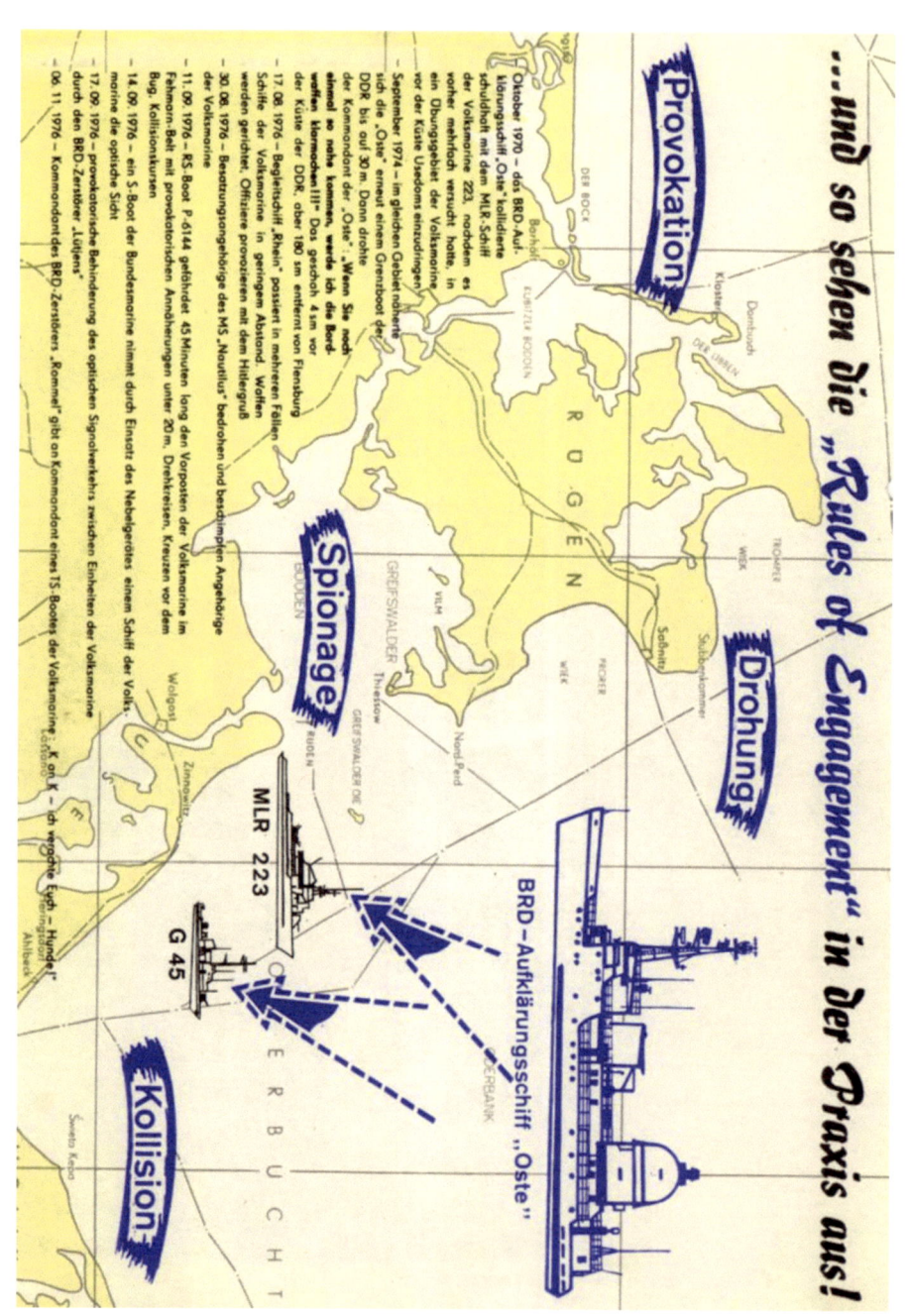

„Rules of Engagement", Dokumentation Politische Verwaltung 1980

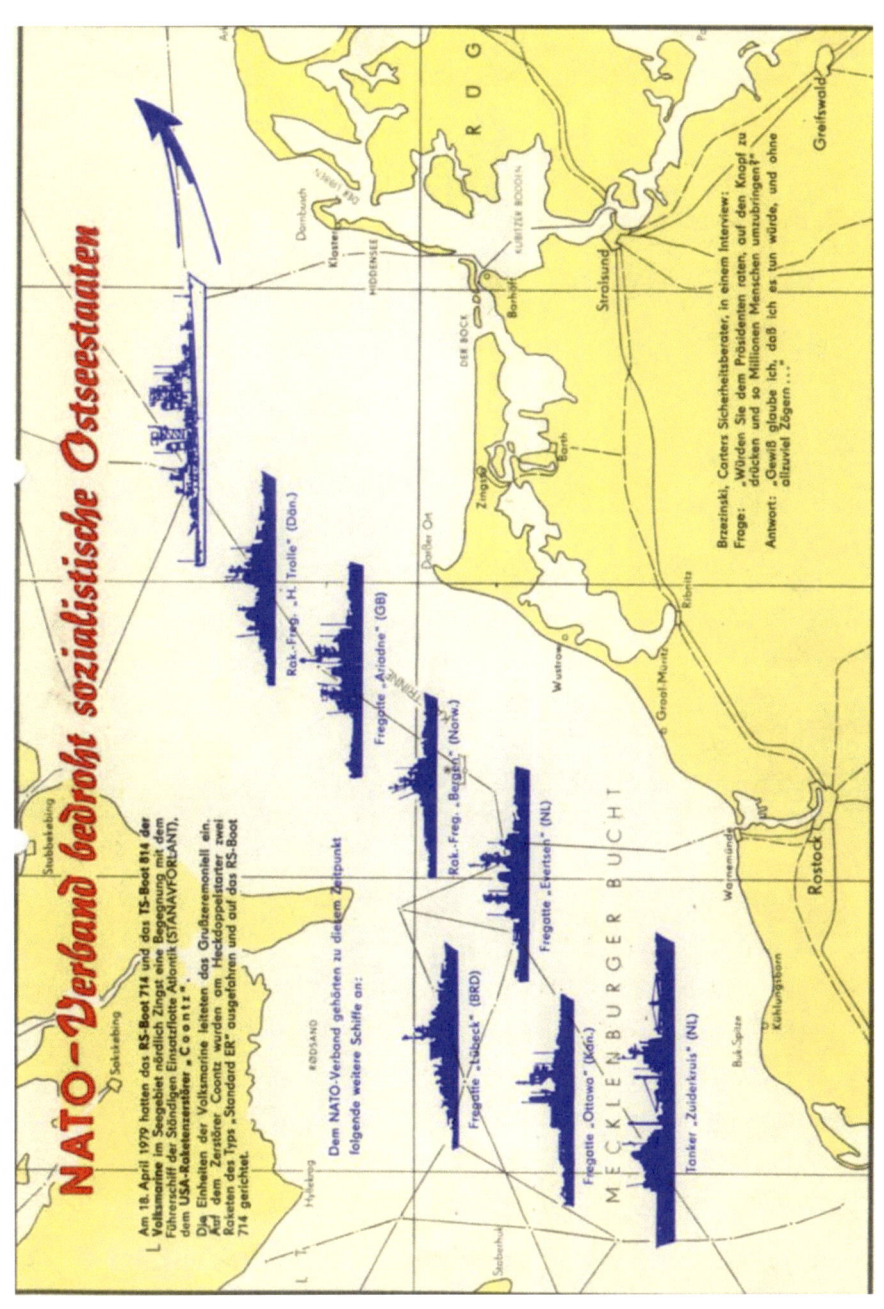

„NATO-Verband bedroht sozialistische Ostseestaaten", Dokumentation Politische Verwaltung 1980

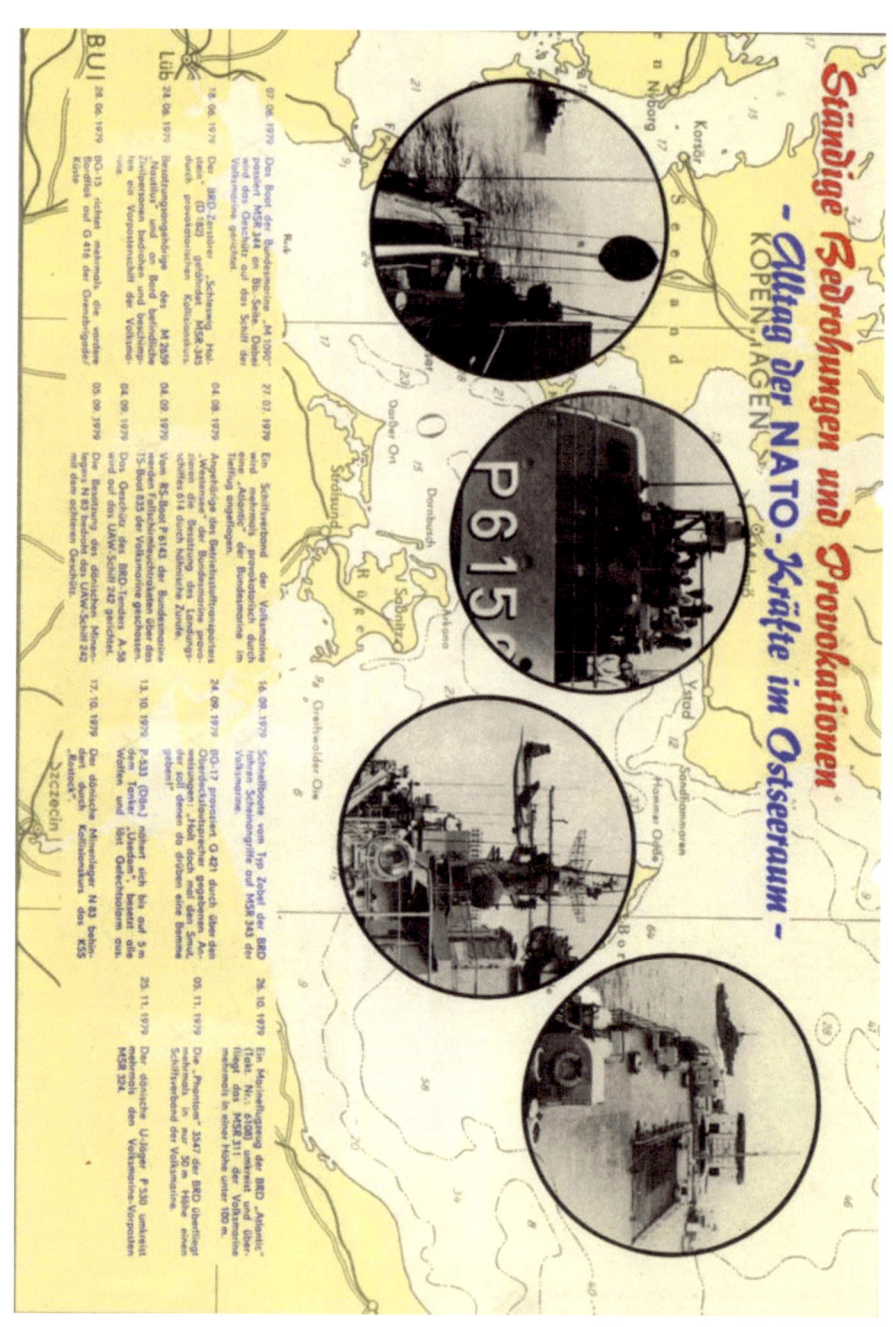

„Ständige Bedrohungen und Provokationen, Alltag der NATO-Kräfte im Ostseeraum",
Dokumentation Politische Verwaltung 1980

„Ständige Bedrohungen und Provokationen, Alltag der NATO-Kräfte im Ostseeraum",
Dokumentation Politische Verwaltung 1982

8. Militärpropaganda und psychologische Kampfführung der NVA und Bundeswehr

Der Kalte Krieg zwischen den Militärblöcken NATO und Warschauer Pakt war in erster Linie eine erbittert geführte Auseinandersetzung zwischen zwei unterschiedlichen, gegeneinander konkurrierenden Weltanschauungen. Propagandainstitutionen und Nachrichtendienste beider Seiten sowie Spezialkräfte der Psychologischen Kampfführung (PSK) und Psychologischen Verteidigung (PSV) in Uniform und Zivil führten gegeneinander verschiedene Propaganda-Aktionen. Diese zielten darauf ab, die Soldaten der gegnerischen Seite ideologisch aufzuklären und die Wehrmoral der jeweils anderen Seite zu zersetzen. Bundeswehr und NVA beabsichtigten, die Militärangehörigen des Gegners in ihrem Denken und ihren Verhaltensweisen so zu beeinflussen, dass sie die politische und militärische Sinnhaftigkeit ihres Dienstes im Frieden und ihres Einsatzes im Spannungs- oder Kriegsfall anzweifelten.

Die Propaganda benutzt vorhandene Informationen und Fakten, um diese in der Wiedergabe gezielt zu verzerren und zu verfälschen. Das geschah in der Absicht, die Ansichten der gegnerischen Seite bewusst zu diskreditieren, die Menschen geistig zu manipulieren und die eigene Ideologie und Werte attraktiver erscheinen zu lassen. Die ideologische Manipulation kann dabei auch Formen der Hetze annehmen. Wie Beispiele auf beiden Seiten belegen, blieben Diffamierungen und Verunglimpfungen von Personen in den gegeneinander geführten Propagandaaktionen nicht ausgespart. Bedingt durch die freie Presse im Westen war dort der Grad der Manipulation der Bürger geringer als im Osten. In der DDR entschied das SED-Politbüro, welche Informationen, wann in welcher Form und an wen weiter geleitet wurden. Sigfried Herrmann, Mitglied des SED-Politbüros, lieferte die Vorgaben für die Berichterstattung im „Neue Deutschland". Das von der SED-Führung staatlich verordnete Informationsdefizit nutzte der Westen geschickt in seiner Informationspolitik gegenüber den Bürgern der DDR aus. Die hier ohnehin bestehenden Zweifel am Realitätsgehalt der Mitteilungen und die Übersättigung mit Hurra-Parolen erleichterten den Zugang westlicher Meldungen. So gelang es, den Ostblock mit Informationen vielfältiger Art und unterschiedlichen Methoden ihrer Verbreitung allmählich von innen heraus zu zerbröseln. Mit dem Zusammenbruch der DDR und des Ostblocks endete 1990 der Kalte Krieg.

Psychologische Kampfführung der Bundeswehr

Der Propagandafeldzug war keine Einbahnstraße von Ost nach West. Meinungen wonach das „Böse" oder die Propagandakampagnen meistens aus dem Osten kamen, finden mitunter eine größere öffentliche Akzeptanz als umgekehrt. Das Thema berührte Akteure auf beiden Seiten. In der BRD war die PSV von 1958 bis 1970 Aufgabe aller staatstragenden Parteien. Den militärischen Beitrag zur PSV leistete die

Bundeswehr mit der Psychologischen Kampfführung (PSK). Eine Arbeitsgruppe bestehend aus sechs Mitarbeitern begann 1957 im Bundesministerium der Verteidigung mit dem Aufbau der PSK der Bundeswehr. Ihr erster Referatsleiter war ab 1. April 1958 der Major im Generalstab, Dr. Christian Trentzsch. Er bezeichnete 1966 die PSK der Bundeswehr als „gewaltlose Einflussnahme auf das Denken, Fühlen und Handeln von Menschen zugunsten eigener militärischer Ziele". Die PSK erhielt einen eigenen Haushaltstitel. Im Gründungsjahr 1958 betrug er 1,120 Millionen DM. Der historisch belastete Propagandabegriff wurde in der PSK-Darstellung und deren Tätigkeit sorgsam vermieden. 1961 verstand sich die Lehrgruppe der PSK als „Kampf im politisch-militärischen Bereich mit geistigen Waffen und Massenbeeinflussungsmitteln, um die Meinung, die Haltung und das Handeln des Gegners zum Nutzen der eigenen Seite zu verändern. Sie ist im Frieden begrenzt und im Kriege voll durchführbar und ermöglicht eine Beeinflussung der Völker, ihrer Führung und Soldaten bis zur Lähmung ihres Angriffs- und Kampfwillens." Mit der 1970 eingeleiteten Entspannungspolitik zwischen Ost und West erfolgte die Umbenennung der PSK zur PSV. Zugleich erhielt die PSV der Bundeswehr 1971 eine neue Definition, als „Lage bezogene Einflussnahme auf Einstellung und Verhalten bestimmter Zielgruppen außerhalb der Bundeswehr, um die Durchführung des Auftrages der Streitkräfte zu unterstützen." 1983 erfuhr die PSV-Definition in der Zentralen Dienstvorschrift (ZDV) 1/200, Nummer 102 eine Erweiterung. Die PSV verfolgte nunmehr „die Einflussnahme auf Einstellung und Verhalten bestimmter Zielgruppen außerhalb der Bundeswehr durch Kommunikation mit dem Ziel, die Ausführung des Auftrages der Streitkräfte zu unterstützen." Sie hatte Gültigkeit bis 1. April 1990. Die PSV stellte sich zur Aufgabe, diffamierende Angriffe der Militärpropanda der NVA auf die politische und militärische Führung der BRD aufzudecken und im Zusammenwirken mit NATO-Dienststellen abzuwehren. In dem die PSV in der Öffentlichkeitsarbeit Angriffen auf das Vertrauensverhältnis zwischen der Bundeswehr und bundesdeutschen Bevölkerung aufklärend entgegen wirkte, leistete sie zugleich einen Beitrag in der Erziehung zum „Staatsbürger in Uniform".

Die von beiden PSK bzw. PSV-Bataillonen 850 in Andernach und 800 in Clausthal-Zellerfeld der Bundeswehr gegen die DDR durchgeführten Informationseinsätze wurden in der BRD geheim gehalten. Die PSV-Soldaten mussten eine Belehrung mit dem Wortlaut unterschreiben: „Ich bin heute über die im Zusammenhang mit PSK-Ausbildungseinsätzen stehenden Bestimmungen zur Geheimhaltung belehrt und verpflichtet worden." Weil einige Ballone samt Flugschriften jedoch auch auf dem Gebiet der BRD niedergingen, blieben die PSK/ PSV-Einsätze unter der westdeutschen Bevölkerung nicht unbemerkt. Im Herbst 1964 kündigte das BRD-Fernsehmagazin „Report" eine Reportage über die Balloneinsätze an. Der abgedrehte Beitrag wurde jedoch nicht gesendet. Das Bundesministerium der Verteidigung drohte den Journalisten eine Klage wegen Landesverrat an, falls der Beitrag ausgestrahlt werde. Die Journalisten ließen nicht locker. Ein Fernsehbeitrag der „Hessenschau" thematisierte am 13. März 1965 die Balloneinsätze. Der NDR informierte am

25. April 1965 in der Sendung „Panorama", dass die Bundeswehr Urheber der gegen die DDR gerichteten Balloneinsätze ist. Das Thema hatte inzwischen in der Öffentlichkeit eine solche politische Brisanz angenommen, dass sich der Deutsche Bundestag am 13. Mai 1965 veranlasst sah, sich mit der „Flugblattpropaganda-Ballonaktion" zu befassen. Auf eine entsprechende Anfrage eines FDP-Abgeordneten antwortete der Bundesminister der Verteidigung Kai-Uwe von Hassel: „Für die Flugblattaktion ist, soweit die Bundeswehr dabei beteiligt ist, der Bundesminister der Verteidigung verantwortlich. Der Soldat in den Streitkräften der sowjetischen Besatzungszone Deutschlands ist in noch stärkerem Maße als der Bürger Mitteldeutschlands von freier Information ausgeschlossen. Außerdem wird ihm im Politunterricht durch Lügen und Verleumdung ein bewusst verfälschtes Bild vom freien Teil Deutschlands gezeichnet. Er wird zum Hass erzogen. Die Anwendung des verbrecherischen Schießbefehls ist eine Auswirkung dieser systematischen negativen Beeinflussung. Um diesen Wirkungen entgegenzutreten, versucht die Bundeswehr seit einigen Jahren die über den NVA-Soldaten verhängte Isolierung mit Informationen auf besonderen Wegen zu durchbrechen, und zwar auf eine Weise, die ihn nicht gefährdet."

Fortan unternahm die PSK/ PSV-Truppe die Ballonauflassungen nur noch in den Ländern Schleswig-Holstein, Niedersachsen und Bayern. Grenz- und Volkspolizei der DDR waren gegenüber der ins Gebiet der DDR hinein schwebenden Ballone mit ihrer Propagandafracht nahezu machtlos. Auch beim Abschießen der Ballone gelangten die Flugschriften in die Hände der Uniformträger. Den NVA-Angehörigen war das Lesen der Feindpropaganda verboten. Grenzsicherungskräfte und Volkspolizei erhielten die Anweisung, bei Sichtung eines Ballons dessen Flugbahn zu verfolgen. Beim Niedergang des Propagandamaterials war dieses ungelesen sofort einzusammeln. Selbst Schulklassen und Rentner wurden zum Aufsammeln der Flugblätter und Zeitungen heran gezogen. Auch ich gehörte im Kindes- und Jugendalter zu den eifrigen Sammlern. Mein Heimatort Kirchmöser bei Brandenburg an der Havel befand sich unter einem, der von alliierten Flugzeugen benutzten Luftkorridore über dem Territorium der DDR nach Westberlin. Nach einem Überflug eines Flugzeuges kam es hin und wieder vor, dass an Fallschirmen und Ballone befestigte Flugschriftenpakete über uns hinab schwebten. Wir interessierten uns damals weniger für die Druckschriften, sondern mehr für die tollen Fallschirme aus Seidenmaterial. Damit konnte man wunderbar spielen. So entwickelte sich zwischen uns und der örtlichen Polizei eine Art Wettlauf, wer als erster am Fundort der vom Himmel niedergehenden Fracht eintraf. In den Wäldern und auf den Brandenburger Seen hatten wir Kinder häufig die besseren Karten. Wir waren meistens schneller als die Polizei und ihre Helfer. Um uns vom Einsammeln der Luftfracht abzuhalten, setzten die Behörden das Märchen in Umlauf, dass die Westpakete angeblich mit Sprengfallen präpariert wären. Wir fanden schnell heraus, dass das nicht stimmte. Die Flugblätter in guter Papierqualität benutzten wir u.a. als Tauschware gegen Abzeichen. Tauschpartner waren die häufig in den Wäldern übenden sowjetischen Soldaten vom Panzerinstandsetzungswerk Kirchmöser der Westgruppe der russischen Truppen in Deutschland.

Die Soldaten nutzten das tolle Papier, um sich daraus Zigaretten (Papirossis) zu drehen. Ansonsten war man verpflichtet, die Flugblätter und Zeitschriften beim Abschnittsbevollmächtigten der Volkspolizei (ABV) oder in der Schule abzugeben. Wer die meisten Flugschriften fand und abgab, wurde als bester „Hetzschriften-Sammler" auf dem Schulappel belobigt. Die Frage der Volkspolizisten „Hast Du das gelesen", verneinten wir natürlich. Erst durch diese Nachfragen entwickelte sich allmählich auch eine Neugier über das, was der Westen da schrieb und aus der Luft abwarf.

Auch auf dem Schienenwege von der Bundesrepublik nach Westberlin gelangten Flugblätter auf das Territorium der DDR. Zwei Mal täglich durchfuhr immer zur gleichen Uhrzeit ein alliierter Personenzug auf seiner Fahrt nach oder von Westberlin auch die Hauptstrecke in Kirchmöser. Häufig standen wir Kinder an der Stecke und winkten den schmucken Wagen mit den Flaggen der USA, Großbritannien und Frankreich zu. Wir wussten, wo die Züge ihre Geschwindigkeit drosseln mussten. Dort stellten wir uns zum Winken auf. Hin und wieder kam es vor, dass kleine Pakete mit Flugblättern und Schokolade aus den Fenstern geworfen wurden. Wir sammelten die Geschenke sofort ein und ließen uns die Westschokolade schmecken. Man durfte sich nur nicht von der Polizei erwischen lassen. Wenn der D-Zug wegen einer Panne bei der Reichsbahn stoppen musste, erschien sofort die Transportpolizei (Trapo) und riegelte das Territorium rund um sämtliche Wagen ab. In dem Zusammenhang erinnere ich mich an einen Vorfall auf dem Bahngelände in Kirchmöser. Als wieder einmal ein alliierter Zug längere Zeit warten musste, stiegen wider Erwarten Soldaten in „bunten" Uniformen aus. Wir bestaunten die Amerikaner wie Menschen von einem anderen Stern. Englisch verstanden wir nicht, aber die freundliche Geste der Soldaten mit den vielen Abzeichen an der Uniform, die uns Schokolade und Kaugummi schenken wollten. Da gab es für uns Kinder kein Halten mehr. Das war Mitte der 50er Jahre mein erster Westkontakt. Die Freude währte nicht lange, da erschienen plötzlich sowjetische Soldaten. Bis zur sowjetischen Kaserne in Kirchmöser waren es nur wenige Meter. Die Soldaten kamen ins Gespräch und steckten sich untereinander Zigaretten an. Auch die Trapo rückte an und verscheuchte die neugierigen Anwohner von Kirchmöser.

Bundesmarine im Auftrag der Psychologischen Kampfführung

„VOLKSARMEE" - Made in West-Germany

Anfang der 60er Jahre unternahmen Schnellboote, Minensuchboote und U-Boote der Bundesmarine mehrere Einsätze auf dem Seewege, um in PSK/ PSV-Mission vor der mecklenburgischen Ostseeküste Propagandamaterial auszusetzen. Im Herbst 1961 schwemmten unvermittelt Falsifikate der täuschend ähnlich nachgemachten NVA-Zeitschrift VOLKSARMEE an die Ostseestrände. Man musste schon genau hinsehen, um den Unterschied zum Original festzustellen. Das begann bereits beim Titel der Zeitung. Dieser lautete in der Originalausgabe „VOLKSARMEE - Für unsere Arbeiter- und Bauern- Macht." Die von den PSK/ PSV-Spezialisten der Bundeswehr gedruckte Ausgabe titelte abwechselnd „VOLKSARMEE - Für die Macht der Arbeiter und Bauern" oder „VOLKSARMEE - Für unsere Arbeiter- und Mauern-Macht." Die PSK-Herausgeber des Blattes, mit Pseudoanschriften und Codenamen in der BRD, versuchten auf diese Weise in den 60er Jahren die NVA-Angehörigen über das „Unrechtsregime DDR" zu informieren. Das Lay Out und die Aufmachung waren nicht schlecht. Selbst das etwas gelbliche Papier ähnelte dem in der DDR verwandten Material. Die Gazetten erreichten jedoch kaum die Adressaten. Sie landeten in den Archiven der NVA und des MfS. Die Oktober- und November Ausgabe der VOLKSARMEE von 1961 titelte mit den Schlagzeilen:

- "Schüsse können befohlen werden, Treffer nie"
- „20 cm zu hoch geschossen, ersparen 20 Jahre Zuchthaus"
- „Lieber bei Nacht und Nebel abhauen, als einen Nacht- und Nebel-Befehl befolgen"
- „NVA-Soldat. Was und Wen bewachst Du eigentlich?"

„VOLKSARMEE" mit Strauss-Appell

Unter der Tarnbezeichnung „Diesel" unternahm ein Minensuchboot der Bundesmarine am 18. Juli 1962 einen Vorstoß ins Seegebiet zwischen Wismar und Warnemünde. An Bord befanden sich u.a. 26.000 Stück Flugzeitungen der VOLKSARMEE Nr. 1 und 2-1962 sowie die Ausgabe Nr. 2-1962 des Exemplars „Die Rote Fahne". Die nachgemachten Zeitungen waren wasserdicht unter Lufteinschluss in Klarsichtfolien eingeschweißt. Wenig später spülte die See die aufschwimmenden Zeitungsbeutel als Urlauber-Morgenlektüre an die Strände von Boltenhagen bis Warnemünde. In der VOLKSARMEE Nr. 1-1962 wandte sich der Bundesminister der Verteidigung, Franz Joseph Strauss, mit einem „Appell an die Soldaten der NVA". Inhaltlich vollzog der Aufruf einen bemerkenswerten propagandistischen Wandel. Anfänglich beteuerte Strauss sein Mitgefühl „an unsere Landsleute, die in der Uniform des Ulbricht-Regimes Dienst leisten müssen und wie unter Hitler die Soldaten der Wehrmacht missbraucht und verführt werden." Dann diffamierte Strauss die NVA-Angehörigen als „willenlose Werkzeuge Ulbrichts" und die NVA selbst als „Ulbrichts SS" (!!) Es folgte ein, mit Flüchtlingszahlen angeblich von DDR-Bürgern unterlegter Aufruf zur Fahnenflucht. „Um nicht gegen Deutschland zu dienen, fliehen sie in die Freiheit." Abschließend gipfelte die Strauss-Botschaft mit der angedrohten Verurteilung „beim Tragen (Einsatz) der Waffe gegen Deutschland" sowie „Eines Tages werden die NVA-Soldaten in einem freien Staat vor einem menschlichen und göttlichen Richter stehen." Deshalb „Bewahren Sie sich Ihren menschlichen Anstand, Ihr eigenes Urteil und Ihren kritischen Verstand! Handeln Sie so, dass Sie vor Ihrem Gewissen und vor Ihrem Volk bestehen können!" Von Letzterem haben sich meine Kameraden und ich im Dienst stets leiten lassen, auch ohne den Strauss-Appell zu kennen.

Unter den Decknamen „Essig" und „Minifol" unternahmen Schulboote der Bundesmarine 1962 weitere Einsätze im Auftrag der PSK/ PSV vor der DDR-Ostseeküste.

U-Boot mit Ballbotschaften

In den Sommermonaten 1962 trieben plötzlich tausende kleine Gummibälle an den Ostseestrand von Stolteraa/ Warnemünde bis zum Weststrand vom Fischland Darß. Die bunten Bälle waren bedruckt mit den Aufschriften „Die Mauer muss weg!", „Der NVA mehr Urlaub!", „Den Urlaubern mehr Strand!", „NVA-Soldat, wen bewachst Du eigentlich?" bzw. „Freiheit kennt keine Mauer!" Überbringer der Ballbotschaften war kurz zuvor ein U-Boot der Bundesmarine. An der Stelle der üblichen Torpedobewaffnung hatte es in seinen Torpedoausstoßrohren tausende dieser Gummibälle geladen. Die Propagandaaktion bekamen die DDR-Behörden erst mit, als die Bälle an den mit Urlaubern voll besetzten Stränden angespült wurden. Für die kleinsten Ostseeurlauber waren sie ein willkommenes Spielzeug. Die Älteren, die lesen konnten, empfanden die Ballbotschaften durchaus nicht als böswillige Propaganda. Denn das, was da aufgedruckt war, entsprach dem DDR-Alltag bzw. der gelebten Realität. Die Bälle aus dem Westen mussten deshalb umgehend verschwinden. Matrosen der 6. GBK, Angehörige der Volkspolizei und ihre freiwilligen Helfer hatten alle Hände voll zu tun, um die tausenden Bälle einzusammeln. Besonders viele Bälle schwappten in der Brandung der FKK-Strände von Markgrafenheide bis Rosenort nahe Graal Müritz.

„Zeitungsbote" Schnellboot PFEIL P 6193

Im Juni 1963 näherte sich in sehr rasanter Fahrt das Schnellboot PFEIL P 6193 dem Übungsgebiet der Volksmarine zwischen Kühlungsborn und Warnemünde. Die beiden Turbinenboote PFEIL und STRAHL P 6194 der Klasse 153 der Bundesmarine gehörten mit ihrer Turbinenleistung von 10.500 bzw. 13.000 PS zu den schnellsten Marinebooten der Welt. Immerhin erreichte das 102t verdrängende Schnellboot STRAHL voll ausgerüstet 58,6 Knoten. Das entspricht einer Geschwindigkeit auf See von 108,5 km/h. Der ehemalige Kommandant des Bootes STRAHL, Leutnant zur See Peter Bunks, schrieb in einem Aufsatz im „MarineForum": „Wir fühlten uns wie Cowboys zur See und benahmen uns manchmal auch so." Im Sommer 1963 waren die „See-Cowboys" des Schwesternbootes PFEIL in einem Sonderauftrag unterwegs. Im Verlauf ihrer Fahrt setzten sie innerhalb von wenigen Minuten ´zig Propaganda-Flugblätter und Zeitschriften auf See aus. Darunter befand sich die in Folie eingeschweißte „Mitteldeutsche Arbeiter-Zeitung" Nr.2/1963. Darin informierte der Westen in einem ganzseitigen Artikel „Wie lebt man in Westdeutschland wirklich?" über „Nackte Tatsachen statt Reklame oder Gegenpropaganda". Im Vordergrund der Berichterstattung stand die wirtschaftliche und soziale Lage in der Bundesrepublik Deutschland. Die Mehrzahl der DDR-Bürger hatte damals kaum die Möglichkeit, die Texte auf ihre Realität hin zu prüfen.

In der VOLKSARMEE und „Mitteldeutsche Arbeiter-Zeitung", letztere war kein Imitat einer in der DDR verbreiteten Zeitung, kamen in die BRD geflüchtete ehemalige NVA-Soldaten zu Wort. So z.B. mit der Ansicht „Westdeutschland ist alles andere als ein Paradies. Aber das Schöne daran ist, dass das hier auch niemand behauptet." Die PSK-Herausgeber der „Mitteldeutschen Arbeiter-Zeitung" beabsichtigten, dem in der sozialistischen Wehrerziehung der DDR vermittelten Zerrbild über die Bundesrepublik, als ein von Ausbeutung, Elend und Arbeitslosigkeit geprägtem deutschen Staat, entgegen zu wirken.

Um den Verbreitungsgrad und die mediale Wirkung der PSK-Flugzeitungen zu ermitteln, forderte die VOLKSARMEE Nr. 7-1962 erstmals die anvisierte Leserschaft in der DDR bzw. NVA auf, den Fundort der Zeitungen an eine fingierte Adresse in der Bundesrepublik zu melden. „Kameraden! Sendet Fundmeldungen und Anregungen ohne Angabe Eures richtigen Absenders an…"

„Feuerschiff 63"

Im **Juli 1963** näherte sich das Schnellboot WEIHE P 6082 der Bundesmarine der DDR-Küste vor der Halbinsel Wustrow. Geraume Zeit später trieben mit dem Westwind auf der See schwimmende Ballons in Richtung Strand von Fischland Darss. Unter den in Folien eingeschweißten Zeitungen befand sich neben der VOLKSARMEE diesmal auch das „Feuerschiff 63", ein Informationsblatt für die Volksmarine und Handelsflotte. Die Nr. 1-1963 dieser mehrsprachigen Ausgabe enthielt einen zweiseitigen Schmähartikel über Konteradmiral Heinz Neukirchen, der zum damaligen Zeitpunkt Chef der Volksmarine war. Den Anlass für diese Propagandaaktion lieferte die DDR selbst. Sie hatte in den Medien wiederholt auf die Kriegsmarine- bzw. Wehrmachtsvergangenheit führender Admirale und Generäle in der Bundeswehr verwiesen. Nun konterte der Westen, mit Erfolg. Ende April 1964 wurde Neukirchen auf Beschluss des Nationalen Verteidigungsrates (DDR) im 49. Lebensjahr plötzlich entlassen. Zum Trost ernannte man ihn noch schnell zum Vizeadmiral a. D. Er verbrachte 23 Jahre in der Marine, davon 10 in der Reichs- und Kriegsmarine. Als im vorletzten Kriegsjahr Seeoffiziere knapp wurden, war er Kriegsoffiziersanwärter. Am 1. April 1944 erhielt er seine Ernennung zum Leutnant (Kr. O-Kriegsoffizier). Es folgten der Einsatz als Wach- und Artillerieoffizier auf dem Minenschiff OSTMARK sowie die Beaufsichtigung des Umbaus des Fährschiffes PETER WESSEL zum Minenschiff. Nach Kommandierung zur U-Jagdschule Bergen wurde Oberleutnant (Kr. O) Neukirchen buchstäblich „5 Minuten vor 12", im April 1945, Kommandant eines kleinen U-Jagdbootes. Seine letzte Kriegsverwendung erhielt er als Kommandeur des 3. Marineinfanterie-Bataillons nordwestlich von Berlin. Im „Feuerschiff 63" zauberten die PSK-Redakteure ein bisher unbekanntes „Dokument" herbei, das Neukirchen als „NSFO" (Nationalsozialistischer Führungsoffizier) diffamierte. Neben seinem nicht gerade vorteilhaft erscheinenden, wenn nicht gar hässlichen Foto mit der Unterzeile „Vom NS Führungsoffizier zum SED-Admiral" prangte das Spanienkreuz. Daneben stand der Satz „Spanienkreuz - keine Auszeichnung für einen Seemann!" Die Herausgeber des Hetzblattes bedienten sich dem, den Angehörigen der Volksmarine vertrauten Pseudonym „Komitee antifaschistischer Seeleute, Redakteur Albin Köbis". Köbis gehörte mit Reichpietsch als Anführer des Matrosenaufstandes 1917 in Kiel zum Traditionsinhalt der Volksmarine.

Belegt ist, dass Matrose Neukirchen als Kuttergast und Artillerist an Bord des Kreuzers KÖLN am Spanieneinsatz teilnahm. Möglicherweise kehrte er, wie viele Wehrmachts- und Marinesoldaten mit dem Spanienkreuz 3. Klasse heim. Seine Karriere in der Kriegsmarine verunglimpften die Artikelmacher als „besondere Ehre, nicht für Seeleute nicht für tapfere Marineoffiziere, sondern für zuverlässige Nazis!" Neukirchen eine Karriere als NS-Führungsoffizier zu unterstellen, war eine böswillige Verleumdung des Westens. Mit Neukirchens Dienstantritt als Chefinspekteur (Konteradmiral) in der Hauptverwaltung Seepolizei am 1. März 1951 war zugleich dessen maßgeblicher Einfluss beim Aufbau und der Entwicklung von DDR-Seestreitkräften verbunden. Als kriegsgedienter Marineoffizier war er der einzige Flottenführer der DDR (Chef des Stabes und vorübergehend auch Chef) mit ausgeprägten Marinekenntnissen und -erfahrungen. Dagegen gelangten Admiral Waldemar Verner und Wilhelm Ehm über die SED-Parteilinien in die Chefposition der DDR-Seestreitkräfte. Konteradmiral Felix Scheffler, seit 1959 Stellvertreter des Chef der Volksmarine für Ausbildung, kämpfte zuvor 1944 in einer Partisanengruppe der 7. Abteilung der 1. Belorussischen Front und war politischer Leiter eines Kriegsgefangenenlagers in der Sowjetunion. Er kehrte erst Ende 1947 nach Deutschland zurück.

So gesehen bedeutete der vom Westen initiierte „Abschuss" des exzellenten Marinefachmanns Neukirchen ein Sieg für die SED-Nomenklatura, der mit einem Führungsverlust für die Volksmarine verbunden war. Die Hetzschrift „Feuerschiff 63" beendete auf groteske Weise die Marinekariere von Neukirchen. Ehm erreichte nie das fachliche Format wie Neukirchen. Wegen des unterschiedlichen Entwicklungsweges beider Admirale war das Dienstverhältnis zwischen Neukirchen und Ehm eher reserviert als freundlich. Einige, der aus der Feder von Neukirchen stammenden maritimen Fachbücher waren nach Ansicht von Ehm nicht für Ausbildungszwecke an der OHS der Volksmarine geeignet. So kamen einige Bücher, wie z.B. „Seefahrt gestern und heute" (1970), „Seemacht im Spiegel der Geschichte" (1982) und „Seefahrt im Wandel der Jahrtausende" (1985) Mitte der 80er Jahre vorübergehend auf den Index nicht erwünschter Marineliteratur. Das Gegenteil trat ein. Die Offiziersschüler, die Neukirchen bisher nicht gelesen hatten, zeigten jetzt Interesse an den Werken des Rostocker Schriftstellers.

„Die Rote Fahne"

Im Jahr 1966 starteten die PSK/ PSV-Spezialisten der Bundeswehr eine Ballonaktion in Richtung DDR. Diesmal bestand die Luftfracht aus Zeitschriften „Die Rote Fahne". Die Ausgabe Nr. 1-1966 informierte den Leser über für die SED sehr unliebsame Enthüllungen. Auf vier DIN A 3 Seiten brachten die Westredakteure einen Bericht über die Vergangenheit von einigen führenden DDR-Politikern in der NS-Zeit. Unter der Überschrift „NAZIS in Ulbrichts Diensten" informierte die Zeitung, dass in der Volkskammer der DDR angeblich 53 Abgeordnete der früheren NSDAP angehörten, darunter auch fünf Minister der DDR-Regierung. Überprüfbar war der Zeitungsbericht für den Leser nicht, denn Namen wurden in dem Artikel nicht erwähnt.

Volksmarine kontert mit Gummiballaktion

Es ist nicht bekannt, dass Schiffe der Volksmarine ähnliche Ballon- und Flugblattaktionen vor der BRD-Küste starteten oder sich mit auf See ausgesetzten Zeitungen an die Soldaten der Bundeswehr wandten. Da in der Ostsee der Wind überwiegend aus Richtung West wehte, hatte die Bundesmarine für ihre Aktionen weitaus bessere Bedingungen als die Volksmarine. In der Nordsee waren die hydrometeorologischen Bedingungen außerdem komplizierter als in der Ostsee. Dennoch unternahm die Volksmarine im August 1964 eine Propagandaaktion vor der Nordseeküste der BRD. Zur Unterstützung der seit dem 17. August 1956 in der BRD verbotenen KPD ließ die SED-Führung in Berlin eine kleine Illustrierte mit dem Titel „Die KPD lebt" drucken. Die Flugschrift wurde in aufgeblasenen Gummibällen verschweißt. Die Ladung von mehreren hundert Säcken voller Gummibälle ging dann per Lkw in Richtung Marinestützpunkt Warnemünde/ Hohe Düne. Dort wurde sie vom Aufklärungsschiff HYDROGRAPH der Vermessungsschiffabteilung übernommen. Das Schiff machte sich im Propagandaauftrag auf den Seeweg zur Deutschen Bucht in der Nordsee. Bei einsetzender Flut schüttete die Besatzung den Inhalt der Säcke zu nächtlicher Stunde vor der Insel Norderney ins Meer. Die bunten Bälle trieben zum Teil vom Wind versetzt an die Ufer der ostfriesischen Inseln von Baltrum, Langeoog bis Spiekeroog. Ob die Propagandafracht Anwohner und Urlauber im Niedersächsischen Wattenmeer zu Ballspielen animieren vermochte, ist nicht bekannt. Vielleicht trieben die Bälle bei Ebbe auch wieder hinaus ins Meer bis ihnen schließlich irgendwann die Luft ausging.

Telegramm der Volksmarine an das Flottenkommando der Bundesmarine am 11. November 1968

Anlässlich der 50. Wiederkehr des Kieler Matrosenaufstandes am **9. November 1968** und der Einweihung eines Monuments zum Gedenken an die Matrosen und Kämpfer der Novemberrevolution hatten einige Offiziere der Politischen Verwaltung der Volksmarine einen besonderen Einfall. Die Führung der Volksmarine in Rostock wandte sich in einem Telegramm an das Flottenkommando der Bundesmarine in Glücksburg. Die Depesche von den „Erben der Roten Matrosen" der Volksmarine nach Glücksburg war eine kleine politische Sensation. Der von einem Fregattenkapitän der Politischen Verwaltung ausgedachte dreiseitige Telegrammtext entsprach dem Zeitgeist einer überwiegend von politischen Phrasen geprägten Denkweise im Kalten Krieg. Die Propaganda-Aktion fand vom damaligen Chef der Politischen Verwaltung, Konteradmiral Rudi Wegner, volle inhaltliche Unterstützung. Nachdem das Pamphlet von ihm ab signiert war, ging es um 9 Uhr des 11. November 1968 auf den Weg in Richtung des Flottenkommandos der Bundesmarine. Ob der Chef der Volksmarine tatsächlich über den Textinhalt unterrichtet wurde, ist nicht bekannt.

Nach einem einführenden historischen Exkurs zur Rolle der „Roten Matrosen" in der Novemberrevolution 1918, folgte eine Unterweisung über die Machtverhältnisse in der DDR. „Matrosen der Bundemarine. Heute, nach 5 Jahrzehnten, sieht es in Deutschland anders aus. Heute ist in seinem östlichen Teil, in der Deutschen Demokratischen Republik, für immer und ewig das Vermächtnis der revolutionären Matrosen und Arbeiter erfüllt. Bei uns regiert das Volk und es gehört deshalb zu den Siegern der Geschichte, weil es unter der Führung der geeinten Partei der Arbeiterklasse die Lehren der Novemberrevolution und der nachfolgenden Jahrzehnte unbeirrbar beherzigt und verwirklicht hat. Wir Matrosen der DDR stehen als Erben und Nachfahren der Kämpfer von 1918 nicht nur fest am Ruder unserer Schiffe und Boote, sondern auch am Ruder unseres sozialistischen Staates. Mit Stolz tragen wir den traditionsreichen und verpflichtenden Namen Volksmarine, und wir sagen ganz offen, niemals und niemand wird es gelingen, dem Volk in der DDR seine sozialistische Macht, die Früchte seiner Arbeit zu entreißen."

Dass die Matrosen der DDR fest am Ruder ihrer Schiffe und Boote standen, mag damals in seemännischer Hinsicht gestimmt haben. Diese maritime Sinnübertragung auf das politische System der DDR entsprach seit der Staatsgründung am 7. Oktober 1949 nicht den Tatsachen. Diese propagandistische Sicht war vielmehr eine gern verwendete politische Phrase. In Wahrheit standen in der DDR ganz andere am politischen Ruder. Mit dem nahezu vergötterten „Lotsenbruder" UdSSR setzte das SED-Politbüro, von Anbeginn auf Havariekurs steuernd, das „Schiff DDR" letztlich 1989 auf die Klippen. Diese politische Einsicht blieb damals den Initiatoren des Telegramms verschlossen. Sie wandten sich direkt an das 3. Zerstörer-, 7. Schnellboot-, 1. U-Boot-, 3.- und 5. Minensuchgeschwader: „Matrosen von Kiel! Oft treffen wir uns auf hoher See, doch trotz gleicher Sprache trennen uns Blaujacken zwei Welten. Ihr und Eure Kameraden dient keiner guten Sache! Bedenkt, dass heute in der Bundesrepublik die gleichen Kräfte an der Macht sind, die den Ersten und den Zweiten Weltkrieg verschuldet, die Koebis und Reichpietsch, Liebknecht und Luxemburg, Thälmann und Breitscheidt ermordet und millionenfach Blut vergossen haben. Wie schon zu des Kaisers und Hitlers Zeiten werden sie von wahnwitziger Machtgier getrieben. Eure Regierung bedroht den Frieden und die Sicherheit in Europa. Sie maßt sich die Alleinvertretung für ganz Deutschland an und weigert sich, die DDR völkerrechtlich anzuerkennen. Sie wendet sich gegen die bestehenden Grenzen in Europa, gegen den Status quo, sie knebelt durch die Notstandsgesetze die Demokratie und bereitet sich gleichzeitig durch die Bundesrepublik geistig, wirtschaftlich und militärisch auf einen Krieg vor."

Dass die Regierung der Bundesrepublik angeblich den Frieden und die Sicherheit in Europa bedrohte, sahen ihre Marinesoldaten angesichts des Waffenganges der Truppen des Warschauer Paktes in die CSSR vor gerade mal zwei Monaten im August 1968 ganz anders. Der abschließende Aufruf an die „Matrosen der Bundesmarine" das politische Ruder im Geiste der revolutionären Matrosen und Vorbilder von 1918 jetzt in der BRD herum zu reißen, war nichts anderes als die Anstiftung zur Meuterei, militärischem Ungehorsam und Dienstverweigerung. „Begreift, dass die Bundesrepublik den falschen Kurs steuert und dass Ihr selbst das Ruder herumreißen müsst, ehe es zu spät ist. Matrosen der Bundesmarine, vergesst nicht, im Kampf des Volkes für Fortschritt und Recht standen deutsche Seeleute immer mit in vorderster Reihe! Erst, wenn auch bei Euch die Macht einer Handvoll Millionäre durch die Macht der Millionen des arbeitenden Volkes ersetzt ist, wird auch in Westdeutschland das Vermächtnis der revolutionären Helden von 1918 erfüllt und der Frieden in Europa gesichert sein. Die Matrosen der Volksmarine der Deutschen Demokratischen Republik."

Die Hervorhebung der Textverfasser, dass die Matrosen der Volksmarine einen verpflichtenden Namen tragen, erwies sich, wie bereits erwähnt, militärgeschichtlich gesehen als zweigeteilt. Die Volksverbundenheit der DDR-Marine fand vor allem Bestätigung in den unzähligen Arbeitseinsätzen Tausender Marinesoldaten in den Braunkohletagebauen, auf den Werften, beim Bau des Palastes der Republik in Berlin und des Tiefseehafens in Mukran auf Rügen. Alljährlich unterstützten die Marinesoldaten die landwirtschaftlichen Produktionsgenossenschaften bei der Getreide- und Kartoffelernte. In den strengen Wintermonaten 1978/79 und 1989/90 räumten Tausende Marinesoldaten Straßen und Schienen von den meterhohen Schneemassen im Bezirk Rostock. Den Witterungsunbilden trotzend gewährleisteten sie die Versorgung der Bevölkerung mit Lebensmitteln und Brennstoffen. Matrosen mit einer Qualifikation als Betriebsschlosser und Elektromonteur arbeiteten im Winter 1979 mehrere Wochen im damaligen Bahnbetriebswerk Rostock. Sie reparierten Dieselloks.

Bei konsequenter Befolgung des Telegramminhaltes hätte sich eine wahrhaftig mit dem Volk verbundene Marine im Herbst 1989 an die Spitze der Volksbewegung stellen und wie die revolutionären Vorbilder 1918, gegenüber dem alten SED-Machtapparat meutern müssen. Dazu fehlte vielen Marinesoldaten überwiegend die Selbsterkenntnis. Außerdem waren zu jenem Zeitpunkt die führungsmäßigen Voraussetzungen für dieses, dem Fortschritt dienende Handeln, nicht gegeben.

Der damalige Befehlshaber der Flotte, Vizeadmiral Karl Hetz, ließ das Telegramm der Volksmarine nicht im Papierkorb verschwinden. Die Marineführung der Bundesrepublik entsprach dem Wunsch der Volksmarine und reichte den Text mit einer Stellungnahme an alle Kommandeure und Kommandanten der Bundesmarine weiter. Parallel ließ die Marineführung eine Unterlage über die „Revolution in der Flotte" als Handreichung für die jungen Vorgesetzten erarbeiten. Leider verpasste man damals die Gelegenheit, diese Unterlage als Antwort-Telegramm ans Kommando der Volksmarine in Rostock zu schicken. Im Rahmen der Politischen Bildung wurde den Besatzungen der Bundesmarine der Text zur Kenntnis gebracht. Wie die Marinesoldaten über die „Blaujacken" der Volksmarine angesichts der darin enthaltenen poltischen Botschaften dachten, lässt sich unschwer erahnen. Es bedurfte für die Bundesmarine keines besseren Beweises über das Denken in der Volksmarine. Diese geistig niveaulose dreiseitige „Visitenkarte" mit der darin enthaltenen platten politischen Argumentation hat das Ansehen der Volksmarine nur geschadet. Ganz abgesehen von der damals in der Volksmarine bestehenden einseitigen, ideologisch geprägten Sichtweise zu Köbis, Liebknecht und Thälmann. Wie wir heute wissen, entsprach diese nicht den historischen Tatsachen. Die Ära für eine beidseitige Verständigung mit wechselseitigem Austausch von politischen Depeschen war 1968 noch nicht herangereift.

Rundfunkpropaganda der NVA „Deutsche Soldatensender 935"

Nachdem in der DDR 1956 der „Freiheitssender 904" seinen Sendebetrieb in Richtung Bundesrepublik aufnahm, ging vier Jahre später am 1. Oktober 1960 auf Beschluss des Nationalen Verteidigungsrates der DDR der Deutsche Soldatensender 935 für die anvisierte Hörerschaft in der Bundeswehr auf Sendung. In der Namensgebung des Senders griffen die Gründer vermutlich auf den „Soldatensender Calais" mit seiner Frontunterhaltung und Feindaufklärung im Zweiten Weltkrieg zurück. Die Sendefrequenz stellte der sowjetische Sender „Lemberg" zur Verfügung, der dafür seine Sendezeiten reduzierte. Die Räume und Produktionsstudios des Rundfunksenders befanden sich in einem Gebäude der Regattastraße 267 in Berlin-Grünau. Das zum ehemaligen Funkhaus Grünau gehörende Haus wurde seit 1955 vom Zentralen Sportklub Berlin (ZSK), dem späteren Ruderklub der Armeesportvereinigung Vorwärts genutzt. Es bot von daher ideale Voraussetzungen für die Tarnung des Senders. Der Standort des militärisch bewachten Objektes befand sich in der Nähe der DDR-Fernsehstudios, in denen die Kurzfilme des Sandmännchens für die kleinsten Bürger zeitweilig produziert wurden. Das bei groß und klein beliebte Sandmännchen überlebte den Kalten Krieg. Die gegen die Bundeswehr produzierten Sendungen mussten dagegen Ende Juni 1972 ihren Sendebetrieb einstellen. Spaziergänger entlang der mit Villen bebauten Regattastraße und Wassersportler auf der Dahme dürften damals kaum geahnt haben, was sich höchst geheim hinter den Zäunen des gut gesicherten Hauses abspielte. Von dort gingen die Sendungen mit einer Zeitversetzung von etwa 15 Minuten über eine Postleitung zu dem ca. 120 Kilometer entfernt gelegenen 250 kW-Mittelwellensender der Funkbetriebsstelle in Burg bei Magdeburg.

Der Deutsche Soldatensender 935 war Bestandteil der Militärpropaganda der NVA. Ab 1. Juni 1965 firmierte der von Oberst Theo S. als Chefredakteur geleitete

Sender als 9. Abteilung der 10. Verwaltung (Spezialpropaganda) der Politischen Hauptverwaltung der NVA. Neben dem Chefsprecher „Martin" und der Chefsprecherin „Viola" arbeiteten dort weitere fünf Moderatoren. Die von cleveren Spezialpropagandisten der NVA zusammengestellten Beiträge, Nachrichten, Reportagen, Kommentare, Hörspiele und Grüße waren umrahmt von aktueller Popmusik des Westens. Zu den Bands, die damals ihren Siegeszug unter der Jugend antraten, gehörten die Beatles, Rolling Stones, Kings, Who, Dave Dee, Dozy, Beaky Mick & Tich. Obwohl sich die Sendungen an die Uniformträger der Bundeswehr richteten, vor allem die Unteroffiziere und Rekruten, war der Deutsche Soldatensender 935 in der DDR bald populärer als im eigentlichen Zielgebiet. Den Machern des Senders war bewusst, dass die Glaubwürdigkeit ihrer Informationen und beabsichtige Meinungsmanipulation vom Realitätsgrad des dargestellten und anvisierten Umfeldes abhing, d.h. von dem Medium, worüber man informierte und berichtete. Zu den Informanten des Soldatensenders gehörte der „Informationsbeschaffungsdienst", eine Mitarbeitertruppe innerhalb der 10. Verwaltung „Spezialpropaganda" der PHV. Intern kursierte unter den Mitarbeitern auch die Bezeichnung „Verners Geheimdienst". Admiral Verner war seit 1959 Chef der PHV mit Sitz in Strausberg bei Berlin. Der Nachrichtenbeschaffungsdienst verfügte in der BRD über ein eigenes Netz von Informanten. Sie lebten und arbeiteten in der Nähe von Bundeswehrstandorten. Im Vergleich zum Auslandsspionagedienst des MfS hatte Verners Informanten-Truppe eine hohe Enttarnungsquote durch den Bundesnachrichtendienst und Militärischen Abschirmdienst der Bundeswehr. Der Nachrichtengehalt des Senders verlieh unter den Hörern den Anschein, einer seriösen und gut informierten Rundfunkstation. Probleme aus dem Dienstalltag der Bundeswehr wurden geschickt genutzt, um Vorgesetzte zu diffamieren und gegen die Aufrüstung der Bundeswehr zu polemisieren. Durch die Übermittlung von persönlichen Grüßen und Wünschen, der Schilderung von Ausbildungsabschnitten und Missständen in der Truppe wirkte alles ziemlich authentisch. Eine Besonderheit gab es im Nachrichtenblock des Senders. Der Sprecher verlas codierte Texte. Zum Repertoire der unverständlichen Halbsätze gehörten „Karpfen sind zum Abfischen bereit", „Maikäfer ruft Mauerblümchen", „Laubfrosch hat Farbe gewechselt", „Wir rufen Kräuterhexe" oder „Wildschweinrotte wechselt ins Gebiet X". Der BND und MAD vermutete in diesen Sprüchen verschlüsselte Handlungsanweisungen für verdeckt operierende DDR-Agenten. Dem war nicht so. Diese inszenierte Sprüche-Show diente der Desinformation des Gegners. Der sollte glauben, dass ein breites Agentennetz des Auslandsgeheimdienstes der DDR in der BRD existierte.

Der Deutsche Soldatensender 935 mit seinen täglichen Sendezeiten von 6.15 bis 7 Uhr, 12.30 bis 14 Uhr, 18 bis 19.30 Uhr und 22.30 bis 24 Uhr hatte neben der Zuhörerschaft in der Bundeswehr auch unter der DDR-Jugend und den NVA-Soldaten einen hohen Bekanntheitsgrad. Der Vor- und Abspann waren zu jeder Sendung gleich: „bum, bom, bu-bu-bom-Deutscher Soldatensender - Mittelwelle 935 kHz - wir melden uns täglich…" Samstag um 18 Uhr kam das „Magazin mit Informationen für die Bundeswehr". Der Abendkommentar ging um 18.10 Uhr und 19.20 Uhr über den Sender. Von 18.50 Uhr bis 19.10 Uhr lief die beliebte Hitparade oder das Starporträt. Auch ich gehörte als Gymnasiast zu den interessierten allabendlichen Zuhörern. Der Musikmix entsprach eher unserem jugendlichen Geschmack als die DDR-Schlager. Die Nachrichten über die Bundeswehr empfand ich sehr informativ. Sie waren nach meinem Empfinden detaillierter und umfassender als die Informationen, die ich dann ab September 1968 mit meinem Dienstantritt an der Offiziersschule der Volksmarine in Stralsund vermittelt bekam. In der NVA war das Hören des Senders, wie generell alle Westsender, verboten. Man musste schon bis zum nächsten Urlaub warten, um endlich wieder die vertraute Stimme hören zu können „Hier ist der Deutsche Soldatensender 935" begleitet von den markanten dumpfen Paukenschlägen „bum, bom, bu-bu-bom".

Nach Einschätzung des Bundesministeriums der Verteidigung in Bonn hatte der Deutsche Soldatensender unter den Soldaten der Bundeswehr eine Zuhörerschaft von etwa 80%. Um diesen Trend entgegen zu wirken, erwog Verteidigungsminister Helmut Schmidt im Januar 1970 für die Bundeswehr eigene Musiksendungen für die Truppe zu produzieren. Damit wollte man den Einfluss der DDR-Propagandasendungen zurück drängen bzw. ganz ausschalten. Die Betreibung eines Soldatensenders nur für die Bundeswehr kam aber aus rechtlichen Gründen in Friedenszeiten nicht in Betracht. Das „Rundfunkbataillon 701" der Bundeswehr hatte die Aufgabe, im Rahmen der psychologischen Kriegführung im Ernstfall Sendungen auszustrahlen, die zur Feindbeeinflussung gedacht waren. Den PSK/PSV-Redakteuren war es im Spannungs- und Verteidigungsfall jedoch untersagt, gegnerische Streitkräfte und ihre Armeeführer zu verunglimpfen. Die Themenschwerpunkte für den PSK/ PSV-Rundfunk variierten in Abhängigkeit der Eskalationsstufen im Verteidigungsfall. Ein Ziel bestand darin, beim Gegner Zweifel zu wecken, ob es sich bei der NATO wirklich um ein aggressives Kriegsbündnis handelt. Die Soldaten des Warschauer Paktes sollten dahingehend beeinflusst werden, dass sie an der Glaubwürdigkeit ihrer Führung und der Rechtmäßigkeit ihrer Handlungen zweifelten. Durch die Schilderung von beunruhigenden Situationen in der Heimat, sollte bei den Frontsoldaten des Gegners zunehmend Sorge über das Wohl der Angehörigen aufkommen. Mit den PSK/ PSV-Sendungen wollte man die Armeeangehörigen des Gegners zu der Erkenntnis führen, dass sie durch ihr Handeln Mitverantwortung am Spannungsfall tragen. Beabsichtigt war unmissverständlich klar zu stellen, dass die Bundeswehrsoldaten zur Verteidigung der Freiheit und ihres Staates kämpfen werden.

Bereits in den Vorgesprächen zwischen Egon Bahr (BRD) und Michael Kohl (DDR) zum Grundlagenvertrag vereinbarten beide Staatssekretäre die gegeneinander geführten Propagandaeinsätze zu beenden. Beide Seiten verabredeten verbindlich, sämtliche Propaganda-Aktivitäten in Schrift, Bild und Ton gegen die Streitkräfte des jeweils anderen Staates mit Wirkung vom 1. Juli 1972 einzustellen. In Befolgung dieser Vereinbarung strahlte der „Deutsche Soldatensender 935" am 30. Mai 1972 um

22.30 Uhr seine letzte Sendung aus. Den Hörern in West und Ost wurde mitgeteilt, dass der Sender aus technischen Gründen für einige Tage Pause machen würde. Tatsächlich wurde der Betrieb des Deutschen Soldatensenders entsprechend dem Befehl Nr. 96/ 1972 des Ministers für Nationale Verteidigung am 30. Juni 1972 um 24 Uhr eingestellt. Nach Auflösung des Senders wechselten Sprecher, Techniker und Redakteure zum Fernsehen und Rundfunk der DDR. Einige ihrer renommierten Sprecher fanden anschließend im Adlershofer Nachrichtenmagazin der „Aktuellen Kamera" einen neuen Job.

Parallel erteilte der Generalinspekteur der Bundeswehr am 29. Juni 1972 den Befehl, sämtliche gegen die DDR gerichtete Balloneinsätze mit Flugschriftenabwurf sowie die Versendung von Informationsschriften in die DDR bis auf weiteres einzustellen. Daraufhin beendete die PSK/ PSV-Truppe der Bundeswehr ihre Informationseinsätze entlang der innerdeutschen Grenze.

Die NVA passte sich den neuen politischen Verhältnissen an. Die Spezialpropaganda der PHV gegen die Bundeswehr wurde umstrukturiert und neu organisiert. Der Paketversand mit Propagandamaterial, Flugblattaktionen und Lautsprechereinsätze wurden zurück gefahren und schließlich ganz eingestellt. Einige Mitarbeiter des aufgelösten Soldatensenders waren noch bis 1973 damit beschäftigt, die Spuren des 12-jährigen Sendebetriebes in Berlin-Grünau zu beseitigen. Innerhalb der in Strausberg stationierten 2. Propagandaabteilung der PHV wurde jetzt eine motorisierte Sendeabteilung (MSA) aufgebaut. In der MSA arbeitete speziell ausgesuchtes und geschultes Fachpersonal in Uniform. Im Mobilmachungsfall bekäme die MSA Unterstützung von etwa zwanzig Journalisten von Rundfunk und Fernsehen. Der in der DDR bekannte Filmdokumentarist Heinz Scheumann, der mit Günter Heynowski in Berlin-Adlershof ein eigenes TV-Studio betrieb, arbeitete während seiner NVA-Reservistenzeit als Spezialpropagandist in Strausberg. Ich erinnere mich, wie Scheumann in einer seiner Prisma-Sendungen des DDR-Fernsehens plötzlich als Soldat in NVA-Uniform auftrat. Er genoss das Privileg, in einer kritischen Beitragsgestaltung Missstände in der DDR anprangern zu können.

Zur technischen Ausrüstung des von der MSA vorgehaltenen Mittelwellensenders gehörten: ein Sende- und Antennentransportfahrzeug für den Aufbau eines ca. 30 Meter hohen Antennenfeldes mit einer Fläche von 100x100 Meter sowie Abstimmmittel (elektronische Anpassung der Sendefrequenz an die Antennendaten). Mitgeführt wurden zwei dieselelektrisch betriebene Stromerzeugeraggregate, je ein Studiofahrzeug und Führungsfahrzeug (beide LKW Typ SIL 134) sowie eine RKFE-Radio-Kino-Fernseheinrichtung (LKW Typ W 50). Diese lief lediglich in einer Testphase zur TV-Übertragung.

Zur 2. Propaganda-Abteilung gehörten eine Lautsprechereinheit mit ca. 20 bis 30 Fahrzeugen. Außerdem unterstanden der Abteilung eine motorisierte Druckerei und Spezialdruckerei (Typ S), eine Nachrichtenkompanie und rückwärtige Dienste mit Werkstätten, Versorgungs- und Transportkompanie.

Admiral Klose - Zielscheibe der DDR-Militärpropaganda

Im Gegensatz zu der Faszination, die die Persönlichkeit Hans-Helmut Klose nicht nur bei den Schnellbootsfahrern der Bundesmarine auslöste, war Admiral Klose bei allem Respekt als Marinefachmann für die Volksmarine durchaus kein unbeschriebenes Blatt. Er galt als verwegener und fachlich versierter Marineoffizier. In der Rangfolge der Personen, die keinerlei Sympathien für die sozialistischen Staaten mit der Supermacht Sowjetunion an der Spitze hegten, dürfte Klose wohl einen vorderen Platz einnehmen. Das belegen seine kühnen Nachkriegs-Operationen in der Ostsee.

Kaum war der Krieg beendet, da stießen in der Nacht vom 9. zum 10. Mai 1945 zwei unter dem Kommando von Kapitänleutnant Klose stehende Schnellboote der Kriegsmarine unbemerkt von den alliierten Truppen direkt bis zum Ostseestrand des Ortes Wustrow auf dem Fischland Darß vor. Der Aktion ging eine Musterung in der Geltinger Bucht voraus. Klose fasste dort mit zwei Kommandanten und freiwilligen Marinesoldaten den Entschluss, mit zwei Booten in Richtung Osten vor zu stoßen. Ziel des Kommandounternehmens war die Abholung von Familienangehörigen, darunter der Ehefrau und dem Sohn von Klose. Mit dieser, privaten Interessen dienenden Operation, widersetzte sich Klose den Bedingungen des Waffenstillstandsabkommens. Diese beinhalteten die Einstellung aller Operationen seitens der Wehrmacht und Kriegsmarine sowie die Übergabe der Kriegsschiffe an die englische Flotte. Beide Boote gelangten unbemerkt und ohne Gegnereinwirkung bis ins Seegebiet vor Wustrow. Dort wo heute die Seebrücke in die Ostsee ragt, gingen beide Boote vor Anker. Um bei Gefahr oder Beschuss sofort in die offene See ablaufen zu können, lagen sie mit dem Bootsheck zum Strand. Eine Gruppe von Schnellbootsfahrern landete in der Nacht mit einem Schlauchboot an. Die Männer erkundeten die Lage. Zu ihrer Überraschung mussten sie feststellen, dass Wustrow von sowjetischen Truppen besetzt war. Es bestand keine Chance, die Familienangehörigen unbemerkt abzuholen. Klose entschied, mit beiden Booten zurück in die Geltinger Bucht zu laufen. Kloses Familie gelang es einige Monate später, sich mit dem allgemeinen Flüchtlingsstrom in Richtung Westen abzusetzen.

Dieser kühne Vorstoß war nicht die einzige Husarenaktion von Klose. Legendär sind seine Spionagefahrten bis vor die Küsten der Baltischen Sowjetrepubliken. Zuvor erteilte die Royal Navy einer deutschen Werft den Auftrag, Schnellboote der Kriegsmarine zu sogenannten Fischereischutzbooten umzubauen. In Bremen-Vegesack folgte dann die Fertigstellung der ersten Nachkriegs-Schnellboote S1 STORM GULL (später STURMMÖVE) und S2 SILVER GULL (später SILBERMÖVE). Im Zeitraum 1949 bis 1955 operierte die Schnellbootsgruppe Klose im Auftrag des britischen Geheimdienstes MI 6 bis vor der Küste Lettlands, Litauen und Estlands. In Kenntnis der spektakulären und überwiegend erfolgreich verlaufenden Aktionen scheint der Ärger des Ostens in der damaligen Zeit durchaus nachvollziehbar. Die unter dem Kommando von Klose stehenden Schnellboote operierten dabei so clever, dass deren Aktionen zu spät oder gar nicht bemerkt wurden, obwohl der sowjetische Geheimdienst KGB irgendwie „mit im Boot saß". Vermutlich hatten die Russen in der Gruppe einen Informanten eingeschleust.

Die unter dem Einfluss von Klose aufgebaute und geprägte Schnellbootsflottille der Bundesmarine betrachtete die Führung der Seestreitkräfte der DDR als ein offensives und sehr bedrohliches Überwasserwaffensystem. Als Klose Führungspositionen in der Bundesmarine einnahm und 1975 als Vizeadmiral zum Befehlshaber der Flotte aufstieg, revanchierte sich der Osten mit einer gezielten Propaganda gegen ihn, die zum Teil extreme Züge annahm. Mitte der 70er Jahre erschien ein von der Politischen Verwaltung der Volksmarine erarbeitetes Propagandamaterial. In dem Papier wurde Klose als „wendiger Burschen, der gern unseriöse Geschäfte zur persönlichen Bereicherung macht" verunglimpft. Einer seiner beliebtesten Sprüche, die Anerkennung und Lob ausdrücken sollten, lautete angeblich: „Mit Euch, Leute, möchte ich in den Krieg ziehen! Deutschland braucht Jungs wie Euch". Diese u.a. Aussagen, vorgetragen von einem Fregattenkapitän der Politischen Verwaltung auf einer Offiziersversammlung in der 4. Flottille und einer der Autoren des Anti-Klose-Agitationsmaterials, ist mir bis heute in Erinnerung geblieben. Klose avancierte in den 70er Jahren in der Volksmarine als „Feind Nummer 1" der Bundesmarine. Seine verwegenen Operationen vor der „Haustür" des Ostens prägten seinerzeit das Feindbild in der Volksmarine und besonders gegenüber den Schnellbootsfahrern der Bundesmarine.

Höhepunkt der Anti-Klose-Kampagne bildete die 1971 im DDR-Fernsehen ausgestrahlte Filmdokumentation „Rottenknechte". Der vierte und fünfte Teil beschäftigte sich u.a. mit jenen Marineoffizieren, die an den Geheimdienstoperationen beteiligt waren. Der Film polemisiert stark gegen die Aufrüstung in der BRD und die Wiederverwendung von ehemaligen Offizieren der Kriegsmarine in der Bundesmarine. Meine Marinegeneration war damals von dem „Rottenknecht"-Mehrteiler sehr beeindruckt. Um hier zwischen Dichtung und Wahrheit unterscheiden zu können, bedarf es einer genaueren historischen Forschung. Für die 155 Drehtage unter der Regie von Frank Beyer baute die Peenewerft in Wolgast extra zwei Schnellboote der Volksmarine vom Typ 183 zu Schnellbooten der Kriegsmarine des Typs „S 39" um. Diese wurden dann während der Dreharbeiten von Besatzungen der 6. Flottille in Dranske laut den Vorgaben des Drehteams vom DDR-Fernsehen gefahren. Die maritime Fachberatung zum Film hatte damals Fregattenkapitän Horst Schulze.

Klose war wahrscheinlich der erste und einzige deutsche kriegsgediente und nach 1945 in zivil fahrende Marinekommandeur der Royal Navy, der 1952 in See versuchte, einen Kontakt zu der im Aufbau befindlichen anderen deutschen Marine, der damaligen VP-See, herzustellen. Im Verlauf der unter Leitung des Kommandanten vom Räumboot R-3, Oberkommissar Herbert Bauer, stehenden Seeausbildung von Räumbooten des Typs 218 der VP-See kam es im Seegebiet Adlergrund zur Begegnung mit zwei Schnellbooten. Wahrscheinlich handelte es sich dabei um die Boote S 208 und S 130. Der damals an Bord der Räumboote anwesende Marineoffizier Kurt

Loge gab 1987 zu Protokoll, dass beide Schnellboote unter britischer Kriegsflagge fuhren. Die Fahrzeuge näherten sich den Räumbooten der DDR-Marine bis auf Rufweite. Die Besatzungen beider Schnellboote trugen auf der Brücke und an Oberdeck Zivil. Die Ostmariner übten das Minenräumen auf See. Als sie überraschend von den Schnellbootsfahrern in Deutsch angesprochen wurden, war ihre Verwunderung groß. Sie stellten die Arbeiten an Oberdeck ein und schauten interessiert herüber. Außer wechselseitigem, eher zaghaftem Winken, wollte in dieser einzigartigen Begegnung kein Gespräch zu Stande kommen. Die Männer auf den Räumbooten waren von dem Besuch der Schnellboote ziemlich überrascht. Sie ahnten in jenen Minuten wohl kaum, wen sie da an ihrer Seite bzw. vor dem Bug hatten. Erst später wurde bekannt, dass es sich bei der Begegnung um die Schnellbootsgruppe Klose handelte. Die friedlich verlaufende, erste Kontaktaufnahme auf See seitens der Vorläuferorganisation der Bundesmarine mit der anderen, im Aufbau befindlichen deutschen Marine scheiterte an der Sprachlosigkeit des Ostens. Daraufhin drehten die unter dem Kommando von Klose stehenden Schnellboote mit Höchstfahrt wieder ab.

*Falsifikat VOLKSARMEE Nr. 7 - Oktober 1961 in Plast-Schwimmbeutel.
Untertitel: „Für die Macht der Arbeiter und Bauern"*

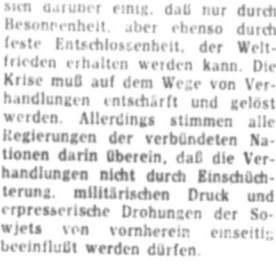

Nr. 7 Okt. 1961

Erhöhung der Verteidigungsbereitschaft!
Der Bundesminister für Verteidigung an die Kommandeure der Bundeswehr Anordnungen über die Verlängerung der Dienstzeit

Fernschreiben: Der Ministerpräsident der Sowjetunion, Nikita Chruschtschow, hat die seit langem von ihm entfesselte Berlin-Krise auf einen neuen Höhepunkt gebracht und dem kommunistischen Machthaber in der sowjetischen Besatzungszone, Walter Ulbricht, die Anordnung bzw. Erlaubnis gegeben, den Viermächtestatus Berlins zu verletzen und brutale Gewaltmaßnahmen zu ergreifen. Damit hat er die seit langem angespannte internationale Lage bis zu einem kritischen Höhepunkt verschärft.

Die Wiederaufnahme der Kernwaffenversuche, die Erhöhung der Sowjetstreitkräfte, die vorgesehene Zurückhaltung des im Herbst zur Entlassung anstehenden Jahrgangs der Roten Armee, die weitere Verstärkung aller Rüstungen sowie die Einberufung von Reservisten in Polen, der Tschechoslowakei und in der SBZ lassen nach dem 13. August die Absichten Chruschtschows deutlich erkennen. Mit diesen Maßnahmen hat er einen Nervenkrieg entfacht, um unter Androhung militärischer Gewalt seine aggressiven politischen Ziele zu erreichen. Hierbei hat er es darauf angelegt, die westlichen Bündnispartner einzuschüchtern, ihren moralischen Widerstand zu lähmen um sie dadurch seinen diktatorischen Forderungen zu unterwerfen.

sich darüber einig, daß nur durch Besonnenheit, aber ebenso durch feste Entschlossenheit, der Weltfrieden erhalten werden kann. Die Krise muß auf dem Wege von Verhandlungen entschärft und gelöst werden. Allerdings stimmen alle Regierungen der verbündeten Nationen darin überein, daß die Verhandlungen nicht durch Einschüchterung, militärischen Druck und erpresserische Drohungen der Sowjets von vornherein einseitig beeinflußt werden dürfen.

Abgestufte Maßnahmen

Deshalb erhöht die NATO in enger Zusammenarbeit aller Regierungen ihre Abwehrkraft durch abgestufte Maßnahmen, die besonders für den Raum der Bundesrepublik von Bedeutung sind. Die drei Westmächte, besonders die Vereinigten Staaten von Amerika, haben umfangreiche Vorbereitungen getroffen, um ihre Verpflichtungen für Berlin zu erfüllen. Sie haben der Bevölkerung ihrer Länder erhebliche zusätzliche Opfer auferlegt. Diese Opfer erstrecken sich auf erhöhte finanzielle Leistungen, auf die Einberufung von Reservisten sowie auf die Verlängerung der Dienstzeit der zur Zeit unter Waffen stehenden Soldaten. Ähnliche Maßnahmen haben die anderen Verbündeten der Bundesrepublik zur Erfüllung ihrer NATO-Verpflichtungen ergriffen.

Das Ziel dieser Maßnahmen ist es, die Verteidigungskraft der NATO in Europa erheblich zu verstärken und auf den durch NATO-Beschlüsse festgelegten Stand zu bringen. Mit

Falsifikat VOLKSARMEE Nr. 7 - Oktober 1961, Seite 1

Permanenter Krieg

Theorie und Praxis sowjetischer Politik – Der verdrehte Clausewitz

Clausewitz schreibt: „Wollen wir den Gegner niederwerfen, so müssen wir unsere Anstrengungen nach seiner Widerstandskraft abmessen; diese drückt sich durch ein Produkt aus, dessen Faktoren sich nicht trennen lassen, nämlich: die Größe der vorhandenen Mittel und die Stärke der Willenskraft". Und an einer anderen Stelle: „Das Element, in welchem sich die kriegerische Tätigkeit bewegt, ist Gefahr; welche aber ist in der Gefahr die vornehmste aller Seelenkräfte? Der Mut".

Auf dem Hintergrund dieser klassischen Erkenntnisse wird die zur Zeit von Chruschtschow betriebene Methode vollständig klar. Die Größe der den Vereinigten Staaten und ihren Verbündeten zur Verfügung stehenden Mittel ist ihm ohne Zweifel bekannt. Es ist nicht anzunehmen, daß er sie unterschätzt. Er weiß, daß der Westen ihm hinsichtlich der materiellen Mittel überlegen ist. Er zielt daher auf den zweiten Faktor der gegnerischen Widerstandskraft: die Stärke der Willenskraft, den Mut. Hier glaubt er, die schwache Stelle des Westens gefunden zu haben, weil das „süße Leben" im Westen so hoch geschätzt wird und weil die freie Meinung und die demokratische Verfassung den Kompromißlern, Kapitulanten, Pazifisten und Neutralisten breite Möglichkeiten der Betätigung bieten. Chruschtschow spekuliert auf die Bequemlichkeit, Sattheit und Angst der „Kapitalisten". Folgerichtig demonstriert er die Tragweite und Zielgenauigkeit seiner Raketen und die Zerstörungsgewalt der Atombomben. Er will die Gefahr so groß wie nur möglich erscheinen lassen. Er stellt sie auch, für den Fall eines bewaffneten Widerstandes, als unabwendbar dar. Jeder Konflikt, behauptet er, werde unausweichlich zum großen Atomkrieg führen. Dieser kann weder lokal begrenzt, noch auf konventionelle Waffen beschränkt werden. Die Bevölkerung der Bundesrepublik, Englands und Frankreichs werde physisch vernichtet, die der Vereinigten Staaten aufs schwerste getroffen werden. Chruschtschow sichert auch das andere Ende seiner Argumentation des Terrors ab: eine Ächtung der Kernwaffen für sich allein sei ausgeschlossen, sie könne nur im Rahmen einer totalen Abrüstung erfolgen.

So nachdrücklich Chruschtschow die Gefahr eines Krieges demonstriert, so klein und harmlos stellt er auf der anderen Seite seine Forderung dar. Er tut alles, um sie zu bagatellisieren und zu verniedlichen. Er möchte, daß in den Augen der westlichen Völker ein krasses Mißverhältnis zwischen Aufwand und Ertrag entsteht. Er will die Meinung entstehen lassen, daß es sich nicht lohne, ein tödliches Risiko für eine „Bagatelle" auf sich zu nehmen. In Wirklichkeit handelt es sich keineswegs um eine Bagatelle, sondern um eine sehr ernste Angelegenheit mit weitreichenden Konsequenzen. Das Risiko eines Atomkrieges trägt andererseits die Sowjetunion genauso wie der Westen. Die Angst vor einem Atomkrieg ist bei den Menschen der Sowjetunion, der Satellitenländer und der Entwicklungsländer noch größer als im Westen. Derjenige, der mit dem Kriege droht, aus welchem Anlaß

Falsifikat VOLKSARMEE Nr.11 - November 1961, Seite 1

Falsifikat VOLKSARMEE Nr. 1-1962, Vorderseite mit Appell des Bundesministers der Verteidigung an die Soldaten der NVA

Falsifikat VOLKSARMEE Nr. 1-1962, Rückseite mit Appell des Bundesministers der Verteidigung an die Soldaten der NVA

Falsifikat VOLKSARMEE Nr. 2-1962, Vorderseite mit Bericht „Wahrheit über das Schicksal der nach Westen abgesprungenen Angehörigen der bewaffneten Organe"

Von Schnellbooten der Bundesmarine in der See ausgebrachte Flugblattballons vor der DDR-Küste

In See ausgebrachte Minibälle mit Propagandatexten: „Die Mauer muss weg", „Der NVA mehr Urlaub", „Den Urlaubern mehr Strand"

NVA-Soldat!

Was bewachst Du eigentlich?

Die ganze Welt weiß,

daß es heute keine Mächtegruppierung gibt, die es wagen würde, den waffenstarrenden Ostblock anzugreifen. Die Atombomben auf beiden Seiten halten auch den Wahnsinnigsten in Schach.

Die ganze Welt sieht

den Widersinn eines Stacheldrahtes, der mitten im Frieden verteidigt wird wie eine Festung im Krieg.

Die ganze Welt hört

mit Empörung von der unmenschlichen Grenze, die befestigt wird, um ein Volk willkürlich zu trennen.

NVA-Soldat!
Wen bewachst Du eigentlich?

Ballonflugblatt, gerichtet an Grenzsoldaten der NVA:
„NVA-Soldat! Was bewachst Du eigentlich?"

Du bewachst Deinen Vater,
    damit er nicht nach Westdeutschland auf Urlaub fahren kann.

Du bewachst Deine Mutter,
    damit sie nicht ihre Schwester im Westen besuchen kann.

Du bewachst Deinen Bruder,
    damit er nicht in der Bundesrepublik ein besseres Leben haben soll.

Du bewachst Deinen Kameraden,
    damit er nicht flüchtet.

Du bewachst Stacheldraht,
    der dafür da ist, damit Du nicht mit Deutschen auf der anderen Seite sprichst.

WARUM NOCH WESTSENDER HÖREN?

Genau dasselbe Programm an heißer Musik bieten

Deutscher Freiheitssender 904

──────── und ────────

Deutscher Soldatensender 935

Sie haben es nämlich von Radio Luxemburg und vom RIAS auf Tonband aufgenommen!

Ballonflugblatt der Bundeswehr „Warum noch Westsender hören?" mit Gegenpropaganda zum Deutschen Soldatensender 935 und Deutschen Freiheitssender 904

Beide Sender

▶ senden aus Reesen bei Burg, Bezirk Magdeburg

▶ sind völlig frei von irgendwelchem westlichen Einfluß, sondern im Gegenteil von 40 Volkspolizisten mit scharfen Hunden bewacht

▶ bringen eine Fülle von falschen Informationen über die Bundesrepublik bzw. die Bundeswehr, so daß man jeweils nur das Gegenteil zu glauben braucht, um gut informiert zu sein

▶ kosten viel Geld, nämlich monatlich so viel, wie 5000 Alte und Invalide als Rente von der Sozialversicherung beziehen

▶ nehmen gern Hörerwünsche entgegen:

Redaktion DDR 904, z. Hd. des Genossen Emil Carlebach, Berlin-Grünau, Regattastraße 277

Redaktion DSS 935, z. Hd. des Genossen Generalmajor Hans Fischer, NVA-Dienststelle Berlin-Köpenick, Postfach 29

▶ beantworten aber nicht gern die Frage, warum das Abhören durch NVA-Angehörige unerwünscht ist

Übrigens: Die Sprecherin „Viola" des DSS 935 heißt Helga Jacobi und ist als scharf auf junge Soldaten bekannt.

Vom Schnellboot PFEIL P 6193 vor DDR-Küste ausgebrachte „Mitteldeutsche Arbeiter-Zeitung", eingeschweißt in Kunststoffbeutel

Angeschwemmte „Mitteldeutsche Arbeiter-Zeitung", Nr.2-1963, Sonderausgabe für die Angehörigen der Kampfgruppen: „Wie lebt man in Westdeutschland wirklich? Nackte Tatsachen statt Reklame oder Gegenpropaganda"

An DDR-Küste angeschwemmte „Die Rote Fahne"- Zentralorgan des Bundes der Sozialisten und Kommunisten im okkupierten Deutschland, Nr. 2-1962: „Lasst die Arbeiter mitdiskutieren!"

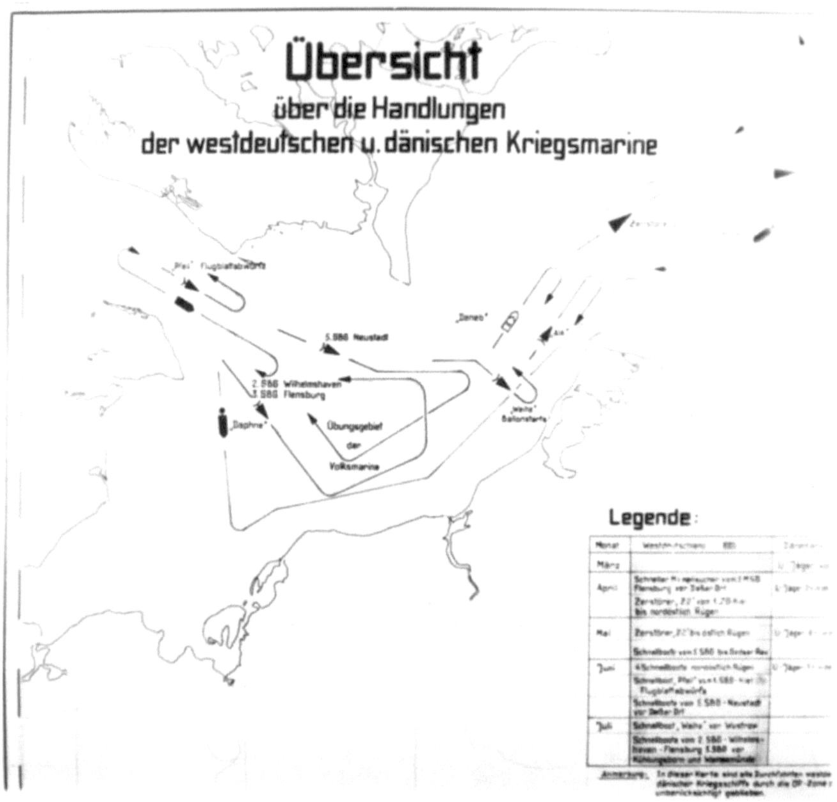

Kartenskizze über Ballonstarts der Schnellboote WEIHE und PFEIL der JAGUAR-Klasse

Feuerschiff 63

INFORMATIONSBLATT FÜR DIE VOLKSMARINE UND HANDELSFLOTTE

Vom NS-Führungsoffizier zum SED-Admiral

Konteradmiral Heinz Neukirchen kämpfte schon in Spanien auf faschistischer Seite — Chef der DDR-Marine war ‚Nationalsozialistischer Führungsoffizier'

Die Skrupellosigkeit Walter Ulbrichts kennt keine Grenzen: Nach der Einführung der Uniformen der Hitlerwehrmacht in der NVA und der im Geiste des Faschismus erfolgten Erhebung des Hasses zum wichtigsten Teil der Kampfmoral hat er nun auch einen ehemaligen „Nationalsozialistischen Führungsoffizier" zum Chef seiner Kriegsmarine gemacht. Wir veröffentlichen nachstehend die Dokumente, die diesen Mann entlarven.

War es wirklich Unkenntnis der nazistischen Vergangenheit des Konteradmirals Heinz Neukirchen, die die Sowjets jüngst zu einem bombastischen Empfang des DDR-Flottenbesuchs unter seiner Führung in Leningrad und in Moskau veranlaßte?

Wahrscheinlicher ist, daß die sowjetischen Admiräle Gorschkow, Fokin und Borkow nicht als klassenbewußte Seeleute, sondern als opportunistische Funktionäre handelten. Wir sind das von der sowjetischen Flotte allmählich gewohnt. Während des italienischen Überfalls auf Abessinien brach die sowjetische Handelsflotte antifaschistische Boykotts und Streiks, die sich gegen Mussolini richteten. Und wir werden durch die Affäre Neukirchen wiederum daran erinnert, daß die Sowjetregierung Tausende von revolutionären Matrosen und Hafenarbeitern in Kronstadt fusilieren ließ!

Das „Spanienkreuz" — keine Auszeichnung für einen Seemann!

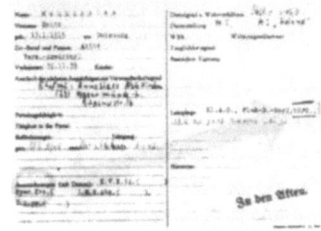

Spanienkreuz für freiwillige Teilnahme am spanischen Bürgerkrieg auf faschistischer Seite — „NSFO" (nationalsozialistischer Führungsoffizier; für besondere Zuverlässigkeit im Sinne der Nazi-Partei und Hitlers

Konteradmiral der „Volksmarine" Heinz Neukirchen — schon wieder „politisch besonders zuverlässig".

WER WAR HEINZ NEUKIRCHEN?

Neukirchen bewarb sich 1935 als Freiwilliger für die Kriegsmarine Hitlers. Die Nazi-Polizei bescheinigte ihm, „daß er jederzeit rückhaltlos für den nationalen Staat eintreten wird." Das hat er dann auch getan: Schon 1936 befand er sich als Freiwilliger auf Francos Seite in Spanien und erwarb dort den faschistischen Orden „Spanienkreuz". Im 2. Weltkrieg ist er dann auch als Nazi-Offizier besonders in Erscheinung getreten. Die Faschisten machten ihn als Leutnant, später Oberleutnant z. S. zum „Nationalsozialistischen Führungs-Offizier". Das war eine besondere „Ehre", nicht für Seeleute, nicht für tapfere Marine-Offiziere, sondern für zuverlässige Nazis!

„Feuerschiff 63 Informationsblatt für die Volksmarine und Handelsflotte", Nr. 1-1963, Vorderseite mit Schmähartikel über Konteradmiral Heinz Neukirchen

Das Thema der nächsten Ostsee-Woche:

Die Seeleute der Kriegs- und Handelsmarinen, die die Ostsee befahren, sind mit Recht empört darüber, daß Walter Ulbricht ihnen einen „Nationalsozialistischen Führungsoffizier" als Chef der DDR-Volksmarine präsentiert. Empört sind auch die Werft- und Hafenarbeiter in den Ostseehäfen. Skandinavische Antifaschisten werden die Frage der Weiterverwendung Neukirchens auf der nächsten Ostsee-Woche an die Funktionäre der SED stellen.

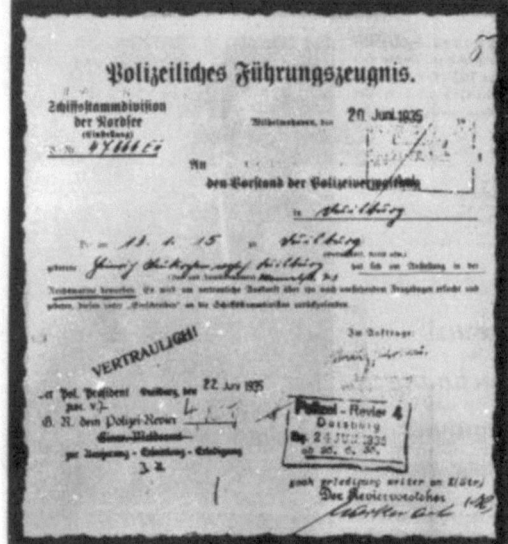

Heinz Neukirchen als Angehöriger der Hitler-Kriegsmarine

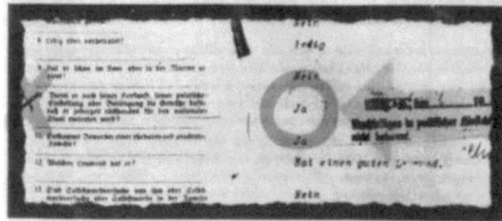

Bietet er nach seiner Herkunft, seiner politischen Einstellung oder Betätigung die Gewähr dafür, daß er jederzeit rückhaltlos für den nationalen Staat eintreten wird?

„Feuerschiff 63 Informationsblatt für die Volksmarine und Handelsflotte", Nr. 1-1963, Rückseite mit Schmähartikel über Konteradmiral Heinz Neukirchen

Hans Helmut Klose

Vom Geheimdienstagenten zum Flottenchef

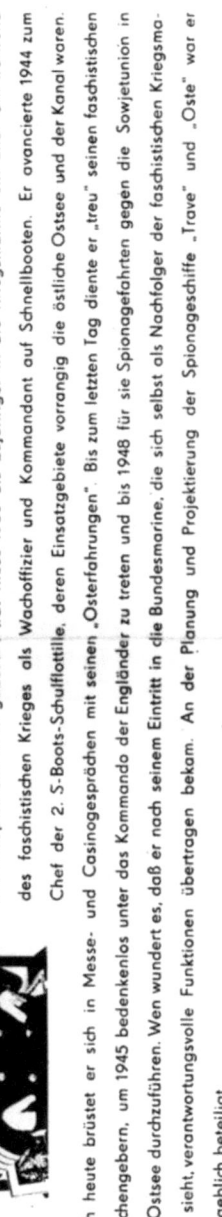

Am 9. September 1916 geboren, trat Klose 1936 als 20jähriger in die Kriegsmarine ein und fuhr während des faschistischen Krieges als Wachoffizier und Kommandant auf Schnellbooten. Er avancierte 1944 zum Chef der 2. S-Boots-Schulflottille, deren Einsatzgebiete vorrangig die östliche Ostsee und der Kanal waren.

Noch heute brüstet er sich in Messe- und Casinogesprächen mit seinen „Osterfahrungen". Bis zum letzten Tag diente er „treu" seinen faschistischen Brötchengebern, um 1945 bedenkenlos unter das Kommando der Engländer zu treten und bis 1948 für sie Spionagefahrten gegen die Sowjetunion in der Ostsee durchzuführen. Wen wundert es, daß er nach seinem Eintritt in die Bundesmarine, die sich selbst als Nachfolger der faschistischen Kriegsmarine sieht, verantwortungsvolle Funktionen übertragen bekam. An der Planung und Projektierung der Spionageschiffe „Trave" und „Oste" war er maßgeblich beteiligt.

Über die Stationen: S-Boots-Kommandant, Geschwaderchef, Admiralstabsoffizier in NATO-Stäben, Zerstörerkommandant und Befehlshaber der Seestreitkräfte Nordsee, diente sich der Mitarbeiter des englischen Geheimdienstes zum Chef der Flotte der BRD hoch.

Klose versteht es, sich bei seinen Unterstellten, besonders bei jungen Menschen, beliebt zu machen und anzubiedern. Einer seiner beliebtesten Sprüche, der Anerkennung und Lob ausdrücken soll, lautet: „Mit Euch, Leute, möchte ich in den Krieg ziehen."

In Bekanntenkreisen gilt er als windiger Bursche, der gern unseriöse Geschäfte zur persönlichen Bereicherung macht.

Dokumentation der Politischen Verwaltung der Volksmarine über Hans Helmut Klose (70er Jahre), in Abbildung als Kapitän zur See

9. Gescheiterte Marinekarrieren im Kalten Krieg

Korvettenkapitän Kündiger desertiert in die DDR

Um die Mittagszeit des **12. Mai 1969** bat der Korvettenkapitän der Bundesmarine Robert Kündiger mit seiner Frau und den vier Kindern am Grenzübergang Berlin-Friedrichstraße in die DDR um politisches Asyl. Dieser Frontenwechsel war damals eine kleine Sensation.

Am 1. April 1942 kam Kündiger (Jahrgang 1924) zur Kriegsmarine. Nach zwei Jahren erhielt er im Juli 1944 als Angehöriger der U-Bootwaffe seine Ernennung zum Leutnant zur See. Er absolvierte einen Lehrgang für Wachoffiziere an Bord. Am 1. Oktober 1944 wurde er zur U-Bootschule kommandiert. Dort nahm Kündiger am Lehrgang für Torpedo-Offiziere teil. Ab 28. Februar 1945 folgte seine Frontverwendung beim II. Admiral Ostsee. Das Kriegsende erlebte Leutnant zur See Kündiger als Kompaniechef einer Marinealarm-Kompanie im holländischen Haarm/Ems. Seine dunkelblaue Marineuniform zierte das EK I und EK II.

Am 16. Oktober 1959 meldete sich Kündiger bei der Bundesmarine. Als Oberleutnant zur See leistete er am 25. Februar 1960 den Eid als Berufsoffizier. Seinen Marinedienst versah er als I Wachoffizier auf verschiedenen Booten des 4. Minensuchgeschwaders in Wilhelmshaven. Ende 1960 erhielt er seine Beförderung zum Kapitänleutnant. 1961 bis 1963 fuhr Kündiger als Schiffswaffen- und Sicherheitsoffizier auf dem Zerstörer „Z 4" der FLETCHER-Klasse. Fregattenkapitän Hans Helmut Klose war einer der Kommandanten von „Z 4". Im Oktober 1963 erhielt Kündiger eine Verwendung als Referent für Überwasserwaffen beim Flottenkommando in Glücksburg. 1965 gehörte er zur Gruppe „Command and Control". Er war an der Entwicklung des Programms für Lenkwaffenzerstörer beteiligt. Nach mehreren Lehrgängen in den USA profilierte sich Korvettenkapitän Kündiger zum Marinespezialisten für Flugkörper (Raketen). Seine letzte Dienstverwendung in der Bundesmarine ab 1. August 1968 bis zur Flucht in die DDR hatte er als Projektoffizier für das System M 20 zur Feuerleitung von Raketen und Torpedos im Marineamt der Bundeswehr in Bonn-Hangelar. Er galt als Marineexperte für Flugkörper und Schiffsartillerie.

Eine von Seiten der BRD strafrechtliche Verfolgung Kündigers nach seiner Flucht in die DDR, wie sie verhaftete Fahnenflüchtige in der DDR erlebten, ist nicht bekannt. Kündigers Desertierung fiel in die Zuständigkeit des Truppendienstgerichts der Bundeswehr. Ob das den Fall des in die DDR übergelaufenen Marineoffiziers verhandelte, geht aus den recherchierten Quellen nicht hervor. Der Vorfall schien in der BRD offensichtlich keine juristische Sühnung erfahren zu haben. Die höchst unerfreuliche Angelegenheit galt in der Bundeswehr eher als „unerlaubte Entfernung von der Truppe". Im Gegensatz dazu bezeichnete diese Begriffsverwendung in der NVA das Dienstvergehen „Urlaubs- oder Landgangsüberschreitung". Der Aufenthalt des Soldaten wurde ermittelt und der Säumige durch die Volkspolizei wieder seiner

Einheit zugeführt. Dem Vergehen folgte eine saftige Disziplinarstrafe.

Am 22. Mai 1969 hatte der geflüchtete Korvettenkapitän der Bundesmarine seinen sensationellen Auftritt im DDR-TV-Nachrichtenmagazin der „Aktuellen Kamera". Für meine Kameraden und mich als Offiziersschüler des 1. Studienjahres gehörte diese Nachrichtensendung neben Schnitzlers „Schwarzer Kanal" in jener Zeit zum Informations-Pflichtprogramm. Für diesen Abend kündigten Offiziere der Politabteilung einen wichtigen Beitrag an. Total überrascht und mit Erstaunen verfolgten wir dann die Livesendung über den getürmten Korvettenkapitän in Zivil. Über die Motive seines Seitenwechsels wurde damals viel spekuliert. Kündiger erwähnte in seinen öffentlichen Auftritten ausschließlich politische Gründe, die für seine Flucht in die DDR ausschlaggebend waren. Dazu gehörten die Wiederaufrüstung in der BRD und die gegen die Flottenkräfte des Warschauer Paktes gerichteten Waffensysteme der Bundesmarine. Marineoffiziere, die Kündiger näher aus dem Dienstumfeld kannten und sich über ihn in Marinezeitschriften äußerten, verweisen dagegen auf seine hohe Verschuldung in Westdeutschland, die ein Grund für Kündigers Desertierung waren.

Gegenüber den Vernehmungsoffizieren des MfS verheimlichte Kündiger nicht seine Schulden. Er informierte, dass er größere finanzielle Verpflichtungen in der BRD zurück gelassen hatte. Der ex Korvettenkapitän war den zuständigen Stellen in der DDR offenbar sehr wichtig. Vermutlich veranlasste das MfS, dass dessen Bankschulden und Rechnungen bei einem Aktions- und Warenhaus in der BRD aus der stets knappen Devisenkasse der DDR beglichen wurden. Ob Kündiger dieses „Begrüßungsgeld" je zurückzahlen musste, ist nicht bekannt. Zumindest schien das Geld damals gut angelegt. Kündiger lieferte der Militäraufklärung der NVA wertvolle Informationen über die NATO-Seestreitkräfte einschließlich zu dessen Führungspersonal. Man schöpfte das Insiderwissen des Mannes über die Struktur, den Häfen- und Stützpunkten der Bundesmarine, der Bewaffnung und Ausrüstung ihrer Schiffe sowie zu den Flottenchefs und Kommandanten gründlich ab. Besonderes Interesse galt dabei dem Marineabschnittskommando Ostsee der Bundesmarine mit Sitz in Kiel. Dass der Marinespezialist Kündiger der Volksmarine als bedeutsame authentische Quelle diente, beweist die anschließende Aktualisierung von Dienstvorschriften und Gegner-Darstellungen der Volksmarine Anfang der 70er Jahre.

Wegen seiner vielseitigen Verwendung in der Bundesmarine hatte er Interessantes für die Aufklärung der Volksmarine und das MfS zu berichten. Sein Wissen setzte die DDR u. a. auch für Propagandazwecke gegen die Bundeswehrführung ein. Filmemacher der DEFA nutzten seine Marinekenntnisse und Erfahrungen für Dreharbeiten des DDR- Mehrteilers „Rottenknechte" (1971), und hier besonders für den 4. und 5. Teil. In Kündiger hatte man einen prominenten Zeitzeugen, um gegen ehemalige Offiziere der Kriegsmarine, die in der Bundesmarine eine neue Karriere gemacht hatten, medienwirksam zu polemisieren. Dazu gehörte u.a. der damalige Befehlshaber der Seestreitkräfte Nordsee, Flottillenadmiral Hans Helmut Klose, den Kündiger aus seiner Dienstzeit gut kannte. In den 70er Jahren profilierte sich der übergelaufene Marineoffizier in einer breiten Vortrags- und Gutachtertätigkeit. Die Klub- und Hörsäle waren gut besucht. Ich erinnere mich an einen dieser Vorträge in der Klubbaracke der 4. Flottille in Warnemünde. Vermutlich war es Kündiger, denn mitunter traten Überläufer aus der BRD unter einem Pseudonamen auf. Der Vortrag verfehlte bei uns nicht seine Wirkung. Die aktuellen Informationen über die Bundesmarine, ihrer Waffentechnik und Kommandeure erweiterten unsere Kenntnisse über den Gegner. Kündiger verschwieg nicht die waffentechnische Perfektion und geistige Entschlossenheit der Soldaten der Bundesmarine für einen Kampfeinsatz gegen den Warschauer Pakt. Die Aggressionsbereitschaft der Bundesmarine nahm durch den Vortrag bei den Zuhörern konkrete Züge an.

Als der ehemalige Marineoffizier Kündiger in genauer Kenntnis der maritimen Fähigkeiten der Bundesmarine dann jedoch öffentlich von einer Überlegenheit westlicher Flugkörper (Raketen) und Computersysteme sprach, endete abrupt seine Vortragstätigkeit. Nachdem sich das MfS sicher war, dass Kündiger nicht von westlichen Geheimdiensten in die DDR geschickt worden war, schlossen Mielkes Mitarbeiter 1975 seine Akte „Kapitän". Bis Ende 1989 gehörte die Akte zum MfS-Bestand „Ranger", dem MfS-Ausbildungszentrum für westdeutsche Geheimdienste.

Kündiger war nicht der einzige Deserteur aus der Bundeswehr, wohl aber einer der prominentesten Überläufer. Ein im BStU-Archiv aufgefundenes Dokument belegt, dass das MfS bis 1970 insgesamt 1.320 ehemalige Soldaten der Bundeswehr (überwiegend Heer) registrierte und bearbeitete, die in die DDR auf dem Transitwege per Pkw oder Flugzeug überwechselten. Die Statistik erfasste sowohl Deserteure (ca. 35%) als auch Reservisten, die erst nach ihrem Dienst in der Bundeswehr in die DDR übersiedelten. Darunter befanden sich etwa 60 Angehörige der Bundesmarine, wovon wiederum 15 Männer im Verlauf ihrer aktiven Dienstzeit in die DDR desertierten.

Fregattenkapitän Zakrzowski: im Dienst der DDR-Seestreitkräfte, Militäraufklärung der NVA, des MfS und BND

Zu den aufmerksamen Zuhörern des aus der BRD geflohenen Marineoffiziers Kündiger gehörte auch der Leiter der „Abteilung 8" der Militäraufklärung der NVA, Fregattenkapitän Winfried Zakrzowski. Diese Abteilung beschäftigte sich mit der Aufklärung des Marineabschnittskommandos Ost der Bundesmarine. Die aufmerksamen Zuhörer, zu denen Fregattenkapitän Zakrzowski gehörte, erfuhren viele interessante Details über die Struktur und Ausrüstung der Bundesmarine.

Beide Kapitäne aus zwei deutschen Seestreitkräften hatten eine völlig gegensätzliche Entwicklung genommen. Diese sollte sich so fortsetzen. Während der in die DDR übergelaufene Marineoffizier nach anfänglicher Stasi-Beschattung eine zuvorkommende Behandlung in der DDR erhielt, ereilte dem leitenden Mitarbeiter der Militäraufklärung der NVA nach vorzeitiger Entlassung aus dem Dienst 1980 das

Todesurteil. Kurz vor der Vollendung seines 50. Lebensjahres starb Baumann, alias Zakrzowski, als Verräter durch Genickschuss. Unter dem Decknamen „Roter Admiral" stand er 1978/79 im Dienst des BND. Wie kam es in der Geschichte der NVA zu diesem einmaligen Fall?

Dienstbeginn in der VP-See
Winfried Zakrzowski (Jahrgang 1930) flüchtete mit seinen Eltern 1946 von Scharley in Polen nach Wismar. Dort absolvierte er die Lehre als Feinmechaniker. Am 1. September 1952 meldete er sich als Freiwilliger bei der VP-See. Im Verlauf der viermonatigen Grundausbildung setzte man ihn als Zughelfer in der Schiffstammabteilung in Saßnitz ein. Seine Vorgesetzten betrauten ihn vom November 1952 bis Januar 1953 mit der Funktion des Politstellvertreters einer Kompanie an der Nachrichtenoffiziersschule auf Stubbenkammer bei Saßnitz. Das war schon recht ungewöhnlich. Von dort erhielt er seine Kommandierung zur Politschule der damaligen KVP in Berlin-Treptow. Als Offizierschüler dieser Einrichtung versah er im April/Mai 1954 ein Praktikum im Marineobjekt Kühlungsborn. Mit Absolvierung der Politschule erhielt er am 1. September 1954 seine erste Offiziersdienststellung als Oberpropagandist in der Schiffstammabteilung. Am 7. Oktober 1954, dem 5. Jahrestag der DDR, wurde Zakrzowski zum Leutnant zur See befördert. Im September 1955 heiratete er Ingrid H. Diese Frau war die Schwägerin von Admiral Waldemar Verner, dem ersten Chef der DDR-Seestreitkräfte und langjährigen Chef der Politischen Hauptverwaltung der NVA. Ein Jahr später wurde ihre Tochter Liane geboren. In den ersten fünf Monaten des Jahres 1956 unterrichtete Zakrzowski als Hauptfachlehrer an der Ingenieur-Offiziersschule in Kühlungsborn. Am 1. Juni 1956 erhielt er seine Versetzung ins Haus der Offiziere in Rostock (später Haus der Armee, seit 1990 Ständehaus). Dort fungierte er sieben Monate als Instrukteur für marxistisch-leninistische Schulung und zugleich stellvertretender Leiter des Hauses. Aus nicht näher bekannten Gründen verließ Zakrzowski Ende 1956 die mecklenburgische Küste in Richtung Berlin. Am 15. Dezember 1956 wechselte Leutnant zur See Zakrzowski zur 12. Verwaltung der Militäraufklärung der NVA.

Aufstieg und Fall in der Militäraufklärung der NVA
Die Tätigkeit der Militäraufklärung der NVA konzentrierte sich auf das westliche Ausland. Im September 1952 als militärischer Nachrichtendienst der KVP gegründet, gehörte er zur allgemeinen Verwaltung der Vorläuferorganisation der NVA. Unter der anfänglichen Tarnbezeichnung „Mathematisch-Physikalisches Institut der NVA" hatte die Einrichtung ihren Sitz in Berlin-Treptow. In den folgenden Jahren trug die militärische Aufklärungsorganisation der DDR die Bezeichnung „Verwaltung Aufklärung" und „Bereich Aufklärung". In seinem Buch „Die Militäraufklärung der NVA" gibt der Politikwissenschaftler Bodo Wegmann einen detaillierten Einblick in den Supergeheimdienst der NVA, der nicht zum MfS gehörte. Generalleutnant

Alfred Krause war ihr letzter Chef. 1989 beschäftigte die Militäraufklärung 2.200 Mitarbeiter. Im westlichen Ausland operierten verdeckt etwa 100 Mitarbeiter. Sie beschafften Informationen über die Bundeswehr zu wichtigen strategischen Punkten und der Aufmarschlogistik der NATO. Am 23. Mai 1990 sendete die Militäraufklärung der NVA die letzte Nachricht für ihre Agenten im Ausland. Das ausgestrahlte Kinderlied „Alle meine Entchen…" auf der Kurzwelle 3.258 Kiloherz war das Signal zum Abbruch der Tätigkeit.

Zakrzowski versah 14 Jahre seinen Dienst in der Militäraufklärung bis er im Frühjahr 1970 als notorischer Alkoholiker strandete. Nach einjähriger Tätigkeit und Beförderung zum Oberleutnant zur See am 7. Oktober 1957 war er Oberoffizier innerhalb der 12.Verwaltung. 1958/59 wurde ihm die kommissarische Leitung der „Unterabteilung 8/3" übertragen. Diese beschäftigte sich mit der Aufklärung des Marineabschnittskommandos Ost der Bundesmarine. Zakrzowski und seine Mitarbeiter bearbeiteten u.a. die Marinestützpunkte in Kiel, Olpenitz/ Kappeln, Neustadt (Holstein), Flensburg und das MQH in Glückstadt. Von 1960 bis 31. Oktober 1962 leitete Zakrzowski die Unterabteilung. Ihm unterstanden sieben Mitarbeiter. Anschließend fungierte er für ein Jahr als stellvertretender Leiter der „Abteilung 8". Hier befassten sich 28 Offiziere mit der Aufklärung der Teilstreitkräfte der Bundeswehr (Heer, Marine, Luftwaffe) mit den entsprechenden Führungsstäben. Aus der Analyse des recherchierten Materials gewann die NVA Erkenntnisse über das militärische Potential der Bundeswehr.

Am 1. August 1964 wurde Zakrzowski die Leitung der „Abteilung 8" übertragen. Von 1964 bis 1967 absolvierte er ein Fernstudium als Diplom-Journalist an der Karl-Marx-Universität in Leipzig. Auch seine Beförderungen liefen wie am Schnürchen. Am 7. Oktober 1959 wurde er Kapitänleutnant und am 7. Oktober 1963 Korvettenkapitän. Vier Jahre später trug er den Dienstgrad als Fregattenkapitän. Sicherlich hätte er es bis zum Kapitän zur See geschafft, wenn er nicht alkoholabhängig geworden wäre. Die Sucht ihres Vorgesetzten beschrieb eine Mitarbeiterin: „Früh einen Cognac oder Wodka zur Weckung der Lebensgeister, mittags das Gleiche wegen der Verdauung und nachmittags gab es auch immer einen Grund." Selbst bei Sportfesten und Fußballspielen fehlte nicht die Flasche am Feldrand. Angesprochen auf seine Trinkerei im Dienst, entgegnete Zakrzowski, dass ihm dies sowjetische Offiziere beigebracht hätten, bis er schließlich selbst am Schnaps Gefallen fand.

Weniger bekannt wurde Zakrzowskis geheimer „Nebenjob". Seit dem 3. Dezember 1962 führte ihn das MfS als inoffiziellen Mitarbeiter, IM. Angeworben wurde er durch die Hauptabteilung I/ Abwehr B. als IM mit dem Tarnnamen „Hein". Diese Namensgebung basierte wohl in Anlehnung an eine geläufige Seemannsbezeichnung. Er lieferte 1964/65 insgesamt 25 Treffberichte an das MfS. Er bespitzelte seine eigenen Genossen, die ihn „Tschak" (bzw. „Yack" französisch Geheimnis) nannten.

Selbstmordversuch-Mutmaßungen

Am 28. April 1970 unternahm Zakrzowski in seiner Wohnung einen Selbstmordversuch. Seine 14 jährige Tochter fand ihn vor dem Gasherd liegend. Auf dem Boden lagen eine leere Flasche Wodka, Bierflaschen und ein Abschiedsbrief. Angeblich soll dieser Brief auch Vorwürfe an die Adresse seines Dienstherrn, der Militäraufklärung, enthalten haben. In den Akten fehlt dieser Brief. Es ist nicht bekannt, ob der Brief wegen seines brisanten Inhalts beiseite geschafft wurde. Man brachte Zakrzowski ins Krankenhaus Köpenick. Dort wurde er gerettet. Für den NVA-Nachrichtendienst war er verloren, sein Rausschmiss aus der NVA eingeläutet. Die Ärzte in Zivil fanden heraus, dass ihr Patient psychisch krank ist. Militärärzte im NVA-Lazarett in Bad Sarow übernahmen die weitere medizinische Behandlung. Während seines Aufenthaltes am Scharmützelsee wurde er in Berlin in Abwesenheit als Oberoffizier ohne Planstelle geführt. Während der Behandlung in Bad Sarow plauderte Zakrzowski zu viel mit vermeintlichen Entziehungstherapeuten. In Gesprächen mit den Weißkitteln soll er Vorwürfe gegen die Arbeit der Militäraufklärung erhoben haben. Aus den MfS-Gesprächsprotokollen geht hervor, dass Zakrzowski angeblich aus der NVA ausscheiden und als Arbeiter seine Pflicht tun wolle. Die Ärzte attestierten ihm wegen permanenter Alkoholsucht eine „dauernde Dienstunfähigkeit". Alkoholsucht galt in der NVA nicht als Krankheit sondern als Schwäche, wenn man diese nicht kaschieren konnte. Andernfalls wären sonst einige SED-Funktionäre und NVA-Kommandeure von dieser Krankheit befallen. Zum 31. August 1970 erhielt Zakrzowski seine Dienstentlassung. Die erforderliche psychotherapeutische Weiterbehandlung blieb ihm versagt.

Als Fregattenkapitän Zakrzowski seinen Dienst nach 18 Jahren Ende August 1970 quittieren musste, ließ man den Verwandten von Admiral Verner nicht allein im Regen stehen. Er wusste zu viel, was gegnerische Geheimdienste interessieren könnte. Seine Vorgesetzten unterbreiteten ihm mehrere Arbeitsangebote. Letztlich entschied sich Zakrzowski für die Tätigkeit als Stellvertretender Leiter der Abteilung Internationale Verbindungen beim Sekretariat der Nationalen Front. Er kam jedoch nicht von der Flasche los. Trotz seines Monatsgehaltes von 1.100 Mark plus 100 Mark Leistungszuschlag wurde er wegen Scheckbetrug, Diebstahl und Unterschlagung kriminell. Seine Frau, die des Trinkers überdrüssig wurde und die Schnapslaunen offensichtlich nicht mehr ertragen konnte, ließ sich 1973 von ihm scheiden. Das Stadtgericht Großberlin verurteilte ihn am 10. Juli 1974 wegen Betrugs zu zwei Jahren Haft. Er kam vorzeitig aus der Haft und fand 1975 einen Job als Werberedakteur im Verlag „Tribüne". Dieses Arbeitsverhältnis hielt zwei Jahre. Am 15. Februar 1977 kündigte ihn der Verlag wegen Alkoholproblemen. Zuvor heiratete Zakrzowski im Juli 1976 erneut. Er nahm den Namen seiner zweiten Frau „Baumann" an. Aber auch unter neuem Namen blieb er der Alte. Der Suff ließ ihn nicht mehr los. Auch diese Ehe scheiterte.

Der Untergang: als „Roter Admiral" im Dienst des BND

Baumann, alias Zakrzowski, lernte die Berliner HNO-Ärztin, Dr. Christa-Karin Schumann kennen. In dieser kurzlebigen Beziehung nahm der Untergang des ab 1978 im Dienst des BND stehenden ex Fregattenkapitäns bis zum Tod geweihten und schließlich zum Matrosen degradierten Landesverräter seinen verhängnisvollen Lauf. Baumann erzählte seiner dritten Frau, dass er ein hochkarätiger Mitarbeiter des DDR-Geheimdienstes sei und noch Fregattenkapitän dazu. Sie sprach darüber mit ihrem in Heidelberg lebenden Bruder, Prof. Dr. Wolf-Dieter T., der ebenfalls Arzt war. Offenbar spekulierte Frau Dr. Schumann, mit Hilfe ihres mit Geheimdienstinformationen vollgetankten Lebenspartners Winfried Baumann schneller in den Westen zu gelangen. Nach dem Besuch ihres Bruders im Mai 1978 in Berlin stellte der nach seiner Rückkehr eine Verbindung zum BND her. Das OK des Westens für die Ausschleusung des Paares „Dr. Christa-Karin Schumann - Winfried Baumann", war mit einer Dienstverpflichtung verbunden. Der einst in Diensten des MfS stehende Baumann, alias Zakrzowski, erklärte sich bereit, für den BND zu arbeiten. Das Berliner Agentenpaar erhielt auf konspirativem Wege Instruktionen und die erforderlichen Arbeitsmittel für die nachrichtendienstliche Tätigkeit. Dazu gehörten Geheimschreibmittel, Zahlencoderollen zum Ver- und Entschlüsseln von Nachrichten, Chiffrierunterlagen und Geld. Mit dem Kofferradio der Marke „Spidola" hielt Baumann auf der Frequenz 3.370 Kiloherz Kontakt zum BND. Die Ironie des Schicksals nahm seinen Lauf. Der ex Marineoffizier revanchierte sich beim Gegner für Kündigers Informationsdienste vor neun Jahren. Er belieferte die andere Seite mit brisanten geheimdienstlichen Informationen. Was Baumann, alias Zakrzowski, dazu bewog, für den gegnerischen Nachrichtendienst zu arbeiten und dabei als Insider auch „seine" Genossen ans Messer lieferte, darüber kann nur spekuliert werden. Ein Motiv, um jeden Preis in den Westen zu gelangen, lag offenbar in seinem, in Folge der Trinkerei gescheiterten Leben. Mit Ausnahme seiner Tochter hatte er wohl alles in der DDR verloren. Die Alkoholabhängigkeit machte ihn zunehmend labiler und leicht beeinflussbar. Im Februar 1979 verriet Baumann acht in der Bundesrepublik lebende Personen, die dort für die Militäraufklärung der NVA arbeiteten. Das MfS bekam heraus, dass er bis zu seiner Festnahme 28 Funksprüche empfangen und sieben Geheimdienstbriefe über Deckadressen an den BND verschickt hatte. Der damalige BND-Chef Klaus Kinkel glaubte in Baumann einen wichtigen Informanten zu haben. Er machte den Fall zur Chefsache und nannte die Geheimdienstoperationen mit dem ex Marineoffizier „Roter Admiral". Dass Baumann, alias Zakrzowski, bis zu seiner Scheidung in Admiral Verner einen namenhaften Schwager hatte, wusste man zu jener Zeit noch nicht.

Hervorgerufen durch Pannen beim BND, die der ehemalige MfS-Oberstleutnant Helmut Wagner in seinem Buch „Schöne Grüße aus Pullach" beschreibt, lief in der Hauptverwaltung II (Spionageabwehr in der NVA) die Identifizierung der für den BND spionierenden Personen auf Hochtouren. In Zusammenarbeit mit weiteren Bereichen der Spionageabwehr und des MfS (Innere Sicherheit) kam man beiden BND-Agenten auf die Spur. Kinkels Leute bereiteten die Ausschleusung des Agentenpaares für April 1979 über Budapest in die BRD vor. Die Aktion wurde jedoch abgebrochen. Der zweite Versuch sollte im Juni 1979 in Warschau stattfinden. Der Plan sah vor, das Touristenpaar „Baumann/ Schumann" als westdeutsches Ehepaar „Weber" aus Polen über Österreich in die Bundesrepublik auszufliegen. Dazu kam es jedoch nicht mehr. Im Mai 1979 gelang der Hauptverwaltung II, beide BND-Agenten zu identifizieren. Am späten Nachmittag des 5. Juni 1979 wurde Baumann im Cafe Polar am Berliner Alexanderplatz bei einer Ausweiskontrolle angesprochen. Er leistete bei seiner Festnahme keinen Widerstand. Vielleicht ahnte er in dem Moment, was ihn erwartete. Als Verräter traf ihn jetzt die „Rache der Organisation". Frau Schumann wurde in ihrer Berliner Wohnung verhaftet.

Aburteilung und Hinrichtung im Juli 1980

Am 7. Juni 1979 erließ der Militär-Oberstaatsanwalt gegen Baumann Haftbefehl. Danach sei „Der Beschuldigte dringend verdächtig, seit mehreren Jahren im Auftrag eines imperialistischen Geheimdienstes Spionage gegen die DDR unternommen…und Vorbereitungen für einen ungesetzlichen Grenzübertritt getroffen zu haben. Als Agent des BND hat er im Zusammenwirken mit Frau Dr. S. unter Verwendung umfangreicher nachrichtendienstlicher Hilfsmittel gesammelte Informationen, die im wirtschaftlichen und politischen Interesse sowie zum Schutz der DDR geheim zu halten sind, an den Geheimdienst ausgeliefert."

Wenige Tage nach Baumanns Verhaftung brachte die Zeitung „Bild am Sonntag" eine Story über den DDR-Konteradmiral Baumann, der einen Oberst der Bundeswehr und andere Informanten für die Militäraufklärung der NVA an den BND verraten hatte. Die Spionagevorwürfe gegenüber dem Oberst erwiesen sich jedoch als falsch. Er wurde rehabilitiert. Die Tarnbezeichnung „Admiral" irritierte selbst viele Journalisten noch nach 1990. Diesen Konteradmiral gab es in der DDR nicht. Auch ich recherchierte in den 90er Jahren vergeblich nach diesem Admiral. DDR-Chefunterhändler Rechtsanwalt Dr. Wolfgang Vogel informierte im Februar 1980 das innerdeutsche Ministerium der BRD, dass dem ehemaligen Marineoffizier Winfried Baumann „wegen gravierenden Vorwürfen der Spionage in außerordentlichem Umfang in einem Prozess die Todesstrafe drohe".

Vom 7. bis 9. Juli 1980 wurde Baumann vor dem 1. Militärstrafsenat beim Obersten Gericht der DDR unter Vorsitz von Oberst Nagel der Prozess gemacht. Im juristischen Sprachgebrauch war Baumann angeblich umfassend geständig. Er war viel zu intelligent, um nicht zu erfassen, dass er jetzt endgültig gescheitert war. In einem vom Gericht beigezogenen medizinischen Gutachten bescheinigte Obermedizinalrat Prof. Dr. sc. med. M. Ochernal, dass Baumann trotz „Alkoholkrankheit zur Tatzeit voll strafrechtlich verantwortlich ist." Alles sollte im Prozess seine „Richtigkeit" haben. Von der 10 Jahre zuvor in Bad Sarow diagnostizierten schweren psychosomatischen Erkrankung schien Baumann wundersam geheilt. Für Stasi-Chef Mielke standen strafmindernde Faktoren für Baumann niemals zur Debatte. Wegen „Spionage in besonders schweren Fall in Tateinheit und mehrfach vorbereiteten ungesetzlichem Grenzübertritt im schweren Fall" beantragte der Militär-Oberstaatsanwalt Oberst Heinz Kadgien für den Angeklagten die Todesstrafe. Nach zweitätiger Beweisaufnahme verurteilte der 1. Militärstrafsenat beim Obersten Gericht der DDR Baumann am 9. Juli 1980 unter Ausschluss der Öffentlichkeit zum Tode. Laut der Darstellung im Prozessbericht vom 10. Juli 1980 soll Baumanns Pflichtverteidiger, Rechtsanwalt Gerhard Cheim, ein Gnadengesuch beim Vorsitzenden des Staatsrates der DDR eingereicht haben. Ob Erich Honecker tatsächlich das Schreiben erhielt, ist nicht belegt. Es fehlt in den Akten. Mielke wusste von dem Gnadengesuch. Der Prozessbericht trug seinen handschriftlichen Vermerk: „L. IX: nach Zustimmung ist entsprechend des ergangenen Urteils der Vorgang abzuschließen. Mielke 10.7.1980." Der Hass Mielkes gegenüber Baumann, alias Zakrzowski, saß zu tief. Nachdem Oberleutnant (MfS) Werner Stiller, der unter dem Decknamen „Schakal" ebenfalls im Dienst des BND stand, am 18. Januar 1979 nach Westberlin flüchtete, rechnete die DDR-Militärjustiz nach dem Willen Mielkes skrupellos mit Baumann ab. Der damalige Leiter der Verwaltung Aufklärung, General Arthur Franke, vertrat die Ansicht, dass Baumanns Hinrichtung damals unabwendbar schien. Stillers Übertritt in den Westen empfand MfS-Chef Mielke als persönliche Schlappe. Hass erfüllt nahm er jetzt an Baumann Rache. Dagegen vertrat der DDR-Chefunterhändler Wolfgang Vogel die Auffassung, wenn der Westen sich zu seinem Spion bekannt hätte, wäre Baumann vielleicht gerettet worden. Ob die Vollstreckung des Todesurteils durch Intervention des damaligen BND-Chefs und späteren Bundesaußenministers Klaus Kinkel tatsächlich hätte verhindert werden können, ist fraglich.

Acht Tage nach der Urteilsverkündung starb Baumann am 18. Juli 1980 in der Hinrichtungsstätte, eine frühere Hausmeisterwohnung im alten Gefängnistrakt der Justizvollzugsanstalt in der Leipziger Alfred-Kästner-Straße, durch den „unerwarteten Genickschuss in den Hinterkopf". Beim Eintritt des Todeskandidaten in den Hinrichtungsraum trat der Henker, der stellvertretende Anstaltsleiter, Major Herrmann Lorenz, unvermittelt hinter der Tür hervor. Er feuerte in Nahdistanz mit einer schallgedämpften Armeepistole „Walter P 38" auf sein Opfer. Die nach sowjetischem Vorbild seit 1968 in der DDR angewandte Methode des „unerwarteten Nahschusses", löste die bis dahin praktizierte Exekution durch das Fallbeil ab. 227 Mal verhängte die DDR-Justiz die Höchststrafe, das Todesurteil. Etwa zwei Drittel der Urteile wurden in Dresden und ab 1960 in Leipzig durch den Galgen, das Fallbeil und dann nur noch per Genickschuss vollstreckt. Baumann war der vorletzte Todeskandidat. Am 26. Juni 1981 nahm der 39 jährige MfS-Hauptmann Dr. Werner Teske nach dem Willen der DDR-Militärjustiz den gleichen Weg, wie Baumann ein Jahr zuvor. Auch er wurde wegen „vorbereiteter und vollendeter Spionage in besonders schwerem Fall in Tateinheit mit vorbereiteter Fahnenflucht in schwerem Fall" zum Tode verurteilt. Teske war der Letzte von 64 Bürgern, dessen Todesurteil an einem der geheimsten Orte der DDR, dem alten Leipziger Gefängnis, vollstreckt wurde. Er wurde für Verbrechen verurteilt und hingerichtet, die er noch gar nicht begangen hatte. Wie Baumann zuvor, sollte Teskes Verrat nach dem Willen Mielkes abschreckend wirken. Ab 1970 wurden u.a. in Ungnade gefallene MfS-Mitarbeiter, die für die andere Seite Spionagedienste leisteten, zum Tode verurteilt und in Leipzig hingerichtet.

Wie ein Toter in der DDR verschwindet

Entsprechend eines Geheimbefehls des Ministers für Staatsicherheit, Innenministers und Generalstaatsanwaltes der DDR durften keine Informationen und nähere Tatsachen über zum Tode verurteilte Personen bekannt werden. Auch Familienangehörige kannten das wahre Schicksal der Verurteilten nicht. Laut einem Vermerk im Prozessbericht vom 10. Juli 1980 soll der zum Tod verurteilte Baumann angeblich verfügt haben, dass seine damals Medizin studierende Tochter bei Ablehnung seines Gnadengesuches nicht über den Prozessausgang zu informieren ist.

So erfuhr Zakrzowskis Tochter erst Ende 1989, also 10 Jahre später, dass ihr Vater wegen Militärspionage 1980 zum Tode verurteilt und hingerichtet wurde. Nach dieser Schreckensnachricht forderte sie im Januar 1990 vom Militär-Oberstaatsanwalt der DDR rückhaltlose Aufklärung des „Falls Baumann". Sie verlangte Auskunft darüber, weshalb man ihr noch sechs Jahre danach insgesamt 18 an ihren Vater gerichtete persönliche Briefe zur Weiterleitung an den „Empfänger" bereitwillig abnahm, obwohl dieser längst Tod war. Im Sommer 1980 erhielten Mutter und Tochter vom Militär-Oberstaatsanwalt die Information, dass ihr geschiedener Mann bzw. Vater zu lebenslanger Haft verurteilt und angeblich schwer krank sei. Man bot beiden Frauen an, die Post an Baumann weiter zu leiten. Wer die Briefe tatsächlich las und archivierte, wussten die beiden Frauen nicht. 1990 erhielt die Tochter ihre Briefe zurück. Was sie dabei empfand, lässt sich unschwer erahnen. Auch gegenüber der zweiten geschiedenen Frau verschleierte das MfS Baumanns Tod. Frau Baumann beantragte die Geltungmachung von finanziellen Ansprüchen gegenüber ihren geschiedenen Mann. Am 18. Februar 1981 teilte ihr ein MfS-Oberstleutnant der Hauptabteilung IX mit, dass Baumann eine lebenslängliche Haft verbüßt. Er sei arbeitsunfähig und erziele deshalb in der Justizvollzugsanstalt keine Einkünfte.

Zakrzowskis Tochter forderte vehement Aufklärung über den Tod ihres Vaters. Nur zögerlich sickerte dann durch, was tatsächlich im Juli 1980 passierte und wer am Tod ihres Vaters politisch und juristisch verstrickt war. Am 6. Februar 1990 teilte der Militär-Oberstaatsanwalt der Tochter mit, dass die Sterbeurkunde ihres Vaters nicht auffindbar und die Grabstätte unbekannt sei. Ebenso könne man die Prozessakte nicht finden. Der damalige (1980) Militär-Oberstaatsanwalt war, wie auch andere im Fall Baumann verwickelten Staatsanwälte inzwischen abgetaucht. Der Leiter der Verwaltung Strafvollzug, Generalmajor Lustik teilte am 22. Februar 1990 mit, dass zur „Strafsache Baumann keine Vollstreckungsunterlagen existieren". Er wolle aber an der Sache dran bleiben und sich um Aufklärung bemühen. Am 26. Februar 1990 teilte der Minister für Innere Angelegenheiten der DDR mit, dass sich sämtliche Dokumente, den Fall Baumann, alias Zakrzowski, betreffend, beim ehemaligen MfS befinden. Baumanns Leiche wäre auf dem Friedhof Leipzig-Süd beigesetzt worden. Dagegen bestritt der Militärstaatsanwalt von Leipzig noch am 5. April 1990, dass Baumann auf dem Südfriedhof beigesetzt wurde.

Fünf Tage vor den ersten freien und demokratischen Wahlen in der DDR (18. März 1990) informierte der Generalstaatsanwalt der DDR Dr. Joseph Zakrzowskis Tochter über das am 9. Juli 1980 ergangene Urteil. Darin hieß es u.a.: „verurteilt wegen Spionage im besonderen schweren Fall in Tateinheit und mehrfach vorbereitetem ungesetzlichen Grenzübertritt in schwerem Fall zum Tode." Der Berliner Militär-Oberstaatsanwalt in der Abteilung Strafrecht informierte Zakrzowskis Tochter am 27. April 1990, dass die Akten über Baumann im Archiv des ehemaligen Amtes für Nationale Sicherheit (MfS-Nachfolgorganisation) gefunden wurden. Im Registrierbuch der Untersuchungshaftanstalt des MfS fand man die Eintragung: „Baumann, Winfried, geb. 17.05.1930, Registrier-Nr. 8183, Abgang 18.07.1980". Unter der Registrier-Nummer 8426 stand die Eintragung des letzten in der DDR Hingerichteten: „Teske, Werner, Abgang 26.06.1981." Die harmlos anmutende Begriffsverwendung „Abgang" stand für die geheime Hinrichtung eines Bürgers in der DDR. Nach zehn Jahren der Ungewissheit wusste die Tochter jetzt, wo die Urne mit der Asche ihres Vaters als Namensloser still und heimlich von seinen Henkern verscharrt wurde: „Leipziger Südfriedhof, VIII. Abteilung, Reihe 6, Grab 112."

Ex Minister Mielke flüchtet in Altersdemenz

Um Mielkes Verstrickung in dem Fall zu ermitteln, leitete der Militär-Oberstaatsanwalt Oberst Bösel nach zehn Jahren eine Untersuchung ein. Diese konzentrierte sich auf die Fragestellung: Wie ist die Notiz vom Minister für Staatssicherheit Erich Mielke auf den zweiseitigen Prozessbericht vom 10. Juli 1980 zu erklären? Ergaben sich aus dem Vermerk Maßnahmen der Vollstreckung? In einem Schreiben vom 2. Juli 1990 ordnete der Militär-Oberstaatsanwalt dazu die Befragung Mielkes an. Er setzte eine Frist bis 23. Juli. Die Vernehmung fand schließlich am 10. August 1990 im Haftkrankenhaus Berlin-Hohenschönhausen satt. Sie bildete den skandalösen Höhepunkt im „Fall Baumann". Viele Bürger hatten noch Mielkes grotesken Auftritt auf der Sitzung der Volkskammer am 13. November 1989 mit der peinlichen „Liebeserklärung" an die Abgeordneten und an „alle Menschen" in Erinnerung. Jetzt wurde der inzwischen erkrankte Erich Mielke mit dem von ihm am 10. Juli 1980 gegengezeichneten Prozessbericht konfrontiert. Obwohl das Dokument Mielkes Einflussnahme auf die Vollstreckung des Gerichtsurteils belegt, konnte sich der einst gefährlichste Mann in der DDR an nichts erinnern. Der mit Orden hoch dekorierte und 1980 zum Armeegeneral beförderte Erich Mielke hatte sich innerhalb von sechs Monaten in einen Geisteskranken verwandelt. Die Mitarbeiter der Militärstaatsanwaltschaft mussten in der Vernehmung große Geduld aufbringen, um nicht an der Taktik des Mannes zu verzweifeln. Mielke tarnte sich im Verhör als seniler Greis, der noch wenige Monate zuvor niemals Niemanden verzieh. Auf die wiederholt gestellten Fragen, stammelte Mielke nur einsilbig herum: „Ich bin krank - Ich weiß nichts - Ich kann nichts sagen - Ich bin ein alter Mann - Ich möchte zurück in mein Zimmer." Die Krankheit des Vergessens und der politischen Unschuld hatten vor Mielke schon andere ehemals in der DDR führende SED-Genossen. Weitere sollten sie noch bekommen. So konnte abschießend nicht geklärt werden, ob Armeegeneral Erich Mielke Baumanns Todesurteil mit oder ohne Wissen von Erich Honecker zur Vollstreckung frei gab.

Marine ABC und Abkürzungsverzeichnis - Hilfsmittel für Landratten

Abteilung	abgeteilter Raum an Bord
Achtern/Heck	Hinterer Teil des Schiffes
Achterdeck	hintere Plattform eines Schiffes
Achteraus	nach hinten
AfNS	Amt für Nationale Sicherheit (DDR)
AFOST	Ausbildungsfahrt Ost der Bundesmarine
Anker auf gehen	den Anker aufholen, um in See zu stechen
Ankerspill	Einrichtung zum Einholen der Ankerkette und des Ankers
Ausbootung	auch Ausschiffung, Besatzung von Bord bringen
Back	vorderer, häufig erhöhter Teil des Schiffrumpfes
Backbord	linke Seite des Schiffes
BALTAP	Baltic Approaches, Ostsee-Zugänge (NATO-Operationsgebiet Skagerrak/ Kattegat/ Belt und Sund)
BGS-See	Bundesgrenzschutz See (BRD)
BDAJ	Bund Deutsche Arbeiterjugend
BDA	Bund Deutscher Arbeitgeber
Bilge	Kielraum, Innenboden der tiefsten Stelle im Schiff
BND	Bundesnachrichtendienst (Geheimdienst BRD)
Boje	schwimmender, am Grund verankerter Körper zur Markierung des Fahrwassers
Bord	oberster Rand des Schiffskörpers, seemännischer Ausdruck für ein Schiff
Bö	plötzlicher Windstoss
BRF	Baltische Rotbannerflotte (UdSSR, Russland)
Brise	frischer Wind
BRT	Bruttoregistertonne, Raummaß auf Handelsschiffen 1 BRT = 100 Kubikfuß = 2,8316846592 Kubikmeter
Brücke	Kommandozentrale in den Aufbauten des Schiffes
BStU	Bundesbeauftragte für die Unterlagen des Staatsicherheitsdienstes der ehemaligen DDR
BSH	Bundesamt für Seeschifffahrt und Hydrologie

Bugspiere	wörtlich: langer Balken, voraus ausklappbares Räumgerät (Stahlbalken ähnlich) mit Geräuschboje Bug Vorderer Teil des Schiffes
Bullauge, Bulleye	rundes Schiffsfenster
COMNAVBALTAP	Commander Naval Forces Baltic Approaches im Bereich Ostsee-Zugänge
COMGERNORTHSEA	Commander German Naval Forces North Sea Seestreitkräfte Nordsee BSN)
CINCCHAN	Commander in Chief Channel (Oberbefehlshaber im Bereich Englischer Kanal). Relikt aus dem Zweiten Weltkrieg. Bis in die 80er Jahre hinein bestand die NATO-Kommandostruktur aus drei höheren Befehlshabern (Commander in Chief = Oberfehlshaber) „Atlantik", „Europa" und „Kanal". Zum Bereich Kanal gehörte Großbritannien, der englische Kanal als Ganzes und Teile Belgiens. Damit wollte man der besonderen Bedeutung des Kanals seit der Invasion 1944 Rechnung tragen
Deck	horizontale Schiffsplattform oder Raum im Schiff
Deckshaus	Aufbau auf dem Oberdeck
Deplacement	Wasserverdrängung (t) bzw. Größe eines Schiffes
DHI	Deutsche Hydrologische Institut. 1990 erfolgte die Zusammenfassung mit dem Bundesamt für Schiffsvermessung und Übernahme des Seehydrologischen Dienst (DDR) zum Bundesamt für Seeschifffahrt und Hydrologie
Dippen	Flagge zum Gruß halb nieder holen und wieder hissen
DKP	Deutsche Kommunistische Partei (BRD)
DMRL	Deutsche Minenräumdienstleitung
DOSOR	Russisch „Streife", Meldeschema nach denen Schiffe der Volksmarine Schiffsbeobachtungen meldeten
dpa	Deutsche Presseagentur
Dümpeln	Hin-und Herschaukeln eines Bootes
DSR	Deutsche Seereederei Rostock
DV	Dienstvorschrift (NVA)
EGA	Erziehungs- und gesellschaftswissenschaftliche Anteile am Studium der Universitäten der Bundeswehr
ELINT	Electronic Intelligenz, (elektronische Aufklärung).

	Form der SIGINT Aufklärung
ES	funkelektronisches Erkennungssignal auf Schiffen
FDJ	Freie Deutsche Jugend (DDR)
Feldscher	Arzthelfer, kein Facharzt
Freund-Feind-Kennung	geheimer Funkcode zur Schiffs-Identifzierung (FFK)
Flagge Dippen	Flagge zum Gruß nieder holen und wieder hissen
Fleute	Segelschiff (17./18. Jahrhundert)
Fieren	Tau bzw. Seil locker lassen, herab lassen
Flaute	Windstille auf See
Flottille	Verband von mehreren Schiffen und Booten
Fregattenkapitän	Marinedienstgrad, entspricht Oberstleutnant
Gangway	bewegliche Außentreppe zum An-/Von-Bord-Kommen
GBK	Grenzbrigade Küste (DDR)
GSSD	Gruppe der sowjetischen Streitkräfte in Deutschland
GST	Gesellschaft für Sport und Technik (DDR)
GMSA	German Mine Sweeping Administration
GVS	Geheime Verschlusssache (NVA)
HGS	Hauptgefechtsstand im Kommando Volksmarine
Heck	hinterer Teil des Schiffes
Heißen	Flagge hochziehen
Hieven	empor- bzw. aufziehen, anheben
IM	inoffizieller Mitarbeiter des MfS
Kabellänge	Längenmass, zehnte Teil einer Seemeile (185,2 Meter)
Kaje, Kai	Uferbefestigung zum Anlegen von Schiffen
Kapitän zur See	Marinedienstgrad, entspricht Oberst
KGB	Komitet Gossudarstwennoi Besopasnosti, Komitee für Staatssicherheit (UdSSR)
KFRG	Kabelfernräumgerät zum Räumen von Magnetminen
Kimm	Horizont
Knoten (Kn)	in Seemeilen (sm) ausgedrückter Schiffsweg in einer Stunde. 1 Knoten = 1,852 km/h; 20 Knoten = ca. 37 km/h
Kombüse	Schiffsküche
Koje	Bett an Bord
Kommandant	Befehlshaber auf einem Schiff

KSS	Küstenschutzschiff
KSZE	Konferenz über Sicherheit und Zusammenarbeit in Europa (Helsinki)
KTE	Koeffizient der technischen Einsatzbereitschaft
Kurs	festgelegte Fahrtroute eines Schiffes
KVR 72	Regeln zur Verhütung von Zusammenstößen auf See, Kollisionsverhütungsregeln (KVR) 1972
Lee	Windabgewandte Seite des Schiffes
Leeseite	vom Wind abgekehrte Seite
lenz(en)	Wasser aus dem Schiffsinneren pumpen
LI	Leitender Ingenieur an Bord
LMG	leichtes Maschinengewehr
LSU-B	Labor Service Unit
Luk	Abdeckung, Luke
Luv	Windzugewandte Seite des Schiffes bzw. Richtung, aus der der Wind kommt
MAD	Militärischer Abschirmdienst (Bundeswehr)
Mars	Aufenthaltsplattform im Mast
Messe	Essen- und Gemeinschaftsraum an Bord
MfS	Ministerium für Staatssicherheit (DDR)
MfAV	Ministerium für Auswärtige Verbindungen
MHG-18	Marinehubschrauber-Geschwader 18 (Volksmarine)
Mittschiffs	Mittlerer Teil des Schiffes
MLR	Minenleg- und Räumschiff (Volksmarine)
MNC	Major NATO Commander/ Command (Höhere NATO-Kommandeure/ Kommando Bereiche)
MPi	Maschinenpistole, „Kalaschnikow" (russisches Model)
MRD	Minenräumdivision
MSA	motorisierte Sendeabteilung (NVA)
MSR	Minensuch- und Räumschiff (Volksmarine)
NATO	North Atlantic Treaty Organization (Nordatlantische Vertragsorganisation oder Nordatlantikpakt)
NAVBALTAP	Allied Naval Forces Baltic Approaches (Seestreitkräfte Ostsee-Zugänge)
NAVOCFORMED	Naval on Call Forces Mediterranean (maritime Einsatzverband der NATO im Bereich Mittelmeer
NHT	Naval Histrical Team

Niedergang	Schiffstreppe, Schiffstreppen
NKFD	Nationalkomitee Freies Deutschland, Zusammenschluss deutscher Kriegsgefangenen und KPD-Funktionäre in der Sowjetunion im Kampf gegen den Hitlerfaschismus
NPD	Nationale Partei Deutschland
NSDAP	Nationalsozialistische Deutsche Arbeiter Partei
NSFO	Nationalsozialistische Führungsoffizier (Wehrmacht)
Oberdeck	obere Plattform eines Schiffes
OHS	Offiziershochschule (NVA)
OP-Dienst	operativer Dienst (Volksmarine)
OvD	Offizier vom Dienst
PDS	Partei des Demokratischen Sozialismus
PSV (K)	Psychologische Verteidigung (Kriegführung)
Pier	Schiffsanleger, größerer Steg oder Damm
Propeller	Schiffsschraube
PSKF	Polnische Seekriegsflotte
qK	Kurswinkel zwischen der Kiellinie des eigenen Schiffes und dem angepeilten Objekt/ Fahrzeug
Radar	Radio Detecting and Ranging. Funkmessverfahren zur Abstandsbestimmung von Zielen
Rah	rundes Querholz am Mast
Ramming	Kollision oder Zusammenstoß von Schiffen
RAS-Manöver	Replenishment at Sea, Seeversorgungsmanöver in Fahrt
Reede	offener Ankerplatz, meist vor Hafeneinfahrt
Reeling	Schiffsgeländer an der Bordkante an Oberdeck
Rees	lockere Unterhaltung an Oberdeck
Ruder	Vorrichtung zum Steuern eines Schiffes
Saling	kurze Querrah zum Absteifen des Masttopps
SACLANT	Supreme Allied Command/ Commander Atlantic, Allierter Oberbefehlshaber Kommandobereich Atlantic
SACEUR	Supreme Allied Command/ Commander Europe, Allierter Oberfehlshaber im Kommandobereich Europa

STANAFORLANT	Standing Naval Force Atlantic (Ständiger maritimer Einsatzverband der NATO im Bereich Atlantik)
STANAFORCHAN	Standing Naval Force Channel (Ständiger maritimer Einsatzverband der NATO im Bereich Ärmelkanal
SBZ	Sowjetische Besatzungszone (spätere DDR)
Schanz (kleid)	Achterdeck (Umrandung)
Schapp	kleiner Raum im Schiff
Schlingerleisten	Seitlich an der Bordwand angebrachte Streben/ Stabilisatoren zur Verringerung der Rollbewegung des Schiffes
Schott	Stahlwand, die das Schiff in einzelne Räume teilt bzw. quer oder längs im Schiff eingebaute ausgesteifte Zwischenwände
SDAJ	Sozialistische Deutsche Arbeiterjugend
SeeStrO	Seestraßenordnung
SIGINT	Signal Intelligenz. Fernmelde-und elektronische Aufklärung zur Gewinnung von Informationen aus abgehörten Funksignalen mit Erfassung und Analyse von Radarsignalen
Seemeile	Längenmass, 1 sm entspricht 1.852 Meter
Seetörn	Fahrt in See, Schiffsreise/-tour/-weg
Seefallreep	Schiffsleiter aus Tauwerk und Holztrittbretter
Smutje	Schiffskoch
Stelling	Laufsteg
Steuerbord	rechte Seite des Schiffes
Steven	über die Wasserlinie nach hinausragende Verlängerung des Kiels
STO	Schiffstechnischer Offizier an Bord
Signaldeck	Schiffsplattform auf der Brücke für Signalverkehr
Spanten	rippenähnliches Schiffbauteil zur Aussteifung der Außenwand Spind Schrank an Bord
SSTA	Schiffstammabteilung, Dienststelle Dänholm
Takellage	Tau- und Segelwerk, Segelausrüstung eines Schiffes, um takeln bedeutet seemännisch umrüsten
Tdw	tons dead weight (Ladetonne), Maß für die Zuladefähigkeit bzw. Gesamttragfähigkeit bei

Tender	Verkehrsmittel zwischen Land und Schiff sowie Schiffstyp der Deutschen Marine
Topp	Mastspitze
Törn	Wegstrecke
Trimmlastzellen	Tanks mit Wasserinhalt
TRI MNC	Three Major NATO Commanders Agreement. Formale Übereinkunft zwischen den drei höheren NATO-Kommandobereichen, die in ihren Grenzen im Bereich Nordsee geographisch zusammen stießen. Hier wurde die Hauptstoßrichtung des Warschauer Paktes erwartet. Die Vereinbarung beinhaltete den Einsatz von Seestreitkräften unter Federführung des SACLANT. Alle Planungen und Befehle sollten gegenseitig ausgetaucht werden.
Trosse	Stahlseil
Vartalampe	Handsignalscheinwerfer
VEBEG GmbH	Verwertungsunternehmen des Bundes mit der Aufgabe der treuhänderischen Verwertung von Gütern
Vordersteven	vorderer äußerster Abschluss des Schiffes
Vorpiek	vorderster wasserdichte Raum im Schiffsrumpf
VP-See	Volkspolizei-See (DDR 1952-1956)
VSA	Vermessungsschiffabteilung Volksmarine
VVS	vertrauliche Verschlussache (NVA)
Wallgang	wasserdichter Gang an der Innenseite der Bordwand und von Hohlräumen im Schiffsboden
Warschauer Pakt	Militärkoalition sozialistischer Staaten
Wenden	Kursänderung eines Schiffes
WGT	Westgruppe der russischen Truppen (bis 1994)
Winsch	Winde
WI	Wachingenieur (Volksmarine)
WO	Wachoffizier
Z	Zerstörer
z.b.V.	zur besonderen Verwendung
Zwangsweg	nautischer in See festgelegter Schifffahrtsweg

Quellen- und Literaturverzeichnis

Abkommen zwischen der Regierung der Bundesrepublik Deutschland und der Regierung der Union der Sozialistischen Sowjetrepubliken über die Verhütung von Zwischenfällen auf See außerhalb der Hoheitsgewässer vom 25.Oktober 1988, Bundesgesetzblatt, Teil II, Z 1988 A, ausgegeben zu Bonn am 3.März 1989, Nr. 9, Seite 193-203

Albrecht, Torsten: Das Wirken von maritimen Netzwerken im Vereinigungsprozess, Vortrag auf der 47. Historisch-Taktische Tagung der Flotte 2007

„Auf Gefechtskurs", Zeitung der Volksmarine, 15.Jahrgang 1982; 18. Jahrgang Nr. 2, Oktober 1985

„Auf Kollisionskurs mit der DDR", in: Leinen Los, H. 6-2007

Antwort der Parlamentarischen Staatssekretärin Michaela Geiger vom 19.09.1994, in: Deutscher Bundestag, Drucksache 12/ 8536

Auerbach, Horst: Redemanuskript vom 02.10.1990, Archiv Autor

Abteilung Aufklärung der Volksmarine, Berichte, in: BStU-Archiv, MfS HA III, 720

Bammel, Wilfried: Keiner hat sich in See etwas geschenkt, in: MarineForum, H. 4-2006; Begegnungen zwischen Bundesmarine und Volksmarine auf See, Brief an den Autor vom 15.02.2006

Bericht über Aufklärungseinsatz des Bootes 823 am 4.09.1967, Oberoffizier für Aufklärung 6. Flottille vom 07.09.1967, Archiv Autor

Bericht Stellvertreter des Ministers und Chef der Volksmarine an den Minister für Nationale Verteidigung über provokatorische Handlungen von Fahrzeugen des BGS, Schiffriertelegramm vom 16. Juli 1975, in: BStU, HAI, Nr. 14851

Bericht Vorposten MLR 225 vom 01.04.1967; Vorposten MLR 223 vom 21.06.1968, Archiv Autor

Besser, Wolfgang: Vom Bootshaus zum Funkhaus, in: Kunstfabrik Köpenick-Treptow-Köpenick, ein Jahr- und Lesebuch, Berlin-Köpenick 2007

Bild vom 20.07.1975 und 28.07.1991

Blaue Jungs, Heft 12-1991

Borgert, Heinz-Ludgar: Vor 40 Jahren-Aus der Chronik des Chefs der Volksmarine, in: MarineForum, H. 9-2008

Bormann, Berndt: Torpedoschnellbootsbrigade der Volksmarine während der Kuba-Krise im Oktober/ November 1962, Aufzeichnungen vom 6.11.2011, Archiv Pfeiffer

Bundesbeauftragte für die Unterlagen des Staatssicherheitsdienstes der ehemaligen der DDR (BStU), MfS-JHS-MF 394/ 75; MfS-JHS-001-MF 342/ 74; MfS HA I, Nr.13944, Teil 1 und 2; MfS HA I, Nr. 13244; MfS HA I, Nr. 14851; MfS HA I, DIM, Personalakte 1825/ 69; MfS, HA III, Nr.720; MfS Zentralarchiv,

Allg. S 37/ 78, Band 1; MfS, ZA, AS 148/ 75, AS 37/ 78; MfS AU 116/ 90, Bd. 5, Bd. 1, Bd. 13; MfS ZKG 18820; BStU-Archiv Außenstelle Rostock, MfS BV Rostock, Stellvertreter Operativ, Nr.2; MfS BV Rostock, Büro der Leitung, Nr. 352

Bundesarchiv-Militärarchiv, BM 10/ 123; Militärischer Zustandsbericht der Marine, 3-10004/ 69, Geh. 22.01.1969, BM 10/ 123; Militärischer Zustandsbericht der Marine, 3-10004/ 69, Geheim, 22.01.1969; BM 10/ 98; Bericht Kollision MLR 221 mit Minensuchboot M-1085 am 02.11.1962, in: DVM 10/ 15792; DVM 10/ 16520, Dokument „GVS" Nr. D 278199 sowie Bestand BM 21 I/ 1540 Flensburg; Plädoyer zur Verhandlung MLR 6-33, in: DVM 10/ 15760 und VA-01/ 2495

Böhlke, Stefan: Der Kalte Krieg in der Ostsee aus der Sicht der Volksmarine. Vortrag auf der 45. Historisch-Taktischen Tagung der Flotte 2005

Brotke, Torsten: Mittel und Beiträge der Flotte zur Nachrichtengewinnung und Aufklärung, Vortrag 8. Historisch-Taktische Tagung der Flotte 2008, in: MarineForum, Heft 6-2008

Bundesminister der Verteidigung, Inspekteur des Heeres, Rechtsberater: Schreiben an Konteradmiral a. D. Hanno Meisner vom 30.10.1991, Archiv Autor

Bundesminister der Verteidigung, Fü S I 1, Az 01-45-00/ 35 vom 29.10.1991 über „Ehemalige NVA-Soldaten, sogenannte Weiterverwender-Führung des Dienstgrades", Archiv Autor

Bunks, H. Peter: Der „Strahl" strahlt. Erinnerungen an eine außergewöhnliche Zeit, in: MarineForum, H. 1/ 2-2011

Christ, Reinhard: Meine Erinnerungen als Torpedomechaniker auf Torpedoschnellboot 844 zur Kollision mit dem Fährschiff DROTTNINGEN am 31.08.1968, 23.02.2005, Archiv Autor

Chronik der Volkspolizei-See 1950-1956, Band 1 und 2, Dokumentenbestand OHS Stralsund, Juni 1990, Archiv Autor

Ciliax, Otto: Einsatz in der Ostsee; in: Vom Kalten Krieg zur deutschen Einheit, München 1995

Das Internationale Seerecht, Herausgegeben vom Kommando der Seestreitkräfte der DDR, Rostock 1960

Das NATO-Kommando Ostseezugänge, in: Militärpolitische Information 1985

Der Wehrbeauftragte des Deutschen Bundestages, Az WB 4-2139/91, Bonn 15.08.1991 an den Autor, Archiv Autor

Der Spiegel Nr. 32 vom 4.08.1975

Die Bundeswehr Nr. 3/ 1994: Erst integriert, dann eliminiert? Die arglistige Täuschung ehemaliger NVA-Soldaten, Archiv Autor

Die Torpedoschnellbootsbrigade der Volksmarine 1959-1971, Chronik Teil 1, Velten 2005, Chronik Teil 2, Velten 2006

Die Welt, Nr. 167 vom 22.07.1975 und 26./27.07.1975

Diedrich, Torsten; Ehlert, Hans; Wenzke, Rüdiger: Staatsfeinde in Uniform? Widerständiges Verhalten und politische Verfolgung in der NVA, Berlin 2005

Dirks, Uwe: Abdrängversuch MSR 341 gegenüber Tender RHEIN, in: MarineForum, H.3-2006; Brief an den Autor 17.09.2008

Dokumentation Politische Verwaltung der Volksmarine, Rostock 1982, 1985

Dömelt, Ulrich: Erinnerungen als Kommandant von MLR 243 zur Flucht des Matrosen Grau, Brief an den Autor 7. Januar 2009

Draxler, Jürgen R.: Von der Zerstörerflottille zur Einsatzflottille 2, in: MarineForum, Heft 4-2008

Drews, Dirk: Die Psychologische Kampfführung/ Psychologische Verteidigung der Bundeswehr- eine erziehungswissenschaftliche und publizistikwissenschaftliche Untersuchung, Inauguraldissertation, Universität Mainz 2006

Elchlepp, Friedrich: Erster deutscher Kriegsschiffbesuch nach 1945 in Leningrad, in: Panorama maritim, Schiff und Zeit, Heft 45

Elchlepp, Friedrich; Jablonski, Walter; Minow, Fritz; Röseberg, Manfred: Volksmarine der DDR. Deutsche Seestreitkräfte im Kalten Krieg, Hamburg-Berlin-Bonn 1999

Elchlepp, Friedrich; Kretzschmar, Manfred: Katastrophen auf See, Rostock 1998

Europäische Wehrkunde Nr. 10/1990

Filippovych, Dimitri N.; Uhl, Matthias: Vor dem Abgrund. Die Streitkräfte der USA und UdSSR sowie ihrer deutschen Bündnispartner in der Kubakrise, Oldenbourg Verlag, München 2005

Fischbach, Werner: Eine Klasse für sich-66 Jahre FLETCHER-Zerstörer, in: MarineForum, Heft 4-2008

Fischer, Egbert: Ehemalige Berufssoldaten der NVA in der Bundesrepublik Deutschland, Bonn 1995

Fischer, Richard: Aus meiner Dienstzeit in der HV Seepolizei und VP-See, Erinnerungen, Berlin 1990; Briefe an den Autor 5.12.1989 und 30.01.1990; Befragung zur Tätigkeit in Leitung der VP-See, Militärgeschichtliches Institut der DDR, Arbeitsgruppe Befragungen/ Erinnerungen, Potsdam August 1986, Archiv Autor

Fischer, Thomas: Vorpostentörn, in: Marinekalender der DDR 1984, Berlin 1983

Flotten-Echo vom 07.11.1956; 10.01.1957; 17.06.1958; Festschrift zum 10. Jahrestag der DDR vom 07.10.1959-Nr.40; Jahrgang 1962 03.04.1962; 03., 17. und 14.04.1962

Flohr, Dieter: Volksmarine-Eine deutsche Flotte im Überblick, Rostock 2003; Auf Vorposten, in: Matrosen auf Gefechtskurs, Rostock 1980; Honecker war an Bord? in: MarineForum, Heft 11-2006

Flohr, Dieter; Seemann, Peter: Die Volksmarine-Menschen, Meer, Matrosen, Steffen Verlag 2009

Flohr, Dieter; Pfeiffer, Ingo: Vizeadmiral Heinz Neukirchen 1915-1986. Ein deutsches Lebensbild an wechselnden Fronten, in: MarineForum, H. 10-2004

Fleischer, Fred; Michael, Jörg: Aspekte der antikommunistischen Verhetzung der Bundesmarine und ihre Konsequenzen, in: Marinewesen, H. 10-1966; Zur Entwicklung der BRD-Marine, in: Informationsdienst der NVA, Reihe Marinewesen, H. 6-1985

Fleischer, Fred: Wie die NATO in Nordeuropa oben schwimmen möchte. Zu den Absichten und Aktivitäten der NATO-Marine in Nordeuropa, in: Marinekalender der DDR 1981

Frank, Hans: Erinnerungen zum Verhalten der Bundesmarine gegenüber Fahrzeugen der Volksmarine auf See; Begegnung von Booten des 3. Schnellbootgeschwaders mit dem sowjetischen KYNDA-Kreuzer am 03. 11.1962, Schreiben vom 08.08.2011, Archiv Autor

Freund, Michael: Deutsche Geschichte, Bertelsmann Verlag München 1979

Fuchs, Matthias: Die Auflösung der NVA und ihre Integration in der Bundeswehr. Hausarbeit zum Hauptseminar „Ausgewählte Probleme deutscher Sicherheitspolitik", Sommersemester 2001, Rheinisch Friedrich-Wilhelms-Universität Bonn

Gatz, Dieter: Erinnerungsbericht über Beschuss des Tenders NECKAR am 15. Juni 1987 durch ein TARANTUL-Schiff der polnischen Seekriegsflotte, Archiv Autor

Gebauer, Karl: Doppelagent-Erinnerungen, Edition Ost, Berlin 1999

Grass, Reinhard: Honecker grüßt Bundesmarine, in: MarineForum, H. 4-2006

Grundwissen über die NATO-Seestreitkräfte Ostseeausgänge, Rostock 1988

Gutow, Günter: Kollision und Untergang Räumboot 422 STERNBERG am 30.09.1962, Gesprächsaufzeichnung 14. und 18.11.2011, Archiv Autor; dazu Anklage des Militärstaatsanwalts der Volksmarine vom 11.10.1962; Im Namen des Volkes. Urteil der Strafkammer des Kreisgerichts Rostock vom 17.10.1962, Sammlung Gutow

Hanusch, Siegmar: BGS-See, Artikelfolge, 5 Teile, in: Ausbilder (Volksmarine) 1983

Haselow, Günter: Erinnerungsbericht Kollision MLR LEIPZIG 222 mit dem westdeutschen Küstenmotorschiff JOHANNA CATHARINA auf Vorposten östlich des Fehmarnbelt am 5. Oktober 1968; Aufzeichnung Gespräch zum Vorposteneinsatz 5. bis 14. September 1973 und Begegnung mit Zerstörer ROMMEL am 16. März 1971, 5. Juni 2010, Archiv Autor

Henze, Kurt: Im Fadenkreuz, BRD-Kriegsmarine 1986, in: Volksarmee Nr. 23-1986

Heinritz, Wolfgang: Meine Dienstzeit im Vorpostendienst der Volksmarine 1964-1969, Stralsund 2004

Hesse, Gustav: Aufzeichnung Gespräch vom 08.08.2001 über die Flucht der Segelyacht TORNADO am 15.07.1975; Anmerkungen zum Buch „Volksmarine der DDR-Deutsche Seestreitkräfte im Kalten Krieg" vom 25.08.2001, Archiv Autor

Hess, Sigurd: der „British Baltic Fishery Prorection Service" und die „Schnellbootsgruppe Klose" 1949-1956, in Deutsche Gesellschaft für Schifffahrts-und Marinegeschichte e.V., Beiträge zur Schifffahrtsgeschichte, Band 4, Düsseldorf 2001; „Eine klare und gegenwärtige Gefahr" oder „Bedingte Abwehrbereitschaft" am Beispiel des 3. Schnellbootgeschwader während der Kuba-Krise 1962, 11.02.2003; Zur Begegnung des 3. Schnellbootgeschwaders mit dem GROSNI-Kreuzer 898 und KOTLIN-Zerstörer 850 am 03.11.1962, Schreiben vom 22.01.2011 und 25.04.2011, Archiv Autor; Aufklärung und Propaganda. Agitationen der DDR gegen die Bundesmarine während des Kalten Krieges, in: MarineForum, H. 1/ 2-2008 und H. 3-2008; Gesprächsaufzeichnung vom 08.05.2010 zur „Schnellbootsgruppe Klose am 9./ 10. Mai 1945", Archiv Autor

Hess, Sigurd, Schulze-Wegner, Guntram, Walle, Heinrich: Faszination See. 50 Jahre Marine der Bundesrepublik Deutschland, Hamburg, Berlin, Bonn 2005

Hildebrand, Hans H.; Röhr, Albert; Steinmetz, Hans-Otto: Die Deutschen Kriegsschiffe, Biographien, Band 7, Herford 1983

Hoch, Gottfried, Pfeiffer, Ingo: Zehn Jahre Deutsche Einheit. Über den Umgang miteinander, in: MarineForum, H. 10-2000

Hoffmann, Dieter: Vom Schnellboot JAGUAR zur Fregatte 125. Ein halbes Jahrhundert Deutscher Überwasser-Marineschiffbau, in: MarineForum, H. 3-2010, H. 4-2010

Hoffmann, Theodor: Das letzte Kommando, Berlin 1993; Kommando Ostsee. Vom Matrosen zum Admiral, Berlin-Bonn-Hamburg 1995; Befragungsprotokoll über die Waffenbrüderschaftsbeziehungen zur Baltischen Flotte und Polnischen Seekriegsflotte 1957-1977, Militärgeschichtliches Institut der DDR, Arbeitsgruppe Befragungen/ Erinnerungen, Potsdam 1977, Archiv Autor

Horten, Dirk: Das Marinekommando Rostock, erste Erfahrungen und Ausblicke, in: MarineForum, H. 6/1991; Diskussionsbeitrag auf Mitgliederversammlung der Marine-Offizier-Versammlung am 24.04.2010 in Warnemünde/Hohe Düne, Mitschrift Autor; Information zur Musterung 5. Oktober 1990 an Marineschule Stralsund, Archiv Autor

Horn, Wolfgang: Vorpostendienst, in: Marinekalender 1987

Ilchmann, Matthias: Erinnerungen zur Flucht meines Stiefbruders Harald Grau, 18. Mai und 19. April 2009, Archiv Autor

Jablonsky, Walter: Wir waren ja damals noch alle Kriegsteilnehmer, in: MarineForum, H. 4-2006; Die Grenztruppen (GT) der DDR. Die Kräfte der seeseitigen Grenzsicherung 6.Grenzbrigade Küste, in: MarineForum, Heft 6-2005; Wir sollten Lernfähigkeit zugestehen, in: MarineForum, Heft 3-2006

Jährling, Lars: Ein halbes Jahrhundert erfolgreicher Wandel, 50jähriges Bestehen der Flottenkommandos, in: MarineForum, H. 9 und 10-2006

Kabus, Andreas: Der militärische Geheimdienst der DDR. Auftrag Windrose. Verlag Neues Leben, Berlin 1993

Kähler, Gerhard: Nachtrag aus dem Fotoalbum zur Ramming des Minensuchbootes M 1085 am 02.11.1062, in: MarineForum H. 5-2006

Karr, Hans: Langlebiges Provisorium. Die Zerstörer der FLETCHER-Klasse, in: LeinenLos, Heft 4-2011

Kellerhoff, Sven Felix: „Ehrenvoller Kampfauftrag", in: Die Welt vom 05.05.2008

Keppler, Bodo: Wiedervereinigung aus der Sicht der ehemaligen Angehörigen der Volksmarine. Vortrag auf der Mitgliederversammlung der MOV am 24.04.2010 im Marinestützpunkt Hohe Düne/ Warnemünde, Archiv Autor

Kerzig, Horst, Knittel, Jürgen, Schulz, Kurt: Die Kampfschwimmer der Volksmarine, Verlag Das Neue Berlin, 2. Auflage 2009

Klowersa, Joachim: Wie ich den Untergang des Torpedoschnellbootes 844 am 31.08.1968 erlebte, Aufsatz 18.09.2004; Meine Erinnerungen als E-Nautiker auf dem Torpedoschnellboot 844 zur Kollision mit dem Fährschiff DROTTNINGEN, Antworten auf Fragestellungen von Ingo Pfeiffer, 11.01.2005, Archiv Autor

Kremkau, Karl Heinz: Brief an einen guten Kameraden. Wie Ole Hansen ein Freund der Volksmarine wurde, Lindhorst 2009; Gedanken zum Vortrag von Admiral a.D. Theodor Hoffmann vor der Alternativen Enquetekommission, Brief vom Juli 2009; Brief an Prof. Dr. Günther Pöschel vom 06.12.2009; Brief an Ewald Tempel vom 14. und 21.03.2008; Brief an den Autor vom 30.07.2008, 13.10.2009 und 15.11.2009, Archiv Pfeiffer

Kroschel, Günter; Steindorf, Klaus-Jürgen: Die Deutsche Marine 1955-1985, Schiffe und Flugzeuge, Wilhelmshaven, 1985

Krücken, Stefan: Auf Kollisionskurs mit der DDR, in: Leinen Los, Heft 6-2007

Kuhfahl, Hans-Joachim: Die Deutsche Marine aus Sicht der Volksmarine- Politische, personelle und materielle Einschätzung. Vortrag auf 41. Historisch-Taktische Tagung der Flotte 2001

Kündiger, Robert: Der Deutsche Minenräumdienst-ein Wegbereiter der Remilitarisierung in der BRD, in: Marinekalender der DDR 1986; Salzige Karrieren, Militärverlag der DDR, Berlin 1979

Küstenwacht und Grenzsicherung zur See 1945-1961, Heft 1, Rostock 1988

Marine der Bundesrepublik Deutschland", Hamburg, Berlin, Bonn 2005

Laudeley, Rainer: Wie ich den Untergang des Schnellbootes 844 am 31.08.1968 erlebte, Aufsatz 27.03.2005; Erinnerungen als Funkmessgast auf dem Torpedoschnellboot 844 zur Kollision mit dem Fährschiff DROTTNINGEN am 31.08.1968, Antworten zu Fragestellungen von Ingo Pfeiffer, 25.05.2005,

Archiv Autor

Lemke, Egbert; Neidel, Holger: Raketen über See. Die taktische Seezielrakete P-15 im Kalten und heißen Krieg, Kai-Homilius-Verlag, Berlin 2009

Luckau, Dieter W.: Vortrag auf Seminar am 17.11.2001, Akademie der Bundeswehr für Information und Kommunikation (Strausberg), Mitschrift, Archiv Pfeiffer

Loge, Kurt: Erinnerungsbericht zur Dienstzeit 1950-1960, Militärgeschichtliches Institut der DDR, Arbeitsgruppe Befragung/ Erinnerungen, Potsdam Juli 1987 und März 1989, Archiv Autor

Löpelt, Rolf: Aus meiner Dienstzeit, Schriftenreihe Nr.24 Schifffahrtsgeschichtliche Gesellschaft OSTSEE e.V. Rostock 2002; Die Entwicklung der maritimen Sicherheit an der Küste der DDR 1945 bis 1956, Schriftenreihe Heft 14 Schifffahrtsgeschichtliche Gesellschaft OSTSEE e.V. Rostock 2000

Marinewesen, Heft 8-1969; Heft 2-1970

Marinekalender der DDR, Jahrgang 1981 bis 1990, Militärverlag der DDR

Mahnkopf, Lothar: Vorpostendienst auf MLR ERFURT, Telefonat mit Autor 18.12.2009

Mehl, Hans: Unter neuen Flaggen. Verbleib der Schiffe und Boote der ehemaligen Volksmarine, in: Köhlers Flottenkalender 1997

Mehl, Hans; Wirth, Egon: Marineschiffe „Made in GDR", in: MarineForum, Heft 7/8-1994

Mehl, Hans; Schäfer, Knut: Die andere deutsche Marine, Motorbuch Verlag, Stuttgart 1995

Minister für Abrüstung und Verteidigung, Rainer Eppelmann, Anschreiben des Autors vom 28.05.1990, Archiv Autor

Ministerium für Nationale Verteidigung, Hauptinspekteur Generalleutnant Baarß, Schreiben vom 07.03.1990, Tgb.-Nr. 550-296/ 1990 zum Anschreiben des Autors vom 25.01.1990, Archiv Autor

Morgenpost vom 18.07.1975

Möller, Horst: Erinnerungen, Geschichte, Identität, in: Aus Politik und Zeitgeschichte, B 28/ 2001 vom 06.07.2001

Mommsen, Wolfgang J.: Die Geschichtswissenschaft in der DDR, in: Aus Politik und Zeitgeschichte, B 17-18/ 92 vom 17. April 1992

Müller, Wolfgang: Die Anfänge des Bergungsdienstes der Volksmarine, in: Panorama maritim. H. 24, Rostock 1989

Nationale Volksarmee: Kräfte und Mittel COMBALTAP, K 243/3/002, Vertrauliche Verschlusssache D 250600, 48. Ausfertigung, 1988

Neukirchen, Irmgard: Interview am 09.05.1989, 23.01.1990 und 02.03.1998, Archiv Autor

Opitz, Eckhard: Über den Umgang mit ehemaligen Offizieren der NVA, in: Marine-

Forum, H.7/ 8-2000

Ostsee-Zeitung vom 02./ 03.03.1974 (Beilage), 18.07.1990, 19.01.1991, 19.02.1991, 27./ 28.04.1991, 02.07.1991, 13. und 28.11.1991, 02.01.1992

Paulinius, Hans-Georg: Nur wer miteinander spricht, kann irgendwann den anderen verstehen, in: MarineForum, H.5-2000

Peters, Gerd: „Vom Urlauberschiff zum Luxusliner", Köhlers Verlagsgesellschaft mbH, Hamburg 2005

Petersen, Holger: Am Anfang kam alles ganz anders, in: Geschichte und Geschichten der Fachhochschule Stralsund, Stralsund 1996

Petzold (geb. Neuholz), Marianne: Erinnerungen an meine Dienstzeit in der HV Seepolizei, VP-See und Seestreitkräfte 1950-1958, Dessau 16.6.1989, Archiv Autor

Pfeiffer, Ingo: Panzer unter dem Kommando von Recycling-Profis, in: Europäische Sicherheit, Heft Nr. 6, Juni 1998; DDR-Regierungsbunker FILIGRAN für immer verschlossen, in: ebenda, Heft Nr. 9, September 1996; Fahnenfluchten zur See-Die Volksmarine im Visier des MfS, Berlin 2009

Pöschel, Günther: Seefahrt macht frei! Leider nicht immer. Über die Volksmarine der NVA, in: NVA. Ein Rückblick für die Zukunft. Zeitzeugen berichten über ein Stück deutsche Militärgeschichte, Köln 1992; Erklärung einer Gruppe von Offizieren der ehemaligen Seestreitkräfte (Volksmarine) mit Blick auf 60 Jahre maritime Streitkräfte in der ex-DDR, in: MarineForum, H. 10-2010; Marinemeuterei und Revolution 1918/ 19 in Deutschland. Zerfall und Untergang der kaiserlichdeutschen Flotte, Aufsatz 2008, Archiv Pfeiffer

Rabe, Heinz: Im Fadenkreuz, BRD-Kriegsmarine 1985, in: Volksarmee Nr. 37-1985

Rahn, Werner: Von Gehorsamsverweigerungen zur Revolution. Der Zusammenbruch der Kaiserlichen Marine, in: Militärgeschichte, Ausgabe 3-2008

Raketenschnellbootsbrigade der Volksmarine 1962- 1971, Strausberg 2008

Reiss, Willy: Flucht im Schatten der Krake, Rüde Sachsen, dunkel war's, dazwischen gedrängelt, in: MarineForum, H. 1-2006 und Brief an den Autor 20.05.2008

Rosentreter, Robert: Im Seegang der Zeit, Rostock 2000; Mit Können und Tatkraft wird der Klassenauftrag in See erfüllt, in Volksarmee Nr. 31-1984, Archiv Autor; TS-Boote auf Gefechtskurs, in: Marinekalender 1973; Zwischen Rügen und den Färöern, in: Marinekalender 1983

Sander-Nagashima, Johannes Berthold: Die Herausforderung eines maritimen Neuanfangs. Vor 50 Jahren schlug die Geburtsstunde der Bundesmarine, in: Militärgeschichte, H. 3-2005

Schäfer, Knuth: Hochseeversorger KÜHLUNG auf Geschwaderfahrt, in: Marinekalender 1988

Schneider, Karsten: Vom Rand in den Fokus-Ausgewählte Fähigkeiten der Flotte zur maritimen Auftragserfüllung der Bundeswehr, Vortrag auf der 48. Historisch-taktischen Tagung der Flotte 2008, in: MarineForum, Heft 4-2008

Schnellbootsverband gefechtsbereit, 6.Flottille (Volksmarine), Dranske 1988

Schneider, Alfred: Überführung des ersten KS-Bootes FREUNDSCHAFT von Berlin nach Parow, Erinnerungsbericht 21.04.1989, Archiv Pfeiffer

Scholz, Klaus Peter: „MedExe" an Bord Flottendienstboot OKER am 21.März 1978, Mail an den Autor 02.02.2012, Telefonat vom 24.06.2011

Schütte, Matthias: „Das Naval Historical Team" als Beispiel für ein Netzwerk und sein Einfluss auf die konzeptionelle Neugestaltung der Bundesmarine, in: MarineForum, H. 5-2007

Schütz, Heinrich: Nur Vergangenheit oder schon Geschichte? Marinetechnik in der DDR-eine Bestandsaufnahme im Jahr 1990, in: MarineForum, H. 10-2008

Seekamp, Claus: Antworten zu Fragen des Autors über die Flucht der Segelyacht TORNADO am 15. Juli 1975, zugeleitet über Mail des NDR vom 28.03.2011, Archiv Autor

Soltwedel, Manfred: Begegnung von MLR 225 mit schnellem Minensuchboot M 1068 ALGOL der SCHÜTZE-Klasse 341 mit Bergung einer Wasserleiche im Juni 1969, Bericht 1.03.2011, Archiv Autor

Sommermeyer, Horst: Brief an den Autor vom 21.05.2008; Aufzeichnung aus Telefonat 09.01.2010, Archiv Autor

Steinbach, Lutz: Der Kalte Krieg in der Ostsee aus der Sicht der Bundesmarine. Vortrag 45.Historisch-Taktische Tagung der Flotte 2005

Stellvertreter des Ministers und Chef der Volksmarine, Vizeadmiral Henrik Born, Schreiben vom 23.01.1990, Tgb.-Nr. A/ 134/ 1990 auf Anschreiben des Autors vom 12.01.1990; Schreiben vom 26.06.1990, Tgb.-Nr. A/ 1492/ 1990 auf Anschreiben des Autors vom 12.06.1990, Archiv Autor

Strauss (geb. Leistner) Gisela: Erinnerungen zu meiner Dienstzeit in VP-See und Seestreitkräfte, Stralsund 1989, Archiv Autor

Streubel, Johannes: Befragungsprotokoll zu Erinnerungen aus meiner militärischen Tätigkeit 1953- 1961, Militärgeschichtliches Institut der DDR, Arbeitsgruppe Befragungen/ Erinnerungen, Potsdam 1986/ 1987, Archiv Autor

Sperrling, Dieter: OKER auf Kollisionskurs, in: Ausbilder (Volksmarine), Heft 2-1984

Tagesspiegel Nr. 9076 vom 26.07.1975

Trautmann, Hans Jürgen: Aufzeichnungen Begegnung Schnellboot WOLF mit MLR 223 am 20.06.1962, Archiv Autor

Tempel, Ewald: Im Alarmzustand-zur Geschichte der Volksmarine in den kritischen 1960er Jahren, Ingo Koch Verlag Rostock 2008; Für das aufkommende neue Russland bedeutungslos, in: MarineForum, H. 3-2011; Meine Erlebnisse zur Kuba-Krise aus Sicht der Volksmarine, Brief an den Autor 24.11.2011; Vorpostendienst der Seestreitkräfte der DDR und Volksmarine, Brief an den Autor 30.08.2008 und 23.11.2009; Gedanken zu Begegnungen von Schiffen der Volksmarine mit Fahrzeugen der Bundesmarine auf See, Brief an den Autor 05.10.2008, 12.10.2008 und 23.11.2009; Brief an Stabsoberfähnrich a.D. Jürgen Kaven zur Flucht der Segelyacht TORNADO vom 18.01. und 18.06.2009; Meine Begegnung mit dem 3. Minensuchgeschwader während der Aufklärungsfahrt am 12.04. 1961 in der Kieler Bucht, Brief an den Autor 23.11.2009; Zur See- und Luftaufklärung im Ostseeraum - ein historischer Rückblick, Rostock 2008; Archiv Autor

Volksmarine: Patenschafts- und Freundschaftsverträge von Schiffen der VP-See, Seestreitkräfte und der Volksmarine mit Betrieben, LPG, Städte und Kreise der DDR, Rostock 1964 (Anlagenband), Archiv Autor

Völcker, Klaus: 4. Torpedoschnellbootsabteilung während der Kuba-Krise in Bug/Dranske, Gesprächsaufzeichnung 19.09.2011, Archiv Autor

Von Scheven, Werner: Die Bundeswehr vor neuen Aufgaben und Herausforderungen, Friedrich Ebert Stiftung, Bonn 1991

Von Wangenheim, Lutz Freiherr: Meine Begegnung mit dem KYNDA-Kreuzer und KOTLIN-Zerstörer am 03.11.1962, Schreiben vom 15.08.2011, Archiv Autor

Vorpostenbericht MLR 225, Auszug vom 07.04.1967, Vorpostenbericht MLR 223, Anlage Gespräch am 21.06.1968, Archiv Autor

Wagner, Helmut: Schöne Grüße aus Pullach, Berlin 2000

Walle, Heinrich: Deutsche Seestreitkräfte im Wandel der Zeit, in: Schiff& Hafen, Mai 2005

Wallner, Raimund: Ein Jahrhundert deutsche U-Boote, in: MarineForum, Heft 5- 2007

Wasiliew, W. M.: Der erste Raketenkreuzer der Welt GROSNI, St. Petersburg 2010; Ein Schiff, welches seiner Zeit voraus war, Raketenkreuzer GROSNI, St. Petersburg 2001

Weber, Hermann: Weiße Flecken in der DDR-Geschichtsschreibung, in: aus Politik und Zeitgeschichte, B 11/ 90 vom 09. März 1990

Wegner, Rudi: Aus meiner Dienstzeit in der Hauptverwaltung Seepolizei und Volkspolizei See, Erinnerungen, Stralsund 1989

Wegmann, Bodo: Die Militäraufklärung der NVA. Die zentrale Organisation der militärischen Aufklärung der Streitkräfte der DDR, Dissertation Freie Universität Berlin, Verlag Dr. Köster, Berlin 2006

Welt am Sonntag vom 4.11.1990

Wiesigkstrauch, Manfred: Erinnerungsbericht Dienst auf Sicherungskutter PIONIER 1950/51 (SK II, Typ KS-Boot), Stralsund 1990, Archiv Autor

Wichert, Karsten: Die `Volksmarinedivision` in Berlin 1918/19, in: MarineForum, Heft 9-1981

Wilhelm, Karl Heinz: Spezialpropaganda der NVA, Erinnerungen, Gesprächsaufzeichnung 07.03.2010, Archiv Autor

Wilhelm, Horst: Begegnung mit dem US Schlachtschiff IOWA im Oktober 1985 in der Ostsee, Erinnerungen 07.02.2010, Archiv Autor

Wilke, Jürgen: Radio im Geheimauftrag. Der Deutsche Freiheitsender 904 und der Deutsche Soldatensender 935 als Instrumente des Kalten Krieges, in: Klaus Arnold, Christoph Classen-Zwischen Pop und Propaganda, Radio in der DDR, Berlin 2004

Winkelmann, Erich: Gratulation auf See, in: MarineForum, H. 1-2006

Wirsching, Andreas: Die paradoxe Revolution 1918/19, in: Aus Politik und Zeitgeschichte, Heft 50-51, 2008

Zoche, Reinhard: Rettung von DDR-Flüchtlingen in Lübecker Bucht, Lustlos im Manöver-U-Jäger HAI, KRAKE der Volksmarine, Sechs Boote der KONDOR-Klasse reihen sich in einen Steampast ein, in: MarineForum, H. 1-2006; Brief an den Autor vom 21.05.2008

Nachweis Dokumente und Abbildungen:

Aufklärung Kommando Volksmarine, Sammlung Ingo Pfeiffer (7); BStU-Archiv (2); Flotten-Echo, Sammlung Ingo Pfeiffer (1); Ministerium für Abrüstung und Verteidigung (DDR), Sammlung Ingo Pfeiffer (2); Pfeiffer, Ingo, Archiv (14); Politische Verwaltung Volksmarine, Sammlung Ingo Pfeiffer (11)

Nachweis Fotos:

Aufklärung Kommando Volksmarine, Sammlung Ingo Pfeiffer (15); BStU-Archiv (1); Dirks, Uwe (5); DMI Sammlung (1); Gatz, Dieter (2); Golombeck, Paul (1); Grenzbrigade Küste, OP-Dienst (2); Haselow, Günter (2); Hampe, Erhard, Sammlung Manfred Soltwedel (1); Heinemann, Ernst (3); Kähler, Gerhard (3); Pfeiffer, Ingo, Archiv (3); PIZ Marine(2); Seemann, Peter (1); Stavorinus, Günter (2); Tempel, Ewald (1)

Titelbild:

Pfeiffer, Robin (Zerstörer LÜTJENS D 185); Pfeiffer, Ingo (See); Prast, Peter (Raketenkorvette TARANTUL 572)

Personenregister

Ambrosius, Kurt	11
Adameck, Heinz	231
Auerbach, Horst	49
Bahr, Egon	313
Bartz, Erwin	26
Baarss, Klaus	58, 59
Berger, Klaus	73
Biel, Wilhelm	27
Biehle, Alfred	79
Blanc, Adalbert v.	212
Blechschmidt, Paul	26, 47
Bölling, Klaus	159
Bolz, Lothar	206
Born, Henrik	57, 67-70
Brandt, Willy	97
Braun, Dieter Franz	84
Brettschneider, Friedrich	194
Brotke, Tortsen	170
Bünning, Dietrich	207
Carstens, Karl	20, 158
Cheim, Gerhard	344
Christ, Reinhard	142
Christiansen-Clausen, M.	193
Chruschtschow, Nikita	109, 111, 115, 117, 119
Clausewitz, Carl v.	79
Ciliax, Otto	189
Connert, Günter Georg	213
Dennies, Jürgen	143
Dirks, Uwe	245
Dorrenbach, Heinrich	194
Dietze, Gerold	213
Dölling, Rudolf	112
Dömelt, Ulrich	133, 136
Dorn, Fritz	40
Dieckmann, Johannes	270
Ehm, Wilhelm	65, 147, 183, 206, 307
Eichhorn, Emil	195
Eicke, Eberhard	73
Elchlepp, Friedrich	25-28, 35, 36, 147, 221
Elmenhorst, Werner	34
Eppelmann, Rainer	57, 65-72, 75, 76, 79
Fischer, Richard	26
Füldner, Kurt	241
Fokin, W.A.	112
Franke, Arthur	344
Franke, Rolf	112
Freund, Michael	194
Freymadl, Max	11
Gabler, Ulrich	18
Gaeth, Willi	149-152, 154, 157, 160
Gebauer, Karl	177
Gerber, Willi	27
Gerlach, Hans	97
Godt, Eberhard	13
Gorbatschow, Michail S.	51, 68, 72, 203

Grass, Reinhard	253	Honecker, Margot	252
Grau, Harald	132-139	Horten, Dirk	73, 75, 81
Gutow, Günter	113-115	Hörting, Käthe	29
Gysi, Gregor	56		
		Jagusch, Ditmar	56
Hagenbeck	277	Jochmann, Dieter	86
Handschug, Rainer	143, 148	Johannesson, Rolf	16
Hansen, Ole	229-231	Jordt, Heinrich	154, 157, 160
Haselow, Günter	240, 280		
Hass, Johannes	127	Jöster, Harald	75
Hassel, Kai-Uwe v.	20, 233, 302		
		Kadgien, Heinz	344
Hartwig, Paul	249	Kämpf, Michael	73
Helmrich, Klaus	145	Keppler, Bodo	56
Herrmann, Siegfried	252, 300	Kessler, Heinz	51, 252
Hesse, Gustav	154, 157	Kennedy, John, F.	115
Hess, Siegurd	116, 121	Kinkel, Klaus	343-344
Hetz, Karl	310	Kleiber, Günter	252
Heusinger, Theodor	94	Klose, Hans-Helmut	7, 249-251, 315-317, 335-337
Heye, Hellmuth	13		
Heynowski, Günter	314		
Hoch, Gottfried	10	Klowersa, Joachim	143, 145
Homeyer, Eberhard	11	Knothe, Günter	160, 207
Hoffmann, Heinz	41, 55, 252, 253	Köhler, Manfred	28
		Kohl, Helmut	20, 68, 72, 313
Hoffmann, Theodor	50, 52, 58, 66, 140, 200, 264		
		Kootz, Margarete	30
		Kremkau, Karl Heinz	10, 228-229
Honecker, Erich	6, 51, 57, 65, 67, 144, 147, 149, 157, 160, 202, 203, 228, 229, 250-253, 262-263, 344	Krenz, Egon	51, 53
		Krochin, M. F.	30
		Krolikowski, Herbert	252
		Krug, Manfred	188
		Krüger, Karl	28
		Kubalek, Rüdiger	73
		Kuhnt, Paul	194
		Kühne, Heinz	30

Kündiger, Robert	7, 336-338, 342
Lasch, Klaus	86
Lastowka, Harald	77
Laudeley, Rainer	141, 143, 148
Leber, Julius	66
Leistner, Gisela	29
Liebig, Gustav Carl	265
Loge, Kurt	200, 317
Lohmann, Bernd	56
Lorenz, Herrmann	345
Ludwig, Rudolf	145
Mann, Hans-Joachim	68, 71, 81
Matthes, Egon	143
Maiwald, Horst	270
Meckel, Markus	69
Mittag, Günter	254
Mix, Wilfried	151
Mohr, Peter	10
Müller, Bodo	150
Müller, Christine	150
Müller, Hans	75
Neukirchen, Heinz	26, 41, 112-113, 118, 123, 206, 211, 270, 306-307, 333-334
Neukirchen, Irmgard	41
Mielke, Erich	51, 147, 207, 252, 338, 344-347
Neuholz, Marianne	29
Neuss, Helmut	11
Nitz, Gerhard	211
Nordin, Wilhelm	28, 123
Noske, Gustv	194-195
Notroff, Fritz	274-275
Opitz, Eckhardt	56
Orjol, A.J.	117
Patzig, Conrad	13
Petersen, Holger Timm	73, 75-77
Plijew, Issa, A.	109
Pöschel, Günter	202
Prien, Peter	241
Priewe, Gerhard	207
Rahn, Werner	194
Rau, Heinrich	30
Reimann, Eckhart	64-66
Reiss, Willy	270-271
Rietmüller, Horst	75
Rodewald, Hubert	124
Rösing, Hans-Rudolf	14
Rossnagel, Dankmar	73
Ruge, Friedrich	13-14, 94
Schabowski, Günter	53, 252
Schalck Golodkowski, A.	228
Scharnhorst, Gerhard v.	15
Scheel, Walter	20
Scheffler, Felix	25-26, 38, 307
Scheidemann, Philipp	41
Scheumann, Heinz	314
Scheven, Werner v.	49, 72

Schibajew, N. I.	110	Teske, Werner	344-346
Schiwek, Werner	148	Thiemann, Gerhard	126, 130, 255
Schlaak, Walter	35		
Schmalz, Hubertus	73	Tost, Otto	194
Schmidt, Helmut	20, 66, 97-98, 101, 160, 250, 313	Törsel, Ingo	145
		Trautmann, Hans Jürgen	234
		Trepping, Klaus	119
Schneider, Alfred	27, 32	**U**lbricht, Walter	31, 41, 117, 144, 201, 226, 233, 304, 308
Schniewind, Otto	13		
Schönbohm, Jörg	71-72		
Schulz, Herbert Max	11		
Schulz, Horst	316	Ulbricht, Lotte	41
Schulz, Peter	143		
Schulze-Hinrichs, Alfred	13	**V**erner, Waldemar	26-27, 40, 201, 307, 312, 339, 341-342
Schürer, Gerhard	252		
Schumann, Christa-K.	340-343		
Schunk, Heinrich	33		
Seekamp, Claus	151-152	Vogel, Wolfgang	343-344
Siebert, Reinhold	73		
Soltwedel, Manfred	274	**W**agner, Gerhard	13-14
Sokolowski, W. D.	25, 32	Wagner, Helmut	342
Sorge, Hans	86	Wangenheim, Lutz v.	121
Sorge, Richard	193	Wasiliew, W. M.	111
Steffens, Walter	27, 29, 48, 64	Wegner, Rudi	309
		Weizsäcker, Richard v.	85
Stiller, Werner	344	Wieczorek, Paul	194
Stoltenberg, Gerhard	68, 72	Wilhelm, Horst	278, 286
Stoph, Willy	33, 38, 201	Wild, Hans	37
Strauss, Franz Joseph	95, 233, 304	Witteck, Gert	143
		Wolf, Heinz	86
Teichmann, Hans-W.	156, 158	Wolf, Max-Eckhart	16
Tempel, Ewald	10, 117, 122-123, 211-215, 217	Wolter, Uwe	240
		Zakrzowski (Baumann), Winfried	7, 338-348

Zähler, Lothar	86	Zoche, Reinhard	126, 249, 272
Zenker, Karl-Adolf	13-15,		
Zobel, Reinhard	148	Zuch, Wolfram	27

Autorenkurzporträt

Ingo Pfeiffer, Jahrgang 1949, in Brandenburg/ Havel aufgewachsen, trat 1968 in die Volksmarine ein. 1972 absolvierte er die Offiziershochschule in Stralsund mit der Ernennung zum Leutnant-Ing. und Verleihung des Diploms (FH) für Schiffsbetriebstechnik. Mit 23 Jahren erhielt er seine erste Offiziersdienststellung als Leitender Ingenieur auf einem U-Jagdschiff. Nach der Bordverwendung ist er Stabsoffizier in der 4. Flottille. Mit Abschluss eines gesellschaftswissenschaftlichen Studiums erhielt er 1983 seine Berufung zum Fachgruppenleiter für Geschichte an der Offiziershochschule in Stralsund. 1988 promovierte er an der Sektion Geschichte der Universität Rostock zum Dr. phil. Als Fregattenkapitän wurde er am 3. Oktober 1990 an der Marineschule Stralsund von der Bundesmarine übernommen. Aus strukturellen Gründen erfolgte seine Entlassung aus der Bundeswehr. Anschließend absolvierte er ein betriebswissenschaftliches Studium, das er 1992 als Marketing-Referent abschloss. Bis 2010 arbeitete er als Projektmanager für Stahl- und Metallrecycling.

Der Autor befasst sich mit der Herausbildung von maritimen Polizeikräften in Mecklenburg (1945-1949), dem Aufbau von Seestreitkräften der DDR (1950-1956) sowie der Auflösung der Volksmarine 1990. Seit 2001 widmet er sich der Thematik von Fahnenfluchtaktionen in der Volksmarine, die das bislang unbekannte Kapitel der Tätigkeit des Ministeriums für Staatssicherheit (MfS) in der Volksmarine behandelt. 2009 erschien dazu sein Buch „Fahnenflucht zur See - die Volksmarine im Visier des MfS".

Der Autor veröffentlichte zahlreiche zeit- und marinegeschichtliche Aufsätze in den Zeitschriften MARINE-FORUM, EUROPÄISCHE SICHERHEIT, STRATEGIE & TECHNIK, LEINEN LOS, SCHIFF & HAFEN, in KÖHLERS FLOTTENKALENDER sowie in der OSTSEE-ZEITUNG. Im Norddeutschen Rundfunk für Mecklenburg-Vorpommern meldet er sich mit marinehistorischen Reportagen zur Geschichte der DDR-Seestreitkräfte zu Wort.

Autor am Heck der Fregatte BREMEN F 207
im Marinestützpunkt Wilhelmshaven

Carola Hartmann Miles-Verlag

Politik, Gesellschaft, Militär

Dietrich Ungerer, *Der militärische Einsatz. Bedrohung – Führung – Ausbildung,* Potsdam 2003.

Jens Bargmann, *Ethik in der Offizierausbildung,* Münster 2004.

Silvio Gödickmeier, Martin Schlossmacher, *Soldatenfamilien im Einsatz,* Berlin 2006.

Hans-Günter Fröhling, *Innere Führung und Multinationalität,* Berlin 2006.

Christian Walther, *Im Auftrag für Freiheit und Frieden. Versuch einer Ethik für Soldaten der Bundeswehr,* Berlin 2006.

Rüdiger Schönrade, *General Joachim von Stülpnagel und die Politik,* Berlin 2007.

Uwe Hartmann, *Innere Führung. Erfolge und Defizite der Führungsphilosophie für die Bundeswehr,* Berlin 2007.

Dietrich Ungerer, *Militärische Lagen. Analysen – Bedrohungen – Herausforderungen,* Berlin 2007.

Klaus M. Brust, *Söldner – Ausverkauf der Exekutive,* Berlin 2007.

Uwe Hartmann, Claus von Rosen, Christian Walther (Hrsg.), *Jahrbuch Innere Führung 2009. Die Rückkehr des Soldatischen,* Eschede 2009.

Uwe Hartmann (ed.), *Connecting NATO. NCSA under the leadership of Lieutenant General Ulrich H. Wolf,* Berlin 2009.

Helmut R. Hammerich, Uwe Hartmann, Claus von Rosen (Hrsg.), *Jahrbuch Innere Führung 2010. Die Grenzen des Militärischen,* Berlin 2010.

Ingo Werners, *Fahren, Funken, Feuern. Hinweise für die Einsatzvorbereitung,* Berlin 2010.

Peter Heinze, *Bundeswehr „erobert" Deutschlands Osten,* Berlin 2010.

Reinhard Schneider, *Neuste Nachrichten aus unseren Kolonien. Pressemeldungen von den Aufständen in Deutsch-Ostafrika und Deutsch-Südwestafrika 1905-1906,* Berlin 2010.

Dieter E. Kilian, *Politik und Militär in Deutschland. Die Bundespräsidenten und Bundeskanzler und ihre Beziehung zu Soldatentum und Bundeswehr,* Berlin 2011.

Hans Joachim Reeb, *Sicherheitskultur als kommunikative und pädagogische Herausforderung – Der Umgang in Politik, Medien und Gesellschaft,* Berlin 2011.

Reiner Pommerin (ed.), *Clausewitz goes global. Carl von Clausewitz in the 21st Century*, Berlin 2011.

Hans-Christian Beck, Christian Singer (Hrsg.), *Entscheiden – Führen – Verantworten. Soldatsein im 21. Jahrhundert*, Berlin 2011.

Dieter E. Kilian, *Adenauers vergessener Retter – Major Fritz Schliebusch*, Berlin 2011.

Uwe Hartmann, Claus von Rosen, Christian Walther (Hrsg.), *Jahrbuch Innere Führung 2011. Ethik als geistige Rüstung für Soldaten*, Berlin 2011.

Einsatzerfahrungen

Kay Kuhlen, *Um des lieben Friedens willen. Als Peacekeeper im Kosovo*, Eschede 2009.

Sascha Brinkmann, Joachim Hoppe (Hrsg.), *Generation Einsatz, Fallschirmjäger berichten ihre Erfahrungen aus Afghanistan*, Berlin 2010.

Schwitalla, Artur, *Afghanistan, jetzt weiß ich erst... Gedanken aus meiner Zeit als Kommandeur des Provincial Reconstruction Team FEYZABAD*, Berlin 2010.

Romane

Christoph Karich, *Bewährung im Grünen Meer*, Berlin 2009.

Robert B. Thiele, *Die Treuhänderin*, Berlin 2012.

Erinnerungen

Blue Braun, *Erinnerungen an die Marine 1956-1996*, Berlin 2012.

Harald Volkmar Schlieder, *Kommando zurück!*, Berlin 2012.

Harald Volkmar Schlieder, *Opa Willy. 1891 Dresden – 1958 Miltenberg. Von einem, der aufsteigen wollte. Eine sächsisch-deutsche Lebensgeschichte in Frieden und Krieg*, Berlin 2012.

Monterey Studies

Uwe Hartmann, *Carl von Clausewitz and the Making of Modern Strategy*, Potsdam 2002.

Zeljko Cepanec, *Croatia and NATO. The Stony Road to Membership*, Potsdam 2002.

Ekkehard Stemmer, *Demography and European Armed Forces*, Berlin 2006.

Sven Lange, *Revolt against the West. A Comparison of the Current War on Terror with the Boxer Rebellion in 1900-01,* Berlin 2007.

Klaus M. Brust, *Culture and the Transformation of the Bundeswehr,* Berlin 2007.

Donald Abenheim, *Soldier and Politics Transformed,* Berlin 2007.

Michael Stolzke, *The Conflict Aftermath. A Chance for Democracy: Norm Diffusion in Post-Conflict Peace Building,* Berlin 2007.

Frank Reimers, *Security Culture in Times of War. How did the Balkan War affect the Security Cultures in Germany and the United States?,* Berlin 2007.

Michael G. Lux, *Innere Führung – A Superior Concept of Leadership?,* Berlin 2009.

Marc A. Walther, *HAMAS between Violence and Pragmatism,* Berlin 2010.

Frank Hagemann, *Strategy Making in the European Union,* Berlin 2010.

Ralf Hammerstein, *Deliberalization in Jordan: the Roles of Islamists and U.S.-EU Assistance in stalled Democratization,* Berlin 2011.

www.miles-verlag.jimdo.com